国家出版基金项目
GUOJIA CHUBAN JIJIN XIANGMU

FENG SHAOLEI

冯绍雷

著

危机与秩序

全球转型下的俄罗斯对外关系

RUSSIAN FOREIGN RELATIONS
AMIDST GLOBAL TRANSFORMATION

CRISIS AND ORDER

上

上海人民出版社

序　言

　　本书以世纪之交以来俄罗斯与大国关系为切入点，探讨在此背景下欧亚地区一系列危机与世界秩序演进之间的关系。在此命题下，笔者侧重于考量各类危机的主客观动因、危机对于全球转型的"再转型"这一新取向的形型、危机过程中观念与认知偏好的影响力、作为结构性功能的大国三边关系在危机应对中的作用，以及21世纪以来正在行进中的全球转型的阶段性变化与深层机理等问题，以此求索未来世界秩序演进的各种可能路径。总之，对于冷战终结后，尤其是对于世纪之交以来俄罗斯与大国关系作多方位思考之后，所获得的认知与结论，可以归结为两个词，也即"危机"与"秩序"。

　　对上述头绪繁多、事态复杂，而且是刚刚不久才发生的宏大现象与深层结构进程的综合性考察，一定会有不同的思考和描述方法。一种方法是就事论事、比较传统的白描式、事态记录式的写作。就国际研究而言，这样的写作方式并不陌生。另一种方法倾向于从既有概念或原则出发，设计一种逻辑自洽的叙事结构，然后按照这样一种方式对繁复的事态和进程进行选择剪裁。所得出的结论与初始的理念大概不会有太大的差异。在被研究对象具有高度不确定性的背景下，本书的选择与前两者有所不同：面对"危机与秩序"这样一个颇感不自量力的选题，笔者倾向于以大体上是客观外在的事态与进程为依据，然后以主观参与的深层结构与趋势的分析为机理，在两者动态结合的基础上，以危机现象为分析重点，以全球转型为思辨的轨迹，探寻世界秩序演进的可能路径。

基于这样的方法论和写作视角，本书尝试着提供一个初步的分析框架。全书的第一篇专门探讨危机现象、当代转型、与世界秩序构建之间的相互关系，以及对本书的主要角色俄罗斯和它对外关系中的主体、观念、结构、周期等基本问题进行一个大体铺陈。其余的第二、三、四、五各篇，是按照时间顺序，把作为表象的20多年来的欧亚地区危机现象的升级和转化，分成四个阶段加以叙述：第一阶段，从世纪之交的不断危机，到"9·11"事件爆发；第二阶段，从伊拉克战争，到2008年国际金融危机的萌生；第三阶段，国际金融危机后的美俄"重启"、叙利亚战争，延伸到乌克兰危机；第四阶段，随着2016年特朗普参选与当选美国总统，经由2020年国际疫情、大国间关系戏剧性激变。直到2020年底美国大选中的拜登胜选，在此期间俄罗斯艰难地从东西均衡的外交路线，经乌克兰危机逐渐演化成相当规模的军事冲突之后，终于决定向东方战略转移。这一段落尚未终结。上述每一个阶段，其一，从形态上看，既有危机爆发频率和规模等级的提升，包括危机中心的转移；其二，从认知变化与战略政策互动的角度看，又有大国相互认知变化、以美俄关系为轴心的相互关系近乎周而复始的周期性循环；其三，从国际演进中的焦点问题来看，全球转型也伴随上述大国关系的起伏，一步一步地向形塑世界秩序的主线趋近。作为全书的最后一篇——第六篇，专门论述 21 世纪以来俄罗斯如何通过在大历史转换中的思想理念重新定位，为外交做出铺垫；并通过对自由主义国际秩序、多极化、基辛格学说这三种最具影响力的理念的分析和比较，展示未来的世界秩序演进可能因循的路径。而在结束语中，笔者提出"全球转型调整期"这一范畴，分析拜登执政后的俄罗斯取向，及其与诸大国的关系。

在本篇序言中，仅限于讨论作为全书的事态与逻辑进程的前提的三个问题：第一，当代的和平发展，究竟仅仅是一项政治宣言；还是一个经长期积累形成、由构建中的国际秩序所力图维系，并且是人心所向的潮流所支持的一个时代选择？同时，这也是一个需要精心维护方能延续的国际环境？离开了这个基本前提，听任各种盲目自发、激进极端势力折腾，当代世界秩序的稳定和改进，就无从谈起。第二，从冷战终结后开始的全球转型进程，自世纪之交起，伴随着各种冲突与危机，正在进入一个"再转型"的新的历史过程。在本书的叙述中，全球转型的"再转型"是一个关键的、支轴性的范畴。这一进程无论从各国内部体制结构、未来国际秩序的构想，以及作为连接前述两者的对外战略与对外政策来说，都呈现了一个前所未见的新局面。因此，围绕着"再转型"的动因、过程、所秉持的理念、外部结构与环境变迁，需要探讨整个国际进程究竟呈现了什么新的特征？第三，这样一场大变局中，俄罗斯与中俄关系所处的地位受到怎样的趋势的激励与推动？中俄所面临的挑战与机遇又将导引出怎样一幅危机与全球转型之间相互关系的未来图景？

以下，分别展开对上述这三个问题的讨论。

一、百年警示下的和平发展

若干年之后，当人们回望 2020 年，最难忘的一定会是疫情中的生死煎熬，经济"断链"下的困顿失望，罕见的危机与冲突带来的焦虑、惊恐与期待，还包括大国关系的跌宕起伏，以及年终时刻颇具戏剧性的峰回路转。2020 年，大概没有太大争议的是，将成为世界历史上具有独特意义的年份而被载入史册。这不仅是因为在这一年人类所遭逢前所未见的抗疫、世界经济与大国关系的综合性大危机，而且 2020 年的经历尤其带给人们的深刻启示是，人类似乎已经习以为常的和平、安宁的环境，实际上，是何等的来之不易。

2020 年 11 月中旬，美国总统大选投票日已过多日，拜登胜选已定，特朗普仍不肯轻易交班。而全球疫情则进一步蔓延，人们不仅关注美国国内政局，尤其为大国关系的动荡而十分不安。此时已经 97 岁高龄的基辛格博士就中美关系的现状发出了严重警告，他说："除非美中有一些合作行动的基础，否则，世界将滑向堪比第一次世界大战的灾难。"①

---

① Bloomberg, "Kissinger Warns Biden of U. S.-China Catastrophe on Scale of WWI," November 16, 2020, https://www.bloombergquint.com/politics/kissinger-warns-biden-of-u-s-china-catastrophe-on-scale-of-wwi.

就若干现象而言，这两个世纪交替阶段的确有着近似之处。首先，都出现了全球性的经济与科技高速发展。19世纪晚期物理学革命带动下的科学技术突飞猛进以及全球经济的高速发展，很像20世纪末出现的信息革命和科技进步推动下的全球化进程。然后，科技与经济的不平衡发展，无论在19世纪与20世纪之交，还是百年后的20世纪向21世纪的过渡，都不可避免地催生国家内部分化和国家间的激烈竞争。

尤其是这两个时段都存在着以下的共同之处，其一，20世纪初和21世纪初都出现了民族主义、包括平民主义的普遍崛起；其二，都发生了国际体系中原有的主导国家和新兴国家之间的竞争；其三，都可以看到全球称霸者往往只是沉湎于炫耀实力，而缺乏真正能号令天下的思想创新；其四，这两个时段都出现了大国结盟与伙伴关系的变换。19世纪与20世纪之交，不光西方的英、法、德、俄等欧洲大国之间，而且地处亚太的日本、俄国、美国之间的相互关系也发生变换。俄德结盟变成了俄法结盟；英德接近变成了英法结盟；俾斯麦之后的德国竟然会在一个较短时期内，把往昔相互之间敌对的三个国家结成以自己为敌的联盟。包括日俄战争期间打得你死我活的日本与俄罗斯，居然在战后几年中也秘密结盟。这就说明：帝国同盟已无"神圣"可言。无论是化敌为友，还是变友为敌，目的只是在博弈中胜出。20世纪与21世纪交替时期的国际关系中，似乎也或多或少地看到这种结盟与伙伴关系迅速转换。比如，美国与欧洲关系的疏离与重启，包括新兴国家的伙伴关系也出现了类似的变动。

百年前的所有这些冲突和危机最终导致第一次世界大战的爆

发，迎来了一个导致数千万人丧生、战争与革命层出不穷的新世纪。这说明，只要存在上述危机和冲突现象，大战的灾难就会具有很高的几率。所以，基辛格这一警告非常重要而及时。

但是，另一方面，迄今为止，已经进入 21 世纪的第三个十年。基辛格没有解释，虽然大大小小危机接连不断，并且不断地被警告存在着巨大冲突的危险，然而，似乎现存的世界秩序依然是处于一个努力维持和平、避免大规模冲突的过渡状态之中，即使出了像特朗普这样独立特行的人物，大国间也面临擦枪走火的巨大风险，但是，整个世界还是不那么愿意轻率地被卷入类似于世界大战的局面。

原因何在呢？笔者认为，关键还在于百年前后的这两个新老世纪的转折时期除了上述的类似之处，但还存在着一些根本性的区别。

第一，与第一次世界大战之前相比，今天毕竟还存在着以联合国为核心的国际治理体制。以安理会为标志的国际安全机制受到了巨大冲击，但其影响力还依然存在。在阻遏地区冲突演化为全球危机的过程中，其作用无可取代。虽然，关于世界银行、国际货币基金组织、世界贸易组织，包括世界卫生组织等联合国框架下的多边组织的现状与作用出现了很大争议，但人们还在力争改革提升的机会。疫情之下，国际货币基金组织通过减免巨额国际债务的决定，世界银行也决定发放 1 000 多亿美元支持抗疫。这有利于发展中国家，也有利于疫情后恢复经济。世界贸易组织若能在维护多边合作的普遍意愿基础上恢复争端仲裁等关键功能机制，而国际货币基金组织若能在份额改革问题上有所突破，这将是稳定世界经济的重要举措。这是在一战之前所完全不具备的历史条件。包括联合国教科文组织、世界粮农组织、世界卫生组织、国际奥委会等在危机动荡的考验之下，都作出了不懈的努力。

第二，就在基辛格提出上述警告后三天，一个重要进程启动了：《区域全面经济伙伴关系协定》（以下简称为 RCEP）最终由 15 国签署。RCEP 不止是区域合作，也是一个全球重要进程。这一世界最大的自由贸易区，90% 以上的货物贸易将被会免税，服务贸易水平也大大超过目前状态，同时为中日韩自贸区构建做了重要的铺垫。关键之点在于，RCEP 并不是由中国所领导，而是由中国所大力支持、但由东盟首创主导的一个自由贸易区。人们似乎看到战后欧洲一体化逻辑的某种推广：德国崛起和欧洲统一是在欧洲一体化的过程中同时实现的。但是，亚太地区合作进程又表现出自己的特点：其一，RCEP 并不是以欧洲式超越国家主权的所谓"后现代方式"推进——人们今天已明白无误地看到欧洲区域进程在取得成就的同时，也出现了无尽的遗患。其二，即使拜登执政后继续推行拉帮结派、打压中国的经济战略，亚太地区也将呈现出更加多样化的局面，而不是由力不从心的美国主宰一切。更值得关注的是，中国与伙伴国家共同签署 RCEP 协议后短短几天内，马上又主动提出准备加入《全面与进步跨太平洋伙伴关系协定》（CPTPP）进程的动议；而就在 2020 年倒数第二天晚上的另一个重大进展：历时 7 年的中欧双边投资协定的谈判，终告达成。这进一步让世界看到，包括中国在内的亚太地区以及欧洲，超越藩篱，力争在一个动荡的世界走向多边合作的意向。无论今后 RCEP、中欧投资协定，以及中国争取加入 CPTPP 等进程会面临怎样的艰难前景，这种第一次世界大战前所不可能具有的推动地区和全球合作的强劲意愿，还是可能降低不期而遇的重大战争风险。

第三，即使"五眼联盟""印太联盟"等显示出地缘政治特性的新组合，包括北约企图"印太化"旨在遏制，或者平衡中国的影响力，犹如新加坡总理李显龙坚持认为："没有人愿意跟美国加入反华同盟。"而大量的居中间立场的国家，不愿意"选边站"，从而激化对抗性的大国冲突。这成为牵制形势迅速滑坡的一个重要因素。百年之前的20世纪初，并没有这样具有影响力的处中间状态的群体选择，而是出现了协约国和同盟国之间的结盟对抗，这才导致世界大战。所以，选择群体性的结盟对抗，还是群体性的不选边、不结盟、保持中立，这是会不会导致全球对抗的又一关键背景。

所以，当前尽管也存在从危机转为战争的风险，但受到正在构建中的国际格局的制约。这里所说的"国际格局"不同于单纯制度和机制安排，还包括人心所向。总体而言的民意并不希望战争与革命，而更多希望和平与发展。这不像百年前的世界局势，人们更多地处于狂热的革命与战争的幻境中。最后，不幸地听任战乱成为现实。

当我们强调和平与发展依然是当今时代重要选择的同时，必须强调不可忽略的另一面，这是需要付出极大代价和努力，方能得以维持的宝贵的国际环境。

其一，三四十年全球化的强劲推动力，由盛而衰，特别是2008年国际金融危机后，世界经济发展的长周期总体上进入了一个减速的下行期。这是与此前的和平发展时期不尽相同的重要背景。尽管中国继续将保持高于平均速度的增长,但是也将受到一个总体下行的国际环境的制约。如果说,以往十多年世界经济的减速下行加剧了各类国际矛盾的激化,比如,传统能源需求远不如 2008 年前那么旺盛,这就相对限制了俄罗斯经济发展的空间和能力;那么,疫情和俄乌冲突后世界经济增长总体下行的趋势,将会带来更大的不确定性。

其二,当代国际政治的不确定性,也来自全球化背景下世界历史进程中长时段因素的重趋活跃。作为长时段因素的文明因子,激励了新兴经济体群体崛起。实际上,这是千年古国老树开花,重新焕发青春。一方面,传统文明使新兴国家在与传统工业国家的竞争中更有底气;但传统文明的桎梏,同样也为新兴经济体的进步设置了巨大障碍。长时段因素中的另一重要角色——地理因素重回舞台,使地缘政治重现于大国纷争之中。海洋与大陆地缘政治抗衡的古老话题,活生生地以花样翻新的各种组合,卷土重来。长时段因素中的气候变化,更以前所未有、相当直接的方式影响着国际力量的对比变化。这也是与 20 世纪 80—90 年代和平发展时期不一样的局面。

其三,大国间相互认知正在发生全面而迅速的变化。从 20 世纪 70 年代直到冷战结束初年,国际政治领域一度具有广泛影响并发挥重要作用的主流认知,是超越意识形态发展对外关系。但是随着形势的变化,如前所言,正逐渐地重新回到以意识形态来划分世界。在这一过程中,大国间相互认知的变化,尤其呈跌宕起伏的态势。其中,包括若干年来欧美国家对于俄罗斯、包括对华认知先后呈急剧改变的态势。总体而言,危机对认知态度的急剧改变往往具有更直接的影响力。比如，在科索沃战争、乌克兰危机中，西方与俄罗斯之间的相互认知水平迅速下跌。所以，观念形态以及心理偏好的急剧变化对于国际环境的影响，值得高度关注。

其四，危机频发期的到来，究竟是世界进一步趋于动乱，还是旧秩序动摇、新秩序来临的征兆？20 世纪 80 年代开始直到世纪交替时刻的全球转型阶段，较少发生国际冲突，大国间关系相对平稳，其背景与美国"一超"垄断世界的局面有关。但从世纪交替时开始，国际和地区危机接连不断。20 世纪 90 年代下半期起延续至今的北约东扩，1997—1998 年几乎在俄罗斯与东亚同时爆发的大规模国际金融危机，然后是 1999 年的科索沃战争，紧接着是 2001 年的"9·11"事件。此后，美国又发起了 2003 年伊拉克战争，马上又出现了接连不断的"颜色革命"。时过不久，2008 年在发生国际金融危机的同时，又爆发了俄罗斯与格鲁吉亚战争，再之后就出现了"阿拉伯之春"，以及延续至今的叙利亚战争和乌克兰危机。在欧亚地区危机不断的背景下，欧洲难民危机、英国脱欧、包括特朗普上台后挑起一系列大国关系危机，直至国际疫情以及战争的爆发，人们目睹了在欧美发达国家核心地带所出现的一波接一波的危机形势。人们不安地注视着这一连串连绵不断的、各种方向不同力量之间的任意冲撞，究竟会把世界引向何方。

有鉴于此，笔者想强调的是，和平与发展不仅是一个政治宣言，而是一个由构建中的国际秩序保障、由人心所向的潮流支撑的时代选择。同时，面对不可避免的挑战，这并非一个与生俱来、唾手可得，而是需要通过卓绝的斗争加以捍卫、需要加倍精心的努力加以呵护，方能得以延续的国际环境。

二、全球转型的"再转型"

自 20 世纪 80 年代以来的世界正处于一个全球转型的过程之中。这里的全球转型的含义主要是指：其一，各国内部政治经济体制转型；其二，在此背景下的国际秩序的调整与改革；其三，作为内部制度变迁和国际秩序这两者间连接物的各国对外政策与战略的转型。这三者经过互动而形成的普遍性趋势与进程，可被视为全球转型的总的态势。①

值得一提的是，在 20 世纪 70 年代末、80 年代初的差不多同一时段，撒切尔夫人与里根推出新保守主义改革、中共十一届三中全会做出了全面改革的决定，而苏联的安德罗波夫时期也确实在高层内部开始准备大规模的改革方案。很值得研究的一个问题是，这是否意味着中、美、苏的政治领导阶层在不同程度上意识到了无论国际国内都面临着的严重危机状态。于是，尽管各自的应对方式和时机选择不同，但都顺应当时内外体制和秩序构建的紧迫需求，提出了改革与转型的要求。这与终结冷战、构建新国际秩序等外部进程之间有怎样的关系呢？这究竟是历史巧合，还是意味着无论东西方，在整个国际社会中的确存在着某种深层结

① Andrei P. Tsygankov, "From Global Order to Global Transition," *Russia in Global Affairs*, Vol.l7, No.1, 2019, https://eng.globalaffairs.ru/articles/from-global-order-to-global-transition/.

构与态势，正超越各国内部意识形态与社会制度的差异，在探寻新的前景？

更为重要的一个基本问题是，为什么 20 世纪 70 年代末开始的，特别是冷战结束后 10 年左右时间里被大大推广、以"华盛顿共识"为基调、以西方模式为导向的全球转型，进入 21 世纪后，在 20 年左右的时间里，就逐步转化成为以主权加强为背景，以多元化的文明复兴为载体，以多样化的制度转型为主题，以多极化的力量格局为依托的另外一种全球转型。这是一个非常深刻而复杂的转变。像笔者这样既经历过冷战结束前后的戏剧性变化和内外秩序转型，又目睹世纪之交以来全球转型本身的再一次"转型"的一代学者，恐怕无不为之而感叹沧桑巨变。

对于 21 世纪前后的这种全球转型的"再转型"，可将其动因归纳为两方面。一方面是自然历史进程的逻辑演进，另一方面是人为的意识形态和制度条件的推动。从自然历史进程的角度而言，推动"华盛顿共识"为导向的全球转型在世纪之交逐渐转变为后一种转型的最主要动因，乃是科技、经济发展、全球化进程等当下趋势与地理、气候、文明等长时段因素的相互交织而高速扩展。在这一进程当中，西方的衰落，新兴国家的群体成长，成为既是现实、又是预见中的潮流。随着全球化大潮滚滚而来，人们看到一个多元化、多极化、多样化的新世界正在渐渐地呈现轮廓。

而就后一种人为的意识形态和制度条件选择的动因而言，随着全球化的推进，包括面对全球化带来的挑战，人们在制度选择上究竟是走向开放，还是趋于封闭；在意识形态领域究竟是走向僵化，还是务实；就交往方式而言是走向对抗，还是趋于和谐；

在未来世界秩序的构想中，究竟是一国独霸，还是多元共存。显然，这几十年的历程证明，主张开放、务实、和谐、多元共存的力量逐渐地显示出了不可阻挡的优势，展现出先是学习西方、但又迅速超越"华盛顿共识"这一制度模式的巨大潜能，导致了向后一种全球转型范式的深刻转变。

在旧世界向新世界转换的过程中，人们依然遭逢的关键问题之一，乃是以旧日的简单划分来区分敌友。比如，当今世界是否仅仅能简单地以"专制""威权"和"民主""自由"的对立来加以划分。2020 年疫情前后与大国变局的无情冲击，揭示出把世界一分为二的那种简单化的图解，大大扭曲了世界的真实面貌。人们往往难以相信，为什么一个不久之前还互相尊重而发展合作的世界，会如此迅速地跌入互相直言谩骂、乃至于兵刃相见的世界？为什么崇尚民主，竟会把一个世界最大的民主国家置于前所未有的人种族群、思想观念、财富差距、社会分层的高度撕裂与对立之中？更加危险的，危机正在从国际领域转向国内，从发展中、转型中国家转向欧美西方文明的核心地带。2020 年大选中，世界最强大国家——美国的选民出现了几乎是一半对一半的分庭抗礼状态。冲击美国国会的暴行表明：曾经被西方用来主导世界事务的意识形态与制度设计，一旦被夸大和滥用，将会导致何等不可预计的风险。

记得曾经在 2010 年雅罗斯拉夫论坛上，我与参会的兹比格纽·布热津斯基先生有过一番对话。当时，俄罗斯是梅德韦杰夫总统执政，美国总统奥巴马还打算"重启"对俄关系。最后一个登台讲演的布热津斯基先生在他的论坛发言中公开主张，现在是到了由北美、俄罗斯、西欧、斯堪的纳维亚共同建立一个"北半球民主共同体"的时候了。他讲完话走下论坛，我们便一起步入餐厅。布热津斯基先生一边走一边主动地问我："您从中国来，您对我今天提出的这个论点有何看法？"我说："这个问题比较复杂。您主张成立'北半球民主共同体'，那么，您打算把一些正在学习民主、实践民主，但不一定是西方式民主的国家作何处置呢？"布热津斯基先生当即回答说："我曾经主张 G2，你们不接受。那么，你们可以同伊朗、印度、土耳其、巴基斯坦这些国家一起来组成另一个联盟。"当时，我回答："您不担心这样来组建另一个联盟可能会导致一场大规模的冲突吗？"说到这里，布热津斯基先生似乎意识到了什么。他马上对我说："今天我们的对话是属于私人对话，请不要见诸媒体。"我说："好的。"然后，我们就入席开始了晚餐。我一向尊重作为前辈的国际问题专家布热津斯基先生。直到他去世之前，我履行承诺，十多年来从来没有公布过以上我们这一段对话。现在，一方面因老先生作古多年；另一方面，美国民主党上台执政后，有人认为，布热津斯基先生曾主张过的观点可能会重新成为现实的战略选择。因此，对此做一介绍，便于理解当下的事态。值得指出，乌克兰危机后，布热津斯基的观点有所变化。面对国际局势的总体恶化，与其说他依然恪守"民主共同体"之说，还不如说，在其晚年，他在各种场合多次强调的是"中俄美三边合作"这一命题。我觉得，布热津斯基先生本身思想的微妙变化就是一个值得探讨、也非常具有现实意义的话题。这是全球转型的"再转型"中一个小小的但不无启示的侧面。

理论上，我并不赞成作为超现实主义者米尔斯海默教授的关于大国竞争必然走向对抗的论点。但是，他本人对于美国式的"自由主义国际秩序"的批判还是非常犀利的。他认为，如果说，自由主义国际秩序在一个单极世界还有存在理由的话，那么，到21世纪以后的多极世界，民族主义和主张力量均衡的现实主义的重要性绝对压倒了自由主义。这也说明，即使在西方国际理论的前沿发展中，对于以自由主义意识形态来简单划分世界的做法，也存在着很大争议。①

从理论渊源上说，有人说，民主国家才能导致和平；并且认为，这一观点是起源于伊曼纽尔·康德的《永久的和平》这篇长文。我在阅读这篇文章后发现，在法国大革命之后特定的历史条件下，康德此文所担忧的恰恰是"民主的暴政"。有学者认为，他更多倾向于是共和政体、而不是民主政体，才能维持和平。这是一个非常值得研究的问题。

虽然，世界上现存的各种制度模式，确有权力的集中分散、效率的高下之分。民主和自由，毫无疑问是包括中国、俄罗斯在内的各国人民孜孜以求的价值目标。但是，当这一目标被运用于国家间关系，便面临着复杂的历史背景和现实环境。各种制度模式的改善和优化，首先是各国自己的事情。这是确认主权高于一切的威斯特伐利亚模式几百年来能延续至今的根本性原因。同时，人们也力争学会通过良性的竞争与合作，而不是简单地以"民主与专制"把世界一分为二；也不是通过战争和破坏、通过构建军事联盟进行威胁和施加压力的方式，来优化和改进国内制度和构

① ［美］约翰·米尔斯海默：《大幻想：自由主义之梦与国际现实》，李泽译，刘丰校，上海人民出版社 2019 年版，第 1 页。

建世界秩序。原则上说，全球化提供了一个和平地重建秩序的客观条件。而冷战时期的对抗性格局 30 年来和平地向新秩序过渡，虽然代价巨大，且前程艰难，但还是证明了以超越意识形态与和平的方式来实现国际秩序更替的现实可能性。

以上说的是关于全球转型为何出现了"再转型"的这一重大转折，以及"再转型"的可能路径及其争议。

全球转型的第二个核心问题，乃是国内体制转型与对外关系的相关性问题。作为这一种相互关系的最典型体现，莫过于冷战终结以来的美俄关系。人们看到美俄双边关系周期和俄苏国内政治周期的戏剧性的高度重合。

先来看俄罗斯与美国关系的周期性现象。

从 20 世纪 80 年代后期直到当下，美俄（苏）关系出现了一次又一次从缓和、"重启"，然后又转入危机、冲突的周期性过程。戈尔巴乔夫一度轰轰烈烈地改善美苏关系，最终以苏联的突然解体而告终。叶利钦的"一边倒"向西方靠拢，以此作为独立后俄罗斯的选择，但在世纪之交的科索沃战争中，美俄几近不欢而散。普京上台之初，同样以首访英国、合作美国、面向西方为出发点，但是到 2007 年，普京以一篇措辞犀利的慕尼黑讲话，宣告了美俄角逐拉开序幕。梅德韦杰夫 2008 年上台，尽管刚刚执政的奥巴马对他寄予高度期望，但俄美关系还是在格鲁吉亚冲突、叙利亚战争和乌克兰危机的硝烟弥漫以及普京回归后，重归沉寂。2016 年底，特朗普大选获胜，很想对美俄关系作一番突破，不料不仅没有建功立业，相反却激起建制派、反对派的强劲抵制。美俄关系再一次"重启"还未启动，已胎死腹中。几十年来，美俄间关系一次又一次地从接近到崩坏的循环过程之所以值得关注，是因为拜登开始执政，克林顿、小布什、奥巴马上台之初都曾经演过的美俄"重启"的活剧是否会重演？事实证明，这类再三重演的历史周期性现象，不会因为各有特性的个别政治人物的离场而消失，而一定会以另一种方式、借助于另一种机遇卷土重来。

在此同时，人们发现，与上述美俄关系周期性几乎同步，还存在另一种内部的周期演进。也即，无论戈尔巴乔夫、叶利钦、普京，中间还有一段梅德韦杰夫与普京的"二人转"，俄罗斯在历次与美国关系"先扬后抑"的同时，几乎每一届政权都经历内部权力结构从分散到集中的过程。戈尔巴乔夫高举"民主化"的旗帜上台，但到苏联末年，他已转向将苏共中央总书记和新设的最高苏维埃主席这两大重任集于自己一身。叶利钦作为俄罗斯历史上第一位"民选总统"登上舞台，但临到执政晚期，要靠家族和寡头才能维持政权。来自自由派阵营的普京上台伊始，基本延续着 20 世纪 90 年代叶利钦时期的政治路线，但是从 2003 年开始，将地方权力回归联邦政府和对抱负过大的能源寡头收紧管控，大大加强了国家对经济和舆论的调控。2008—2012 年期间梅普"二人转"，一度释放出俄罗斯趋于放松政治经济的态势。然而，2012 年后普京重回总统大位，似乎一切又都回到了政府权力相对集中的过程。这样一收一放、一紧一松反复出现的俄罗斯内部政治周期，究竟是因为何种原因与美俄关系的周期变化不谋而合地发生谐振？不管这一问题有何结论，毫无疑问的是，俄罗斯上述的集权分权、周而复始的政治周期，或迟或早、也定会在新的历史条件下再次出现。

俄罗斯内部体制转型与对外关系之间的这种紧密相关性，看似充满戏剧性，但并不是一种特例。相反，在不同程度上或多或少地出现在其他大国关系之间。这就提醒人们，虽然各国独立自主地选择自己的国内体制，包括对之进行改革，这是不可动摇的准则。但是，不可忽视的是，各国国内的体制演进，尤其是大国国内体制的演进过程，不可避免地会在国家间关系中得到反映。

总之，为什么一个原本是倾向于"华盛顿共识"的全球转型，会变成一个基于主权的，主张多元化、多样化、多极化的另一类转型，关键乃在于，这既是客观自然的历史进程，同时也是主观地对意识形态和制度进行选择的两种基本进程相互作用的结果。而其中重要之点在于，一方面要高度关注国内体制变迁和对外关系的不可避免的相互关联，而另一方面，不能再重复冷战时期意识形态和对抗的老路。用两句简单的话语来概括：人间正道是沧桑，秩序和制度模式的构建，首先有赖于思想的健全。

三、俄罗斯和中俄关系在全球转型中的意义

当昔日世界霸权国家面临着前所未见的困境之时，从危机转向秩序的艰难进程，将自然而然地更多有赖于新兴国家。而俄罗斯与中国又是其中的最为关键的两个角色。它们如何来调处危机与秩序的关系，势将会成为全球事务的焦点。

也就是在上述基辛格发出对于中美关系警告的同时，彭博新

闻社几位经济学家提出了对未来国际秩序的一个展望。他们认为："冷战结束——被誉为是历史终结——其实只是一个篇章的结束和另一个篇章的开始。世界正处于混乱的过渡期。经济和政治力量中心从西方向东方、从自由市场向国家、从民主制向民粹主义转移。对企业、投资者和决策者来说，历史并没有终结，它才刚刚开始。"①在笔者看来，历史上曾经有过多次的东方和西方之争、市场与国家之争、民主与民粹之争，以及与此相关的种种预判。但是，历史选择的结果，总是比预言家们的结论，要来得更加丰富多样。

至少存在着三个颇有争议的问题。

第一个问题，如何看待新兴国家、特别是俄罗斯在全球转型中的作用？

随着新兴经济体国家与传统发达国家经济实力的接近与翻转，在很多人的观念中，国际力量对比的根本性变化，似乎正在比想象中更快地来临。尽管欧美工业国家在军事实力、科技创新、金融积累、教育水平、结盟能力等方面仍有优势，但是，在国内生产总值总量的增长、传统文化的支持、大国规模、制度动员能力，以及未来体制改革的巨大空间等因素支持下，包括俄罗斯在内的新兴国家对于转型中世界的抱负与愿景，正在成为推动发展与变化的巨大动力。

虽然，对于俄罗斯的作用一直存有很多争论。但是，第一，俄罗斯曾经历了上千年艰难困苦和筚路蓝缕，才从一个来自东欧

---

① Tom Orlik and Blorn Van Roye, "An Ecomonist's Guide to the World in 2050," https://www.blomberg.com/graphics/2020-global-economic-forecast-2050.

地区的小小邦国扩展成为世界顶级的大国。疆域迅速扩大所伴生的内外挑战并非其他大国都具有的。其中，腥风血雨的内外博弈，大起大落的国家命运，高歌凯旋中的大国荣耀，也伴随着家国命运的悲欢离合。这种颇为悲凉又孤独的沧桑之感，是俄罗斯独具的遗产。第二，俄国在拿破仑和希特勒两次强敌的毁灭性入侵之后，英勇地打败侵略者，捍卫了国家领土完整和尊严。这是世界历史的奇迹。35 年前我在苏联留学的时候，朋友们就对我说，坚忍不拔是俄罗斯民族的独特秉性。第三，俄罗斯不仅是一个"战斗民族"，而且还是一个有着非常丰富的人文积累和创造性思想的大国。在 21 世纪国际范式的转变中，俄罗斯思想家们对旧世界的批判，对新世界的构想，起着几乎是十分重要、但并不为很多人所知的关键作用。武器的批判固然厉害，但是对于人类而言，归根到底还是很难与批判的武器的威力相比拟。虽然当下的俄罗斯正面临内外巨大挑战，尤其是经济低迷、又遭西方长期制裁的打击，但是，这样一个具有自己独立特行的生命经历的重要大国，依然会在全球转型各个领域中发挥特殊的作用。

当然，同样需要高度关注的是，新兴国家基于经验对前景充满信心的同时，如何理性并冷静地看待自己。这可能是比看待对手更需要慎重对待的问题。

第二个问题，中俄关系究竟是外部危机推动之下的权宜结合，还是具有强劲内生动力的自觉形成的战略伙伴关系？

21 世纪 90 年代中期以来，中俄所推动紧密合作的伙伴关系，一定程度上的确是在一系列国际危机的外部推动之下，逐步形成的。比如，1998 年亚洲和俄罗斯同时发生的金融危机；1999 年科索沃战争和中国驻南联盟大使馆被炸；对世纪初恐怖主义袭击的集体预感；2003 年的伊拉克战争；2008 年的国际金融危机；2014 年的乌克兰危机；以及当下的疫情和大国关系引起的波动，都一次又一次地推动着中俄的接近。这是一个不由人意志为转移的客观外在的自然演进的过程。

同时，多年来中俄两国的立意、决策、实践和一系列成就表明：中俄关系完全需要，而且已逐步地从两个巨大邻国内生需求和自主意识出发，从两个悠久文明国家的更多的精神与心灵的交流、而不单依靠物质关系与利益的互补——当然这也是非常重要的——来构建我们的相互关系。

对中俄关系的内生需求的认知，同时也由于 21 世纪以来崭新的大国关系形式——三边关系的活跃，而显得格外的迫切。

从世纪之交开始，国际政治进程中不光出现了美、欧、俄的三方关系的重构，差不多在同时还出现美、俄、中三方的互动。伊拉克战争中，人们首先发现欧美西方大国之间出现分歧，不再听从传统盟主号令，而是通过反战以自保；同时，欧亚地区一系列危机中，俄、美、欧借重三边关系构架，互动斡旋，以免大规模冲突升级。但是传统大国构成的三方关系并未能遏制叙利亚、乌克兰危机的深化。在此背景之下，中、美、俄关系受到空前的关注。与冷战时中、美、苏互相敌对的三角博弈关系不同，总体而言，中、美、俄三方保持互相均衡、制约与合作，依然具有避免大规模冲突的可能。大国间关系存在着远不止为擦枪走火的巨大风险，如若各方仅为寻租，势必引发动荡，而如若处理得好，则能带来大国关系的稳定。2018 年后，中美两国多项实力指标大大领先于其他国家，但中国却遭到美国极限施压，两大国关系突陷低谷，频生危机。包括俄罗斯在内的其他国家一度期待以中立、均衡、不选边的立场，而不是如冷战期间的拉帮结派的立场，来应对未来可能发生的冲突。富于戏剧性的是，2022年俄乌冲突爆发后，包括中国在内的新兴经济体与发展中国家群体，也以不选边、不结盟、主张和平、反对战争的立场，似乎重演了三年前俄罗斯在中美关系突然走向冲突时所承担的角色。大国三边关系的轮回变化耐人寻味，也发人深省。总之，在全球转型的复杂进程中，不能只靠单打独斗，甚至不限于双边合作，还需要更为明智务实而不失原则的三边互动、规范制约、借力发力。新兴国家应具有开阔的眼界和超越的思想高度，以更加灵活应变的态度，尤需以内生需求所带来的定力，去承担未来秩序构建的重任。

第三个问题，对中俄而言，重大危机处理与全球转型存在着怎样的相互关系？全球转型至少具有以下三种前景。其一，仅被动等待国际力量对比发生根本变化之后，才去求得持续多年的地区或全局危机，比如乌克兰危机的彻底解决。其二，上述被催生加速的各种抱负和愿景之下，还没等到全球转型的条件成熟，已猝不及防地爆发大规模的冲突与危机。其三，与上述两种前景相比，能否以更加理性稳健、但更具远见的态度，反其道而为之。也即，竭尽一切努力维护和平，反对战争，主动处理危机，坚信事在人为，推动全球转型的条件趋于成熟。事实上，若干年前，当乌克兰危机久拖不决，甚而可能会爆发难以控制的巨大风险的局面下，很多有识之士思考的不光是如何终结危机，而是如何从危机中寻找出路，并通过及时地解决危机，为实现向未来秩序的转换做好铺垫。在冲突不断升级的今天，这样的努力依然具有宝贵价值。

如果说，本序言所陈述问题与主客观趋势乃是本书写作的基本线索和结构，那么，上述最后一点，是笔者所表达的从危机走向秩序的理想途径，也是本书写作最为关切的核心。

旧世界已然老去，而新世界尚未最终形成。①客观地说，当今的确是一个危机四伏的世界。但是，危机中又处处蕴含着建立新秩序的机遇。因此，只有善于从各种大大小小的危机处理中把握时机、发现机遇，把危机一步步转化成相互信任基础上的机制、体制与秩序，也不畏惧种种倒退和偏见，这样，才能够真正转危为机、化敌为友，建立起一个共享稳定与和平、发展与繁荣的新时代。

---

①　此语是从东方出版社 2020 年 10 月出版的《陈乐民作品新编》封面题词所受到的启发。题词的原话是："我们正处于两个世界之间，一个已经死了，另一个还无力出生。"

目　录

危机与秩序转换中的
俄罗斯对外关系

　　本篇内容主要包括两个部分。第一部分讨论危机与世界秩序转换的总体构架。其中，包含对于各种类型的危机与全球秩序转换之间的相互关系，国际关系史所留下的和全球秩序转换所留下的宝贵历史经验，当下国际秩序转换的历史特点，以及观察世界历史进程中的长、中、短时段如何作用于当下的全球秩序转型的过程。第二部分则力图从主体、观念、结构、周期这四个方面，刻画世纪之交以来俄罗斯外交的基本面貌与特点。

第一章

危机、世界秩序与
当代全球转型①

---

① 本章内容由 2020 年 5 月 9 日作者在上海图书馆所做题为"危机与秩序"的讲座文稿整理而成。另外,部分内容经整理后也发表于《文化纵横》,参见冯绍雷:《疫情危机与世界秩序重构》,《文化纵横》2020 年第 3 期,第 53—63 页。

关于世界秩序问题的讨论,之所以在今天成为热点,有两个方面的原因。其一,与危机现象有关:因为历史上历次世界秩序的根本性更替,大都是由于全局性的危机所造成。而这一局面的出现也往往是由大大小小的局部危机所引发,最终形成为全局性的秩序更替。其二,与世界秩序本身的状态有关:如果,世界秩序本身处于制度形成后的上升时期,或者是稳固时期,那么,危机局势再凶险,也无法撼动整个世界秩序;如果,或是因为秩序设计理念的偏颇、或是因为政治经济不平衡规律作用之下力量格局的迅速变化,世界秩序本身已经进入了风雨飘摇的状态,那么,不光是某一领域的危机,而且,将会出现多重领域的危机并发,导致世界秩序的变更。

2020 年的国际社会所面临的正是这样一种局面。

可以从以下三个方面展开讨论。第一，危机如何与世界秩序相关联？换言之，国际史上的各种类型的危机是如何作用于世界秩序的更替。第二，当今国际秩序具有什么特点？也即，冷战后的世界秩序是处于何种基本状态之下。第三，2020 年之后，在面临多重危机的挑战之下，既有的世界秩序究竟何去何从？

第一节　国际史上的危机与世界秩序

国际危机有各种各样。其中有几种危机与世界秩序问题有着直接的或比较直接的关联。我们这里所主要讨论的危机，一般是指影响全局、延续相当一段时间、大规模的危机，而不是局部的、小规模的、短暂的危机。笔者试图把这些危机分为四类。

一、战争与革命

大规模战争是与世界秩序问题关系最为密切的危机，而战争又经常与革命互相联系，深刻影响着世界。从历史上看，近代国际体系自建立以来，每一次新的世界秩序的出现，大都是通过战争与革命来实现的。

（一）三十年战争与威斯特伐利亚体系的确立

1648 年建立的威斯特伐利亚体系是近代民族国家体系的一个重要开端，是世界秩序构建历史上的一件大事。这个体系建立的直接动因，就是延绵不断的"三十年战争"所引发的欧洲全面危机状态。威斯特伐利亚体系确立之后，第一，欧洲事务不再由教廷号令天下，"民族国家至上"原则主导了国际事务，国家内部事务不受外来干预；第二，主权原则意味着欧洲各国各自的历史文化传统、各自的政治经济多样性，得到了某种程度的确认。犹如基辛格所言：首先，"这一体系妙就妙在它的各项规定不是实质性的，而是程序性的。这也是这一体系得以在世界范围内广为流传的原因。一国若是能够接受这些最基本的规定，即可被接纳为国际社会成员，继续保持自己的文化、政治、宗教及国内政策，并得到国际体系保护，不受外来干涉"①。第二，也正因此，与帝国或教廷理论上只承认一个完全合法的权力中心的情况不一样，"威斯特伐利亚概念则把多样性当作起点，把各国视为客观存在的现实，以此吸引了情况各异的国家，共同探索秩序。到 20 世纪中叶，这一国际体系已涵盖地球各大洲，至今仍是国际秩序的骨架"②。

---

① ［美］基辛格：《论世界秩序》，胡利平等译，中信出版集团 2015 年版，第 23—24 页。
② 同上书，第 75 页。

（二）法国大革命与拿破仑战争后的维也纳体系

1789 年法国大革命之后，拿破仑称帝制宪——以这种特别的方式保障革命成果，并通过欧洲战争，推广革命。当时的欧洲君主体制国家，包括英国、俄国、普鲁士、奥匈帝国等国，不甘于欧洲既定秩序被推翻，联合起来打败了拿破仑；后经过 1814 年的谈判，建立维也纳体制。这一体制的核心构架在于：英、俄、普、奥组成的"四国同盟"联合维护欧洲的领土秩序不容变更；抵制对各国国内体制的威胁；吸收战败国法国在内的大国（Great Power 一词即当时的产物）通过多边会议协商处理国际事务①；有节制地处理战后事宜：法国的边界得到保护；外国军队占领极为短暂；赔款有限；一直到 1818 年法国才被接纳为"欧洲协调"组织的正式成员；欧洲不能有任何一国变得过于强大，这是各大国处理外交事务的基本诉求。②在这样的安排之下，恩格斯乃至于基辛格都曾经说过，1814 年之后欧洲维持了"百年和平"。尽管是否为真正的百年和平，因其间还是发生了一些重要的战争而有所争议。但是，总体上和平长时间地在欧洲得以维持，这是历史事实。非常值得后人探讨的一个问题是：为什么维也纳体制能够维持那么长时间的欧洲和平？作为"均势战略"专家的基辛格如此回答："一种国际秩序的生命力体现在它在合法性和权力之间建立的平衡，以及分别给予两者的重视程度。无论合法性还是权力都不是为了阻止变革，两者结合是为了确保以演变的方式，而不是

① ［英］霍布斯鲍姆：《革命的年代》，王章辉译，江苏人民出版社 1994 年版，第 135 页。
② 同上书，第 132—133 页。

通过各方赤裸裸的意志较量实现变革。"①而笔者则以为：维也纳体制的生命力来自一个漫长而动荡历史时期中，欧洲的自由主义、社会主义、民族主义三种基本思潮的相互激发与交融、制约与平衡，以及各种政治思潮之间的纵横捭阖在内外政策和制度秩序上的体现。这恐怕是一个更为深层的原因。②

（三）第二次世界大战后的雅尔塔体系

第二次世界大战结束后所建立的雅尔塔体系，纠正了第一次世界大战之后凡尔赛体制缺乏对战败国的有效制约、无力应对国际危机的缺点，维持了迄今为止尚能运行的国际体制的基本构架。该体制的核心在于：第一，美、英、中、法、苏五大国组成安理会；第二，以安理会为核心组成联合国，并以世界贸易组织、国际货币基金组织、世界银行等一系列机制，加以保障。这一体制虽以大国为主导，但也有一国一票的联合国大会机制（包括世界贸易组织在原则上也是一国一票）予以呼应。虽然雅尔塔体制并没有避免历时半个世纪之久的冷战式东西方对抗，但是，由战争直接推动所建立的雅尔塔体制，迄今还维持着第二次世界大战以来的（尽管存在着各种局部战争前提下的）总体和平。

以革命和战争方式所推动建立的世界秩序，总体说来，由于战胜国与战败国的界限分明，利益关系明确，也因为早在战争结

① ［英］霍布斯鲍姆：《革命的年代》，第75页。
② Feng Shaolei, "Looking towards the Future with an Eye to the Past", *Russia in Global Affairs*, 26.10.2013, https://eng.globalaffairs.ru/articles/looking-towards-the-future-an-eye-to-the-past/.

束之前富有远见的大国元首们就开始了对于战后安排的深入考量，比如，远在第二次世界大战结束前两年，美英苏之间——包括中国——就开始了建立世界秩序的谈判。雅尔塔体制的核心内容，运行至今依然有效，与战争决定这一点，及其背后的力量格局对比有着直接的关联。

二、经济危机下的国际格局重组

与全面战争带来的重铸世界秩序的直截了当的要求有所不同，全局性的国际经济—金融危机对于世界秩序变更的影响，更多的是通过对于国际性经济—金融体制的重构来实现的。

（一）1929 年大萧条：导致英美换位与希特勒崛起

经过了 20 世纪 20 年代的繁荣发展，1929 年到 1933 年初，美国经济出现了全面衰退，国内生产总值下降 30%；十多万家公司破产；1 500 万工人失业。同时，20 年代美国经济的狂热发展曾严重影响欧洲。一旦美国经济崩溃，大量资金回流，欧洲经济则雪上加霜。1931 年英国被迫放弃金本位，英镑霸主地位不得不让位于美元。霍布斯鲍姆认为：大萧条带来的是世界的一分为三，对大萧条具有免疫力的苏联模式站住脚跟；北欧式、凯恩斯主义式强调政府干预的改良资本主义模式开始风行；同时，法西斯主义的崛起，直接为走向第二次世界大战做了铺垫。[1]

---

① ［英］霍布斯鲍姆：《极端的年代》，郑明萱译，江苏人民出版社 1999 年版，第 110 页。

（二）1997—1998 年亚洲—俄罗斯金融危机：全球范式转型的前奏

冷战结束后，美国主导下的国际货币基金组织（尽管由欧洲人担任领导），一方面，依然在各国宏观经济的治理中，特别是对发展中国家、转型国家而言，发挥着重要作用；但是另一方面，强行推动各国开放国内金融市场，使得亚洲国家在受到国际游资的严重冲击的情况下又推行严苛的紧缩政策，进而使东亚国家、也包括俄罗斯经济受到沉重打击。中外专家认为，国际货币基金组织当时推动的援助，特别是同时要求各国进一步地开放国内金融市场，允许外国金融机构进入，更多的是为了让发达国家受益。[①]在此背景下，当时亚洲各国雪崩式降低汇率以自保，唯有中国坚持汇率政策不变，维持了亚洲经济的稳定，同时力挺香港顶住国际游资的打击，获得了国际社会的赞许与信任。1997—1998 年的亚洲与俄罗斯金融危机是直接导致在此之后，中俄两国不同程度转向告别"华盛顿共识"，开启新世纪后逐步走向强调自主发展的改革模式的一个重要起点。

（三）2008 年国际金融危机推动下的从七国集团到二十国集团的国际治理体制转型

2007 年夏季，美国次贷危机爆发，导致过度投资次贷金融衍生品的公司和机构纷纷倒闭，在全球范围引发严重的信贷紧缩。2008 年 9 月，雷曼兄弟破产和美林公司被收购标志着金融危机全

---

① 何秉孟等主编：《亚洲金融危机：分析与对策》，社会科学文献出版社1998 年版，第 110 页。

面爆发。随着虚拟经济的灾难向实体经济扩散，世界各国经济增速放缓，失业率激增，许多国家出现严重的经济衰退。正是在这样的背景之下，出现了一个关键性的变化：当时的奥巴马总统、萨科齐总统与胡锦涛主席等领导人先后经过电话磋商，决定在原来七国集团之外，建立二十国集团这一包括主要新兴国家在内的新的国际协调机制。这是 21 世纪以来世界秩序变迁中、特别是国际经济治理领域的关键举措。

总之，在国际金融—经济危机影响下，各国通过国际国内关键性体制机制的改革，重组国际力量格局，推动世界秩序的变化。尽管不是通过战争，但危机后国际社会治理方式的变化同样相当深刻。

三、反体制力量引发危机对世界秩序的深层影响

以往几十年来，曾经出现于东西方各国的反体制力量，形式各异、主旨不一，包括学生运动、社会抗议运动，也涉及以极端恐怖主义为形式的反对现行国际国内体制的活动。基于反对国际国内的现行体制的这一鲜明而近似的特征，笔者拟以此出发，探讨其对于国际秩序变更的影响。

（一）1968 年欧美学生运动对西方世界的重大冲击

1968 年运动是当代世界历史转型的一个界碑：这场遍及欧美各国大学校园，轰轰烈烈、史无前例的自发的"反体系运动"，推动战后西方福利国家进入新阶段，同时，也导致国际反霸——反对美国发动越战和反对苏联侵占捷克斯洛伐克——和国际缓和阶

段的到来。从现代性的视角来看，1968 年运动体现着广泛意义上的从"现代"向"后现代"的时代转换。从社会转型与人文知识体系的相互关系看，1968 年运动不光尖锐批判西方战后的片面工业化，挑战欧美国家机器以及意识形态的衰朽，而且直接挑战西方自由主义价值的合理性。青年学生们直言：现行的西方知识体系貌似价值中立、科学，实际上都是被用来维护工业资本主义的意识形态。当时学生运动的口号是要"终结"资本主义的意识形态。①同时，1968 年革命导致旧左派的衰落，战后始终保持活力的欧洲共产主义思潮和运动从此走向式微；这场运动也刺激了 70 年代末西方新保守主义的崛起，实际上对世纪末的国际思潮和制度变迁起到了推波助澜的作用。

（二）"9·11"事件后的大国关系

2001 年反人类、反秩序的"9·11"事件，乃是第二次世界大战以来美国本土第一次受到外敌的袭击，当时也被称为"改变世界"的历史性事件。这一重大事件的作用在于，第一，为美国保守主义——也即以先发制人的强行手段维护美国国家利益、到处强行推广西方式民主的——国际战略路线，打开了大门。奥巴马政府的副国家安全顾问本·罗兹（Ben Rhodes）有一个反思，认为"9·11"事件发生期间美国犯了一个常见错误，因为把手伸得太长而加速了一个超级大国的衰落。②第二，"9·11"事件之后一

---

① ［美］理查德·J. 伯恩斯坦：《社会政治理论的重构》，黄瑞祺译，译林出版社 2008 年版，第 7—9 页。

② Ben Rhodes, "The 9/11 Era Is Over", 2020-04-06, https://www.theatlantic.com/ideas/archive/2020/04/its-not-september-12-anymore/609502/.

度曾经出现中美俄和其他大国之间联合反恐的短暂合作，这为后人留下启示：危机之下，大国依然可以紧密合作。

（三）世纪之交以来遍及各地的社会抗议运动

一方面，从 2000 年西雅图反全球化示威以后，"占领华尔街""黄马甲运动"等西方各国的反体制抗议不断。另一方面，在非传统西方国家，从科索沃危机推翻米洛舍维奇政权后，直到趁格鲁吉亚、乌克兰、吉尔吉斯斯坦等国内部的严重腐败、贫富差距与官僚主义，以所谓"颜色革命"方式，连续不断组织街头抗议，接连引发政权更替，引发新兴国家的高度警惕。近年来，西方出版界出现了一些对"颜色革命"的研究和著作，披露西方政府和非政府组织运用各种秘密和公开手段，在新兴国家策动"颜色革命"的内幕，令人触目惊心。①

总之，反体制力量，不同于战争与革命，也不同于金融—经济危机，但是，以超越国界的、非常规性质的、意识形态批判的、或现代信息传播的方式，自下而上地动员民众走向社会抗议，抑或以暴力恐怖主义等方式，挑战现行治理模式，深刻而有力地影响着世界秩序的演进。

---

① Peter Baker, "Tbilisi's 'Revolution of Roses' Mentored by Serbian Activists", *Washington Post* 2003-11-25, https://www.washingtonpost.com/archive/politics/2003/11/25/tbilisis-revolution-of-roses-mentored-by-serbian-activists/8cf6a82c-e1ee-4f4a-9276-b5fb6521c3fc/; Abel Polese, Donnacha ó Beacháin, "The Color Revolution Virus and Authoritarian Antidotes: Political Protest and Regime Counterattacks in Post-Communist Spaces", *Demokratizatsiya*, Vol.19, No.2, 2011. p.111; David Lane, " 'Coloured Revolution' as a Political Phenomenon", *Journal of Communist Studies & Transition Politics*, Vol. 25, No.2—3, 2009. pp.113—135.

四、国际大灾变影响下的世界秩序

历史地看，国际规模的大灾变同样时而直接、时而间接地引发世界秩序发生变化。虽然，灾变往往与其他社会危机交互作用于秩序变化，但这一"无形之敌"的作用力凶险难测、突如其来，往往产生料想不及的严重后果。

（一）14 世纪的欧洲黑死病与欧洲大转型

1347—1353 年，从意大利西西里岛开始暴发、而后波及整个西欧的这场大瘟疫，导致西欧将近三分之一的人口丧生。此后瘟疫在西欧各地又多次暴发，甚至传到了北欧与俄罗斯。黑死病流行期间，中世纪以来一直受到迫害的犹太人，被严重"甩锅"，成为被各种谣言和诽谤攻击的对象，受到驱逐与迫害。但同时，这场灾难冲击了欧洲的农业，激发了纺织业、畜牧业等产业的发展，改变了城市面貌，刺激了当时的汉萨同盟的对外贸易。到 14 世纪末，走出黑死病灾难的西欧很快就进入了一个快速发展时期。意大利文艺复兴在这一时刻也逐渐进入高潮。黑死病在欧洲历史上打下了深深烙印。①

（二）1918 年大流感与战后秩序安排

流行病学研究证明，一种新的流感病毒于 1918 年初发源于堪萨斯州哈斯科县。但因为在战争期间，各国严格保密，只有作为

---

① 王亚平：《德国通史：封建帝国时代（公元 1500 年以前）》（第一卷），江苏人民出版社 2019 年版，第 401—479 页。

中立国的西班牙公布了流感的消息，此后，这一病毒被习惯地称为"西班牙病毒"。①这是一场非常可怕的灾难。通过军队和战舰长途运输，病毒被带到了世界各地。记载表明，得病者十分痛苦，剧烈的咳嗽甚至使肋骨和胸部肌肉撕裂。当时的世界人口是现在的三分之一，但是大约有 5 000 万人丧生，有人认为，可能高达1 亿人。

　　历史记载表明，美国总统威尔逊前往参加巴黎和会期间，已经得了严重流感，体温达到 39.4 摄氏度。与各国元首谈判的时候已经神志不清，臆想中自己的住处都是法国间谍。本来，威尔逊坚决不同意法国总理克里孟梭（Georges Clemenceau）提出的主意，也即法国要求德国赔款并承担发起战争的全部责任。"但出乎意料地，在没有事先通知其他美国人或进行商榷的情况下，威尔逊突然放弃了他之前恪守的原则。……（其中包括）萨尔地区煤炭资源丰富的矿区开采权归法国所有，……德国在普法战争后强占的阿尔萨斯—洛林从德国版图中移还法国。西普鲁士和波兹南则分给了波兰——'波兰走廊'就此产生，将德国一分为二。"威尔逊也对意大利的大多数要求做出让步，并且同意日本获得德国在中国的特权。英国首相劳合·乔治（David Lloyd George）在评论威尔逊的状态时说道：他的"神经和精神在会议中期崩溃了"。有人曾经还怀疑，威尔逊总统当时已经中风。但是，威尔逊本人最信任的助手格雷森则认为：流感，是威尔逊最后崩溃的原因。这就是这场灾难直接影响了第一次世界大战后秩序形成的一段历

①　［美］凯瑟琳·阿诺德所著《1918 年之变》、［美］约翰·M.巴里所著《大流感》和巴西权威流行病史研究学者都非常明确地记载了关于病毒的起源地问题。

史记载。①

这段历史留下的教训是：

一场大流感，人类文明差点就灰飞烟灭。一位权威的传记作家在他关于《大流感》一书中写道："1918 年大流感的最后一条教训，即那些身居要职的权威人士必须降低可能离间整个社会的恐惧，可谓知易行难。……当权者必须珍惜公众对他们的信任。正途就是不歪曲真相、文过饰非，也不试图操纵任何人。……不论真相有多么恐怖，领导者都必须将其公布于众。只有这样，人们才能打破恐惧。"②

（三）切尔诺贝利事件与冷战的终结

1986 年 4 月 26 日，现在乌克兰境内靠近白俄罗斯的切尔诺贝利核电厂发生爆炸。这次灾难所释放出的辐射线剂量是广岛原子弹爆炸的 400 倍以上，造成损失大概 2 000 亿美元（包括通货膨胀因素在内）。该事故被认为是历史上最严重的核电特大事故。

笔者是在这场事故之后大约三个月，到苏联去学习，目睹了这场灾难给苏联晚期政治经济，特别是人们的精神状态所带来的巨大冲击。美苏所拥有的可能几百倍毁灭人类的核武库，成为推动当时美苏和解、终结冷战的动力之一，而且核灾难中所暴露的苏联体制的弊端，也成为导致苏联解体的直接背景之一。

总之，国际规模的巨大灾变，往往是和其他社会变化一起直

---

① ［美］约翰·M.巴里：《大流感：最致命瘟疫的史诗》，钟扬等译，上海科技教育出版社 2018 年版，第 399—407 页。
② 同上书，第 486 页。

接或间接地推动着世界秩序的变化。但是巨大灾变所带来的危害，比如，死亡的人数，对整个社会突如其来的颠覆性破坏，经常会大大超过人为预谋所造成的伤害。

综合地看，第一，关于危机现象如何作用于世界秩序的变化，如此宏大的话题，如果仅仅是用上述一一对应的方式加以表述，显然只是冰山一角、沧海一粟。本书所述，仅仅是提出危机现象与世界秩序的变化之间存在着事实与逻辑的关联性，但远未深入发掘每一次重大危机与世界秩序的变更与延续相互之间的多方面、多领域的复杂关系。比如，地区性的和局部性的危机如何作用于世界秩序的最终变化？这些次一级的危机与全局性危机有何联系？这些都是非常值得深入探讨的问题。

第二，从威斯特伐利亚体系确立以来的每一次世界秩序的变更，几乎都导致了秩序变更以后的多元、多样、多极力量的共同参与，甚至共同主导下的世界秩序：1648 年威斯特伐利亚体系意味着欧洲内部的多元化的初现；1814 年维也纳体系意味着跨欧亚大陆的、以帝国为承载的各大文明之间的共处；1945 年雅尔塔体系则是包含着美、英、法、中、俄（苏）的更加包容广泛的遍及东西方各大文明体系在内的多元化共存；包括冷战终结之后，尽管美国一度以单极世界理念称霸，但 2008 年国际金融危机之后的世界经济治理系统中出现的从七国集团向二十国集团的变化，虽远未结束冷战后美国称霸的格局，但同样意味着世界秩序演变中的多元、多极行进的强劲势头。政治经济不平衡规律下的力量对比变化所触发的全面危机，是推动历次世界秩序构建不同程度的多元化，同时有若干力量中心存在的动因。

第三，人类文明积累中的一项宝贵财富，乃是面临危机时，能够在历次世界秩序形成过程中以理性中立的程序性安排，来取代剑拔弩张的不同的宗教、意识形态、文明，乃至种族之间的排他性观念与利益的尖锐冲突；能够以互相尊重、容忍、谅解、行为适度和从长计议的态度来处理大国间的抗衡。相比之下，来自美国的国际政治理论专家们承认，多年以来，文化范畴在国际领域影响广泛却构建不足，这一长期的学术缺失导致我们忘却了国际关系，特别是大国关系理应十分重视的对于国家尊严和威望的维护，这是严重影响国际行为成熟发展的突出原因。

第四，当下人们普遍关注以 GDP 式的、坚船利炮式的，抑或数据化的综合国力为表征的力量格局和秩序演变。但是，观念性力量，以及非常规的或者不可知灾变力量在世界秩序演变中所发挥的作用，似乎还远远没有引起充分的重视。本书关于灾情、灾变、1968 年学生运动、"9·11"事件等对于思想与意识形态如何影响世界秩序变更问题的探讨，只是刚刚掀起大幕一角，还有待进一步的探讨。

第二节　"半秩序"：冷战后全球转型的过渡期

在历史地、综合地对上述危机与世界秩序演变之间的关系作扼要回顾之后，进一步探究作为过渡期的冷战后世界秩序的现有状态，是为了搞清楚基本的国际变量在其中生变的，究竟是怎样的结构和趋势。

与战争和革命所带来的世界秩序变更的一个关键性区别，在于 1989—1991 年苏联解体和冷战终结所形成的世界秩序变化，是在相对和平条件下进行的。在战争条件下，犹如斯大林所说，坦克开到哪里，就可以在哪里建立起自己的制度。但和平时代就不一样，虽然力量格局实际上也在变化，然而，基本上只能通过沟通、谈判、妥协、竞争、合作、结盟等非暴力方式，当然，也包括使用恐怖袭击、街头革命、混合战争、网络攻击等非常规方式，来影响秩序变化进程。

所以，从形态上看，处于过渡时期的世界秩序，一方面，既存的体制机制还在发挥作用，但是，原有体制机制出现了大量的转型、变更，甚至空白和灰色地带。这就是冷战后全球转型的"半秩序"状态。

具体说来，这样的国际社会"半秩序"状态至少有以下三个特征。

一、全球秩序范式的总体转型

"全球范式的总体转型"至少应包含有三个要素：（1）国际治理方式的延续与变更；（2）主要国家的国内治理体制的保持和改革；（3）与之相应的各国的或者多国协同的战略、策略应对。"三位一体"的这三个方面互相作用、互相关联，构成全球范式转型的基本内容。①

---

① Andrei P. Tsygankov, "From Global Order to Global Transition," *Russia in Global Affairs*, 2019, Vol.7, No.1, https://eng.globalaffairs.ru/wp-content/uploads/2020/02/19989.pdf.

就全球范式转型的基本取向而言，冷战终结以后，经过了很大的变化。大体上从新自由主义为背景、美国为绝对主导地位的国际范式，正在走向呈现高度不确定性的状态。从发展趋势上看：（1）国际多元化格局的出现——借助于冷战胜利的红利，美国独霸世界的意图曾经在 20 世纪 90 年代初凸显。但是在世纪之交，国际格局的天平转向了多极、多样、多元化的发展。国际治理结构从七国集团转向二十国集团是其显著的标志。（2）新威斯特伐利亚模式的国内结构——作为国际政治基本单位的国家，从冷战刚刚结束之时普遍模仿欧美民族国家建构方式，逐渐转向确立各自的自主性、寻求符合各国自身特点的治理模式。（3）国际的战略互动由全球走向区域。借助全球化之势，美国全球战略在 20 世纪 90 年代一度高歌猛进，北约东扩式的伸展曾经不可一世。但在世纪之交，以伊拉克战争为标志，美国逐渐地与其他大国的战略目标出现疏离和争议：欧盟从一体化走向货币联盟、东亚合作跃跃欲试、以中俄合作为基础的上海合作组织宣告成立。地区事务的重要性逐渐上升，地区合作模式纷纷涌现，但同时也进入了地区冲突的高发期。在国际与区域秩序的过渡期，尽管和平条件下没有发生大规模的战争，但是，希望通过战争释放能量、达到利益诉求的那部分人，还是通过化整为零的大大小小的一次又一次冲突与地区战争，以期实现自己的图谋。比如，科索沃战争、格鲁吉亚冲突、乌克兰危机、叙利亚战争，还有连续不断的"颜色革命"。

总之，首先是从"华盛顿共识"向新兴国家自主治理模式的内部转向，然后，东西方外交战略互动出现从合作主导走向竞争与合作兼有的外部转向，再之后，世界秩序逐渐出现了类似于从七国集团到二十国集团的组织形态变化。所以，这是一个范式性的整体变化过程。

二、秩序转型期的力量结构特征

冷战终结以来的国际力量对比与组合，显示出若干新的特点。

其一，也是最为关键的因素，西方从登峰造极开始走向衰落，是这一阶段的最主要特征。历史上，也曾经有过汤因比、史宾格勒等人提出"西方的衰落"。但是，20 世纪的西方不仅没有衰落，而是经历了第二次世界大战后，尤其是冷战终结后的非凡辉煌。但是，这一次谈论西方衰落的背景不一样。关键问题在于，首先，沃勒斯坦从"世界体系"的逻辑角度一直强调：冷战终结，不光是苏联的解体，同时也是美国霸权的走向终结。"冷战结束了，因此美国统治下的和平现在已经终结。"①作为一种始终要以外部对手的存在才能得以自保的意识形态而言，冷战终结，对美国的挑战虽是隐含不露，有时还回光返照，但却是非常实在而深刻的。同时，一个越益明显的大趋势是，多少年来一直支撑西方发展的关键因素，出现了自我瓦解的征兆：作为西方民主制度核心的选举，选出的却是自挖墙脚的一批民粹人物当道，然后引发的是类似于 2020 年美国大选中几乎一半对一半的国民分裂。作为西方民主制度基础的两党体制，福山自己就说过：两党体制是西方在工业革命时期的历史产物，如今信息时代，自然会趋于解体。笔者也曾

---

① ［美］伊曼纽尔·沃勒斯坦：《变化中的世界体系》，王逢振译，中央编译出版社 2016 年版，第 3 页。

经当面请教过他这一问题，他的回答依然确凿无疑，而且今天欧洲大国的两党体制确实已变得面目全非。①言论与发表自由，曾经是西方的骄傲；但是，今天则大量地出现虚假新闻与谎言捏造，甚至受到了执政者的推波助澜。体制的开放性在欧盟一体化进程中曾被引以为豪，但是，仅现在的难民问题，就直接引发欧盟基本体制的动摇，最终导致英国脱欧。无论是马克龙 2019 年 8 月 27 日在法国外交使节会议上的讲话②，还是 2020 年 2 月慕尼黑安全政策会议年度报告提出的"西方的缺失"③，都是"西方的衰落"这一命题的证明。

其二，新兴力量"第二次崛起"中的集结，乃是当今国际力量结构的关键性特征，与西方的衰落态势互成犄角。之所以新兴国家的崛起乃是"第二次崛起"，因为几乎所有金砖国家和二十国集团新兴国家都曾经是历史上雄踞一方的强者。而 21 世纪以来的新兴国家重新聚合，不光是以超越全球 GDP 总量一半的强劲势头推进，而且表现出深厚广泛的长期发展潜能。前所未见的是，新兴国家呈现出颇有章法的一步步推进的组织化状态。以中俄聚合的路径为例：不光是有着从建设性双边战略伙伴—上海合作组织—金砖—二十国集团这样的成长路径，而且，这一进程也伴随

---

①　杨成绪：《德国政坛何以陷入震荡?》，中国新闻网，2020 年 02 月 24 日，https://www.chinanews.com/kong/2020/02-24/9103019.shtml。

②　Élysée, "Discours du Président de la République à la conférence des ambassadeurs", 2019-08-27. https://www.elysee.fr/emmanuel-macron/2019/08/27/discours-du-president-de-la-republique-a-la-conference-des-ambassadeurs-1.

③　Munich Security Conference, "Munich Security Report 2020", https://security-conference.org/assets/user_upload/MunichSecurityReport2020.pdf.

着世纪之交以来一系列严重危机推动下的观念趋近。实事求是地说，历次危机对中俄的接近起到了极大的推动作用。上文言及，在1997—1998年亚洲金融危机当中，中俄两国同时感受到了美国主导的国际货币基金组织的巨大压力。在1999年科索沃危机中，美俄关系从原来相互间相当高的居民信任度，一落千丈。原因在于，美国根本不理睬俄罗斯对传统盟友的关切，轰炸南联盟，以凸显美国的威望。而正是在这一场疯狂的狂轰滥炸中，中国驻南联盟大使馆无辜受难。包括在此后的2001年"9·11"事件、2003年伊拉克战争中的中俄立场协调，以及之后在欧亚地区发生的格鲁吉亚冲突、乌克兰危机、叙利亚战争等，中俄之间是切实地通过一次又一次危机和挑战而拉近距离的。

其三，多重网络与链接制约之下的动态性极化力量结构，乃是当今西方衰落与新兴国家成长过程中的一个重要结构性特征。过渡时期的国际权力结构既不是90年代初"新罗马帝国"的同心圆；也不是冷战时期的两极对抗。科技经济和观念形态迅速更新之下，新的结构特征正在出现：（1）丰富复杂的各种网络与链接使原有的极化结构受到制约。冷战结束近三十年来，世界越来越变成了一个网络，你中有我，我中有你。截至2019年，中美之间超过5 000亿美元、欧美之间超过6 000亿欧元、中欧之间超过6 000亿美元的规模巨大的贸易往来，尽管在疫情之后会发生重大变化，但不可能被歇斯底里的极端势力所全面阻止。（2）这样一个网络是通过各种链接贯穿而成，其中有产业链、价值链、信息链、包括知识与思想领域的链接。比如"一带一路"倡议，并非是以传统国际政治的排他式的区域构建，而是以基础设施互联互通和产业互补共建的方式，打破原有国际结构中各极之间相互阻隔的态势。（3）世纪之交以来，这一结构中多种形式的三边关系呈现出活跃态势，如全局层面上的：中美俄、中美欧、中俄欧、中美日等三边组合；如区域层面上的：中日韩、中俄中亚、中美东盟、中印俄等三边组合，他们之间互相竞争、互相制约博弈，形成千变万化的均衡状态；但是，又很容易寻租，打破原来的均衡。比如，中国与欧洲国家关于5G的合作意向受到了美国的极大干扰，美国毫不掩饰地向欧洲国家施压。但是，多个欧洲国家经过激烈争论，还是着力于推进与中国在非核心领域的5G合作。这就是新形势下的中美欧三边关系。又比如"一带一路"倡议对于欧亚大陆方向的中国、俄罗斯与欧盟之间发展关系提供了一个很好的机遇。欧、俄都有强劲的合作意愿，但是，俄方已经推出欧亚经济联盟，"一带一路"如何与之对接成为新的聚焦。中欧合作也有很好基础，但是2019年欧盟委员会正式文件把中国视为"体制竞争者"。这意味着上述三方之间还有很多问题与困难，需要探索和合力推进。

三、世界秩序转型中的思想理论争议

在冷战后世界秩序的转型与争议中，曾经出现过一系列具有全局性影响的理论问题的争论：东欧剧变与苏联解体后所出现的"历史的终结"；塞缪尔·亨廷顿提出的"文明的冲突"；90年代晚期出现的"华盛顿共识"和"全球化"问题争议；围绕前社会主义国家转型问题出现的"民主与威权主义争议"；世纪之交所出现的关于"民主和平论"的讨论；伊拉克战争前后出现的"新帝国"以及"新保守主义"的辩论；逆全球化背景下关于"民粹主

义"的争议；以及"市民社会"概念是否适用于非欧美传统社会的论战，等等。

总的来看，这些问题的争议不光具有涉猎广泛的国际政治理论学术内容，而且，直接或间接地与国家意识形态相关联，也与全球范式转型中的三个层次：国内治理模式、对外战略、世界秩序取向等问题密切相关。进一步言之，这些理论争议往往反映出更深层次的政治哲学问题。其一，当代世界事务中的普遍性与多样性的相互关系的问题。也即，究竟是普遍性价值取向重要，还是多样性价值取向重要的问题。法国著名人类学家列维·斯特劳斯曾经表示，他一辈子都在研究先进性（普遍性）与多样性何者更为重要的问题，仍不得其解。因此，他主张，在这一问题还没得到根本解决之前，唯有通过两者的对话，才能够使两者和谐共处。就当今国际事务而言，恐怕唯有对话——作为人类属性的最根本的体现——才是排解危机的仅有通途。其二，当代世界进程中的时间序列问题。究竟是以欧洲为中心的时间序列，还是以当地时间序列来认知世界事务的问题，与当今国际危机与冲突现象密切相关。欧盟的政治家认为，当今国际事务已经进入了后现代，因此可以超越国家主权，实现欧洲政治经济的一体化。但是俄罗斯的政治家认为，至少作为世界大国的俄罗斯尚处于现代阶段，维护民族国家的主权统一和国家建构，还是俄罗斯更为迫切的任务。两种不同的有关时间序列的认知，为地区冲突打下深深的烙印。其三，地缘政治与意识形态的相互关系问题。这两者究竟是可以互相割裂，还是密切交织的不同认知，乃是这一秩序转换时期的突出特征。在近年来参与瓦尔代国际辩论俱乐部（本书下文简称为瓦尔代论坛）的过程中，笔者曾不止一次地亲耳听到普京总统谈道：原本以为，放弃了原有的意识形态模式，我们能够与西方和谐共处。但事实证明，即使俄罗斯放弃了原有的意识形态，照样会受到西方的地缘政治的无情打压。①看来，借意识形态之名，行地缘政治之实，图谋一己之私利，依然是转型期国际政治难以避免的现实。

无论意识形态与地缘政治利益是否被人为地互相混淆，无论是关于时间序列是否还存在着不同的认知，也无论是关于普遍性与多样性之间究竟何者重要的探讨尚未有结论，所有这些尚未被彻底搞清的政治哲学命题，都被作为美欧国际战略的工具，突出地体现在两个命题的讨论之中。也即，一是"民主与专制"的命题，一是"民主和平理论"。小布什时期，特别是其第二任总统时期提出的"自由议程"，正是将两种理论人为嫁接，并成为世纪之初在欧亚国家和地区推行"北约东扩"和"颜色革命"战略中发挥重要作用的思想纲领。②

---

① 笔者注意到在近些年的瓦尔代论坛上，普京总统历年的大会主题发言均有涉及这一主题。

瓦尔代论坛是目前国际学术界一个已经连续工作了多年的特殊的国际对话论坛，在这个论坛上，由俄罗斯国家元首及政府首脑、高官与主要来自西方，包括少量亚洲国家从事国际问题和俄国问题研究的国际学者直接对话。从每年的9月初开始，该论坛以"辩论俱乐部"的方式持续一周左右，并且选择一个莫斯科之外的地方供国外学者进行考察以了解国情。如，2008年瓦尔代论坛专家们考察了俄罗斯2014年冬奥会举办地索契、南方城市顿河、罗斯托夫等近黑海地区以及车臣的首府格罗兹诺，包括与车臣、南奥塞梯和阿布哈泽等地的总统对话。通过这样相当直观的考察和交流，作者作为会议成员有机会比较深入地了解俄罗斯和格鲁吉亚危机发生以来俄罗斯与西方关系中的直接场景和大体态势。

② ［美］安琪拉·斯登特：《有限伙伴：21世纪美俄关系新常态》，欧阳谨译，石油工业出版社2016年版，第97—98页。

能用"民主和专制"来划分当今世界吗？经典西方民主制度和非西方国家探索实践中的民主制度自然会有不同，但人们仍频繁地看到，西方舆论习惯于把国际社会分成决然对立的"民主"和"专制"，然后不分青红皂白，一捧一贬。值得关注的倒是曾经提出"历史终结"命题的福山，最近有一个很有意思的采访。记者问："您曾经在柏林墙倒塌之后预言，自由民主国家会取得胜利，为什么它们面对病毒显得如此不堪？"福山回答说："我并不认为政权类型与抗疫成效之间有什么关联性。"实际上，福山这是继承了他的老师，也即塞缪尔·亨廷顿的思想传统，还是比较倾向于超越意识形态，把政府能否有效治理的问题，放置于重要位置。当记者追问："尽管对中国抗疫举措有着各种疑虑，但它不是给西方民主国家再次提供了真正的替代模式吗？"虽然福山并不放弃对中国体制的批评，但他十分明确地肯定中国在抗疫中的表现。他说："这是最成功的非（西方）民主模式。真正考虑民众福祉的是政府，至少考虑的也是怎么帮助他们。中国的这种传统或多或少都能在邻国找到，如日本和韩国。"①与上述观点的情况相近似，所谓"民主和平"理论提出，似乎唯有西方"民主"国家会导致和平。而且引经据典，称这一说法来源于康德。康德的确写过"永恒的和平"的文章。但是事实上，康德最担心的恰恰是法国大革命中出现的过度民主的"暴政"，而他倾向于认为行政与立法相

---

① Modifié le，"Francis Fukuyama：«Cette pandémie révèle le besoin d'un État fort»"，Le Point，16/04/2020，https://www. lepoint. fr/editos-du-point/sebastien-le-fol/francis-fukuyama-nous-allons-revenir-a-un-liberalisme-des-annees-1950-1960-09-04-2020-2370809_1913.php#xtmc＝fukuyama&xtnp＝1&xtcr＝2.

分离的"共和制"才是和平的基础。①从历史事实来看，第一次世界大战的突然爆发，就来自各国议会"民主表决"通过的决议，同意投入战争。而2003年的伊拉克战争，正是美英两个民主国家，为了称霸世界，藐视联合国安理会，罔顾伊拉克根本不存在大规模杀伤性武器的事实而发起的。2007年，美国普林斯顿大学学者代表团来沪访问，笔者曾经就此当面请教过美国新自由主义国际关系理论专家罗伯特·基欧汉。他非常认真地回答我："民主和平理论"这一提法的理论基础并不牢靠。②

后冷战时期国际政治领域的思想理论争论，与上述力量格局的结构特征互相耦合，不光表明欧美存在的物质性形态开始衰落，而且，思想理论领域的传统优势也趋于动摇。与此同时，危机冲击下的思想理论创新，正在一步一步地走向为新秩序的到来勾画蓝图。

总之，"半秩序"状态下国际社会的新旧交替、动态易变、规范缺失、组织涣散、面临多重选择的这种局面，一方面，在突如其来的大规模疫情面前，一度显得捉襟见肘、穷于应对；另一方面，一旦人们对于这场灾变积累了一定的认识，借助于世界秩序转型期的特定架构环境，便能够逐步地化险为夷、化敌为友、转危为机。

---

① ［德］康德：《康德历史哲学论文集》，李明辉译，联经出版公司2013年版，第179—184页。

② 2007年罗伯特·基欧汉率普林斯顿大学代表团访沪，笔者在午餐会期间有幸与之讨论相关话题。

第三节　长、中、短时段作用下的国际秩序的延续与更替

新冠肺炎疫情之后，以往世界秩序是否将不复存在？抑或疫情还只是对既有发展趋势的推波助澜，至多只会部分地改变世界？笔者倾向于第二种立场。

根据法国年鉴学派的理论观点：长、中、短时段作用下，世界秩序的变化与延续将会共存。

从长时段的观点来看，地理与文明形态的影响，将是世界秩序中既成因素得以延续的重要前提。其一，存在数千年的文明多样化趋势将长期存在。不可能一场疫情就彻底改变千年文明对于当今世界的影响。比如，直至19世纪中叶之前的数百年中，欧洲国际秩序——包括在威斯特伐利亚体系确立之后——爆发战争的概率，要远远高于亚洲国际秩序。[①]又比如，1689年，当时还不是民族国家，而是专制君主国家的沙皇俄国和清政府签订了《尼布楚条约》，维持了此后一直到19世纪晚期清朝衰落、沙俄大举东侵前近两百年的和平。可见，尽管西方曾主导世界秩序，但在地区结构和大国关系中得以体现的非西方文明，始终是世界秩序重要的丰富和补充。这是积极乐观的一面。而不太乐观的另一面，则在于基辛格在《论世界秩序》中的基本想法：世界秩序只有一

---

① ［美］康灿雄：《西方之前的东亚》，陈昌煦译，社会科学文献出版社2016年版，第2页。

个，而各大文明都怀揣自己的抱负来到这个世界。他含蓄地表达了自己的担忧。①20 世纪 90 年代以来，关于"文明冲突"的争论经久不息。最新的版本是，一方面某大国新闻发言人把"文明冲突"提升为"种族间冲突"，而另一方面则否认"文明冲突"，认为只有"文明和非文明的冲突"。看来只要存在不同文明，只要存在古今、东西之争，"文明冲突"的辩论就不会停止。这是疫情所改变不了的定势。

其二，地缘政治结构也将持久地影响国际合作与竞争。首先，大陆地缘政治的空间连续性与海洋地缘政治的空间阻隔性，几乎将永远存在。不可动摇的事实是：英联邦一个个海外殖民地的独立不会引起英国本土的动荡与革命；而地处大陆的苏联一个个加盟共和国宣布独立的连锁反应，导致了苏联本身的解体与革命。②也许更为重要的是，海洋地缘政治将会始终视分化和肢解欧亚大陆、避免出现任何来自海洋的威胁为己任；大陆地缘政治则反其道而行之，一定会通过加强欧亚大陆内部各个板块之间的联系来维系陆权稳定。疫情无法使地缘政治消失，相反，一定有人会利用不同的文明、国家与意识形态间的竞争态势，借疫病之机兴风作浪，争夺地缘空间的影响力。

从中时段看，不同意识形态为基础的国家制度，以及已经延续了几十年的这一波全球化进程，也许可以被视为与当今世界秩序变更有直接关联的两大要素。不同的意识形态和制度之间既竞

---

① ［美］亨利·基辛格：《论世界秩序》，中信出版社 2015 年版，第 489 页。

② ［俄］E.T.盖达尔：《帝国的消亡》，社会科学文献出版社 2008 年版，第 4 页。

争又合作，势必将会是比较长期的态势。其最基本的理由是，力量对比还没有出现根本性的改变。就全球化而言，疫情之后，其形式和内容会改变，但是，全球化本身难被阻止，它将会寻求更符合当代需求、更有质量层次、更符合人类需求的新型的路径。有学者提出了当前危机属于"全球化危机"的观点，对于未来可能从全球转向地区的发展轨迹提出了有益的警示。但从世纪之交以来的较长时段看，从全球化向地区的不同方式的转移早已开始。适度把握全球化与地区化两者之间的均衡与联系，会是一个新的值得关注的问题。

从短时段看，其一，人类面临着最大的共同挑战。无论种族、文明、观念、制度、国家规模的大小，都经受着疫情重大冲击，都面临着极其艰难的学习和认识过程。共克时艰，并非只是一句口号。从 1918 年初暴发大流感的经验来看，疫情一波又一波发展，一直要延续到 1920 年。今后这一到两年将是人类的共担风险时期。

其二，各国抗疫的做法异中有同：对于突如其来的疫情，无论哪个国家都有一个深化认识的过程；处理疫情，各国都还是以"封堵"为主；包括灾后复工复课，各国值得交流与合作的方面，要远远超过利益冲突的部分。但鉴于固执与偏见，还是需要认真地探讨一些值得权衡的深层问题，以理服人：这里指的是人与人、人与自然、人与制度的相互关系问题。（1）就灾难面前的人和人关系而言，比如，是否能通过任其传播的方式，形成集体免疫？笔者还是比较接受钟南山院士的意见，科技已经那么发达，不能以如此巨大的生命代价，去换得集体免疫力的提高。俄国思想家克鲁泡特金发现：原来强壮的人群在饥荒或者流行病之后，会变得既不是最强壮的，也不是最聪明的。虽然他们侥幸存活，但是健康受到了严重的伤害；而能够延续生命的"恰恰是耐受力最强、最能够忍受匮乏的个体"，比如，熊比猫先饿死，猫比蚂蚁先饿死，恐龙的绝种和哺乳动物的兴起，也正是这个道理。他觉得，经常被看错的问题是，究竟谁才是竞争中的适应者。①（2）灾情下的人和制度——尤其人和民主制度——的相互关系问题。剑桥政治学系主任大卫·朗西曼教授认为：第一，"在民主社会，你很难说服人民把焦点放在还未发生的事情的风险上。选民常倾向于把他们已经知道的风险列为优先"。第二，"民主是我们应该极尽所能保存的重要事情之一，因为它让人值得生存，但这并不等同于认为民主是可以保存我们的东西"②。换言之，人的存在是更首位的。就像杰弗逊在《人权宣言》中所表达的：人生而平等的本意，首先就是人的生存权。（3）人和自然的相互关系：文艺复兴和启蒙运动以来所提倡的"以人为本"，这当然是历史的重大进步。但后来被机械地理解和夸大为"人定胜天"，造成失衡。这才有了生态主义者所言，人仅仅是大自然中的一个平等成员。在笔者看来，人的有所作为与其对大自然的尊重，本应是统一的，不能将之相互对立。所以，灾情之下，即使文明不同、意识形态不同，人们完全可以寻找到更多共同的立场。

其三，灾情之下，经济的衰退必将对国际关系带来极大影响，而更为直接的影响，很可能是大国的政治进程，特别是美国

---

① 熊逸：《政治哲学的巅峰对垒》，北京联合出版公司 2020 年版，第 341 页。

② ［英］大卫·朗西曼：《民主会怎么结束：政变、大灾难、科技接管》，梁永安译，立绪文化出版社 2018 年版，第 101—135 页。

2020 年 11 月总统大选和俄罗斯 2020 年通过全民公决确定的
2024 年政治进程。尤其对于美国而言,虽然出现了号称两党一致
的对华立场:两党总统候选人都会以互相"抹红"的方式竞争上
岗,也可能以这种方式维持执政地位。但大选投票之前的惨烈党
争,会更加严重地影响国际秩序的稳定。这种情势之下,面临着
几种选择:(1)要想回到 2009 年约翰·伊肯伯里式的"自由国际
秩序",也即,以美国为首的西方国家愿意向作为竞争者的新兴国
家让渡主导权——从七国集团变为二十国集团,这几乎已经完全
不可能。(2)回到两极对抗的冷战状态,抑或"新冷战"。事实证
明,至少特朗普政权决意甩锅的目的,就在于进一步与中国脱钩,
加速形成与中国的紧张对抗局面。从近期看,这对选票有利。中
国究竟是按美国设定的逻辑亦步亦趋地入套,还是另有上策?面
对当今艰难形势,必须作好全面准备。既要应对惊涛骇浪般的一
时冲击,更要经受经年累月持续性博弈的考验。第一,基于目前
力量对比,这场恶斗很可能不是"毕其功于一役",而将会是一场
相当长期的全面抗争,人们是否已经在所有方面做好充分准备?
大规模对抗之前的充满自信,并非坏事。一旦冲突必然导致社会
经济生活全面倒退,国际社会的更多先例,乃是精英尚可自找出
路,而承担艰难困苦的还是基层民众。第二,"半秩序"转型期的
环境之下的一般逻辑,除了两强之外的几乎所有的第三方行为
者——在适度支持和同情的同时,更多地会倾向于协调中立。虽
然过渡期特征之下,西方结盟关系总体上还有拉帮结派的机会和
动员能力,但是绝大多数不会如冷战时的集团抗争般的跟上战船。
第三,从长远看,这场决斗是否能够实现中华民族"为人类做更

大贡献"和践行"人类命运共同体"的伟大抱负？显然，这不利于世界秩序的稳妥演进。（3）更为糟糕的局面，乃是大国间的高度对抗势必进一步引发各个力量中心之间的一片混战，整个国际社会进入无政府状态。（4）相比之下，在放弃任何幻想、准备迎接艰难挑战的同时，尽一切可能，维持尚存合作空间之下的多极化发展态势。"共处"而不是"互掐"，"缠斗"而不是"决斗"，"互鉴"而不是"独尊"，还是相对比较接近现实的选择。虽然传统工业国家在科技创新、战略实力、舆论传播、结盟关系等方面的领先状态不会一夜间消失，新兴国家合作竞争的潜能也有待一个相当长的过程才能够变为现实，但是，依靠中华文明数千年强劲传统，继续改革开放以来的惯性，保持独立自主、勇于创新的进取态度，尤其是以"自我革命"的勇气，脚踏实地着眼于"社会主义现代化体制和治理能力"的全面提升；同时，扎扎实实地以"一带一路"经营周边，从内外两个方面加强立足于区域的互联互通。具体地说，让科学务实的精神在我们的决策系统中发挥更关键的作用，让各个专业领域能更多地施展才华，让各级管理部门克服官僚主义，不是观望等待而是发挥更多主动负责和创造精神，让富有勇气的新生代不是"毕其功于一役"而是坚忍不拔地面对挑战，那么，自立于世界先进民族之林的目标，完全是可以实现的。

第二章

冷战后俄罗斯外交：主体、观念、结构与周期

观察全球转型进程与作为大国现象的俄罗斯之间的复杂互动，并不是一个仅靠人们耳熟能详的既有范畴，就可以轻松如意地加以解释的问题。换言之，为能够有效进行解释，需首先来讨论一些学术范畴、工具与理论问题，而不是按照所谓"政治正确"的需要，把事实与理论概念简单嫁接。这一章主要讨论当代俄罗斯外交的主体、观念、结构与周期所涉及的范畴与理论观点问题，为世纪之交以来俄罗斯与大国关系的阐述提供一个初步的铺垫。

第一节 有关俄罗斯外交主体的争论

俄罗斯外交主体的问题，主要是指俄罗斯究竟作为怎样的一种国家身份、带有怎样的体制特征，以及处于怎样一种特定历史地位在与外部世界发生关系。讨论身份政治的好处，是可以通过归类让每个国家对号入座，安得其所，然后确定其与整个国际体系之间的带有很大动态性的相互关系。但是其中一个还未被充分研究的问题是，几乎所有这些概念与范畴都是一定历史条件下的人为构建，难免带有各不相同的时代特征、利益背景和意识形态的烙印，从而，使得这些概念本身引发了无尽的争论。虽然，几乎所有这些争执都远无定论，但毕竟使我们有了一个较为广谱的思考空间，便于在"后真相""后事实"时代的扑朔迷离中去探究真谛。这里所选择做介绍与分析的，是比较能够体现俄罗斯外交特质的有关主体与身份的若干争论。

一、关于俄罗斯是不是"地区国家"和"冷战失败者"的辩论

冷战终结、苏联解体之后，对于俄罗斯国际地位的争论中，

有两个问题颇为值得注意。其一，认为俄罗斯已从世界大国迅速沦为"地区国家"；其二，与这一范畴相关的更为众说纷纭的说法，认为俄罗斯是一个"冷战的失败者"。

（一）俄罗斯仅仅是一个"地区国家"吗？

2008 年奥巴马执政后，为推行"重启"美俄关系，一度无论对于俄罗斯的内政还是外交，都表现得十分容忍。"美国政府数年来第一次几乎没有对俄罗斯的国内政体进行公开指责，也没有把俄罗斯的外交政策义务与俄罗斯的民主缺陷关联起来。"[1]但是，2013 年底乌克兰危机事发，特别当危机进入 2014 年 3 月 18 日，克里米亚被纳入俄罗斯囊中之际，美国政要忍无可忍了。很快，3 月25 日奥巴马在海牙核峰会后的新闻发布会上说："俄罗斯不过是一个威胁近邻的区域性国家，这并非由于其强大，而恰恰是因为它的虚弱。"[2]把俄罗斯称作"区域性国家"这一明显表示藐视俄罗斯的说法，一改"重启"以来奥巴马本人对俄立场的谨慎态度，而且半年之后，奥巴马进一步称俄罗斯是与埃博拉、"伊斯兰国"并列的美国面临的"三大威胁"之一，并且决定把俄罗斯逐出七国集团。[3]相比之下，2006 年德国还曾专门将七国集团主席国的位置让位于俄罗斯。奥巴马上述说法后来招致欧盟委员会主席容克

---

① ［美］安琪拉·斯登特：《有限伙伴：21 世纪美俄关系新常态》，欧阳瑾等译，石油工业出版社 2016 年版，第 242 页。

② Kathleen Hennessey and Christi Parsons, "Obama: Russia a 'regional power' losing influence because of Crimea", *Los Angeles Times*, March 25, 2014, https://www. latimes.com/world/worldnow/la-fg-wn-obama-russia-just-a-regional-power-20140325-story.html.

③ 老任：《奥巴马将俄罗斯列为当年世界三大威胁之一》，人民网，2014 年9 月 27 日。

的严肃批评。①也如美国驻苏联的最后一任大使马特洛克（Jack F. Matlock）在 2014 年瓦尔代论坛讲演时所直言，是美国的傲慢导致了莫斯科的非常反应。②

　　俄罗斯究竟是一个地区性大国，还是依然有着全球影响力的大国？根据《美国新闻与世界报道》，"世界上最强实力国家"（The World's Most Powerful Countries）2020 年排行榜统计，俄罗斯居第二位，美国第一位，中国第三位。③而据丹佛大学弗雷德里克·S.帕迪国际未来中心（Pardee Center for International Future）2020 年 7 月发布的对国家实力的分析模型，按国家占全球实力百分比的排序为：美国第一（18.6%），中国第二（16.74%），印度第三（8.45%），俄罗斯第四（3.3%），日本第五（1.49%）。④在俄罗斯被"降格"为"地区国家"的问题上，各方认知还是有很大差距。毫无疑问，2008 年以后从国际金融危机一直到乌克兰危机后西方的连续制裁，确实对俄罗斯实力地位构成巨大而全面的削弱。尤其，当 2020 年欧亚地区的白俄罗斯、纳卡地区、吉尔吉斯斯坦等地区出现动荡形势时，有分析认为：俄罗斯主导欧亚的前苏联区域模式已经"终结"。然而，在俄罗斯周边形势动荡的同时，人们却又看到了俄罗斯在东亚、北极、拉美和中东的全局伸展。俄罗斯影响全球的战略力量、能源资源领域的优长潜能、在全球议

---

　　①　夏文辉：《容克：奥巴马称俄是"地区大国"是大错误》，新华网，2016 年 11 月 29 日。

　　②　笔者注：2014 年马特洛克在瓦尔代论坛上的发言。

　　③　参见美国新闻网网站：https://www.usnews.com/news/best-countries/power-rankings。

　　④　参见丹佛大学网站：http://www.ifs.du.edu/ifs/frm_mainmenu.aspx。

程问题上的丰厚经验积累，以及俄罗斯辽阔疆域和独特地理位置所造成横跨全球的政治经济辐射力，都远非一个"地区国家"的范畴所能覆盖。无论西方国家对此问题有多少争议，至少俄罗斯人自己对此尚具自信。在他们看来：俄罗斯依然是一个虽非处处领先、但毫无疑问具有全球影响力的大国。这也是它未来能够得以继续伸展和抗争的认知基础之所在。无论从地缘政治、还是从世界历史观点来看，包括美国的俄罗斯学界也有学者认为：大国尊严的挫伤感必将使其难以再回归俄罗斯与西方热切相处的年代。但不光奥巴马本人已经提出了这样一个带有对俄罗斯贬抑色彩的官方判断，实际上，这一判断多半还来自美国国内的"主流精英"们的解读。而且，包括自 20 世纪 90 年代起驻俄工作多年的美国使节，以及驻俄主要智库的代表也大抵如此。无疑，这一观点势必影响美方对俄交往态度。用美国老资格的俄罗斯问题专家、曾在白宫工作多年、同时是乔治敦大学著名教授的安琪拉·斯登特的话来说，这些现在白宫主持工作，但并没有对俄罗斯问题真正下过苦功的年轻人，他们专业知识的缺乏，才是美国决策问题中的关键之所在。这是美国学术界和决策界一个非常致命的"社会学问题"。①

客观地说，俄罗斯联邦是作为苏联法定继承国而得到国际社会承认的。这意味着，一方面俄罗斯与解体后的乌克兰、白俄罗

---

①　笔者注：安琪拉·斯登特教授与笔者交往多年，曾经非常感慨地提到美国的俄罗斯研究与决策领域的人员政治与专业能力正在出现下降。在《有限伙伴》这部书中也有多次披露。书中提到俄罗斯外交部长拉夫罗夫与美国国务卿希拉里在宣布美俄关系"重启"的仪式上，美方把所赠俄方礼品上的俄文字样"перезатрузка"（重启），错写成"перугрузка"，以致引起了拉夫罗夫愕然。

斯、哈萨克斯坦等其他原苏联加盟共和国一样，都是独立平等的国际主体；但是另一方面，至少有以下四个方面，凸显出俄罗斯不同于一般的原苏联加盟共和国的地位与影响力状况。其一，经过国际协商，俄罗斯独自承担了苏联时期遗留下来的大量战略核武器的储存与监管，这意味着俄罗斯依然是一个具有法律地位、与西方就战略核武器进行对等谈判与合作，同时也有实力对西方进行反制的核大国。其二，俄罗斯作为苏联国际地位的法定继承国，拥有安理会常任理事国的席位。这不仅表明从苏联到俄罗斯的世界大国地位的延续性，而且这是以和平方式实现国际体制演进的一个重要标志。其三，俄罗斯是冷战终结、苏联解体后一系列重要国际组织的发起者和推动者，如独联体、集体安全条约组织、欧亚经济联盟、上海合作组织与金砖国家组织等，也是一系列多边活动的组织者，这说明仍然需要俄罗斯承担处理原苏联地区与全球事务的一定责任。其四，作为苏联时期政治、经济、文化影响力的最大承载者与后继者，俄罗斯维系着这一遗产，与世界各国家与地区保持着超过一般原苏联加盟共和国水平的传统关系。

事实上，在美俄关系"重启"的过程中，奥巴马正是因为曾把俄罗斯当作一个全球大国来看待，才得以与俄罗斯达成一系列重要协议；而一旦低估其实力，藐视其存在，势必会引发动荡。如安琪拉·斯登特所言："许多俄罗斯人认为，对于苏联解体后那种创伤和动荡的影响程度，美国一直都没有理解。事后看来，我们可以指出，俄罗斯在20世纪90年代应对从国家掌控经济演变到准市场经济这种转换的过程中，取得了无可置疑的进步。克林顿政府将俄罗斯邻国的非核化、市场经济起步、实现差额选举、拥有更大的言论自由，以及确保俄罗斯在巴尔干与美方合作，都视为其成就的一部分。然而，在新的欧洲—大西洋安全构架中，美国无法给俄罗斯提供一个有意义的角色，无法给俄罗斯提供一种利益。"

苦于90年代实力不张，俄罗斯在当时无法与美国公开叫板和抗衡。但是，"十年黄金时段"之后，俄罗斯国力有所复苏，特别是在普京威望抬升的背景之下，就很难再接受西方的这一类轻蔑贬损之词了。①

（二）普里马科夫对冷战"失败者"说的辩驳

如果俄罗斯是"冷战失败者"，是否意味着俄罗斯只能接受在其原有势力范围内的西方扩张？如果认为，因冷战的和平结束，俄罗斯并未告负，那么俄罗斯是否应该受到大国间的平等对待？这两种不同的判断，会形成两种不同的战略。两种不同的言辞，也会产生两种不同的身份认同。

没人能够否认，冷战结束过程中戈尔巴乔夫主动退却让步，以及苏联解体后俄罗斯综合国力急剧萎缩的事实。包括叶利钦政治顾问格·萨塔罗夫在回忆录中既含蓄但又明白地承认："许多国家（应该包括俄罗斯）外交政策中已没有了共产主义意识形态和对世界领导地位的追求，日益明显地出现了无条件向'冷战'胜利者投降，什么也不追求的倾向。"②实际上，根据笔者多年来与西

---

① ［美］安琪拉·斯登特：《有限伙伴：21世纪美俄关系新常态》，第288页。
② ［俄］格·萨塔罗夫：《叶利钦时代》，高增训等译，东方出版社2002年版，第578页。

方精英交往的感受，大多数人尽管会在场面上做出"冷战无败者"这样的宣示，但是，实际上，美国的战略决策依据，都是从苏联已经解体、俄罗斯已然衰落，已经不是当年与美国平起平坐的超级大国，因此，俄罗斯没有资格和美国坐到一张桌子上来平等对话，也没有权利和美国讨价还价这样的立场出发。这是美国，乃至于整个西方"深层话语"的基本心态。"9·11"事件以后，普京全力支持反恐，高举回归欧洲大旗，不光要求加入欧盟，而且希望加入北约，但是，欧美对此也多半不放在眼里，更多将之视为俄罗斯的示弱。从美国坚持北约东扩、在 2002 年决意退出反导谈判进程等举措来看，大体上，就是因为有着这样的一个深层心理背景在起作用。

然而，在普里马科夫看来，"苏联的解体不能归结于其在冷战中的败北"。理由是：第一，"人民支持叶利钦绝不是因为他做出了使苏联解体的事情，而是因为大多数人不愿意回到过去极权时代"。换言之，这是人民自动所做的选择。第二，普里马科夫作为一个持有中左立场的老资格政治家，曾经冷静客观地断言，苏联解体过程中，"并没有国外势力的直接参与"。在他看来，美国西欧盼望苏联早日崩溃的人为数不少，但"同时他们还担心，苏联的解体会导致国家出现动乱，因为在该国各地部署着大量核武器"。第三，"苏联的解体不能归结为其在冷战中的败北，有一个事实毫无疑问可以作为佐证。后苏联时期的空间并没有陷入混乱，苏联的核力量依然完整地保存下来，仍矗立在解体国家的法定继承者俄罗斯的国土上。然而，正是基于冷战结束后形成的不对称认识，换句话说，就是指美国赢得了冷战而苏联输掉了冷

战，华盛顿才认为，在世界事务中美国和俄罗斯的权利平等是
'不合理的'"。①

从国际法角度来说，以和平为终结的这场较量并没有法律规范
意义上的失败者。普里马科夫据理力争的要害是，俄罗斯是作为前
超级大国与美国一起终结了冷战。②显然，普里马科夫这一表述不仅
在俄罗斯是较有代表性的官方立场，也反映相当部分民众看法。但
是，冷战终结多年之后，这并没能改变绝大多数西方精英认为毫无
疑问地仍是把自己视为"唯一胜利者"的态度与立场。

二、当代俄罗斯：前现代、现代还是后现代国家？

从带有时间涵义的现代性视角来看，苏联解体后的俄罗斯究
竟是不是一个需要完成自身的——首先是国家政治建构的——现
代化的国家，而不是像欧盟国家那样已经完成了这一进程，处于
超越主权阶段的后现代国家？抑或，俄罗斯是一个既有大量前现
代特征，又面临现代化的紧迫任务，同时，又伴随着大量的后现
代禀赋的具有多重身份的大国？

从现代性的角度讨论国际关系中的行为主体的身份属性，并
不是纸上谈兵。苏联解体留下了一系列尚未能解决的问题，都与
现代国家的身份密切相关。比如，乌克兰与格鲁吉亚危机中暴露
出来的名义上主权独立，而实际上处于领土难以管辖的状态；即
使多年转型也未能真正地按照西方样式构建起国家、社会与市场

---

①② ［俄］叶·普里马科夫：《没有俄罗斯世界会怎样?》，李成滋译，中央编
译出版社 2016 年版，第 4 页。

间的持续稳定体制；欧亚区域化进程中的新兴独立国家相处的法律原则与传统"潜规则"之间的相互抵充，等等。这些都是与现代化水平实际状况和以现代性要求的国家建构中的重大反差。21 世纪以来的各种各样的欧亚地区冲突——格鲁吉亚冲突、乌克兰危机，包括先前的颜色革命——大都因上述未完成的国家建构问题而起。21 世纪以来欧盟与俄罗斯一系列争端中的一个基本认知问题在于"现代性"之争：欧盟认为，自己已经是一个超越国家主权，并是以超越主权的国家联盟方式存在的身份主体；同时认为俄罗斯还是一个尚停留于主权构建阶段的国家。因此就现代化发展水平而言，欧盟要"高于"俄罗斯。欧洲资深专家曾说：俄罗斯还停留在 19 世纪。但问题在于，俄罗斯另有主见。在俄罗斯专家看来：捍卫主权，就是在捍卫欧洲传统价值，同时，这更加符合时代潮流。俄罗斯精英对来自欧洲的批评毫不留情地反唇相讥：因为欧盟抛弃了主权观念，才真正是自乱阵脚，失去了方寸。而英国脱欧，正是这一观念之争所导致的现实写照。

　　从现代性角度来看待俄罗斯身份属性问题，之所以产生争议，因为这与如何重新阐述与现代化相伴随的世界历史进程的问题紧密关联。迈克·大卫-福克斯曾专门著文介绍与"前苏联"、苏联、"后苏联"各个时期相关的历史文献（主要是出自英美的历史文献）中，运用"现代性"概念进行研究的方法问题。虽然，现代性的概念是大多数历史学家的研究基础，但它的意义仍各不相同。迈克·大卫-福克斯归纳说，当现代性概念被用于俄罗斯之时，至少有四种基本方法。第一种方法的代表们，反对俄罗斯存在过现代性的观念：对他们来说，俄罗斯仍然是一个前现代国家。第二种方法认为，俄罗斯存在着现代性，本质上类似于其他国家的现代性；它是普遍国际历史发展进程的一部分。而在第三种方法看来，存在着许多不同的现代性，每个国家和地区有着自己独特的现代性。俄罗斯也是其中之一。最后，第四种方法提出：各种不同的现代性是能够在互相交织发展的背景之下，与多种传统元素相共处，并且创造出各种样式的混合体。①

现代性考量下的俄罗斯外交身份问题，之所以值得讨论，因为它既不像一些欧洲专家是基于线性式时间概念，而且是单一的线性式所描述的那么简单明了：超越主权的"先进"的欧盟 vs.维护主权的"落后"的俄罗斯；也并不全如俄罗斯一些专家以"回归保守"抵制"后现代"现象的评价来得那么消极，犹如俄罗斯知名学者科尔图诺夫（Andrey Kortunov）所言："后现代主义作为一种哲学和社会学建构，反映西方社会的日渐疲惫，特别表现出曾经在现代主义时代一度占主导地位的动员能力和不容妥协的理性主义原则，都不得不宣告趋于松弛。"②看来，关键问题还在于如何来理解"现代性"这一概念本身。

法国年鉴学派的一位重要代表人物，当代历史学家克里斯托夫·夏尔勒（Christophe Charle）认为：现代性就是"存在于当下的未来"，或进一步来说就是"被视为能真实存在的最好的一种未

---

① Майкл Дэвид-Фокс, Модерность в России и СССР：отсутствующая, общая, альтернативная или переплетенная? Новое литературное обозрение, №.4, 2016. https://www.nlobooks.ru/magazines/novoe_literaturnoe_obozrenie/140_nlo_4_2016/article/12048/.

② Audrey Kortunov, "From Post-Modernism to Neo-Modernism", *Russia in Global Affairs*, 2017, No.1, pp.8—18.

来"。按照这样的定义，夏尔勒指出："围绕未来的话语（指现代性）不仅会根据假想的未来重新诠释现在，还必然会重新诠释过去；而与之相反，以往的历史性体制则会以维系过去（'传统''风俗''先例''遗产'）为目标来构想现在和未来。"一个非常关键性的理解在于：在夏尔勒看来，第一，他是把"现代性"与"历史性体制"这两个概念加以区分。现代性话语主张：按"能真实存在的最好的一种未来"的要求重新构建过去、现在与将来三者之间的关系，而"以往历史性体制"只在于"维系过去"。第二，"现代性的高潮与低谷则指示了此种话语的制造与其传播能力的不平衡性"。换言之，现代化的发展水平取决于对过去、现在与未来三者相互关系的诠释与构建能力。也即，如果能够合理允当地构建起在过去、现在与未来这三者之间的叙事体系，那么，就能够切实有效地引领现代化的实际进程。第三，现代性的当代主题，是"在经历了充满疑虑困惑的'后现代'时代之后，尝试以讨论'多元现代性'与历史进程差别化的加速度来革新有关现代性的话语"。换言之，调处不同时间维度、不同文明背景下的现代性——如何去解决当代人缺乏共时性的这一深刻弊端——此乃当代的现代性争议的关键。在夏尔勒看来，欧洲精英欲将其自身的"现代性"强加于世，酿成了 20 世纪的两次大战的祸害；而盲目地模仿 1848 年"民族之春"的当代一系列不同文明与时间维度之下的所谓"颜色革命"，其实质都是停留于过去的集体记忆，无法应对变化无定的当代世界。①

---

①　Ludivine Bantigny, Quentin Deluermoz,《克里斯托夫·夏尔勒访谈》,《时间的不协调：一段现代性简史》, 节选自 *Vingtième siècle, revue d'histoire*, No.117, janvier-mars 2013, pp.231—246。

换言之，如果"现代性"仅仅停留在以西方经验来解释世界，以西方式国家认知来评判国家属性是否"现代"，而忘却了放在更为广阔的空间、文明范畴下，在不同时间性的维度之下来对之进行评说，诚如巴瑞·亨德斯所言，这样的"现代性"的理论基础就有了偏差。①

现代性视角下的俄罗斯身份争议，明显左右着各方的对外立场，显然是各种争端的由头之一。但是，相形之下，现代人文社会科学理论尽管提出了不少颇有意义的假设与命题，却远没有能形成共识。特别是还远远没有办法来对俄罗斯的"现代性归属"做出一个系统周全且令人信服的定义。在这样的背景下，至少"多元现代性"的提出，使得人们能够对不同时间维度、不同文明环境下的身份认知问题，提供一个还不那么教条、比较宽容开放的认定。换言之，使人们有一个更为广谱的视角来确定俄罗斯在国际政治现代化进程中的身份问题。②就此角度而言，至少，俄罗斯是在现代化进程中一个独立特行的世界性大国：无论是人们广为赞叹的思想、科技、文学、艺术等诸多领域拔得头筹的引领世界的重大进步，还是在尚存尖锐争论的政治、军事、安全等领域的制度创设、社会革命、地缘竞争对世界现代化所带来的深刻影响，俄罗斯这个巨人的落后与赶超、学习与反叛、模仿与创新、隐忍与奋起，都将会是在"多元现代性"的国际讨论中最值得关

---

① 这是巴瑞教授 2011 年在清华大学法学院组织的"清华法政哲学论坛：国家理性与现代国家"国际学术研讨会上的发言。转引自李宏图：《全球思想史：重思现代全球秩序的思想起源》，《华东师范大学学报》（哲学社会科学版）2020 年第 5 期，第 4 页。

② ［挪威］奎纳尔·希尔贝克：《多元现代性——一个斯堪的纳维亚经验的故事》，刘进等译，上海人民出版社 2014 年版，第 185 页。

注的大国之一。

三、冷战后的俄罗斯："帝国"还是"民族国家"？

如果不从现代化进程的线性视角，而是从政治属性的谱系视角出发，对俄罗斯外交主体的特性归属进行评判，那么至少涉及两个问题，也即苏联解体后的俄罗斯究竟是否已经成为一个标准的"民族国家"，抑或俄罗斯依然是一个"帝国"？

（一）从"民族国家"向"帝国"的倒转

"帝国"作为一个描述治理模式的中性概念，存在于世已经有数千年历史。比起当今任何号称具有现代建构的国家范式，俄苏有着时间更长、十分庞杂，但也丰富异常的与帝国有关的治理传统。在世纪之交的全球化、西方化的大潮之下，转向现代民族国家，毫无疑问，成为包括俄罗斯在内所有原苏联加盟共和国的基本政治要求。

一位颇具影响力的学者在 2003 年的一篇文章中，对正处转型中的俄罗斯外交主体的属性问题，曾明确提出："既然，俄帝国由于苏联的解体已正式结束，俄罗斯的外交政策欲重振帝国旧梦是不现实的。虽然，从过去十年的历史经验来看，俄罗斯转型确实经历了一个极其痛苦的过程。目前可以肯定的是，俄外交从帝国式走向大国——民族国家式的转型已大致完成。"[①]然而，人们发现，即使苏联解体，俄罗斯精英仍念念不忘地从"帝国"范式取

---

① 相蓝欣：《9·11 以后俄罗斯重振大国地位的努力》，《俄罗斯研究》2003 年第 1 期，第 5 页。

得借鉴。尤其，当这一地区推行欧美传统的民族国家建构的实践受到至少来自两方面的挑战：一是新独立的民族国家迫切地希望加入北约与欧盟的政治选择，严重削弱俄罗斯与原苏联加盟共和国的传统联系，深刻影响地区稳定；二是俄罗斯联邦在构建"民族国家"过程中，本身也面临着分离主义的严重威胁。20 世纪90 年代初以来，但凡希望脱离俄罗斯，或者希望从联邦中央获得更多权益的联邦主体，都曾经以"民族国家"范式，作为与联邦中央进行博弈的工具。尤其是 21 世纪地区危机接连爆发的情况下，从帝国治理模式中寻找借鉴，已成为俄罗斯精英公开讨论的一个话题。

在乌克兰危机发生五周年的时候，俄罗斯最有影响的国际研究刊物《全球政治中的俄罗斯》曾经专门组织了一场重要讨论。在这场讨论中，一方面俄罗斯学者与国际学者尖锐批评欧洲在20 世纪中叶摧毁了自身的帝国模式之后，并没能真正成为民族国家；但是又快速转入"一体化"进程，并在冷战终结后的 90 年代到 21 世纪最初几年走向顶峰；然而，又在这样短暂的一体化高潮之后迅速坠入内部动荡。这场讨论对此提供了一个新的诠释，认为这一曲折变化的实质在于：人为主观臆断地构建了过去的"帝国"、现代的"民族国家"、面向未来的"一体化"三者之间的相互关系。这导致了欧盟国家地区今天的混乱局面。另一方面学者们又提出：既不愿意、也无法加入欧洲"一体化"的俄罗斯，不能重回帝国，也成不了以欧洲式宪政与市民社会传统基础上的"民族国家"，于是，就需要在当代条件下对帝国遗产提出重新解释，以求运用传统治理机制的积累来摆脱"国家建构"和地区冲突的困境。①值得关注的是，这一场讨论不仅把国家内部构建与对外关系相互联系了起来，而且，关注从历史经纬的视野，来评判当代国际政治的进程。相比较于把"帝国""民族国家""一体化"这些概念简单搬用、就事论事，或者停留于意识形态宣传的做法，这场讨论的语境，似乎更是为了接近于当代国际事务多元化进程中的复杂现实。

(二) 危机深化中的民族主义因素

对于人们习以为常的通用观念的反思，首先是从以下这一问题开始的：民族国家构建的范式是否带来了后苏联地区的局势稳定呢？看来，事实比任何理论假设都要来得更为残酷。埃里卡·哈里斯（Erika Harris）认为：俄罗斯和乌克兰作为两个尚在构建中的后共产主义的民族国家（post-communist nationalizing states）之间的冲突，往往太多从地缘政治角度来加以诠释，而实际上，应该转向揭示民族主义和种族因素在危机中所起的作用。哈里斯认为，一方面历史记忆，尤其是第二次世界大战的历史事件被人为地玩弄了，历史形成的社会分裂被投射到当代冲突中。例如，早已被揭露和批判的乌克兰西部地区曾经依附纳粹的势力，现在却被描绘成为这是出于对俄罗斯的抗拒；战争时代"为独立而战的战士们"被描述成在苏联一直遭受牺牲和逮捕的民族发展的历史叙事的主角。而另一方面，后共产主义背景下，语言认同成为种族的

---

① Андрей Тесля. Россия без Украины: Трасформация большого нарратива// РОССИЯ В ГЛОБАЛЬНОЙ ПОЛИТИКЕ. №.2—3. https://globalaffairs.ru/articles/rossiya-bez-ukrainy-transformacziya-bolshogo-narrativa/.

代表，并越来越政治化。在各不相让的民族国家构建过程中，语言认同被利用、被扭曲、被简单地视为一种政治立场。哈里斯认为：当下的俄罗斯与乌克兰冲突，基本上是一个其中每一方都要通过对方才能对自己的民族定位进行重新梳理的互动过程。当乌克兰努力寻找如何从俄罗斯势力范围中得以解脱的时候，俄罗斯则致力于重新构建传统的叙事关系。哈里斯在这里讨论的对争议性历史记忆的民族主义诠释，对政治化了的种族—语言差异的大肆宣扬，的确在冲突中发挥了作用。实际上，这是一场"角色的战争"，因为种族、语言、传统这些要素正在各自民族国家建构过程中重新确定着各自的身份，这足以使俄罗斯和乌克兰之间的冲突升级。①

　　一些学者认为，民族国家的叙事模式并不合用于解决乌克兰危机，同时也并不合用于危机中的俄罗斯：其一，俄罗斯在历史上虽然努力学习西方，但并不存在西欧式的市民社会基础，而是富于宏大帝国的传统；其二，70 余年处于对抗性条件之下的高度集权和计划经济阶段，更是远离民族国家建构的范式；其三，在当代条件下，无论从内部还是外部来说，也很难简单地模仿欧美式的民族国家建构，反倒是有可能更多接受来自帝国辉煌拓展时期的遗产，来加强作为一个大国建设的体制上和思想精神上的基础。

　　总之，危机披露了一个重要信息：一度被认为是冷战终结后

---

① Erika Harris, "What is the Pole of Nationalism and Ethnicity in the Russia-Ukraine Crisis?" *Europe-Asia Studies*, 29 July 2021, https://livrepository.liverpool.ac.uk/3027073/.

从帝国向民族国家演化的"正常化"的路径，现在却成为欧亚地区危机深化的缘由。

（三）历史上的帝国已然离去，民族国家则姗姗来迟

乌克兰危机之后，俄罗斯出现了两种明显的回归传统的趋向。其一，2018 年年中，也即乌克兰危机过去将近五年之际，《全球事务中的俄罗斯》这份重要刊物上出现了两篇站在帝国研究立场上来观察这场危机后果的文章。在一篇题为《没有乌克兰的俄罗斯：大叙事的转型》的文章中，作者安德烈·特斯拉这样写道："为了回答有关俄罗斯和乌克兰的身份认同问题，非常有必要先搞清楚：乌克兰历史叙事的两种基本模式。"特斯拉认为：首先是"短时段"模式。这一模式见于 19 世纪 10 年代末到 20 年代初问世的《俄罗斯历史》（尼古拉亚·科斯塔马洛夫［1817—1885 年］）的文本。当时，乌克兰历史与哥萨克历史在很多方面是互为同一的。其次，在另一个古老的版本中，它可以追溯到弗拉基米尔·安东诺维奇（1834—1908 年）和他的学生迈克尔·格鲁舍夫斯基（1866—1934 年）的时代。这一版本则直接与俄罗斯历史"通常的"模式相矛盾。特斯拉认为：第一种"短时段"模式的特点，虽缺乏历史深度，但它与俄罗斯的历史叙事模式很少冲突。该模式中的乌克兰历史似乎就只是编年体历史，聚焦于最近几百年的事件，且也主要聚焦于第聂伯河流域地区。这一模式提供了宗教与民族认同的相互联系，因为它把赫梅利尼茨基起义描述成为国家历史上的关键事件，并将其解释成为一种为信仰而战的"宗教战争"。这一模式并没有让乌克兰历史上的关键事件与原有的大俄

罗斯的叙事相抗衡。而莫斯科国君强调的正是历史和信仰的统一。但是，第二种所谓"长时段"的模式，却强调希腊天主教与东正教的信仰差异，特别是在加利西亚等地区。这就与一系列有关俄罗斯的"统一性"的概念发生了直接矛盾。"长时段历史"模式保障的是乌克兰叙事中民族主义运动的偏好："哥萨克"的故事在这一历史叙事框架中就成了乌克兰民族复兴的基础；基辅罗斯的历史按照构建乌克兰的"黄金时代"的要求被塑造成"回归历史的时刻"。换句话说，只需要从民族主义立场出发，对所有现成的象征物一一加以对号入座而已。因此，特斯拉总结道：乌克兰历史中的"短时段"和"长时段"模式，是对于帝国历史框架的很不一样的两种立场。前一种立场允许无痛的"包容"，而另一种立场则正好相反，对俄罗斯帝国历史叙事加以坚决地反对。

面对着历史叙事中的鲜明对立，特斯拉颇为伤感地提出："作为俄罗斯的自我书写和自我理解，是否需要和不可避免地把描述乌克兰的叙事作为前提？俄罗斯能不能在没有乌克兰的背景下进行思考？鉴于上述历史回顾，帝国框架并不认为乌克兰是必须的组成部分。此外，帝国结构本质上是动态的，没有任何领土或民族元素是不可或缺的（帝国是存在于谱系移动之中的）。在乌克兰民族主义历史叙事的两种版本中，俄罗斯并不是作为实体要素，而是作为'敌人'存在的。乌克兰历史叙事是将俄罗斯作为敌人来构建自己的国家整体叙事的。"特斯拉的结论是："俄罗斯身份问题则不同，它有能力彻底重建帝国的叙事，提供一个不同版本的帝国历史，它来自现实逻辑，而不是过去的某一历史社区。……从宏大历史中分离出某种关于俄罗斯的叙事，作为一个独立的逻辑过程。"①看来，经过危机后多年的折腾，一部分俄罗斯精英已显得没有太多耐心，与乌克兰在传统的同一叙事框架下共处。

更为重要的，则是该杂志的主编费奥多尔·卢基扬诺夫（Fyodor Lukyanov）在同一期杂志中所撰写的总结。在卢基扬诺夫看来：不光帝国叙事适用于俄罗斯，同样也适用于当代欧洲的政治建构。他认为，首先，"鉴于耶鲁大学历史学家蒂莫西·斯奈德（Timothy Snider）所提出，任何欧洲国家都不可能建立起自己的民族国家（甚至像一些大国，如法国、英国、德国），它们要么是在帝国方式之下，要么只是在欧洲共同体的形式之下（研究者似乎有意抛弃了一些案例，比如斯堪的纳维亚；但是对于东欧，似乎结论更有道理——原作者注）。所以，如果坚持它自己独立的民族国家建构的那一套，那么，乌克兰注定会失败，因为欧洲共同体根本无法接纳乌克兰"。在卢基扬诺夫看来："欧盟本身的命运，尚且在未定之天。"他引用了来自奥地利维也纳人文研究所的老朋友伊万·克拉斯采夫所说的话："对于现代欧洲而言，最为尖锐的问题在于，需要克服的并不是'二战'的后果。而是'一战'，因为它破坏了一个曾经是帝国的世界。"其次，卢基扬诺夫认为："21 世纪第一个十年中期所发生的事件，表明当时普遍接受的观点是——要按照西欧的观念来对整个欧洲进行激进的改造。俄罗斯反驳了这一企图（这里有一点简单化了，但是，俄罗斯反对被纳入按照大西洋模板的'大欧洲'，在这一方面是发挥了关键性的作

---

①　Андрей Тесля. Россия без Украины: трансформация большого нарратива// Rossiia V Global' Noi Politike. 2018. No.2—3. Part 1. Vol.16.

用——原作者注），但是，它自己却发现处于一个完全不同的地缘政治和文化心理情况之下。"第三，卢基扬诺夫指出："蒂莫西·斯奈德认为欧洲国家无法克服帝国解体的创伤，只有欧洲一体化才取代了身份的丧失（或许值得回忆一下，前欧盟委员会主席巴罗佐坦率地说过，欧盟是一个新类型的帝国）。这对俄罗斯很重要。俄罗斯并没有成为一个民族国家，许多人正是这样看待解体之后俄罗斯的发展方向。"卢基扬诺夫又引用了圣彼得堡欧洲大学的阿列克谢·米勒（Alexey Miller）所言："将民族国家视为一种规范，是现代俄罗斯政治思想中的缺乏批判性的欧洲中心主义的一个例子……苏联遗产的特点，正是在于通过制度化和采用领土划分的方式巩固了多样化种族的存在。这使得在俄罗斯构建民族国家就再也不可能。"然后，卢基扬诺夫补充道："回到帝国当然不可能，……但是，俄罗斯也并不是建立在别人的民族架构的基础之上。正像安德烈·特斯拉所说，需要对帝国现象有新的理解。"

其二，什么才是对于帝国现象的新的理解呢？卢基扬诺夫特别强调："'俄罗斯世界'的概念在经历了乌克兰冲突的震荡之后，如果将它与领土收复主义、沙文主义相区别的话，这可以成为当代重新探讨帝国问题的一个组成部分。"2014 年 3 月 18 日，普京总统关于接受克里米亚加入俄罗斯联邦的议会讲演，可被视为出自历史和文明立场对其对外战略进行解释的一个重要例证。普京的原则起点是一个特定的世界观，即认为存在一个特殊的、统一的精神和文明共同体的"俄罗斯世界"（Русский мир）。这个共同体以俄罗斯为核心，"俄罗斯—乌克兰—白俄罗斯"这三个东斯拉夫民族构成的社区则是这个世界的基础。普京不止一次地强调俄乌关系的特殊性。而普京自 2012 年以来大力推动的政治目标——欧亚联盟——就是建立在这个文化核心基础上。这个基本定位为俄罗斯外交，尤其是在欧亚空间内的政策画上了浓重的文明色彩。3 月 18 日讲演不光强调乌克兰对俄罗斯文明作为多样化世界一部分的重要地位；而且直截了当地论证了 1954 年克里米亚归于乌克兰乃是历史的错误；并以此证明，今日收回克里米亚的历史合理性。①

　　从文明认同的另一面来看，与"俄罗斯世界"的正面形象相对应的是作为阻碍"俄罗斯世界"的敌人："西方"。后者由此构成了俄罗斯世界的"反题"。自 2012 年普京的第三任期以来，在价值观和文化意义上，普京表现出明显的保守转向，对于西方价值体系表达了日益明确的批评。普京提出："我们可以看到，许多欧洲—大西洋国家实际上正在抛弃他们的根基，包括那些构成西方文明的基督教价值观。他们在否认道义标准和所有的传统身份认同：民族的、文化的、宗教的、甚至是性别的。"②乌克兰事件把俄罗斯官方这样的表达推高到一个全新的高度：俄罗斯不再将西方视为一个可信的伙伴。

（四）俄罗斯：被重新发现的"多样差异性帝国"

　　就俄罗斯帝国的研究本身而言，21 世纪的一个重要学术变化，乃是来自西方的当代权威历史学家，当然也包括俄罗斯政治学家

①　2014 年 10 月 24 日普京在瓦尔代论坛的讲话，https://rg.ru/2014/10/24/putin.html。

②　《普京文集 2012—2014》，世界知识出版社、华东师范大学出版社 2014 年版，第 423 页。

与历史学家提出了要对俄帝国历史进行重新认识的呼吁。

　　曾被称为当今西方学界唯一曾预测到苏联解体，来自伦敦政治经济学院的历史学家多米尼克·列文（Dominic Lieven），在2000年写下《帝国》这部与西方传统对俄认知有明显区别的重要著作。①他在此书序言中态度鲜明地表示：在他广泛阅读西方出版的有关俄帝国的历史学著作后，惊讶地发现"居然没有任何一个（西方）历史学家希望从俄罗斯自身的视角来从事和写作帝国历史。大多数从事帝国研究的历史学家执著地将俄罗斯排除在本领域之外。对他们来说，俄罗斯问题就像是由一群凶猛而略显怪异的学术看门狗在严加巡逻的一片荒芜神秘的沼泽地。包括1991年之前苏联时期在内的帝国研究，不光是在智力供应方面令人感到气馁，而且，在政治上也是令人生疑的"②。无独有偶，美国斯坦福大学历史学家南希·科尔曼（Nancy Kollmann）2017年出版了《俄罗斯帝国1450—1801》（The Russian Empire 1450—1801），与传统西方史学界侧重于批判性地描述俄帝国历史的著作有所不同，科尔曼提出：第一，俄罗斯在最低限度上确定中央控制的手段，允许驯顺的人民保持他们自己各不相同的语言、宗教、文化、精英、法律和社会制度，创造出一个"具有多样差异性的帝国"。第二，通过交纳赋税，节省地方政府支出，保障社会稳定，建立了一个"便宜的帝国"。第三，俄罗斯是一个专制和多民族的帝国，但彼得大帝提倡学习西方，创造了欧洲化的高水平文化。科尔曼

①　相蓝欣：《9·11以后俄罗斯重振大国地位的努力》，第5页。

②　Dominic Lieven, *Empire：The Russian Empire and Its Rivals Edition Unstated*, Yale University Press, 2002, Preface, p.ix.

强调：正当新兴国家（如法国和其他帝国）正在与疆域之内不同的语言和法律体系进行斗争的时候，俄帝国实现国家统一的能力，令人印象非常深刻。①可见，在科尔曼笔下，俄罗斯是一个与西方并不一样的"大一统的帝国"。

多米尼克·列文、南希·科尔曼及其他学者对于西方学界对俄帝国研究现状所提出的批评，以及他们——这里还不包括俄罗斯自身的大量反思性历史文献——提出关于重新认识俄罗斯帝国历史的见解，显然为全面理解俄罗斯国际角色的问题提供了一个新视角。其一，帝国并不仅仅是一个消极观念，同时也是人类历史上迄今为止时间最长、褒贬参半的一种治理建构模式。其二，俄罗斯帝国与其他东西方的帝国相比，都有过扩张、压迫、杀戮的黑暗历史（其中包括卡尔·马克思对俄罗斯帝国现象的深刻批判），但同时也提供了多民族、多文明的治理经验。俄罗斯与一般的帝国这两者之间在多大程度上有其相异或相近之处？这是一个值得花大工夫探讨的问题。

顺便指出，在当前的辩论中，俄罗斯学界甚而又进一步提出了俄罗斯既非帝国，也非民族国家，而是居于中间状态这样新身份的观点。2017 年年底，在《全球政治中的俄罗斯》编辑部所组织的一场讨论中，俄罗斯学者提出："（俄罗斯）肯定不是一个帝国。这种状态已过时。它也不是一个民族国家。在俄罗斯当前现实之下，建立一个民族国家是不可能的。缺乏政治参与是其中间

---

① Alex Shashkevich, "Russian Empire's History in New Book", Stanford News Service，May 1, 2017, https://news.stanford.edu/press-releases/2017/05/01/stanford-expert-zes-russias-past/.

题之一。……俄罗斯甚至不是真正意义上的联邦，因为，这种国家体制意味着拥有高度自治的区域政治行动者的存在。"帕特里耶克·基里尔（Patriarch Kirill）因此认为："俄罗斯属于在民族国家和帝国之间存在着的一种'文明状态'。"①

总之，随着国际环境和俄罗斯本身的变化，无论就冷战胜负、地区或全球角色、东西方之间定位，还是民族国家与帝国之间的区分这些方面而言，未必就能够生搬硬套地把一些本身就尚存争议的定义，或者虽然非常流行、但本身意义还需界定的范畴用来界定俄罗斯的国际身份。比如，对于一场大体以和平方式而告终、历史与现实内涵极其复杂的宏大国际竞争来说，非常值得反思的问题是："冷战胜负者"的划分到底产生了怎样的实际作用？地区与全球角色的划分等级，有助于衡量国力的大小，但是，在当今复杂情势下，无法机械地断定一国在千变万化的国际情势下的实际影响力。至于是民族国家还是帝国的身份认同，前者有利于以平等身份栖身于现代国际共同体，而后者则仰仗于以传统纽带与威望拓展影响力。对于俄罗斯而言，既无法彻底"告别帝国"，也难以像一般欧洲国家那样认同欧洲式的现代民族国家身份。在美国工作多年的俄罗斯裔学者齐甘科夫曾经深刻指出：身份认同问题对俄罗斯与西方关系的重要影响在于，比起意识形态和地缘政治的直接抨击，对于俄罗斯国际身份的难以掩饰的藐视，是直接导致俄罗斯与西方走向分裂的动因。②西方对俄罗斯身份认同的认

---

① "Between Empire and Nation State", 13 February 2017, http://eng.globalaffairs.ru/number/Between-Empire-and-Nation-State-18594.

② ［俄］安德烈·齐甘科夫：《俄罗斯与西方：从亚历山大一世到普京》，关贵海、戴惟静译，上海人民出版社 2017 年版，第 63—74 页。

知错位，不可避免地使得俄罗斯奋起反击，以历史与文化认同为武器，包括追溯帝国治理的效用和借助历史文明共同体的叙事，大大加强其国际抱负的合法性的论证。

第二节　冷战后俄罗斯外交中的民主与专制之争

俄罗斯外交中"身份之争"所涉及的最尖锐问题，乃是如何来看待"民主""专制"或"威权"等当代不同国内体制背景下的对外政策问题。

一、冷战后意识形态与对外政策

冷战结束之际，国际社会比较风行的理念是"超越意识形态发展国家间关系"。在这种理念指导下，形成了冷战结束后最初阶段的相对和谐的国际氛围。但是，在此后若干年中，这一观念很快被形形色色的其他观念所逐渐取代。特别是美国对世界事务主导性的意识形态引领外交的观念风行一时，大体延续至今。

21世纪初，小布什政府一直宣扬的"自由议程"，实际上一直成为超越党派的美国外交的主要思想路线。小布什称："我们这个世界保持和平的最大希望，寄托在将自由广布到世界的每个角落这一点上，以此，美国的政策就是需求并支持每一个国家、每一种文化中民主运动和民主制度的发展。而且，美国的最终目标就是结束世界上的暴政。"①从 2009 年美俄关系"重启"一直到转向乌克兰危机重新对抗的这四五年中，与意识形态密切相关的重大政治事件影响着俄罗斯与西方的关系。2011 年初"阿拉伯之春"的兴起，就是其中之一。用安琪拉·斯登特的话来说：阿拉伯地区的动荡的确"凸显了美俄两国在意识形态和哲学观念之间的那道鸿沟。美国及其盟国强调的是从 20 世纪 90 年代巴尔干战争的痛苦教训中得出的两大核心原则的重要性，这两大原则就是保护的责任和进行人道主义干预的义务。相比之下，俄罗斯信奉的却是一种传统的、19 世纪的世界观，强调绝对主权和不干涉他国内政的重要性"。但是，安琪拉·斯登特在她自己的著作《有限伙伴》中，始终没有回答她在叙述"阿拉伯之春"对美俄关系产生的影响时自己所提出的问题："1947 年乔治·凯南以 X 先生名义发表的著名文章所提出的那个问题——即俄罗斯国内政体。"

美国究竟应该如何来看待苏俄以此为基础的外交？美国究竟应该如何来看待自身的国内政体与其对外政策之间的相互关系？换言之，一般而言，意识形态与外交政策究竟应该是一种怎样的关系？其实，乔治·凯南在他的日记中对此是有比较明确的回答的。第一，冷战起始阶段，凯南虽提出了对苏"遏制"的核心思想，但是，恰恰是他坚决反对当年杜鲁门的全球扩张政策。第二，他固然尖锐地批评苏俄国内制度，但是也明确主张冷战政策是有限的政策，要把对抗限制在政治领域，而不应该涉及军事领域。第三，基于同样的道理，凯南在 1996 年坚决反对北约的即将东扩。

---

① ［美］安琪拉·斯登特：《有限伙伴：21 世纪美俄关系新常态》，第 97 页。

凯南赞成托克维尔的一个十分重要的判断：民主政治主导下的对外政策"即便做到它最好的程度，也是很不够格的，因为它没有远见，看不到未来，也看不到长远的发展趋势，因此最后必然会导致外交和政治上的无能为力，以及经济上的衰退"。①可见，被称为"冷战之父"的乔治·凯南本人与托克维尔一样，并不主张将美国国内民主政治与其对外政策紧密挂钩。从原则上说，非西方国家可以，也应该学习西方的民主治理传统；奉行民主政治理念的国家，可以以此而结盟；但无法要求所有国家，甚至在一个相当短的时间内，都变成与自身同一的政体。然而，一旦当互联网时代的中东地区出现了要求民主自由的社会抗议运动，无论是共和党的小布什政府，还是民主党的奥巴马政府，都不会愿意错失这样的机会，把推进民主自由作为当务之急，而把包括美俄关系在内的诸多务实合作置于次要地位。其中原因十分复杂，而核心问题在于，作为以民主政治为立国之本的世界头号大国，美国不太可能放弃以意识形态来引领它的对外政策。相形之下，虽然俄罗斯早已放弃了共产主义意识形态，但由于坚持以国家主权立场和反对外来干涉的观念来主导外交，因此，美俄间的观念对抗依然不可避免。

自乌克兰危机发生后的那一次瓦尔代论坛——也即 2013 年大会起，普京多次公开表示，即使俄罗斯放弃了原有的意识形态，也并没有更少经受来自西方的地缘政治的挑战与压力。事实上，俄罗斯在放弃传统意识形态之后，不光经受着地缘政治压力，还

---

① 参见［美］乔治·凯南：《凯南日记》，曹明玉译，中信出版社 2016 年版，第 193、463、593—594 页。

有地缘政治与意识形态相交织的挑战。虽然这种意识形态之争，已经不是共产主义对抗资本主义，但是，以人权、民主、自由为普适价值与基于威斯特伐利亚传统的维护主权的观念形态之争同样是紧张激烈。从这个意义上说，回顾乔治·凯南在日记中的肺腑之言，有助于人们洞悉当今国际乱局的谬误所在。

二、乌克兰危机的教训：这是"民主对抗专制"？

在欧美国家和乌克兰独立广场运动激进分子所宣扬的观点看来，乌克兰危机乃是民主与专制、自由与强权之间的对峙，乌克兰要求加入欧盟，成为真正意义上现代民主自由繁荣的"欧洲"的一部分，这是旨在彻底摆脱苏联和俄罗斯帝国传统对其的影响。在乌克兰危机中，这一观念得到了极其广泛的传播，甚而被作为判断是非的即使不是唯一、也是主要的标准。

如何来看待乌克兰被作为代表"民主"这一方的这一假设呢？作为"历史终结论"的倡言者弗朗西斯·福山，曾经在他的《政治秩序的起源：从前人类时代到法国大革命》一书中谈到了与民主制度有关的当代社会的"四种焦虑"：其一，21世纪以来，取得民主进展的国家发生了逆转，引起了国际社会的极大关注和不安；其二，走出威权状态的一些国家陷入了既非威权、也非货真价实民主的"灰色地带"；其三，民主制度的建立本身并不表明治理业绩的优劣，民主制度面临的最大挑战可能是无法履行民主所允诺的好处；其四，作为政治失败的普遍的制度不稳定未能在国家和国际层面上对全球资本主义扩张提供恰当的管制。福山把乌克兰归入上述的第三类"焦虑"的典范。在他看来，乌克兰至少很难被视为一个有效的民主政体，因为乌克兰的政治制度无法提供"民众所需要的基本服务"。①

　　在乌克兰危机中所形成的普遍共识是：乌克兰国内宪政多变、国家治理功能衰弱，造成精英普遍寻租、人民共识高度匮乏，这乃是造成本次危机的一个长期的内部结构性原因。相比之下，虽然 2011 年 9 月 24 日普京重返克里姆林宫执政，曾经是一个引起欧美国家精英普遍感到"并非全然出乎意外"但"令人震惊"的变化。但值得关注的是 2011 年秋天之后，经过了 21 世纪以来第一次俄罗斯大规模的抗议运动，包括 2012 年总统竞选的激烈过程，俄罗斯的内政出现了较大的变化：重开地方领导人的直接普选；大规模的打击腐败运动；俄最高领导人与反对派直接对话；万众关注的俄罗斯首富霍多尔科夫斯基被赦免等一系列举措。按照费奥多尔·卢基扬诺夫 2014 年 4 月在华东师范大学所做的一次严肃学术演讲中的半认真半开玩笑的一段表述：同样是转型国家的腐败现象，在俄罗斯，拿了钱的人帮你办事；而在乌克兰，拿了钱的人随后却是马上消失。②实事求是地说，即使按照西方的标准，俄罗斯与乌克兰都面临着如何在一个急剧转型社会中实行民主与法治的艰难挑战，很难用"民主与专制"的黑白对照来简单区分俄罗斯与乌克兰内部体制孰优孰劣。

---

　　①　［美］弗朗西斯·福山：《政治秩序的起源：从前人类时代到法国大革命》，毛俊杰译，广西师范大学出版社 2012 年版，第 5 页。
　　②　费奥多尔·卢基扬诺夫 2014 年在华东师范大学俄罗斯研究中心的讲演。

三、"民主和平理论"能站得住脚吗？

在有关乌克兰危机的国际舆论和争辩中，一个常见的判断是，似乎一个不够"民主的"乌克兰只要加入"民主的"欧盟，就能够避免目前的危机和冲突，就能够维持当地的和平与稳定。这是欧盟和乌克兰一部分政治家的基本构想。欧盟"东部伙伴关系"计划（Eastern Partnership，简称 EaP）以及乌克兰在 2013 年一整年为加入欧盟的忙碌，基本上也是在这样的前提之下展开。这样就涉及了一个更为普遍的命题：被奉为国际关系基本理念的"民主和平理论"，其大意是凡民主政体就能够建立和维持相互之间的和平、避免相互战争。这个西方国际政治理论中未经充分证明、却多年流行的说法，一般认为来源于康德写于 1795 年的《论永久和平》这篇长文。

需要提出的一个关键问题是，就康德《论永久和平》一文所提出的表述而言，他所强调的实现和平的关键之点，恰恰是倾向于"共和制"，而非一般传说中的"民主制"。在这篇重要的文章当中，康德还着意于将"共和制"本身与"民主制"相区别。以下仅载录康德在《论永久和平》中的直接相关论述的要点，大体包括：第一，永久和平的保障在于有一部保障和平的宪法；第二，永久和平的保障并非民主制，而是共和制，因为共和制宪法"除了其来源的纯粹性（即来自法权的概念之纯粹根源）之外，还有指望达到所期望的结果，即永久和平"；第三，"共和主义（Republikanism）是'将（政府的）行政权与立法权分开'的政治原则"；第四，关于为什么是共和制，而不是民主制才是和平保障的问题，康德认为："民主政体（依此词的本义而言）的形式必然是一种独裁制；因为它建立一种行政权，使全体针对个人、甚至可能忤逆个人（因而未得到他的同意）而做出决定，也就是说，不成其为全体的全体做决定。这是共同意志之自相矛盾，也是它与自由之间的矛盾。"①

康德的本意恰恰是，被称为"民主政体"的政治形式存在着通过暴力以达成宪法的可能性，因而，其对内、对外表现可能与和平的目标相悖。康德的思想与麦迪逊《联邦党人》中所表达的思想异曲同工：在麦迪逊看来：共和政体之所以优于纯粹的民主政体，主要在于它能缓解党争带来的恶果。②因此，尽管民主与专制问题可以影响当今国际政治，但不能够仅仅以"民主"作为决定是否和平的基本理由。何况，犹如乌克兰这一类"民主政体"自身还有着大量无法与基本民主要求相吻合之处，大大增加了内部和外部的各派政治力量实现和解的困难。进一步言之，无论是"颜色革命"、格鲁吉亚与俄罗斯"五日战争"、科索沃冲突、伊拉克战争、乌克兰冲突本身的动因、过程，还是其外部环境，都充满了各种复杂因素，远远超出"民主抵抗专制"的简单化的命题。

简言之，转型中国家理当为推动真正民主制度及其外部关系的理性构建，进行认真尝试。民主体制当然可以、也应当为和平的国际秩序做出贡献。但是，不能以被大大简单化了的所谓"民

---

① ［德］康德：《康德历史哲学论文集》（繁体版），李明辉译注，联经出版事业股份有限公司 2013 年版，第 181—182 页。

② 段德敏：《戈登·伍德与"美国政治科学"》，《读书》2020 年第 6 期，第 82 页。

主与专制的对抗"的命题来看待乌克兰危机，更不能被这一类似
是而非的教条曲解当今全球转型中国际危机的复杂含义。

四、来自国际史和当下的两种分析

有两个问题值得在这里做进一步的讨论。第一，作为意识形
态原则的民主范畴，在国际史上究竟多大程度上曾经在民族国家
体系内得到推广。布达佩斯中欧大学教授、俄罗斯与东欧历史学
家阿列克谢·米勒曾做过这样的分析：首先，18—19 世纪，英法
帝国在宗主国内形成了一些民族国家，借助于帝国"硬实力"和
"软实力"，向这些民族国家输出民主。如《拿破仑法典》的输出，
不仅仅是因为人权宣言思想的魅力，"还借助于近卫军的军刀"。
其次，19 世纪下半叶至第一次世界大战之前，欧洲议会民主的维
系借助于君主制和皇室（如奥地利）；同时期的拿破仑三世和俾斯
麦时期的普鲁士的议会制度则毫无疑问借助于"波拿巴主义"的
强权。然后，第一次世界大战到第二次世界大战期间欧洲新生的
民主政体更多靠威权主义的支撑。再次，冷战的背景下，西班牙、
葡萄牙、希腊、土耳其等欧洲外围国家推行民主，靠的是在主要
民主国家建立起来的北约、欧共体等具有强制性的机制充当"外
部稳定器的角色"。同理，冷战结束后前共产主义国家在推行民主
体制时存在大量问题与缺陷，同样依靠了这样的"外部稳定器"，
才站稳脚跟。最后，21 世纪一波又一波的并不成功的"颜色革命"
只是证明，只有当这些国家本身被输入到"外部稳定器"支持下
的西方体制内部时，才有可能建立西方式的民主制度。甚至，
2000 年美国大选中戈尔与小布什两位候选人关于选票的争端，最

后也是由民主制度本身之外的力量介入——高层内部协调——才得以解决的。阿列克谢·米勒教授通过民族国家体系内民主发展的历史研究证明：如果不是依靠来自外部的强权、暴力，抑或古老传统（如皇室权威）或精英内部调节，民主难以被维持和推广。换言之，如果仅仅是以民主范畴作为依据，很难用来作为划分国际关系主体的性质的标准。①

另外一个重要背景是，美国国际研究领域的自由主义与民族主义、现实主义各派间当下正就自由主义霸权的前景展开热烈辩论；与上述争论关系密切的一个论战命题是：国际政治中的自由主义与民族主义，及崇尚权力均衡的现实主义，究竟何者起着更为根本性作用？

其实，自由主义与民族主义、现实主义相互之间的争论，乃是冷战终结、苏联解体以来国际政治领域贯穿始终的一场重大争论。这场争论起于 20 世纪 80 年代末弗朗西斯·福山所发表《历史的终结》长文，该文认为自由主义在 20 世纪上半叶打败了法西斯主义，在 20 世纪下半叶又"打败"了共产主义，如今已不存在可行的替代选择。世界最终将完全由自由民主国家组成。②20 世纪 90 年代中期到 21 世纪第一个 10 年之间，以普林斯顿大学约翰·伊肯伯里教授、伦敦政治经济学院戴维·赫尔德教授等为代表的自由派知识分子，主张要改变"民主政治与国际关系这两者之间

① ［俄］阿列克谢·米勒：《从 19 世纪的民主制走向 21 世纪的民主制：下一步如何？》，载［俄］弗拉季斯拉夫·伊诺泽姆采夫主编：《民主与现代化——有关 21 世纪挑战的争论》，徐向梅等译，中央编译出版社 2011 年版，第 71—80 页。

② Francis Fukuyama, "The End of History?" *National Interest*, 1989, No. 16, pp.3—18.

不仅在实践中，而且在理论上均鲜有联系"的现状①，提倡国内奉行自由民主体制的国家"要将尽可能多的国家转变成像自己一样的民主国家，同时促进开放的国际经济，建立国际制度"②，提出了系统而完整的关于建立"世界主义民主模式"和"自由主义国际秩序"的论述。直到 2008 年国际金融危机，乃至而后乌克兰危机等事件之后，面对新兴国家的迅速崛起，该流派依然显示出对构建自由主义国际秩序持有信心。

对于上述这一派别持有极其强劲批判态度的人恰恰来自美国内部。其中，最有代表性的就是芝加哥大学的约翰·米尔斯海默。第一，米尔斯海默是从国际力量结构不断变化的角度，来看待大国与意识形态相互关系的。在他看来：在单极世界，像美国这样的"单极国家可以无拘无束地采取一种主要基于意识形态考虑的外交政策，因为它不必与一个大国展开安全竞争"。但当"中国和俄罗斯再次进入大国行列，推动国际秩序从单极转向多极。一旦如此，大国政治就重新回归，意味着美国不再能够无拘无束地追求自由主义霸权，而必须按照均势的逻辑行事"。第二，米尔斯海默认为：在自由主义、民族主义、现实主义这三大思想原则中，"民族主义和现实主义几乎总是压倒自由主义。我们的世界很大程度上被这两种强大的主义，而不是自由主义所塑造"③。在米尔斯

---

① ［英］戴维·赫尔德：《民主与全球秩序》，胡伟等译，上海人民出版社2003 年版，第 15 页。

② ［美］约翰·米尔斯海默：《大幻想：自由主义之梦与国际现实》，李泽译，刘丰校，上海人民出版社 2019 年版，第 1 页。

③ 同上书，第 4 页。

海默的眼中，自由主义所依赖的两个前提——个体理性和个人权利——忽视了人在本质上是一种社会存在。在无政府主义逻辑主导的国际社会中，个人分属于不同的民族国家，由此，导致个体理性和个人权利的实现都高度受制于民族国家体系。民族主义、现实主义为国际体制运行所提供的支持远远强于自由主义。表面上看，米尔斯海默发起了对美国追求自由主义霸权的重重一击，但实际上，他对于一个多极化世界中，是否有足够理由使用"民主""自由主义"一类意识形态概念来区分不同的外交行为者，提出了尖锐的挑战。

尽管，所有这些有关民主、自由、专制、威权的争论并不全都发生在俄罗斯，但是，俄罗斯却始终成为这些争论的主题。上述有关俄罗斯外交的主体、身份之争还远未穷尽。甚至越到晚近，有关俄身份谱系的争议越趋热烈。比如，21 世纪以来有关俄罗斯外交最经常被提到的话题乃是俄罗斯是否为现行国际体制的修正主义者，或者俄罗斯是当代西方体制的最大挑战者？诸如此类。看来，摆在当代国际学界面前一个分量不轻的责任，是需要重新梳理作为世界大国的俄罗斯的主体身份，以及意识形态观念对当代国际进程的复杂影响。

第三节　俄罗斯所处的对外关系结构

俄罗斯所处的国际关系结构，包含这样几层意思。其一，是指在整个国际关系体系的历史演进过程中，俄罗斯占有何种地位。其二，是指作为世界历史上最大的东西方文明结合部，俄罗斯究竟是归属于东方，还是归属于西方的问题。其三，是指在当代国际范式转型中俄罗斯的结构功能，尤其是俄罗斯在当代的几组重要大国多边关系中——比如俄、美、欧三方关系，或中、美、俄三方关系当中——所起的作用问题。这是三种不同的从结构角度的观察：既有从国际体系总体结构的演进过程的观察；也有从国际史上一个最为常见、最为含混不清，同时也最让俄罗斯直面以对的"东西"问题的分野；还有作为一个基本国际现象——三边关系——从动态性的结构功能的分析。笔者希望通过这样多侧面多涵义的结构分析来揭示俄罗斯外交的多面性。

一、国际关系体系演进中的俄罗斯地位问题

俄罗斯与国际体系之间的相互关系，之所以值得讨论，因为这种相当独特的关系在很大程度上体现了俄罗斯对外关系的特性与禀赋。同时，俄罗斯的所作所为，也在不同程度上参与着国际秩序的变化与重构。

在伊曼纽尔·沃勒斯坦的"世界体系"理论中，这位被称为新马克思主义者的作者曾这样描述俄罗斯的国际地位："俄罗斯在16和17世纪是否为欧洲国家一部分（因而属于欧洲的国家间体系）过去和现在都是一个学术上的疑问。无论甚至在20世纪俄罗斯是否为'欧洲'的一部分对某些人还是个问题，但是没有疑问地苏联（U.S.S.R）今天完全是（现在世界范围的）国际体系的参与者。而我要提出的论点是，俄罗斯只是到18世纪才成为（那时

欧洲的）国际体系完全组合进来的成员。"①非常清晰的是，在沃勒斯坦眼中，俄罗斯是处于"边缘地带"，作为后进国家身份被纳入以资本和贸易为主体的现代世界体系中来的。

如果说，沃勒斯坦相当客观地描述了俄罗斯的国际地位，那么，曾经位高权重的地缘政治大家基辛格在其名著《世界秩序》中有两段话，则略带消极地表达了对俄罗斯对外发展历史的看法。其一，基辛格认为："俄国的扩张形成了一种国家观点。受似乎难以遏制的扩张欲望的驱使，最初的莫斯科大公国不断缓慢地向欧亚大陆延伸，成为世界上最庞大的帝国……俄国强盛时专横跋扈，自恃是高人一等的大国，迫使他国对它俯首帖耳；国势虚弱时，则以自身蕴藏的令人生畏的巨大能量掩饰自己的虚弱。无论俄国是强是弱，对习惯与更温文尔雅的国家打交道的西方诸国来说，都是一个特殊的挑战。"基辛格对俄罗斯的这一段认知，一定程度上披露了多数西方精英在俄罗斯问题上的深层共识。②其二，基辛格还表示："如同美国当年向西部扩张一样，俄国为自己的征服披上了道德的外衣，……美国的愿景令人乐观无比，而俄国的扩张基本上靠的是坚忍不拔的吃苦精神。……俄国认为自己肩负着特殊使命，要充当（东西）两个世界之间的桥梁，然而，却浑然不懂它的这一使命受危险势力范围的包围。伟大的俄国作家、充满激情的民族主义者陀思妥耶夫斯基曾援引过一句话：'俄国人拥有一种与生俱来的无休止渴望，想在地球上建立一个统一的普世教

---

① ［美］伊曼纽尔·沃勒斯坦：《现代世界体系》，郭方等译，社会科学文献出版社 2013 年版，第 199 页。

② ［美］亨利·基辛格：《世界秩序》，中信出版社 2015 年版，第 57 页。

会.'……内涵不断扩充的'俄罗斯之魂'（日后俄罗斯一些思想家的提法）这一说法包含了一个坚定不移的信念：终有一天，俄国人多年忍受的艰辛和折磨会结出硕果；它走过的历程会被证明是正确的；它的成就会受到颂扬；西方对它的态度会从轻蔑改为敬畏……"①无情的事实是，迄今为止，基辛格所描述的俄罗斯愿景，并没有成为现实。相反，是东西方之间连绵不断的遏制与反抗、制裁与抵制、羞辱与抗辩这些成为可怕的纷争之源。

　　然而，无论俄罗斯与西方关系处于何等艰难境地，有几个很难被抹杀的事实在于：第一，俄罗斯从世界体系边缘跃居中心的历程是独一无二的。没有一个世界级大国曾经像俄罗斯那样，经过千年努力，从欧亚大陆纵深地带的一个小公国走到世界舞台中心。无论是在 19 世纪初拿破仑战争后的维也纳体系，还是 20 世纪打败法西斯之后的雅尔塔体系，俄罗斯曾几度成为决定世界事务走向的"顶级玩家"。第二，俄罗斯在世界文明谱系中的定位是独树一帜的。千年剧变中，也没有任何一个国家像俄罗斯那样，雄踞纵横东西南北的世界上最大的东西方文明结合部地区。这样一种十分独特的地缘文化背景，使俄罗斯形成其以东正教文明为主干，同时既知晓西方、又面向东方，既能博采众长、又在多方竞争中脱颖而出的文明构架。第三，俄罗斯在全球体系中广袤的区位特征是无可比拟的。没有任何一个国家疆域的扩展程度达到像俄罗斯那样，即使在解体后依然具有世界第一的规模。这一辽阔空间使俄罗斯不光具备防御外敌的地缘纵深，而且使其能够具有

---

① ［美］亨利·基辛格：《世界秩序》，第 62 页。

诸多条件与海洋性强敌相抗衡。即使在现代科技条件下，空间优势并没有失却其重大而深刻的战略、政治、经济、人文意义。第四，俄罗斯的善于学习但又敢于抗争的内在张力在东西方关系史上是令人刮目相看的。没有任何一个国家能像俄罗斯那样，既曾在彼得大帝以后的几个世纪中成为西方最虔诚的学生，但又迅速成为西方秩序最大的反叛者。在 20 世纪初期，以独树一帜的国家与意识形态建构，独自与整个西方世界长期对抗。第五，俄罗斯在大国之路上那种跌宕起落的命运反差是史所未见的。几乎被人遗忘而又多次反复出现的一个重要事实在于：似乎未曾有过任何一个世界级大国像俄罗斯那样，在 13—15 世纪被蒙元帝国全面统治两个半世纪之后迅速成长为一个新兴的大一统国家；而在 19 世纪初遭拿破仑大规模入侵，在 20 世纪又遭希特勒全面侵占之后，几陷绝境的俄罗斯人以坚忍不拔的意志力承受挑战与磨难，最终毫无畏惧地从逆境中奋起，彻底打败了来犯者。包括 20 世纪末苏联解体的严峻考验也未能使俄罗斯一蹶不振，而后又重新跋涉在复兴强国的进程中。一次次从危亡中起死回生的经历，一轮轮反差巨大的制度实验，既是俄罗斯宝贵遗产，又是严峻挑战。

俄罗斯争取国际地位的漫长过程，总是伴随着热血与浴火的独特经历，也总是伴随着前所未有的黑白相间、褒贬参半的是非评说。尤其在现代信息社会条件下，当普京励精图治，使国力衰竭的俄罗斯甚至一步一步有选择地重新恢复全球范围内一部分影响力之时，对俄罗斯与外部世界关系的看法争议，更如冰火不可同日而语。近来，著名国际史专家巴里·布赞提出，要重新梳理国际关系的历史，包括要把影响重大，但一向未引起足够诠释的

1689 年《中俄尼布楚条约》的签订、19 世纪中叶的俄土战争等案例作为重大历史事件纳入国际关系历史。①作为一个重要国际角色的俄罗斯，从边缘到中心的发展轨迹，究竟是对人们习以为常的西方为主导的国际体系的一个补充，还是需要另起炉灶来重写国际史，看来还存争议。但是，当西方为主导的国际秩序本身发生动摇，人们要求重新梳理历史，发掘延续和沿革秩序的各种因素之时，重新思考国际史上曾经起过、现在还保持着独特性的俄罗斯的国际角色，的确是值得回首凝思的重要一幕。

二、俄罗斯究竟属于"西方"，还是属于"东方"？

百年以降，每当重大历史选择关头，俄罗斯政治精英几乎没有例外地会重提有关俄罗斯究竟是属于东方、还是属于西方的热烈争论。无论俄国十月革命前夕、赫鲁晓夫解冻时期、戈尔巴乔夫改革阶段都先后出现过各种形式的"东西之争"。

苏联解体之后，即使在当时西方化的大潮之下，"东西之争"在俄罗斯依然有过自己独特的表现。从思想上说，恪守本土传统、主张兼容东方的欧亚主义是 20 世纪 90 年代俄罗斯用以与"西方化"趋势抗争的一个影响广泛的社会思潮。从外交与政治上说，欧亚主义并非无本之木。90 年代中期中俄战略伙伴关系的建立，以及 21 世纪初上海合作组织的成立，从深层次上说，都还与"东西之争"相关联。21 世纪以来，历经科索沃冲突、"9·11"事件、美国退出《美苏消除两国中程和中短程导弹条约》（本书下文

---

① Барри Бузан о Шести значимых событиях, которых достаточно для пересмотра мировой истории//Россия в глобальной политике. 8 мая 2020.

简称为《中导条约》）、北约欧盟同时东扩、欧亚地区"颜色革命"、格鲁吉亚危机、2008 年金融风暴、美俄关系短暂"重启"的失败，以及"阿拉伯之春"这样一连串的直接影响俄罗斯稳定的国际波动，普京决心重新参加总统竞选。这一时刻，"面向东方"已经成为普京深思熟虑的一个战略选择。普京在 2012 年经过激烈竞选，重新当选总统之后，尤其是经过乌克兰危机过程中的全面审视，更加坚定了面向东方的战略决策。

　　虽然，直到 2014 年 1 月普京还在欧洲发言中称"欧亚经济联盟"是欧盟的延续。包括普京在内的俄罗斯精英不光强调的是俄罗斯与欧洲的文明渊源关系，而且认为俄罗斯本身就是"大欧洲"或者"欧洲大家庭"中的一分子。也即既强调欧洲身份，但是又强调美国、西欧和俄罗斯乃是三大独立的地缘政治实体单位。一直到以后几年中"大欧亚伙伴关系"的提出，俄罗斯在面向东方的同时，并没忘记自己作为大欧洲之一的身份认同。在乌克兰危机爆发之后，普京的回答非常明确：其一，"单极世界已经结束"，而俄罗斯是国际多极世界的重要一方。俄罗斯整个应对乌克兰事件的举措，就是向单极世界挑战的一份宣言。其二，俄罗斯具有世界一流的战略力量、独一无二的资源与空间优势，也具有曾经超级大国的丰厚国际经验，俄罗斯远不仅仅是一个地区国家，因而，面对西方国家冷战后连续不断的打压和威逼，俄罗斯可以在全球层面上做出自己的应有反应。其三，无论从历史还是现实来看，俄罗斯不仅是"大欧洲"概念之下的平等一方，同时也是欧亚大陆大家庭中的重要一员。这"一身而二任"的特殊地位，使俄罗斯具有既面向西方、又面向东方的特殊地位，也决定了俄罗斯在面向东方和面向西方的取向方面的宽广选择和灵活谱段。这样的一个历史地位在可见的阶段不会发生变化。

但是，多年来俄罗斯各派精英之间围绕着"东西之争"，立场远不一致。2015 年 9 月 30 日《独立报》曾发表过一篇题为《俄罗斯：转向东方，但仍会与西方冲突——外用药膏帮不了本国经济》的文章。该文认为：第一，俄罗斯需要维系并加强与欧洲的合作，而不要寄希望于用中国以及其他亚洲国家来取代欧洲。第二，在前财经副总理库德林等人看来：朝东转对俄罗斯经济而言并不现实，缺乏深思熟虑地转向东方，可能会引发消极后果。第三，该所资深专家尤尔根斯提出："要么俄罗斯继续将自己定位为被围攻的堡垒，转向中国；要么重返 2011 年时的状态，经济开放，维持一定的增长率。"文章的作者来自前财经副总理库德林麾下的俄罗斯现代发展研究所，该机构聚集了一大批倾向于欧美市场的政治经济精英。①事实上，20 世纪 90 年代初期，俄罗斯向西方一边倒，认同自己为西方世界的成员。到 21 世纪普京执政年代，精英思潮变化，原来的西方派中大量转向中间派，或干脆转入普京阵营。仅一小部分精英，如卡内基莫斯科中心主任德米特里·特列宁（Dmitri Trenin），还称俄罗斯属于"新西方"。乌克兰危机以来，特别是克里米亚回归以后，在西方前所未有的强力抨击之下，俄罗斯精英的普遍心态再次发生变化。瓦尔代论坛的时任两主席之一、俄罗斯国防与外交委员会时任主席谢尔盖·卡拉加诺夫（Sergei Karaganov）公开直言，"俄罗斯再也不会是西方的一

---

① ［俄］奥利加·索洛维耶娃：《俄罗斯：转向东方，但仍会与西方冲突——外用膏药帮不了本国经济》，《独立报》2015 年 9 月 30 日。

部分"。

但另一方面，就在俄罗斯现代发展研究所的文章发表之前的两个月，2015 年 7 月 2 日，俄罗斯的《莫斯科时报》网站发表彼得·罗曼诺夫题为《为什么俄罗斯不是欧洲的一部分?》的一篇文章，该文恰恰相反地提出：其一，蒙古人曾在早期征占俄国，而俄国在地理上与蒙古较近。事实上，俄国长期以来都是亚洲帝国的一部分。其二，作者认为："首先，如果没有这种'亚洲'元素，俄罗斯不会有如此多样文化和精神特质。其三，这种'国家至上''集体'大众意识屡次帮助俄罗斯渡过动荡，而纯粹意义上的欧洲国家无法也并没有能渡过这些动荡。""这种坚忍不拔、在经受考验时团结一致的能力，那些巨大的力量储备，甘愿牺牲、广为人知的愿意'付出代价'的精神——这一切都是亚洲而非欧洲特点。"①

有趣的是，一年之后的 2016 年 8 月，在卢基扬诺夫主持之下，《全球政治中的俄罗斯》编辑部组织了一次讨论，鲜明地提出了第三种观点：俄罗斯在外交政策方面无论是选择东方还是西方，都不能改变自我认同意识；俄罗斯也不可能完全融入世界的某个大洲，否则，就会成为美国，或者中国的仆从；俄罗斯需要的不是转向东方，而是需要解决自己跟西方的问题；与此同时，应当更为文明地构建与发展迅猛的亚太地区间的关系。②实际上，卢基扬

① ［俄］彼得·罗曼诺夫：《为什么俄罗斯不是欧洲的一部分?》，《莫斯科时报》2015 年 7 月 2 日。

② Почему Россия никак не может сделать выбор между Западом и Востоком// Русская ДНК 20.06.2016. https://lenta.ru/articles/2016/06/20/russian_dna/.

诺夫本人早在 2014 年 12 月的一篇文章中明确表示："俄罗斯的历史发展使其具有双重性。它在欧洲摇篮里诞生，而后形成了朝向东方的特点。因此，从某种角度来讲，含糊不清是俄罗斯的生存之道。"①

总体而言，无论上述争论会有怎样的结论，冷战后俄罗斯对外关系的主要活动轨迹，从世纪之初普京刚刚上台时的"重回欧洲"，到乌克兰危机前后，已转移到了"面向东方"的新选择。

三、三边关系结构中的俄罗斯选择

21 世纪俄罗斯外交的一个突出特点，乃是对于三边关系结构的重视和运作。如果借用年鉴学派"长—中—短历史时段"之说，那么，千年之际，俄罗斯在整个世界体系中从边缘走向中央的国际地位的历史性变化，属于一个长时段的结构演变过程；而俄罗斯百多年来在全球东西方关系中的定位属于与社会制度和意识形态相关的中时段结构变化的产物；俄罗斯在三边关系中的选择，则表现为短时段的因应自身实力变化与国际结构动态变迁的战略考量。这三者互相呼应，但各有不同，有着复杂而紧密的相互联系。

国际关系研究一向注重双边关系。但是，往往在双边关系发生与运行过程中，第三方角色起着或明或暗的重要作用。换言之，国际关系通常并不只是双边的，而更为经常的则是一种三边的互动关系。双边之外的第三方，有时是一个国家，有时则是一个国

---

① ［俄］费奥多尔·卢基扬诺夫：《为含糊不清辩白》，《俄罗斯报》2014 年 12 月 24 日。

家群体。就前者而言，三国时期的魏蜀吴三方角逐是最为经典的例子。而就后者而言，冷战期间美苏对抗背后的不结盟国家就是这样的国家群体。

三边关系成为流行的国际范式，需要一定的历史条件。比如，冷战时期美苏两极高度对抗，虽有不结盟国家作为第三方的存在，但三边互动并不活跃盛行。直到冷战后期，才出现了改变历史的中美苏三角关系。又比如，后冷战初期美国独霸格局之下，整个国际关系向美国倾斜，三边关系也不盛行，到世纪之交，才有了三边关系的活跃化。

世纪之交三边关系活跃化的一个重要背景，乃是出现了单极世界本身的重大转向：国际力量多极化、观念模式多元化、生存方式多样化逐渐成为更具有主导性的国际潮流。而在此潮流变迁过程中，俄罗斯显示出作为世界大国的独特影响。从历史上看，俄罗斯从来不乏在三方关系中纵横捭阖的历史经验。而当此国际大变局之下，俄罗斯所起的作用更让人刮目相看。

俄罗斯之所以能够在世纪之交以来的三边关系——尤其是大国三边关系中施展身手，有着"先天的"，以及当代国际国内变化两方面原因。所谓"先天"造成的条件，乃是指作为世界第一疆域大国，具有无比辽阔的伸展空间，俄罗斯可以与东西南北的任何一方进行交往，影响其外部环境。同时，俄罗斯拥有能通过陆地无障碍传送的极其丰厚的矿产能源资源，以及借自然空间和后天努力所具备的战略实力，有可能成为左右世界事务的重要手段。还包括俄罗斯环顾四宇、兼及东西的独特的文明传统，素有兼济天下的普世情怀。所有这些资源、手段与传统皆可作为在多方外交中斡旋各方的工具。

而世纪之交国际国内条件的变化，尤为俄罗斯多边外交的施展提供了历史性的机遇。普京在 2000 年大选中上台，不光是表明一个正当壮年、励精图治的俄罗斯政治新星正在出现，而且，这位俄罗斯新政治领袖既与家族集团没有瓜葛，同时与普里马科夫等比较接近左翼的政治家立场不同。21 世纪初，与年轻的普京总统一起出现在俄罗斯政治舞台上的实际上是一大批政治、经济和知识精英，他们与 20 世纪 90 年代时的精英相比，没有当年那样鲜明的意识形态色彩，也没有当年那样激进的改革抱负，更没有黑白分明的道德评价模式。相比之下，他们具有一定的管理经验，受过良好的专业知识训练，一般而言，都有了相对稳定的经济收入，比较注重人际关系的和谐与稳定，也更为关注奉行管理部门的要求。显然，这样一支国家管理的精英队伍与普京主张的强有力的国家内外管理理念相吻合。普京的核心外交理念，便是在俄罗斯暂处弱势的背景下，灵活应变、中庸务实、超越意识形态、推行多边路线、为确保国家主权而搞活俄罗斯外交。这样的精英队伍和外交理念，为俄罗斯"三边外交"的推行铺设了基础。

世纪之交的俄罗斯，不仅在外交上逐渐地与西方出现裂痕，而且在内政上也很快发出与西方构想的不和谐音。在对待车臣恐怖主义势力的问题上，美国企图以"人权"为借口，牵制俄罗斯中央政权对车臣恐怖活动的打击，引起了俄罗斯国内的巨大反感。在经济转型问题上，俄罗斯开始大规模争论与反省"休克疗法"对于国民经济的损害。俄罗斯国民舆论对于转型模式的重新思考，势必在外交上要求推行实用主义的、以本国利益为先的外交路线。

加上 1999 年春天爆发科索沃危机，当时俄罗斯社会舆论的矛头所向，是美国难逃其咎。因此，俄罗斯式的"三边外交"的兴起，乃是要求改变向西方一边倒的外交路线与国内政治经济转向这两者相互结合的产物。

在上述内外条件的支持下，俄罗斯"三边外交"徐徐拉开序幕之后，有两条主线可以勾画出二十年来俄罗斯外交的全貌。其一，俄、美、欧三方关系。这是更多地体现几百年来占有主导地位的欧美大国间关系的结构性变化的一条线索。21 世纪以来，俄、美、欧三方关系结构变化的主要特点是：（1）刚刚从冷战中解脱出来的东西方对抗，仅仅在十年左右的时间里就又重新走向相互间紧张对峙。（2）价值观对立和社会制度竞争依然左右着这一组大国关系，但是，俄、美、欧三者之间各自为政的独立倾向似乎表现更为强劲。（3）俄、美、欧三方关系表面上显示出俄罗斯与欧洲更为接近，而与美国愈益疏离的总趋势。比如，由于德国坚决反对，北约未能在 2008 年接受乌克兰与格鲁吉亚入盟，这一事态影响深远。但是克林顿、小布什、奥巴马、特朗普等各位美国总统任期之内都分别主动发起过交好俄罗斯的政策攻势，往往在这些关键时刻，欧洲的表现较为迟缓。（4）三方关系中政治、经济、安全、人文等要素的相互作用异常复杂。比如，多年来对俄欧关系中至关重要的北溪管道能源合作，连当时的美国总统特朗普亲自严厉打压都未能阻断，而因为白俄罗斯大选危机与纳瓦尔内中毒案，德国居然一度表示愿意因此而放弃与俄罗斯的合作。又比如，尽管俄罗斯与欧洲邻国间的战略安全事关重大，但是欧洲主要国家宁可北约合作进一步松弛，也不愿在美国压力下增加支付北约军费。可见，总体而言，21 世纪以来的俄、美、欧关系带有过渡期的特征，变化深刻，但尚无定则。

其二，与俄、美、欧三方关系不同，世纪之交以来的中、美、俄三方关系，更大程度上体现为现存主导性国际力量与新兴国际力量之间的相互关系。同时，由于中、美、俄三家乃是当今世界最能够独立自主实行外交决策的三个大国，因此，中、美、俄三方关系的走向在很大程度上将决定未来世界事务的走向。世纪之交以来，中、美、俄三方关系的基本特点是：（1）中、美、俄三方关系并不具备任何专有国际条约、专有国际组织、专有国际交往平台，可以说从形式上看是互不相交的一组三国关系，但是，以美国迄今最为强大的综合实力，以俄罗斯所依然具有的战略大国地位，以中国所具有的最大、成长速度最快的发展中国家的影响力，这是在最大程度上左右着国际发展方向的一组三方关系。（2）自从 20 世纪末新保守主义风行一时的那一刻开始，尽管始终存在着指望美俄联手、打压中国的企图，但是，20 多年来，三方关系演进的基本特征是：中俄保持紧密合作的战略伙伴关系，既合作又抵制西方的打压分化。（3）从长时段看，构建互相尊重、互利互惠的中、美、俄三方关系应是各国追求的理性发展方向。但是，在各方利益与意向驱动的千变万化的结构动态之下，为抵制任何过度对抗的风险，三方中的任何一方均有可能出现寻求稳定均衡、"中立"自保的外交选择。（4）中、美、俄三方关系中存在地缘政治、经济战略、意识形态与社会制度、包括文明形态间的长期竞争，但未必一定诉诸对抗来实现目的。从这个意义上来说，妥善处理中、美、俄三边关系，将会是国际转型期的一个相当长时期的学习过程。值得一提的是，在俄、美、欧和中、美、俄这两组最为重要的三边关系之间，同样存在着紧密的互动关系。就总体而言，一组三方关系的和谐或波动会影响另一组三方关系，同样，上述任何一个大国或国家组合是否能够理性应对变局，同样会影响全局的走向。

总体上看，俄罗斯跻身国际体系的千年历程、它对东西方道路的选择，以及它在当代大国关系中的运作，与上述三边结构性关系是互为因果、相互借重的。首先，在国际体系中从边缘走向中心的俄罗斯式的大国成长路径，使它面对东西两种模式的选择时，既对西方的历史性成就深感钦羡，同时也因自身独特经验而对过度强调西方模式的普适性感到怀疑与不满。这样一种双重态度使俄罗斯在当代大国关系的运筹中，显示出视野开阔而又灵活多样的选择谱段。同时，历经了千年国际体系的复杂竞争，俄罗斯既因长期经受强权挤压养成忍辱负重、坚韧顽强的品性，也因时来运转后的国力迅速绽放而尽享攀登顶峰、居高临下的荣耀。这种并不常见的坎坷起落，使得俄罗斯既能承受厄运打击，又善于见缝插针、寸土必争，尽显战斗民族本色。尤其重要的是，俄罗斯在国际体系中成长与发展的非凡经历，教会它的是如何设定长期战略目标，运用和调处繁复多变的各种结构关系，为实现其体系性目标孜孜以求、不懈努力。

从体系结构变迁的角度看，在此告别旧世界、迎接新秩序的历史性转折时刻，犹如 1814 年、1917 年、1945 年每次世界秩序变更中的巨人足迹，俄罗斯再次担当了一个虽众说纷纭、却十分关键的大国角色。

第四节　周期演进中的俄罗斯对外关系

国际研究中的周期性现象，一直是一个引起人们高度关注和研究兴趣的问题。

如果说，国际经济研究领域一直是存在由康德拉捷夫周期理论所引起的巨大学术探讨的空间，那么，在国际政治领域究竟是否存在着受周期现象支配的进程呢？无论是美国国际政治经济学先驱金德尔伯格，还是苏联地理历史学权威古米廖夫都认为霸权国家的确都存在着生命周期，那么，这一生命周期将会如何影响现实国际政治进程呢？

早在 10 年前，俄罗斯科学院世界经济与国际关系研究所一批有志于从事宏观政治经济预测的专家们发表了有关《政治发展周期：前景预测》的论文集。这批专家以政治、经济、社会、文化发展的周期波动现象为聚焦，不光专注于该领域的基础理论，而且也探讨当代紧迫问题，力求警示当代危机，减缓政治风险。该文集与其他同类著作的不同处在于，作者们并没有把当代危机和不稳定现象视为是个别政治家与金融家的"偶然性错误"所造成的，相反，这批专家认为：这些危机与不稳定现象不过是新的政治经济模式将必定出现，也合乎规律地正在来临的证明而已。根据康德拉捷夫周期理论，他们提出了自己的认识，既然 1870—1890 年、20 世纪 30—40 年代的危机、20 世纪 70 年代的危机，还包括 21 世纪以来的危机连续不断，那就说明：历史尚未终结。这些专家事前预测并公布了关于 2008—2010 年将发生全球经济危机，并将对各种不同国家产生长时间社会—政治后果的信息。早在 10 年前，他们就断言："2010—2020 年这一阶段将是确立新的模式以及与此相关的危机始终持续的整整十年。"甚至，早在"阿拉伯之春"和乌克兰危机发生之前几年就准确地预言：2012—2014 年间，在世界范围与俄罗斯发生经济政治危机的高度可能性；2020 年前，正在增长中的社会与人口结构变化对美国政治系统将形成引起骤变的临界压力；包括 21 世纪第 3 个 10 年开始之时，因俄罗斯经济的能源导向，社会政治发展中的惰性取向将成为现实。该学者群体指出，虽然，俄罗斯和其他的不少国家通常在决策者和预测专业群体之间存在不同意见，但是这一点也不妨碍政治家、专业人士、各个政党、国家政权机关相互间的密切互动，及时采取措施以应对危局，抵御全球性动荡带来的灾难性后果。①

显然，有关国际政治经济周期性现象的理论和实证的研究都尚在起步之中。尽管本书不可能是这样一部面面俱到的研究国际周期现象的专门性著作，但是，笔者也非常愿意通过对周期性现象的若干观察，以期更为深入地探究俄罗斯对外关系的发展特点。

作者试图提出的一个假设是：今后的相当长一段时间之内，俄罗斯虽依然会不断调整东西方关系，但难以重返 20 世纪 90 年代以后全面西方化的覆辙。这乃是从短—中—长三种周期性变化的呈现当中试图加以证明的一个判断。

---

① Циклы политического развития: прогностический потенциал (сборник статей)//Отв. Ред.- В.И. Пантин, В.В. Лапкин.- М.: ИМЭМО РАН, 2010.-103с.

一、21 世纪以来的"短周期"

2000 年普京执政以来相对的较短时段中，历经"9·11"事件后俄美短暂经历了"蜜月"时间。但不久之后，2002 年美单边退出《中导条约》、2003 年伊拉克战争、欧亚地区"颜色革命"、北约欧盟同时东扩，普京忍无可忍，终以 2007 年慕尼黑强硬措辞的反美演说，以及 2008 年格鲁吉亚危机中的坚决还击，终结了 21 世纪第一波美俄接近。

2008 年，梅德韦杰夫和奥巴马分别接任俄美总统，开始"重启"美俄关系，但这一周期以 2011 年叙利亚战争和 2013 年底开始的乌克兰危机及之后一系列西方制裁导致俄陷于严重危机而告终。这是第二波。

2017 年特朗普执政，2018 年普京新一任期开始，双方重燃火花。但是这一波还未成气候，就接连遭到"通俄门""间谍案"等一系列危机的阻击。这是第三波。虽然这一波美俄联手尚未彻底终结，但至少俄方宣称"当前俄美关系处于历史最低水平"。21 世纪后，美俄几番交集，最终皆未得手，其缘由发人深省。

二、苏联解体后的"中周期"

就冷战终结以来相对中时段的观察来看，事态更加明显，其周期性的变化似乎是普京时期的美俄关系"三起三落"放大版的重演而已。

首先，冷战末年戈尔巴乔夫执政，发起自我消解式的全面改革，虽然苏联与西方关系大幅改善，但在戈尔巴乔夫执政晚期，整个国家陷入高度动荡，无法收拾残局。戈尔巴乔夫求助于美国之际，老布什以敷衍嘲笑加以回报。笔者曾当面聆听普京与美国驻苏联最后一任大使马特洛克的一段重要对话。当时，马特洛克引用老布什在苏联解体前夕表态支持波罗的海三国稳定的一段讲话，企图表明老布什曾经支持戈尔巴乔夫、支持苏联晚期的稳定，为老布什作辩护。但马特洛克话音一落，普京礼貌克制但又针锋相对地指出："苏联解体首先是我们自己的问题。偌大一个国家，如果不是自己首先出问题，是不会解体的。同时，美国作为一个超级大国，在这样的历史时刻，如果说，它在重大战略问题上毫不作为，那也是令人非常不可思议的。"①

到了叶利钦时期，虽以向西方一边倒开场，但而后不光是休克疗法失败，最后以西方无情打压俄盟友南联盟，以及科索沃战争中俄军几乎与西方直接开火这样的结局而告终。

到了 21 世纪普京执政，又重演了先度蜜月、后陷冲突这样的活剧。

近四十年"放大版"的美俄（苏）关系的几起几落中：每逢俄罗斯新领导人上台，总先以美俄交好，国内体制推进西方化改革，然后，体制改革停滞，最终以美俄冲突不欢而散这样的周而复始的循环而落幕。

总之，中时段观察之下可以得出的一个结论是：每逢因领导人更替而探寻转机、终因意识形态与地缘政治冲撞导致每次美俄接近都无果而终。这样反复出现的教训，势将深刻作用于国际转

———————————

① 2014 年 10 月，美国驻苏联最后一任大使马特洛克在瓦尔代论坛的发言，以及普京对他发言的回应，根据笔者记录稿。

型期的俄罗斯与西方关系，这样的历史惯性将难以在短时期中得到改变。

三、苏里科夫的"长周期"

被称为普京意识形态高参的苏里科夫，三年前曾提出"普京主义"乃是今后长期历史中俄罗斯国家政治建构的基础的思想。在他看来，俄罗斯历史上存在过四种国家形式。第一种是15—17世纪伊凡三世建立的莫斯科大公国，第二种是18—19世纪彼得大帝和叶卡捷琳娜大帝的俄罗斯帝国，第三种是列宁建立的苏联，第四种是普京在21世纪初建立当代俄罗斯联邦的国家形式。从长时段而言，这四种形式的国家建构，都以不同规模向西方学习，但归根结底，这都是与西方不同历史条件下构建起来的以俄为本的国家体制。苏里科夫认为，以"普京主义"为基础的国家建构，即使普京本人不再执政，仍将会长期延续。尽管俄罗斯精英中部分人对苏里科夫的立场一直有不同意见，但是，从俄罗斯宪政改革的实施来看，主张以非西方化的、权力相对集中的，以国家主权、国民团结和长期稳定为宗旨的政治取向还是占了上风。

从短—中—长的周期性演变来看，尽管今后会有阶段性的与西方，特别是与美国的调整关系，但是，难以全盘西化，乃是今后俄罗斯对外政治的一个基本走势。

总之，从主体、观念、结构、周期的视角来观察俄罗斯对外关系，至少使得我们在审视复杂外交现象时，有可能避免就事论事地看待问题。从外交主体的角度的讨论，至少可以对俄罗斯外交角色的复杂涵义有深入理解，而不拘泥于过于僵化的意识形态教条或媒体语境，特别是不至于简单地将世界以"民主 vs. 专制"而一分为二。从结构角度看待俄罗斯的大国外交，不光对俄罗斯在国际体系中的非同一般的成长经历，而且对其文明结构属性，以及俄罗斯在大国多边关系中的地位与作用可以有进一步的了解。而对于周期性的分析，则提供了多种时段背景下俄罗斯对外关系中反复出现的场景重现，这对于研究俄罗斯外交演进的逻辑特点具有一定的参照意义。

第一波：世纪之交的大国博弈

　　世纪之交俄罗斯对外关系的变化，乃是国际格局大转型的标志。冷战结束、苏联解体后一度显现的美国与西方主导的国际秩序没有持续多久，很快就出现了带有全局性的波动。这种看似发生在局部，却是互相关联、且带有根本性意义的波动，以20世纪90年代后半期的北约东扩、当时几乎同步发生的东亚与俄罗斯金融危机、科索沃战争等一系列变故为表征。而后虽然因"9·11"事件的发生，出现了大国关系的短暂合作趋势，但很快烟消云散，重新趋于抗争。世纪之交国际格局的大转型，是21世纪危机深化与秩序重构的一个重要起点。

第三章

危机孕育中的
世纪之变

20 世纪 90 年代末和 21 世纪初的几次重大危机,已经揭示了此后 20 余年大国关系和世界秩序重构中的基本问题。如果说,北约东扩成为了此后东西方关系中最为胶着的一大关键,那么,世纪末几乎同时在东亚和俄罗斯发生的金融危机则预示着制度层面的深刻对峙,而科索沃战争期间中俄同遭西方打压的经历,又成为中俄接近的重要触媒。

第一节 北约东扩——自由之神的降临，还是动荡之源？

冷战终结，苏联解体，叶利钦在风雨飘摇中登台执政。当时的美俄关系一度非常密切。叶利钦受邀到美国国会发表演说。1993 年 4 月和 1994 年 1 月，叶利钦和克林顿两位总统签署《温哥华宣言》和《莫斯科宣言》，宣称美俄关系已成为"成熟的战略伙伴关系"。但没过多久，官方用语就不那么乐观了，"成熟的"一词消失了，"战略性"也渐渐被"实用性"的新提法所取代。美国承诺的援助越来越少，合作的调门越唱越低，俄罗斯人的情绪也越来越大。叶利钦在 1994 年西方七国首脑峰会前夕，愤懑地表示：这一次再也不会为援助而去乞讨了。这时露出水面的，是俄罗斯与欧美关于冷战后北约前途的争议。

一、北约东扩的缘起

冷战刚刚结束时，美国对于北约本身的去留都有点犹豫，更谈不上北约东扩。1992 年总统大选，老布什赢得了冷战，反而被克林顿所取代。这说明美国的兴奋点已经从对外战略，转入国内经济。可以两个数据为证：一是美国驻欧军队人数从 1990 年的

40 万，下降到 1998 年的 12 万；二是从 1985 年到 1995 年美国军费比欧洲国家军费下降要快。这表明，美国对于北约以及欧洲的关注度降低了。

冷战结束，欧共体发展成为欧盟后，不光推出欧元作为统一货币，且 1992 年《马斯特里赫特条约》曾宣布：安全与共同防务，也将是欧盟关注的重点。但是，不久在南斯拉夫地区所发生的波黑冲突表明，在这一场非常残酷的地区冲突中，欧盟并没能真正担当大任。"欧洲主要国家对其目的感到迷惑，它们自己就产生了分歧。"最终还是美国出马，强行压服各方，签下了《代顿协议》，才解决这场波黑冲突。①

波黑冲突使得欧洲对美国的态度有明显变化：尽管讨厌美国，但不得不依赖美国的帮助，维护欧洲安全。德国总理科尔断言：北约应该扩大，才能使德国不再成为东西方前沿阵地，避免与俄罗斯直接冲突，并在其东部形成一大片缓冲区。冷战终结给德国带来的最大好处是，除了德国本身又一次形成为一个统一国家和独立大市场，近在咫尺的中东欧国家还出现了一个诱人前景，那就是，这里非常有可能成为德国未来潜在市场和重要合作伙伴。德国经济要想再一次称雄世界，唯有与近邻紧密合作，才能实现。相比之下，法国作为在欧洲战略与政治领域具有传统领导地位的国家，面临着德国崛起的冲击，既想通过欧洲一体化的方式，限制并消化统一后德国的影响力，但又对自己曾一再疏离的北约东扩有所顾虑。更主要的是，在冷战终结的时刻，法国并没有得到

---

① ［美］戴维·卡莱欧：《欧洲的未来》，冯绍雷等译，上海人民出版社 2003 年版，第 333 页。

像德国统一这样的历史机遇的刺激，激发起外向的热情。此时的法国已无回天之力，去抗拒北约的拓展。

再来看东欧。早在 1991 年捷克总统哈维尔和波兰、匈牙利等国领导人就已相当明确地表示，希望加入北约。当时，东欧不光畏惧俄罗斯的实力，也担心未来德国崛起的巨大压力，希望借助北约与美国这样的外部力量，来摆脱历史上曾经多次出现过的中东欧地区受到东西两强直接压制的困境。波黑危机暴露出欧盟防务的不足，进一步推动了东欧要求加入美国主导的北约的愿望。

波黑冲突的解决，很快使美国干预欧洲的信心膨胀起来。似乎唯有美国才能带领西方联盟前进。相对于欧洲经济的困境，美国经济则靠冷战红利，走向景气。政治经济学家戴维·卡莱欧（David Calleo）认为：一旦美国对北约扩大感兴趣，西方任何人想要反对，就很困难了。①笔者在 90 年代中后期曾几次参加在外交与战略界享有盛名的英国威尔顿庄园国际会议，当时，来自美国的官方代表曾多次明确表示：冷战结束后，美国本不想在欧洲地区冲突中承担过多责任，但由于欧洲各国无意挑大梁，最后也就只能是美国一马当先了。②

经过北约国家内部的密切沟通，1994 年 1 月 10 日，北约首脑峰会正式宣布，将对东欧新成员"敞开大门"。多年之后，也即 2001 年 4 月 17 日，笔者曾拜访前美国国家安全事务顾问布热津斯

---

① ［美］戴维·卡莱欧：《欧洲的未来》，第 341 页。

② 威尔顿庄园会议（Wilton Park Conference）是一个历史悠久、享有一定国际威望的高级别国际事务论坛。隶属于英国外交部，该论坛鼓励各方发表和充分交流各自的学术观点。20 世纪 90 年代以来，笔者多次受邀参加这一论坛的国际会议。

基。鉴于他在北约东扩问题上一直相当积极的态度，我问道，冷战才刚刚结束不久，推进北约东扩，美国究竟是如何考虑的？布热津斯基表示：首先这是欧洲——主要是中东欧国家——而不是美国提出的动议，同时美国也应该担当责任。①总体而言，波黑冲突的表现，以及美国在冷战终结后"和平红利"的获得，导致其决定推动北约扩大：美国既可压住俄国，又可看住德国，还可留在欧洲，可以说是，一石多鸟，何乐而不为。

　　对于当时美国的考量，布热津斯基曾有过分析："利害关系最大的是美国在欧洲的长期作用。一个新欧洲尚在形成之中，倘若这个新欧洲仍将是'欧洲—大西洋'空间的一部分，则北约的扩大就是必不可少的。"他说，如果在北约扩张中停滞或徘徊不前，"美国便不可能有什么对整个欧亚大陆的全面政策。这种失败将使美国的领导信誉扫地，将使'欧洲正在扩大'的观念被打得粉碎，将使中欧人灰心丧气，也还可能唤起俄罗斯现已休眠或行将泯灭的对中欧的地缘政治企盼。对西方而言，这将是一种自伤自残，使未来任何一种欧亚安全结构中形成真正的欧洲支柱的前景受到致命损害；对美国来说，这不仅是一个地区性的失败，也是一个全球性的失败"②。可见，当年，布热津斯基积极地奔走于大西洋两岸，推动北约东扩，是有着上述长远构想的。

---

　　① 2001年，笔者作为美国约翰斯·霍普金斯大学高等国际关系研究院（SAIS）欧洲系的访问学者，在华盛顿特区工作一年，曾有多次机会向布热津斯基、卡莱欧等美国资深学者请教。
　　② ［美］兹比格纽·布热津斯基：《大棋局》，中国国际问题研究所译，上海人民出版社1998年版，第105页。

二、俄罗斯的反弹与无奈

对于东欧国家加入北约，事实上，俄罗斯起先也没有表现出多大异议。1993 年夏天，叶利钦本人还表示，波兰可以就自己是否加入北约问题做出选择。但是，随着国内本土意识的崛起，俄罗斯开始转变对北约东扩的立场。1994 年 1 月叶利钦明确表态，反对东欧三国加入北约。对此，布热津斯基佐证道："可以说1993 年是失掉历史机遇的一年"，因为当时"在叶利钦 8 月间公开赞同波兰加入跨大西洋联盟的意向并称这与'俄国的利益'相一致之后，正是美国那样做的大好时机。但克林顿政府当时仍奉行'俄国第一'的政策（意思是克林顿还比较顾及俄罗斯国内的反弹——笔者注），于是又折腾了两年多。……到 1996 年，美国决定把扩大北约作为建立更大、更安全的欧洲—大西洋共同体的政策中心目标时，俄国人对此已持坚决反对的态度了"。①

面对俄罗斯的强硬表示，整个北约东扩的过程显得一波三折。1994 年 1 月，北约提出"和平伙伴关系计划"，允许东欧国家最终加入北约，但不提出具体的时间表；提出北约只和东欧进行有限合作，不对"伙伴"提供安全保障。为了不过分刺激俄罗斯，甚至提出，俄罗斯也可以加入北约。当时，俄罗斯的确非常犹豫：抵制东扩，会与北约闹僵；接受东扩，显然，安全环境会承受巨大压力。1994 年 3 月，美国国防部长佩里访问莫斯科，与俄方谈定，俄罗斯以大国身份加入"和平伙伴关系"，与北约合作。但是，一个月之后，北约没有通知俄罗斯，便在美国主导下对波黑

---

① ［美］兹比格纽·布热津斯基：《大棋局》，第 133 页。

塞族共和国进行空袭。叶利钦感到北约在与俄罗斯利益攸关的问题上，并不打算尊重俄罗斯的大国地位与利益。于是，俄方取消前往北约签署"和平伙伴关系"的计划，也拒不参加1995年10月"和平伙伴关系"范围内与北约、东欧举行的联合军演。

1995年9月20日，北约正式公布东扩战略的第一阶段计划。叶利钦针锋相对地表示：俄罗斯准备建立像华约那样的新军事政治集团，如果北约扩大到俄罗斯边界，可能导致恢复"两个军事集团"。1995年底，鉴于俄方的强硬态度，北约态度又有软化，从东扩的"快步走"变为"慢慢来"；强调"透明度""渐进性"，大体上意味着20世纪末之前不大可能接受东欧入盟。同时，北约强调与俄罗斯的特殊关系。俄方的反馈是，其一，东欧只能享有类似于法国对于北约的松散地位；其二，北约不能在东欧部署军事力量；其三，北约需确保俄罗斯的领土主权完整，包括在欧洲的飞地加里宁格勒。同时，俄方也承诺保证不增加在西部边界驻军，保证不以武力相威胁。

1996年，俄罗斯国内围绕总统大选形势激化，叶利钦差点大选落败。美国担心俄共上台，减轻了就北约东扩对叶利钦的外部压力。但是，俄总统大选一结束，叶利钦患病住院，北约东扩马上升温。1996年10月，克林顿宣布，三年之后，将有三个东欧国家加入北约。

当年叶利钦的总统顾问萨塔罗夫承认：90年代中期以后，随着叶利钦健康状况的恶化，俄罗斯的外交应对已经乏力。[1]虽然，

---

[1]　［俄］格·萨塔罗夫：《叶利钦时代》，高增训等译，东方出版社2002年版，第598页。

当时俄罗斯还曾经在内部讨论中为如何应对北约东扩绞尽脑汁，但显然已力不从心。在叶利钦受邀参加 1995 年 6 月 15—17 日西方七国首脑会议的前三天，他曾经专门邀请有关专家和外交官一起商讨有关北约东扩的问题。此次会议的记录稿中有相关内容，原文如下：

A.米格拉尼扬①：我想谈几个中心问题，即波斯尼亚问题，总的来说也就是巴尔干问题，还有北约问题。说实在的，我们的立场在哪儿，我们在哪儿有分歧，我们应该在哪些地方明确坚持自己的立场。应该说，安德烈·弗拉基米罗维奇·科济列夫在场，这很好。我想借此机会说几句，据我看，我们加入"和平伙伴关系"太不是时候了。我一开始就反对，因为我觉得，它将会变成北约扩张的"绿色通道"。我们还有另一种方针，即如果我们加入该计划，这将消除北约扩张的可能性。

已经通过了北约扩张的决定，那我们为何还要加入这样的计划呢？我觉得，我们自己没有经过考虑，或者说考虑得不充分。这是第一个问题。第二个问题，我们一方面说反对北约东扩，而另一方面，我们实际上对北约事实上的扩张却视而不见……北约建立了快速反应部队，而且已经把一部分部署到克罗地亚，实际上安理会并未授权。北约实际上把安理会踩在了脚下。他们没有与我们商量，就动用了武力……

---

① 自戈尔巴乔夫时期起，米格拉尼扬就担任总统顾问委员会成员，资深政治学家，自 20 世纪 90 年代至今，一直是威权主义理论的支持者。

因此，当科济列夫在伦敦说"俄罗斯士兵可能参加驻南联盟快速反应部队"时，我感到惊讶。

叶利钦：那就只有在哈利法克斯否定他们的声明。在我的讲演中我要说，我们反对强权压力，我们在波斯尼亚问题上的立场与以前一样。

科济列夫：我们先进行分析，现在不做任何评论。

A.米格拉尼扬：我们不能同意北约在没有安理会授权的情况下采取行动。这是我们应有的一条主线，一条基本路线……①

三个月之后，在 1995 年 9 月 8 日的记者招待会上，叶利钦公开明确表态："我反对北约东扩……北约不应该是一个武装集团。包括俄罗斯在内，欧洲应该有统一的武装力量，由各方轮流指挥，像当前由欧共体，以后再由另一方指挥。欧洲永远能够自己保卫自己并回击任何敌人。当然，是包括俄罗斯在内的欧洲，这点是不言而喻的。" 1996 年初，科济列夫辞职。但在此之前，叶利钦已经表现得越来越不相信这位外交部长。叶利钦在两件事上批评科济列夫：一是在北约东扩，二是在南斯拉夫问题的处理上"缺乏明确性"。萨塔罗夫认为，叶利钦的诊断正确，但为时已晚。②

1997 年 3 月，克林顿和大病刚愈的叶利钦在赫尔辛基进行了两天的会谈。会谈结果是美国再次开出一系列"支票"：保持俄美特殊关系，承认俄罗斯拥有不同于德、日、中等国的特殊地位，

---

① ［俄］格·萨塔罗夫：《叶利钦时代》，第 595—597 页。

② 同上书，第 598 页。

把北约东扩的军事后果缩到最小，保持俄罗斯核力量稳定，解决对俄贸易歧视，满足俄罗斯在世贸组织、巴黎俱乐部等机构的合法地位等。事后西方专家的评论认为：尽管有不少好话、空话，但第一，在美俄力量对比的反差之下，叶利钦挡不住东扩的进程；第二，俄罗斯也没有能力迫使西方签署一份具有法律约束力的文件，以确认俄罗斯的安全保障问题。

三、欧美是否承诺过北约不会东扩？

迄今所公布的档案中，对于北约是否承诺过不会东扩，一直是各方关注的焦点。随着越来越多的史料被公开，可以证明，在1989—1990年的一段时间中，美国和德国官方代表曾经公开表示过北约不再东扩，以交换俄罗斯为"德国统一"开绿灯。当时这一表态，显然换取到了苏联对于德国统一进程的支持。1990年1月31日，联邦德国外交部长汉斯·根舍宣称："北约必须做的是，无条件声明不论华约发生什么，北约领域都不会向东扩大，也就是说更接近苏联的边界。"①此后不久与美国国务卿J.贝克在华盛顿会面后，根舍重申："我要说的是，不打算将北约领域扩大到东方。"紧接着，贝克在与戈尔巴乔夫和谢瓦尔德纳泽会谈后再次重复这一立场。贝克告诉戈尔巴乔夫："北约不会将北约武装力量的管辖权向东方扩大一英寸。"戈尔巴乔夫随后对此确认："任何

---

① James M. Goldgeier, "Not Whether but When: The US Decision to Enlarge NATO", Brookings, 1999, pp.14—17. The Genscher quote is in Stepohen F.Szabo, *The Diplomacy of German Unification*, St. Martin's Press, 1992, pp.57—58, 转引自［美］詹姆斯·戈德盖尔、迈克尔·麦克福尔：《权力与意图》，社会科学文献出版社2017年版，第225页。

北约范围的扩大均不可接受。"贝克回复说："我同意。"①这里存在的关键问题，诚如麦克福尔所指出："德国统一的故事并未在1990年2月结束，苏联人在那个时候如果愿意达成协议，或许会收到这一书面保证。"②也即，苏联人并没有在美国与德国领导人口头承诺的基础上进一步努力获得"北约不会东扩"的法律文书保证。1990年9月签署的德国统一的最终协议，并没有包含同年早些时候西方领导人的口头承诺。

从德国方面的文献中可以进一步看到，苏联与西方1990年谈判过程中的关键细节。根据时任德国联邦政府德美合作协调员，现在是慕尼黑大学教授的维尔纳·魏登费尔德的记载："自1990年2月这一主题（指的是德国统一）成为现实之后，莫斯科对统一后的德国作为西方联盟毫无保留的成员问题提出了各种不同的替代性建议。不过，这些建议不仅遭到了西方的坚决拒绝，而且从未具体地拟定，也从未用一个声音令人信服地做过陈述。"此外，"戈尔巴乔夫和谢瓦尔德纳泽始终公开反对统一后的德国成为北约成员，而在内部他们的亲密顾问则比较灵活。例如，在5月初波恩第一次'2+4'外长会晤之前，切尔纳耶夫就认为德国肯定将留在北约"③。

看来，面对着本来可以争取到的重要历史机会，苏联方面一是对谈判过程缺乏精密和有力的组织；二是内部意见不一，并透

---

① Zelikow and Rice，*Germany Unified and Europe Transformed：A Study in Statecraft*，Harverd University Press，pp.180—183，转引自《权力与意图》，第225页。

② Zelikow and Rice，*Germany Unified and Europe Transformed：A Study in Statecraft*.

③ ［德］维尔纳·魏登费尔德等：《德国统一史》（第四卷），欧阳甦等译，社会科学文献出版社2016年版，第413页。

露给了对手；三是当时戈尔巴乔夫最关心的核心问题是能否从西方获得大笔援助，以解救苏联最后时刻国内所面临的严重经济危机。老练的西方谈判对手早就嗅出了对手的弱点所在，不光在心理上，也在实际谈判的精密部署中击败了对手，终于获得了让统一后的德国留在北约的胜券。

德国统一问题被打开缺口之后，北约向东欧扩展的进程就难以被阻挡了。到 90 年代中期以后，1997 年马德里峰会邀请匈牙利、波兰和捷克加入北约。1999 年三国正式入盟。马德里峰会声明，北约扩张的进程还只是刚刚开始。1999 年 7 月 11 日那一天，曾在冷战起始时任美国驻苏联临时代办和大使，美国著名的外交家、政治学家，也被认为是西方对苏遏制政策的创始人乔治·凯南在他的日记里这样写道："新闻上公布了北大西洋公约组织在马德里举行了会议，会议正式决定批准波兰、捷克共和国和匈牙利成为该组织成员国，这个消息让我极度沮丧。……我要公开表达我对北约批准这一举措的不同观点。"该年年初，1 月 4 日，凯南还这样在日记中写道："对于北约东扩到自己的国界线边上，俄罗斯不可能有理智和温和的反应。……俄罗斯领导层会做出如下努力：（a）说服独联体国家成员改变与俄罗斯的关系，用来建立一种军事同盟；（b）与其东面邻国，特别是印度和中国，进一步密切关系，以形成一个强有力的反西方军事集团制衡制约北约谋求世界领导权的行为。……这将发展成为东西方之间全面的，甚至完全没有必要的灾难性决裂，实际上等于重新进入冷战状态。"①作

---

① ［美］乔治·凯南：《凯南日记》，曹明玉译，中信出版社 2016 年版，第 593、595 页。

为老资格的苏俄问题专家和历史与战略专家，乔治·凯南曾痛惜地感受到：他当年对苏遏制的有所选择的政策设计，不幸演化为整个经历了半个世纪的对抗性冷战。①出于这样的历史感怀，他的预见虽未必句句变为现实，但大体上描绘出了俄罗斯的反应，以及北约东扩带来的深重影响。

四、持续东扩下的批评与反思

2004 年 3 月，斯洛伐克、保加利亚、罗马尼亚、斯洛文尼亚，以及爱沙尼亚、拉脱维亚和立陶宛等波罗的海国家，共七国加入北约，完全打破了俄罗斯方面所设想的原苏联加盟共和国不能入盟的"红线"。2008 年克罗地亚和阿尔巴尼亚也加入，北约成员国达到 28 个。北约虽大步走上"东扩"轨道，但争议却持续发酵。以下，笔者仅选择若干来自双方的最权威的当事人或见证人的评述。

首先来看俄罗斯。在北约东扩的关键时刻曾任俄罗斯总理，同时又是 20 世纪 70 年代后苏俄时期最有威望的国际问题专家之一的普里马科夫院士这样分析道：第一，通过东扩，吸收一批比欧洲老成员更听话的新成员，这将大大方便美国介入欧洲事务。过去老成员中唯有作为战败国的德国，才接受美国驻军，但是东扩之后，在欧洲各国驻军的前景大大地简单化了。第二，通过东扩吸收一批远超出原来西欧范围内的国家，其中包括中东欧、东南欧、波罗的海国家，以及未来可能的乌克兰和格鲁吉亚、阿富汗，

① ［美］乔治·凯南：《凯南日记》，p.lxiii、193。

甚至以色列，使得北约不光是一个地区性组织，而且成为一个"全球性角色"。第三，北约转化成为全球性角色后，就可以越出唯一有权授权进行军事干预的联合国安理会的范围，自行决定在全世界范围内的军事行动。"北约已经有了绕过联合国使用武力的先例，如轰炸南联盟。"第四，在俄罗斯意识到无法阻止北约东扩的前提下，曾力图将北约对俄罗斯的威胁降到最低，双方同意禁止在新成员领土上部署或存放核武器，甚至达成协议，不准在新成员领土上大规模部署武装力量，但是不久，北约就宣布在罗马尼亚和保加利亚境内部署 5 000 名美国军人。第五，虽然，基辛格曾经撰文："既然北约原则上同意接纳乌克兰具有其成员国资格，那么就没有必要急于加速这方面的实际步骤"①，但是这一建议未付实施。普里马科夫责问道："北约与美国是否做好了准备，坚决站在基辅一方反对莫斯科，冒着把俄罗斯推向与西方对抗时期的风险呢？"②

　　从美国方面而言，作为主要当事人之一、时任美国国防部长的威廉·佩里二十年之后不无遗憾地回忆道：首先，"东欧国家的加盟兴趣——可以理解和鼓舞人心的——是不成熟的，这是一种具有某些远期风险的雄心壮志，除非用聪明的外交管理和调节加盟的节奏。俄罗斯对地区稳定的传统观念及它在历史上对东欧的影响力需要得到考虑。东欧国家蜂拥加入北约会导致失去与俄罗

---

① 《华盛顿邮报》2008 年 8 月 7 日，转引自［俄］叶·普里马科夫：《没有俄罗斯世界会怎样？——地缘战略是否会令美俄重现冷战》，李成滋译，中央编译出版社 2016 年版，第 122 页。

② ［俄］叶·普里马科夫：《没有俄罗斯世界会怎样？——地缘战略是否会令美俄重现冷战》，第 122 页。

斯合作降低核威胁的机会"。佩里在他的《回忆录》中还提到他和同事们如何精心设计"和平伙伴关系"计划，通过一系列联合培训、演习和联合军事行动，尽可能地降低俄罗斯与西方之间的敌视和防范，增加互信，以至于俄罗斯国防部长格拉乔夫当时愿意授权最训练有素的空降旅之一参加北约维和部队。佩里不无感慨地回忆道："为什么俄罗斯政府会把它的精英旅之一交给一位美国将军指挥？这是一件值得记载的事情（我无法想象今天还能重复发生这样的事情）。"①但是很快，这样的合作气氛就烟消云散了。

　　相当值得玩味的是，佩里所回忆的有关当时决定北约东扩的一段情节："当助理国务卿理查德·霍尔布鲁克在 1996 年建议把PEP（"和平伙伴关系"计划）的一些成员，包括波兰、匈牙利、捷克共和国及巴尔干国家，纳入北约时，我极力反对他的建议。我的具体想法是：要把这个提议推迟 2—3 年，俄罗斯在那时将适应他们在西方安全圈内的地位，不会因北约东扩而感觉安全受到威胁。"佩里回忆道："霍尔布鲁克不折不挠地推动他的建议。我和克林顿总统解释了我的担心，并请求召开国家安全委员会全体会议……"，在会上佩里做了解释之后，"令我惊讶的是，国务卿沃伦·克里斯托弗和国家安全事务顾问安东尼·莱克都不发言，而副总统戈尔提出反面意见，他强力主张立即扩大北约成员国。他的论据比我的论据更有说服力，总统同意立即赋予波兰、匈牙利、捷克共和国北约成员国的地位，但是推迟波罗的海国家加入的时间"。佩里当时考虑辞职。他说："回顾这个关键的决策，让

① ［美］威廉·佩里：《我在核战争边缘的历程》，忠华译，中信出版社2016 年版，第 188、190、191 页。

我遗憾的是，我未能更有效地为推迟北约扩张的决策而战。"①在佩里看来，不能把此后美俄关系恶化的所有责任都归于北约，但是他相当肯定地说："北约的扩张是第一步。"②在美国两党决策层内部，实际上与佩里持有相同观点的人不在少数。来自共和党的老布什时期国家安全事务顾问 B.斯考克罗夫特认为："在同意北约东扩之前，克林顿政府本来应当首先与俄罗斯进行对话才是。"③克林顿和小布什两任美国总统的俄罗斯问题顾问安琪拉·斯登特指出：当时设置的北约—俄罗斯常设联合委员会（PJC）让俄罗斯在与北约进行磋商时拥有了发言权（但并非否决权），"而且令俄罗斯懊恼的是，就在北约—俄罗斯常设联合委员会项目落实数周之后，北约便宣布将在 1999 年接纳波兰、匈牙利和捷克为正式成员国。俄罗斯政府官员指出，北约做出这一决定之前，并未与他们进行协商"。安琪拉·斯登特意识到，不光普里马科夫已经明白"在北约扩张这个问题上，他们决意不去理会我们的想法"，而且俄军方也表明："美国本来拥有一次独一无二的机会来将俄罗斯纳入欧洲安全体系中去，可美国却让北约扩张，丧失了这一机会。"④

　　除了北约东扩所引发美俄间的深刻对立，欧洲对这一事态的反应也值得关注。一位并非从事国家问题研究，而是作为欧洲最多产的著名思想家之一的佩里·安德森，曾非常严肃地批评北约

---

① ［美］威廉·佩里：《我在核战争边缘的历程》，第 198 页。

② 同上书，第 238 页。

③ ［美］安琪拉·斯登特：《有限伙伴：21 世纪美俄关系新常态》，欧阳瑾等译，石油工业出版社 2016 年版，第 46 页。

④ 同上书，第 46—47 页。

的东扩。他这样说道："北约向苏联边界的扩展，完全对冷战结束时向戈尔巴乔夫所做的承诺置之不理，这是克林顿政府所为。"但问题在于，究竟"欧盟独立于美国之外到何种程度？答案令人颇感痛苦。……也许自 1950 年以来，欧盟在诸多方面从来没有如此依赖美国。东扩是欧盟的主要成就——可能有人说，延伸了自由的边界，或者有国家进入到帝国行列，或者是两方面兼而有之——东扩的历史就是一个标志。东扩由华盛顿引导：每一次，苏联卫星国加入欧盟之前就已经在美国的指挥下并入北约。波兰、匈牙利、捷克共和国在 1999 年就已加入北约，5 年后加入欧盟。保加利亚和罗马尼亚在 2004 年加入北约，3 年后加入欧盟，甚至斯洛伐克、斯洛文尼亚和波罗的海国家加入欧盟也莫名其妙地在加入北约一个月后——只是为了重复那个象征意义的要点吗？克罗地亚、马其顿和阿尔巴尼亚随后也将经历同样的加入程序"。①在一般想象中，北约与欧盟作为西方自由世界在冷战后扩展的同步进程，完全可以在一个相互平行而融洽的节奏中推进，但是，安德森所提到的这一段，则凸显出这是美国主导的北约东扩在先，而欧盟东扩则跟随其后，颇类似于帝国霸权的严格等级制序列下的一场政治仪式。

五、权力与合法性的失衡——基辛格的警告和预言

如果从学理和战略相互结合，进一步来探讨东扩问题，也许，还有必要回到当时有过设想、后来却半途而废的"和平伙伴关系"

---

① ［美］佩里·安德森：《新的旧世界》，高福进等译，上海人民出版社2017 年版，第 75 页。

计划。从基辛格几十年来一再强调的一个原则性立场出发，"和平伙伴关系"计划有可能较多地体现了国际秩序转型中的"权力与合法性的均衡"这一构想，而北约东扩则明显地违背了他所说的这一"均衡"。

1994 年，时值北约东扩在各国决策层面面临敏感争议之际，基辛格曾在当时出版的《大外交》中指出：美国决策阶层在还未接受北约东扩主张之前，曾有过不主张东扩的更为谨慎明智的考量。这一想法的核心是指：仅仅是建立与北约成员国无关的、以"集体安全"为基础，并包容俄罗斯在内的"和平伙伴关系"计划，而不推进排他性军事联盟的扩容。他说："美国之所以反对波兰、匈牙利、捷克共和国及斯洛伐克成为北约组织成员国，是基于原则问题。回溯到威尔逊历来对同盟关系之反对——因为同盟是以预期有冲突对峙为基础——克林顿总统利用 1994 年 1 月北约组织高峰会议的场合，提出另一个替代性的观点。他在说明美国为何反对上述四国加入北约组织时，声称大西洋同盟经受不了'在东、西方之间划一条新界线，制造出自然导致未来冲突的预言。我要敬告在欧洲与美国主张我们更往欧洲东部推进，旨在划下一条新界线的全体人士，我们不应该堵塞欧洲最佳前途的可能性，那就是四处都是民主、四处都是市场经济、四处的人民都为共同安全而合作'。"①在克林顿当时洋洋洒洒地以"四处出现"的民主前景，来否定北约东扩的当下决策之时，基辛格则点出了问题的实质。他始终认为：在北约东扩问题上，"集体安全"与"军

----

① ［美］基辛格：《大外交》，顾淑馨等译，海南出版社 1997 年版，第 765 页。

事联盟"是两回事。前者基于道德原则，反对一般意义上的军事
侵略；而后者，则是基于共同利益所组成的反对有具体目标指向
的军事行动，但不反对一般的战争（比如 1814—1815 年维也纳同
盟发动反对拿破仑的战争）。基辛格特别强调："美国领导人经常
把集体安全与联盟混为一谈。"①在他看来：1994 年克林顿强调坚持
集体安全原则，而不再另组针对俄罗斯的军事同盟，道理就在于通
过"和平伙伴关系"计划，发展出一个仅在一般意义上反对战争，
而不承担过多针对具体的"侵略者"，从而又要承担保卫同盟者义务
的，还具有更大伸缩范围的集体安全框架。这比立即把北约变成为
一个更大范围、矛头直指俄罗斯的军事同盟，要来得更加明智。

　　基辛格之所以能如此得出结论，是以他的两个相当有远见的
判断为基础的。首先，他委婉地告诫道："不可能在同一套方案下
解决东欧的安全以及把俄罗斯融入国际社会的孪生问题"（也即，
既要向东欧提供安全保障，又要与俄罗斯建立安全合作的这样同
时包含有两个目的的方案——笔者注）。同时他又警告："和平计
划的风险是，被有可能受侵略之害的国家认为无足轻重，抑或是
危险的，可是，在亚洲国家当中又会被认为是针对中国和日本而
召集的种族俱乐部。"②

　　颇有意思的是，基辛格除了掂量北约东扩在亚洲可能带来的
反响，更是入木三分地对将近 30 年之后欧洲可能出现的景象，发
挥了他的想象力。他这样说道："在未来，所有传统的大西洋关系

　　①　［美］基辛格：《世界秩序》，胡利平等译，中信出版社 2015 年版，第
345 页。
　　②　［美］基辛格：《大外交》，第 765 页。

将会变化。欧洲将不再觉得像过去那样需要美国的保护，会更加积极地追求经济上的自我利益；美国将不会再愿意为欧洲安全承诺大的牺牲，会受到各种各样孤立主义的诱惑；到某一地步，德国将坚持具有和其军事、经济力量相称的政治影响力，在情感上也将不再那么依赖美国的军事支持以及法国的政治支持。"①无论就欧洲还是亚洲的发展前景而言，在 1994 年的微妙局势之下，基辛格基于其"权力与合法性相均衡"的构想原则，对北约东扩所提出的种种警告，依然值得当今战略家们三思。无可奈何的是，现实还是选择走向了北约东扩。用基辛格的话来说："在胜利的狂喜之下，传统均势问题被当作'老式外交'丢到了一旁，取而代之的是共同理想的传播。有人公开声称，北约应该更关心自己的政治影响力，而不是安全问题。北约一直扩展至俄罗斯边界——甚至也许包括俄罗斯边界——现在被当作一个严肃的可能性提了出来。建议把军事联盟扩展到距离莫斯科仅几百英里、历史上始终存在争议的领土，主要不是出于安全方面的考虑，而是被视为'锁定'民主成果的合理方式。"②在老资格战略家颇为含蓄的表达方式中，基辛格的批评已经溢于言表了。

　　有一件大概很难是时间上的巧合的事情：1996 年，俄罗斯迈出了与中国建立新型关系的步伐。1996 年 4 月，叶利钦总统第二次访华（第一次是 1994 年）。本来，在叶利钦启程之前，中俄双方已经基本商定了联合声明的基本内容。4 月 23 日晚，俄罗斯驻华使馆官员向中方紧急通报，说叶利钦在专机起飞不久之后，在

---

① ［美］基辛格：《大外交》，第 761 页。
② ［美］基辛格：《世界秩序》，第 107 页。

飞机上认真阅读了双方商定的文本，认为文件还不能反映两国关系今后一个时期的发展高度，他建议将两国关系表述为"平等信任、面向 21 世纪的战略协作伙伴关系"。中方人员当时立即把这个消息报告给江泽民主席。就在叶利钦还在来华飞机上的时候，中俄两国实际上已达成了这个重大协议。多年以来，"战略协作伙伴关系"成为中俄关系的一个主要基石，这是叶利钦的首议。从俄罗斯方面来看，显然不能排除这是因为当时俄罗斯正在受到北约东扩的巨大压力。

对于像北约本身，以及北约东扩那样有着巨大规模的欧洲历史上罕见的多国军事同盟，也许仅有十字军东征和法国大革命后的拿破仑战争，可与之比拟。但是，北约东扩却不似后两者，冷战的终结发生在大体和平的背景之下。换言之，从冷战向后冷战的世界秩序的过渡，并没有发生大规模战争，而是在一个非常难得的和平条件下进行的。这是一个几千年历史上并没有出现过的历史机遇。遗憾的是，北约东扩并未能明智地利用这一和平条件，相反，使得冷战后的东西方关系大大倒退。在此后的若干年中，东扩将会激起何等规模的波澜激荡，这似乎已经不是北约的决策者们当时所考虑，也不是他们所能控制的事情了。

第二节　1997—1998 年东亚—俄罗斯金融危机

冷战结束以后，很少有像在东南亚首先发生，而后波及东亚，又诱发俄罗斯突发的金融危机，使整个国际社会感受到震撼的事了。让人们为之惊愕的不仅是危机的来临时机、背后所潜藏的国际竞争动因；还有这场危机所揭示的鲜明反差——发展中世界犹如拔地而起高楼般的成就背后，突然险象丛生。在当代信息社会之下，说人们一点儿都不具备危机意识，恐怕言之为过。经历过种种所谓"转型""风险"一类概念熏陶的当代人，多少造就了一点处变不惊的本领。然而，人们对潜藏于危机表层下的结构性变迁，还难以一时间了然于胸。

笔者尝试把发生在东亚和俄罗斯的这两场危机，统称为"1997—1998年东亚—俄罗斯金融危机"，而不如通常分别地加以阐述，其原因在于：第一，东亚—俄罗斯金融危机有一个共同背景：作为既有国际秩序的核心机构——国际货币基金组织，在这两地危机中都起着重要影响。一方面，以工业发达国家雄厚财力形成的基金为基础，国际货币基金组织指导、支持、规范发展中、转型中各国的宏观经济；另一方面，在"华盛顿共识"被视为唯一成功之道的氛围之下，该机构当时要求这些国家不切实际地过快开放国内市场，尤其是金融市场，最终引发全面危机。东亚与俄罗斯所共同经历的危机，充分反映当时国际治理中所出现的这种两重性。第二，危机提示俄罗斯和包括中国在内的东亚国家：改革是必须的，但未必只能照搬西方模式。这一认知，开始推动中、俄两大国在内外改革问题上的立场接近。第三，透过金融危机进而可观察到的现象是：就全球层面而言，欧元区的即将问世，彰显美欧维持大西洋关系的同时，潜在竞争格局的逐步显现；在亚太地区日本、韩国、东盟群雄受挫背景下，中美双峰对峙局面初露冰山之角；在以俄罗斯为核心的欧亚地区，危机所暴露出90年代俄罗斯"休克疗法"式的改革弊端深重，成为普京上台后改弦更张的重要背景。所有这些变化，意味着1997—1998年的危机，远超出一般所认为的仅属于经济范畴，而具有全局的意义。正是在这场大危机之后，全球性的转型渐渐拉开了序幕。

一、危机的背景

20世纪90年代中期，一个不争的事实是：金融力量已经前所未有地影响世界事务。诚如一位经济学家所言："今后将是金融经济为主导的时代。"[①]

尤其对于发展中、转型中新兴市场而言，几万亿美元国际游资的左冲右突，金融杀手手中变幻莫测的衍生工具，再加之国际金融组织以恩威并济、软硬兼施推行自由化的不懈努力，使得金融因素无论如何也是发展中、转型中的新兴市场国家首先需要好生应付的严峻问题。这里所出现的关键性质疑是：新兴市场既要发展致富、又要安全维稳，如何进行制度与路径选择？面对来源复杂的国际资本，国际金融机构的管制力量是否能够有效应对？发展中、转型中的新兴金融体制是否必须不加节制地开放国内市场？金融危机越是来势凶猛，便越是暴露出现存秩序本身的弊端：当现有体制偏重于扩张抱负，却很少有抵御防范风险的功能之时，对这种秩序的改造也就提上日程了。

东亚—俄罗斯金融危机，乃是世界经济结构中的深层问题的

[①] 中华经济研究院院长于宗先先生在第四届"中华经济协作系统"国际研讨会上的发言，1998年2月23—26日于澳门。

聚焦和曝光。20 世纪 90 年代，以美元为首的国际流动资本和以美国金融自由化为龙头的国际金融体制，其主要关注之点，是以高新技术和信息产业为主导的经济结构，如何取得对于传统产业为主的经济结构的绝对优势。具体言之，以美国为首的西方国家实现了计算机、通信、空间与生物技术领域的革命，大大提高了各经济领域产出的科技含量，特别是在美国推动了以微软等信息企业取代传统制造产业龙头地位，从而大大提高了竞争能力和资产总量。但是，发展中、转型中国家和地区在连续艰难推进改革，取得令人瞩目的经济高速增长的同时，却依然没有摆脱世界经济体系中的附属地位。要么成为美国等国家和地区高新技术与信息产业的附庸，如中国台湾；要么与发达工业国家在信息产业及造船、汽车等传统工业领域竞争失势而陷于衰退，如韩国①；要么如大多数转型中、发展中的新生市场那样，产业发展水准低下、产品结构落后，如俄罗斯——虽不是传统意义上发展中国家，但长期依赖能源原材料出口为生，难以维持局面。正是这一系列结构性状态，决定了东亚与欧亚发展中的新兴国家在金融危机中难逃被动困局。

　　从企业组织的形式看，西方工业国家 90 年代以来的企业兼并连创新高，1995 年收购企业金额达 2 293 亿美元，为 1991 年的一倍半，而 1997 年达 3 660 亿美元。波音与麦道公司合并后超大型企业的出现，既体现独霸市场的垄断化趋势，又凸显了西方工业国家的组织化优势。相形之下，韩国当时组建大集团战略的失败，

---

　　①　林毅夫：《东南亚金融危机给我们带来什么》，《新闻报》理论版，1998 年 3 月 21 日。

是导致其危机发生的原因之一。俄罗斯在国内统一金融市场未臻成熟的背景下，组建金融工业集团，依靠大企业和专门为这一类企业服务的自有金融机构互相联合的做法，也未能在危机中幸免。

在国际经济发生重大变化的背景下，"全球化"开始引发争议。一种意见认为，世界资本市场不断增长的规模、流动性和一体化将成为经济全球化的强大动力，随着各国金融、动力、电信、传媒和运输部门的开放与消除管制，全球化将达到前所未有的程度。经济全球化迫使作为竞争者的各国、各地区与各个公司要么加倍发力、要么退出竞争而沦为附庸。①但另一种意见认为：经济全球化不过是美国及其自由市场经济原则的追随者们把一个描述现象的词汇变成了一种意识形态。全球化概念本身还有许多模糊不清之处。全球化没有体现市场化原则的当地特征，经济的全球化没有能体现社会公平与公正的价值。②全球化过程所蕴含的两面性，在20多年前的这场危机中，早已显露端倪。俄罗斯一开始就在全球化问题上的有所保留，与其当年所承受的压力是息息相关的。

东亚—俄罗斯金融危机所昭示的不仅是金融、经济中正在发生的变化，它还反映了与经济结构相互依存的国际范围内的社会结构变动趋势。当时的中产阶级地位还相对稳固，但掌握金融工具的投机食利者阶层，与从事传统制造业及相关行业的劳工阶层

---

①　［美］简·弗雷泽、杰里米·奥本海姆：《对具有全球观的企业来说，世界是他们可以获利的地方》，《国际先驱论坛报》（美国），1997年9月22日。

②　荷兰工党新党章主要起草者，阿姆斯特丹大学社会学系副教授布什马克1998年3月24日在华东师范大学人文学院所做题为"欧洲统一与福利国家"的演讲。

的地位差异，正在急速出现。但这种变化，又被许多互相交叉的
现象弄得异常复杂而难以辨认。比如，国际资本中以共同基金等
形式存在的新的社会利益群体，从原则上说，不排除是国际性投
机资本的获利者，但同时又是所在国传统产业中的普通员工，或
退休员工。比如，俄罗斯私有化进程中企业员工、大量中小银行
股份持有者，他们虽曾握有大量企业证券，但其中很多人的资产
在金融危机中最终还是被"洗劫一空"。①金融巨头运用体制和工
具的优势，超越国界，直接撼动发展中、转型中国家的社会稳定，
其冲击与震撼令人印象深刻。至少，未来国际格局何去何从的问
题，并非与大众无关。

二、国际金融危机与东亚经济模式

国际危机中的博弈与角逐，往往透过体制模式而展开。

国际货币基金组织和世界银行是布雷顿森林体系的两大支柱。
世界银行主导发展援助，而国际货币基金组织主管对发展中、转
型中国家宏观经济政策的指导、调节与监控。一般而言，世界银
行由美国主持，国际货币基金组织的领导人则选自欧洲。但是，
不光由于美国是国际货币基金组织最大的股东，而且，根据麦克
福尔的观点，"在关键问题上，国际货币基金组织遵照七国集团的
指示。而七国集团则遵照美国的要求"②。

在东亚金融危机发生之前，国际货币基金组织曾经对东盟国

---

① 后来成为普京首任总统经济顾问的俄罗斯经济学家伊拉·里奥诺夫告诉笔
者：正是1998年金融危机之后，俄罗斯中小银行大规模因破产而消失。

② ［美］詹姆斯·戈德盖尔、迈克尔·麦克福尔：《权力与意图》，第273页。

家的宏观经济形势提出过警告，同时，也曾是帮助东亚摆脱金融
危机的积极参与者。国际货币基金组织解决东亚各国危机的措施
大体是：持续地提高银行利率以阻止通货贬值；关闭已经无法存
活的金融机构；按照国际规范进行簿记和对金融机构加以监管；
提高政府部门和合作部门的政策透明度；促进私人部门发挥更大
作用；扩大对亚洲各国市场的外国参与程度。①在实施上述计划的
基础上，国际货币基金组织提供财政援助。用基辛格的话来说：国
际货币基金组织是防止金融危机走向局势完全崩溃的唯一机构。
从金融危机发生到 1997 年 12 月初，该机构及其所带动的多国国际
援助——包括世界银行和其他国家银行共投放了 1 130 亿美元的
资金。

　　但是，恰恰是这个似乎"乐善好施"的国际货币基金组织，
受到了前所未有的批评。这些批评不光来自广大发展中国家与地
区，而且，来自美国老一辈政治家如基辛格、舒尔茨，甚至也来
自曾经是国际货币基金组织所偏好的"休克疗法"的经济改革倡
导者杰弗里·萨克斯（Jeffrey Sachs）。

　　这种批评主要包括两方面的内容：一方面是认为国际货币基
金组织不应该助长"道德风险"，也即本应由市场解决的问题（比
如通过破产），不应由美国的纳税者去帮助解决。另一方面则认
为，国际货币基金组织解决各国危机的办法过于生硬，不适用于
东亚的情况。连国际货币基金组织的第一副总裁斯坦利·菲舍尔
也认为："所有这些改革措施要求各国的商业实践、合作文化与政

---

① Stanley Fiescher, "The Asian Crisis: A View from the IMF", January 22, 1998. https://www.imf.org/en/News/Articles/2015/09/28/04/53/sp012298.

府行为作出极大的改变，还需要花费很多时间。而且，当整个过程运作起来，总会出现一些'戏剧性局面'。"①这里的"戏剧性局面"，显然是指国际货币基金组织严苛的援助条件造成 90 年代以来在俄罗斯与中东欧等地所激起的震荡。有鉴于此，上述西方学者认为：东亚—俄罗斯金融危机的实质是政治性的，并不能简单地用千篇一律的紧缩经济的办法来加以解决。美国式的全球主义与多元化民主模式并未曾预见到这场危机，也无法给予出路。此外，国际货币基金组织本身援助计划缺乏透明度，也引起学术界的尖锐批评。

仅从国际金融发展的进程而言，我们看到的是一个相当矛盾的现象：一方面是美元的强势地位和作为现有秩序支柱的国际金融机构在处理危机中大显神通，包括通过加强欧亚合作、对现有秩序起修补性作用的 1998 年 4 月亚欧会议，在其会议声明中也明确提出：应该增强国际货币基金组织在解决亚洲金融危机方面的重要作用。②但另一方面，是来自各方面的对国际货币基金组织处理危机方案的批评。这一批评中，既包含对国际货币基金组织 90 年代以来在俄罗斯与中东欧国家的"休克疗法"实验的反思，也充满了接受国际货币基金组织援助的东亚国家强烈的本土情绪。包括上述亚欧会议声明，也明确提出要对国际货币基金组织实行改革措施，以加强它在防止金融危机方面的能力。这些措施包括：增加配额和尽快批准新的借贷安排，增强国际货币基金组织金融

---

① Stanley Fischer，"The Asian Crisis：A View from the IMF".

② 《第二届欧亚会议发表声明》，《解放日报》1998 年 4 月 5 日第 1 版。

监控系统的透明度等。①在金融高度自由化的背景下，历来都是主要发达国家和国际货币基金组织要求发展中国家开放金融市场，而未在防范风险、抑制过度投机方面有所作为。实际上，这是强烈呼吁要改革以国际货币基金组织为支柱的世界金融秩序。截至1998年4月上旬，国际货币基金组织本身也已明确表示，将提高工作透明度。这一现象表明，美国作为经济霸主的地位已经开始受到挑战。②

　　危机中另一项重要争论聚焦于：此次金融危机与曾经长期推动亚洲经济发展的东亚模式本身是否有关。一种意见认为有关。理由大致是：第一，在生产全面过剩的国际环境中，东亚模式所倡导的出口导向型战略已无发展的余地；第二，东亚模式所维护的政府与企业间的紧密联系和政府的高度动员能力恰恰是造成泡沫经济、不良资产以及腐败风气的根源；第三，有人认为，高度一致的、全民性的增长预期成为经济过热和投机资本的温床。③这种意见的较极端表达是金融危机宣告了东亚模式的破产；而较为温和的说法则是金融风波导致了东亚模式走向危机的开始。保罗·克鲁格曼早在东亚金融危机发生之前四年就发表他的观点，堪称这一派中执牛耳者。在他看来，由于苏联的衰落、日本增速的降低、新加坡无法在世界经济中占有重要地位，以及中国很难长期保持现有增速，且发展质量低下。因此，西方并未丧失传统

---

① 《第二届欧亚会议发表声明》。

② 樊纲执笔：《东南亚危机对我们的教训》，《开放导报》1998年3月18日。

③ 秦海、李宝民：《金融危机与东亚模式》，《战略与管理》1998年第1期，第71—76页。

优势，世界经济重心并未向亚洲转移，少民主、多计划的东方经济并不优于西方经济，因而"亚洲经济的奇迹"只是神话而已。①

而另一方则以以下理由为东亚模式辩护，认为金融危机与东亚模式本身无关。值得注意的是，欧美学者中有不少坚持为东亚模式辩护。理由是，东亚模式的特点在于其勤劳节俭的东方传统、协调一致的集体意识、重视教育的丰厚潜力。

批评者们反驳说：传统意义上的东方特征在多大程度上能成为东方国家国民的认同基础已经很成问题。马克斯·韦伯也曾声称，资本主义风行于天下的原因在于清教徒节欲、勤俭的本色。所以，勤俭与节欲未必仅仅是亚洲特色。至于协调一致的集体意识，有人提示：现代欧美国家公民一致的场合与事例远不亚于现今的东方民族。说到教育，更有谁能肯定，东方国家的现有教育水准大大地超过欧美呢？

笔者认为，更为关键的问题在于：东亚模式的优长未必仅仅是出口导向，对开发内部市场也存有强劲动力；东亚国家的强政府行为不只体现于产业导向、资源动员过程之中，而且也有能力遏制腐败贪污；相对低的劳动力成本和高储蓄率，在国际劳动分工中并非只能被动地被国际资本打压，如日本学者中岛清所言，东亚模式可以从"外国直接投资主导型增长"转向以自力为主、对外资依赖为辅的增长模式。东亚金融危机的事实表明：相比之下，同样是面临国际游资的冲击，中国和新加坡还是较好地规避了这次风波的打击。特别是中国政府对香港所承受危机冲击时所

---

① Paul Krugman, "The Myth of Asia's Miracle", *Foreign Affairs*, Vol.73, No.6, 1994, pp.62—78.

表现的坚定支持，中国在亚洲国家接连降低汇率的大潮中始终保持汇率稳定，体现负责任大国的姿态，受到国际社会的肯定。这说明即使是东亚模式也非千篇一律，掌控得当，可以有效抵御危机。

第二次世界大战后的世界经济秩序是以国际货币基金组织等机构为基础而得以存在的。冷战终结后，美国依然是国际货币基金组织等构成的国际经济秩序的主要支撑。但东亚模式历经危机考验，引领经济的持续高速增长，成为整个世界发展的动因之一。因此，东亚金融危机中，关于国际货币基金组织与东亚模式的争论，预示着未来结构性变动的前奏。

三、国际货币基金组织与俄罗斯金融危机

俄罗斯金融危机与亚洲危机大体发生在同一时期。与其他国家相比，俄罗斯直接受到了东亚金融危机的冲击。

1997年7月爆发的亚洲金融危机，在开始时对俄罗斯并没有太过直接的影响。就像10年之后，2008年国际金融危机刚刚爆发时一样，似乎俄罗斯人在一开始也并没有作出应有的明确反应。出现这种状况的原因是复杂的。1994年以后，国际货币基金组织不断扩大对俄贷款规模。到1995年，俄罗斯经济一度出现了接近谷底的迹象。1996年开始向国际资本开放本国资本市场，外资进入加快。1997年7月1日外国投资累计180亿美元。①由于当时资产价格处于历史低位，大量外资涌入股市、债市，促成了俄罗斯

---

① 冯舜华：《俄罗斯金融危机析》，《世界经济与政治》1998年第9期，第3—5页。

资本市场一度的景气。1997年上半年俄股市上升，50种主要股票的"莫斯科时报指数"上升了140%，远远超过同期世界上其他股市的行情。一时间，似乎"盖达尔式休克疗法的痛苦终于开始消退。卢布对美元的汇率已稳定了近一年。通货膨胀率缓慢下降，已发行十几年的政府国库券利率也在下降……俄罗斯的交易系统（RTS）从1996年的首发起点100点升至1997年底的500多点。投资银行家们为在股市暴涨中大把赚钱而兴奋得发疯。每个人都知道当天市场的收盘价是多少，而讨论的焦点往往是：下一个将出现哪个行业或'伟大的、不可宣布的'上市公司"①。然而，疯狂淘金热中的俄罗斯人忘记了一个严酷的事实：截至危机爆发，俄罗斯累计引进外资218亿美元，但是外商直接投资只占其中的37%，大量外资被投入证券市场，外国金融机构持有短期国债总额的33%，约70%的股票交易量和40%的国债交易额由外资掌握。而根据另一数据，1997年7月1日外国投资累计180亿美元，其中直接投资不足80亿美元，其余均为证券投资和短期资金，占实际外资总额55%。②换言之，只要有任何风吹草动，再加上资本项目的盲目开放和卢布自由兑换，来去自由的国际资金，已构成爆发金融危机的必要条件。

亚洲金融风暴的早期，尤其俄股市的上升期，甚至还有部分国际资本流入俄罗斯，以躲避危机的影响。俄罗斯危机肇始于一

---

① Ben Aris, "Remembering Russia's 1998 Financial Crisis（Op-ed）The whole economy fell to pieces all at once", *Moscow Time*, Aug.22, 2018, https://www.themoscowtimes.com/2018/08/22/remembering-russias-1998-financial-crash-op-ed-a62595.

② 冯舜华：《俄罗斯金融危机析》，第3—5页。

个不太令人关注的现象：来自韩国的投资当时在俄罗斯占有一定比例。随着东亚金融危机爆发，韩国开始撤离资金。恰恰是这一举动，导致了其他外资纷纷撤出。1997 年 10 月 28 日到 11 月 10 日，俄罗斯股票市场大跌 30%。央行救市措施未能挽回投资者信心，于是，100 多亿美元的外资流出俄罗斯。这是危机的第一波。

到 1998 年年中，俄金融市场继续动荡。当年 5—6 月间，俄罗斯内债和外债余额已高达 2 000 亿美元，外汇储备下降 140 亿美元，1998 年政府预算中债务偿本付息额已占到财政支出的 58%，债务问题直逼而来。① 艰难形势下，叶利钦一方面任命盖达尔为特别代表，与国际货币基金组织谈判，争取到了后者同意在原有的 92 亿美元贷款中提前发放 6.7 亿美元。另一方面，叶利钦力排众议，擢拔年仅 37 岁的基里延科担任总理一职。新政府为了改善财政、加强对外资管理，推动杜马修法，决意改变外资持有俄罗斯公司股份的比例。但这次修法引发国际资本对俄罗斯政府的不信任，反而加快了资金流出速度。随着卢布大幅贬值，俄罗斯金融资产开始无人问津。严重的财政问题从内部又诱发了俄罗斯的第二波危机。②

为了避免危机殃及东欧与欧美，国际货币基金组织迫使俄政府接受了严苛条件：也即，在俄必须执行紧缩型改革的前提下，

① 张康琴：《俄罗斯金融危机》，《东欧中亚研究》1999 年第 1 期，第 3—5 页；杨攻研、曲文轶：《俄罗斯政府债务演进的政治经济逻辑及风险研究》，《俄罗斯研究》2018 年第 2 期，第 77—100 页。
② 张康琴：《俄罗斯金融危机》，第 3—5 页。

同意 1998 年年底前提供 266 亿美元的补充贷款，此信息一度使俄市场行情趋于稳定。①然而，危机的结构性原因并未消除，在人心浮动的大环境之下，国际资本继续逃离市场，股市下跌不止，卢布继续贬值 50%。紧接着，资本市场动荡引发了银行挤兑和居民抢购风潮，最终对实体经济产生严重冲击。通货膨胀率重新飙升至 80% 以上。1994 年至 1998 年，俄政府企图用固定汇率来稳定经济的努力彻底告终。当时，整个国家的硬通货储备跌至仅仅 60 亿美元。直至 8 月 17 日，基里延科不得不放弃了这一计划。②这是俄罗斯金融危机的第三波。

　　如何评价国际货币基金组织在俄罗斯金融危机前后的作用，一直存在着争议。争议集中在三个方面，其一，是关于国际货币基金组织对俄的宏观经济政策："一些人说国际货币基金组织太过仁慈。一些人甚至指责国际货币基金组织援助非但没有帮助解决、反而延长了俄罗斯经济困境。另一些人则说国际货币基金组织过于严苛。"其二，关于危机中的资金供给："一些人指责国际货币基金组织向俄政府施压，使资本市场的私有化速度太快。还有一些人则谴责西方投资者给俄罗斯银行和政府提供资金太多、太快。另外第三派责备俄政府太依赖这类热钱为预算筹措资金。"其三，从更大范围内的政治角度对国际货币基金组织以及美国对俄政策的分析：一种观点认为，"政策之所以失败，是因为美国相当长时期以来一直假装俄罗斯仍然是个大国"，实际并非如此；另一种观

---

① 冯舜华：《俄罗斯金融危机析》，第 3—5 页。

② Ben Aris, "Remembering Russia's 1998 Financial Crisis（Op-ed）The whole economy fell to pieces all at once".

点正好相反，认为恰好是因为"美国没有仍然将俄罗斯作为一个大国对待"。①

　　无论如何，20世纪90年代差不多整个十年，国际货币基金组织"在援助俄罗斯方面扮演了核心角色"。实事求是地说，在1992—1999年间，国际货币基金组织向俄罗斯提供了220亿美元贷款，几乎占整个90年代俄所获国外多边贷款的四分之三。这并不是小数目。②但是，即使国际货币基金组织提供数百亿美元贷款，对俄罗斯这样处于异常复杂而艰难转型期的超大规模经济体而言，也仅是杯水车薪而已。基本的问题在于：90年代中期俄罗斯国内生产总值将近一半是"影子经济"，企业行为和市场信息十分扭曲，要想在短时期内用"强制性休克"，来彻底改造俄罗斯经济，根本没有可能。同时，东亚金融危机使得国际能源价格急剧下跌，从1997年到1998年下跌40%，靠能源出口维持生计的俄罗斯1997年的经常项目还顺差39亿美元，到次年变为45亿美元逆差。这对俄罗斯的偿债能力是一个巨大打击。

　　俄经济整整十年难见起色，无论如何，与当时国际货币基金组织提供贷款所附带的强制改革要求密切相关：在流行的货币主义理论影响下，国际货币基金组织对俄转型的政策要求是，其一，紧缩货币；其二，大幅提高利率以控制银根。其目标在于通过遏制通胀，稳定经济。1992年俄罗斯加入国际货币基金组织时其国内通胀为2 500%，虽到1996年得到遏制，但是，上述两项措

---

① ［美］詹姆斯·M.戈德盖尔、迈克尔·麦克福尔：《权力与意图——后冷战时期美国对俄罗斯政策》，第293—294页。

② 同上书，第137页。

施同时导致了流通萎缩。由于央行不再超发货币，俄企业超过一半回到以货易货的自然经济状态；由于企业几乎无法获得贷款，大量俄企事业机构停发工资。1997 年俄罗斯经济稍有复苏迹象，但公司上交应缴税收的不到 10%。1997 年财政赤字占 GDP 的 7%，比 3.2% 的预定目标高出 4 个百分点。俄企业债务占 GDP 比重 1993 年为 33.9%，而到 1997 年末危机来临时刻为 55.4%。麦克福尔曾认为，1998 年俄金融危机起源于财政危机，有一定道理。但是，实际上远不止此。①

在俄财政危机、资金奇缺的背景下，国际货币基金组织急忙推动俄政府发行大量短期国债，引进外资。其本意是希望留住第一波危机发生之后急于外逃的外国投资者。因此，俄财政部过去一致抵制国际货币基金组织希望提高俄罗斯国债（GKO）债券回报率的建议，但到此时也不得不被迫接受。根据 90 年代长期驻莫斯科从事研究、21 世纪后任美国驻俄罗斯大使的麦克福尔估计，当时短期国债中外资比重甚至超过三分之二。危机中资金大量流失。俄 1998 年经济滑坡幅度至少 5%，1998 年 9 月，联邦政府收入只有 50 亿卢布，且卢布已大幅贬值。俄罗斯外债超过了 1 550 亿美元，其中还不包括俄罗斯各银行和公司所欠 500 亿美元的债务。普通居民的财产缩水严重，银行储蓄损失一半。1998 年夏，俄罗斯政府形同"破产"。②

按照麦克福尔的记载，90 年代国际货币基金组织基本上由美

---

① ［美］詹姆斯·M.戈德盖尔、迈克尔·麦克福尔：《权力与意图——后冷战时期美国对俄罗斯政策》，第 264—266 页。

② 同上书，第 266—267 页。

国主导。而美国主导之下的国际货币基金组织对俄政策，特别是克林顿本人，主要是基于"政治考量"，把推动俄按西方模式改革，视为民主制度的胜利。①叶利钦1996年面临俄共挑战，异常艰难才赢得大选。为了确保政局稳定，避免政权落入俄共手中，同时，也为顺势推进当时正紧锣密鼓筹划的北约东扩，克林顿确实一再推动国际货币基金组织对俄注资。但当时这些具有极大风险的决策在政治经济混乱、精英阶层无力担当的局面下，难以被执行。基里延科政府被迫于8月23日宣布解散，叶利钦提名前总理切尔诺梅尔金重出江湖，但是杜马两次否决这一提名。迫于无奈，叶利钦只好把双方当时都能接受的普里马科夫，送上了总理"宝座"。叶利钦的支持率也下降到了仅仅只有几个百分点。11月5日，叶利钦本人被俄宪法法院裁定不能参加下届总统选举。深重的政治危机，使得任何来自国际货币基金组织的救助都无济于事了。而在此同时，白宫的"莱温斯基案"突发，克林顿本人也无暇顾及解救俄罗斯的危机了。

"一百年来俄罗斯经济困局第一次波及整个世界经济。"②卢布贬值和经济恶化导致美国股市和债市的下跌。作为俄罗斯最大的债权国，德国的商业银行产生了大量坏账。独联体国家更是深受其害，乌克兰货币贬值35%，白俄罗斯货币贬值70%。一位美国金融家当时告诉《金融时报》：投资者"可能宁可吃核废料"，也

---

①　[美]詹姆斯·M.戈德盖尔、迈克尔·麦克福尔：《权力与意图——后冷战时期美国对俄罗斯政策》，第273页。
②　同上书，第284—285页。

不愿再把钱放到俄罗斯。

普里马科夫在总结 1998 年俄罗斯金融危机的时候，曾说道，"到 1998 年年中已经清楚，'自由主义者'的经济方针将国家带进了死胡同"，"给普通居民带来了极大的痛苦"。他认为危机"最严重的后果是全面的信任危机"，"国内形成了对转入市场关系想法本身相当广泛的不信任情绪"。①连国际货币基金组织秘书长康德苏当时也不得不公开承认对俄事务中的错误："资本自由化搞得很混乱，经常违反健康的思维。"②

四、东亚—俄罗斯金融危机与冷战后的国际格局转型

从危机过程看，冷战后国际格局变迁只有当以下条件同时出现时才会发生。第一，只有当科技、金融、经济的变革和竞争所导致的国际力量对比失衡，因此而起的冲突难以控制的时候，国际格局的变化才可能发生；第二，支撑现有国际秩序的重要基础，比如国际货币基金组织等机构，与地方性进程和治理模式——如东亚模式或作为大国的俄罗斯体制重构进程这两者之间出现深刻矛盾时，也会导致国际格局的相应变化。东亚—俄罗斯金融危机的发生，好像长夜闪电，提供了一种从全球角度重新审视发展中、转型中国家取向的机会。也即，不光是从东亚—俄罗斯金融危机所在的地区进行观察；还可以从全球层面上来观察世界力量对比所发生的变化。

---

① ［俄］叶·普里马科夫：《临危受命》，高增训译，东方出版社 2002 年版，第 30 页。

② 同上书，第 101 页。

就全球的层次而言，首先是美、欧、日的力量对比。先来看美国。英国学者斯特兰奇在其所著的《国际政治经济学导论》中曾经有一段精彩描述，勾画了国际金融与国际格局之间的相互关系。她认为：19 世纪的欧洲之所以出现长达将近百年的和平，是与不列颠帝国的强盛有关，而不列颠帝国之所以称霸世界，是与以稳定的英镑为支撑的金本位制相联系的。在第二次世界大战之后，为什么西方世界内部能够保持稳定，除冷战对峙的因素之外，国际金融同样起了重要作用。美国之所以能够在第二次世界大战之后领衔西方、称霸世界，也是与坚挺美元为背景的布雷顿森林体系相关联。①于是，可以得出这样一个三段式：国际格局的稳定，有赖于国际金融体系的稳定，而国际金融体系的稳定，有赖于主要国家货币的稳定。

以这样的观点来看待冷战后的国际关系，可以发现尽管冷战结束后国际金融界的风波不断，比如 1992 年的英镑、里拉大贬值，1993 年莫斯科的"黑色星期二"，1994 年的墨西哥金融危机，1995 年美元、日元、马克的汇率风波，近几年接连不断的各主要金融机构倒闭与丑闻，包括 1997 年亚洲金融危机，但国际局势总的发展趋势尚称平稳。由此看来，美元大体上保持坚挺与稳定，是一个关键因素。

美元保持强势，当然是与美国经济处于上升阶段的周期性变化密切相关的。冷战的结束、苏联的解体、和平红利的取得，宣告了美国在政治、经济上的优势。东亚金融危机所反映出的美国

---

①　［英］苏珊·斯特兰奇：《国际政治经济学导论——国家与市场》，杨宇光等译，经济科学出版社 1990 年版，第 113—129 页。

优势依然明显，其经济地位并没有像有些人所预言的那样，随着对手苏联的解体马上趋于衰落。美国实力尚存的最显著表现，是经过多年的努力经营，成为当今世界以信息技术为主干的产业革命领头羊。传统产业向以信息技术为核心的高新技术产业的转移，信息技术向管理、金融等领域的大幅度渗透，使得美国取得了对欧、日等对手前所未有的优势。在 1997 年东亚—俄罗斯金融危机中，可以清晰地看见美国所具有的一个直接的制度优势，乃是80 年代美国大幅度放松对金融业的管制，发展到 90 年代美国金融力量以投资基金等形式，进入国际市场，特别是在新兴市场呼风唤雨。①

美国不光具有国内经济制度的优势，还充分利用自己的影响，建立了在主要国际组织内的规制权，主导了国际经济体制，尤其是国际金融制度的变化。世界贸易组织当时就国际金融服务的自由化和信息产业自由化所达成的协议，明显地带有美国的痕迹，并进一步为美国经济势力的扩张影响创造空间。

换言之，美国在国际范围内所具有的制度优势，既表现为以实力增长为背景的金融自由化，也表现为在国际经济组织的传统影响，还体现为以美国国内法上升成为国际法，并以此制约国际规范的形成与制定的规制主导权。上述这几个方面的优势，无一不在金融危机期间得到。尽管东亚金融危机对美国经济和道·琼斯指数的起跌都有过一定影响，但显然这些影响有限，一时还未

① 朱文晖、王玉清：《东亚金融危机与世界经济新格局》，《战略与管理》1998 年第 1 期，第 63—70 页。

危及美国经济优势的基础。

再来看欧洲。总的说来，东亚金融危机对欧洲经济的冲击不大。根据欧洲委员会负责国际金融经济问题的主管官员在 1999 年 3 月初宣布：欧洲委员会认为，亚洲金融危机最多会给全欧盟的 GDP 在 1997 年减少 0.1%，在 1998 年减少 0.3%。因此欧盟的经济增长率 1998 年原来预测是 3%，现在可修正为 2.7%，同样，1999 年的经济增长率也相应地降低 2.5%—3% 左右。其余各项预测大体也持相仿的评价。

之所以影响不大的原因在于：第一，亚洲金融危机主要发生在泰国、马来西亚、印度尼西亚、菲律宾与韩国。欧盟对这些国家的出口只占总额的 6.5%，在整个欧盟的 GDP 中只占 0.5%。第二，欧洲经济进入以设备投资为主导的恢复增长时期，内需明显增加，所以外需减少对其经济增长影响有限。第三，间接地看，欧盟与美国经济关系密切。美国也受到金融危机影响，但也增加了有利于汇率与物价稳定、甚至增加了收购低价优质资产的机会。在美国受危机影响有限的情况下，欧洲宏观经济不至于受到大的波动。

但是，危机仍凸显负面效应。其一，东亚金融危机毕竟危及中国与日本，而欧盟对中日两国出口占其出口总额的四分之一，占 GDP 总额的 2%。尤其对于主要依赖出口推动增长的德、法等国来说，影响尤甚。其二，危机对欧洲各国银行业也有相当显著的影响。鉴于欧洲银行对亚洲的贷款要比日、美两国银行多，到 1996 年底亚洲对欧洲银行欠款共达 1 466 亿美元，占未偿还主要国际银行贷款总额的 40%（超过亚洲对日本银行的欠款 1 186 亿美元，对日欠款为总额的 32%）。根据国际清算银行材料，德国的银行对亚洲放款最多，其次为法国与英国。①

正是在东亚金融危机的背景下，欧洲战略家纷纷提出，把加速货币一体化进程作为抵制危机影响的重要步骤，希望通过货币统一来形成稳定的机制，提高竞争能力。当 1995 年，美元、马克、日元三种货币汇率大幅波动的时刻，有人曾经预言，将出现美元、马克、日元三种货币鼎足天下的格局。事实上，因日本经济尔后的一蹶不振和日元疲软，以及欧洲一体化进程中的种种掣肘，使得三分天下的金融新格局付之阙如。但是欧元的诞生显然将使美元有了一个潜在的有力对手。根据英国经济学情报研究机构（EIU）当时报告，欧元问世的未来影响巨大，并认为这种影响还尚未得到世人的充分注意。戴维·柯里的这份报告认为：1999 年欧元产生的第一波将波及 11 个国家、2.9 亿人口，而美国人口总数仅为 2.7 亿；预计欧洲经货联盟（EMU）出口统计为世界总量的 12%，美国为 15%；按国际货币基金组织的最新统计，美元与欧元在包括外汇交易在内的世界总交易量中所占比重为 41%∶35%，外汇储备比重为 26%∶6%，国际债务结构中所占比重为 37%∶34%。按此估计，戴维·柯里认为：预计此后 10 年，用欧元进行结算和作为资产的比例，将相当接近于现在美元所占的地位。②尽管这一预言远远没有变成现实，但在 20 世纪 90 年代末，欧元的出现折射出欧盟的巨大抱负。

---

① 朱文晖、王玉清：《东亚金融危机与世界经济新格局》，第 63—70 页。
② David Currie, "Will the Euro Work?" *The Economist Intelligence Unit*, London, 1998, pp.31—32.

再来看日本。可以认为，日本是东亚金融危机中最大的失败者。①相比于 80 年代中期以来美国在日本的投资失败，以及 90 年代以来日本在泡沫经济中所形成的经济滑坡，这次金融危机给日本造成的损失更为惨重。东亚金融危机之所以成为"东亚的"，而不仅仅是"东南亚的"危机，是因为日本等东亚国家与东南亚的紧密关系。根据不完全的统计，1997 年 6 月底之前，日本银行业对东南亚国家和地区（不含新加坡与中国香港）的贷款金额为 31 万亿日元（约合 2 714 亿美元），其中一大半约 1 820 亿美元是回收困难的不良资产，这相当于日本主要 10 家大银行年收益的 13 倍。这既表明日本卷入东南亚金融危机的程度之深，也表明在东南亚金融危机未得到复苏之前，日本经济难有起死回生的机缘。②这里还不包括金融危机给日本的出口所造成的严重后果，也不包括危机条件下实施日本金融体制改革所需支付的巨大成本，包括政治上所需付出的代价。

总之，从全球角度看：美、欧、日三强之中，日本虽身居当时世界第二经济大国的地位，但其影响已大为衰减。余下的两强中，美国显然在 21 世纪初相当一段时间内仍将独占鳌头。而在经济与货币完成一体化基础上的新欧洲，会增强与美国抗争的能力。美欧之间关系的变化，给世界其余地区带来回旋的空间。

东亚金融危机之下的中国，处于非常特殊的地位。作为一个曾经落后的发展中大国，中国以改革开放为取向，但是也没有选择类似于其他国家那样过度开放，或彻底西化的战略，使中国在

---

①② 朱文晖、王玉清：《东亚金融危机与世界经济新格局》，第 63—70 页。

金融危机来临时刻，仍然有可能运用传统的体制资源，来抵御危机。

首先，得益于参与国际经济一体化才有其经济成就的集体记忆，这是中国持续改革开放的极大动力。同时，大国的复杂经济社会条件，又迫使中国改革家们须谨慎防止任何战略上和操作上的颠覆性错误。正是目睹这场危机中许多东亚国家金融制度过度开放带来的风险，中国改变了原本希望加快推进开放汇率制度的日程表。而后很多年稳定的汇率制度等于修筑了一道防水大堤，对中国的改革开放，起到了极其重要的稳定和促进作用。

东亚金融危机不仅在体制改革问题上，对中国提出了更为严峻的要求：即如何在继续开放和扩大内需之间找到最佳平衡点；而且，在对外关系上也要求中国既要首先把自己的事情办好，同时，也要积极参加国际合作，维护地区和全局的稳定，通过共同努力来避免金融危机所带来的消极后果。中国不仅没有像日本等其他国家通过降低汇率来自保，相反，是坚持汇率水平的稳定，防止经济下滑。同时，1997 年 7 月香港回归之前，中国政府就已经承诺，自己的 1 800 亿美元外汇储备可用于支持港币的稳定。显然，这是香港能够最终稳定局势的重要支撑。

国际货币基金组织虽然在危机中依然有出手相助的实力，和对发展中、转型中世界的宏观经济给予"指导"的能力，但这种"指导"所带来程度不等的灾难，令人难忘，尤其在俄罗斯。因此东亚—俄罗斯金融危机所开启的，不仅是对于解救危机的规制与战略的反思，而且，中俄在这一关键点上的认知开始趋近，两大国越来越认识到，需要寻找适合自己的制度模式。这预示着，东西方力量对比的天平也从这一刻开始倾斜。

自东亚—俄罗斯金融危机以来，亚太国际关系结构开始透露出双峰对峙的局面：也即一方面是以雄厚的金融与产业实力作后盾，并有国际化作为背景的体制优势的美国；另一方面是尚能在金融危机面前站稳脚跟，并且成为稳定东亚经济关键因素的中国。虽然，就经济实力而言，中国无法与美国相比。但是，从传统、地区格局以及制度模式等角度而言，中国的突出地位仍然受到了诸多因素的支撑。很难否认，中国的这一突出地位，导致了1998年中美高峰会谈的提前举行，以及经过艰难谈判，中国在几年后正式加入世界贸易组织。

国际格局中的根本性变动，往往伴随着各国内部治理模式的变革。犹如斯特兰奇所言："国际货币基金组织形成的主导哲学是货币主义，而不是凯恩斯主义、反通胀的，它反对的是财政赤字、国家所有权以及福利补贴。它一直没有深入了解亚洲（也包括没有深入了解俄罗斯），因为它流露出过多的美国观点以及西方殖民主义的态度。"①更重要的是，国际货币基金组织所要求的银行管制改革，实际上蕴含着对于强劲且有效的政府治理的需求。而这正是21世纪之后中俄两国政治经济发展的重要诉求。正是在这一点上，这场东亚—俄罗斯金融危机不仅展开了国际阀域内，尤其是国际治理领域的更深层变化的前景。这成为以后大国关系演进的一个重要背景。

---

① ［英］苏珊·斯特兰奇：《疯狂的金钱》，杨雪冬译，中国社会科学出版社2000年版，第199—206页。

第三节　多重危机交织下的科索沃战争

如果说，1997—1998 年的东亚—俄罗斯金融危机，和 1999 年西雅图世界贸易组织会议期间的大示威，是世纪之交全球化如火如荼推进之时所遭受的最初抵制，那么，1999 年科索沃战争爆发，则是另一个划时代的重大事件。不仅因为这是美国主导下北约第一次跨越联合国对一个并未直接威胁自己和盟国的国家用兵；也不仅因为从这一时刻开始，俄罗斯与美国及西方在冷战后所建立起来的关系突现裂痕，并开始倒转。正是这场战争，把扑朔迷离的现象背后的深层悖论——剥离，使人们看到，后冷战时期在意识形态与地缘政治之间，在全球化、区域化与民族国家主权之间，以及在东西方不同文明形态——不光是巴尔干地区的东正教、西方基督教、伊斯兰教——之下，而且也一定程度上包括西方阵营的欧洲与美国之间的一次复杂而全面的较量。

一、预言家德热拉斯

米洛万·德热拉斯（Milovan Djilas）曾经是 20 世纪一位声名显赫的人物。他曾是南斯拉夫共产党领袖铁托的高级私人代表，是与斯大林进行谈判的一位政治家，也是后因对铁托执政时期一系列做法表示怀疑，导致个人著作遭禁，连本人也受长期囚禁的一位南联盟持不同政见者。但是，在冷战后能对南联盟未来命运做出比较准确的预判者，除了德热拉斯，大概很难再有出其右者。

南斯拉夫处于欧亚大陆的东西方文明结合部的最西南端。这里不光是罗马帝国、拜占庭帝国、奥匈帝国、奥斯曼帝国、俄罗斯帝国之间，也是天主教、东正教、伊斯兰教各大宗教和势力犬牙交错、互相竞争博弈最为激烈的场所。第一次世界大战从这里开始引爆。第二次世界大战时，这里被称为"火药桶"。雅尔塔体系之下的冷战期间，斯大林和丘吉尔之间著名的划分世界版图的大国交易，正是从巴尔干半岛开始的，欧洲被铁幕一分为二。

科索沃，原来是南斯拉夫境内的一个自治共和国。这是除了塞尔维亚、斯洛文尼亚、克罗地亚、波斯尼亚-黑塞哥维那、马其顿、黑山等六个自治性质的共和国之外，在南斯拉夫境内最小的一个自治行政单位，主要居住着南斯拉夫人的邻居阿尔巴尼亚人。但是，在科索沃的北方又聚居着塞尔维亚人。科索沃本来就已经是南斯拉夫境内阿尔巴尼亚人的"国中之国"，而科索沃北方的这一片土地，堪称科索沃这一小块土地上的"族中之族"。一个被人们经常提到的事实是：南联盟作为形式上的联邦制国家，在冷战结束之后，它虽尚能够接受犹如克罗地亚、斯洛文尼亚、波黑、马其顿、黑山等自治共和国的一一离去，但是，唯独科索沃的独立，乃是塞尔维亚人最不堪忍受之举：因为这里是塞尔维亚民族文明两千年前的发祥圣地之一。①

早在冷战期间，科索沃就有强烈的独立倾向。1981 年阿尔巴

---

① ［美］罗伯特·卡普兰：《巴尔干两千年》，赵秀福译，北京大学出版社 2018 年版，第 100—101 页。

尼亚人在科索沃发起要求独立的暴动之后，德热拉斯曾经预言："我们的体制之所以建立起来，便于铁托的控制。既然，铁托已经不在了，我们的经济形势又变得至关重要，那么，就自然会出现权力更加集中的趋势。但是，这种集中却不会成功，因为它与各共和国的民族—政治的权力基础相冲突。这不是传统的民族主义，而是建立在经济私利基础上的更为危险的、官僚主义的民族主义。南联盟体制将以这种方式开始崩溃。"

到 1982 年，世界注意力被集中到刚刚上任的苏联领导人尤里·安德罗波夫身上，寄希望于他能够开始改革。德热拉斯不以为然。在他看来，安德罗波夫热衷于收集匈牙利家具，几乎照单全收，"他没有新思路，只是一个过渡人物……只能为真正的改革者的随后出现铺路"。到了 1985 年，当全世界都对戈尔巴乔夫寄予极大希望之时，德热拉斯冷言道："你会发现，戈尔巴乔夫也只是一个过渡人物。他会做出重要的改革，引进某种程度的市场经济，然后，体制中的真正危险就会变得显而易见，东欧的异化就会变得更加糟糕。"在德热拉斯眼里，南斯拉夫将会变得"像黎巴嫩一样。且等着看吧"。

时间推进到 1989 年的 11 月，当时的南斯拉夫国土上，无论是斯洛文尼亚、克罗地亚，包括塞尔维亚到处都洋溢着一片自由化的气氛，有人推测，推行着强硬路线、作为最后一个与西方对峙的塞尔维亚共产党领导人米洛舍维奇将会"是一个过气的明星"，很快就会被剥夺权力。德热拉斯却预言道："米洛舍维奇仍然有希望。……你看到的自由化起因是很坏的。它是塞尔维亚和其他共和国之间民族主义竞争的后果。最终，南斯拉夫会像英联邦那样，是一个相互有贸易关系的国家之间松散的联盟。但恐怕先会有民族战争和叛乱。这里的仇恨实在是太强烈了。"①尽管德热拉斯所预言的米洛舍维奇也并没有在政坛滞留过久，他因西方所称"人道主义罪行"被囚，最终过世于狱中，但是，围绕着科索沃问题的征战搏杀，一直是此起彼伏。有时候看似对立各方正在走向妥协，但最终又重新趋于对抗。就这样一波接着一波，科索沃危机迄今已经二十余年，始终未得平息。

二、导火索——波黑冲突

要理解90年代末期的科索沃战争，离不开此前的波黑战争。这两场战争有着密切的关联性。

先来看一下波黑战争。历史上的波黑地区，主要居住的是塞尔维亚族和克罗地亚族两个民族的居民。但自从15世纪土耳其侵占该地之后，又有了大批信奉伊斯兰教的塞族居民。第一次世界大战期间，塞族人为主导的大塞尔维亚王国，实行对克罗地亚的歧视政策，造成了克罗地亚人对塞尔维亚人的民族仇恨。第二次世界大战期间，克罗地亚人暗杀了塞尔维亚王国国王之后，投靠德国希特勒；并推行对塞尔维亚的种族屠杀。第二次世界大战后南联盟成立，铁托主张反对"大塞尔维亚主义"，但是并没有并行反对"大克罗地亚主义"。到了1971年，波黑境内的塞尔维亚族穆斯林成为人口主体，而塞族次之。1980年铁托去世之后，南共联盟式微，民主集中制难以为继，中央委员会由八个国家轮流坐

---

① ［美］罗伯特·卡普兰：《巴尔干两千年》，第100—101页。

庄。1991 年 6 月，原来南联盟内的斯洛文尼亚和克罗地亚，在德国影响之下，首先宣布独立。不久南联盟的波黑共和国也倾向独立。1993 年 3 月，波黑境内的克黑两族宣布独立后，开始阶段在当时的欧共体协调之下，就国家体制的前途问题与塞族进行协商，也达成了一些协议。但是事过不久，1993 年 4 月 6 日、7 日，欧共体与美国相继率先承认波黑独立，这不光令世界舆论哗然，也让当时正在进行的谈判陷入停顿。7 日，波黑战争爆发，当地人民陷于血族仇杀的灾难之中。当时，意大利民主党党首普拉尼曾指出，欧共体要对目前在波黑出现的乱象负责。同一天的《华盛顿邮报》也批评美国过早承认波黑独立。①四年波黑内战中，尽管西方竭力渲染波黑战争中塞族方面的"人道主义行径"，但是，出于对巴尔干最后一个倾向于共产党主导的国家的仇视，也出于对俄罗斯传统盟友——塞尔维亚的打压，欧美的立场若不偏袒波黑克族，也难以令人相信。以 1994 年 3 月的战事为例，当波黑穆族对塞族发起进攻时，北约和西方国家不问不顾。当塞族出手反击时，北约马上进行空袭轰炸。②最后，这场大战打了四年。到 1995 年年底，在美国大幅度介入之下，波黑战争宣告结束。其背景是，克林顿急于投入大选，希望从波黑战争脱身；但是，美国在欧洲国家干预不力的情况下，也不得不出面主导波黑等地区的安全事务。在美国主持之下，1995 年各方签署但顿协议，把波黑共和国建成了穆—克联邦和塞族自治并存的，"一个国家、两个实体、三种军

---

①② 耿立强：《波黑战争史鉴》，《今日东欧中亚》1996 年第 5 期，第 11—14 页。

队"的相当独特的国家建构形式。其缘由，还在于主导整个过程的美国，希望削弱塞族以动摇其支持者塞尔维亚的存在；并为今后类似的美国干预行为立威。作为波黑战争的另一项遗产：由北约主导并掌管危机期间的整个军事行动，俄罗斯及欧洲国家作为参与者的角色，只是在听命于美国支配。这成为一种军事行动管理模式，在而后的科索沃危机中被延续；但同时，也深深地刺激了欧洲的不满，尤其是在日后激发起了俄罗斯的反弹。

三、科索沃战争中的大国关系转折

美国与欧盟的介入并没平息南联盟境内的动荡局面。4 年后，也即 1999 年 3 月 24 日—6 月 10 日，北约军队再次以"防止人道主义危机"为旗帜，发动了轰炸南联盟的科索沃战争。与波黑战争相比，首先，在科索沃战争中美军动用大量高科技武器，进行了大规模、高强度的打击。战争的规模大大超过了波黑战争的格局。第二，令人难以忘怀的，是美军在科索沃战争期间悍然违反国际法，用导弹袭击中国驻南联盟大使馆，致使三名中国年轻的外交人员献出了生命。第三，同样是发生在前南斯拉夫国土上的一场内战，在波黑战争中，还是以联合国决议形式，授权北约组成多国部队"使用必要手段"来维护稳定。然而，科索沃战争，则是美国经过了波黑战争的观察和实践，完全看清了当时的欧洲国家并无政治意志和决策能力来确保欧洲的安全稳定，遂单边行动，发动战争。对于这两场战争的原则性区别，连后来美国驻俄罗斯大使麦克福尔都不得不承认："科索沃不是波斯尼亚。科索沃是南斯拉夫联盟共和国一个组成部分，没有一个西方官员对此持有异议。因此，对波斯尼亚的干预是由在国际上获得承认的国家进行的，从而在国际法传统中是正当的，而对科索沃的干预没有联合国的授权，就侵害了一个国家的主权……。"①

通过对后果的考察，可以清楚看到：美国完全低估了俄罗斯对于科索沃战争的反应强度。虽然，一方面美国认为，俄罗斯即使开始时暴跳如雷地加以反对，但还是配合美国对米洛舍维奇施加压力，并在最后导致米洛舍维奇接受条件严苛的妥协，停止了战争。但是另一方面，按照麦克福尔的说法，俄罗斯似乎有一个"平行议程"：当俄罗斯军队的一个分遣队从波斯尼亚维和行动中，前往到达科索沃首府普里斯蒂纳，几乎引发了俄罗斯军队与美国军队之间的战斗。在两军对峙的"普里斯蒂纳停机坪上，1997 年 5 月达成的北约—俄罗斯巴黎峰会的合作精神踪影全无"②。1999 年 4 月的民调显示：90% 的俄罗斯人认为北约轰炸南联盟是一个错误。65% 俄罗斯人认为，北约是冲突中的侵略者。特别是俄罗斯年轻人对美国的看法转向负面，67% 的 18 岁到 35 岁的俄罗斯人对美国的轰炸持负面看法。这是 90 年代以来俄罗斯民意一直对美国抱有持续好感之后第一次的大幅度滑坡跌落。美国国家安全委员会官员安德烈·韦斯认为："科索沃战争引发了这一时刻令人难以置信的美俄关系破裂，我认为，我们任何人都不知道会有这种破裂。我们都想要制止米洛舍维奇，但就是没料到事情会这么糟糕，这么尖锐。事情确实很难看，远远超出了任何人

---

① ② ［美］詹姆斯·M.戈德盖尔、迈克尔·麦克福尔：《权力与意图——后冷战时期美国对俄罗斯政策》，第 306 页。

的估算。"①

　　按照麦克福尔的记载，美国人对俄对于科索沃战争的激烈反应完全感到意外，此事本身就耐人寻味。值得观察的是，究竟是什么原因使得美国人如此不明就里呢？从麦克福尔对于危机期间的美俄高层沟通的记载来看，美国方面非常得意的是，强权之下俄罗斯的让步。包括美方一些人认为：向叶利钦提供参与八国集团的机会，乃是诱使俄罗斯在科索沃问题上最终让步的妙棋。克林顿也认为这是在他总统任期内做得最聪明的一件事。

　　但是，科索沃战争的结局，究竟多大程度上能够作用于长期的地缘政治意义上的美俄战略合作呢？麦克福尔认为：第一，"因为科索沃事件，（美俄）常设联合委员会的共同磋商和决策论坛未能发展起来，2002年北约与俄罗斯决定将其取代。但科索沃提醒每个人，不允许俄罗斯否决北约行动，乃是确保北约一旦如果需要则能够行动的关键"②。而这又成为损坏俄美关系的最为关键的步骤。第二，麦克福尔合乎逻辑地体认到："作为科索沃战争的后果，俄罗斯政治家们开始支持俄中联盟反对美国。"其具体结果，在美国人看来，就是中俄间签署了20年的友好合作条约，包括上海合作组织在2001年的正式成立。第三，冷战后欧美盟友间开始出现裂痕也在科索沃战争中得以一窥：对欧洲来说，是一直听命于美国的指挥棒，还是欧洲国家能够实施独立的决策权，这始终是围绕科索沃危机的一道难题。正当俄罗斯的特种部队迅速地从

---

① ［美］詹姆斯·M.戈德盖尔、迈克尔·麦克福尔：《权力与意图——后冷战时期美国对俄罗斯政策》，第313页。
② 同上书，第328页。

波黑战场降临普里斯蒂纳机场之际，两军严重对峙，一触即发。情势确有类似于叶利钦所威胁的"爆发第三次世界大战"的迹象。在此背景下，北约盟军最高指挥官韦斯利·克拉克将军和英国盟军地面部队指挥官迈克尔·杰克逊将军之间有过一场争论。坚决不听从美国将军克拉克指挥的英军将领杰克逊在激烈的争辩之后，最终占了上风，他坚决不执行克拉克将军关于用阿帕奇直升机去堵住机场跑道的做法，而是封锁了进出机场的通道，使得没有援兵的俄罗斯军队控制不了机场。最后，俄军反而向英国军队要求提供食品和饮用水。①尽管，欧洲军队始终不是科索沃战场的主角，但是，欧洲利用近在咫尺的优势，以及老谋深算的筹划，已经预示着它会在下一阶段的科索沃事务当中尽情显现出自己的能量。

四、扑朔迷离的"科索沃独立"进程

科索沃战争结束后，联合国安理会通过第 1244 号决议，重申南联盟对科索沃地区拥有主权，要求所有联合国成员尊重南联盟对科索沃的主权与领土完整。同时，科索沃由联合国特派团进行管理，北约领导的国际维和部队提供安全保障。联合国托管科索沃后，南联盟及其更名后的塞尔维亚和黑山，及如今的塞尔维亚，都要求按照联合国安理会第 1244 号决议，反对科索沃独立；但科索沃阿尔巴尼亚族则坚持要求科索沃的完全独立。

2005 年以后曾进行过关于科索沃地位问题的谈判，未有成果。2007 年 3 月联合国特使、曾主张科索沃战争由北约主导危机管理

---

① ［美］詹姆斯·M.戈德盖尔、迈克尔·麦克福尔：《权力与意图——后冷战时期美国对俄罗斯政策》，第 325 页。

的芬兰总统阿赫蒂萨里向联合国递交关于在国际监管下实现科索沃独立的建议，因俄罗斯的反对，未被通过。又经过几年的无效谈判，科索沃阿族于 2008 年 2 月 17 日单方面宣布独立。对此，美欧支持，俄中反对。按照实际一直主张科索沃危机应由美欧主导的阿赫蒂萨里的说法，科索沃应经过三个阶段实现独立：第一，1999 年战争结束至 2008 年 2 月，即联合国托管阶段，为"事实上的独立"阶段；第二，2008 年至 2012 年 9 月，"有条件独立"，也即"无完整主权"阶段，并由联合国特派团监督，转化到由欧盟使团监督；第三，"完全独立"，即由科索沃当局宣布的独立阶段。但是，塞尔维亚和俄罗斯都不承认由美欧催生下的所谓科索沃"独立"。

2012 年 9 月由欧美等 25 国组成的科索沃国际指导小组宣布：结束科索沃"独立"四年后的国际监管。国际法院也在 2010 年曾宣布科索沃实现"完全独立"。塞尔维亚和俄罗斯对上述立场宣示，并不以为然。它们坚持认为，科索沃独立问题只能在塞尔维亚和科索沃之间会谈的基础上产生。

值得注意的是科索沃危机中的北约和欧盟的立场。2006 年 12 月北约的里加峰会上，塞尔维亚曾被接受为"北约和平伙伴计划成员"。次年，塞尔维亚议会通过塞尔维亚保持军事中立的协议。其含义是并非塞尔维亚不愿与北约合作，而是该届政府并不打算加入北约。2009 年北约秘书长拉斯穆森（Anders Rasmussen）曾经宣布，包括塞尔维亚在内的西巴尔干国家都将"入盟"。2011 年 10 月，北约在贝尔格莱德举行北约及其伙伴关系国家会议，但这并不意味着塞尔维亚加入北约。与此同时，在欧盟多年的施压之后，2012 年

2 月，塞尔维亚与科索沃之间达成"地区合作协议"：同意科索沃可以"科索沃*"的名义参加多边国际会议，而塞尔维亚则获得欧盟候选国的地位。对此，欧盟宣扬这是科索沃走向独立的"历史性胜利"。美国则担心此结果有利于塞方，主张加大力度，把支持科索沃独立的国家从 90 多个提升为 130 个，从而跳过中俄所在的安理会，争取直接取得在联合国大会上的通过。而俄罗斯总体上并不反对塞尔维亚加入欧盟，但是反对塞尔维亚加入北约。俄方认为，这将改变巴尔干的战略格局和地缘政治态势。2015 年 8 月 25 日，在欧盟的进一步施压和斡旋之下，塞尔维亚和科索沃经过马拉松式谈判，达成关于"北部门"的协议：（1）科索沃获得自己能与世界沟通的电话区位号；（2）塞、科两地电网无障碍连接；（3）连接特罗维察市的伊伯尔河大桥自由通行；（4）科索沃的塞族居民建立具有广泛自治权的联合体。协议达成之后，虽然各方都有不同解读，但是多数评论认为：其一，自此，塞尔维亚可以开始与欧盟的入盟谈判；其二，科索沃当地局势有望得到改善；其三，对科索沃问题的表述依然是在联合国安理会第 1224 号决议的范围之内。

迄今为止，科索沃问题并没有得到最终解决。在多年拉锯之下，各方立场没有根本改变，当地形势还时有激化。但是，若干趋势性现象在一步一步地得以表露：第一，巴尔干国家的主权归属问题，依然是核心所在；第二，北约虽依然对科索沃事务有实质性的影响力，但是欧盟正逐渐地取得对于科索沃问题更大程度上的议程权和话语权；第三，虽然实力有限，但是作为与美欧同时并存的三驾马车之一的俄罗斯，对塞尔维亚问题的立场依然在发挥重要作用；第四，中国立场不光受到关注和期待，包括中国以"一国两制"处理香港事务的经验，在科索沃问题的国际多边议程中也受到各方借鉴。①

五、21 世纪国际格局变更的起点：科索沃战争

对于俄罗斯而言，虽然，从表面上看，科索沃危机事发之后俄罗斯似乎一直处于西方的打压之下。但是，实际上，俄罗斯以自己的特殊手段争取到了与西方共同，或者部分地参与解决科索沃地位的权力。首先，毕竟宣告结束科索沃战争的联合国安理会第 1244 号决议，规定武装力量应该以联合国的名义，而不是以北约的名义进入科索沃。尽管实际的主导权还在北约手中，但是，联合国的名分得以保全，为以后维护联合国威望的努力，提供了一个重要的先例。同时，联合国决议在主张从科索沃撤出所有军队的同时，还规定了要解散科索沃解放军，并解除其武装，这是在以前的《朗布依埃协议》中所没有的内容。此外，俄罗斯在战争期间的非常规军事行动——俄突击队突然降落在普里斯蒂纳机场——实际上得到了西方的默认。当时，西方还不得不接受俄罗斯参加八国集团峰会。同时，科索沃战争之后，美俄当时曾经确认"第三阶段限制战略核武器会谈"将与"反弹道导弹防御系统协议"挂钩。从世纪初的微妙形势来看，这是西方向俄提供的有关战略大国对话的一个重要平台。处于困境中的俄罗斯需要这样的平台，来彰显自己依然属于"大国"的身份。

---

① James Ker-Lindsay, "Kosovo—The Path to Contested Statehood in the Balgans", I.B.Tauris, London, 2012, p.106.

　　科索沃冲突对于俄罗斯人来说，还在于提供了一项可供其所用的重要例证。俄罗斯新任总统梅德韦杰夫在 2008 年 8 月 12 日与法国总统萨科齐共同举行的记者招待会上说：如有任何俄政府官员因为是在美国压力之下，接受科索沃的独立，那么为什么俄罗斯不能够让其在格鲁吉亚的几块飞地：南奥塞梯、阿布哈泽同时独立呢？①不仅如此，事实上直到 2013 年底乌克兰危机的发生，俄罗斯之所以决定"回归"克里米亚，相当程度上，也是参照了西方影响之下的科索沃寻求独立的模式。普京本人曾经在瓦尔代论坛上非常清晰地表明：应用于科索沃独立的原则，为何不能够应用于克里米亚呢？②

　　相比之下，科索沃问题无疑大大暴露了欧盟的困境：一方面，欧盟内部难以就此达成统一协议。比如，对于塞浦路斯而言，如果承认科索沃的独立，就等于承认其北部类似背景之下的少数民族独立。另一方面，欧盟面临的棘手问题在于，"如果一旦美国决定承认科索沃独立，而欧盟如若不从，那就会是天大的灾难"③。鉴于从波黑战争一直到科索沃战争中欧盟的力不从心、无所作为，外交官们私下一直在传说，科索沃危机的解决似乎毫无疑义地取决于美国和俄罗斯，而不是欧盟。西班牙的欧盟事务部长阿尔波莱德·纳瓦罗曾坦陈："我完全相信，科索沃的未来既取决于华盛顿，部分也取决于俄罗斯，但是好像欧盟对此沾不上边。"另有观

---

①　"Press Statement following Negotiation with French President Nicolas Sarkozy", The Kremlin, Moscow, 12 August, 2008.

②　2014 年普京在瓦尔代论坛上的讲演与回答问题。

③　"U.S. and Germany to recognize Kosovo independence, diplomats say", International herald Tribune, 10, Jan, 2008.

察员更直截了当地说：科索沃危机就像是美国与俄罗斯合起伙来羞辱欧洲。①正是这样的屈辱感刺激着欧盟，在科索沃 2008 年宣布独立及独立以后与塞尔维亚关系的问题上，欧盟终于"揭竿而起"，更大程度地承担起了协调各方的责任。虽然，依然没有最终解决科索沃的"独立"问题，但是显然，欧盟已经走上了巴尔干外交和战略竞争的第一线。

　　至于科索沃危机对美国的影响，不仅在于揭开了与俄罗斯交恶的序幕，而且美国单边主义也逐渐成为众矢之的。美国在世纪之交走向历史性的挫折，正是从卷入科索沃战争那一刻开始的。

----

① James Ker-Lindsay，"Kosovo—The Path to Contested Statehood in the Balgans"，p.124.

第四章

"9·11"事件与大国合作的昙花一现

"9·11"事件是人类历史上前所未见的惨剧,也是影响冷战后国际关系格局变化,尤其是大国关系演进中的一个关键事件。"9·11"事件后一个短暂时段中,大国间出现反恐合作的积极趋势,令人感到欣慰并寄予期待。虽然,这样的合作未能持久,很快又转入到新一轮的扩张抗争优先于包容妥协、偏颇谬见也多于理性对话的状态。但是,形势总是比人强,"9·11"事件后大国关系演进中所蕴含的结构变迁与观念冲撞,预示着一个新格局的雏形,已经展露出冰山一角。

第一节 世纪之交大国关系的转机

"9·11"事件，原本更多是美国与伊斯兰世界相互关系中的一件大事，但迅速地演化为影响整个国际社会何去何从的头等大事。首先，美国抓住这一契机，以反恐作为一个重要支点，转被动为主动，重构21世纪的美国对外战略。俄罗斯也不失时机地力图首先突破美俄关系，为其社会经济复苏和重返强国之路，营造国际空间。

一、变化中的美国对俄政策

从20世纪90年代到21世纪初，美国对俄政策发生过多次转折，不光出现于民主、共和两党轮流执政的交替过程中，而且，也出现在两党各自执政期间。

无论在2000年乔治·W.布什竞选期间，还是2001年就任之初，小布什都曾刻意改变克林顿时期的对外政策基调。共和党外交团队曾经尖锐地批评克林顿90年代的对俄方针："投入了太多时间和资源，设法在内部改变俄罗斯"，但是"在像俄罗斯这样的战略性国家推进制度变革，并不是美国的国家安全优先"。小布什团队并不在意是否像克林顿那样"将俄罗斯整合进西方国家体系"，也不在乎"如何管理俄罗斯"；布什及其助手反对克林顿过于倚重私人关系；就中国与俄罗斯而言，布什更主张推行"强硬现实主义"的对策。2001 年小布什就任初期，美俄双方互相驱赶被指责犯有间谍罪行的外交官，美国支持并正式接待俄罗斯车臣反政府武装代表，小布什政府还降低了主要负责处理俄罗斯事务的"新独立国家办公室"在美国国务院系统的层级，等等。所有这些举措，表现出小布什政府上台之初，对俄罗斯的敌对和轻视。①这一态势一度令人十分担忧，世纪初的俄罗斯与美国关系将会重陷深谷。

但是，小布什对俄强硬路线并没有持续很久。变化出现在 2001 年 6 月布什与普京在斯洛文尼亚会见之前。发生这种变化的动因之一，来自美国对中国政策的重新考量。2001 年 4 月 1 日，在临近中国海域发生的中美撞机事件，国际与两国国内舆论都受到了震动。其间布什政府也有意采取措施提升对台关系，受到中国坚决抵制。虽然，中美双方在危机处理过程中还都有所克制，避免双边关系受到过大影响，但显然中美关系受到了冲击。美俄斯洛文尼亚 6 月峰会前，小布什召集专家政策咨询会议。曾经参会的麦克福尔见证道："2001 年春天，对于布什政府中许多人来说，中国似乎是成了美国未来国家安全的主要威胁，而俄罗斯可以成为遏制中国行动的潜在伙伴。"这位美国资深俄罗斯问题专家进一

---

① ［美］詹姆斯·M.戈德盖尔、迈克尔·麦克福尔：《权力与意图——后冷战时期美国对俄罗斯政策》，徐洪峰译，社会科学文献出版社 2017 年版，第 380—384 页。

步说明："实行这一平衡中国力量的战略，要求较少关注俄罗斯的内部缺陷，而更多专注于美俄两国之间的安全议程。这与尼克松20世纪70年代在这一战略三角上实行的战略相同，只是如今，俄罗斯与中国换了位置。"①

看来，对华施压的需要，在让小布什重回父辈的所谓"现实主义"外交路线。然而，小布什对俄政策还有其另一方面，那就是，他决意在俄罗斯元气尚未恢复，还没有能力做出反应的情况下，退出《限制反弹道导弹系统条约》（Treaty on the Limitation of Anti-Ballistic Missile Systems，ABM），以摆脱俄罗斯在全球战略均衡的问题上与美国缠斗。这被视为是"9·11"事件前美国对俄政策的最高目标。②虽然，乔治·W.布什在外交上是个新手，但是他还是很快在身边老资格国际事务顾问们的协助之下，调整了对俄罗斯的立场。为实现上述总体外交调整的需要，小布什甚至不惜重新回到曾被自己指责过的克林顿时期所谓"强调私人关系"的对俄战略。

而俄罗斯方面，正在经历一场与叶利钦时代治国路线大相径庭的改朝换代。这场改变并不是以俄罗斯常有的疾风暴雨的形式出现，而是经过了世纪之交大约三四年的循序渐进，才逐渐地得见真容。在这场经过深思熟虑、认真部署的改变中，普京首先是以一个90年代自由派执政集团政治继承者的面貌出现的。他的执政班子中不少是前朝老臣，他奉行的经济路线基本上延续自由主

---

① ［美］詹姆斯·M.戈德盖尔、迈克尔·麦克福尔：《权力与意图——后冷战时期美国对俄罗斯政策》，第380—384页。

② 同上书，第386页。

义的原则，他首先出访的重要国家是英国，他真诚表示愿意与美国建立友好关系，他上任后一再表达希望加入北约，他非常明白俄罗斯现代化需要来自西方的投资和技术。同时，普京一点也没有遮掩他自己的理念，他在上任之际发表的《世纪之交的俄罗斯》这篇长文中表明：他决心建立俄罗斯的强大国家；他在 2000 年正式发表的《外交政策原则》中承诺，俄罗斯寻求"多极化的国际关系体系"；他针锋相对地明确表示：作为战略平衡的基石的《限制反弹道导弹系统条约》必须加以保留；就飞赴卢布尔雅那与小布什首次会见的前一天，普京在上海西郊宾馆，与中国和中亚领导人共同见证了上海合作组织的成立。

从双方认知的基本面来看，美国政党轮替背景下，小布什已经放弃了克林顿式的支持俄罗斯内部制度变迁，"把叶利钦的事情变成美国的事情"的那种政策。当时美国决策圈偏重于认为：俄罗斯已不是苏联，需要将其作为兼具冲突与合作的大国身份看待；包括企图借助俄罗斯来打压中国等背景的转换之下，美国主流精英也并没完全改变对俄罗斯的总体看法，其中最核心之点，乃是苏联解体之后反差巨大的"俄罗斯与美国之间的不对称关系"，犹如美国国家情报委员会在 2000 年所提交的《2015 年的全球趋势》报告中所称：在接下来的 15 年中，俄罗斯将遭遇极大的挑战，需要调整将其视为世界领袖的期望，以适应俄罗斯急剧减少的资源。在俄罗斯处于明显弱势的背景下，美国应抓紧构建合乎本国利益的安全构架。此后多年发酵的美国以单边方式退出《限制反弹道导弹系统条约》的问题，就是以这样的考量为基本出发点的。

对于绝大多数俄罗斯人来说，看法正好相反。刚刚经历过的

90年代的动荡折腾、贫困失业、丢失自尊，被认为大都与美国相关。曾在90年代前期对美国抱有好感的精英，也因北约东扩、1998年金融危机、科索沃战争等一连串危机而逐步改变立场。与美国所推动的民主自由相比，俄罗斯人越来越偏重于大国尊严、稳定有序的正常生活状态。甚至俄罗斯精英阶层认为，即使力量对比已然变化，但俄罗斯也不该就此甘拜下风。普京的出现，正是这样的社会心态的鲜明反映。

在双方精心筹划之下，2001年6月16日，作为俄美两国新首脑的普京和小布什，在斯洛文尼亚首次会晤。从会晤结果来看，双方都认为这是"走向建设性和相互尊重关系的第一步"，但是在关键性的美国准备退出《限制反弹道导弹系统条约》，以及俄罗斯提出加入北约的问题上，未获进展。当时，小布什曾说过一句后来被广为流传的他对普京的评价："我曾经正视过这个人，我发现他非常坦率、非常值得信赖；我能够感受到他的灵魂。"但是，需要补充一个并未被得到更多说明的重要细节是：小布什与普京会晤结束说了这句"致命的话"之后①，当时，国家安全事务顾问康多莉扎·赖斯正好在现场不远处，当她"听到这些话后，明显地紧张起来"。她感到："这将成为一个问题。"至于小布什本人，当时确曾多次说过：普京是"一个诚实、坦率且热爱自己国家的人。他爱自己的家人。我们有许多相同的价值观。我认为他是一个出色的领导人"。但是，后来布什也懊恼地回顾道："在最初的那些年里，普京总是让我有理由改变自己的观点。"②以上记载的小

①② ［美］安琪拉·斯登特：《有限伙伴：21世纪美俄关系新常态》，欧阳瑾等译，石油工业出版社2016年版，第73页。

布什和赖斯说过的那些话，是在世纪之交的微妙时期美俄关系跌宕起伏的一幅生动写照。

如果说，2001年斯洛文尼亚美俄首脑的首次峰会，开始使美俄关系重新回到克林顿时期那种注重私人关系的轨道，那么，"9·11"事件的发生，更是提供了一个促使美俄关系大步接近的重要机会。

二、"9·11"事件后俄美关系的转机

莫斯科时间2001年9月12日，也即美国东部时间9月11日，笔者在俄罗斯出差的最后一刻，在中国驻莫斯科大使馆招待所的电视转播中，目睹了突发的"9·11"事件的悲惨场面。看完转播，我立即打车去谢列梅捷瓦机场回国。出租司机是一位苏联时期国营化工企业的总工程师。当我问起，如何看待当天纽约发生的事件时，这位总工程师一边开车，一边非常严肃而肯定地告诉笔者："毫无疑问，这是恐怖主义暴行，是人类文明的一场悲剧。""9·11"事件后，普京总统迅速出现在电视屏幕上，非常恳切地向美国人民表达了真诚哀悼和坚决支持，同时，成千上万的莫斯科市民完全是自发地前往美国驻俄罗斯大使馆追悼献花。此后20年中，每当我思索美俄两大国之间的情仇爱恨，"9·11"事件后在莫斯科所亲见的这一幕，一直在脑海萦绕。

的确，"9·11"事件之后的国际事务发展中一个引人注目、也有所进展的方面，就是美俄关系。而美俄关系在当时之所以发生改变，恐怕离不开笔者刚才所叙述的这几个并非不重要的细节。

历史常常有惊人的相似之处。如果把"9·11"事件发生的

2001 年往前倒推 15 年，也即 1986 年年底，苏联首脑戈尔巴乔夫与美国总统里根的雷克雅未克会谈，同样是苏联新领导人上台一年半后的第一次与美国首脑正式会谈；同样是一个把限制进攻性战略武器与战略防御体系挂钩的一揽子谈判；同样是正式会谈前两国舆论与媒体大肆炒作，出现了可能取得历史性突破的很高预期，但最终在关键问题上却未能达成共识。当时，是戈尔巴乔夫提出了美苏各自取消设置在欧洲的所有战略核武器（所谓"零点方案"），仅在苏联的亚洲地区和美国各自设置 100 枚战略核导弹，期待以此迫使里根撤销当时被俗称为"星球大战"计划的战略防御体系。美苏的实力差距和冷战背景下高度对峙的战略意图与利益，使得雷克雅未克会谈无果而终。

1986 年，笔者是在苏联举国关注的氛围之下，在当地观察了这一进程，而 2001 年笔者则是在华盛顿，亲身体验重大事变之下美俄双方的心路历程，不无沧桑之感。

15 年后美俄力量对比，早不似当年冷战时代。但是，出于各自需要，美俄仍然维持着大国对话的架势。2001 年 6 月卢布尔雅那两国元首会晤，双方虽未能解决美俄实质性的重大矛盾，但均愿开展建设性对话。7 月，布什和普京在意大利参加八国集团首脑峰会时再次会晤。双方同意未来的俄美军备谈判，将把削减进攻性战略武器与导弹防御问题结合起来进行深入讨论。

9 月 9 日，也即"9·11"事件突发前两天，普京曾致电小布什，向他通报了阿富汗反塔利班的北方联盟负责人马苏德在自家院子遭到恐怖分子袭击身亡的消息。普京提醒小布什，这"预示着一场规模更大的恐怖行动即将开始"。普京说："我跟他说，我有一种预感，可能要发生什么事情，发生什么策划已久的事情。"
两天后，导致 3 000 人丧生的"9·11"事件发生了。普京第一个
与小布什通话表示声援："善良终将战胜邪恶。我希望您能明白，
在这场斗争中，我们将并肩作战。"①紧接着，俄罗斯说服中亚各国
允许美国在当地建立反恐军事基地，这是冷战对抗年代不可想象
的对美显示善意和让步；同时俄罗斯宣布，关闭位于古巴的信号
监听情报站，关闭位于金兰湾的俄罗斯海军基地。9 月底，普京在
联邦德国议会表示："冷战已经结束，俄罗斯与西方国家应当合作
打击恐怖主义。"当时主张对俄关系正常化的康多莉扎·赖斯则兴
奋地表示："在情报共享方面，在支持美方在中亚地区以外的军事
行动方面，俄罗斯已经成为我国最好的盟友之一；对于我们来说，
这是一种极其重要的关系，实际上也是我国最重要的双边关系之
一，证明我们与俄罗斯在安全合作方面拥有了一种新的基础。"②

　　"9·11"事件之后的 11 月，普京访问美国，与布什在白宫再
次会晤。本次会谈令世人关注之点是：美俄两国达成了大幅度削
减各自战略核武器的协议，双方承诺：要把两国各自拥有的核弹
头削减三分之二。这为两国今后各自的战略调整与发展留下空间：
实力不支的俄罗斯早已不堪承受维持庞大核武库的压力，而美国
旨在腾出手来，集中精力于战略防御体系及其他方面的调整与拓
展；对国际社会而言，一个危害人类的核武库有可能得到裁减，
反映了追求稳定与安宁的某种期待。

---

　　①　［美］安琪拉·斯登特：《有限伙伴：21 世纪美俄关系新常态》，第 75—
76 页。
　　②　同上书，第 78 页。

关键的问题在于，美俄首脑仍未在"反弹道导弹协议"问题上取得突破。但是美国宣布推迟进行拟议中的战略防御系统的试验；也并不像 2001 年春天所宣布的那样在 2001 年 11 月单方面退出《限制反弹道导弹系统条约》，而是把这一期限至少推迟到 2002 年春天；同时接受俄方提出的把削减进攻性武器与修改《限制反弹道导弹系统条约》挂钩，并同意单方面大幅度削减进攻性战略武器。美国放缓了退出《限制反弹道导弹系统条约》的节奏。而普京在峰会中再三表明俄具有"灵活性"，俄与美之间在这一问题上尽管方法不同，但目的一致，这些表态似乎为未来的谈判留下了空间。

美俄峰会前夕，一个突出的变化是俄罗斯接近北约的积极态度。在首脑会谈以及普京与美国各方精英人物的谈话中，普京也不止一次假设性地提到了俄加入北约的可能性问题。普京认为，20 世纪 50 年代中期的苏联政府就提出过加入北约的问题，他说："我们准备与北约扩大合作，北约盟国能接受到什么程度我们就准备推进到什么程度。"[①]虽然北约盟国对此表示"并未作好准备"，但布什还是表现出了北约与俄罗斯重新构建相互关系的建设性姿态。

在反恐问题上，美俄首脑达成关于"后塔里班"阿富汗政府构成的共识，基本排除了塔里班激进势力参与新政府的可能性。有人惊呼：从中依稀可见第二次世界大战期间美英苏三大国协商划分战后势力范围的影子。

---

① https://www.nato.int/docu/update/2001/1001/e1003a.htm，2001 年 10 月 4 日。

对于俄方寄予颇高期望的经济合作问题，美国谨慎地承诺"开始与国会磋商"有关撤销 1974 年"杰克逊-瓦尼克法案"，以及给予永久性正常贸易关系国的地位问题，从而为顺应俄加入世界贸易组织的要求作一定的铺设；同时，推动"爱克森-莫比尔"公司在俄撒哈林油区作首期 40 亿美元、二期 130 亿美元的巨额投资。

鉴于布什曾表示过：他能从普京的眼神中"感受到他的灵魂"，而这一次普京在行前就对美国记者表示："俄罗斯之所以在与前任美国总统在战略问题上持强硬立场，就是因为准备与那些在今后四年，甚至八年都留在白宫的人打交道，这样的人出现了，那就是布什。"在得州之行中，普京投桃报李地称道："布什是个说到做到的人。"

直到 2001 年 12 月上旬北约秘书长罗伯逊与俄首脑会晤，对俄加入北约的问题仍然未置可否。2002 年 5 月下旬，在圣彼得堡举行的俄美峰会和在罗马举行的俄与北约峰会上所签订的《美俄削减进攻性战略力量条约》《美俄新战略关系联合宣言》，以及以"二十国"合作机制为核心建立的俄罗斯—北约理事会。无论如何，这是美俄关系在"9·11"事件后取得发展的一个阶段性标志，也是自 1989 年东欧政治剧变以及 1991 年底苏联解体以来，被称为"冷战结束"的历史过程整整延续了十二三年之后，以法律框架形式真正告一段落的历史性象征。尽管美俄之间无论在政治、经济、安全等领域都存在大量有待解决的问题，但美俄峰会之后，美国政府迅速承认俄罗斯为"市场经济国家"，意在释放善意。

美俄关系能否取得进一步推进，实际上，还取决于以下各种因素。

第一，美俄两国的政治文化在多大程度上能够认同发展合作。"9·11" 事件之后，普京是第一个向美国表示声援的外国元首。当时，如笔者所述，俄罗斯居民自发地向遇难者献花哀悼，民意测验中 85% 的居民表示了对恐怖主义的谴责。这是民意的真实写照。因俄罗斯多年来苦于与车臣恐怖主义者、分离主义者的冲突，近年来又屡遭炸楼、劫机、毁车等恐怖行径的惊扰，包括受到来自塔里班的对俄南部地区的巨大威胁，这些因素都促使了俄美在反恐怖主义问题上立场的接近。问题在于，因 "9·11" 事件而引发的同情与关切，是否能够转化为两国进一步发展合作的政治文化基础。根据普京访美前夕俄居民的民意测验，可以发现俄居民对科索沃战争以来俄美关系的迅速变化仍有歧见：41% 赞成美国对阿富汗开战，57% 反对；47% 认为俄应中立，41% 认为俄应支持美国。也许更能说明问题的是以下这则民调材料：虽然，普京越来越强调俄罗斯属于欧洲文明体系，"回归欧洲" 是当然之则。但是 11 月 2—5 日的民调显示，承认俄属于西方文明类型的只有 13%，感到难以回答的是 17%，而高达 71% 的民意认为俄罗斯属于特殊的欧亚型文明，或者东正教文明，并申明西方式的发展道路是走不通的。乔治敦大学俄国研究中心主任安琪拉·斯登特认为：如何在不久前科索沃战争中表现出来的俄国国民强烈反美的欧亚主义情结与当前迅速产生的亲西方心态之间掌握平衡，对其领导人是一个考验。①

---

① "Angela Stain's speech in SAIS of Johns Hopkins University", 2001.12.

　　其次，"9·11"事件之后俄罗斯对美国的合作与支持的姿态，是否理应得到回报？从俄美两国各自的舆论中，一派意见认为："9·11"事件中俄罗斯给予美国的支持甚于其西方盟国，这是难得的推进双边关系的好机会，要尽可能满足俄罗斯方面提出的诸如尽快加入世界贸易组织、减免俄欠西方债务、大幅度推动对俄投资等要求。值得注意的是，代表俄中间派力量的主要精英，如普里马科夫、弗拉基米尔·卢金、德米特里·罗戈津、沃尔斯基等原来曾是主张对美较为强硬的人物，这次联名致信普京，提出权衡利弊后，俄应迅速改善与美国关系，"以免被卷进那些落后、不满、没有希望以及支持激进分子和恐怖分子的国家行列中去"。而自由派的代表性人物，如"亚博卢"联盟的主席、俄政治家亚夫林斯基，更是坚决反对在此时向美国提出更多的要求，以求改善对美关系。

　　但艰难问题还在于，第一，俄罗斯与北约的相互关系，第二，削减进攻性战略武器与《限制反弹道导弹系统条约》的挂钩谈判。以俄与北约的关系而论，首先，北约吸取新成员历来有一整套所谓标准，其中，包括民主化管理的程度、公民对军事力量的监督、与邻国的和平关系、国内少数民族的前途、可用于北约其他国家的武装力量，等等。俄罗斯是否符合这些条件，尤其是是否愿意放下架子，像中东欧一些小国那样接受北约的审核都是非常棘手的问题。其次，如果北约扩至俄罗斯，则其疆域要扩展到整个欧亚大陆，要面临不可胜数的新的地缘政治问题。北约本身根本还没有这样的心理乃至技术准备。最后，如俄罗斯不再作为敌人而存在，那么北约作为冷战最终遗产，其自身存在的合理性，都会因对手的消失而受到挑战。"9·11"事件后北约的欧洲盟国抱怨美国,光顾及与俄罗斯和中亚国家发展结盟关系,而无暇顾及欧洲盟国。从更深层次看,面对冷战后,包括"9·11"事件之后的国际新格局,早就有学者提出,北约应该成为类似于欧洲安全与合作会议这样的区域安全组织。到这个时候,不光北约早已面目全非,而且离后来特朗普式的自动疏离北约也相距不远了。

虽然,当时的国际舆论乐观地认为,2002年春天,布什回访莫斯科之时,也许是俄美关系的一个更为关键的转折点。一方面,扑朔迷离的《限制反弹道导弹系统条约》谈判已无太多拖延搁置的余地。另一方面,布什与普京也应有更多的时间可以就战后最为复杂的战略问题做出考虑与决定,不光使俄美两国,也使整个国际社会真正有可能走出冷战阴影。但是,有专家认为,所有有关上述美俄关系的成就,不过是90年代旧日议程的翻版而已。事实上,2002年小布什与普京签署的一系列协议,既是美俄关系当时所达到的高峰,同时,也是开始走向下跌的开端。而之所以重新开始下跌的背景在于,虽然出现重大转机,但美俄关系的基本面却愈益呈现复杂态势。

第二节　"9·11"事件之后美国外交政策的大辩论

"9·11"事件后,美国关于外交政策的讨论,可被视为精英阶层对形势变化的新认识,也表现出了美国对外部世界的认知难以改变的延续。

　　首先，"9·11"事件究竟如何影响国际关系及美国对外政策，人们有不同的认识。美国国务卿鲍威尔曾预言，"9·11"事件之后，不光冷战时期已经结束，甚至后冷战时期也已经结束。言下之意，整个国际格局已发生根本性变化。但前国防部长施莱辛格则认为"9·11"事件已经改变了一切，这是媒体上的习惯用语：事实上，"9·11"事件只能是部分地改变冷战后的国际社会和美国对外政策，而无法视之为全部发生变化，更无法使之脱离"9·11"事件之前的所有背景与积累。21世纪初，美国当红的国际研究刊物《国家利益》（*The National Interest*）的主编亚当·加芬克尔（Adam Garfinkle）则总结了"9·11"事件后的两种主要倾向。他认为：其一，"9·11"事件将把美国外交多年来的模糊与犹豫一扫而光，把美国从一个世纪以来集中于与欧洲法西斯和苏联为敌的状态中摆脱出来，集中力量与新对手较量。其二，"9·11"事件是无任何先例的变化，所以，将为未来留下无可比拟的不确定因素。

　　总之，"9·11"事件对美国人对于国际事务观点的影响是极其深刻的。首先，有人认为，这是自"珍珠港事件"以来，甚至是自19世纪以来，美国首次在本土的核心部位遭到外敌攻击。多少年来的美国的安全优越感和"不可被攻击论"顿时荡然无存。其次，美国朝野第一次清晰地感觉到，世界上竟有如此之多的人对美国不友好，甚至敢于以"自杀式的袭击"来打击美国。这对于一个总体上对外部资讯一向不十分在乎的国家来说，其震撼程度是可想而知的。再次，在"9·11"事件中恐怖分子袭击的是美国资本主义成就最突出的标志与象征——世贸中心大厦，这不光是美国的成就与精神体现，也是资本主义世界形象的集中体现，"9·11"事件刚一发生，美国媒体评论就相当明确地意识到："这是要打击美国的灵魂。"虽然，不少人并不相信亨廷顿的文明冲突论，但"9·11"事件的发生不得不使人深思：资本主义文明究竟应该如何来调处它与世界其余部分的相互关系？作为当今唯一的超级大国，构成美国这一政治实体的基石部分，如民族国家的形成，自由民主、市场经济等价值观念，几乎在这一片土地上同时发生，其命运与整个资本主义价值观念息息相连。因而，美国首当其冲，不可避免地要对这样尖锐的、血腥的挑战作出回答。

"9·11"事件之后在美国外交界的这场讨论与争论涉及的问题，不光关乎外交决策，而且也事关理论。一个突出的倾向是现实主义强劲抬头。笔者就所涉猎范围，把这一流派讨论中出现的主要观点分别称为"乐观现实主义""悲观现实主义"以及"历史现实主义"。其实，美国对外关系中的"现实主义流派"与其观点是否真正反映现实，并不一定有直接关系。这一派别与强调规范、道德、法律与国际组织在国际社会中作用的"理想主义流派"不同，一般认为，现实主义强调的是实力，乃至强权的作用。

一、美国对外政策中的"乐观现实主义"

"9·11"事件之后一个月不到，由《国家利益》杂志发起，在华盛顿首都组织了一个名为"9·11 攻击事件的影响"的讨论。会上，全国知名的专栏作家查尔斯·克劳萨默作了一个长篇讲话，引起了广泛的关注与争论。查尔斯·克劳萨默的观点大体有这样几个层次：首先，他直截了当地引用布什总统的话称：9 月 11 日那天可被视为是一个测量温度的计量器，我们将以其他人对"9·11"攻击事件的最初反应，以及对随后开始的阿富汗战争的反应来判定他们与美国的关系。①

克劳萨默以"显示力量""结盟"和"转化剩余实力"为核心范畴，强调了在"显示力量"基础上的"结盟"可以"转化"追随美国的诸多"剩余实力"，展示了他对"9·11"事件后美国对外政策的乐观主义理解。他在发言总结中称："这样，会使我们的对外政策比许多人所愿意看到的那样，更加朝向经典的现实主义。"笔者所冠"乐观现实主义"之名，即以克劳萨默的这种"自信"而来。但是，在当天会上，克劳萨默的话音未落，即遭到了到会者一连串的质疑。美国著名中国问题专家戴维·兰普顿提出："在美国构建联盟和对阿富汗进行战争的最终目标之间是否存在矛盾？"卡内基国际和平研究院主席 J.马修斯问道："没有人会反对成功。但什么叫成功，怎样才能成功，何时才实现成功，怎样能够度量呢？"会议主持者前国防部长施莱辛格（James Schlesinger）则归纳道："克劳萨默构想的核心，是国际秩序有赖于美国'动真格'地显示实力，但要确认何谓'动真格'，实在不容易。"②

二、布热津斯基的"悲观现实主义"

"9·11"事件后，虽然传统的"现实主义者们"表现得自信

---

①② Janes Schlesinger, Charles Krauthammer, David M. Lampton, Jessica T. Mathews, Robert McFarlane, "After September 11: A Conversation Foreign Policy", *The National Interest*, No.65, 2001, pp.67—82.

十足，但同时，也有一些相当有影响力的人物却表现出了悲观主义情怀，可称之为"悲观现实主义"。其代表人物是前国家安全事务顾问布热津斯基。

布热津斯基于 2001 年 11 月初，在《华盛顿邮报》上发表了一篇题为《团结合作的新时代吗？别指望那个》的文章。他针锋相对地提出，"9·11"事件之后一些所谓"现实主义者"的最无稽之谈，便是出现了"两大幻象"：其一是以为，由于当前美国亟须组成反对恐怖主义的广泛联盟，因而"将使在国际事务中美国主导的格局，急速转变成真正相互依存式的合作"，其二，是轻信"9·11"事件之后，俄罗斯做出历史性的选择，会力争成为美国领导下的西方的一部分，尔后再变成为美国的盟友。①与克劳萨默这样的"乐观现实主义者"相比，经验老到、目光犀利的布热津斯基更倾向于采用当今国际变局中种种现实的态势，来论证自己的观点。

布热津斯基认为，尽管北约所有成员一致同意启用"第五条款"，尽管俄罗斯率先、而后许多国家都与美国反恐怖的行动保持一致，尽管伊斯兰会议组织谴责恐怖主义与伊斯兰教义不相一致，特别是联合国大会一致通过决议，授权推动反恐怖主义的国际合作，但是，他认为，进一步的观察之后，便不得不对目前态势"表示很悲观"。用他的话来说："团结合作是存在的，然而，言辞多于行动。实际的权力配置状态并没有被改变。"民族国家利益至

---

① Zbigniew Brzezinski, "A New Age of Solidarity? Don't Count on It", *Washington Post*, November 2, 2001, https://www.washingtonpost.com/archive/opinions/2001/11/02/a-new-age-of-solidarity-dont-count-on-it/ba5b5c98-d71a-4425-b685-34e690ab4f77/.

上的取向，反而呈扩张态势。①此外，布热津斯基分门别类地指出了当前反恐运动中的问题。

关于欧洲，布氏尖锐地指出：美欧传统合作中的一个极其重要的部分——欧洲，目前仍然是"去向不明"。②当前与美国的反恐怖合作行动，并不是以整个欧洲，而只是以个别国家的身份参与。比如，英国直接参加了一些与美国的反恐怖合作行动。但布氏认为，英国同时可以达到的，且并不需要遮掩的一个明显后果，便是可以以此来影响美国的决策。大部分欧洲国家只是停留在反恐怖合作中参与信息交流与共同调查。布热津斯基认为，即便如此，也是因为目前还有一些伪装得很深的恐怖主义活动小组隐藏在欧洲，这成为不少西欧国家自身的隐患。甚至，近来欧洲不少国家还开始对美国发动反恐怖战争的强度与范围表示担忧。③

至于俄罗斯，布氏坚持认为："普京是在观察美国是否真正愿为反恐怖联盟付出实际的代价，对俄罗斯而言，这包括北约东扩、《反导条约》、外债的减免以及俄国内的车臣问题等各个领域（美国愿否付出代价）。"所以，布热津斯基表示值得观察的是，"普京到底是想要走进西方，与之为盟；还是只想利用这个机会，尽快地向美国索要让步"。他特别提醒：普京最近向德国呼吁，要与俄罗斯一起来建立欧洲强权，这样的强权实际上是在挤压美国。④

布热津斯基指出：简而言之，在反恐怖的"团结合作"中（引号为布氏所加），甚至，还找不出对于恐怖主义威胁这一现象的共同定义，而是各有各的说辞。他说："对印度人来说，恐怖主义威胁是

①②③④　Zbigniew Brzezinski, "A New Age of Solidarity? Don't Count on It".

指在克什米尔的穆斯林；对俄罗斯人来说，指的是车臣人；对以色列人来说，是巴勒斯坦；而对阿拉伯人来说，则是以色列；对美国人来说，当然不是伊斯兰教，但是在本·拉登这个撒旦式的电视形象背后，究竟又是谁呢？"所以，在这样的难题面前，布热津斯基担心，以后的几个月将是对美国真正的考验，他尤其希望美国不要为试图稳定局势，而花上几年工夫纠缠在阿富汗事务之中。

作为一个悲天悯人的"现实主义者"，布热津斯基的结论是："与恐怖主义作斗争的底牌是重头戏，需由美国自己来承担，也只有美国具有这样的战斗能力，从军事上和政治上发起反恐怖的运动"；但是他悲观地推测道："这样一种现实本身，也非常清晰地暗示了一个事实，虽然，美国现在可以主导一切，但是实际的出路，将只会是走向全面的无政府状态。"①看来，布热津斯基的悲观判断是给了"乐观的现实主义者们"当头一盆冷水。

三、意味深长的"历史现实主义"

问题在于，"9·11"事件之后的美国外交走向在多大程度上受类似理论的影响呢？核心决策层与这样的一些所谓"现实主义理论"有何干系呢？值得关注的一个人物，便是美国国防部第一副部长沃尔福威茨。此人在世纪之交，还曾是约翰斯·霍普金斯大学高级国际研究院的院长。2001年笔者曾作为访问学者在该校交流一年。1997年和2000年，沃氏先后发表几篇长文，以总结历史经验的方式，试图为当代美国对外战略指点迷津。鉴于他偏重

① Zbigniew Brzezinski, "A New Age of Solidarity? Don't Count on It".

于历史分析，来铺陈他的现实主义理念，因此，笔者将之归入
"历史现实主义者"一类。

沃尔福威茨的借古喻今至少有两个方面。其一，是关于第一
次世界大战的起因。他认为："第一次世界大战的部分起因，是因
为既定秩序捍卫者"的"民主英国"遭到了作为"现存秩序挑战
者"的"正在崛起的权威主义的德国发难"。①沃氏竟然以此比附
当代的中美关系，直言中国是"现存秩序的挑战者"②。

此文既出，曾受到欧洲著名国际问题高等学府——日内瓦高
级国际研究生院教授相蓝欣博士针锋相对的回击。相博士的论文
批驳了沃氏对历史和当代现实的误读：第一，当代中国根本不是
当年的德国；第二，当代现存秩序的和当代现实的挑战者恰恰是
美国自己，而不是中国；第三，这位学者还运用史实在学术上证
明 20 世纪初英德关系中的挑战者也恰恰就是英国，而并非德国。
这场争论曾在欧美学术界引起广泛关注。③

其二，沃氏上述长文中的一个重要内容，是批评从 20 世纪
70 年代早期尼克松时代到中美建交，再到克林顿总统时期的美国
在对华政策上的"错误"。他明确主张，要改变整个战略思路，转
而采取强硬的对华政策。非常明显，小布什政府竞选期间及而后
一度强调中国为"潜在的战略竞争对手"，并且加大对台湾军售力
度等，都与沃氏上述的新保守主义理念有着直接的关系。

① Paul Wolfowitz, "Bridging centuries—Finde siecle All over Again", *The National Interest*, 1997, p.7.

② Panl Wolfowitz, "Remembering the Future", *The National Interest*, 2000, p.42.

③ Lanxin Xiang, "Washington's Misguided China Policy", *Survival*, 2001, Aut., pp.7—23.

然而，值得注意的是，在"9·11"事件之后一个多月，沃尔福威茨在《远东经济评论》所发表的一篇讲话中则改变了调门。当他在谈到中国未来发展后果时，明确地表示"中国经济增长越快，军事就会越强大……但军事上强大了并不意味着军事扩张"。尤其有意思的是，沃尔福威茨反而批评道："历史悲观主义者说，一百多年前，德国与日本强大起来以后就是走的这条道路。但是，历史不一定非要重演。中国的经济增长使它具有巨大的军事潜力，但是经济增长也使和平与中国的利益息息相关。"①这位"蓝队"中的著名强硬派核心人物为何会改弦更张呢？用他自己的话来回答，那就是反恐怖斗争有助于中美两国关系的加强。

虽然，"现实主义流派"远不是美国对外关系指导性理念的全部，不过显然对当今美国外交在某种程度上占据主导性的影响。眼下无论"乐观的""悲观的"，还是所谓"历史现实主义"流派之间的种种争论和改弦易辙，都体现出"9·11"事件之后，美国朝野对于对外关系的一种新的解读与体认。特别是沃尔福威茨在"9·11"事件之前侧重于树敌中国，而"9·11"事件之后则急转弯地强调与中国合作，就是鲜明的表现。尽管，上述种种说法的含义与背景还都在变动当中，更不会马上发生所谓从单边主义向"多边主义"的转向，但毕竟有了一些值得思考的变化。

无论是"乐观现实主义""悲观现实主义"，还是"历史现实主义"，总的倾向依然是，美国强调"9·11"事件之后对外政策

---

① Vatikiotis, M., & Hiebert M., "Of Missiles And Terrorism", *Far Eastern Economic Review*, Vol.164, Issue 44, 2001, pp.22—23, Retrieved from http://search.proquest.com/docview/208225637?accountid=10659.

中的强权原则。虽然，某些情况之下，也会侧重于均衡、关注联盟合作，但这一点也不妨碍实力原则对美国对外战略的决定性作用。与实力原则的至上性相适应的，是追求本国安全的绝对性，以及相信光凭单边主义的行为方式，就可以建立起一个新的国际秩序。人们常说的，绝对的权力导致绝对的腐败，也许要再补充一句：绝对的优势也可能导致绝对的混乱。布热津斯基所作的上述判断：美国主导世界的结果，就是走向无政府主义，大体上，就是基于这样的一种逻辑。

第三节　"9·11"事件后的中、美、俄三边关系

观察后冷战时期，尤其是"9·11"事件之后国际关系的一个重要节点，就是大国关系。而观察大国关系的一个重要方面，不能只是单边立场的叙述，也不限于双边关系，而是需要同时侧重于分析三边或多边关系互动视角下的动态进程。这是一个更为全面、客观，但也更不容易把握的审视大国走向的向度。

一、"9·11"事件后中、美、俄三边关系的特征

在世纪之交的全新国际环境之下，大国之间有没有可能摆脱地缘政治的逻辑，而去寻求共存之道呢？"9·11"事件的血腥教训理应给人们提供启示。

具体地来说，"9·11"事件之后中、美、俄关系中出现了这

样几个方面的特点：

第一，日益增长的单边主义倾向和主张多边合作的愿望这两者之间形成了鲜明的对照。虽然许多场合下，单边主义路线是以多边的形式出现，但是，"9·11"事件之后，从某种程度上说，当今世界正面临着重新被分成两半的危险。

对美国来说，"9·11"事件的恐怖袭击成为国民心理受到挫折以后，反而得以凝聚的一个强烈的推动力，从而成为民族情绪、爱国情绪得以提升的一个机会。这种国民情绪的剧烈变化，和"9·11"事件之前已经在小布什外交当中存在的那种崇尚强权的倾向不谋而合，成为单边主义路线的一个复杂的背景。对其他国家和地区来说，"9·11"事件突然发生时，各国人民和政府都对死难者表示同情，对恐怖主义行径表示了愤慨。对美国所推动的国际反恐怖进程，总的来说，是给予不同方式的支持。即使，当人们对小布什以各国对"9·11"事件的态度来"划线"这种做法有所保留的时候，仍然没有出现太多的批评。直到小布什执意要退出《限制反弹道导弹系统条约》，一意孤行地准备向伊拉克开战等举措出现时，人们才比较清楚地认识到，小布什政府没有像当时人们所希望的那样采用多边合作的态度，相反却采取了更加强硬的单边主义的立场。根据最近《华盛顿邮报》的透露："9·11"事件之后布什政府研究和制定的新形势下的美国安全战略已经基本形成。其中最引人注目的变化是，这一战略将把实行了几十年的"遏制与威慑"战略，改为主张对恐怖主义和敌对国家采取"先发制人"的战略。这一军事新战略势必造成对国际社会的深远影响。

但是，即使如此，中国、俄罗斯等相关国家，从双边以及全局利益、长远的利益出发，仍然是用比较灵活的、冷静的、克制的态度和美国打交道。因此，"9·11"事件之后国际社会的一个重要现象是：主张多边合作这一方的合作与容忍、与主张单边主义的强势立场这两种态度之间的反差鲜明。这是在冷战结束后相当长一个时期当中所没有看到过的现象。

第二，"9·11"事件之后的大国关系进程表明，一个帝国式的差等式结构似乎正在形成。但是这种力量结构却远远没有得到体制上的保障。这一时期的国际关系仍然处于具有多种前景的这样一种过渡阶段，具有较大的可塑性。

"9·11"事件的确使得国际社会进入了一个新的阶段。恐怖主义的挑战，是美国包括中俄在内的许多国家所面临的严重问题。但是，以"9·11"事件作为时代界线，宣布从此把"反恐怖主义"作为整个国际社会要解决的首要的普遍目标，仍然存在争议。对于整个国际社会而言，反恐是重要的，但不是唯一重要的问题。

"9·11"事件使得冷战后已经出现的若干新趋势，进一步得到了强化。亨廷顿曾提出"文明冲突"理论，但是他个人并不同意"9·11"事件属于文明间冲突。然而，人们也确实看到：冷战后大量涌现出的不同人种之间、不同种族之间、不同文明之间的那种隔阂、误解与冲突在加深。而这些又由于"9·11"事件得到了加强，这是一个可怕的情景，如何加以管理呢？是以罗马帝国式的方式来加以管理，还是采取一种新的面向实际的多边合作的方式来加以管理呢？这有着原则性的区别。虽然，美国已经拥有了独一无二的强大实力，但是如果美国想要采用罗马式的态度来解决问题，显然难以得到国际体制的支持。

从经济上看，世界贸易组织、世界银行、国际货币基金组织已经不再如同战后初年那样仅为美国称霸世界的工具；从政治上看，最重要的国际组织——联合国更不像战后初年那样容易听美国的指挥；从战略上看，甚至像北约这样一个组织，如布热津斯基所言，都没有对这种单边主义的倾向真正地给予实质性的支持。不光"9·11"事件之后，北约仅口头上以集体安全条款对美国表示支持，并仅是以国家，而没有以北约作为整个组织那样参与反恐军事行动；而且6月上旬，美国所谓"先发制人"的军事安全战略即将出台之前，北约秘书长罗伯逊首先宣布：北约依然是防御联盟，"我们不应该没事找事"。和冷战时期相比，当时的美国对它的多边安全战略还有一整套规范、体制，并以这些制度作为保障，推进美国的战略意图。但是今天，人们看不到这样的安排。

第三，"9·11"事件后的一个突出现象，是大国影响与力量消长变化集中在欧亚大陆的次区域层面。这里所指次区域层面，首先，是指伊拉克等国所在的中东地区，在美国压力之下面临暴风雨降临之前的敏感状态。其次，中亚、外高加索等原苏联势力范围，俄罗斯影响消退与美国的进入，已经是明显趋势。同时，包括印度、巴基斯坦所处的南亚次大陆，美国在反恐旗帜之下，对印巴事务干预力度大幅增强。从"9·11"事件之后大国影响消长比较明显的上述三个次区域来看，冷战后欧亚大陆既有格局被打破，脆弱的区域内均势基础发生了动摇。"9·11"事件影响下的美国战略伸展，孕育着未来进一步的地缘政治变化。

二、"9·11"事件后中、美、俄关系变化的深层动因

对于总体形势的观察，不应只停留于物理学意义上的力量结构变化，需要从政治、经济、社会、人文等综合角度进行思辨性观察。总的看来，"9·11"事件后大国关系变化的深层动因来自三种相互作用。

第一种相互作用指的是，国际社会长期演变所积累的能量与"9·11"事件的相互作用。这可以从两个方面来加以观察。

第一，是冷战后各大国（地区）的多极化、多样化、多元化的发展态势。简言之，美国在冷战之后成为当今世界独一无二的超级大国，这是不争的事实。但是冷战的结束造就了一个统一的德国，为了避免统一德国的出现带来欧洲力量格局的失衡，以及为了参与未来的国际竞争，欧洲各国以欧盟为形式大大加速了政治与经济的一体化进程，取得了显著的成就。冷战结束为中国的发展提供了历史性机会，使它有可能占据越益重要和显著的国际地位。甚至，冷战的结束为俄罗斯的复兴也带来了机会，因为俄罗斯从此有可能摆脱僵化保守的社会经济模式的束缚，有可能逐步融入国际大家庭而成为受人尊敬的一员。①冷战后各大国（地区）发展态势表明，与唯一超级大国——美国同时存在着的，是一个越来越浮上水面的国际多向度的发展趋势。不关注这一态势，尤其不可能深入理解"9·11"事件后的中、美、俄关系的戏剧性变化。

第二，冷战后另一个值得高度关注的现象，也是作为大国关

---

① 戴维·卡莱欧（David Calleo）教授在华东师范大学俄罗斯研究中心"'9·11'之后的大国关系"国际研讨会上的演讲。

系变化的深刻背景，那就是全球化进程所引起的争议。近一二十年来，作为客观历史现象的全球化进程，增进着商品、资金、信息、技术与人员的流动，推动着世界经济发展，为人们拓展了视野，带来了新的机会。没有全球化就不会有今天的繁荣。但是，全球化进程也不可避免地受各种历史条件，乃至于主观因素的作用。在全球化过程中处于优势地位的国家与利益集团，很难不运用全球化所带来的机会，拓展自己的利益与影响。在 21 世纪之初，一个明显的迹象是随着全球化的推广，人们见到的是占人口 15% 的西方工业国家与占人口 60% 以上的贫困国家之间差距的扩大。有事实表明，90 年代以后美国国内贫富差距也进一步扩大。全球化进程推进最快的时期，世界经济发展的总体速度与此前相比不是提升，而是有所降低。

在此背景之下，就较容易理解为何人们至今仍在对全球化问题进行激烈争论。每当世界贸易组织、世界银行以及国际货币基金组织举行年会，总会遭遇大规模的有组织的抗议反对。甚至在欧洲和俄罗斯，人们可以发现更多的对全球问题的反思与批判。在这个背景之下来观察 "9·11" 事件的发生，一方面不容置疑，这是人类历史上最为惨烈的以平民为人质的血腥暴行；但另一方面，全球化大潮之下，并不是每一个国家和地区都能均等地获得全球化所带来的机会，加速出现的贫富差距，间接地为恐怖主义提供了温床。

第二种相互作用，是指 "双边关系" 与 "三边" "多边考量" 这两者之间的相互作用。

这里，可以从欧、俄、美，以及中、俄、美这样几个视角来加以分析。

在西方，2002 年 5 月下旬，乔治·W.布什总统在圣彼得堡受到的热情欢迎和在柏林受到的冷遇和批评可以被看作当时美俄关系和美欧关系出现反差的一个明显象征。尽管，人们可以"夫妻间的争吵"来形容当时的美欧关系，以"情人间的暧昧"来形容当时的美俄关系，似乎这两种关系依然完全是属于两种不同的类型。但是，随着形势的变化，"美俄接近，意在欧洲"或者"美俄接近，缘起欧洲"正在成为当时大国关系中的一个微妙背景。

本来，欧俄间的合作与相互依赖程度要超过美俄间的程度。实力强大的美国，以前似乎并不过于在乎这样的不均衡态势。但在"9·11"事件发生，以及欧洲迅速崛起的背景之下，特别当美国得不到作为整个组织的北约与欧盟对其单边主义政策的全面而又实质性的支持的时候，美俄接近，对欧洲示以眼色，并非不是对欧洲有所求索的一种迂回的表达。事情的另一面，欧洲仍希望借助美国来防范对欧洲局势可能产生的威胁（包括来自俄罗斯的影响），而俄罗斯则希望在欧、美之间的斡旋中，赢得更大空间。这就是世纪之交在欧、美、俄之间相互关系的一个复杂背景。这样的格局会在而后的大国博弈中延续很长的时间。

美俄关系的近期凸显，还受到对东方事务关注的影响。

不少西方学者认为，美俄接近的共同动力，除了反恐怖的合作、战略武器的削减与防止扩散、能源供应与投资方面的相互需求，还有相当重要的一点，那就是"共同应对中国正在崛起成为一个大国这样的事实"。虽然，任何双边合作不针对第三者，在形式上成为后冷战国际行为表述中的一种常态，但是关注"第三者"，影响"第三者"与上述规范的存在，事实上也是互为补充。然而，"9·11"事件前后的事实表明：不顾客观发展趋势，只顾及维护单边优势，这样的缺乏远见的谋划，难以奏效。就像美国精英中有人当时希望借助俄罗斯"共同应对""崛起的中国"，只能是又一次打错算盘。

非常值得注意的是，在美俄关系获得进展的同时，中俄关系也相应获得了提升。2001年6月俄美峰会之后，中俄国家元首与中亚4国元首在上海合作组织圣彼得堡会议上签署了《上海合作组织宪章》，决定建立上海合作组织地区反恐怖机构，并宣布上海合作组织"并非集团或封闭性联盟"。这为上海合作组织与其他国际组织的合作以及周边国家今后可能的逐步加入提供了法律与政治基础。当时，"9·11"事件还未发生，但上海合作组织以反对恐怖主义作为主要任务，表现出这一新兴地区组织所具有的远见，并在"9·11"事件中经受了合作反恐的考验。就中俄双边关系而言，圣彼得堡峰会前夕，普京总统在接受人民日报社社长许中田采访时，明确表示：俄罗斯"与中国向世界提供了国家关系的新模式，其中要把自觉不结盟和协调努力维护共同利益结合起来。这个关系的模式规定，伙伴之间的关系平等，本着相互信任的精神来解决一切问题，这就是俄罗斯和中国在'冷战'结束之后对于建立新型的多极化国际秩序的巨大贡献"①。普京总统对于"自觉不结盟"和"多极化国际秩序"的认同，显然为中俄两国双边关系的原则性立场，提供了一个重要的说明。具体地说，中俄经

---

① 《普京接受〈人民日报〉专访 高度评价俄中合作成果》，CCTV新闻频道，2002年6月1日，http://www.cctv.com/news/world/20020601/152.html。

贸合作特别是能源合作的深化，中俄军事技术合作的"高质量"（普京总统语），以及中俄在一系列全球性问题与地区性问题方面进行战略协作的现存机制与巨大潜力表明：虽然俄美关系有了重大突破，但并不意味着中俄之间的战略合作失却了其独立存在的意义。正像普京总统所言：中俄关系"这台'发动机'连续不断的工作实际上并不取决于外部因素的影响，因为它有自己的'能源'"①。

　　同时，"9·11"事件之后中美关系的发展，尽管没有像俄美关系以及中俄关系那样以国际法的形式取得明显进展，但是，乔治·W.布什两次来华访问，以及当时胡锦涛副主席前往美国访问，足以显示双方领导人对于双边关系的重视，以及共同构建"建设性合作关系"的愿望。美国继续支持中国加入世界贸易组织，中美军事交流合作的恢复，包括在反恐问题上的合作，都显示了中美间进一步发展合作关系的巨大空间与潜能。虽然，中美之间在台湾问题等一系列问题上还存在尖锐的分歧，但是中美关系作为世纪之交最重要的双边关系之一，在各自国内，以及国际社会普遍引起了高度重视。这一事态本身就表明：其中蕴含着实现某种进一步调整的机会与可能性。在俄美关系得到大幅度改善的背景下，中国政府表示了对这一事态进展的欢迎。这不光体现出中国人民对于与己相关的外部世界重要变化的高度理性态度与成熟的良知，而且，也反映出中、美、俄三边关系中并没有失却发展相互间理解与尊重的基础。

---

① 《普京接受〈人民日报〉专访　高度评价俄中合作成果》。

第三种相互作用指的是观念形态与权力、实力之间的相互作用。

这里尤其说的是，当今世界唯一超级大国——美国的决策理念与其所拥有的实力之间的相互作用。当前的大国间关系，尤其是中、美、俄之间的关系正在出现一种重新被意识形态化的趋势。20世纪90年代初的"历史终结论""民主国家和平论"正在转变为冷战当中的获胜者具有无限的扩张能力这样一种新的神话。

这种新的神话至少包含下面几个意思：

其一，西方民主国家的任何对外行为，都可以简单化为自由、民主原则的扩张。事实上，从学术上说，从法国著名学者托克维尔一直到当代学术界，较倾向于无法证明这种牵强附会。例如，托克维尔一直认为：一个国家的内部制度与其对外政策之间没有某种固定的联系。同时，正如里亚·格林菲尔德（Liah Greenfeld）在她所撰写的《资本主义精神》中提出，在资本主义全球系统形成的过程当中，民族主义不光起着一种形成内部认同的作用，类似于马克斯·韦伯所认为的那样，而且，它对资本主义全球扩张也起着一种推动作用。[①]换句话说，民族主义、自由民主，都可以成为推动扩张的工具。

其二，迷信强权，认为军事暴力手段可以解决所有复杂问题。在"9·11"事件之后的美国决策理念中，可以明显地发现崇尚实力的"现实主义"理论原则正在又一次发挥着决定性的影响。

其三，与当代国家间关系的重新被意识形态化这一问题相关，西方媒体乃至学术界相当普遍，但也是相当含混的一种表述是：

---

① ［美］里亚·格林菲尔德：《民族主义：走向现代的五条道路》，王春华、祖国霞、谢虎、胡婷婷译，上海三联书店2010年版，第1—25页。

某某国家可以"融入西方社会"或者可以"成为西方社会的一员"。比如，在美俄关系的讨论中，上述命题就曾经成为判断美俄关系前景的主要根据。由此令人生疑的是，像俄罗斯这样雄踞欧亚大陆文明结合部辽阔地带而又国情复杂的前超级大国，在多大程度上可以轻易"融入"西方？

自彼得大帝以来近四百年的学习西方的漫长历史过程中，虽然俄国的社会经济多次深深打上西方的烙印，但是，俄罗斯始终没有被"融入"西方或"变成"一个西方国家，这是不得不令人思考的一个历史背景。历史地看，学习西方，曾经是任何非西方文明国家的改革家、政治家们孜孜以求的真诚愿望，但是，学习西方，毕竟不能等同于可以把一个带有深厚本土特征与历史惯性的国家或民族脱胎换骨地变成为一个"西方国家"。21 世纪以来全球转型的"再转型"也证明，那种简单化、理想化的"改造"俄罗斯的计划，之所以失败，关键就在于一开始就存在着类似于上述命题的不切实际的空想。

值得注意的是，就在普京总统推动与西方调整关系的关键时刻，多数的民意并不认为，俄国内体制也必须相应西化。①从这里我们看到，一个国家外交政策的变动与其内部社会经济发展取向之间，还存在某种相对的独立性。特别是像俄罗斯那样的大国，即使是对外政策发生了重大调整，但就其内部发展来说，还是不那么容易被"融入"和被"改造"。

---

① "Angela Stain's speech in SAIS of John Hopkins University", 2001.12.

三、"9·11"事件后的中、美、俄合作为何昙花一现?

客观地看,"9·11"事件后的中、美、俄关系走向更为合作的趋势,并非没有现实的基础。

第一,就当时而言,解决各国国内经济问题,是三大国普遍面临的问题。对俄罗斯而言,复苏俄罗斯经济,实现持续的经济增长,是普京当政以后最迫切需要解决的问题。对中国来说,加入世界贸易组织,推动改革发展,集中精力于国内经济事务,中国迫切需要有一个安定的国际环境。美国虽然是当今世界之首富,但"冷战红利"已消耗殆尽,同时反恐怖行动的巨额开销,加上"9·11"事件后批准将近 4 000 亿美元的巨额军费,都在大大增加政府开支。在美国经济存在巨额赤字的情况下,美元的相对疲软和利率的逐渐提升,甚至会重复冷战当年美国曾经面临过的"双赤字"的严峻局面。所以,对于三大国中的任何一方来说,搞好国内经济,确保现有国际秩序的稳定,是符合各国和三大国共同利益的事。在这个意义上,有可能化干戈为玉帛,把心思放到经济上来。

第二,中、美、俄三国领导层在"9·11"事件后的一段时间里,相对来说都得到了比较高的国内支持,这是三大国进一步实行外交调整的有利时机。对于俄罗斯的外交大调整而言,国内并非没有反对意见,但是总的看来,普京依然维持着 70% 以上的平均民意支持率。这种民间的支持是戈尔巴乔夫以及叶利钦推行倾向西方的政策时所未曾获得的。"9·11"事件之后美国国内"国家利益至上"的普遍氛围,使得小布什总统也获得了相对较高的国内支持。2001 年以来中国经过多年努力终于正式加入世界贸易组织，成功举办了亚太经济合作组织（APEC）峰会提升了国际威望，并正在抓紧筹备 2008 年奥运会。这一系列重大事件推动着国内凝聚力的切实提升。三大国决策阶层所拥有的支持度与政治运作空间，从理论上说，是有可能使中、美、俄三边关系摆脱对抗阴影，走向友好合作。

第三，最为关键的一个事实，在于国际恐怖主义已经成为威胁所有大国国内安全，也威胁整个国际社会正常秩序的害群之马。无论是"9·11"式对美国的恐怖袭击，还是在车臣，或是在莫斯科等其他地方对于平民的残暴打击，都清楚地表明，中美俄三大国有着目标非常清晰的共同敌人。尽管对于如何界定恐怖主义，以及采用何种方式来应对恐怖主义，都还有不同看法，但是，就人类共同面临的紧迫威胁而言，这绝不应该成为合作反恐的障碍。

总之，"9·11"事件之后中、美、俄前所未有地出现过俄美、中俄、中美三组双边关系都同时有所推进的难得局面；中、美、俄三国也面临着近似的内部趋向，本可以成为推动相互接近的有利条件；中、美、俄同时都有着一个非常清晰可见的共同敌人，三大国关系完全有理由在这样的前提之下，加强合作，共同来营造走向未来秩序的氛围和基础。但是，关键问题还是在于，作为超级大国的美国，并没有准备放弃推进单极世界和维护霸权的打算，相反，还要利用"9·11"事件的机会推进单边主义。这就使得本可以争取实现大国间合作的历史机遇，又一次遗憾地出现了倒转。①

————————

① 本章部分内容发表在香港中文大学中国文化研究所主办刊物《二十一世纪》双月刊，参见冯绍雷：《没有终结的「终结」：中美俄关系的变化》，2002 年 10 月号，总第七十三期，第 22—31 页。

第二波：走向欧亚冲突

21 世纪的大国关系危机实际上在 20 世纪末已见端倪。世纪之交曾出现了一波合作机遇，但很快又在伊拉克战争的抗议声中陷入困顿。尔后的"颜色革命"、能源冲突、俄罗斯与格鲁吉亚之间的"五日战争"，一步步将欧亚大陆深处的大国关系推向难以自拔的境地。在这一阶段的大国间相互认知尚处于摸索和相互碰撞的阶段，但观念领域的排兵布阵也已经宣告开始。

第五章

地缘与文明冲突的锋芒初试

21 世纪初所发生的伊拉克战争、"颜色革命"、乌克兰和俄罗斯的天然气争执,直到 2008 年俄罗斯与格鲁吉亚之间的"五日战争",是俄罗斯与美欧之间围绕着这些国家在欧亚地区发生的一系列博弈。虽然这场博弈通过资源价格战、策动社会反抗以实现政治更替,以及真正的武装冲突等形式大大恶化了俄与相关国家以及美欧的关系,然而这一系列博弈和对峙都还局限在一定范围内,也在一定时间内告一段落。但是,这些冲突和博弈为俄与西方的抗衡不断攀升作了重要铺垫。

第一节　地缘政治、文明冲突与伊拉克战争

伊拉克战争前后的国际媒体与学术界、评论界在诠释这场战争以及战争将如何影响世界局势时，使用得最多的要算"地缘政治"与"文明冲突"这两个范畴。冷战结束以来的十余年中，有两次使用"地缘政治"这一范畴的热潮：前一次是 80 年代末东欧剧变与 1991 年苏联解体之后，这一历史性变迁被普遍认为是真正意义上的地缘政治大变动；2003 年伊拉克战争爆发，乃是第二次。至于"文明冲突"乃是 20 世纪 90 年代初美国学者亨廷顿所提出。他认为，冷战后的国际冲突，将不是意识形态之争，也不是经济竞争，而是文明间冲突。这一话题引发了连绵不断的争论，在伊拉克战争前后达到高峰。为什么在第二次伊拉克战争的背景下，"文明冲突""地缘政治"热重又复起呢？伊拉克战争在多大程度上引起了文明冲突与地缘政治格局的大变动？而这场文明冲突与地缘政治变动的动因何在、具有什么特点，以及它将如何影响国际社会的未来走势呢？有必要以当代地缘政治与文明研究中所涉及的一些基本原则与命题，对伊拉克战争的前因后果及战后世界的演化，作一番勾勒。

一、为什么可以用地缘政治学来解读伊拉克战争①

地缘政治学，被称为"地理政治学"。该词语的翻译颇为精当：何谓地缘政治，即政治缘起于地理。换言之，这是从空间或地理环境的角度研究国际关系，特别是研究国家间关系的空间配置的一门学科。该学科形成于 19 世纪末。早期地缘政治学偏重于强调地理空间的决定性因素，后经"海权论""陆权论""边缘地带论"和"空权论"等各流派之间的争论与修正，包括接受了现代人义社会科学的影响，对各国对外战略起着重大影响。

第二次世界大战后，地缘政治学研究表现出多样化发展的势头。其一，沿袭以往地缘政治研究的传统，以海权、陆权、中心、边缘等地理区位的战略功能，来建构大国战略的基础。其二，随着战后世界对经济的强调，地缘政治与地缘经济，特别是能源与交通运输通道相结合，使研究趋于务实。其三，由于战后各国进一步涉足海洋事务，特别是美苏的海洋争霸而使得海洋以及与海洋有关的战略问题成为地缘政治研究的重点方向。最后，20 世纪 60 年代后科技革命和行为科学的崛起，使得地缘政治研究也与心理学、系统论等多门新兴学科交叉，成为现代认知学科的一个重要门类。②

尽管在提及"地缘政治"这一范畴时，各人所指不尽相同。在笔者看来，一种切实有效的地缘政治研究，至少会指涉以下三

---

① 参见冯绍雷：《伊拉克战争与地缘政治的复归》，《社会科学》2003 年第 6 期，第 30—37 页。

② 同上书，第 30—31 页。

个方向的基本内容：

第一，从传统上说，由于地缘政治学研究的是国家战略与空间区位之间的相互关系，因此，不同的历史条件之下，地理区位如何影响大国间竞争，是其关键问题。就像英国地缘政治学家麦金德强调"陆权说"，美国地缘政治学家马汉强调"海权说"，包括马克思以英帝国和沙俄为对象，阐述的大陆地缘政治与海洋地缘政治间的相互对立。地缘政治学强调，在不同历史条件下，不同的地理区位何以影响国家间关系，以及怎样的地理区域得以成为各国、特别是大国间战略竞争的主要目标。

第二，从地缘政治学的眼光来看，国际政治总体上经常表现为两个方向相反的过程。其一，是因发展不均衡而引起的大国力量的崛起、聚合与发散过程，也有人称其是称霸过程。这一过程乃是称霸一方的战略控制与影响，从本土到域外的移植扩散，以及思想、文化、制度辐射的空间扩展过程。而与此相对应的另一个过程则是对大国称霸过程的合纵连横式的抵制与消解过程。这两个方向相反的地缘政治过程有时也被称作"标准地缘政治过程"与"替代地缘政治过程"。①大体意思是，前者是一个以霸权国家的实力、体制与思想向疆域之外推行"标准化"的扩张进程；而后者是力图取代霸权，对上述过程进行阻遏，或者是在其扩张间歇期得以替代的势力均衡过程。显然，在当代条件下，这两个相反的过程不光与政治、经济、军事、文化与心理等多种因素错综交织，而且，表现出扩张与聚敛、整合与分化的互相交织与更替。

―――――――――

① ［英］杰弗里·帕克：《地缘政治学：过去、现在和未来》，新华出版社2003 年版，第 201—208 页。

笔者想要强调的是：地缘政治冲突并非命中注定，上述两种进程的客观存在，恰恰说明，国际政治中有着大量的可以化敌为友、转危为安的机遇。

第三，随着当代地缘政治学与各个门类的人文社会科学相交织，这一知识门类不应只是大国争霸的理论工具，更应是追求和平发展的思想武器。从马克思主义的立场上说，地理环境并不是孤立地发挥作用，主要是通过生产力、通过社会组织形态，影响社会的发展。因此，这就要求人们更加主动地运用客观地理环境条件，将自然力因素有机并合理地运用到推动国际社会和谐发展、促进人类进步福祉的方向上去。从这个意义上说，从地缘政治角度构想未来国际社会以怎样的空间组合与建构，来实现大国关系的协调发展；怎样使得非均衡发展的大国力量能够在一种富有创造性的空间关系中得到均衡；怎样使各各相殊的利益与理念能够在互补互利、生生不息的国际共同体中得以实现。这应该是各国，首先是各大国在构想未来国际战略时的基本出发点与长远利益之所在。

地缘政治研究所着重关注的上述三个方面，在伊拉克战争的过程中不光成为各国争议的重点，而且在相当大的程度上已经表现为各国的对外战略实践。其一，伊拉克之所以成为大国战略争夺的焦点，有着鲜明而深刻的地缘政治动因。其二，伊拉克战争中国际主战派与反战派之间的角逐，恰恰是展示了"标准地缘政治过程"和"替代地缘政治过程"这两个相反的地缘政治进程。其三，伊拉克战争中各种国际力量得以显示，各种矛盾较为充分地得以体现，也提供了一个构想未来大国关系组合空间的难得机会。这也就是为什么可以、也有必要运用地缘政治学解读伊拉克战争的原因。以下分别从这三个方面来展示尘埃落定的伊拉克战争的前因后果，及这场战争为我们所带来的启示。

二、从地缘政治看伊拉克战争发生的原因

在当代地缘政治研究中，国际战略所聚焦的地带从来是对地理空间、物质资源、战略态势、政治考量等各种因素综合考虑的对象。而且，地理空间的环境条件不只是一种纯粹外在客观的存在，而是与对地理空间的主观理解，特别是与对战略枢纽地带的人们的认知，紧密地联系在一起。从这个意义上说，伊拉克战争的发生是各种复杂的主客观原因紧密关联之下的产物。

首先，大概没有人怀疑，伊拉克战争与对石油资源的竞争有着直接的联系。就石油资源而言，其一，人们被告知，今后的几十年人类采掘石油资源的能力将达到顶峰，尔后，随着石油资源藏量的减少而将逐渐进入一个石油资源短缺的时期。在人类还没有成功发现其他能源替代物时，随着经济的发展与增长，对能源的需求势必将大幅度上升的情况下，这样的一种对能源前景的判断，不能不使战略家们对能源产地垂涎三尺。当伊拉克已成为紧随沙特阿拉伯之后储藏量列世界第二的情况下，对伊拉克的关注，相当符合逻辑。其二，作为世界头号大国的美国，它对石油的浓厚兴趣，还直接来自小布什政府官僚政治的结构特点：在小布什政府中 100 位最具影响的官员中，一半以上与石油公司和军工企业有着直接经济利益，其中包括小布什总统本人，也包括副总统切尼、国家安全事务顾问康多莉扎·赖斯、商

务部长埃文斯。①尤其是在共和党本届主政任期之内，可以明显地
发现美国外交前所未有地被"私有化"了。从来没有一位美国总
统敢于这样把国家战略与私人和企业集团利益如此不加掩饰地直
接挂钩。其三，"9·11"事件之后，美国石油来源多元化的直接
目标，就是企图找到沙特阿拉伯的替代者。据沙特阿拉伯前石油
大臣亚马尼的判断：美国的真正目的，是要减少对沙特阿拉伯的
石油依赖。因此，伊拉克自然成为首选之国。

其次，伊拉克战争的发生是美国新保守主义崛起背景之下寻
找民主改革试验地的一次地缘政治努力。一方面，冷战后新保守
主义思潮的政治影响在美国逐渐上升。"历史终结论"的自由主义
世界观加上托洛茨基式"不断革命论"的精神感召，构成为新保
守主义意识形态的强劲理念。小布什执政以及周围新保守主义者
为核心的梯队，使得这种意识形态获得了一次绝好的实践机会。
而"9·11"事件的发生，又使得美国国民心理骤然膨胀，成为小
布什政府实施新保守主义对外政策的民意基础。另一方面，伊拉
克在第一次海湾战争之后依然是中东地区军事作战能力最强的国
家。因此，美国始终怀疑阿拉伯地区此起彼伏的反美恐怖袭击与
萨达姆政权有着密切关联。同时，萨达姆家族专制统治之下的伊
拉克，敢于宣示自己能够获得民众 100% 的支持率，企图以此来嘲
弄西方民主，此举大大刺激了美国铲除萨达姆政权的欲念。

"9·11"事件之后，当美国有机会把反恐与民主改革这两项
任务相互联系起来之后，特别当美国把中东地区作为首先"整治"

---

①　Алексей Ефимов. Военно-экономический роман. 2003-04-02. https://www.ng.ru/economics/2003-04-02/1_roman.html2003.

的对象之后，伊拉克成为美国继征战阿富汗之后的首选目标，这一点也不令人奇怪。

当然，伊拉克战争的发生，还在于美国有着更大的战略图谋。

冷战终结之后，无论美国是企图对全球战略态势实施更大的干预，还是相反表现出退居本土的孤立主义倾向，都无法改变一个根本性的地缘政治态势，也即美国始终是以处身于欧亚大陆之外的安全岛的地理区位与欧亚大陆在发生着关系。冷战期间，美国是通过它与其盟友的一系列战略结盟关系，比如北大西洋联盟，并且凭恃其雄踞第一的经济霸主地位在掌握欧亚大陆事务。而欧亚大陆的基本态势是欧洲、苏联与中国分别处于战略抗衡状态。

冷战结束之后，欧亚大陆的地缘政治格局发生了根本性的变化。其一，欧洲的整合成为冷战后欧亚大陆最为深刻、最为值得关注的地缘政治变化。1992年初，《马斯特里赫特条约》所规定的欧盟一体化进程，不光在全球化挑战背景之下力争形成对外抗争的统一实体，而且，两德统一所带来的地缘政治失衡，也必须由欧洲联盟的进程来加以消化和解决。于是，在内外两种动力推动下的欧洲一体化具有不可阻挡的强劲发展势头。其二，地处欧亚大陆东端的古老中国，延续20多年高速且稳定的增长，显示了一个东方文明古国的发展潜能和对未来世界的影响。尽管中国战略家们并无过分乐观的自我预期，但美国朝野舆论都把中国看作今后15—20年中，几与美国并驾齐驱的经济大国。其三，尽管是衰落中刚刚开始复起的大国，俄罗斯也表现出潜在的发展势头。一方面是一个世界独有的资源大国，另一方面曾作为超级大国的地缘政治经验也为其未来发展提供了空间。

欧洲、俄罗斯与中国在冷战后的不同程度的崛起，不光被人们以"多极化发展"相称许。包括欧盟、中国、俄罗斯、印度等国家在不同情况下追求世界的多元化发展，希望多元价值标准共存的事实能得到尊重，多种政治力量之间能够得到均衡。科索沃战争之后的一个相当重要的动态，是欧、俄、中之间出现了更多程度不等的合作与交往的吁求。正在出现一个寻求在唯一超级大国主宰世界背景之下的相互支撑，各方都期待既保持并深化与美国的合作，同时谋求抵御霸权与单边主义干扰的多边合作网络。

从这个意义上来看，美国的"先发制人"战略从逻辑上说，与其说是对付伊拉克可能形成对美国的不期打击，还不如说为了应对正在欧亚大陆上，特别是欧盟、俄罗斯与中国之间可能形成的合作网络，这个合作网络即使不是出于"共同抗衡第三者——美国"的目的，也给美国对欧亚大陆的掌控多多少少带来不便。至于为何选中伊拉克来实施美国掌控欧亚大陆的地缘政治意图，其理由也很清晰：伊拉克既是向欧洲和向亚洲输出它们极其需要的能源的咽喉要地，同时也是从战略上联结欧、俄、中三地的阿拉伯世界的"碎片地带"的关键部位。可谓打击了伊拉克，便可牵一发而动全身。按照地缘政治学上经常沿用的公式：如欲掌握世界，必先掌握世界岛——欧亚大陆；如欲掌握欧亚大陆，必先掌握中东。在这样的逻辑之下，美国出击伊拉克远不止石油利益和输出民主的动因，而是有着更为宏大的地缘政治背景的一出大戏的序幕。

三、伊拉克战争与大国间的合纵连横

一方面，"9·11"事件之后，美国从入驻中亚开始，后出兵阿富汗，再次则是攻打伊拉克，并伴之以一系列军事结盟与外交攻势。虽然，这一系列军事行动远非美国欧亚战略的全部，但鲜明描画出相当典型而又富于特色的扩展过程中的"标准地缘政治过程"。这一过程的特征是：其一，崇尚以实力推行空间的扩张与控制；其二，旨在构建以美国为领导的罗马帝国式统治；其三，美国式帝国的统治语言是民主政治；其四，以先发制人式的反恐战略，作为其扩张战略的主要手段。

另一方面，前所未有的反战阵营也以鲜明的态势表现出了相当典型的"替代地缘政治过程"。也即其一，通过欧亚国家间的合纵连横，联合反战并反对帝国式的单边扩张；其二，伊拉克战争中主战与反战力量的差距悬殊，但联合反战的意向却相当高涨；其三，欧美之间、"新""老"欧洲、俄罗斯与西方之间虽各有图谋，明显的地缘政治特征则是其中的主要内容。

从所谓"标准地缘政治过程"来看，主战一方的美英联盟地缘政治优势是相当明显的。首先，从军事上说，美国拥有压倒性的核优势、世界上占绝对控制地位的空军、唯一真正意义上的远洋海军和独一无二的能向全球任何地方投送军队的能力。美国用于军事研究与开发的经费是仅次于它的 6 个大国的经费总和的 3 倍多。作为军事力量背景的美国经济实力，超过仅次于它的日本的经济总量的 2 倍；从体制上说，美国不可能发生类似于日本 90 年代的长期衰退；从创新能力上说，美国研发费用相当于最接近它

的其他 7 个最发达国家的总和。①尤其是美国本土的区位政治优势，
也即地处欧亚大陆之外安全岛上的美国，可以相对自由地决定自
己的结盟关系，而不像法、德、俄诸国在结盟关系上较多受到先
天周边环境的制约。伊拉克战争得以迅速结束不光显示了美国的
物质实力优势，而且表现其战略运用的成熟与领先程度。一场以
远程监控与精确制导武器密切配合，辅之以地面军队与空中力量
的协同作战，并且以心理战、宣传攻势相配合而迅速取得的胜利，
不能不使人承认，美国所拥有的综合优势，不是当今任何国家在
短期之内可以赶超的。

　　值得注意的是，美英在伊拉克战争中的得手，还受惠于其已
构思多年的一系列思想原则的支撑。概括地说，包含有以下几个
方向：第一类，属于意识形态范畴。这里既有传统自由主义的民
主原则，又有在托派"继续革命"传统浸润下的新保守主义思想
的深刻影响；另外还在广泛争论的是，关于国家主权问题等基本
理论问题的美国式解读。美国国务院政策规划办公主任理查德·
哈斯提出：传统的主权观念正在受到来自全球化、来自弱势国家
需要外来帮助等全方位的挑战，因此，出于制止种族屠杀、反对
恐怖主义和防止大规模杀伤性武器的扩散的目的，可以超越传统
的主权不可侵犯的观念。②

---

① Stephen G. Brooks and William C. Wohlforth, "American Primacy in Perspec-tive", *Foreign Affairs*, Jul.-Aug., Vol.81, No.4. 2002, pp.20—33.

② Richard N. Haass, "Sovereignty: Existing Rights, Evolving Responsibilities, Re-marks to the School of Foreign Service and the Mortara Center for International Studies," Georgetown University, January 14, 2003, https://2001-2009.state.gov/s/p/rem/2003/16648.htm.

第二类，属于基本的战略判断，比如，下文将要述及的"文明冲突"论。尽管无论是塞缪尔·亨廷顿本人，还是罗伯特·卡根（Robert Kagan）等新保守主义思想家对"文明冲突"理论的适用性都相当谨慎，但这一理论还是转化成相当部分美国民众用来解读世界事务，特别是美国与阿拉伯国家关系时的思想范式。此外，运用帝国理念来诠释美国超强地位的理论主张也大批出现。其中既有为帝国秩序歌功颂德的，也有鼓动美国放弃顾虑公开承认其帝国抱负的。斯蒂芬·罗森（Stephen Rosen）认为："美国帝国这个概念……可能非常符合……21 世纪。"《美国帝国》（*American Empire*）一书的作者安德鲁·巴塞维奇（Andrew Bacevich）认为："现在的问题……不是美国是否已经变成了帝国，问题是（美国人）想象他们的国家变成哪一种帝国。"①

第三类，属于对于对外交往中行为准则问题。比如，对"先发制人"的确认，不仅见诸 2002 年 10 月美国的国家安全战略报告，而且如哈斯等人所称：由于毁灭性武器的增多和一些流氓政权的意图难以识别，因此，要使"先发制人"这一"自卫原则适应大规模杀伤性武器扩散所造成的威胁"②。此外，利用"9·11"事件所造成的创伤和业已形成的国民心理基础，鼓吹美国政府在对外行为中"需要完全的行动自由"③，正是在此基础上，出现了抛开联合国而独断专行的军事行动。尽管上述为美国单边主义行

---

① Niall Ferguson, "The Empire That Dare Not Speak Its Name", *Sunday Times*, 2003 年 4 月 13 日。

② ［美］理查德·哈斯：《主权：现有权利和演变中的责任》，这是理查德·哈斯于 2003 年 1 月 14 日在华盛顿的乔治敦大学的一篇演讲。

③ ［美］法里德·扎卡里亚：《傲慢帝国》，《新闻周刊》2003 年 3 月 24 日。

为辩护的诸多理论阐释大都是牵强附会，但是，对鼓动美国国内民众，包括进行海外宣传，仍然具有不可忽视的影响力。

伊拉克战争中美英联盟的另外一个重要战略，是运用灵活结盟方式，分化反战阵营，特别是对所谓"新欧洲"因素的运用，使之成为欧亚地缘政治版图中的一枚楔子。伊拉克战争表明美国已经确认，它可以自由地选择战争对手和自由地选择发动战事的理由。

问题在于，在多大程度上、多长时间内美国还能维持其优势，是一个值得探讨的问题。

首先，美国所信奉的实力原则能否确保其繁荣与安全呢？按照约瑟夫·奈的判断：尽管美国的实力无可比拟，但是"我们现在处于一个技术革命飞速发展的时代，仅凭一个由个人组成的集团，就能够造成比日本人在珍珠港造成的更大的损失。……因此，军事能力再不足以确保我们整个国土的安全"①。约瑟夫·奈承认，战争的发动者并没有清晰地认识到这一点。

其次，美国的国家实力能否支撑其军事力量的长期海外扩张呢？美国学术界有两大担心。一是，美国经济学家最大的担心是在美国面临对外贸易赤字和财政赤字的"双赤字"局面下，美元能否保持其国际主导货币的地位，从而继续大规模从海外吸收资金。在冷战结束之前所未见的，既是潜在、但也是非常现实的挑战，就是欧元的崛起，其可能会成为海外资金又一巨大吸纳器，从而逐步地在未来与美元形成鼎足之势。甚至与帝国时期的英国

---

① ［美］约瑟夫·奈：《美国将需要盟友》，法国《问题》周刊 2003 年 3 月 28 日。

不同，当时英国向全世界输出资本，而美国如今则是世界上最大的债务国。二是，从更为长远的时段来看，美国政治学家甚至担心作为美国经济生产支柱之一的信息产业，是否能够在长时段中成为美国的动力，都是值得怀疑的。因为，信息时代的到来，势必要为形成于工业革命时代的共和民主制度、政党制度带来挑战，一个相当深刻的政治与社会转型过程将会到来，美国能否在这样的深刻社会变迁中保持繁荣与稳定？笔者曾在一次讨论中，请教弗朗西斯·福山，他所认为的形成于工业革命时代的欧美政党体制势必受到信息社会挑战的观点是否依然有效。福山的回答是肯定的。①

再次，没有联合国授权的合法性、缺乏道义基础和信任感的任何意识形态，都是难以发挥持久影响的。《外交事务》前主编法里德·扎卡里亚（Fareed Zakaria）指出：美国借此可以拿下伊拉克，"但是如果美国政府认为一场成功的战事就会使世界迅速从对美国外交政策的深刻而广泛的不信任和怨恨中恢复过来，它就错了。……使世界各地的人最最担心的是生活在一个由一个国家——美国——决定发展方向和控制的世界上。他们已经对我们感到非常怀疑与害怕"②。

最后，美国所面临的是双重困境：小布什既要强调美国国家利益优先，但恰恰又是他自己通过伊拉克战争向威斯特伐里亚的主权国家体系发起挑战；小布什既要追求全球领导权，但又与几

---

① 2005 年，南京大学中美研究中心为福山举行的学术报告会，由钱乘旦教授主持，本人受邀参加。

② ［美］法里德·扎卡里亚：《傲慢帝国》，《新闻周刊》2003 年 3 月 24 日。

乎所有主要的国际组织产生龃龉。在伊拉克战争中，联合国被抛在一边。2003 年 5 月世界贸易组织刚刚确认了欧盟向美国提出的 40 亿美元的制裁，国际货币基金组织也对美国的作为表示不满，几使美国想要退出这一国际组织。甚至，北约在内部分裂的情况下，也不曾以整个组织表示对美国发动战争的支持，这与 50 多年前，美国通过上述国际组织号令天下的局面已经全然不同。第二次世界大战后，美国的强权是通过它在联合国、国际货币基金组织，特别是北约中的绝对主导作用来作为国际体制与机制保障的。难以想象，没有国际组织体制支撑的全球强权能够得以持久。

伊拉克战争进程中最为引人注目的现象，也许不是伊拉克，而是北大西洋关系中发生的"地震"①。法德俄坚决的反战态度鲜明地凸显了在"标准地缘政治过程"发生作用的同时，欧洲主要大国联合抵制霸权、反对战争的"替代地缘政治过程"也在聚集力量，对前一个过程进行牵制。这两种地缘政治过程相向而行，有以下四个方面的体现：

第一，美国（在某些问题上也包括英国）与"老欧洲"法德的争论。这里既有石油利益的分歧，包括对阿拉伯世界的不同态度，也蕴含着国内政治利益的考量，但起关键作用的还是基于对未来世界构成的不同理念。也即一个过去几个世纪中饱经战争创伤的"老欧洲"，比较倾向于未来世界在多元权力制衡空间中运行，不主张美国式的以等级制的金字塔结构来垄断世界事务。

第二，美国（在某些问题也包括英国）与法德俄这三个欧洲

_____

① 相蓝欣教授于 2003 年 4 月在华东师范大学举行的"伊拉克战争后的地缘政治形势研讨会"上发言时提出了上述观点。

最强大的大陆国家之间的纷争。让美国众多政治家大跌眼镜的是，"9·11"事件后刚刚修好与美国关系的俄罗斯，这次也立场鲜明地站在反战阵营这一边，从而形成了一种"欧洲大陆型"政治抗衡"海洋型政治"的架势。法、德、俄和英、美两个阵营各自具有的地缘政治特性，几乎表露无遗。这种地缘政治特性不光体现在对外战略与利益方面的某些共性，而且也反映在国内治理传统方面的共同趋势。比如，俄罗斯之所以在伊拉克战争中比较接近于法德，不光是因为对于伊拉克问题有着与法德较为接近的看法和利益，而且在内部态势上，俄罗斯文化与法律传统，更接近于大陆欧洲。

第三，美英之间在伊拉克战争问题上的分歧。虽然，对伊拉克之战是在白宫决策圈子中几年之前就开始酝酿的，但是，英国始终对美国起着重要牵制作用。美英间在开战问题上紧密合作，但在战后重建问题上，英国坚决主张由联合国来推进，这是其中最为醒目的表现。英国与美国在地缘政治中的差异在于，英国始终没有忘记要在美国与欧洲大陆间起到桥梁作用。在某种程度上，俄罗斯的角色与英国相似，也即俄罗斯始终没有忘记自己是一个欧亚大国，它不仅仅是一个欧洲国家，还有着在欧亚大陆另一端与美国直接交往的空间。"9·11"事件之后，大大加强了的美俄关系，以及俄罗斯始终顾忌自己会被作为欧美世界局外人而最终被排除出局的心态，也总是梦牵魂绕地左右着俄罗斯的反战立场：既与法德共同反战，但也始终与之保持距离。

第四，"新欧洲"的崭露头角。意大利、西班牙以及中东欧各国在伊拉克战争中追随美国，是白宫颇为得意之笔。除了上述各

国的实际利益考量，比如有人认为西班牙之所以追随美国，是出
于其在拉美实际利益的考虑，更多恐怕还是地缘政治杠杆在发挥
作用。就美国而言，希望通过南欧国家形成对法、德的牵制，和
通过中东欧各国在法德与俄之间起到分化作用。就南欧和中东欧
各国而言，则是希望借重美国来对身边的欧洲大国起到制约作用。
值得注意的是，尽管南欧与中东欧各国政府追随美国，但是，这
些国家的社会舆论则大多倾向于反战，这种状态与欧盟一体化进
程中今后势将发散出的聚合力相交织，肯定会对它们的亲美倾向
产生反弹。

总之，"标准地缘政治进程"与"替代地缘政治进程"这两个
方面的力量相互消长与博弈，还势将持续一个较长的时段。但是，
从地缘政治角度来看，简单地断定当今世界只是一个"单极世
界"，而忽略了正在形成中的多边力量所发挥的"替代"作用是不
恰当的。尽管，这种"多边替代"在可见的将来，还无法从根本
上制约"单极世界"的独立特行。

四、伊拉克战争与文明冲突

"文明冲突"论又与伊拉克战争何干呢？

问题还是得回到塞缪尔·亨廷顿在 1993 年以论文形式发表，
然后在 1997 年正式以出版的《文明的冲突与世界秩序的重建》。
诚如亨廷顿本人所言，由"文明的冲突"所引发的国际学术界、
评论界乃至诸多领域的热烈争论为冷战后十余年中所仅见。这部
著作所涉及的文明的概念，世界文明的问题，权力与文化的关系，
文明间权力均势的变动，非西方社会文化的本土化，文明的政治

结构，西方普世论所引起的冲突，中华文明、伊斯兰文明与西方文明之间的关系，以及西方与所谓文明世界的未来等诸多方面的问题归结于一个结论，那就是："文明的冲突是世界和平最大的威胁，而根据文明建构的国际秩序，则是对抗世界战争最有力的保障。"

在此需要回答的第一个问题是，文明冲突究竟是不是冷战后国际社会的最基本冲突形式，是"世界和平最大的威胁"？事实上，文明差异是否会发展成为占支配地位的全球性冲突形式这一问题是国际关系学术界、史学界早就在思考的问题，汤因比的《历史研究》一书就是从文明的挑战与应战的角度，描述世界各大文明地区力量相互消长的轨迹。20 世纪 70 年代后，国际史学界出现的全球文明史观，以杰弗里·巴勒克拉夫（Geoffrey Barra-clough）和斯塔夫里阿诺斯（L.S.Stavrianos）为代表，也是在反对"西方中心论"的背景下，从文明交融与冲突的角度描述世界各地区和各民族国家之间的相互关系。美国历史学会会长日本裔学者入江昭甚至明确提出国际关系就是文明关系的观点。与亨廷顿所说"未来文明冲突将成为全球占支配地位的冲突形式"的观点不同的是，无论是汤因比、巴勒克拉夫还是斯塔夫里阿诺斯，都把文明因素与政治、经济、民族、人种等四种因素相互贯穿加以展开，而从未把文明因素或意识形态因素作为国际交往中的单一决定性因素。

那么，亨廷顿是怎样得出他的这个结论的呢？值得注意的是，是亨氏提出的三个推论：第一，全球经济现代化与社会转型的进程，对各原有的文明传统构成生存威胁，因而遇到了来自四种非西方文明的越来越强烈的抵抗或竞争。问题的关键在于，有什么理由说，现代化进程会不区分任何历史条件，会不区分任何主客观因素，必定会导致正处在这个进程中各非西方文明地区的全面反抗呢？为什么不可能反过来说，现代化进程必定导致全球范围内的西方和非西方文明的相互间融合呢？第二，亨廷顿认为与国际关系中的政治、经济冲突相比，特别是与意识形态冲突相比，文明冲突是一种更为根本性的冲突。也许，某一种双边或者多边关系中文明因素会起较为主导的作用；或许在某一个时段，世界范围内的冲突也会凸显出文明抵抗的性质。但从常理上说，实在是无法断定：文明所指向的"你是谁"与经济所指向的"你靠什么维持生存"这两者之间哪一种判断起到更加根本性的作用。①特别值得一提的是亨廷顿的第三个判断，也即他所认为的未来国际冲突会发生在基督教文明和儒教—伊斯兰文明之间。这何以会发生？就儒教文明而言，无论是其经济与人口增长，还是有关亚洲价值观的争端，是否毫无回旋余地必定会导致与西方之间的冲突呢？即使是伊斯兰世界在现代化大潮之下有十分尖锐的贫富差距与文化代沟问题，但是，是否也不可避免地导致西方文明与伊斯兰文明之间的一场血腥搏杀呢？如果亨氏的理论成立，又如何解释阿拉伯世界同时也在发生深刻的分化，以至于任何经典教义都无法使之归于统一呢？

事实上，连亨廷顿本人对于是否能将其理论用于解释冷战后世界的重大国际事件，都是有相当保留的，比如，亨廷顿就不同

① 冯绍雷：《失之偏颇的预测》，载王缉思主编：《文明与国际政治》，上海人民出版社 1995 年版，第 145—150 页。

意把"9·11"事件简单地称为一场文明冲突，只是到伊拉克战争前夕才勉强地表示，"这才有点像文明的冲突"。

如果说，伊拉克战争也可算作一场"文明的冲突"的话，那么究竟是何所指呢？是否意味着这是一场西方文明与伊斯兰文明之间的"十字军征战"呢？尽管伊拉克这个在当今伊斯兰世界地位突出的国家，在萨达姆时期并非没有号令伊斯兰世界对抗美国的企图，但是萨达姆政权在遭受长达12年的制裁之后，已经基本上没有对抗能力的情况下，并非要主动地挑起与美国的决战。退而言之，即使萨达姆政权所支持的逊尼派穆斯林有此意图，那么怎么解释什叶派穆斯林在战争期间与美国的接近呢？同样地，怎样解释无论是12年前的海湾战争还是当下伊拉克战争中阿拉伯世界内部的深刻分歧呢？

与上述观点相反，倒是有越来越多的人坚信，与其说伊拉克战争展示的是西方文明与伊斯兰文明之间的一场冲突，还不如说这是西方文明内部的一场空前的"地震"。事实上，这场战争所揭示的美国与所谓"老欧洲"之间的分歧，已经远远超越了战略同盟者所持有的所谓"共同理念"的界限，诚如罗伯特·卡根所言："我们再也不能假装美国人与欧洲人是享有共同的世界观和居住在同样的一个世界上。"[1]早在2002年，资深国际问题专家、曾参与外交决策的美国学者查尔斯·库普乾曾经出版了题为《美国时代的终结》的专著，引起了一时热议，库普乾此后还受邀到包括中国在内的各国做学术访问。在库普乾看来：对美国的下一轮挑战

---

[1]　Robert Kagan，"Power and Weakness，" *Policy Review*，No.113（June and July 2002）.

正在迅速迫近，挑战者并不是来自伊斯兰世界或者影响日益增长的中国，而恰恰是来自已经在经济上与美国竞争、并处于一体化进程中的欧洲。可见当时美国资深精英对欧洲的看法正在发生重要的变化。①在关于建立一个金字塔式结构的问题上，究竟是主张建立一个由帝国管理的世界，还是建立一个多元合作、权力制衡的世界；在关于解决当前国际争端时，原则上通过单边主义还是多边主义方式的问题上；在是否维护联合国等国际协调机制的地位的问题上；在是否简单地动用武力与"先发制人"的问题上，美国与欧洲之间的分歧是原则性的。这种原则性差异与分歧不光来源于历史，以及由千百年历史所沉淀而成的理念，而且也来自当前国际社会深刻的结构性变动。

五、并非想象中的未来国际社会的结构空间

与传统地缘政治的那种攻城略地、一物降一物式的零和博弈不同，也与"文明冲突"论者所鼓吹的东西方文明势将决战的格言不同，从冷战终结，特别是从"9·11"事件，乃至伊拉克战争中人们获取的教训是，国际社会能否从以往的经历中获取有关形成未来国际社会的结构空间的灵感与知识。

戴维·卡莱欧教授大概是有关这一问题的众多寻思者中相当值得介绍的一位。他在《欧洲的未来》（*Rethinking Europe's Future*）一书中，提出了这样的构想：事实上人类已经有过了在地缘政治僵局中摆脱困境的实践经验。第二次世界大战结束之后，在形成新

---

①　Charles Kupchan, *The End of the American Era: US Foreign Policy and the Geopolitics of the Twenty-first Century*, Vintage, 2002. 引文内容来自该书扉页的介绍。

的欧洲共同体的过程中，欧洲的政治家并没有把一个往昔的对手德国摈弃在外，相反是把它紧紧地包容在欧洲煤钢共同体中。在尔后的发展中，德国在一个共享、互利和有着共同奋斗目标的欧洲框架中得到发展；而欧洲则得益于这样一个往昔不共戴天的仇敌的能量、智慧与资源，也日益取得了繁荣与进步。能否把这样的经验运用于今日之世界呢？卡莱欧认为完全可以，也即美国、欧盟与俄罗斯之间可以不以那种传统地缘政治的零和博弈的方式处理各自的相互关系，而是形成一个以欧美合作为基础，同时也与往昔的对手俄罗斯，甚至包括中国建立协同发展的欧亚均衡体系。①在卡莱欧来看，这是一个多边合作但各施所长的国际结构模式，事实上，卡莱欧教授的构想既有第二次世界大战后的欧共体实践作借鉴，而且，在某种程度上，俄罗斯以非正式成员身份尝试与北约合作也多少透露出当年欧洲这段实践的印痕。

问题在于，需要怎样的条件才能真正保障卡莱欧教授的那种构想成为现实呢？也许伊拉克战争所提供的教训是非常深刻的：要一个处于实力巅峰状态的帝国在扩张进程中改弦更张、回心转意的确是勉为其难、不切实际的。而问题的关键，在于能否真正形成多边合作的均衡体系，不光在实力与国际体制的构建上，而且在理念的培育与传播上，真正以长期不懈的努力来构建地缘政治与文明形态相互匹配的新局面。

---

① ［美］戴维·卡莱欧：《欧洲的未来》，冯绍雷等译，上海人民出版社2003年版，"序言"。

第二节　"颜色革命"：欧亚大博弈的前奏

从 2003 年到 2005 年，原苏联地区的格鲁吉亚、乌克兰、吉尔吉斯斯坦——是否还应该包括乌兹别克斯坦尚有争议——连续爆发了被称为"颜色革命"的相近似的现象：在欧亚地区几个国家连续出现伴有大规模社会抗议运动的国内执政阶层的更替。这一场变动，究竟是走向民主政治的"革命"高歌凯旋？还是苏联式"帝国解体"的继续塌陷？究竟是一场新的地缘政治博弈的滥觞，还是一场更深层次宏大社会政治结构变动的开端？

如何看待这场"颜色革命"，历来东西对立，众说纷纭。由于在这场所谓"革命"的背后，还有太多尚未认真梳理的故事。随着事态真相的逐步披露，理论研究的不断深化，一定还会有更多层出不穷的分析解读。但是，第一，"颜色革命"虽然时过境迁，但对这一重大事件截然不同的反应和立场，依然强劲地作用于当今国际政治进程。显然，对"颜色革命"的解读与当下欧亚政治、大国关系有着非常直接的关联。第二，"颜色革命"后十多年来，各国研究专家——无论带有强烈政治倾向，还是比较倾向于从学术角度客观地对这一事件进行解读——都已经提供了大量著述和分析，包括参与当时决策者、这一进程见证者，以及各个学科的学者所提供的文献与资料。这是深入研究的初始基础。第三，尤为重要者，被称为"颜色革命"的政治现象，十多年来以十分近似的面貌、频繁而反复出现在世界的各个角落，不由得引起人们认真思考："颜色革命"究竟是一时一地之偶然，还是当代政治中难以再视而不见的具有深层逻辑的挑战。至少出于这三个原因，有必要对"颜色革命"，做一番哪怕仅仅是初步、但力求较为多面的梳理和反思。

一、"颜色革命"的深层国际背景

对于像"颜色革命"这样的重大事变——既是多国国内的，也是国际的进程；既是当下突发，也是具有连续延伸的历史背景的综合性事态——我们可以先从"横剖面"和"纵向度"这两个方面来展开讨论。

先从"颜色革命"的"横向"国际环境来看：2003 年伊拉克战争后，欧亚大陆上同时出现了几个重要的趋势。其中，最值得关注的是这样几个方面：

其一，随着北约与欧盟整合和扩张节奏的加速，美国以反恐为名加紧介入欧亚事务，俄罗斯在苏联解体后的衰败中加速重返大国地位，中国强劲而迅速地崛起，围绕着欧亚大陆形势极为脆弱多变的原苏联地区的博弈迅速升温。聚焦于这一地区的较量，不光只是东西方空间利益和权势之争，而且，又夹杂着意识形态和文明取向的复杂较量。

其二，上述各方——包括美国、欧盟、俄罗斯与独联体国家，乃至中国的内部态势也在经历深刻变化。以享有冷战结束的和平红利为基础，美国借"9·11"事件之机以全球规模推广民主政治为己任。此后的很多年中才得以逐渐昭然于世的一个深层问题是：

这些年过度运用霸权所引发的欧美体制内部的矛盾，正在日益加深。与之对应的现象却是，作为发展中、转型中大国的俄罗斯与中国，经历了对传统体制历史经历的深刻反思，以及新旧体制转型的艰难挑战，对于如何构建适合自身国情的制度模式，有了比较深切的体验。正是在世纪之初的这几年当中，尽管程度不等，中俄几乎不约而同出现了既是继续改革，同时也加强国家治理能力的若干最初步骤。与欧美表面扩张、内在矛盾激化的趋势相对应，作为新兴国家的俄罗斯与中国在调整发展战略、强化内部治理的同时，孕育着重新崛起的历史模态。

其三，世纪之初，来自东西方的不同版本的强调"国家建构"和"加强治理"的呼吁和努力，在发展中、转型中社会都在得以推进。与此相伴生的重要现象是，随着全球化迅速推进和现代信息革命向广大民众所提供的前所未有的资讯条件和工具，一个以基层民众为基础的社会抗议运动正在世界各地悄然而起。以1989 年东欧激变中"天鹅绒革命"街头运动为模式，又经 2000 年西雅图反全球化的大规模跨国抗议游行的激励，2003—2005 年"颜色革命"乃是这一潮流演进中承前启后的一个重要节点。如果，再推进到 2010—2012 年的"中东之春"，及在尔后若干年中在全球各地出现的一波又一波的大规模街头动乱和社会抗争，这都说明，与强化治理的要求相伴而行的社会抗议运动，恰好似现代社会中反向推进、相互对峙的两个平行进程。其中，发人深思的现象是：强化治理与社会抗议这一对逆向而行的重要现象，经常被简单地描绘成"专制"与"民主"的对立，而被加以戏剧化的运用，乃至触发几乎是无所不在一波又一波连绵不断的"革命"。人们究竟应该如何来理解和应对这样前所未见的变局？看来，"颜色革命"是一个重要的切入点。

再从"纵向"的国际潮流演变的来龙去脉来看，"颜色革命"的发生并非无本之木。21世纪初"颜色革命"发生之前的整整三十年中，按照塞缪尔·亨廷顿的说法，这类潮流在20世纪70年代中期，首先发生于葡萄牙、西班牙、希腊等地民众抗议浪潮中，导致当地军人与独裁统治的垮台。这一股潮流波及拉美的原葡萄牙、西班牙殖民地，在巴西等拉美主要国家同样出现了军人政权的倒台。80年代中后期，东亚地区韩国、菲律宾、印度尼西亚各国也先后接连不断地出现了以民主体制取代威权统治为方向的潮流。而与"颜色革命"直接关联的则是20世纪80年代末东欧剧变和1991年底苏联解体这一波声势更加浩大、指向更加直接、影响也更加广泛的国际大变动。无论从这一波各国国内政治变化所发生的地域，还是这一进程的相互关联性而言，在乌克兰、格鲁吉亚、吉尔吉斯斯坦，包括有所争议的乌兹别克斯坦所发生的"颜色革命"，很容易被视为上一场"尚未结束的革命"的自然延续。①

二、文明结合部视野下的"颜色革命"

如果继续"横剖面"与"纵向度"相结合的思考，那么，我们在探讨"颜色革命"起源问题的时候，不可忘却一个关键性的范畴：也即，地处欧亚大陆中部的各大文明交界之处，也被称为

---

① ［美］塞缪尔·亨廷顿：《第三波：20世纪后期的民主化浪潮》，中国人民大学出版社2013年版，"序言"。

欧亚大陆"枢纽地带"的文明结合部的这一特定区位，对于 21 世纪以来的这场"颜色革命"的发生所产生的深刻影响。这一区位，大体上处于欧亚大陆的西端和东端之间的广袤地带，与苏联疆域在地理上大体吻合。无论是已经出现了"颜色革命"的格鲁吉亚、乌克兰、吉尔吉斯斯坦；还是或多或少、或前或后发生了类似的动荡局势的乌兹别克斯坦、摩尔多瓦以及亚美尼亚等地，都处于欧亚大陆的这一世界上最大的东西方文明结合部。苏联解体之后，结合部文明赋予这一地区的乌克兰、格鲁吉亚、吉尔吉斯斯坦等国的独特遗产在于：一方面让他们实现了民族独立的千年梦想，也开始了民主化和市场化的探索；但另一方面这一地区千百年来的多种文明你来我往、交融竞争，犹如万花筒一般造就着这些国家独特的民族个性与传统、社会结构与取向，在看似不知不觉之中为"颜色革命"的爆发埋下伏笔。

（一）你中有我、我中有你的俄罗斯与格鲁吉亚关系

从乌克兰的南部海岸穿越地中海向东，越过俄罗斯海边名城——索契，到达大陆同一边的高加索山地南侧，就是格鲁吉亚的疆域了。格鲁吉亚面积 6.9 万平方公里，人口仅 500 万，却有着悠久的民族文化，独一无二的古老文字、语言和独特文化认同。格鲁吉亚处于东欧与西亚之间重要的人文和经济交通枢纽。格鲁吉亚在公元 4 世纪就皈依基督教，乃是世界上最早开始信奉基督教的民族之一。公元 8 世纪以后，格鲁吉亚人已活跃在南高加索地区。11 世纪初巴格拉提王朝统一了除阿布哈泽之外今天所有格鲁吉亚的领土。11—12 世纪是格鲁吉亚的鼎盛时期，和基辅罗斯公

国建立了包括联姻在内的相当紧密的关系。13 世纪后，蒙古帝国入主包括格鲁吉亚在内的高加索地区。15 世纪蒙古帝国衰落之后，该地区又处在土耳其和波斯的争夺之中。到了 16 世纪，这一地区出现了一个新的强大竞争者——伊凡三世之后的走向大一统的俄罗斯强大国家。但是，高加索山地南部一带，包括克里米亚还是一直被蒙古帝国的残部所控制。在 16—17 世纪，俄国在这一地区的控制还不十分稳固。尽管此时已经信奉东正教的格鲁吉亚王国曾经多次要求得到俄国的庇护，但当时的俄国还不是实力强大的波斯和土耳其的对手，俄国与格鲁吉亚之间只是保持着人员和经济贸易的往来。18 世纪初期，俄国在北方战争之后成为欧洲强国，继续南下征战，打败了波斯和土耳其，成为高加索地区的霸主。1783 年，沙俄帝国和格鲁吉亚签订条约，伊拉克里二世承认叶卡捷琳娜女皇统治的俄罗斯帝国为其宗主国。1800 年 12 月沙皇巴维尔一世颁发诏书，宣布格鲁吉亚划归俄罗斯。19 世纪的前十几年中，沙俄帝国通过武力征战和外交交涉等手段获得了外高加索的大部分地区。①俄罗斯帝国虽然取得了对格鲁吉亚和阿塞拜疆的统治权，但是，此后的很多年中一直影响着俄罗斯与格鲁吉亚的严峻问题，乃是格鲁吉亚始终存在着阿布哈泽、南奥塞梯、阿策尔等"国中之国"：这些"国中之国"不接受格鲁吉亚的主权管辖，但是，却与苏联或俄罗斯保持着密切的关系。这一复杂的历史格局，一直持续到苏联解体之后的 21 世纪初，成为触发"颜色革命"的背景之一。

①　Артур Цуциев. Атлас этнополитической истории Кавказа（1774—2004）. Издательство «Европа» · Москва · 2007, Стр.14.

　　与"国中之国"不断影响着俄罗斯与格鲁吉亚的关系相比，格鲁吉亚历史文化自身所具有的特点同样深刻地左右着两者的相互认知。法国著名俄罗斯学家埃莱娜·卡·唐科斯在她的专著《分崩离析的帝国》中这样分析道："在苏联所有各民族中，民族特征保持得最完整的可能是格鲁吉亚民族。格鲁吉亚族只要觉察到稍有损害它的民族特征，它就最公开、最猛烈地进行反抗。格鲁吉亚民族的反抗力量是由各种因素所构成的。首先，他们居住集中；（苏联晚期的 1970 年）只有 5.3% 的格鲁吉亚人散居外地。其次，悠久的历史，从公元 4 世纪就已经开始的基督教化，一直受到威胁的独立，这一切铸造了一个极其忠于自己传统和文化的民族。从格鲁吉亚的语言情况中就可以看出这种民族感情。所有生活在自己共和国境内的格鲁吉亚人和生活在共和国境外的格鲁吉亚人中——99.4% 的人坚持使用格鲁吉亚语。"①作为精神文化的载体，古老语言对养成格鲁吉亚独特民族性格的一个特殊功能在于：由于"使用格鲁吉亚语进行教学的高等教育质量很高，培养出了许多优秀人才。格鲁吉亚的高等学校毕业生与整个人口的比例之高，仅次于犹太人而名列第二——也因此而产生了格鲁吉亚优秀人才就业不足的问题。在格鲁吉亚培养的这些优秀人才尽管使用俄语，但他们不大愿意向外移居，而在自己共和国内又找不到工作。这些'知识分子失业者'的不满情绪是格鲁吉亚民族主义的一个因素"②。曾经在相当长时期中领导苏联、作为苏联大国地位

---

　　① ［法］埃莱娜·卡·唐科斯：《分崩离析的帝国》，郗文译，新华出版社1982 年版，第 206 页。

　　② 同上书，第 173 页。

缔造者的斯大林是格鲁吉亚人，在 20 世纪 80 年代中期的特殊历史
条件之下，苏联一位著名导演阿布拉泽拍摄了一部带有批判反思
性的电影《忏悔》。起先，因这部片子尖锐批评 30 年代斯大林时
期的高度集权体制而被禁止上映。戈尔巴乔夫执政后，亲自下令
解禁，在全国公演，引起广泛反响。笔者 80 年代中期在苏联作为
进修教师工作期间，观看了这部名噪一时的影片。根据我在当时
实地观察，无论资深人士还是一般民众，都为这部电影的现实政
治冲击力所深深震撼。从政治文化变迁的角度看，毫不夸张地说，
这部片子乃是引导苏联晚期的反斯大林主义的国内舆论从沉潜于
民间而走向高潮，并产生重大现实政治影响的作品之一。而这位
全苏联闻名的大导演阿布拉泽，就来自格鲁吉亚。

更值得关注的是，当长期积累的民族主义情绪与现实政治权
力分配问题相互交织在一起，无论对于苏联解体，还是对于"颜
色革命"的爆发而言，无疑都是具有巨大威胁的定时炸弹。尤其
是当这样的复杂局面总是和一个关键政治人物密不可分的时候，
引发局势动荡，就难以避免了。1972 年，后来在苏联政治舞台上
名声显赫、而当时年仅 44 岁的谢瓦尔德纳泽，取代前任领导姆日
阿瓦纳泽，担任了格鲁吉亚的党委第一书记。虽然，苏共中央提
出的官方理由是，作为前任，格鲁吉亚第一书记姆日阿瓦纳泽在
任多年导致当地的严重腐败，但是，在格鲁吉亚人看来，这样一
个在当地担任了 19 年第一把手的老资格政治家被赶下台，更多被
理解成为中央政府为加强对当地的控制；谢瓦尔德纳泽本人也因
此被看作俄罗斯人在格鲁吉亚的代理人。谢瓦尔德纳泽上台之后，
并没有能缓和当地强烈的民族情绪，风波和危机不断。一直到苏

联走向崩溃的关键阶段，谢瓦尔德纳泽与戈尔巴乔夫意气相投，担任了苏联外交部长，在贯彻戈尔巴乔夫与西方和解路线过程中发挥关键的作用。他因这段个人经历被相当一部分人看作葬送苏联的"叛国者"①；90 年代初他回到格鲁吉亚，1995 年担任格鲁吉亚总统，每况愈下，政绩不彰，直到 2003 年在"玫瑰革命"中，被反对派撵下台来。从深层次看，这样一个曾在特殊历史时期发挥特殊作用，一度左右逢源的政治家、历朝重臣、老牌精英，却在多重文明尖锐碰撞又无法调和的背景之下，不得不退出历史舞台。

很多俄罗斯人认为，自己与格鲁吉亚有着特殊的纽带。安琪拉·斯登特提到：俄罗斯文学巨匠，如莱蒙托夫、普希金、托尔斯泰都在格鲁吉亚生活过，他们的作品中有着许多连接着俄罗斯和格鲁吉亚两个民族的精神世界的美妙故事。②迄今为止，在俄罗斯精英阶层中，有着大量来自格鲁吉亚的知识分子；甚至，今天莫斯科街头的格鲁吉亚餐馆，还是颇为流行的时尚。而格鲁吉亚人虽然传统上也都很尊重俄罗斯文化，但所有这一切并不能避免处于文明结合部的独特环境与特定国际国内背景下，俄罗斯与格鲁吉亚相互关系中所遭逢的厄运。安琪拉·斯登特曾敏锐地察觉到："历史地看，俄罗斯与格鲁吉亚的关系，跟它与沙俄时代和苏联时期的其他地区的关系相比，要更加令人担忧。"③

---

① ［美］安琪拉·斯登特：《有限伙伴：21 世纪美俄关系新常态》，第 122 页。
② 同上书，第 21 页。
③ 同上书，第 121 页。

（二）俄罗斯与乌克兰："冤家兄弟"？

与格鲁吉亚相比，乌克兰地处欧亚大陆东西方文明结合部的最西端，是夹在俄罗斯与西方两大政治空间之间的一个地域最为广大，也最为重要而难以跨越的政治单位。乌克兰曾经是作为俄罗斯多民族帝国的国家建构的发源地；基辅罗斯也因在公元988年皈依东正教，而成为俄罗斯文明的最重要渊源；乌克兰曾经是沙俄帝国和苏联的政治、经济以及地缘政治的一个最重要组成部分。以至于布热津斯基说：对于俄罗斯来说，"最麻烦的是丢掉了乌克兰。一个独立的乌克兰国家的出现不仅迫使所有俄国人重新思考他们自己的政治和民族特性的性质，而且也是俄国在地缘政治上遭受的重大挫折。……即使失去了波罗的海诸国和波兰，一个依然控制着乌克兰的俄罗斯仍可争取充当一个自信的欧亚帝国的领袖，主宰前苏联境内南部和东南部的非斯拉夫人。但丢掉了乌克兰及其5200多万斯拉夫人，莫斯科任何重建欧亚帝国的图谋均有可能使俄国陷入与在民族和宗教方面已经觉醒的非斯拉夫人的持久冲突之中"①。

然而，布热津斯基的警告不幸地由于苏联解体而正在成为现实，并且这一过程也正受到一个无情的历史现象的激励。也即，在相当长的历史时期内，乌克兰在欧亚大陆枢纽地区列强的纵横驰骋的争夺中，成了一个曾经长期被肢解、占领、统治，乃至于相当部分领土和人口都游离于俄罗斯的政治疆域之外的政治单位。

---

① ［美］兹比格纽·布热津斯基：《大棋局》，中国国际问题研究所译，上海人民出版社1998年版，第121页。

中国乌克兰史研究的前辈赵云中先生的专著《乌克兰：沉重的历史脚步》曾详尽记载了这样一段复杂的历史：尽管从公元 10 世纪起基辅公国曾经是后来沙俄帝国和苏联的发祥之地，但是"从 13 世纪中期起，原加利奇—沃伦公国土地以及其他乌克兰土地，便成为周边兴起的一些强国追逐和争夺的猎物。在随后的 200 余年里，乌克兰的大部分土地被纳入立陶宛大公国的统治之下。16 世纪中期，立陶宛大公国衰落，它与波兰王国合并成为立陶宛—波兰王国，原在立陶宛统治之下的乌克兰土地又转入波兰人手中，此后近 100 余年中备受波兰封建主的压迫。在这漫长的数百年时间里，乌克兰人作为一个民族，顽强而艰难地书写着自己的历史。然而，乌克兰此时只是作为一个地理学概念和民族学概念而存在，却不是一个政治学概念，因为不存在乌克兰这样一个国家，它成为立陶宛大王国或波兰王国版图中的一部分，乌克兰人成为一个丧失了自己国家的民族"①。基辅罗斯立国迄今为止的千年历史中，就整个乌克兰而言是四百多年，而就乌克兰西部而言有近七百年的历史是游离于俄国版图之外的。从这样一个背景来看，苏联解体后，乌克兰的"离异"，以及"橙色革命"中尤先科的亲西方政权上台，不过是文明结合部漫长而复杂历史中的一个段落而已。

　　欧亚地区地缘政治和文明变迁的历史更替，直接造成了乌克兰国内东西部对立的色彩鲜明的政治版图。17 世纪中期之后，乌

---

　　①　赵云中：《乌克兰：沉重的历史脚步》，华东师范大学出版社 2004 年版，第 96 页。

克兰被一分为二：以第聂伯河为界，左岸乌克兰大体上听命于莫斯科；而右岸乌克兰则臣服于波兰。这种形势在此后的一百多年中辗转反复。直至18世纪末，在沙俄扩张政策之下，即所谓与奥地利、普鲁士"三次瓜分"波兰之后，俄罗斯控制将近80%的乌克兰土地。从18世纪末至20世纪初的150年间，90%的乌克兰土地由沙俄控制，10%的地域由奥匈帝国控制。也即从根本上说，乌克兰是一个长期分裂的国家。即使19世纪乌克兰土地在沙皇控制之下相对统一，也并没有改变乌克兰东西部分各不相同的政治文化。这样一种历史背景很大程度上影响了当代乌克兰大体上是东部和南部亲俄、西部亲西方的政治发展态势。

乌克兰独特的政治文化传统造就了它的独立特行的社会阶层和群体心理。这尤其集中地体现在俄罗斯帝国南部疆域，即现在的乌克兰和俄罗斯等地所特有的"哥萨克"群体这一社会现象上。15世纪70年代起，史书所载的"哥萨克"现象，以其既反抗暴政、又为沙皇所用的"自由人"形象问世，而后流落边远地区，在与异族抗争中逐渐形成了一种亦兵亦农、采用原始民主制的特殊军事组织。哥萨克人在数百年征战中以骁勇善战、开放自由的鲜明特征在乌克兰历史，乃至世界历史上留下了独特一笔。哥萨克人豪放不羁、为自由抗争的品性，不仅在30年前的苏联解体、乌克兰成为主权独立国家的历程中获得了一个施展舞台，而且在此后与俄罗斯的较量中，哥萨克因素也被塑造成各种复杂面目而出现——包括在"颜色革命"以及后来乌克兰危机中的"广场革命分子"——从而深深影响了乌俄关系，也影响了乌克兰自身的发展。遗憾的是，眼花缭乱的当代政治并未能为乌克兰人的自由发展创设出一个更为有效合理的治理空间。

历史地看，围绕乌克兰问题，今天正在出现的东西方之间的"东拉西扯"，包括乌克兰自身的"左顾右盼"并非无本之木。也有鉴于这样一种重要而独特的地缘政治环境，自古以来乌克兰处于列强纷争之中，却又长袖善舞。17 世纪中叶博赫丹·赫梅利尼茨基发动哥萨克大起义，然后，在俄国、波兰、克里米亚鞑靼人之间多年的巧妙周旋，最后，终于归顺俄国。这段历史充分刻画出一个游走于东西方之间、迫不得已暂时栖身于某一强国之下，而时过境迁之后又幡然改途，但却不甘沉沦、自强不息的弱小族群的鲜明形象。这样的历史痕迹经常可以在当代乌克兰精英的行为逻辑中得以显现。

无论如何，欧亚地区中令人印象更深刻，也更直接影响和制约着近现代该地区的历史遗产则在于：自 18 世纪晚期至 20 世纪初的约一个半世纪中，与 14 世纪后乌克兰领土分别处于波兰立陶宛公国、奥匈帝国控制下的四分五裂局面相比较，在沙皇俄国版图之内乌克兰领土的相对统一，特别是第聂伯河左岸与右岸的连成一片，对乌克兰经济和精神生活的统一带来了巨大便利。这不光使得乌克兰成为苏联 70 年历史中的一个政治行政单位，也为独立后乌克兰的政治认同的形成，做了重要铺垫。今天，在乌克兰事件中备受关注的克里米亚半岛等地，正是在 18 世纪下半叶的叶卡捷琳娜鼎盛时期被归并入俄国版图的。可见这一地区与俄国政治统治之间难以割断的强劲纽带。

考察"颜色革命"的来龙去脉之际，非常值得一提的，是欧洲历史上的革命与乌克兰的相互关系。法国大革命之后的 19 世纪初叶，拿破仑从先前的以战争输出革命，进一步走向了领土扩张的欧洲战争。被马克思称为"欧洲宪兵"的俄国曾数次参加反法联盟，但是屡战屡败。一直到 1812 年，拿破仑准备发动对俄本土战争的过程中，把乌克兰视为取得战争胜利的首要一环。拿破仑说："如果我抓住基辅，我就抓住了俄国的脚；如果我掌握彼得堡，我就抓住了俄国的头；一旦占领莫斯科，我就击中了它的心脏。"①最后，俄国人把入侵的拿破仑赶出了自己的国土，但是，乌克兰各个社会阶层对拿破仑的入侵也并没有统一的看法。大地主阶层出于护卫自己大地产的立场，大体站在俄国一边，抵制拿破仑的战争；而出身哥萨克的上层人士和刚刚获得贵族名分的乌克兰地主则希望通过战争推翻沙俄统治，享有乌克兰原有的自治地位。在面临外部干预时，乌克兰社会的这种分化状况，与今日历次危机中的情势，颇有相似之处。

苏联的诞生直接影响和制约着乌克兰的政治发展。1917 年从二月革命到十月革命这一时期，乃至于而后的国内战争时期，被称为"祖国"的俱乐部（也即乌克兰当代的政治流派季莫申科和亚采纽克所在党派沿用的名称）于 1917 年 3 月组织了中央拉达。"拉达"一词，即为以后的议会。当时的乌克兰中央拉达，主张在民族关系的自我认定和政治独立这两者之间，采取自治立场。俄国二月革命后的临时政府拒绝乌克兰的自治。而列宁一方面支持乌克兰实行充分自治，建立独立的民族国家，主张在此基础上建立自由共和国联盟。但是，另一方面，他表示："我们不赞成分裂

————————

① 孙成木：《俄国通史简编》，人民出版社 1986 年版，第 438—439 页。

成许多小国家，我们主张各国工人结成最紧密的联盟，反对'本国的'和其他一切国家的资本家。"①十月革命后，实际上出现了中央拉达支持之下的乌克兰人民共和国和乌克兰布尔什维克政党之间的双重政权。在而后 1918—1920 年国内战争和波苏战争中，"各种不同的政治力量都尝试过在乌克兰实现自己的政治主张，建立自己的政治体制：格鲁谢夫斯基倡导的议会内阁制，斯科罗帕茨基的个人军事独裁制，温尼琴科和彼得留拉的执政内阁制，邓尼金复辟沙俄旧制度的梦以及乌克兰布尔什维克斗争派共产党人独立建国独立建党的苏维埃体制。前面的四股力量都一个接一个地失败了。唯有布尔什维克领导的苏维埃制度在这场角逐中取得了胜利。尽管这个胜利在极大程度上是靠了苏俄在政治上领导和军事上介入而取得的。可是前面的那四种政治势力又何尝不曾借助外国的力量？这几乎是整个有文字记载的乌克兰历史的一大特色。从古至今，只要一打仗，几乎很难找出几次是不求助于外部力量介入的。这很值得深思。但是毕竟还得承认，乌克兰人确实参与了，进行了这场革命性的变革，乌克兰人民接受了苏维埃政权，接受了这个历史选择"②。纵观今日乌克兰走向，虽然，社会经济形态乃至风物人事早已面目全非，然而，上述乌克兰历史中的斑斑痕迹，却又处处可以从当今乌克兰政治与对外关系进程中，乃至一个个活跃于国际舞台的政治家身上，得以寻觅。

---

① 《列宁全集》第 30 卷，人民出版社 1985 年版，第 312—313 页。
② 赵云中：《乌克兰：沉重的历史脚步》，第 450 页。

（三）吉尔吉斯斯坦的"瑞士梦"

吉尔吉斯斯坦在中亚地区是一个人口近 500 万、面积仅为 20 万平方公里的小国，但它却是引人瞩目的一个国家。在欧亚文明结合部的大背景下，它有着不少看似互相矛盾，但却有着自身演进逻辑的不同侧面：其一，吉尔吉斯斯坦尽管是个小国，但其内部民族关系是中亚国家中最为复杂的一个。其二，吉尔吉斯斯坦地处欧亚大陆上最为闭塞的内陆地带，但却是从 90 年代一直到 21 世纪之初，被西方认为是"最为开放"的一个中亚国家。其三，吉尔吉斯斯坦国家规模狭小，发展水平也不高，但却是 90 年代初独联体国家中最热心地接受"华盛顿共识"的转型模式，并且在俄罗斯推进激进的休克疗法的时候，也能紧跟仿效的国家之一。其四，尽管吉尔吉斯斯坦作为一个民族主体，深受俄罗斯和苏联时期的现代化进程及其文化的深刻影响，也是苏联十五个加盟共和国中最小的政治行政单位之一，但是，在吉尔吉斯斯坦却出现了像艾特玛托夫这样不光在全苏联，而且在全世界闻名的文学巨匠。

90 年代初期，吉尔吉斯斯坦奋力学习西方民主，一度实行议会制，总统由议会选举产生，总统权力受到议会比较大的限制。当时，吉尔吉斯斯坦精英采取了相当激进的方式，发展多党体制，大量引进西方媒体和非政府组织，希望通过这样的途径把本国政治经济体制与西方挂钩，以此来获得西方的全方位支持。90 年代的最初几年，吉尔吉斯斯坦曾被西方吹捧为威权政治包围中的"民主岛"以及"中亚的瑞士"。但是，很快吉尔吉斯斯坦政治文化中的传统基因开始发挥效用，其一，千百年来依靠血缘关系而形成的部族纽带，渐渐地在现代民主政治的形式之下滋生成长。不光是游牧民族所特有的对于本部族领袖、本部族共同利益的"忠诚"，而且，对于其他部族的排斥，甚至"部族认同"高于"国家认同"的取向，大大削弱了"速成式"民主体制的规范和根基。其二，吉尔吉斯斯坦的地理文化版图上最为鲜明的特点乃是：以锡尔河为界的北方游牧地区和南方农耕文化之间的鲜明差别。北方居民相对而言比较接近于俄罗斯的南西伯利亚各民族；而南方居民与乌兹别克人、塔吉克人等中亚的民族比较接近。北方社会的经济相对富裕；而南方则相对贫困。而从宗教意识的角度观察，南方居民信奉伊斯兰教要远较北方居民来得更为虔诚。①苏联解体以来的吉尔吉斯斯坦国内政治，基本上就是南方和北方的轮流坐庄。比如，阿卡耶夫是北方地区的代表；而"郁金香革命"中上台的巴基耶夫毫无疑问就是南方地区的代表。

从 1990 年阿卡耶夫开始担任总统以后，南北分立和部族对峙这两种传统基因相互交织发挥作用。特别是随着 90 年代中期以后一次又一次的全民公决、修改宪法，实际上已经逐步取消了议会的权力，出现了大大加强个人集权的总统制的倾向。一方面，这一改变得到了部族体制的传统支持和强化；而另一方面，南北地区间矛盾的激化也已不可能在脆弱的民主体制中得以和解。以下两个图表所提供的数据，说明"郁金香革命"前夕，阿卡耶夫总统执政年代的 2002—2004 年总统办公厅和最重要政府机构领导人

---

① 焦一强：《从"民主岛"到"郁金香革命"——吉尔吉斯斯坦政治体制转型研究》，兰州大学出版社 2010 年版，第 109—158 页。

几乎全部来自北方民族（见表5.1）。

表 5.1　塔纳耶夫第一届政府吉尔吉斯斯坦总统办公厅以及
行政和司法等其他国家权力机构人员部族出身状况

人　名	职　务	出身部族
阿申尔库洛夫	总统办公厅主任	北方部族
阿克马塔利耶夫	总统办公厅第一副主任	北方部族
阿勃迪尔巴耶夫	总检察长	北方部族
伊曼库洛夫	国家安全局局长	北方部族
萨尔巴诺夫	国家银行行长	北方部族
阿伊季克耶娃	国家广电管理机构主任	北方部族
巴耶科娃	宪法法院院长	北方部族
别伊舍娜利耶娃	最高法院院长	俄语少数民族

2004—2005 年的吉尔吉斯斯坦最高权力阶层中仅仅只有极少数——约十分之一——的代表来自南方（见表5.2）。①这清晰地表明：吉尔吉斯斯坦的民主改革表象的背后，乃是世代积累的部族因素和南北对峙的传统结构在产生着关键的影响力。这一时刻，革命的发生难以避免，已经是浮出水面的高概率趋势。

总之，东西方文明结合部这一区位特征，第一，造就了不光是来自欧美与俄罗斯的各大主流文明体系，而且也包括或以民族国家为承载，或不具备民族国家为载体的各种大小文明形态在这一地区的纷繁复杂的相互关系。这样一种多文明交织的形态，深深影响着这一地区和国家的实体和认知的建构过程。第二，如就冷战终结后前十余年的力量对比而言，欧美国家借助于传统和当

① 焦一强：《从"民主岛"到"郁金香革命"——吉尔吉斯斯坦政治体制转型研究》，第 210—213 页。

表 5.2　塔纳耶夫第二届政府吉尔吉斯斯坦国家政权在南北部族分配状况

人　名	职　务	出身部族
塔纳耶夫	政府总理	俄语少数民族
茹马利耶夫	第一副总理兼交通运输部长	南方部族
马杰耶夫/阿伊季克耶娃	副总理	北方部族
阿托尔巴耶夫	副总理	北方部族
艾特玛托夫	外交部长	北方部族
托波耶夫	国防部长	南方部族
苏班别科夫	内务部长	北方部族
塔尔加尔别科夫	总理办公厅主任	北方部族
阿比尔达耶夫	财政部长	北方部族
别伊舍娜利耶娃	司法部长	俄语少数民族
穆拉利耶夫	经济发展、贸易和工业部长	北方部族
勃尔茹洛娃/基吉巴耶夫	教育与文化部长	北方部族
马美托夫	卫生部长	南方部族
科斯邱克	农业、水利与工业改造部长	俄语少数民族
阿克马塔利耶夫	生态与紧急情况部长	北方部族
阿克纳扎罗娃	劳动与社会保障部长	北方部族
奥穆拉利耶夫	地方自治与地区发展部长	北方部族
沙波洛托夫	地区合作与一体化部长	南方部族
任别科夫	国资管理与外资吸引委员会主席	北方部族
卡森莫夫	总统办公厅主任	北方部族
扎努扎科夫	总统办公厅第一副主任	北方部族
阿勃迪尔巴耶夫	总检察长	北方部族
伊曼库洛夫	国家安全局局长	北方部族
萨尔巴诺夫	国家银行行长	北方部族
穆萨耶夫	国家广电管理机构主任	北方部族
巴耶科娃	宪法法院院长	北方部族
奥斯莫洛夫	最高法院院长	南方部族

代影响力的扩张绝对地占有上风，但这并不完全意味着俄罗斯的彻底败退。相反，"颜色革命"成为力量对比转化的关键转折点：在此借用普里马科夫的话来说，"一打开国门就是别人的军事集

团"这种使其感到极其不安的局面，让俄罗斯痛定思痛。也正由此开始迅速启动了一个借助于文明传统而重新集结，走向奋起抗争的新的历程。

三、欧亚地缘政治博弈的滥觞

除了意识形态的竞争，格鲁吉亚、乌克兰和吉尔吉斯斯坦三国地缘政治经济的重要性，也深深吸引着美国、欧盟、俄罗斯，包括欧亚地区诸多中小国家的关注。"颜色革命"前后这一地区地缘政治局面的基本差别在于："颜色革命"之前，面临着欧盟与北约的大举扩张，俄罗斯在总体上处于守势，并未聚集起力量，也没有在深思熟虑之后形成的政治意志，真正出手回击。但在"颜色革命"酝酿与推进过程中，特别是在"革命"之后，美国企图在原苏联地区的版图之内进一步挤压、遏制俄罗斯的战略意图暴露无遗，俄罗斯再也无法忍受"一打开国门就是别人的军事集团"的局面，开始起而还击。

（一）格、乌、吉三国地缘政治态势

在美国眼中，格鲁吉亚"地处世界上一个既具战略意义，又危险重重的地区。南高加索地区为美国提供了前往中亚地区和阿富汗的通道，而在这一地区上空过境权，又让美国可以将兵力投入全球反恐战争的主战场中去。此外，有近 700 名车臣武装分子利用格鲁吉亚的潘基斯峡谷，把此处当成是他们向俄罗斯发动战争的基地"。"从能源安全的角度来看，格鲁吉亚对美国与欧洲也具有战略意义。该国是将里海的石油和天然气运往世界市场的一个

重要过境国，而巴库—第比利斯—杰伊汉（BTC）输油管道也经过该国领土。BTC项目起初是由克林顿政府构想出来，并在小布什时期完工的，它使得里海地区的石油无须跨越俄罗斯领土便可到达地中海，从而实现了美国能源供应多元化这一重要的政策目标。"①

对美国来说，乌克兰的地缘政治地位要远远高于格鲁吉亚，不光其人口十倍于格鲁吉亚，而且，在经济上，乌克兰是苏联时期重要的工业基地，也是欧俄之间最重要的能源通道，80%的俄罗斯输欧天然气要经过乌克兰；在战略上，俄罗斯黑海舰队就驻扎在克里米亚的塞瓦斯托波尔军港；在政治上，乌克兰在面向西方还是东方问题上的取向，直接决定着俄罗斯的未来命运；在文化上，没有了乌克兰支持的东斯拉夫文明就显得残缺不全，短少了雄踞一方的文明古国的底蕴。"早在上世纪90年代中期，美国与德国均已成为基辅分立特性的有力支持者。1996年7月，美国国防部长宣称，'我无论怎么说都不会夸大乌克兰作为一个独立国家对整个欧洲安全与稳定的重要性'；9月，德国总理虽然坚定地支持叶利钦总统，却也进一步宣称'乌克兰在欧洲的地位再也不能受到任何人的挑战，谁也不能再对乌克兰的独立和领土完整提出争议'。"这是美国最权威的地缘政治专家之一布热津斯基对冷战后乌克兰地缘政治地位的描述。90年代中期，他在《大棋局》一书中，曾就未来北约、欧盟东扩与乌克兰间的相互关系，提出了一份由他所设计的、"纯属推测但又谨慎地符合实际的发展阶段的时间表"："1.到1999年，首批中欧新成员国将被接纳入北约，尽

---

① 焦一强：《从"民主岛"到"郁金香革命"——吉尔吉斯斯坦政治体制转型研究》，第125—126页。

管它们加入欧盟的时间可能不会早于 2002 年或 2003 年。2.同时，欧盟将启动与波罗的海国家的入盟谈判，北约也将开始运作以解决波罗的海国家和罗马尼亚加入的问题。这些国家可能于 2005 年完成加入北约的程序。在此阶段的某个时候，其他巴尔干国家也可能成为加入的对象。3.波罗的海国家加入北约可能会激励瑞典和芬兰考虑加入北约。4.在 2005 年至 2010 年之间的某个时候，乌克兰应能随时与欧盟和北约开始认真的谈判，特别是在这段时间中，该国在国内改革方面取得了重大进展，并成功地被外界更为明确地认定为是一个中欧国家。"布热津斯基特别提出："鉴于德国和波兰在乌克兰独立问题上有特殊的地缘政治利益，乌克兰最终很可能也被逐渐吸纳进法国—德国—波兰的特殊关系。到 2010 年时，包括 2.3 亿人口的法国—德国—波兰—乌克兰政治合作关系可能演化成一种加大欧洲地缘政治战略纵深的伙伴关系。"①布热津斯基在这段文字之后所提供的一幅地图（如图 5.1），鲜明地表达了至少是美国在欧洲核心部位的地缘政治诉求。②

　　至于俄罗斯会如何反应，布热津斯基认为："应不断地向俄罗斯做出保证欧洲的大门对俄国是敞开的，""然而，作为一个活生生的事实，在相当长的一段时间内不会正式提出俄罗斯入盟的问题。"③看来，布热津斯基所描绘的时间表和路线图相当准确地预言了此后十多年中北约和欧盟与乌克兰的相互关系，然而，这样的地缘政治盘算不可避免地刺激着俄罗斯的反弹。

---

①③　［美］兹比格纽·布热津斯基：《大棋局》，第 113 页。
②　同上书，第 112 页。

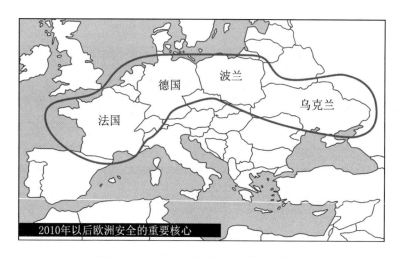

图 5.1　2010 年以后欧洲安全的重要核心

　　至于吉尔吉斯斯坦，虽然其地缘政治意义不能与格鲁吉亚和乌克兰相比拟，但小布什政府对于该国的兴趣，主要在于美国在首都比什凯克近郊所建立的玛纳斯机场的军事基地。这一机场在阿富汗战争中成为美国本土通往欧亚大陆的重要的运输通道。此外，在欧亚大陆的核心部位，特别是在中国与俄罗斯两大国疆域之间能够有一个作为"民主窗口"、对西方言听计从的国家，对美国来说又何乐而不为。

（二）欧美与俄罗斯在三国的角力

　　出于地缘政治的现实需要，美国毫不犹豫地把这三国视为与俄罗斯展开博弈的东西方前哨阵地，欧盟也通过欧盟一体化的进程，与俄罗斯展开在欧亚地区的激烈竞争。

　　早在 1994 年 6 月，乌克兰与欧盟签署合作协议，这是欧盟与原苏联加盟共和国签署的第一份此类协议。同年，乌克兰成为独联体与原苏联加盟共和国中第一个与北约达成和平伙伴关系协议的国家。在这同一年，乌克兰与俄、美、英签订《布达佩斯安全保障备忘录》，在向俄罗斯移交在乌境内的核武器的同时，俄、美、英三大国确认乌克兰作为独立国家的领土主权完整。1997 年乌克兰与北约又签署了特殊伙伴关系纲要，进一步深化了合作，在基辅创建了一个北约情报中心。1998 年，乌克兰与欧盟四年前签署的协议生效，向乌克兰展示了与西方富裕伙伴间展开合作的令人乐观的前景。北约从 2002 年开始同时与俄罗斯和乌克兰最有实力的国家研究机构展开了科技合作。最为关键的是，2004 年 5 月 1 日欧盟吸收了包括原苏联的波罗的海国家在内的东欧 10 国入盟，给乌克兰以相当大的刺激。尤先科曾说："加入欧盟是值得一生努力的目标"，当时"乌克兰的外交官们竭力将'橙色革命'为乌克兰在西方带来的正面形象转化为资本，打算赶上欧盟扩大化这趟列车"。[①]2001 年夏天和 2002 年 6 月北约成员国和伙伴国在格鲁吉亚接连两年举行多国军事演习。虽然，演习的科目仅仅是维和行动中的多国合作，但是，这两场演习为格鲁吉亚国内欲求加入北约的呼声打开了大门。

　　与北约与欧盟咄咄逼人的扩展进程相对照，显然欧美没有引起充分重视的是，俄罗斯直到进入 21 世纪以后，还在探讨加入北约的可能；也没有充分理解俄罗斯在"9·11"事件后主动让开大陆使美国得以进入中亚的主动态度；更没有在把波罗的海国家收入囊中之后，还要进一步向原苏联纵深地带推进可能引起俄罗斯的反弹这一件大事，放在心上。

　　正是在此背景下，俄罗斯在进入 21 世纪以后，改变方式旨在

---

① ［美］浦洛基：《欧洲之门：乌克兰 2000 年史》，曾毅译，中信出版社 2019 年版，第 468 页。

加强与"邻近周边"国家关系。一方面，俄罗斯改变了原来对独联体国家战略过于侧重于整体效应——比如，只顾及建立和维持独联体作为一个整体存在——的做法，改为专注双边关系的推进。另一方面，针对欧美加大对原苏联加盟共和国施加影响，俄罗斯也强化了与基辅对话。21世纪初，在乌克兰国内局势恶化、库奇马急需外援的背景下，俄乌关系还出现了一波回暖。原来令乌克兰头痛的与燃料和动力系统有关的许多问题得到了解决，战争遗留爆炸物方面的合作得到了加强。自2000年后俄乌双边贸易增长约三倍。通过签署《关于刻赤海峡制度、水管理和亚速海大陆架的协定》，解决了边界冲突。在吉尔吉斯斯坦，加强国内控制的阿卡耶夫于2002年底也做出了一个历史性的决定，同意俄罗斯空军集团部署在自己的领土上。2003年9月22日俄罗斯和吉尔吉斯斯坦签署了在戛特开设俄罗斯军事基地的协议。该基地的持续运作，在某种程度上平衡了北约国家在吉尔吉斯斯坦（玛纳斯机场）的军事存在。但是，就总体形势而言，在当时北约与欧盟同时东扩的强劲势头之下，俄罗斯显然还没有能力全面抵御西方地缘政治扩张的压力。①

四、"抗争""输入"与"革命"的爆发

"颜色革命"与苏联解体前后爆发的前一波"革命"有关联，但也有很大不同。固然，"颜色革命"的发生与民众对于国内经济政治——经常被称为"苏联解体综合征"——的不满与抗议有着极大的关联，然而，"外部输入""内部操纵"的相互交织显然对

---

① Н. ФЕДУЛОВА. Mirovaia ekonomika i mezhdunarodnye otnosheniia. 2006-01-3, No.1, Точка зрения. РОССИЯ-СНГ：ВРЕМЯ СОБИРАТЬ КАМНИ；С.104—111.

局势的演变发挥着极大作用。包括，通过现代媒体手段对于社会情绪的引导和运用，达到了前所未有的程度。所有这些内外因素，搅和在一起成为"颜色革命"的触发器。

（一）"苏联解体综合征"中的民众不满与抗议

一般而言，社会紧张局势加剧，经常会起源于社会经济条件的恶化。比如，经济下降、通货膨胀、失业率上升等等。第二种情况，则因为管理不善、腐败盛行、分配不均，直接威胁社会稳定，引发社会冲突和民族分离倾向。从发生"颜色革命"的格鲁吉亚、乌克兰、吉尔吉斯斯坦等地的情况来看，虽然存在着苏联解体以来社会经济低迷不振的长期影响，但是对于社会不公和腐败盛行的不满和愤懑，更多地威胁着民众心理和社会稳定。

就国民经济总体发展趋势而言，上述三国在"颜色革命"发生之前的几年当中，无论是哪一国都还大体呈现有所增长的态势。有的增长态势较为稳定，有的出现了波动但大体还能维持发展的格局。包括乌克兰一度还出现了令人寄予希望的经济回升（见图5.2）。

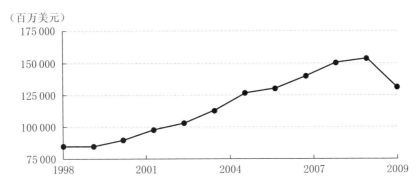

数据来源：https://insights.ceicdata.com/Untitled-insight/views。

图 5.2　1998—2009 年乌克兰国内生产总值（GDP）变化趋势（以 2010 年价格计算）

此外，从联合国开发署设置的国别年度"人类发展指数"（HDI）——涵盖健康、教育维度、生活水平、国民收入等宏观指标综合而成的发展指数来看，乌克兰、格鲁吉亚、吉尔吉斯斯坦三国在"革命"之前也都还表现出总体处于上升的态势（见表5.3）。

表5.3　1998—2009 年格鲁吉亚、吉尔吉斯斯坦和乌克兰三国人类发展指数表

国家/年份	1998	1999	2000	2001	2002	2003	2004	2005	2006	2007	2008	2009
格鲁吉亚	—	—	0.669	0.673	0.678	0.688	0.695	0.705	0.712	0.724	0.723	0.727
吉尔吉斯斯坦	0.58	0.587	0.594	0.602	0.604	0.611	0.615	0.616	0.621	0.628	0.631	0.635
乌克兰	0.665	0.667	0.671	0.681	0.689	0.699	0.706	0.715	0.722	0.729	0.733	0.727

数据来源：联合国开发计划署 http://hdr.undp.org/en/data#。

值得关注的是另外两个更直接说明问题的指标。其一，关于这三国就业情况的统计。数字显示：乌克兰在世纪之初的若干年里出现了就业情况的略有好转，而格鲁吉亚失业状况出现了两位数的上升，吉尔吉斯斯坦甚至在 2002 年出现了就业状况的大幅度恶化。

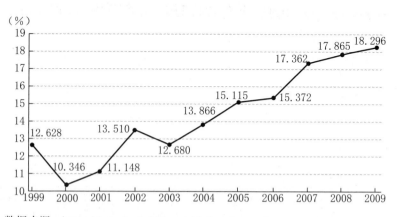

数据来源：https://www.ceicdata.com/zh-hans/countries。

图5.3　1999—2009 年格鲁吉亚失业率变化趋势图

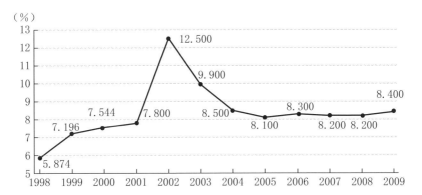

数据来源：https://www.ceicdata.com/zh-hans/countries。

图5.4 1998—2009年吉尔吉斯斯坦失业率变化趋势图

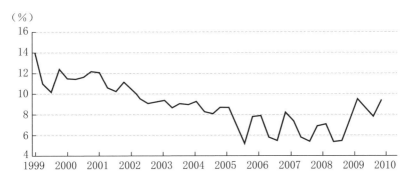

数据来源：https://www.ceicdata.com/zh-hans/countries。

图5.5 1999—2010年乌克兰失业率变化趋势图

其二，关于腐败状况的统计，这里还是选用国际透明度组织所提供的关于格鲁吉亚、乌克兰、吉尔吉斯斯坦三国世纪初这几年腐败状况的统计。数字表明，与俄罗斯相比较，这三国腐败状况的指标在"颜色革命"之前的几年迅速下滑。

所以，就社会经济领域的情况来看，就业情况与腐败现象在世纪初几年的迅速恶化，表明了三国国内的社会经济与治理状况

表 5.4　2000—2005 年乌克兰、格鲁吉亚和吉尔吉斯斯坦三国腐败指数

国　家	2000 年		2001 年		2002 年		2003 年		2004 年		2005 年	
	得分	世界排名	得分	世界排名	得分	世界排名	得分	世界排名	得分	世界排名	得分	世界排名
乌克兰	1.5	87	2.1	83	2.4	85	2.3	106	2.2	122	2.6	107
格鲁吉亚	—	—	—	—	2.4	85	1.8	124	2	133	2.3	130
吉尔吉斯斯坦	—	—	—	—	—	—	2.1	118	2.2	122	2.3	130

说明：（1）'—'表示当年无数据；（2）得分越高则排名越靠前，表示腐败程度越低。

数据来源：根据透明国际组织网站历年数据整理而得，https://www.transparency.org。

的确出现了严重问题。但是，由于整个宏观经济和人类发展指数所表征的社会及发展态势还没有陷入严重危机或衰退状况，换言之，仅仅以当时的社会经济状况而言，似乎还没发展到"人们已经不能按照原来的样子生活下去"，从而引发革命的状况。①

　　相比较社会经济形势而言，更引起民众关注的是政治领域的情况，特别是与选举有关的政治权力的分配。就三国而言，各国政治领域的具体情况又各不相同。对格鲁吉亚来说，2003 年 11 月议会选举，是国内政局变更的重要节点。议会选举前，高度关注的美国已经预感到格鲁吉亚国内因腐败贿选而局势不稳，于是派出曾在冷战终结时作为谢瓦尔德纳泽谈判伙伴的前国务卿詹姆斯·贝克前往调停。贝克斡旋的结果，劝说了反对派不要再举行大规模街头抗议示威，同时一方面组成支持谢瓦尔德纳泽的中央选举委员会，但也确保反对党在议会占有更多席位；承诺要减少

① 《列宁全集》第 4 卷，人民出版社 2012 年版，第 239 页。

舞弊的可能。然而，贝克刚刚离开，反对派立即推翻与贝克协商的结果，成立了由反对派占主导的选举委员会。虽然，11 月 2 日选举当天，该委员会还是承认谢瓦尔德纳泽的政党取得多数的结果，但是，欧洲安全与合作组织（OSCE）成立的"民主制度与人权办公室"（ODIHR）反而宣布选举未达国际公认的民主标准。11 月 22 日，谢瓦尔德纳泽召集新一届国会，企图扭转不利局面，但反对党代表人物米哈伊尔·萨卡什维利及其支持者，手持玫瑰花，冲进国会，逼迫谢瓦尔德纳泽下台。"玫瑰革命"因此而得名。紧接着社会抗议大规模爆发，军队倒戈，媒体反水。一度，俄罗斯也派出外交部长伊戈尔·伊万诺夫前往调停。尽管，伊万诺夫与谢瓦尔德纳泽熟识，与反对党也有交往，从而达成了让谢瓦尔德纳泽保留位子的协议，但是，最终谢瓦尔德纳泽又因食言，被迫辞职。社会一片乱象之下，2004 年 1 月 4 日，作为反对派领袖的萨卡什维利，以反对腐败、公正选举为口号参加总统竞选。他本人获有美国学位，能说几种外语，身材魁梧，无论在西方还是格鲁吉亚国内都富有号召力，还曾经担任谢瓦尔德纳泽的司法部长，这一切使得他在再次投票中以 94% 的选票当选格鲁吉亚总统。①

　　从格鲁吉亚"革命"的过程来看，其一，事态发展并不按参与调停者的意向发展，调停结果往往事与愿违，这说明民众抗议运动有着自己的演进逻辑。其二，民粹主义发挥着重要影响。萨卡什维利当时作为政治新人而登上历史舞台，乃是一个政治上精

---

①　［美］安琪拉·斯登特：《有限伙伴：21 世纪美俄关系新常态》，第 121—126 页。

心设计、大众民意以及个人魅力这样几个方面因素相互交织而产生的结果。

　　与格鲁吉亚相比，乌克兰"颜色革命"进程中的相似之处在于，也是在对一场被认为不公平大选的大规模抗议中，实现了政治更替。两地的不同之处在于，乌克兰国家的规模、地位要重要得多，因而，乌克兰局势更多地吸引了全世界的关注。在 21 世纪最初的这几年中，乌克兰的寡头政治、腐败官僚、犯罪群体三者沆瀣一气，国内形势日趋恶化。执政多年的库奇马当局早已为民众所不满，特别是年轻群体要求建立一个"没有库奇马的乌克兰"。2003 年初的调查中，超过 90% 的被调查者认为国家需要变革。但乌克兰民众并不知道他们想要什么样的未来，社会处于混乱和分裂状态：在民主和专制的选择中，61% 的人主张民主，39% 的人主张专制；而在东西方的取舍中，55% 的人认为，乌克兰应更加接近俄罗斯，45% 的人则主张与西方接近。……此外，90 年代初赞成国家独立的激进情绪也逐渐下降：1991 年 12 月公民投票90% 以上的选民投票，赞成脱离苏联、国家独立。但到 2001 年，这一数字降为 51.3%。根据 2003 年的调查结果，只有 46.5% 的答复者回答说，如果举行新的全民投票，他们再次支持乌克兰的独立。……总之，乌克兰社会内部分化的典型特点，在选举之前一度表现得非常清晰。①虽然，双方旗鼓相当，但当俄罗斯所支持的亚努科维奇获得 11 月 21 日初选胜利之时，被反对派认为选举不

---

　　① Г. Зимон. Европа：новые реалии. РЕВОЛЮЦИЯ В ОРАНЖЕВЫХ ТОНАХ：УКРАИНСКИЙ ПУТЬ К ДЕМОКРАТИИ. Mirovaia ekonomika i mezhdunarodnye otnosheniia. 2005-10-31. No.010. C.20—32.

公。大约百万乌克兰人涌上街头，集会抗议。此时，不光欧盟国家被动员起来支持尤先科，而且，军队和媒体犹如在格鲁吉亚一样，倒向反对派。在竞选过程中，一度被毁容的尤先科，尤其博得了民众的广泛同情与支持。最后，经所谓"外部调停"下，乌克兰最高法院宣布初选无效。12 月 26 日选举中，尤先科终于以 51.99% 的过半选票，击败了亚努科维奇，并于 2005 年 1 月就任总统。乌克兰在"橙色革命"中完成了政治更替。

客观地说，当整个社会已无法容忍被认为是腐败的执政集团继续苟且之时，社会的高度分裂局面唯有通过或是大选投票的对决，或是强力的压制，才能进行政治方向的选择。在这种势均力敌、难以妥协的态势之下，任何火花都可能引发整个社会的动荡——即"革命"局面。乌克兰所出现的就是这样一幅图景。①

两三个月之后，吉尔吉斯斯坦再次发生了"颜色革命"第三波："郁金香革命"。虽然，吉尔吉斯斯坦的政治更替没有像格鲁吉亚和乌克兰那样耸动视听，但是这几乎是在相当一致的"脚本"之下被重复着的政治更替的故事。21 世纪初以来，吉尔吉斯斯坦的局势越来越趋于不稳。阿卡耶夫政权愈益明显地加快朝向更为集权的总统制方向发展。其中，包括阿卡耶夫强行将前驻美大使、女议员奥通巴耶娃的议席，让给自己的女儿贝尔梅特。在人民忧患不断加重的背景下，2005 年 2 月和 3 月两场议会选举，都被认为是欺骗。无论是首都比什凯克，还是南方谷地的奥什，先后爆

---

①　Г. Зимон. Европа: новые реалии. РЕВОЛЮЦИЯ В ОРАНЖЕВЫХ ТОНАХ: УКРАИНСКИЙ ПУТЬ К ДЕМОКРАТИИ. Mirovaia ekonomika i mezhdunarodnye otnosheniia, 2005-10-31, No.010. C.20—32.

发大规模抗议和骚乱，政府机关受到严重的冲击。虽然，吉尔吉斯斯坦的反对派并不具有像格鲁吉亚和乌克兰那样的规模和组织，但来自南方的反对派代表巴基耶夫，在一场新的选举中当选为吉尔吉斯斯坦的新总统。阿卡耶夫逃亡至莫斯科。①

从三个国家几乎重复出现的"革命"现象而言，先是出现全面信任危机：格鲁吉亚危机前，75%民意不相信谢瓦尔德纳泽；乌克兰2004年3月的民调中不信任议会与政府的比信任的要高出39%，而对国家最高领导人的不信任要高出信任的41%；吉尔吉斯斯坦的阿卡耶夫的民调同样迅速下降。然后，是围绕着选举而出现国内政治分裂，紧接着出现大规模抗议风潮，最后，通过选举方式，导致政权更替。②

总之，在执政阶层与反对派无法妥协、精英阶层急剧分裂的背景下，民众对国内政治和选举状况的普遍不满和大规模抗议，形成发生"革命"的直接社会基础。

（二）内外交织的"输入"与"操纵"

三国"革命"进程中，非常值得关注的一个重要现象是，如果只有社会基层民众的不满和抗议，而没有内外结合、精心准备的输入、策划和组织，特别是没有推广意识形态和造势舆论的一系列工具和手段的运用，不可能达到"颜色革命"中所表现出的

---

① ［美］安琪拉·斯登特：《有限伙伴：21世纪美俄关系新常态》，第134—135页。

② Алишер Феномен. "Цветных революций": от классической теории к непредсказуемой практике//ЦЕНТРАЛЬНАЯ АЗИЯ И КАВКАЗ. No.1. 2007. C.: 37—53.

规模和效能。

1."自由议程"的意识形态导向

安琪拉·斯登特在她的《有限伙伴》这部著作中曾经多次强调一个重要事实，也即小布什执政以后，特别是在其执政的第二任期，接过了民主党"自由国际主义的新阐述"，提出了"自由议程"的构想，成为其执政时期，特别是对俄政策的核心主题。小布什在 2005 年 1 月第二个任期的就职演说中，明确表示："我们这个世界保持和平的最大希望，寄托在将自由广波到世界的每个角落这一点上。因此，美国的政策就是寻求并支持每一个国家、每一种文化中民主运动和民主制度的发展。而且，美国的最终目标就是结束世界上的暴政。"小布什还强调："我认为，北约扩张是推进自由议程的一种强大工具。"他认为："俄罗斯在自由议程中的表现，令人非常失望。"①实际上，当时美国政府内部关于如何在原苏联加盟共和国推广"自由议程"的问题上，看法也并不一致。小布什任内的切尼副总统主张对俄罗斯采取严厉的政策，广泛支持俄罗斯的各个邻国。"副总统办公室将苏联各加盟共和国看作是检验'自由议程'的试金石。"但是，先后在国务院、国家安全事务委员会担任要职的托马斯·格雷厄姆，包括在国防部里一直与俄罗斯打交道的军方人士，却并不同意切尼的意见，倾向于同俄罗斯增加合作。但是最终切尼这一派的观点占了上风。"在2003 年至 2004 年间，俄罗斯邻国的事态发展，说明'自由议程'计划的破坏力变得极其强大了。一个新的问题开始影响美俄关系，

---

① ［美］安琪拉·斯登特：《有限伙伴：21 世纪美俄关系新常态》，第 97—98 页。

这就是美国在俄罗斯的后院支持'颜色革命'方面所发挥的作用。苏联的各个加盟共和国，已经变成美俄两国角力的战场了。"①

冷战结束之后，特别是 21 世纪以来的一个不平衡的国际局面在于，就俄罗斯而言，已经放弃了原有的共产主义意识形态立场，但是欧美却反而大大加强意识形态立场，并以此作为推动扩张的工具。起源于欧美的现代民主虽成为广泛模仿学习的对象，但是否能在后冷战艰难转型条件下，在具有悠久而复杂历史背景的原苏联地区被迅速而成功地推广，对这个问题，无论在俄罗斯、还是在美国本身，都还充满歧见。"颜色革命"，便是能否在这一区域迅速复制欧美民主模式的争论中的一场前哨战。

2. 输入"革命"

"颜色革命"在原苏联空间的第一次出现，被认为是 1998 年斯洛伐克的议会选举。②

在 1998 年底斯洛伐克议会的大选中，执政多年的"争取民主斯洛伐克运动"，因经济形势急剧恶化，丢失民心。企图代之而起的"斯洛伐克民主联盟"将非暴力的街头政治、媒体造势与反对派运动紧密结合，并获得了当时来自美国和欧盟的全力支持。最后，通过选举中的压倒性胜利，将"争取民主斯洛伐克运动"的执政领导人梅恰尔总理赶下台。虽然，斯洛伐克经济在政权更替之后并未见好转，但因这次政治变动已经具备了以后被称为"颜

---

① ［美］安琪拉·斯登特：《有限伙伴：21 世纪美俄关系新常态》，第 115 页。

② The Color Revolution Virus and Authoritarian Antidotes Political Protestand Regime Counter Attacks in Post-Communist Spaces, ABEL POLESE AND DONNACHA Ó BEACHÁ IN.

色革命"的所有要素，因此，1998 年选举被认为是原苏联政治空间的"颜色革命"的起点。

　　紧接着的 2000 年 9 月，在塞尔维亚总统大选中，美国与欧盟投入了 8 000 万美元的资金，支持反对派，伴之以北约轰炸塞尔维亚，对米洛舍维奇政权进行打击。最终，以社会抗议和选举相结合的方式，推翻了米洛舍维奇政府。这进一步把在原苏联地区推广政治更替的活剧又进行了一次生动的演练。米洛舍维奇倒台之后不久，根据美国媒体正式报道：在推翻米洛舍维奇的社会抗议运动中发挥关键作用的是塞尔维亚青年组织（OTPOR）。这个被称为 OTPOR 的组织，远不是一个自发成立、只顾逍遥娱乐的业余爱好者组织。该组织是由美国的国际共和党人研究所（IRI）、国家民主捐助基金（NED）、美国国际发展署（USAID）投入了数百万美元重点赞助的一个专门机构。①早在塞尔维亚大选举行半年之前的 2000 年 3 月，美国共和党人研究所在布达佩斯的希尔顿酒店里曾经举行了一个秘密的讨论会。正是在这里，OTPOR 的成员受到了有关"非暴力抗议"的专门技术训练和"革命总是需要革命者"的理论指导。②

　　米洛舍维奇政权被推翻后，贝尔格莱德成了一所学习"革命"

　　①　Michael Dobbs，"U.S. Advice Guided Milošević Opposition：Political Consultants Helped Yugoslav Opposition Topple Authoritarian Leader"，*The Washington Post*，December 11，2000；and Robert Cohen，"Who Really Brought Down Milošević?"*New York Times Magazine*，November 26，2000，available at http://www.nytimes.com/library/magazine/home/20001126mag-serbia.html（accessed March 20，2011）.

　　②　Srdja Popovic，"An Analytical Overview of the Application of Gene Sharp's Theory of Nonviolent Action in Milošević's Serbia"，January 31，2001，available at http://nonviolentaction.net/?p=70（accessed March 20，2011）.

的大学，热衷于从事政权更迭的青年学生蜂拥而至寻求"革命"经验与建议。塞尔维亚OTPOR的"老战士们"纷纷变成"改革导师""民主学院院长和革命学校校长"。未来的格鲁吉亚总统米哈伊尔·萨卡什维利正是在这一段时间中前往贝尔格莱德"取经"。而前OTPOR激进分子则受邀前往第比利斯进行训练。就在11月22日萨卡什维利高举玫瑰花冲击议会大楼的三天之后，《华盛顿邮报》上发表了一篇关于"玫瑰革命"的详尽报道："推翻格鲁吉亚总统谢瓦尔德纳泽的不流血'玫瑰革命'，虽然是发生在第比利斯的大街上，但它却从贝尔格莱德街头运动中受到启发。格鲁吉亚反对派模仿2000年10月的推翻南联盟总统米洛舍维奇的社会抗议模式，甚至连口号都是照搬的。反对派领导人前往贝尔格莱德'取经'，并将塞尔维亚反对派同行请回第比利斯。成千上万格鲁吉亚人在贝尔格莱德接受政治技术的训练。反对派还说服了格鲁吉亚独立电视网在十天时间里，两次播放了一部关于塞尔维亚街头暴动的实况纪录片。格鲁吉亚民族运动党的总书记伊凡·梅拉比什维利说：'最重要的就是这部电影'，由此导致了叛乱。'所有的示威者都很清楚革命的策略，因为有了这部清晰显示革命过程的纪录片。每个人都知道该怎么做。这是贝尔格莱德那场革命的复制品，而且声势更大。'"①虽然作为知情者的安琪拉·斯登特不太同意流传的看法：中央情报局与索罗斯两者的合谋将萨卡什维利捧上格鲁吉亚总统宝座，但是，她还是非常坦率地表示，格鲁吉亚"玫瑰革命"发生很久之前，美国就对这个国家大下赌

---

① Peter Baker, "Tbilisi's 'Revolution of Roses' Mentored by Serbian Activists", *The Washington Post*, November 25, 2003.

注。她说道："20 世纪 90 年代，格鲁吉亚就已经是世界上人均接受美国的民主援助和发展援助数额最大的国家之一；谢瓦尔德纳泽在任的那 11 年里，此种援助总计高达近 10 亿美元。美国在格鲁吉亚下了很大的血本，既有政治血本，也有经济血本。"①

美国对乌克兰进行援助的情况同样如此。"从克林顿政府起，美国就开始尽力支持乌克兰独立。在一个乌克兰裔美籍离散者群体进行有效活动的影响下，美国政府向乌克兰投入了大量资金，使得乌克兰成了世界上第三大美国援助接受国，仅次于以色列和埃及。"②犹如安琪拉·斯登特所表明的那样：美国为数不少的前政要走马灯般地到乌克兰"考察与合作"，"欧洲和美国的一些非政府组织，与格鲁吉亚、塞尔维亚两国及其他一些民间社团合作，就像在格鲁吉亚大选中那样，为乌克兰的各个团体提供策略培训，比如选举监督和平行计票。尽管美国表示，自己对乌克兰总统候选人没有什么明显的倾向性，但尤先科自担任乌克兰央行行长一职后，就一直受到华盛顿的青睐"。"设在乌克兰境内的索罗斯基金会，向乌克兰非政府组织捐赠了 130 万美元，而美国国际开发总署（USAID）也捐献了 140 万美元，用于与选举有关的活动，包括像在格鲁吉亚一样，对乌克兰中央选举委员会进行培训。"③

至于吉尔吉斯斯坦，该国是早在 1998 年所有原苏联加盟共和国中第一个被批准加入世界贸易组织的国家。而吉尔吉斯斯坦所打出的"民主牌"，更是大大地吸引了美国的注意力。美国通过

① ［美］安琪拉·斯登特：《有限伙伴：21 世纪美俄关系新常态》，第 123 页。
② 同上书，第 129—130 页。
③ 同上书，第 131 页。

《自由促进法案》和《丝绸之路战略法案》（1999 年 5 月美国国会通过）资助中亚各国，吉尔吉斯斯坦接受援助较多，美国又是最主要的"输血者"。①"9·11"事件后，美国大幅度提升中亚在其对外战略构建中的地位，尤其对吉尔吉斯斯坦表现出更大的兴趣。美国在该国租用玛纳斯机场，每年提供 1.5 亿美元的费用，并将"巩固民主作为持久稳定的基础"作为该资金用途的重要条款。虽然，美国对 90 年代后期阿卡耶夫集权化的趋势不满，也并不满意于他对美俄两头下注的立场，一度表示要阿卡耶夫放弃竞选总统，但是，美国从未放弃对于吉尔吉斯斯坦多渠道地施加影响。

3."政治技术"的比拼

后冷战时期的国际政治与地区研究的语境中，出现了一个广泛使用的新词："政治技术"（political techenology）。这一词汇不仅被用来描述当代政治进程中的策略谋划与技术安排，还出现了以"政治技术"为名的专门研究机构，包括在俄罗斯。而这一词汇尤其被运用于刻画"颜色革命"过程中的各类战略战术与政治技巧。若从这样的视角来比较欧美及其指导下的反对派与俄罗斯及其支持下的政治影响力的比拼，还是可以从中体悟出，为什么"颜色革命"以现有结果而告终。

其一，选举策略的比较。在格鲁吉亚"玫瑰革命"进程中，欧美国家——无论是来自政府还是非政府组织——经过精心策划而在街头抗议和大选中所显示的压倒性影响力，使俄罗斯深感震惊。尽管俄罗斯事前与格鲁吉亚各方均有沟通，在大选关键时刻

---

① 焦一强：《从"民主岛"到"郁金香革命"——吉尔吉斯斯坦政治体制转型研究》，第 233 页。

派出外交部长伊万诺夫进行斡旋，一度还取得了有效进展。但是，光是靠伊万诺夫的欧洲古典式谈判外交，以及精英层面的沟通协商，难以适应格鲁吉亚社会抗议中已经被动员起来的激昂民意。反对派经过了长期准备和在西方训练之下所具有的优势，为俄罗斯所难以抵挡。

而在稍后美俄两国都深深介入的乌克兰大选来临之际，俄罗斯决意改变策略，以主动进攻的姿态来改变在格鲁吉亚选战中的被动。一方面，普京总统曾多次出面，亲自力挺来自东部的候选人亚努科维奇。甚至，当着美国国家安全事务顾问赖斯的面，普京亲口向她推介这位已被"认定为"俄方中意的候选人。另一方面，俄方派出了由尼科诺夫、巴甫洛夫斯基、马尔科夫等资深专家前往格鲁吉亚进行具体的指导和协助。俄方搬用了在国内竞选中经常被有效使用的"集中主题"式的宣传方式，目标明确地为亚努科维奇当选而造势。而美国，一方面是从老布什总统、前外交部长奥尔布赖特、前国家安全事务顾问布热津斯基，到老资格民主党人霍尔布鲁克等人接二连三地走马灯似的访问基辅，为美国所看重的候选人尤先科打气助威。另一方面，美国支持乌克兰反对派的战略则更多是采用后发制人，也即：表面上宣称，美国无论谁来执政，只关注选举的公正透明，而并不在意由谁当选。美国支持下的反对派，只是在初选得票情况公布其暂居弱势的情况下，才全面发动声势强大的反击。相比较之下，在当时原苏联加盟共和国弥漫着选举不公的民意认知的氛围之下，这一助选战略显得更为老练有效，并且相当具有针对性。俄罗斯评论家斯坦尼斯拉夫·贝尔科夫斯基事后这样评论道："美国的策略要比俄罗斯的策略更老练、更恰当，因为俄罗斯把希望寄托在维克多·亚努科维奇获胜这样一种毫无根据的幻想上，直到最后一刻。"①

　　其二，影响心理与情感策略的较量。无论在格鲁吉亚、乌克兰还是吉尔吉斯斯坦的抗议运动中，反对派广泛使用了能够最大限度地激发民众情绪的政治口号标语、电影电视的即时报道、幽默调侃式的卡通广告、日常传播的民间传语。在乌克兰街头抗议中，反对派经常故意通过广为散发"橙色"的旗帜、标语、T恤等各种工具制造声势，甚至，在街头整桶整桶地泼洒橙汁，以形成满地一片"橙色"的感官刺激。与这样全方位动员的社会抗议相比较，尽管亚努科维奇也邀请了美国公关公司帮忙，但无论是亚努科维奇还是俄罗斯方面，都显得力不从心。

　　《华盛顿邮报》当时曾经这样介绍"玫瑰革命"的场景："街上并没有出现军队，没有紧张的迹象。三周内关闭的商店示威活动未受影响地重新开张。唯一看得见的损坏，是国会、州总理府，政府总部的破窗户，还有一扇被震碎的玻璃门。这场运动自始至终被证明是纪律严明、和平的。在萨卡什维利领导抗议者手持玫瑰闯入政府大楼后，他立即派活动人士看守，以防止抢劫或毁灭。除了小规模的混乱之外，涉及数万人的街头抗议，没有产生任何类似于90年代权力斗争中的国家陷入内战的伤亡人数结果。""谢瓦尔德纳泽的国家安全顾问泰多·贾帕里泽（Tedo Japaridze）坦承：'这件事做得太巧妙了。'他在一次采访中补充道，反对派成功地在走得太远之前已经取得胜利。不然的话，'几分钟后，这件

_____

① ［美］安琪拉·斯登特：《有限伙伴：21世纪美俄关系新常态》，第134页。

事很有可能被认为是非法的'。"这篇报道写道："当这里已像在南联盟一样，出现了以推翻米洛舍维奇为目标的活跃态势，美国政府资助的项目为任何有这样需要的独立民主机构提供了指导。一位不愿透露姓名的西方高级外交官这样评价道：'可以肯定地说，这是一个对于一般民主进程的更通用和更为传统的支持方式。'11月初，萨卡什维利带领抗议者走上街头，声称议会选举是被操纵时，他们的组织技巧已经显而易见。在进行抗议的三周里，反对派领导人几乎每天都在议会外派驻抗议示威的人群。那些在政府外示威过夜的人能够吃上面包和鸡汤这样的早餐。当抗议临近最终的高潮时，反对派动员了来自各地的几十辆公共汽车增援首都。最后，至少有五万人聚集在第比利斯街头，请求警察和军队保持中立，甚至同时施加压力，要求他们加入抗议行列。在此时刻，谢瓦尔德纳泽显然已经无法抗拒这样的精心而娴熟组织之下的巨大压力。"①

五、"颜色革命"是一场真正的革命吗？

"颜色革命"是否算得上是一场真正的革命？历来有大相径庭的说法。

第一种立场，美国政要肯定"颜色革命"是一场革命。如当时美国国防部长拉姆斯菲尔德曾说道："所谓的'颜色革命'，让具有改革意识和亲西方倾向的领导人上台，掌握了乌克兰、格鲁吉亚和吉尔吉斯斯坦三国的大权。这些民主改革，证明了小布什

---

① Peter Baker, "Tbilisi's 'Revolution of Roses' Mentored by Serbian Activists".

总统传播自由之努力所具有的实际意义和道德价值。"小布什本人于"颜色革命"后的 2005 年 5 月访问莫斯科，受到冷遇。但是在随后访问格鲁吉亚时，却得到了大大的补偿。他在格鲁吉亚受到热烈而隆重的欢迎后，这样写道："与萨卡什维利这位真正热爱自由的人并肩而立，是一种了不起的荣耀。站在自由广场上庆祝18 个月前发生的那场和平革命，也是一种不可思议的经历。"①2006 年初，小布什在美国爱国者军人协会的一次演说中，更加明确地提出："我们是通过在全世界进行民主变革和推广自由的方式，来巩固我们自身的安全。历史表明，自由民族，这是和平的民族。"小布什称："25 年前，也即 80 年代初，世界上只有 45 个民主国家。现在已经达到 122 个国家。而最近四年当中，1.1 亿人口获得了自由。"他又强调："颜色革命"符合美国的利益，"我们见证了'玫瑰革命''橙色革命''紫色革命''郁金香革命''雪松革命'。这还是刚刚开始，自由正在走向全世界。当全世界人民还没有获得自由的时候，我们不会止步不前。"②

第二种立场，来自俄罗斯和其他方面的对于"颜色革命"的反思和批评。

俄罗斯对这个问题的评价，和欧美官方的舆论正好相反。2005 年总统致俄罗斯联邦议会的国情咨文中强调："俄罗斯民族在欧亚大陆的文明使命必须继续下去的想法，它现在正受到严峻挑

---

① 转引自〔美〕安琪拉·斯登特：《有限伙伴：21 世纪美俄关系新常态》，第142 页。

② Татьяна Фаж. "ДЖОРДЖ БУШ ОБЪЯСНИЛ СМЫСЛ" ЦВЕТНЫХ РЕВОЛЮЦИЙ. "Gazeta". No.31. 02.26. 2006. https://dlib.eastview.com/browse/doc/9063642.

战。"（笔者注：此处普京提到的"欧亚大陆"，并不是指包含整个亚洲和欧洲的欧亚大陆，而是指原苏联所在、处于欧洲与亚洲之间的特指的"欧亚"地区）普京表示：必须足够小心地"反对出口革命"，民主不能从一个国家出口到另一个国家。正如不能出口革命一样，不能出口意识形态。①总统办公厅副主任 V.苏尔科夫表示，他并不认为格鲁吉亚、乌克兰和吉尔吉斯斯坦的事件属于革命。他认为，20 世纪 90 年代那些国家才发生了革命。在苏尔科夫看来："对于俄罗斯有信心，我们不会有起义。"中央选举委员会主席 A.维西尼亚克夫也赞同这一观点。"在这些国家发生的变化，从确切意义上说，并不是革命。无论就他们的目的，也无论其结果如何，社会和经济制度都没有发生变化——事实上，在这些国家，只是通过竞争更换了怀有自己的集团利益的执政精英阶层（或他们的一部分）。"②

2014 年 11 月，乌克兰危机爆发一年之后，普京在俄罗斯安全理事会会议上，批准了俄政府的反极端主义战略的草案，并再次正式声明："在当今世界，极端主义被用作地缘政治和重新划分势力范围的工具；我们看到所谓颜色革命浪潮所造成的悲惨后果。由于那些不负责任的暗中组织的社会试验，有时，甚至就像我们所说的那样，粗暴地将来自外部的干涉，输入到我们的生活中间。这些国家的人民经历了何等冲击。"普京警告说："这是给我们的

---

① Путин высказывается против попыток "экспорта демократии"// Интерфакс. 2005. 18 сент., 转引自 "ЦВЕТНЫЕ РЕВОЛЮЦИИ": ТЕОРЕТИЧЕСКИЙ И ПРИКЛАДНОЙ АСПЕКТЫ В.А.БАРСАМОВ. No.8, 8 2006, C.57—66.

② БАРСАМОВ. В. А. ЦВЕТНЫЕ РЕВОЛЮЦИИ: ТЕОРЕТИЧЕСКИЙ И ПРИКЛАДНОЙ АСПЕКТЫ. No.8. 08. 2006. C.57—66.

教训和警告，""我们必须采取一切必要措施，确保这种情况在俄罗斯永远不会发生。"①

　　第三种立场，主要是来自学术界对这场政治变动的观察、研究与反思：主张超越单单从意识形态，或者单单从地缘政治立场的诠释；而是从政治转型和革命的社会学视角分析来探究这场政治变动。出于这样的考量，一些学者不同意美国官方立场把2003—2005年发生在格鲁吉亚、乌克兰、吉尔吉斯斯坦的政治更替的动荡局面，简单地称为"革命"。他们认为：从学术角度来看，三国出现的政治变化，仅仅是代表不同集团利益的执政精英阶层的更替，并没有出现社会结构、社会制度和社会发展取向的根本变动。因此，很难将此视为一场严肃的社会革命。第二，如美国政治精英所承认，这场被称为"颜色革命"的政治变动，倒是更为直接地与美国自身的地缘政治利益相关。不过是披挂着民主的外衣，使其更具合法性。但实际上，却是借"革命"之名义而营私。

　　A.塔斯特诺夫敏锐地指出：真正的"革命"和社会抗议中仅仅使用"革命的隐喻"，这是根本不同的两回事。他说：

　　　　最重要的是，在使用"革命隐喻"时，不仅要注意到这些事件的相似性，而且，还应该注意到它们之间不同的"起源属性"。这些起源不同的进程，似乎已经被纳入某种逻辑上一致和合理的历史过程之中。抵抗，似乎不仅仅是维持秩序或"权力连续性"的表现，而是被描述为对确定不移、不可

① ВЛАДИМИР ПУТИН ПРИЗВАЛ НЕ ДОПУСТИТЬ "ЦВЕТНЫХ РЕВОЛЮЦИЙ" В РОССИИ. ТАСС/2014.11.20. https://tass.ru/politika/1586366.

更改的历史进程的一种保守主义的反应。此外，这一过程以
"革命性"的印记为标志，但其特点受到"革命隐喻"本身的
制约。

须将这些在后苏联国家发生的事件，视为一种在普遍使
用革命手段和方法背景下的特殊形式的国家政变。在革命和
国家政变这两者之间，仅有的共同点是：其一，大规模的民
众参与；其二，相对非暴力的权力转移（抑或权力的夺取）。

真正的革命，乃是政治和社会变革的一种最广泛和最激
进的形式。在后苏联国家里，人们看到的，只是以民主"变
革"的形式而出现的精英—官僚阶层的轮替。也即逐渐发生
的权力的再分配。我们必须强调，这只是一种执政集团内部
先后不同的精英阶层之间的对立。

事实上，在格鲁吉亚、吉尔吉斯斯坦和乌克兰（包括先
前在塞尔维亚），被看作政治制度变更的新形式的那种进
展——事实上，不过是体系之内的精英和反精英集团之间的
激烈对抗（在外部因素的积极参与下）获得了一个社会冲突
的形式，并没有发生属于传统革命进程特有的意识形态冲突。
当然，长期积累的社会抗议压力，伴随"政权—社会"两相
对立的叙事系统中矛盾的综合性扩散、经济的困境、这些国
家社会环境中的其他先决条件，以及它所特有的对于"精英
关系"的依赖，所有这些因素都客观上促使了这一激进型的
改变。然而，在很大程度上，本来权力资源有限的反对派精
英团体充分利用了这一潜在趋势，使之成为对政权施加激进
压力的一种有效手段。

A.塔斯特诺夫十分清晰地指出了这种"革命隐喻"在不同社会环境下的社会功能。他说：

> 关于"天鹅绒革命"具有"民主性质"的说法被获得积极推广，这被视为一种"填补意识形态真空"的独特来源。正是在这一真空，发生着各派精英和支持他们的社会团体之间的冲突。事实上，"天鹅绒革命"是在诋毁民主。因为对其一个基本机制——选举进程——的质疑，通常取而代之的是"政变"。"政变"已经成为一种更广泛的革命样式。然而，如果不与"天鹅绒革命"挂上钩，客观上就无法得到社会各阶层的广泛支持；而社会需要这样一个至关重要的意识形态支持，它可以把不满情绪的隐性和消极方面都发掘、动员和加强起来。
>
> 在这种情况下，客观地可以归结为：对于"革命进程"的来自内部和外部的"操纵性"，乃是革命的主要特征之一。外部势力与内部政治派别的利益相关性，决定了"革命"是一种被操纵的广泛应用政治技术基础上的"动态"进程。在乌克兰、格鲁吉亚和吉尔吉斯斯坦，人们所看到的实现权力更替的革命脚本，表明"以外部因素为先导"和"灌输可操纵的民主"这两者间的相互结合已成为紧迫的现实。
>
> 然而，与真正的"天鹅绒革命"所具有的内源性特征——指的是在中东欧、东南欧地区所具有的悠久政治民主、市场和欧洲式市民社会传统——不一样，在原苏联地区，正

是由于这些历史文化条件的缺乏，这种内外结合的"操纵性"就特别容易在"革命"的过程中得以表现。①

虽然，作者所指的所谓"天鹅绒革命"的民主、市场、欧洲传统的"内源性"，究竟是如何作用于1989年的中东欧政治激变过程，尚待研究。1989年中东欧政治变化是否算得上是一场革命，也还另当别论。但A.塔斯特诺夫所指出的，格鲁吉亚、乌克兰、吉尔吉斯斯坦与中东欧的"革命"具有不一样的"内源性"问题，以及在不同"内源性"的前提之下如何"操纵和输入革命"，这确实是一个值得高度关注的关键问题。

"颜色革命"刚一结束的那一时间段中，另一值得观察的现象是，俄罗斯学术媒体曾一度出现希望客观地讨论这一敏感问题的氛围。在莫斯科权威学术期刊公开发表的一些学术文章中，以比较中性的语调，提到了"原苏联空间正在被撕裂和经受分裂主义带来的动荡"②，公开发表了来自对立面——代表格鲁吉亚立场的文章，详尽介绍格鲁吉亚方面的观点和理由，以使得公众能有机会对俄罗斯和格鲁吉亚双方观点进行比较和鉴别。也有专家提出：虽然"在格鲁吉亚、吉尔吉斯斯坦、乌克兰的'颜色革命'不能被视为充分意义上的革命。'颜色革命'并没有改变现实，也不是反映社会组织的变化"，但是，"精英们提出的修辞，象征性的表

---

① Алишер Тастенов. ЦВЕТНЫХ РЕВОЛЮЦИЙ": ОТ КЛАССИЧЕСКОЙ ТЕОРИИ К НЕПРЕДСКАЗУЕМОЙ ПРАКТИКЕ. ЦЕНТРАЛЬНАЯ АЗИЯ И КАВКАЗ. No.1. 2007. C.37—53.

② П. ГАНЧЕВ. ЕВРОПЕЙСКИЙ СОЮЗ И РОССИЯ. Мировая экономика и международные отношения. Янв. 2006. №1. C.112—114.

述"值得引起在现代社会条件下的高度关注。①包括西方不少学术刊物上也出现从"结构—代理—输入"等视角，从现代传媒社会特点等方面，来分析"颜色革命"的文章，力图从多视角、长过程来展示 21 世纪初的这一重要政治现象。②

　　不可忽略的是，乌克兰"橙色革命"刚刚发生不久，俄罗斯学术界和舆论界对这场变化的看法，除了批评西方干预和乌克兰所固有的国内弊端所起到的作用，实际上，在不少评论与文章中也出现了一定的反思与自我批评。比如，在当时俄罗斯学术界政治学界的权威学术刊物《政治学研究》上，帕斯图霍夫发表了题为《乌克兰，不是俄罗斯——对俄对乌战略失误原因和后果的解读》③ 的长文。

　　该文作者指出：第一，"西方领导人的行动实际上是基于错误的意识形态动机"。他们"深信不疑自己有权和有必要在任何领土上，当然包括乌克兰，建立一个可以理解和自然属于西方的民主制度"。但是作者强调："这场政治斗争不是一场游戏。认为'橙色革命'只是群众自发表达意愿的结果，这是幼稚的。但认为这场运动似乎只是西方与俄罗斯之间的博弈，这也将是悲剧性的政

　　① Ирина Ситнова. Сравнительный анализ "Цветных революций" В странах постсоветского пространства. Зарубежный опыт. No.5. 2011. C.144—147.

　　② Mark. R. Beissinger, "Structure and Example in Modular Political Phenomena", *Perspectives on Politics*, Vol.5, No.2, 2007; Lucan Way, "The Real Causes of the Color Revolution", *Journal of Democracy*, Vol.19, No.3, 2008.

　　③ В. Б. ПАСТУХОВ. УКРАИНА — НЕ С РОССИЕЙ. Причины и последствия стратегических просчетов российской политики по отношению к Украине. ПОЛИС. ПОЛИТИЧЕСКИЕ ИССЛЕДОВАНИЯ. 2005-02-28. No.1. C.25—37.

治错误。西方对乌克兰事务的干预和俄罗斯的不同之处在于，欧洲和美国认为乌克兰存在着真正的革命运动，它有自己的逻辑；而俄罗斯却忽视了这一点，将其视为一个极为微小规模的政治过程。"

第二，"乌克兰自独立那一刻起，就不可避免地存在着宪法危机，其原因是国家无法控制乌克兰社会文化中各个多样化的组成部分。……乌克兰居民在政治观点、文化传统和社会经济条件方面存在巨大差异，这对任何人来说都不是秘密。然而，该国的政治制度并没有适应在社会政治经济领域存在着如此深刻的地方化的条件下有效运作的需要。……目前乌克兰宪法中，没有任何的内部机制可用作控制和平衡区域极端主义的减震器，几乎任何冲突都可能一下子演变成'西方与东方'的正面冲突。"帕斯图霍夫虽然未必完全准确地理解乌克兰局势，但是，他提出了俄方估量的不足："乌克兰出现了典型的革命局势：那里有着处于贫困状态的群众，异常活跃的居民积极性，同时，政府处于瘫痪，——只是习惯于和精英打交道的政治技术受到空前的打击。"

第三，帕斯图霍夫还认为，一方面，"俄罗斯方面的所有这些算计，都没有考虑到俄罗斯在过去 15 年中所面临世界形势的根本变化。尽管外交辞令令人安心，尽管在国际贵族俱乐部还是名誉成员，但是，俄罗斯不再被西方视为平等的政治伙伴。西方并不倾向于同俄罗斯达成协议，正如它所希望的那样，西方打算发号施令。与强者讨价还价，总是强者取胜"。但重要的问题在于，"与俄国对乌克兰政策的简单与粗糙相比，欧洲和美国对乌克兰人的态度远没有那么居高临下和蛮横无理，反而力图表现出立场的中立和对民族感情的尊重。虽然，实际上，欧美方面对乌克兰内政的干涉规模要大得多，也更加纠缠不休，但是，却往往从乌克兰人民那里得到较多的认可。乌克兰知识分子几乎没有表现出对西方有意识操纵的应有警觉，因为，这些操纵经常是经过精心设计，也是能令人信服的"。

第四，帕斯图霍夫指出："小俄罗斯（指乌克兰）的民族自豪感这一因素，在莫斯科政治中几乎是一个被完全忽视的因素。……当莫斯科正在你的国家里进行一场像在自己国家内一样的竞选运动的时候，比如，就好比在你的国家里、却要选举俄罗斯的库兹巴斯州州长一样——这完全是另一回事。……大多数人毕竟都厌恶粗暴和公开的压力。它只会导致人们的疏离。"

第五，作者认为："俄罗斯总是出于政治考虑把自己与乌克兰经济相联系……现在似乎仍然是处在苏联时期，从我们所做的一切，还是经互会的那一套。而那些始终靠我们供养的合作伙伴们，则一直在寻找机会，远离我们而投奔西方。问题只是在于，如何离开得更快。在这方面，乌克兰一点也不例外。""大部分居民将会长期保持他们的警惕性、被剥夺的自尊心，还有深重的疑虑，这将是俄罗斯—乌克兰关系中的既定背景。在这种情况下，假如以为只要给予好处，就能改变现状，那将会是天真的。"[①]

六、"革命"的回声

在时隔多年以后对于"颜色革命"现象作重新思考的时候，

---

① В. Б. ПАСТУХОВ. УКРАИНА-НЕ С РОССИЕЙ. Причины и последствия стратегических просчетов российской политики по отношению к Украине. ПОЛИС. ПОЛИТИЧЕСКИЕ ИССЛЕДОВАНИЯ. 2005-02-28. No.1. C.25—37.

可以发现一个有趣的现象。也即，相当数量研究这一问题的西方文献的作者几乎不约而同地承认：尽管在外部引导和内部操纵相互交织的强劲推动下，也尽管有着冷战后西方意识形态强势影响和当地抗议运动巨大能量的巧妙组合，但是，这场波及数国、延续多年的"颜色革命"的扩散过程，还是被中止了下来。即使后来其他一些国家多次出现了大规模的社会波动，但是，并没有发生类似于"颜色革命"这样的政权更替，比如在俄罗斯。于是，关于为什么"颜色革命"会在一些国家出现，而却不能在另一些国家有效推进的问题被提了出来。

对此问题的深入思考和回答，虽然，还是非常初步，但是聚焦到一个要点：也即，恰如剑桥大学资深国际问题研究专家戴维·莱恩教授认为，没被"颜色革命"病毒所击倒的这些国家，看来具有一种很强的学习能力。这种学习能力不光在挑战之下引导着执政当局发掘潜能，动员和聚合力量，抵制外部干预和内部的动荡；而且，这种学习能力还尤其体现在相当全面地运用执政优势，强化治理能力，推动根本制度的建设。特别是注重长时段考量之下的国家的发展方向和思想路线选择的深度反思。这种国家建构和思想路线的探索，无疑深深地作用于内外战略的革故更新。在这些西方学者眼中，俄罗斯无疑是这一方面一个比较典型的代表：尽管，面临巨大挑战和风险，但是在"颜色革命"刺激下所产生的"抗疫"能力，正在引导这个国家走向一个新的发展与抗争的维度。①

---

① David Lane, "Coloured Revolution' as a Political Phenomenon", *Journal of Communist Studies and Transition Politics*, pp. 1743—9116（Online）, https://www.tandfonline.com/loi/fjcs20.

第三节　俄乌能源危机的前因后果

东西方关系在欧亚空间走向冲突的过程中，能源领域始终发挥着举足轻重的作用。不光是能源需求的提振和萎缩直接影响着俄罗斯国力的兴衰，而且能源过境管道、能源市场的国际治理等因素都成为欧亚局势的关注重点。从 21 世纪俄罗斯能源外交战略的形成，以及 2006 年俄乌能源危机的分析可以折射出欧亚局势走向的一个重要侧面。

一、俄罗斯能源外交的内涵与走势

如果，在进入 21 世纪之后的七八年里实地观察过俄罗斯经济，并且能够与十多年前的情况作一番比较的话，那么，会非常明显地感觉到俄罗斯经济正在全面复苏之中。

1999 年以来，俄罗斯经济连续 7 年以 6% 以上的速度增长。到 2005 年，俄罗斯的国内生产总值总量达到 7 658 亿美元，已进入世界十大经济体。该年，俄罗斯的人均国内生产总值总量已达 5 713 美元，世界排名 64 名；而当时中国人均国内生产总值为 1 765 美元，世界排名 115 名。2006 年年中，俄黄金储备已达 2 500 亿美元。当年 8 月，俄罗斯提前 14 年还清了曾欠下发达国家的债务。在莫斯科、圣彼得堡等大都市，一个个新建的大型购物超市人气旺盛，居民购买力明显提升。鳞次栉比的建筑工地正在紧张施工，而且房产市场的价格也居高不下，莫斯科市的平均房价大约是当时上海的两倍以上。

这已经完全不是 20 世纪 90 年代风雨飘摇的衰败景象了。当时，与笔者在俄罗斯同行的哈佛大学教授、俄罗斯经济问题著名专家马歇尔·戈德曼（Marshall Goldman）对我谈起了他的观感："这一切来自能源。俄罗斯有了石油天然气，就有了他们所需要的一切。"确实，进入 21 世纪以来，有赖于国际能源行情的看涨，俄罗斯经济得以大幅度改善。但是，这究竟纯粹是外生变量的推动，还是俄罗斯富有远见的能源战略才使其把握住机会？与此相关的一个重要问题，那就是昔日的超级大国俄罗斯，究竟辅之以怎样的能源外交，才使得它能够在这么短的一个时期之内，不光大大提升了国内经济，而且，能使其成为一个举手投足都影响当今全球事务的能源大国。

（一）背景

从内部因素看，俄罗斯大概是当今世界几乎完全能实现资源自给的唯一大国。其最有价值的资源包括油气、土地、淡水和金属矿产。以油气而论，到 21 世纪初，俄罗斯石油探明储量为 70 亿—100 亿吨，占世界总探明储量的 8%—13%。天然气探明储量和产量约占世界总量的 38%—45% 和 25%—27%。以金属矿产论，特别是铀矿探明储量为 20 万吨，拥有世界最大的富铀战略储备。以淡水论，仅优质的贝加尔湖淡水储量就占了世界储量的五分之一。有专家认为，西伯利亚近千万平方公里的广袤大地在地球气候转暖后，将会是世界上非常难得的一片适合于农耕和居住

的净土。这样得天独厚丰富多样的自然条件，不光使俄罗斯视其
资源为国本，而且，将各种资源条件的相互依存看作其立国之根
系所在。比如，俄罗斯不光是单纯地运用能源作为实现国家利益
的手段，而且非常强调利用能源与保护环境之间的相互关系。环
境资源毫无疑问也是俄罗斯的一笔丰厚资产。俄罗斯能源外交，
不过是其整个资源条件下对外运作的一个侧面。

　　尽管，对于世界能源供需行情的预测众说纷纭，但是 21 世纪
之初的这几年，不光是发达国家，新兴工业国家和发展中国家的
能源消费也迅速上升。在客观上自然而然地将俄罗斯推到了国际
舞台的中心。

　　马克思曾经说过，俄国具有为实现自己的外交目标而长时间
不懈努力的传统。①20 世纪俄苏历史表明，既有成功运用自身资源
而实现国际地位腾飞的经验，也有苏联晚期因为过度依赖能源而
失却必要的改革所造成的惨痛教训。就此而言，俄罗斯的政治精
英，特别是普京总统本人有着深切的体验。严格地说，当代俄罗
斯的能源战略，是在普京总统第一个任期下半段，也即 2003 年才
正式形成，这是一个经过相当长时间考量的战略决策。

　　至于外部世界的情况，冷战结束以后十多年中，国际战略态势
已经发生了很大的变化。乘苏联解体之后俄罗斯陷于虚弱而推行的
北约东扩，部分地包括欧盟东扩这样的双管齐下，已经使得俄罗斯
与西方之间的关系重新处于严峻状态。随着伊拉克战争而不断加剧
的能源竞争，也使俄罗斯不得不将自身的能源优势作为国际较量中

----

① ［德］马克思：《十八世纪外交史内幕》，中共中央马克思恩格斯列宁斯大
林著作编译局编译，人民出版社 1979 年版，第 64—78、79—89 页。

的一个重要筹码。由于涉及战略资源、领土主权、环境气候，包括国民经济的主要来源等各个方面，能源问题早已不仅是一个单纯的国内或国际经济问题，不能不成为当前各国外交关注的重点。

（二）内涵

按照俄罗斯研究能源外交的权威专家日兹宁的意见，俄罗斯尚未有一个官方所确认的能源外交概念。但是，能源外交问题在事关能源和能源政治学术领域中得到了相当充分的讨论。

一般地说，俄罗斯能源外交或者能源对外政策不同于一般的能源发展战略。能源外交侧重于从国家间政治的向度去确保和实现能源作为战略资源的利益与效用。能源外交的总体目标包括：保障国家的能源安全，兼顾国家的对外经济和地缘政治利益；加强俄罗斯公司在国际能源市场上的地位；通过对外政策手段支持国家平等参与国际能源合作。但是，在具体的讨论中，人们又可以发现对于上述原则有着各不相同的理解。比如，整个国际范围内俄罗斯的总体能源利益究竟是指什么，在出口比例、重点领域、价格水平等许多问题上，具体的国家能源利益并不是一个很容易被确定的范畴。另外，在转型期利益分配机制尚不完备的情况下，国家利益和能源部门，以及能源公司利益之间的相互关系也是一个经常容易引起争论的话题。此外，在国际合作中，俄罗斯究竟是更多地参与多边协调还是更多地采用双边机制，也还是一个相当难以确定的问题。①经过了多年的思考和讨论，俄罗斯的政治、

---

① ［俄］斯·日兹宁：《国际能源政治与外交》，华东师范大学出版社 2005 年版，第 130 页。

经济与学术精英的认识在世纪初的两三年中有了明显的推进。

首先，俄罗斯认准这个自身优势与外部环境变化相结合的机遇，集中了很大的精力，拟订了一系列的政府与法律文件，来阐述俄罗斯能源外交的原则立场，其中包括"俄罗斯2010年前能源战略的基本原则""俄罗斯联邦能源安全学说""俄罗斯2020年前能源基本原则"。这些中长期文件的焦点集中在通过发挥能源的杠杆作用，营建和平稳定的国际环境，实现和捍卫俄罗斯的国家利益。后来的很多年中，这样一类带有前瞻性与中长期规划性文本的编制工作很大程度上提升了俄罗斯能源外交的质量。

同时，普京总统本人在一系列重要场合亲自大力推动能源外交。以2006年而论，先是在当年俄罗斯担任主席国的西方工业国家八国峰会上，普京明确地提出了以全球能源安全作为峰会的主题，并且推动八国首脑联合发表了关于全球能源安全的报告。普京并不讳言俄罗斯希望通过担任东道国的机会，树立俄罗斯在世界能源供应体系中的有利地位。2006年9月，在莫斯科每年一度的世界各国俄罗斯学家的国际论坛——瓦尔代论坛上，同样以能源安全为主题，普京与各国学者面对面地进行了长达三个半小时的深入对话。作为唯一来自中国的学者，笔者亲耳听到了普京在这次会上明确的宣示，他说："尽管，这里有一个不争的事实，那就是俄罗斯虽然有着比世界上任何国家更为有利的条件，但是，我任何时候都没有说过，俄罗斯是一个能源超级大国。所有人应该明白，这尽管是我们国家自己的资源，然而，不光是过去、现在，还是将来，我们都乐于承担责任。我们计划着参与确定世界经济领域的规则。我们希望遵守这些我们一起制定的规则。当然，这些规则首先应该公平合理，并且考虑到能源安全问题中的各个方面。这涉及能源的加工、运输、消费，而且，能源安全不止是消费者的安全，它还应该是生产者的安全。"普京总统的这番表白，涉及了俄罗斯能源外交中的最为核心的问题。

从学术的角度看，根据日兹宁2005年正式出版的《俄罗斯能源外交》这本著作，俄罗斯能源外交的核心任务可以确定如下：第一，推动并参与形成地区及全球能源基础设施建设，以利于进入地区能源市场，增强地区和全球的能源安全水平，提升俄罗斯能源资源的国际竞争能力，强化俄罗斯在最为重要区域的地缘政治影响。第二，参与解决全球能源问题，参与发展地区和全球层面的能源集体安全体系，以及参与发展全球能源市场。第三，积极参与环境保护和防止气候改变的国际合作，把实施《京都议定书》的责任和机制提升为国家政策的高度。第四，确保核大国的传统地位，并将此视为俄罗斯地缘政治状况的最重要标志之一。对于俄罗斯能源外交任务作这样的确定，反映了俄罗斯对于能源与外交之间相互关系的当前形势和长期趋势的认知与把握。

（三）特点

每个国家都有自己的能源外交，而且，都会具有自己的鲜明特点。上面提到的这位俄罗斯能源专家日兹宁曾经这样描述一些大国能源外交的特点：比如，美国注重实用主义，集中表现在他们总是力求在尽可能短的时间里解决问题，以期实现美国利益的最大化。英国则表面上木讷迟缓，实际上信息非常灵通，善于通过力量与利益平衡的原则，建立最令人意想不到的联盟，从而控制局面。法国的能源外交虽然并非一直有效，但却是善于观察，说服力强，体现出很高的智力水平。意大利则机动灵活，善于通过谈判取得成就。这位专家还提到了中国能源外交家们是如何通晓对手情况，在谈判中表现得从容镇静，并且善于随机应变。

而俄罗斯能源外交的特点至少是受到以下这些状况的支撑：

第一，既是能源生产和输出国，又是过境运输国的这样独一无二的地位，给予俄罗斯无可比拟的战略优势。俄罗斯不光是一个能源富国，而且，其雄踞欧亚大陆的态势，又使得它具有了贯通四方而很少受到地理条件拘束的优厚地缘环境。随着世界能源规模的大幅增加，大部分能源将穿越第三国过境，因而无论出口国和进口国都有赖于可靠的过境通道。同时，能源过境势必要求对管线、港口、车站等基础设施的大规模投入，这又给当地的经济发展带来机遇。这就是何以抓住了能源，整个俄罗斯的经济都有起色的秘密所在。

第二，俄罗斯既是当今世界重要的能源大国之一，同时也是世界上最大的转型国家。从传统的计划经济和高度集权的体制向市场和民主法制社会转型的复杂过程给俄罗斯的能源外交打上了不可磨灭的烙印。

其一，90年代私有化过程中金融工业寡头占据了俄罗斯的大部分石油资源，当时，国有开采的煤炭和原油不到整个产量的10%。一直到普京执政，这种局面才逐步得以改变。从2004年始，尤科斯石油公司为国有俄罗斯石油公司的尤甘斯克子公司收购，俄罗斯天然气工业股份公司70%以上的股份为国营俄罗斯天然气石油总公司收购。同时，俄还对私人资本进入国内主要管道建设和购买国营能源股份实行了限制。一方面，能源领域产权结构变化给普京实行新政奠定了基础；但另一方面，这一变化又不可避免地成为近年来俄罗斯与支持寡头势力的西方国家关系迅速恶化的重要由头。

其二，作为转型国家的俄罗斯，虽然是一个能源大国，但是参与国际经济一体化的水平依然相当有限，参与国际能源事务决策的知识准备、信息渠道、决策能力也是刚刚开始着手培养。经常可以听到俄罗斯媒体和学术文献尖锐地批评政府能源主管部门缺乏协调，专业管理人员职业素养不足，无力应付国际能源领域的复杂局面。看来，体制转型所带来的机会还有待一个较长时间的磨炼，才能真正转化为管理的效益。

其三，转型时代的条件下，市场经济所要求的务实精神和俄罗斯人传统中特有的豪放不羁的品格会产生怎样的交集；同时，俄罗斯人在刚刚开始摆脱苏联解体的阴影之后，民族意向重新聚合，迅速表现出对大国尊严地位的渴望和追求，都会一一在俄罗斯能源外交中得到体现。当时的俄能源外交一方面努力学习和吸收各大国能源外交的长处，同时，在和相邻众多不同区域和国家的利益交换与平衡中求得自身利益的最佳状态，体现出地缘大国的优长。

（四）走向

俄罗斯能源外交是以其在全局、区域乃至国别所实施的不同政策来体现的。从全球角度看，在 21 世纪初，有着国际能源机构、石油输出国组织（OPEC）、西方八国集团，以及联合国下的经济及社会理事会和各种论坛等各种形式的国际能源组织与协调机制。尽管在俄罗斯正式成为世界贸易组织成员之前，不可能加入经济合作与发展组织，因而，也不可能成为国际能源机构的成员。但是，在苏联解体之后，俄罗斯还是与国际能源机构在预测和规划领域积极发展合作；虽然俄罗斯与石油输出国组织之间无论在产量、定价和争取投资等各个方面都存在着竞争，但是，俄罗斯还是以观察员的身份与之进行合作与交往。也尽管，作为"价值共同体"的西方七国集团成员国与俄罗斯之间关系微妙，但是俄罗斯还是积极利用这个讲坛推行能源外交活动。最后，尽管联合国之下的各种论坛和经济及社会理事会的效能有限，但俄罗斯还是积极通过各种机会，特别是在环境、核能以及其他问题上寻求这些重要多边国际组织的最大支持。

从区域和国别的角度看，欧洲无疑依然是俄罗斯能源外交的重点所在。多年来，在欧洲的进口天然气中，有一半来自俄罗斯。欧洲的石油进口也有相当部分来自俄罗斯。欧洲委员会向欧洲国家发出警告：如果无法探索到其他有效途径，未来20—30年，欧洲70%的能源需求将通过国外进口来保障。鉴于这些预测，俄罗斯在欧洲能源供给天平中的砝码相对加重。而对俄罗斯来说，回归欧洲一直是其内心所求，来自欧洲的能源外汇也是其国民收入的一项重要来源。在俄罗斯于可见的将来不可能以欧盟成员国身份回归欧洲的背景下，借助于能源，特别是借重于俄欧之间的能源管道可以大大加强双方的紧密联系。笔者曾于2006年9月瓦尔代论坛之便，参观了俄罗斯天然气总公司总部的中央调控室。从大屏幕显示出犹如蛛网般的能源管线分布上，欧洲俨然是俄罗斯能源供应的重中之重。与以往有所区别的是，近年俄罗斯对欧洲的能源外交侧重于双边和多边并举，也即不光与作为整体的欧盟打交道，而且也大刀阔斧地推进诸如与德国等国的双边合作，跳过与俄不睦的波罗的海诸国以及波兰，直接与德国修建耗资近百亿美元的海上天然气管道。

对于独联体国家的能源外交无疑依然具有非常重要的战略意义，大多数独联体成员国进口能源占其能源消费的80%—100%，当然主要是从俄罗斯进口。借重于苏联时期的能源管道，俄罗斯对这一地区的地缘政治影响至今依然超出其他任何国家。但是，所有俄罗斯输往欧洲的油气必须路经乌克兰。于是，2006年年初俄乌之间的一场天然气大战，其要害就是俄罗斯甘愿承受风险，也要对在"颜色革命"中倾向于西方的乌克兰进行清算。同时，也敲山震虎地对欧洲晓以利害。俄罗斯的策略就其短期而言未必没有效果。至少乌克兰的亲西方势力陷入了深重危机。当时俄罗斯在独联体地区内部是竭力以欧亚经济共同体为核心，推动不同速度不同层面的能源合作。

至于里海—黑海地区和中东地区的能源外交，俄罗斯力图在异常复杂激烈的多边国际合作与竞争中，充分运用"公司外交"的作用，发挥俄罗斯除了油气资源与管道，还有核能、电能等方面的优势，采用政治与经济相互交错的办法，捍卫自己的利益与影响。

特别值得一提的是俄罗斯能源战略的东向转移。随着亚洲经济持续增长，同时，也是由于俄罗斯在西方面临着前所未有的压力，根据"俄罗斯2020年前能源战略"，俄方大力推动面向国内外市场的大型项目，其中包括开发东西伯利亚和远东天然气的开采、运输和供应系统，以及建设东西伯利亚—太平洋输油管道。当时预计亚太地区在俄罗斯石油出口中的比重将从此刻的 3% 提高到 2020 年的 30%，在俄罗斯天然气出口中所占的比重将从此时的 5% 提高到至少 25%。除已经确定中俄间的数项重要的油气管线项目，中国与俄罗斯在电能与核能领域的合作也加速推进。诚如当时的俄罗斯工业与能源部部长赫里斯坚科所言："能源战略的'东方部分'是对俄罗斯面临的全球性挑战和风险作出的恰如其分的回应。"

（五）风险

如同任何重大国际行为一样，俄罗斯能源外交的一系列重大变化也不可能不包含风险。但是，可以听一听俄罗斯的权威人士是如何来回答这些问题的。

其一，倚重于能源的发展战略是否会不利于俄罗斯经济结构朝向多样化合理化的调整，始终是国际学界关注的焦点。长期依赖于能源的单一产业势必有碍于经济的平衡与稳定发展，俄罗斯精英们未必不知其中蕴涵的风险。就好像是当年十月革命先由工农夺取政权，然后，再一步步提升社会经济发展水平的做法，今天的俄罗斯人同样是鼓足勇气，希望紧紧抓住内外形势，有利于发展能源经济契机，然后，待力量和资金有所积聚之后，再实施进一步的经济结构调整。

其二，西方舆论一直担心的问题是能源的产量与储量是否足以支撑俄罗斯的能源发展战略，俄罗斯国内也实际上存在着需求迅速上升而出口有可能受到削弱的争论。但是，按照俄罗斯各个方面权威专家的意见，在相当长时间里既定方针不可能发生改变。就在 2006 年瓦尔代论坛上，普京总统还意味深长地对与会者说：俄罗斯实际的资源拥有状况要远远超出一般人的想象。

其三，也有不少人担心，随着国际能源价格行情的起落，俄罗斯的能源经济会受到影响。普京总统对此的回答非常简单明了："要知道，俄罗斯的长期经济预测是按照 27 美元/桶的价格水平来制订的。"①也即，俄罗斯是按照远较当时的油气行情更为低下的水平来制订规划的，因此有着规避风险的空间。

包括对于俄罗斯能源外交由西方向东方的偏移，也在欧洲激起了一片惊呼，似乎俄罗斯对于西方的能源供应就此将会受到重大影响。其实，普京早就说过，尽管，俄罗斯从地理上属于欧亚国家，但是，毕竟从文化上说，俄罗斯始终属于一个欧洲国家。

二、从俄乌天然气大战看俄欧美关系的发展

2005 年下半年至 2006 年初，俄罗斯与乌克兰之间发生了一场举世关注的天然气大战。争端的结果，以双方的妥协告终。但是，在这场天然气危机背后所隐匿着的国际国内复杂因素却如冰山一角，刚刚显露出来。

从这场天然气争端的整个过程来看，无论是对于经济能源资源的激烈争夺，还是国际政治角逐的精心谋划；也无论是国内选举政治的急迫需要，还是各国民族主义的急剧抬升，内外因素的

---

① 普京在 2006 年瓦尔代论坛上的演讲，https://www.newsru.com/russia/11sep2006/valday.html。

错综交织使得这场危机势将迁延时日。危机情势之下，作为新时期大国关系的俄欧美之间的相互较量，虽然仅仅是小试牛刀，但是，这样的较量却清晰地预示着未来的欧亚地区正在面临着一场更加深刻而重大的地缘政治格局变迁。

俄罗斯与乌克兰这一场"天然气大战"到底缘何引起，又是如何解决的？这场争端反映了俄罗斯与乌克兰这两个重要伙伴之间关系怎样的实际状况？欧洲与美国在这场争端中出于何种动因进行干预，起到了怎样的实际作用？最后，这场"天然气大战"对于欧亚大陆纵深地带、乃至全球经济政治格局会产生何种影响？上述一系列问题不光令国际政商精英关注，而且，平民百姓也为这一戏剧性变化所侧目。

（一）兄弟阋墙

苏联解体之后，俄罗斯与乌克兰分家难分食。特别是缺乏能源资源的乌克兰还得仰仗俄罗斯以低廉价格提供石油与天然气。而在俄罗斯这边，既要从地缘政治考量，特别是从维护独联体地区战略局势稳定的动机出发，也要从双方传统的关系考量：不光是在乌克兰还居住着大量的讲俄语的居民，而且从情感上说，无论平民还是政治家都不愿太过极端地处理双边经济关系。所以，在苏联解体后的 15 年中，俄罗斯大体是以每千立方米 50 美元左右的相当低廉的价格向乌克兰供应天然气。

2005 年下半年以来，俄罗斯与乌克兰之间就所提供天然气的价格问题进行了艰难的谈判。俄方希望乌克兰能够以接近于国际市场的价格向俄罗斯支付天然气费用，乌克兰则坚持维持原价；

俄方提出就天然气出口事项提供贷款，乌克兰方依然不让；最后是在 2005 年年底，普京提出 2006 年第一季度仍然按原价向乌克兰供气，但第二季度开始则必须按照 230 美元的市场价格支付。在乌克兰对此不予理睬的情况下，俄罗斯从 2006 年 1 月 1 日起开始降低向天然气管道供压，这意味着天然气龙头已经开始关闭。在国际舆论，首先是欧洲能源短缺国家的一片惊呼声中，经过了紧张曲折的幕后周旋，双方同意于 1 月 3 日再次开始谈判。

俄罗斯方面所提出以 230 美元每千立方米天然气的价格向乌克兰输气，比原来的价格高出了好几倍。如果，当真要乌克兰按此价格向俄罗斯支付天然气费用，无疑是对依然低迷的乌克兰经济的一个沉重打击；但问题的另一面，俄罗斯已开始在独联体国家内部按照市场价格收费，除了对白俄罗斯这个白俄联盟的战略伙伴依然以低于 50 美元的价格收费，对其他国家在不同程度上都采用了新的市场价格机制。要俄罗斯长期以低于世界和欧洲市场的价格，甚至以低于俄罗斯本国国内价格水平向类似于乌克兰这样的国家供气，显然也未必合乎情理。

事情的复杂性还在于，俄罗斯与乌克兰之间有着千丝万缕的经济政治与战略关系。比如，俄罗斯通往西欧的最主要的三条天然气管道是经过乌克兰国土的。因此，一旦俄罗斯准备"断气"，媒体当即出现报道：乌克兰方面已开始对从俄罗斯通往欧洲的输气管道截流。一时间俄罗斯舆论一片"抓窃气贼"的叫骂声。但是与此同时，俄罗斯的黑海舰队依然租借着乌克兰塞瓦斯托波尔的军港，乌克兰已暗示，一旦局势紧张，势必把这一事过多年方才得以解决的黑海舰队租借问题重新提到谈判桌上，此举势将极大地影响两国之间的战略关系。可见，天然气之争又与错综复杂的双边政治与战略关系相交织。

（二）妥协双赢？

一直到 2006 年 1 月 3 日晚间，从莫斯科与基辅方才传出消息，双边谈判重新开始进行。非常意外的是，曾经使诸多观察家为之悲观的这场冲突，却在事过一天后立即传出了取得突破的消息。

根据双方达成的协议，同意通过一个由俄罗斯与奥地利合资的"俄乌能源"公司从俄罗斯向乌克兰提供天然气。俄方向该公司按照原先的 230 美元每千立方米价格提供天然气，而乌方则按照 95 美元的价格向"俄乌能源"公司购买天然气。在此同时，俄罗斯认可天然气经乌克兰出口到欧盟的过境费用，由原来的每千立方米/百公里 1.09 美元提高到 1.6 美元，并以现金支付。

从表面上看，这场危机以双方保全面子的方式而闪电式告终，也即俄罗斯方面的要价不变，同时，乌克兰仍维持以低价从国外进口天然气。这一结局似乎对双方而言，对国内国外都能有所交代。因为，俄罗斯方面既不堪承受长期低价向乌克兰输气的经济政治后果，也不愿使得原本已经相当脆弱的双边关系受到过多的冲击。而乌克兰方面虽然也能够从中亚国家取得天然气，但是却依然要途经俄罗斯运送，因此，也不得不接受在形式上还能向国民交代的价格条件。

虽然，在双方达成妥协之后，舆论认为争端各方是平分秋色，在争端中的得失不相上下，但是，对于上述结果若细细推敲起来，仍然有很多问题值得作进一步的观察。

其一，这个"俄乌能源"公司之所以能够以 95 美元的低价向乌克兰出口天然气，是由于该公司是把从哈萨克斯坦、乌兹别克斯坦，尤其是从土库曼斯坦进口的廉价天然气和从俄罗斯购得的高价天然气加以混合之后，才向乌克兰出售。但是，中亚地区的天然气出口在多大程度上能够保持这样的低价位，实在是一个不容乐观的事实。换言之，乌克兰是否能够在长时期中得到廉价进口天然气也是一个未定数。

其二，这个"俄乌能源"公司具有多大的能力充当俄罗斯与乌克兰之间这么复杂的交易的中介商，就不得不令人对于这个神秘公司的来历加以关注。据称，该公司是由"俄罗斯天然气工业银行"与奥地利莱富艾森银行集团于 2004 年 7 月 29 日合资建立，2005 年 1 月 1 日开始经营。俄奥双方各控股 50%。虽然，该公司的另外的 50% 股份属于何人不得而知，但是，俄罗斯掌控的 50% 股份却表明俄方成了另一方面的受益者。

其三，乌克兰尤先科总统曾经一再宣布不愿意接受俄罗斯方面的提价要求。但是，在危机告一段落之后，尤先科还是不得不宣布接受俄罗斯方面提出的以市场方式的定价机制。这一立场上的变化反映着争端双方的大体得失。

若以争端解决的直接后果来看，大概还是俄罗斯方面略有胜出。

也正是由于这样的直接结果，在谈判结果公布之后，引起了乌克兰国内的民意波动。乌克兰国内舆论纷纷指责现政府既无能力在危机中捍卫本国利益，又企图利用危机局势煽动民族情绪以期影响在 2006 年 3 月即将来临的国内议会选举。在党派之争与民族主义情绪互相激荡的背景之下，乌克兰国内的政治动荡迅速被触发了。2006 年 1 月，乌克兰议会经过紧张激烈的辩论，以多数票通过了解散叶哈努罗夫政府的决定。眼看着建立还不到几个月的政府就立即陷入危机，乌克兰整个国家又一次面临着分裂的危险。

（三）欧美因素

在俄乌天然气大战的幕前幕后，一个相当值得关注的动向是外部因素，特别是欧美各国所起到的作用。

根据已查明的资料，70% 以上的世界天然气资源集中在原苏联和中东地区，而已经查明的最大的天然气矿区分布于俄罗斯和独联体国家。21 世纪之初，俄罗斯天然气出口占全世界总量的 35%。这一比例不仅能够影响世界整个天然气市场的行情，还可以通过扩大天然气出口，深入输配气网络系统之中，从而影响电力生产和天然气加工等各个领域。相比之下，欧盟各国世纪之交的天然气进口量已达 40%，而预计到 2020 年欧盟各国的天然气进口量将达到 65%。鉴于天然气资源所具有的价格相对低廉、环境影响较小等优点，尤其是在北海油田产量举步不前的情况下，世界各国，特别是欧盟各国对天然气这一能源品种的重视程度大大提升。其一，根据国际能源机构的报道，当时欧洲 50% 的天然气来自俄罗斯，其中 85% 经由乌克兰输送。就国别而言，法国从俄罗斯进口天然气占其进口总量的四分之一；德国从俄进口则占其进口总量的三分之一。包括英国虽有北海油田的支撑，但若干年来，天然气价格处于历史最高水平，存在着潜在的供应短缺。因此，英国也开始就天然气供应问题与俄罗斯积极展开合作。俄欧之间的双边和多边交往在很多方面大体上是围绕着天然气供需状况而展开的。

为了落实普京总统所制定的"俄罗斯2020年前能源规划"，俄罗斯至少是从以下几个方面大刀阔斧地对欧美展开能源外交：其一，通过兴建天然气输送的管道网络，大力推动与欧盟的天然气合作，以此作为俄罗斯与欧盟之间全方位合作的基础。2005年，俄罗斯天然气工业股份公司与德国巴斯夫公司和EON能源公司签署了共同建设北欧输气管道的原则协议，普京和德国前总理施罗德出席签字仪式。后者已经正式受聘担任负责这个项目的北欧天然气管道公司的董事长。当时预计2010年前完成该管道首条管线的建设，并于2013年实现输送550亿立方米天然气的设计能力。2005年11月，由俄罗斯、意大利以及土耳其联合修建的"蓝溪"海底天然气管道正式竣工，全长1 213公里，年输气能力达到160亿立方米。评论认为，普京与欧洲政要之间的政治意志与私人感情关系乃是达成上述大型能源合作项目的重要动力。

其二，美国与俄罗斯之间的能源合作虽然远远没有达到欧俄之间的高度，但是立足于美俄之间在能源领域的相互需求与战略认知，双方也在油气合作方面展现了非常广阔的前景。就在俄乌天然气争端发生的同时，俄罗斯工业与能源部门的关键负责人维克多·赫里斯坚科访问美国。赫氏访美期间，不仅大力宣传俄罗斯的能源远景规划，而且从两个方面积极推动美俄油气合作：第一，俄罗斯方面游说美国政商两界积极参与北海管道的建设，特别是建议从巴伦支海向美国输送液化天然气。会见之后，美国能源部长塞缪尔·鲍曼称："美国乐见北方管道能够向美国输送廉价的天然气。"①第二，俄罗斯还积极鼓动美国投资于 2008 年即将首期开发完成的东西伯利亚—太平洋的油气项目。此外，也正是在 12 月份俄乌天然气之争不可开交之时，普京亲自向来访的美国前商业部长埃文斯发出邀请，希望他担任俄罗斯石油公司的董事会主席。

综上所述，俄、美、欧之间已经就能源合作问题在不同程度上取得了相当可观的实际进展与共识。同时，美欧对于俄罗斯能源领域的参与程度，也决定了在俄罗斯与乌克兰天然气争端发生之后，他们自会高度关注和积极干预的必然性。

（四）积极干预

事实上，早在 2002 年俄罗斯与乌克兰之间已经就两国共同管理天然气运输管道问题达成了协议，当时便宣布成立俄乌财团。该财团成立的一个重要背景，乃是由俄罗斯负责引进外资以解决乌克兰天然气管道的现代化技术改进问题。2003 年，在普京总统与施罗德总理紧密合作的直接推动下，德国方面也正式签约成为条约的参与国。当时俄罗斯甚至开始了与意大利和欧洲复兴开发银行的谈判。但由于当时乌克兰坚决反对将该公司的运行置于俄罗斯的控制之下，所以该财团被置于俄、乌、德三家共同控股之下。2002—2004 年期间，财团运转不灵。乌克兰与俄罗斯就财团的管理权限争执不下。乌克兰甚至主张乌俄之间仅在边境地区进行输往整个欧洲地区的天然气交易；而俄罗斯方面则坚持乌克兰

---

① ［俄］阿·舍格罗夫：《北方管线等候着美国人的到来》，2005 年 10 月 25 日，www.strana.ru。

的天然气管道工程可以以租赁方式进行。一直到 2004 年，在普京
总统的大力斡旋与说服之下，当时的乌克兰总统库奇马才同意对
天然气管道实行租赁。2004 年 8 月的乌克兰大选之前，俄罗斯方
面从对库奇马政权的乐观估计出发，与乌克兰签署了关于建立天
然气管道财团和建立统一经济空间的重要协议。

　　到尤先科政权上台，俄乌财团项目事实上已经流产。这一流
产不光影响俄乌双边的经济关系，而且也直接牵动着欧洲最重要
的经济大国德国的命脉。而当这次俄乌天然气争端直接影响到向
欧洲国家供气时，德国、法国、意大利感到再不能置身事外，在
作为欧盟轮值国主席，同样也是能源短缺大户奥地利的大力推动
之下，欧盟开始积极干预这一争端。

　　在天然气大战爆发之初，欧盟国家的表现相当谨慎，力图体
现中立的姿态。但是到 1 月俄罗斯开始关闭天然气龙头之时，欧洲
舆论开始哗然，由原来的大体中立姿态开始向同情乌克兰的立场
偏移。德国外交政策委员会俄罗斯与欧亚项目主任、欧洲权威的
俄罗斯问题专家亚历山大·拉尔（Alexander Rahr）在 1 月初发表
的采访中明确表示：对于欧美国家而言，俄罗斯在争端中处于强
势，而乌克兰则处于弱势，因此，虽然乌克兰在争端中也有责任，
但是，我们更加关切弱者得不到保护。他甚至明言，欧洲舆论明
显地倾向于乌克兰方面。包括欧盟官方人士，如欧盟能源委员安
德利斯·比尔巴各斯也公开承认，在国外舆论眼中，俄罗斯是一
个具有侵犯性的国家。[1]但是从总体上说，尽管欧洲国家官方、媒

　　① ［德］亚历山大·拉尔：《关于俄罗斯与乌克兰天然气争端的采访》，
2006 年 1 月 9 日，www.strana.ru。

体或学界都未必赞同俄罗斯的立场，然而，还是表现得比较克制。

　　首先，欧盟从事件的一开始就予以密切的关注，并且姿态低调，始终保持了与争端双方的沟通与磋商。到 1 月 4 日，俄乌双方达成初步协议，欧盟立即予以表态支持。欧盟人士虽然有倾向于乌克兰的表现，但是，对于乌克兰国内的政治动荡表示担忧，而且明确表示，乌克兰要实现加入欧盟的目标只能是在其成为世界贸易组织成员之后。对于俄罗斯的强硬立场，欧盟方面虽有不满，但是，也非常强调俄罗斯与欧盟能源对话的重要性和有效性。欧盟能源委员比尔巴各斯甚至为俄罗斯天然气提价进行开脱。他说，在能源价格普遍上涨的情况下，天然气涨价的也已不是俄罗斯一家的做法。挪威、阿尔及利亚都已提价，欧洲国家的天然气价格都已上升到 300 美元每千立方米。关键的问题，是要形成欧盟的共同能源政策来应付危机，而目前欧洲各国实际上还是停留于国别的能源政策水平。

　　与之可以形成对比的是美国在天然气大战中的立场。

　　根据俄罗斯媒体的报道，有迹象表明，在 2005 年俄罗斯与乌克兰谈判的前期，乌方的立场比较通融。但在谈判的关键时刻，美国中央情报局局长波特·戈斯（Porter Goss）在克里米亚与乌克兰总统尤先科会见以后，乌克兰立场转为强硬。2005 年 12 月初俄、乌谈判的关键时刻，赖斯访问基辅，明确表示了对于乌克兰新政权的全力支持。内容包括在近期承认乌克兰的市场经济地位，加强两国在宇航领域的合作，还包括能源、医疗领域的全方位合作。2006 年 1 月 2 日，美国国务院发表声明称，俄罗斯停止对乌克兰供气造成了该地区能源供应的不稳定，认为，这是利用能源问题施加政治压力。在 1 月 4 日俄罗斯与乌克兰达成协议之后，美国国务卿赖斯还是公开攻击俄罗斯：身为八国集团成员，以能源向乌克兰施压有失体面。尔后，在尤先科总统访问阿斯塔纳与普京会见期间，根据美国方面的建议，1 月 10 日尤先科又向赖斯打电话，对于美国对他的支持表示感谢。①一个有趣的现象是，尽管美国对于乌克兰的支持远比欧盟要来得直率与露骨，但是，根据伊塔尔-塔斯通讯社 1 月 12 日报道，白宫发言人斯科特·麦克莱伦（Scott McClellan）在接受采访时表示，布什总统还是高度评价他和普京总统的个人关系，"他坚信，与世界领袖的个人关系有助于形成稳定的双边关系，比如，与普京总统的关系"②。这一动向表明，美国在批评俄罗斯的同时，仍希望在两国最高层面依然保持良好的关系。

虽然，美国与欧洲在天然气危机过程中，都有幕前幕后的表态，表面上，两者都希望俄罗斯与乌克兰双方以克制的态度控制事态发展，但是，美国看来是言不由衷。因为从地缘政治立场来看，俄罗斯与欧洲之间的能源合作有可能使得欧洲（特别是"老欧洲"）和俄罗斯走向接近。能源合作是这种可能导致紧密关系的制度与经济基础。但从长期角度看这对美国将可能是一个挑战。因此，俄罗斯与乌克兰的吵架殃及欧洲，使得欧俄之间在能源供应方面产生不信任问题，从逻辑上说，美国对此是乐于旁观的。

---

① Райс позвонила Ющенко. чтобы услышать "Спасибо". https://www.pravda.com.ua/rus/news/2006/01/10/4395734/.

② Буш высоко оценил диалог с Путиным. https://ria.ru/20030927/440361.html.

而对于欧洲来说，尽管，从能源需求的实际利益出发，势必以调停方式介入争端，但依然力不从心。一方面，欧洲不能对于乌克兰施加过大的压力，明眼人看得清楚，欧洲人内心真正偏好的是"颜色革命"后的乌克兰。俄罗斯人对此也心知肚明。他们认为，在欧洲舆论中，往往俄罗斯是"坏孩子"，而乌克兰则是"好孩子"，因此，在俄罗斯人的眼中，来自欧洲方面的无论是仲裁还是调停，都势将带有情感色彩。但是，另一方面，欧洲实际上同样开罪不起俄罗斯。一个非常简单的理由是：毕竟欧洲所需的大宗能源，是从俄罗斯进口的。

（五）缘由何在

除了能源资源的争夺这一众所周知的动因，形成了俄罗斯与乌克兰之间天然气大战这戏剧性的一幕，战略与政治因素是如何作用于这一过程的呢？

细心的读者会发现俄罗斯开始中断向乌克兰供气的同时，还捎带着把向摩尔多瓦供气的龙头也拧紧了。而这两个国家内部恰恰是近年来发生了倾向于西方的政治变化。在乌克兰，是通过一时轰轰烈烈的所谓"颜色革命"，把倾向于俄罗斯的政权推倒在地；而在摩尔多瓦则是自动调整外交路线，全面地向西方倾斜。连续发生在格鲁吉亚、乌克兰、摩尔多瓦的倾向于西方的政治变化，形成了西方直接遏制俄罗斯影响的一道新幕墙。同时，欧美国家采用公开的或隐蔽的方式，在上述国家通过"街头政治"大力推动"民主化"，这不光对于俄罗斯以及其他独联体国家周边环境，而且对于其内部政治稳定，都形成巨大挑战与压力。

2005 年的秋后，鉴于"颜色革命"后的上述国家形势不稳，一度美国对于俄罗斯以及面临大选的哈萨克斯坦放软调门。比如，对纳扎尔巴耶夫十多年来的国家管理作出了很高的评价，甚至，对于如何在俄罗斯内部推行民主，布什本人也表示要考虑到与俄罗斯的传统与发展水平相结合。在当时看来，美国似乎表现出不再急于推动类似政治变化的姿态。但是，12 月份美国副国务卿尼古拉斯·伯恩斯（Nicholas Burns）在首都华盛顿的五月花饭店的一次重要讲话中，再次反复强调美欧要努力合作，推进在俄罗斯与乌克兰等国的民主化进程。这是欧美行将在该地区继续推行所谓"颜色革命"路线的又一个重要信号。

正是在此同时，12 月 2 日，乌克兰、格鲁吉亚、爱沙尼亚、摩尔多瓦等国正式组建"民主选择共同体"（The Community of Democracies）。格鲁吉亚总统办公厅主任公开表示，这是不愿成为俄罗斯附庸的国家的"轴心"，势将"成为平抑俄罗斯影响的因素"。值得注意的是，北约代表和美国助理国务卿葆拉·多布里扬斯基（Paula J. Dobriansky）不仅到会祝贺，而且明确表示：美国将予以全力支持。倒是欧盟的代表显得非常谨慎，虽然当时也人在基辅，但却坚持不参加会议。与美国和北约代表公开宣传将考虑于 2008 年内吸收乌克兰加入北约的调子相比，欧盟强调，要在乌克兰加入北约和世界贸易组织之后，才考虑吸收乌克兰加入欧盟。

但是，不管美欧之间有何差异，他们在以往"颜色革命"中的相似立场，以及西方继续行将施加的政治压力，是俄罗斯在"天然气大战"中采取强硬立场的一个重要动因。

　　至于 2006 年 3 月乌克兰的议会大选将临，俄罗斯方面希望利用能源大国的优势地位，对国际社会发出一个强有力的信息：不要忽视俄罗斯的现实影响与潜能，并以此施加压力，旨在扭转俄罗斯对于乌克兰这个最重要邻邦的影响力的颓势。而乌克兰方面则指望通过"天然气大战"这场闹剧，以此吸引欧洲乃至全世界的眼球，通过"寻找敌人"的方法来争取西方的支持，谋求取得更多的实惠，并以此来维持和稳定执政当局的政治地位。国内政治与国际关系是越来越紧密地联系在一起了。

　　这场天然气争端及其结局，如何影响未来的欧亚地缘政治格局，显然是一个会长期引起俄罗斯与乌克兰之间的情感纠葛与政治经济纷争的问题。就俄罗斯来说，这场争论势必使兄弟阅墙，而两失其利。布热津斯基说过，没有乌克兰的俄罗斯将难以成为帝国。与乌克兰闹翻这种前景未必是俄罗斯战略家所愿意。另外，虽然在这场较量中俄罗斯较多表现为进攻姿态，但是从整个战略对比来看，并非到了俄罗斯可以对西方实行大反攻的时机。尤其是，俄罗斯的能源资源是否足以在长时期中对大国政治发生影响，也是一个有所争议的问题。而对于乌克兰来说，得失利弊也仍然是一个需要仔细估量的问题。在这场闹剧之后，也并未因此而能从西方捞到多少实惠。

　　至于欧洲，争端之后重新面临着一个动荡不定的欧亚格局，不光来自俄罗斯的能源供应出现了后顾之忧。俄罗斯一旦有变，后果不堪设想。事实上，已经有不少欧洲国家更加倾向于天然气来源的多元化。而且，一旦事态的发展涉及安全事务领域，那就更不是一个实力有限的欧盟所能消受。所以，这场天然气大战尚能够以这样的结局而告终，对于欧洲来说，已经是不幸之中的大幸。

对于隔岸观火的美国，虽然希望利用这场争执来削弱俄罗斯的地缘政治影响力，甚至期待引起进一步的内部政治变化，但是从长远的战略利益出发，在施加压力的同时，也还不得不有所节制。从天然气大战所表现的复杂内容来看，这个话题，无疑是西方大国外交中的一个难以解决的长期问题。

第四节　从俄格冲突到国际金融海啸的"危机政治经济学"

2008 年 8 月 8 日格鲁吉亚和俄罗斯冲突的发生，是冷战后欧亚地区的重大事件。这场冲突不光对 2008 年下半年以后俄罗斯与西方关系产生了重要影响，而且透露出国际格局正在发生重大变化的端倪。不久，席卷全球的金融海啸突然降临，进一步让人思考这场危机对于当时全球变迁的作用。

把格鲁吉亚与俄罗斯冲突与国际金融危机这两件看似无关的事情联系起来加以考察，其动因之一是，研究几乎同时发生的政治—安全冲突和经济危机这两个重要过程，有可能为冷战结束以来的"时代"的划分，获得一个更接近于事实的理解。

提出这样一种看法的另一个动因是：无论是格俄冲突还是国际金融危机，都囊括了美国、欧盟、俄罗斯、中国等大国的直接参与或者间接影响。因此，一方面，是几乎所有全球重要角色的介入，另一方面，则是几十年甚或百年未见的格局转换的开始。这两个过程相交织而留下的悬念，足以引发对危机与国际转型相互关系的进一步思索。

一、关于俄格冲突的大体过程

俄格冲突的形势可以分成以下的五个阶段。

第一阶段：2008 年 8 月 7 日午夜（欧洲时间），格鲁吉亚向在其境内的南奥塞梯首府茨欣瓦利的俄罗斯军营内的维和部队和平民首先发动进攻。当时，格鲁吉亚国内关于是否发起这场战争的问题还有着不同的意见，战争是在没有充分准备的情况下发生的。这一段战事的结果是格军攻入茨欣瓦利，同时造成了当地俄军和大量平民伤亡。据俄罗斯方面的消息，格鲁吉亚的进攻导致了一千多名当地居民和 12 名俄罗斯维和部队人员的死亡，另外，造成了大量城市建筑的破坏。①

第二阶段：在格鲁吉亚发动进攻 12 小时之后，俄罗斯军队开始大规模反击，不光有俄罗斯 58 军精锐部队越过边境的主力进攻，而且，还有空中力量全面配合，加上网络战的策应，将格鲁吉亚军队打了个措手不及。虽然，俄军在对抗中也付出了代价，但整个俄军迅速推进，一度相当接近格鲁吉亚的首府第比利斯。

第三阶段：从 8 月 12 日始，当任欧盟轮值国主席法国总统萨科齐充当欧盟的调停者。经过艰苦的，但同时也是时间紧凑的谈判，终于使得参与这场冲突的俄格两家达成关于停火的六点协议。

① 吴宏伟主编：《俄美新较量——俄罗斯与格鲁吉亚冲突》，长春出版社 2009 年版，第四章。

而后又有了一个补充性的协定，其内容主要是：放弃使用武力；彻底停止使用军事行动；开展人道主义援助行动；格鲁吉亚军队回到出兵前的常驻地点；俄罗斯军队返回开始军事行动之前的位置，在国际维和机制形成之前，俄罗斯维和部队可采取必要的安全措施；就南奥塞梯和阿布哈泽的未来地位及安全保障途径问题展开国际讨论。最后一条因格鲁吉亚方面的反对改成：举行国际对话以促进地区安全与稳定。从六点协议内容来看，既不如美国总统布什那样谴责俄罗斯是"入侵者"，也不如中国和上海合作组织那样着重于表示"关切"，以及希望俄罗斯在稳定当地局势方面"发挥建设性作用"。六点协议的主要内容，乃是将停火作为最为重要的问题来解决，但不谴责俄罗斯是"入侵者"；同时，实际上同意在冲突之后，俄罗斯军队依然有权留在阿布哈泽和南奥塞梯境内。对于这六点协议的结果虽有争议，但总体上被国际舆论和各相关国家当局所接受。

　　第四阶段：六点协议签署之后，格鲁吉亚地区的形势并未稳定下来，俄罗斯和美国相互之间仍继续就军事冲突进行争执，并相互以撤销和中止原有合作作为威胁。8月26日俄罗斯总统梅德韦杰夫正式宣布承认南奥塞梯和阿布哈泽两国作为主权国家的独立。此举引起了当时西方舆论进一步大规模地猛烈抨击俄罗斯。当时的欧洲主要国家和欧盟代表也相继表态加以谴责，而俄罗斯则坚决加以辩护。美国"麦克福尔"和"达拉斯"两艘巡洋舰以"向格鲁吉亚运送人道主义救援物资"为由停靠在格鲁吉亚的黑海港口。俄罗斯则相应派出包括"莫斯科"号导弹巡洋舰在内的黑海舰队多艘舰船与美军隔海而视，形势一时间显得剑拔弩张。而欧盟在此同时也宣布暂时推迟欧盟与俄罗斯的双边关系框架协定的谈判，以此作为俄格冲突以来，欧盟对俄罗斯的唯一制裁措施。

第五阶段：自9月8日始，法国总统萨科齐、欧盟委员会主席巴罗佐、负责外交与安全事务的高级代表索拉纳先后前往莫斯科和第比利斯，最后在莫斯科达成了一个六点条款的补充协议。内容包括：由欧盟担保格鲁吉亚不会再次对阿布哈泽和南奥塞梯发动军事进攻；俄格两国军队撤回冲突之前驻扎的地区；欧盟军事观察员进驻阿、南两地维和。按照这一协议的规定，俄罗斯军队必须从现在占领地段撤回阿布哈泽和南奥塞梯两地。此后的一周之内，欧盟两百名观察员进入格鲁吉亚冲突地带进行实地观察。

在欧盟的担保之下，俄罗斯和格鲁吉亚之间的冲突形势暂时告一段落，但是从这次冲突中所揭示的问题来看，争执双方以及相关各方的认知差异和实际利益的相互矛盾，却远远没有解决。

二、关于俄罗斯和格鲁吉亚冲突的若干争论意见

俄罗斯和格鲁吉亚冲突发生以来，国际社会关于这场冲突展开了激烈的争论。争论不仅出现在国际媒体上，还表现在国际学术交往中，而且也发生在当时举行的一些重要的国际会议上，比如，在2008年9月初举行的瓦尔代论坛上。争论议题不光涉及俄罗斯和格鲁吉亚、俄罗斯和西方的关系，而且涉及了冷战后国际格局变迁的深层次全局问题。

（一）关于俄罗斯与格鲁吉亚冲突的原因
一种相当普遍的意见认为：冷战结束以来，欧美国家一直推

行着北约东扩和欧盟东扩政策；21 世纪以来又发生了以"颜色革命"为名的在格鲁吉亚、乌克兰和中亚等原苏联地区的在西方影响之下的政治变动；近年来美国又加紧准备在波兰和捷克部署"反导系统"，这一连串的战略推进无疑形成了对于俄罗斯的极大的外部压力。而因格鲁吉亚出兵南奥塞梯地区而引发的这场大规模冲突，不过是上述冷战后一系列客观的地缘政治变化的一个阶段性结果和反映而已。

另一种意见认为，从俄罗斯方面看，苏联解体十多年来的俄罗斯已经基本摆脱了当年的困难局面，特别是借助于国际能源市场的价格抬升，俄罗斯已经开始了一个复苏和增长的新阶段。同时，在普京强人政权的推动之下，国内局势趋于稳定、国际影响力回升，国内民意支持率达到了一个相当高的地步。在这样的形势之下，俄罗斯希望获得国际尊重的愿望，包括希望拓展国际影响力的吁求远远超过以往的任何时刻，更容不得类似格鲁吉亚那样向俄罗斯在原苏联地区的传统影响力发起挑战。

此外，从客观上看，高加索地区具有特殊的地缘政治和地缘经济意义。从今后油气管线所体现的能源格局来看，与外高加索地区密切相关的巴-杰石油管线的开通，和同处里海、穿越欧亚的纳布科天然气管线的筹建，将会对欧洲依赖于俄罗斯能源的状况有一个较大幅度的改变。这样一种局面的出现，势必对于未来的俄罗斯和欧洲，及对于俄罗斯与外高加索地区的相互关系产生深远影响。另外，从北约东扩的下一个目标来看，无论是乌克兰还是格鲁吉亚，都将对今后一个时期之内黑海地区的战略力量的重新配置产生重大影响。在当时法国总统萨科齐大力推动下的欧盟

"地中海战略"于近期的出台更是表明了，从战略与经济角度来看，俄罗斯与格鲁吉亚的冲突不过是围绕着欧亚纵深地带的地缘政治竞争刚刚拉开序幕而已。因此，俄罗斯与格鲁吉亚的这场冲突所包含的战略含义远远超出俄格双边关系本身。

（二）关于萨卡什维利发兵南奥塞梯和俄罗斯出兵格鲁吉亚的问题

除了以上所说的宏观背景，国际学术界关于所谓"五日战争"的起因问题也有着激烈的争论。

一个复杂的背景是，格鲁吉亚内部长期存在着分离主义的趋势，同时俄罗斯又与格鲁吉亚内部局势的历史发展过程有着密不可分的关系。从历史上看，格鲁吉亚境内的阿布哈泽和南奥塞梯等地，在当年苏联成立的时候，要早于格鲁吉亚建立苏维埃政权；而在苏联解体的时候，要早于苏联解体而宣布退出格鲁吉亚。特别是冷战结束以来，他们迄今从未承认自己是从属于格鲁吉亚的一部分，因而，也从不承认格鲁吉亚的统一，从来只承认自己是一个独立国家。而苏联解体之后，俄罗斯曾经多次受邀参与斡旋解决格鲁吉亚内部的分离和独立的问题，并在当时的情况之下，按照 1994 年 5 月 14 日独联体的有关协议在格鲁吉亚境内留有军事基地。

2004 年，在所谓"颜色革命"的背景之下，萨卡什维利执政之后，大幅度改变了在其前任谢瓦尔德纳泽执政期间与俄罗斯就格鲁吉亚的地区问题保持协调和磋商的传统做法。于是，本来就异常复杂的分离问题立即尖锐起来。格鲁吉亚指责俄罗斯是南奥塞梯、阿布哈泽等内部分离问题的外部政治背景，而俄罗斯则批评格鲁吉亚是车臣等地的恐怖分子以及震惊世界的"别斯兰事件"中恐怖活动的主要来源地。2008年8月7日夜，格鲁吉亚政府军以南奥塞梯军队违反停火规定袭击格鲁吉亚村落为由，起兵攻击南奥塞梯，并占领南奥塞梯首府茨欣瓦利。而俄罗斯方面在静观了12个小时以后迅速出手反击。冲突双方迄今关于这场冲突起初阶段的军事行动合法性问题争执不下，但是有关的一些争论内容还是相当值得注意：一个相当令人玩味的情况是，8月12日，在与俄格双方成功调停后举行的记者招待会上，当有记者问到，所签署的"六点协议"中为何一点都不提及格鲁吉亚是一个主权统一的国家之时，欧盟轮值主席、法国总统萨科齐巧妙地回答道：从未否认格鲁吉亚是一个主权独立国家，但此行专程为了解决冲突问题，其他问题容后讨论；而梅德韦杰夫总统对于类似问题的回答则更加令人注目：他说，承认格鲁吉亚是一个主权统一国家，但是，作为主权国家，不排除其领土完整情况从来是有着各式各样的复杂状况。[①]从两位政治家的回答中，人们可以看到，萨科齐是把解决冲突问题和国家主权相分割，而梅德韦杰夫是把主权国家问题本身和主权国家的领土完整状况问题加以区分，从而揭示了格鲁吉亚问题本身所存在的复杂状况。

　　换言之，格鲁吉亚出兵的理由是实现国家的主权统一，而俄罗斯出兵回击的理由，则是在地处格鲁吉亚内部的、不承认格鲁吉亚为主权国家，并且已经宣布独立的一个地区里来捍卫持有俄

---

① 参见 Johson List 2008 年 8 月 13 日关于法国和俄罗斯两国总统举行记者招待会的有关报道。

罗斯护照居民和俄罗斯的合法维和部队士兵的安全，其所基于的理由也是国家主权与国际法。可见，在国际法本身尚无法对于上述情况作出完全适用的解释之前，俄罗斯与格鲁吉亚的冲突本身的复杂程度，要远远超过从当时各方政治需要出发所提出的一般批评。

包括俄罗斯出兵格鲁吉亚是否合乎国内法的问题，也有着激烈的争论。而且，这样的相反观点并非绝对以俄罗斯和西方人员为界限的。也即，一方面，俄罗斯人中也有批评战争的"非法"，比如，俄罗斯右翼联盟的自由派新领导人、原来是国际象棋大师的卡斯帕洛夫，公开批评俄罗斯出兵格鲁吉亚是违反宪法，认为此番出兵仅仅是国家武装部队最高领导人的决定，而没有征得国会同意；而按照当时刚刚"转岗"的普京总理和梅德韦杰夫总统的表态，这次俄罗斯出兵"绝对是作为国家最高统帅的梅德韦杰夫的独自决定"。这在一定程度上印证了俄罗斯方面出兵的决策背景。但是，另一方面，在格俄冲突中对于俄罗斯寄予了同情的专家，也不仅仅是俄罗斯人，比如，德国著名学者亚历山大·拉尔认为：美国出兵伊拉克时，美国总统也没有征得国会的同意，而不过是事后追认通过。因此，也不必过于指责俄罗斯出兵格鲁吉亚就是违宪。可见这场争论所涉及的广泛程度。

（三）关于所谓"适度反应"问题

与当时西方媒体上几乎以压倒性舆论的压力来批评俄罗斯的情况正好相反，那就是在比较知情的国际学术界的讨论中，学者对于格鲁吉亚率先出兵攻打南奥塞梯的首府，给予了尖锐的批评。

包括美国学者在内的许多西方学者都批评是格方——首先是格鲁吉亚总统萨卡什维利本人挑起了战争祸患。美国哈佛大学俄罗斯研究中心主任蒂莫西·科尔顿（Timothy Colton）在瓦尔代论坛上公开表示，格鲁吉亚率先出兵这是百分之百的错误。实际上，连美国驻俄罗斯大使也早在冲突发生之后，就在公开的场合明确地表示，格鲁吉亚错误地发动了这一场战争，美国一直在劝说格鲁吉亚放弃这次冒险，直至开战之前的最后一刻。对于俄罗斯的批评意见，则是俄罗斯对于格鲁吉亚局势所做"反应过度"。然而，对于这一批评，当时普京一点不留面子地给予了尖锐的回击。瓦尔代论坛上普京情绪颇为激动地说："什么叫作'均衡反应'，难道俄罗斯公民遭受到了大规模的屠杀，我们可以按兵不动？我们今天不还手，那就意味着今后要挨更多的打击和惩罚。"①

（四）关于俄罗斯承认南奥塞梯和阿布哈泽独立的法理问题

8月26日梅德韦杰夫总统宣布正式承认南奥塞梯和阿布哈泽独立之后，国际舆论激起了更大的反响。连起先一直主张与俄罗斯磋商协调的欧盟国家也开始用强烈的语言谴责俄罗斯。但是，俄罗斯方面却反唇相讥，提出俄罗斯只不过是在按照"欧洲的逻辑"行事，也即，为什么欧盟和美国能够支持科索沃从塞尔维亚独立，俄罗斯就不能承认南奥塞梯和阿布哈泽从格鲁吉亚独立。

事实上，从国际法的角度来看，科索沃的独立并不具有充分的法理支撑。当联合国秘书长特使阿赫蒂萨里在起草"秘书长特

---

① 参见俄罗斯总统网站所发表的关于2008年瓦尔代论坛的普京发言记录。

使关于科索沃未来地位的报告"时，所强调的只是"科索沃不可能重新加入塞尔维亚"，"继续实行国际管理无法维持"等非法律方面的理由，而始终回避使用"人民自决权"这一原则。实际上，当今条件之下，历来使用"人民自决权"来论证少数民族独立合法性的传统做法已经面临巨大的挑战，包括西方学者在论证科索沃独立的合法性时也大都强调的只是科索沃的特殊性，强调其"不可比拟性"，旨在避免类似的悲剧重演。①笔者与欧盟高官的接触中所获得的印象是，欧盟专家在解释科索沃独立问题的立场时，也主要是引用其客观形势的紧迫性和这一案例的不可重复性。

值得注意的是，俄罗斯也有一些学者开始反思俄罗斯在承认南奥塞梯和阿布哈泽独立的问题上的立场。比如，亚历山大·卢金在《全球政治中的俄罗斯》2008 年第 4 期上发文公开表示："匆忙地正式承认阿布哈泽和南奥塞梯未必会增强俄罗斯的声望。既然，这个局面无法改变，那就需要说明，拒绝承认格鲁吉亚的领土完整是个特殊情况，它是由格鲁吉亚不加掩饰的民族主义和反俄政策造成的。"②

可见，无论是哪一方面都对于援引"人民自决权"原则持有谨慎态度。同时如果都是以援引科索沃独立这样的个案，来推理同样地承认格鲁吉亚的阿布哈泽和南奥塞梯这两块飞地的合法性，还只是一种"以牙还牙"的做法。这样可以彰显各方所持立场，

---

① 吴宏伟主编：《俄美新较量——俄罗斯与格鲁吉亚冲突》，"第四章"。

② Alexander V. Lukin, "From A Post-Soviet to a Russian Foreign Policy", *Russia in Global Affairs*, No. 4, 2008, October/December. https://eng. globalaffairs. ru/articles/from-a-post-soviet-to-a-russian-foreign-policy/.

也显示实力，但同样也会冒加深危机的风险。

三、俄罗斯政治家对于俄格冲突及国际局势的认知

从俄罗斯方面来看，不光是普京总理，还是梅德韦杰夫总统都在俄罗斯和格鲁吉亚危机时期较为充分地表达了他们既作为个人，同时也作为政治家的对于国际政治问题的认知和理解，而且其中还包含着不少俄罗斯人根据事态变化所提出的新的概念，这些新的提法和概念的出现，显然便于理解俄罗斯对于当时国际形势的看法。

（一）俄罗斯领导人对于俄格冲突的直接反应

无论是普京总理还是梅德韦杰夫总统在这次格俄冲突中都发表了大量演说，与来自国外的高层专家学者和媒体人士，包括政府首脑进行了广泛的沟通，在这些交往中较为充分地表达了俄罗斯方面的政治意愿，使得人们有机会能够比较清晰地了解危机期间俄罗斯方面的决策背景。这样的决策背景不光包含着俄罗斯政治领导人物的政治意志、决策的国内支持程度，也包括着俄罗斯与西方政治精英交往时的行为方式，以及他们对于复杂事态的理解和判断程度。

第一，对于格鲁吉亚方面的率先动武，俄罗斯政治领袖表达了毫不留情的坚决谴责。从这一点看，俄罗斯方面的反应实际上与西方，包括与美国方面的事后表态没有原则性的分歧（连美国驻格鲁吉亚大使都批评萨卡什维利的冒失动武）。

第二，梅普两位对于以下状况的发生表示异常愤慨：也即最

初俄罗斯方面在南奥塞梯挨打时，国际媒体几乎很少反应，而对于而后在俄罗斯采取反击手段时，西方媒体却大肆攻击俄罗斯，梅普两位认为西方媒体的有欠公平，令俄罗斯无法接受。在格鲁吉亚危机时期西方媒体的这一状况，的确是相当集中地体现了西方的媒体在类似国际事件报道中较为普遍的偏颇。

第三，梅普两人毫不掩饰地表达出他们对于格鲁吉亚总统萨卡什维利的不满，认为唯有格鲁吉亚领导人更替才能够找到解决问题的出路。

第四，梅普两位领导人还透露出在北京奥运会期间曾经与美国领导人密切磋商而毫无结果的信息。在过去的8年中，普京和布什所建立起来的个人政治信任在这场俄格冲突之中，看来几乎已经被消耗殆尽。

第五，梅普两人的政治决策的逻辑也十分清晰，特别是在承认南奥塞梯和阿布哈泽独立的问题上，他们公开质问：为什么科索沃可以得到西方国家的承认，而几乎同样情况的阿布哈泽和南奥塞梯的独立，却不能够得到俄罗斯的支持。

最后，这两位俄罗斯政治领导人在危机阶段所表现出来的一个鲜明个性，便是毫不犹豫地承担政治责任。普京公开说，梅德韦杰夫总统是一个非常有教养、与人为善的领导人，是一个好小伙子，但是，西方要逼得他在就任之初，就不得不下决心坚决地在南奥塞梯问题上表示自己的态度。当然，他说，出兵格鲁吉亚的命令是梅德韦杰夫总统一个人的决定，他本人并没有提出过任何建议。梅德韦杰夫也一改平时被认为是"谦谦君子"的姿态，在诸多公众场合坚定地表示，如果，没他作为三军最高统帅的命令，没有一辆坦克，也没有一架飞机能够飞出国境去。从梅德韦杰夫和普京的表达中，不光是要通过南奥塞梯冲突，明显地突出梅德韦杰夫的独立决策地位，而且，也是表达了俄罗斯在这场危机中的强硬态度：一旦政治领袖的个人声誉已经和时局放到了一起，那么，可以想象出这样的政治事件在政治领导人心目中已经具有非同一般的重要地位。

（二）关于俄格冲突事件的意义

总的来说，俄罗斯政治精英对于8月8日这一天所发生的冲突给予了前所未有的高度关注。按照梅德韦杰夫和普京几乎一致的看法，如同"9·11"事件一样，"8·8事件改变了世界，也改变了俄罗斯"。对于这一提法的内涵，普京和梅德韦杰夫从多个角度进行阐述：

其一，俄罗斯方面认为，事实证明，单极世界根本应付不了当前世界所发生的各种危机，包括今天格鲁吉亚与俄罗斯之间的冲突，所以，这个单极世界已经没有了出路。

其二，格俄冲突表明：恰恰就是在这样的一个国际和欧洲的安全结构中也没有俄罗斯的位置。而鉴于俄罗斯的大国地位，特别是由于俄罗斯已经不再是90年代的俄罗斯，国力已经大大地得到了恢复和发展（是指金融危机之前），因此，俄罗斯想要公开地宣布实现自己的大国利益。

其三，俄罗斯宣示实现自己的大国利益的一个核心概念，那就是梅德韦杰夫总统在8月13日瓦尔代论坛上公开宣布俄罗斯有着自己的"专属势力范围"。梅德韦杰夫在回答哪些是俄罗斯利益区域的问题时，明确地表达，凡是俄罗斯存在着传统友好关系和包括俄罗斯在内的传统双边和多边利益的地区，都是俄罗斯特别关注的地区。①

（三）关于"新冷战"问题

关于南奥塞梯冲突是否意味着冷战形势已经到来的问题，曾在国际学术论坛和媒体上引起激烈争论。近几个月来，俄罗斯国防与外交委员会主席谢尔盖·卡拉加诺夫和俄罗斯政治基金会主席维尼科诺夫等人提出，南奥塞梯冲突已经根本改变了世界，西方正在形成对于俄罗斯的新的遏制；作为反应，俄罗斯对外政策从来没有这样以强硬理由，力陈"新冷战的形势已经到来"的观点。西方学者中也不乏有人出自各种不同的理由，强调"新冷战"局势已然出现。这里既有像波波·罗这样的学者从揭示全球化进程掩盖着新的国际对抗的现象这一角度出发，认为现在是有人口是心非地利用全球化的机遇，企图以新的地缘政治竞争，唯图一己之私利，并指出这已经形成当今国际格局中的国与国之间普遍恶性竞争的局面；② 也有像罗伯特·卡根这样的新保守主义派别的学者，以 8 月 8 日那一天中国成功举办奥运会和俄罗斯反击格鲁吉亚挑衅这两件大事为由，预言出现了"新冷战"的局面。

所幸的是，在此激烈论战的局面下，多数舆论都不同意目前已经面临着冷战形势的观点，包括在瓦尔代论坛上，如"全球政

---

① 参见俄罗斯总统网站所发表的关于 2008 年瓦尔代论坛的普京发言记录。
② Bobo Lo, *Axis of Convennience*, Brookings Institution Press, 2008, p.159.

治中的俄罗斯"主编卢基扬诺夫公开反对，并提出：通常意义上的冷战，并不可能卷土重来；目前冲突形势中的军事政策只是总体形势中的一部分。相当多的学者认为，虽然，新的地缘政治形势已经出现，但这不等于集团军事对抗，而集团对抗才是冷战最主要的标志。虽然，国际关系非意识形态化的主张受到了新保守主义、民族主义的挑战，但是，一定程度上，非意识形态化的潮流看来依然是主要的方面。

值得注意的是，尽管普京和梅德韦杰夫都在俄罗斯与格鲁吉亚冲突中坚决地表达了强硬的立场，但是，他们两人一致地认为，作为冷战标志的集团对抗性现象并没有出现，也不存在意识形态的对抗性状态，尤其是今天的俄罗斯已经不是当年的苏联，所以，冷战并不可能重新出现。同时，梅德韦杰夫强调（在这一点上与普京非常近似，在2007年的瓦尔代论坛上，普京开宗明义讲的第一句话就是，任何国家的对外政策首先就是为了本国利益服务），任何国家的对外政策首先是服务于国内政治目标。从这个角度出发，两位俄罗斯领导人均强调了俄罗斯国内还有太多的事情要做，比如，发展经济、反腐败、提高出生率、实现提高人民生活水平的目标、发展金融和基金市场，等等，因此，根本没有理由再对"新的冷战"感兴趣。

从俄罗斯政治领导人对这场冲突的直接态度，以及在此前后所表达的关于当前若干重大问题的理论观点来看，显然，俄罗斯领导人虽然具有在更大规模上参与全球事务的抱负，如绝对无法容忍格鲁吉亚的先发制人，也不满意于西方依然将已经表现出合作意愿的俄罗斯拒之门外的态度，坚决地回击来自格鲁吉亚方面的挑战，但是，从总的意向来看，他们并不打算将一场俄格危机，立即转化成为东西方之间的全面对抗。俄罗斯领导人向国际社会所释放出信息的含义是俄罗斯不准备再做退却，但是这并不意味着俄罗斯立场的不可妥协。在危机中，俄罗斯所表现出来的前所未有的强硬姿态，至多意味着这是俄罗斯对外战略中的以攻为守的一种新的立场和态度。

四、欧盟与美国对于俄罗斯与格鲁吉亚冲突的态度

非常耐人寻味的是欧盟与美国在俄格冲突中的态度。就美国而言，从冲突还没发生的那一刻起就表现出"骑墙"态度。多年以来，美国一方面坚决地支持格鲁吉亚加入北约，支持格鲁吉亚在一系列问题上向俄罗斯叫板，但另一方面，根据美国驻俄罗斯大使的透露，直到战争发生前的最后一刻，美国一直在劝阻格鲁吉亚不要轻举妄动，但是，格鲁吉亚坚持不听从美国的劝告。直到危机发展到俄罗斯承认南奥塞梯和阿布哈泽、而美国副总统切尼和国务卿赖斯均前往格鲁吉亚以示支持的时刻，美国仍然一直避免采取强硬制裁手段对付俄罗斯。即使是两位美国总统候选人的表态，大体上也没有超出这一立场。

欧盟国家的态度更是耐人寻味。

从法国来看，为何萨科齐积极出面调停，首先因为法国总统是欧盟轮值国主席，必得有所举动；其次，鉴于萨科齐本人给人的印象是亲美派，远比希拉克更容易在对美关系上与美国拉开距离；在此同时，萨科齐是一个在对俄政策方面立场强硬的政治人物，他对俄格冲突进行调解，反倒可能获得意外效果。加上当时

法国总统国内国际形象有待提升，他本人急于要在国际事务中有所作为，格俄冲突就成了他最好的舞台；此外，俄罗斯及时接盘、聪明应对，以及传统的法俄关系，包括萨科齐在处理这次突发事件中所采取的务实态度，都在这次调停成功中起了作用。

至于德国在这次俄格冲突中的表现尤为耐人寻味。德国国内外形势变化很快。

首先是当时的多数民意支持与俄罗斯维持良好关系，还有多数民意认为，这次错在格鲁吉亚，是萨卡什维利首先越过了红线。据德国学者的判断，甚至相当部分的德国民众认为俄罗斯对于格鲁吉亚的反击是有道理的，所以，默克尔不得不考虑民意向背。其次，虽然默克尔本人承受了来自美国方面非常大的压力，要求德国强硬谴责俄罗斯在格鲁吉亚危机上的态度。但是，冷战结束以来，德国国民意识中一个非常强烈的意识是希望成为一个"道义国家"，因此，要求就国际问题自主发表意见，在这样的背景之下，默克尔仅在一些无关紧要的场合说了一些强硬的话，大体上基本不按美国人的调子发言。当然，德国在施罗德时期的遗产，包括与俄罗斯的能源合作，也在一定程度上使得德国不得不采取与俄罗斯的合作态度。

法德的态度，再加上意大利、西班牙等国家在传统上就与俄罗斯比较接近，所以，可以明显地感觉到俄罗斯在欧洲的说客还真是大有人在。

至于英国的态度，据前英国驻俄罗斯大使莱因的说法，戈登·布朗只想在外交上改变布莱尔时期的政策，但是自己又拿不出多少像样的主张，外交部长又甚为年轻，并没有与俄罗斯打交道的经验，所以使得英国与俄罗斯双边关系的形势越来越激化。
同时，布朗执政以来的经济形势每况愈下，甚至达到 50 年来最糟
糕的状况，而布朗本人还想采用新工党的激进治国方法，使得布
朗的民意支持率极低，这些因素造成了英国虽有心但无力改善与
俄罗斯的关系的状况。

　　波罗的海和中东欧等与俄罗斯关系敏感的国家，虽然牵制着
欧洲与俄罗斯妥协和改善关系，但是，中东欧国家内部还是有着
不同的声音。比如，虽然一般认为，中东欧国家，特别是波兰有
着较强的反俄情绪，但事实也非全然如此。前波兰副总理科沃德
克认为，在金融危机之后，俄罗斯依然会在欧洲地区的政治经济
事务中发挥重要影响。因此，美国以为"只要削弱俄罗斯，西方
就会强大"的思维是短视的。相反，科沃德克提出，应该帮助俄
罗斯在新的世界划分中获得应有的地位，这也符合欧洲利益。他
希望波兰能够与俄罗斯保持睦邻关系，这符合波兰的国家利
益。[①]可见，欧盟内部的复杂态势使其对俄战略决策的力度不能不
大打折扣。

　　总之，在俄罗斯与西方关系紧张的大背景下，欧盟与美国在
处理格鲁吉亚与俄罗斯危机问题上的明显不同态度，为俄罗斯今
后外交上的施展留下了一个可观的空间。

五、金融危机下的俄罗斯与西方关系

　　俄罗斯与格鲁吉亚的冲突不光对于俄罗斯的内部和外部发展

---

　　① ［波兰］G.科沃德克：《应该帮助俄罗斯得到应有的地位》，《新闻时报》，
莫斯科，2008 年 10 月。

都具有重大影响，使得欧亚地区的地缘政治格局呈现出更加复杂的态势。从中短期趋势来看，俄罗斯与西方的相互关系将是此后一个阶段作用于欧亚地区、乃至于整个国际格局走势的一个重要因素。

（一）关于俄罗斯的国内走向

从梅德韦杰夫当选总统以后的一个阶段来看，特别是在俄格冲突过程中可以发现，梅普合作相当默契。一方面，这是长期密切的个人关系积累所致，再加上双方具有相同的治国理念，当然也是得力于普京的继续大力支持。虽然，如前文所指出，关于俄罗斯与格鲁吉亚冲突过程中的所有各方立场并非没有一点争论，但是必须承认，无论是普京还是梅德韦杰夫的态度，都得到了俄罗斯国内民意的多数支持。俄罗斯这一阶段的媒体评论认为，有"两个头"要比"一个头"好①，这反映了国内民众对于"双头政治"的肯定。根据 2008 年 9 月 19 日公布的列瓦达分析中心的报告，83% 的民众肯定了梅德韦杰夫总统的施政表现。这一数据远远高于民众对他在俄罗斯与格鲁吉亚冲突之前的施政表现。普京和梅德韦杰夫两人不光在国家政务的分工方面能够有一定的回旋余地，"总理主内、总统主外"的宪政格局使得两人能够既保持统一声音，同时又能够有所侧重地专注于国家的内外事务。而且，需要的时候，甚至普京和梅德韦杰夫两人还能够分别在政治意识形态上有所侧重，以"一左一右"的方式推行"俄罗斯式的民主政

---

① Maxim Glinkin, Marie Tsveksei, "Two Heads Are Better", Johson List, Dec.30, 2008.

治"。总的来说，俄罗斯与格鲁吉亚冲突不光没有削弱，相反是加强了普京路线的政治稳定度。从一个长时期来看，甚至可以在修正版的"主权民主"理论指导下有限度地出现政治松弛和与西方关系的再调整。

（二）突如其来的金融危机对于俄罗斯的影响

与政治情况相比，金融危机的发生猛烈地冲击了俄罗斯既定国家发展目标的实现。一段时间内油价的持续下跌、资金的迅速外流、卢布的贬值、大量累积的债务，以及在此情况之下俄罗斯公司面临的尖锐挑战。用副总理库德林的话来说，2009年俄罗斯将面临非常严峻的形势。

在这场危机之前，俄罗斯政治精英对于俄罗斯经济发展有着很明确的思路。其一，普京一再表示，俄罗斯不愿意做超级能源大国。可见，普京对于过度依赖自然资源并不利于市场发展的定则是了然于胸的；其二，俄罗斯国家精英的几乎一致立场是下决心发展高新技术、金融服务，同时也发展俄罗斯领先的若干传统部门，包括军事工业、航天技术等，以此来引领整个经济的发展；其三，俄罗斯非常愿意通过加入世界贸易组织来实现与世界经济的接轨，但是，俄罗斯也恪守利益原则，不会在国家核心产业发展的问题上过分让步；同时，俄罗斯的外向型经济战略面向东方和西方这两个向度，力求通过东西方之间的博弈和平衡来维护自己的利益。

然而，2008年春暖花开之际，即俄罗斯的油气产业部门面临着前所未见的大好形势之时，越来越多地听到来自俄罗斯政要的声音：凭借俄罗斯当时经济发展的强劲势头，以及自从 1998 年以来卢布的坚挺态势，要扩大卢布的运行范围，包括梅德韦杰夫本人提出："俄罗斯要成为国际金融的一个中心。"

金融危机的突如其来，使得俄罗斯面临一个措手不及的局面。但是，经过一段时间思考，俄罗斯态度有所改变。在梅德韦杰夫总统的主持下，推出了《俄罗斯联邦面向 2020 年的国家安全战略》。在这一重要文件中，俄罗斯依然坚定地重申在未来中期时段以内使国家成为世界五大经济体之一，并且将经济与社会安全标准放到了首位。同时值得注意的是，俄罗斯公开承认了，在未来的长时期中难以改变以能源为主的经济结构，尤其，也第一次公开表示将利用能源来增加政治影响力。但是转折出现了，梅德韦杰夫在 2009 年 5 月 6 日接见世界编程大赛冠军时坦率地承认："老实说，到目前为止，我们在俄罗斯建立现代信息社会和发展创新经济的所有尝试都不怎么成功"，其中也包括对于俄罗斯要建成未来国际金融中心的许诺。

上述的表达，可以看作俄罗斯政治精英对于自身实力与状态，以及未来计划实现目标的一个尚属认真的反思。这样的反思实际上已经通过俄罗斯一系列的内外部署而逐渐得以体现，其中包括俄罗斯一连串的紧急救市计划，也包括对外经济中的一连串安排。

金融危机的发生不光使得俄罗斯必须集中精力首先解决国内经济所面临的巨大挑战，而且，俄罗斯国内已经出现了调整对外战略的呼声。在对外事务的首选方向方面，就像费奥多尔·卢基扬诺夫所提出来的：金融危机波及了俄罗斯，表明了俄罗斯的经济能力和地缘政治能力的有限性，这场危机迫使俄罗斯不得不将精力和资源集中于欧亚政策和与欧洲的关系。①因此，有效地控制俄罗斯与格鲁吉亚冲突的升级，适当地调整与格鲁吉亚的关系，成为当时俄罗斯外交之首选。与此同时，在欧洲事务的层面上，总统梅德韦杰夫提出了就欧洲安全结构和西方进行对话的倡议，这一层面的对话构想既包括俄罗斯与北约、俄罗斯与欧洲安全合作组织重启谈判的完整构想，同时也包含着与一系列地区重要国家，包括欧盟国家、伊朗等方面进行合作与对话的安排，旨在从欧洲取得搞活外交的突破口。最后，利用金融危机的机会。俄罗斯也不放弃寻求机会，表达其大国理念、展示其大国影响。比如，普京总理在 2009 年 2 月在达沃斯论坛上对于金融大国所提出的批评，还有梅德韦杰夫总统在 2009 年 4 月二十国峰会上与中国国家主席胡锦涛几乎是共同提出的关于建立超主权货币的未来构想。

（三）俄格冲突与金融危机交织下的俄罗斯与西方关系

冲突之后俄罗斯与西方的相互关系走向，取决于对于这场冲突本身的认识。

关于俄格冲突是否具有如同"9·11"事件对于美国，乃至于对于世界格局而言的那种影响？还是仅仅是一场单纯的地区性冲突，从目前看，这还是各方意见不一的一个争论问题。

---

① ［俄］费奥多尔·卢基扬诺夫：《俄罗斯的有益危机》，《星期日法兰克福汇报》2008 年 11 月 30 日。

这里涉及的第一个问题是："五日战争"是否导致了一场全局性的国际地缘政治变化。一种意见认为这场冲突还算不上是一场全局性的变动，因为从冲突所发生的地域及其影响来看，主要还是发生在俄罗斯以西的欧洲地区或欧亚地区，还没有引起全局性的波动。但是另一种意见认为：这场冲突实际上已经波及了主要超级大国美国、最大的经济体欧盟，以及最大的转型国家俄罗斯等世界级的大国。而且，冲突所涉及的内容主要是大国关系在今后如何走向的问题，因此具有全局性的意义，不过这种全局性的影响因为金融危机的发生而被转移了视线而已。

安琪拉·斯登特总结道：

> 这场战争中，各方并非都毫无损失。人们认为，格鲁吉亚是不计后果地挑起了这场战争；俄罗斯是过度地使用了武力来进行反击；欧洲国家在很大程度上是漠不关心，直到事后才让萨科齐迅速行动起来；而美国呢，虽然口头上支持格鲁吉亚的领域完整，却未能阻止这个盟国发动进攻，并且在战争爆发之后又退缩到了一边。所以，这场战争中并没有什么赢家。但是，通过这场战争，俄罗斯划定了一条红线，而西方国家显然也理解了这条底线。南高加索地区的国家，则从这场战争中各自吸取到了教训；一旦想起这场战争，此种教训便会提醒它们：它们位于何处；在这个地区，究竟是哪个国家拥有强大的实力。无论小布什会怎样评价自己的"自由议程"计划，欧洲—大西洋安全框架一体化的进程，似乎都会在苏联的边界地区止下步来。

　　2008 年 8 月爆发的这场"2008 年俄格战争"，毁掉了普京与小布什关于重启两国关系的措施中所遗留下来的一切，使得华盛顿与莫斯科之间的关系降到了自苏联解体以来的最低点。战争也破坏了莫斯科与第比利斯之间的官方联系，使得格鲁吉亚依然是华盛顿与莫斯科之间最容易产生争执的问题之一。我们可能会在很长时间内都无法彻底了解此次战争的起源，而交战双方对于战争起源的说明，也仍会大相径庭。但是，在停火之后的很长一段时间里，此战在美国、欧洲、俄罗斯三者关系中留下的后遗症却依然存在。此战极大地震动了欧洲各国，因为它们曾经都希望，南斯拉夫冲突会是自己身边发生的最后一场战争。此战还突出了大西洋两岸国家在如何对待俄罗斯格鲁吉亚这一问题上的分歧，而这一分歧，在布加勒斯特峰会上就已经表现出来了。①

　　逻辑上说，的确俄罗斯在金融危机来临之后已经调整了对外战略部署，其中包括发出与欧洲以及与美国进行对话和解的呼声。俄罗斯不光就欧洲安全框架问题已经恢复了与欧洲的对话，而且，与北约的接触也已经正式恢复。事实上，通过俄罗斯向阿富汗地区运送物资的通道始终在保持运行。但是，俄罗斯始终没有放弃在拉美地区加紧外交活动，以及梅德韦杰夫在奥巴马声明当选的当天宣布，要在加里宁格勒部署导弹的行动。从这些行动来看，

① ［美］安琪拉·斯登特：《有限伙伴：21 世纪美俄关系新常态》，第 190—191 页。

俄罗斯当时的基调是：一方面，仍借机向西方显示强硬姿态，延续俄格冲突阶段的高调，以显示保护俄罗斯周边地区核心利益的决心；另一方面，调整现有外交部署以应对金融危机的挑战，不过度反应引起总体紧张局势。总体上看，目前俄罗斯的战略特点还是"以攻为守"，同时加上"适度调整"。

　　俄罗斯的这种调整是与目前出现在格鲁吉亚、欧洲以及美国的动向大体吻合的。

　　冲突之后的格鲁吉亚已经大幅度地撤换了在冲突期间几乎所有的重要官员，包括原有的国防部长、外交部长以及国家安全会议秘书。新任命的外交部长瓦沙泽虽是前任的副手，但他毕业于莫斯科国际关系学院，是80年代曾在苏联外交部供职的格俄双重国籍拥有者。俄罗斯方面虽然不会认为瓦沙泽是"朋友"，但是显然认为能够和此人一起工作。相应地，一向主张改善与俄罗斯关系的前格鲁吉亚驻俄罗斯大使阿巴什泽，曾经多次批评现政权与俄罗斯的冲突，也被正式任命为格鲁吉亚的文化部长。这两个重要人物的出现，标志着俄罗斯和格鲁吉亚的关系有可能得到改善。甚至连俄罗斯国家杜马外交委员会主席康斯坦丁·科萨切夫都发表了看法：2009年俄罗斯与格鲁吉亚的关系有可能得到改善。①

　　然而，之所以说当时的俄罗斯与格鲁吉亚的关系还只是存在着改善的"可能"，是因为无论是俄罗斯还是美国的外交战略的长

---

① Kosachyov, "Improvement In Russia—Georgia Relations Possible In 2009", Tass：Moscow, December 26, 2008.

远定势并没有发生根本的变化。印证这样一种判断的重要标志是
2009 年 1 月 9 日，美国与格鲁吉亚正式签署"美国与格鲁吉亚伙
伴关系宪章"。即将卸任的国务卿康多莉扎·赖斯毫不退让地在
"宪章"的签署仪式上宣布：格鲁吉亚是美国非常重要的伙伴、价
值观念一致的伙伴；美国将支持格鲁吉亚的主权和领土完整，支
持格鲁吉亚在欧洲—大西洋地区施展抱负，支持格鲁吉亚与欧
洲—大西洋机构的一体化；同时，格鲁吉亚加入北约的速度将取
决于格鲁吉亚自己的意愿和格鲁吉亚达到北约标准的能力。还有
十一天即将离任的该届政府，却要签署这样的一个重要而敏感的
外交条约，显然是要显示美国并不甘心在俄罗斯与格鲁吉亚冲突
中暂处下风，而且也意在对于奥巴马接任这一地区事务的立场产
生重要的制约。

处于金融危机之中的欧美国家并不会急于就这一欧亚地区的
纵深地带事务作出仓促的战略安排，但是，打下一个类似于"美
国与格鲁吉亚伙伴关系的宪章"的楔子，显然旨在为未来的进一
步复杂多变的竞争作好铺垫。从这个角度来看，美国调整与俄罗
斯的关系本来就未必有太多的空间。

当时，对外高加索地区可能的前景有以下几种判断：

其一，外高加索地区的中立化。这种前景所需要具备的条件
包括：俄罗斯经济政治的基本稳定，西方对于格鲁吉亚采取冷淡
或排斥态度，格鲁吉亚等国本身接受中立化的状态。但从一个较
长的时期看，已经不具备这种前景的可能性。

其二，外高加索地区的进一步西方化。其必要前提是美国大
选后的新领导人表现出强有力的支持格鲁吉亚的决心，西方（特

别是欧盟）一致同意进一步推动格鲁吉亚等国加入北约的步伐；而俄罗斯强硬对抗的决心被动摇。当时，这样的态势也不太可能，特别是在国际金融危机对于西方各国产生巨大压力的背景之下。

其三，较长时间之内，外高加索的形势处于不稳定状态，乃至于出现阵发性的动荡，俄罗斯与西方势力在该地区处于拉锯状态。这是当时各方估计最可能出现的一种态势。其根据是，在瓦尔代论坛上有不少专家私下表示，当时作出判断的信息远不充分，各方还在相互摸底的过程当中；包括当时的南奥塞梯冲突，实际上不过是背后更大的乌克兰危机的预演而已，2017 年俄罗斯黑海舰队塞瓦斯托波尔军港租期届满，围绕着这一问题的冲突与协调日后势必浮上水面；西方虽然内部分化速度加快，又身陷经济危机，但事关战略大局不可能不作最大的竞争努力；而俄罗斯虽然实力依然有诸多限制，但是恢复大国地位的决心，以及多年来所累积起来的实力增长将会推动俄罗斯在欧亚地区的战略竞争中不甘示弱。特别是，危机以来的国际能源形势一波三折，包括若干年来世界能源价格的持续攀升，这又为俄罗斯的经济反弹注入生机。所以，此后一个时期中，俄罗斯和西方各国相互以进攻性的姿态进行试探，同时，以较为有弹性的立场回旋应对，俄罗斯与西方关系持续地处于低度紧张、同时存在着间歇性的危机迸发状态。这样的一种国际政治态势实际上已经成为国际金融危机整个过程的一道佐餐，与危机形势相伴始终。

六、俄格冲突中的"危机国际政治经济学"

如果说，一般国际政治经济学研究侧重于对较为稳定状态下的国际主体环境的互动，那么，危机条件下的这种互动则表现出更为具体的动态性，在深层次上有更多因素参与，并具有更不确定的前景等特性。

第一，无论是俄罗斯与格鲁吉亚的武装冲突、还是2008年的全球性金融危机，都是同时作用于国际进程的关键因素，两者内在联系、不可偏废。一方面，俄格冲突激发着俄罗斯的大国抱负，即便是实力有限，却依然表现出不光是要维护原苏联地区的传统影响能力，而且准备冲击国际体系中的不合理部分。从另一方面看，国际金融的冲击严重地限制了西方国家，特别是美国的行动能力，而使得欧亚地区与俄罗斯对峙的局势不得不苟且于现状，甚至于准备作出让步。这两种因素的并存，使得军事冲突和金融危机相互借重又相互制约。

以上的发展态势来源于两个从学理角度的判断：首先，谁掌握有一种稳定的国际货币，谁就掌握了当今的国际货币体系；而谁掌握了当今国际货币体系，谁就掌握了整个世界——这样的三段式分析依然具有实际效用，美国依然是2008年世界最强大的国家。然而，两场危机进一步表明：任何一种经济秩序的稳定和重构，都有赖于大国间的政治与战略合作；谁能在这种合作中有合宜主动的表现，谁就能具有更大的实际影响力。以此来看，金融危机下的欧美无力自保，无暇力挺格鲁吉亚；尤其是以法德为代表的"老欧洲"，在2008年年初欧洲安全峰会上，抵制格鲁吉亚、乌克兰加入北约。危机局势下，欧洲以基本中立的立场，调解冲突；而俄罗斯即使在危机条件下，仍不放弃与欧美有限的合作。这使得三方有惊无险地渡过了这场危机。这就是"危机政治经济学"下的基本局面。

第二，当时的危机格局下，既有国内政治经济体制的转型，同时也出现了国际政治经济，乃至国际安全体制的转型。这两种不同的转型进程互相发生着有机的联系：也即，由不同的内部体制转型所激发和外溢的能量，要有相应的国际体制加以重新安置和协调其利益与功能。反过来，地区冲突如能得到控制，那么也会反向引导国际体制的良性转型。

于是，就至少出现了这样的三种主张：

第一种主张，类似于2006年伊肯伯里主导的"普林斯顿报告"（即《铸造法治之下的自由世界：21世纪美国国家安全战略》）所提出的意见，认为当前的国际体制基本上能够容纳，或者，经过一定的调整，能够吸收转型国家进入这样的国际体制，然后，在这样一个基本上由西方主导的体制之内，推动国际和各国内部的发展和进步。

第二种主张，类似于美国的"新保守主义"的主张，也即主要通过外力，类似于托洛茨基"不断革命"理论，基本上不顾及各地的历史和传统，不断地推广民主和市场体制。

第三种主张，比较合理和可行的路径，还是通过互动和对话的方式，来实现内部体制变迁和外部秩序重构之间的协调。这是俄格冲突之所以突然发生但又较快得到控制的一个深层机理。值得关注的是，正是由于俄格冲突被限制在一定的范围与水平之内，不光使尔后的美俄关系"重启"得以发生，而且国际秩序的重大变革得以问世，也即，由七国集团向二十国集团的转变。

　　第三，就国际层面上来说，无论是俄罗斯与格鲁吉亚的冲突，还是金融危机的突然发生，都揭示了一个前所未见的重要趋势，那就是"西方的分裂"①。如表5.5所示，是这一过程的大体概括。

表5.5　冷战结束以来美、欧、俄相互关系的变化路径

	"9·11"事件	伊拉克战争	颜色革命	反导部署	俄格冲突	天然气危机	金融危机
美	合作	发动战争	合作	发起者	偏袒	旁观者	始作俑者
欧	合作	反对	有保留合作	不合作	协调	受难者	相对受害、要求改革
俄	合作	反对	坚决反对	坚决反对	借机伸展	施动者	受害—改革

　　这里表达的意思是仅仅以21世纪以来俄罗斯、美国与欧洲的相互关系来看，我们所见到的是一个三家之间的关系不断地遭到冲击。相对而言，历次危机中，俄罗斯与欧洲较为接近，而欧洲与俄罗斯同时与美国较为疏远。特别是从格鲁吉亚与俄罗斯冲突，以及国际金融危机之下的俄、美、欧三家的相互关系来看，西方内部的裂痕深重，乃是十分明显的趋势。但是，俄格战争中最主要的角色——俄罗斯与美国相互克制的态度还是为此后美俄关系"重启"作了铺垫。

　　第四，与上述过程相应的是在上述三家之间的关系构架之外，相对地处于一个较为超脱的中国立场：支持一切有利于国际社会

————

　　①　这场危机的六年前，美国霍普金斯大学高级国际研究院欧洲系的著名学者戴维·卡莱欧教授于2002年在华东师范大学举行的"大国关系"研讨会上提出过这一概念。

与区域稳定的趋势，反对霸权主义，也反对国际事务中的种种不合理、不公平。

中国所主张的协商、和解、合作、建设性地处理大国关系的立场，折射出一个更大的变局。因为，2008 年俄格冲突和金融危机这两件大事所揭示的是一个重要的历史性转机的出现：多少年以来，由七国集团工业发达国家凭借其优势而主导国际政治经济的局面已经被改变。历史上第一次由欧美国家与新兴国家共同协调世界宏观经济的二十国集团正式问世。

在当时异常复杂的背景下，中国如何运用自然形成的态势，因势利导，为构建新的国际体制，承担起更多的国际责任，这是一个万众瞩目、尤须三思而行的时刻。①中国处理俄格危机的立场，与尔后处理重大国际争端的做法，有着深刻的内在联系。在危机与秩序构建的互动与挑战中，中国外交一步步臻于成熟。

---

① 本章内容曾发表于《俄罗斯研究》2009 年第 3 期，第 68—86 页；并且，在 2008 年日本东京的国际斯拉夫学会学术会议上宣读，经过修改补充载入本书。

国家出版基金项目
GUOJIA CHUBAN JIJIN FOUNDATION

Feng Shaolei

冯绍雷

著

危机与秩序

全球转型下的俄罗斯对外关系

Russian Foreign Relations
Amidst Global Transformation

CRISIS AND ORDER

中

上海人民出版社

第六章

大国认知中的
暗流涌动

21 世纪初到 2008 年金融危机,欧洲、美国与俄罗斯在欧亚地区的相互关系中妥协与冲突相交织,五味杂陈。一方面,格鲁吉亚与俄罗斯的战争清晰地标志着冲突水平的提升,但另一方面,这场战争在以法德为代表的"老欧洲"的一再斡旋下得以走向缓解的事实也表明:主要大国间的三边关系,以及大国间的相互认知的这两种要素,正在前所未见地施展身手。这一期间的大国间认知——不仅仅是俄、美、欧之间的相互认知,而且是中、美、俄之间的相互认知,正在对这一地区的态势发生微妙而重要的影响。包括围绕着这一地区的上海合作组织的初创构架,俄罗斯、美国、欧盟、中国也都展示了各方的意愿和构想。本章通过对以上内容的阐述,力图揭示正在走向大危机前夕的各方互动。①

---

① 本章部分内容参见冯绍雷:《冷战后欧、美、俄三边关系的结构变化及其未来趋势》,《欧洲研究》2011 年第 4 期,第 1—18 页。经修改补充发表于此。

第一节　俄、美、欧三边关系的重新思考
——历史、文化、关系结构及其前景的讨论

对于 21 世纪之初的俄罗斯、美国、欧洲相互关系这样一个宏大问题的讨论，应该从何进一步深化呢？

可以从传统的东西方关系的角度，也即从冷战以及东西方意识形态高度对抗的角度去看待欧洲、美国与俄罗斯的关系。从这样的角度去解释问题，也许一切都清楚明了了。属于资本主义范畴的欧洲与美国和曾经属于社会主义范畴的苏联出自不同意识形态及其战略利益，势所必然地要发生历史性的对抗。即使它们三者之间有过合作或者对抗形势的缓和，那不过是暂时的利用矛盾和局部的斗争需要，而两大阵营之间的斗争则是历史的、必然的。但是从这样的角度出发就很难解释，为什么冷战结束之后，在独立后的俄罗斯宣布了终结传统意识形态之后，欧洲、美国与俄罗斯之间还是充满了相互博弈，乃至是对抗性的竞争。

也许，还可以从民族国家利益的角度来解释欧洲、美国与俄罗斯之间的相互关系。出于不同的民族国家利益的这三方，自然会为了它们国家战略需要去进行竞争与合作。但是，在俄罗斯、

美国、欧洲三边关系的问题上，民族国家利益这一概念首先就是一个难以解释的问题。欧盟就不是一个民族国家，而是一个民族国家的联合体；俄罗斯的"法定前身"苏联曾经是一个多民族联盟形式的大国，不同于一般的单一民族国家，而独立后的俄罗斯虽然在形式上更接近于一个民族国家，但它还是一个多民族的联邦制的大国；美国可以被认为是一个"民族国家"，但是，无论就其多民族、联邦制的形式，还是其一直企图号令天下的帝国抱负来说，仅称其为民族国家，总有点削足适履，不能够概括其全貌。

选择分析视角的问题，并不是一个纯粹的学术问题，尤其是对于冷战及冷战后的欧洲、美国与俄罗斯的三边关系这样的宏大题目来说，相关联的不仅是外交关系，而且，涉及国家的内部建构、国家间交往与组合形态、国际秩序的发展与转型、国际政治的思想、思潮与文明、文化背景等理论和实践问题。为了解决这样的复杂问题，有必要至少从以下几个角度来展开分析。其一，是关于冷战历史，特别是冷战条件下欧洲、美国以及苏联相互间关系的重新考察和解读。其二，是关于文化与思想历史的考察，也即观察大国间关系的大起大落，或者它们之间的微妙变动背后的精神动因。其三，是关于冷战后国际环境发生了巨大变化之后，欧洲、美国与俄罗斯之间构建其相互关系的主要问题与脉络。其四，本章尝试从未来学的视野出发，从三大机体未来发展的视角下，倒推出 21 世纪初期它们相互之间关系的底蕴及其可能的行为逻辑，从这些信号中去把握俄罗斯、美国以及欧洲这三个当今世界最重要政治机体相互关系的发展路径。

一、一分为二，还是一分为三的世界体系
——冷战史下的欧洲、美国与苏联的关系

冷战阶段的两极对抗，已经是人们约定俗成的一个观念了。但是冷战时期的世界是否只能从两极的角度才能够解释国际政治的复杂现象。用一种被简单化了的东西方对抗的观点去解释冷战时期的欧洲、美国与苏联的关系，不光从后苏联阶段的现实出发难以解释得通，而且，即使从冷战时期的历史现实出发，也比流行的"两极世界"的观点要更为复杂。换言之，为什么冷战中的世界只能是两大体系的对抗，而不允许任何其他体系的存在，或者是在萌芽状态中发展呢？冷战时期将近半个世纪的人类丰富而复杂的历史，难道只能够用"两极对抗"这样的图景来加以描述吗？如果不使用更为复杂细致的观点，人们将如何理解从冷战时期向后冷战时期的迅速转型和有点出人意料地相对和平的过渡呢？

约翰斯·霍普金斯大学欧洲系主任戴维·卡莱欧教授曾经提出，冷战时期的国际社会实际上不止存在着"两极世界"，而是"三个世界体系"，甚至是"四个世界体系"。按照他的解释，第一个世界体系乃是大西洋联盟和该联盟保护者美国所构成的世界。这是传统意义上，人们所认为的冷战的参与一方——"西方"。而第二个世界乃是围绕着共同市场而形成的西欧内部关系网络，其中主要的国家是法国、德国和英国，未来欧盟的雏形正是在冷战时期就已经具备了非常成熟具体的形态。第三个世界体系是全球经济体系，卡莱欧认为，这是由"美国治下的和平"作为前提，同时，是由美国首先构建，然后，西欧与亚洲也对之发挥了巨大

影响力的一个体系。甚至，他认为，"还可以加上第四个体系，那就是跨越了铁幕的新生的'泛欧洲'体系"。这是许多欧洲政治家早在50—60年代，甚至更早就开始怀疑和思索，然后，力图在上述其他几个世界体系的空隙和夹缝之间打开通路，最后，终于在冷战世界向后冷战世界转型和过渡的过程当中发挥巨大影响的"赫尔辛基进程"。迄止今日，这一"泛欧洲体系"可能也将为未来国际秩序的构建提供重要的启示。①

卡莱欧对于冷战时期的欧洲、美国以及苏联所构成的复杂国际体系的解读，实际包含着对于美国、欧洲以及俄罗斯三边关系的分析。在他的分析中，关键问题是欧洲。也即，在被流行的"东西方"观点掩盖下的一分为二的国际社会究竟是否存在着从"西方"这个概念中分离出来的欧洲这一角色。卡莱欧以他独到的历史学、思想史和政治经济学的分析，揭示了在两大对抗性体系之下，一个相对独立的欧洲不仅存在，而且充满了活力；并且是在与其他体系的相互补充和相互激励的情况下，一起完成了"冷战"这样一个复杂而丰富多彩的历史阶段。欧洲并非如传统冷战史的观点所描述的，似乎夹在美苏两强中间，或者只能是霸主美国手下的附庸，或者只能是苏联眼中的羔羊。当然，在卡莱欧看来，如果考虑到更为复杂的全球的或者东方的局面，冷战体系可能还可以分解出更多的旁枝，这里不再一一描述。

的确，战后，美国一开始希望建立的是一个自由主义加霸权

---

① ［美］戴维·卡莱欧：《欧洲的未来》，冯绍雷等译，上海人民出版社2003年版，第100页。

原则的开放型的世界秩序。这个世界远不只是着眼于反对共产主义，而是急于要构建一个将威尔逊主义具体化、体制化的世界秩序。而欧洲的想法则不太一样。欧洲从两次大战中的惨痛教训中体会到，不仅要重建欧洲经济，而且要把欧洲经济置于一个有效、安全、和谐的基础之上；而支撑这一基础的思想原则是国家社群主义、干涉主义、新重商主义。欧洲国家所想象的经济转型过程中的国家干预，与美国所坚持的传统自由贸易和货币自由兑换的做法之间并非合拍。美欧之间的这场争论最后以如何构建战后国际经济体制为焦点而达到顶峰。1944 年和 1945 年布雷顿森林会议时，凯恩斯率领的英国代表团要求建立一个自由的国际货币和商业体制，与欧洲国家社会转型的需要相匹配，其关键是希望美国承受国际收支上的巨额赤字，而避免欧洲国家因为紧缩经济而陷于困顿并不能自拔。他认为美国应该是重塑欧洲经济的资本商品的主要来源。美国当时并没有同意实行这样的计划，只是由于 1947 年以后冷战的爆发，美国主要出于扶持欧洲的考虑，开始实行马歇尔计划，从而开始了对于欧洲的大规模援助。马歇尔计划实际上相当程度上乃是凯恩斯此前提出的计划的翻版。美国的考虑是这样的：尽管欧洲一开始可能会形成一个内向型的集团，但是一个未来一体化的欧洲终究会赞同全球自由贸易。简言之，美国是将在开始阶段可能形成的欧洲集团视为建立全球范围内"美国治下的和平"的一个难以割舍的步骤，并且寄希望于由马歇尔计划形成的美欧和谐格局将成为未来美欧关系的典范。①

---

① ［美］戴维·卡莱欧：《欧洲的未来》，第 2 章。

纵观冷战时期的欧美交往历史，实事求是地说，美国关于建立一个自由开放的国际体系的构想一半被实现了，而另一半成为欧洲一体化悄悄崛起的机遇与基础。一方面，人们看到的是欧洲经济的成功复苏和开放，1958年起，欧洲货币正式成为可兑换货币，北大西洋两岸之间的经济贸易关系成为自由世界开放式交往的典范。另一方面，当时在英国所极力主张的，并且也为法国人所热衷的"拉住美国、压制德国和排除俄国"的观念基础上，借助于冷战起始阶段的氛围，北约得以建立，美国成功地实现了权力转移，取代了英国、法国两个老牌帝国对于欧洲乃至于世界事务的主导权。美欧之间看似更为密切的关系以及一个开放体系已经牢固地被确立起来。

但是，从另一角度看，一个区域性的欧洲一体化的过程却在不知不觉中被推动起来。原因有两方面，一方面，作为一体化过程外部环境的冷战这一因素，实际上，在客观上帮助了欧洲走向一体化。由于德国被"肢解"成两半，受到外部力量的控制，因而反而有利于德国和法国这两个具有世仇、后来又是欧洲一体化进程中最为重要的欧洲大国之间的友好合作。由于欧洲的安全防御权力实际上已经交给了美国领导下的北约，因此欧洲国家内部也就避免了任何争夺军事优势的危险。甚至于从欧洲国内政治发展的态势来看，当时法国和意大利国内势力强大的共产党等传统左翼党派在一个长时期中曾令右翼政党作难。正是由于冷战的原因，法国和意大利的右翼政党获得了来自美国的源源不断的近乎公开的支持。经过长时间的较量，最后终于分裂和削弱了共产党等传统左派，使其不再成为战后初年那样的强大政治力量。所有这些都成为欧洲一体化进程中所必不可少的重要环境因素。①

　　但是，推动欧洲一体化更为直接的动因还是欧洲政治家的战略思想，也即在第二次世界大战之后欧洲合作最开始的时候，欧洲主要国家的共识，是通过建立包容原来对手在内的双边和多边合作，互补、互利也互相牵制，以这种方式来取得共同利益的实现。这样的政治安排既避免了单个欧洲强国的崛起（比如德国）可能引起的欧洲政治失衡，也可以避免历史上欧洲列国纷争所带来的自相残杀。1950 年法国外交部长舒曼所提出的关于煤钢联营的计划，到后来变成了一个欧洲六国间的煤钢合作计划。虽然，1954 年欧洲防务共同体计划没有能够成功，但是，1958 年煤钢联营的六个西欧国家建立了欧洲原子能共同体，并且，同时成立了欧洲经济共同体。这就是以后发展成为欧洲联盟的最为直接的制度起源。值得注意的是 70 年代末，正当英国、美国等盎格鲁-撒克逊国家先后提出了后来被称作"新自由主义"的大规模私有化的经济主张的同时，1979 年，法国和德国等大陆国家的政治领袖却达成了关于建立经济货币联盟的协定，这一协定后来成为《马斯特里赫特条约》中有关欧盟经济货币一体化的主要思想来源和政治共识。可见到 70 年代末，无论从制度构建的角度，还是从理念主导的方向来看，美国与欧洲已经逐渐地开始分化出两种不同的发展格局。

　　以上这样的历史回顾和分析只是为了证明，冷战期间国际体系实际上较之流行的"两极体系"的说法要来得更为复杂。而其

---

① ［美］戴维·卡莱欧：《欧洲的未来》，第 114 页。

中的关键除了存在着互相对抗的美国和苏联两个超级大国以外，还存在着一个不断崛起的有着自身发展逻辑的欧洲。诚如卡莱欧教授所言，这三个体系之间互相联系和支持，同时各自又实施着自己的功能，实际上是一个整体世界的不可或缺的方方面面。所谓欧洲、俄罗斯和美国三方之间的相互关系正是在这样的基础上才被确立起来的。一个一分为三的世界体系，这是进一步分析欧洲、美国与俄罗斯相互关系的起点。

二、俄、美、欧的政治文化偏好

如前所言，大国关系的确立不像一般中小国家可以凭借比较直接的利益组合、国际竞争中的因缘际会，或者在发生国际纷争时的置身事外，以此来取得自己的生存空间。任何大国的国际地位的确立必得有深厚的文明背景为依托，有主导性的精神理念和意识形态的构建。否则，任何大国外交将不可能有引领潮流的气概、动员盟友的能量以及进行舆论传播时的推动力。

俄罗斯、美国与欧洲这三大机体本身及它们之间的相互关系，毋庸置疑地有着各自内在的文明构建作为其外部行为的思想与道德支撑。那么，什么才是这三大政治机体文明构建中最为核心的底蕴呢？尽管在全球化背景之下任何政治机体的独特个性正在受到拷问，而千百年历史沉淀的冲刷和繁衍，也使得各自的灵魂追求和精神寄托正在变得面目全非。但是，探寻各大机体文明核心部分的存在，有利于对于各自的内部和外部发展的整体把握。从这个角度出发，本书将第二次世界大战以来，俄罗斯（苏联）、美国和欧洲的政治文化的核心范畴分别假定为：实力、制度和地缘空间。"实力"是第二次世界大战以来美国至高无上的国际地位最为概括的说明，也是迄今为止美国赖以生存的至关重要的基础；"制度"是半个多世纪以来欧洲各国民众和精英孜孜以求努力实现的政治目标，也概括地表达了欧盟已经取得的史无前例，并且远较其余政治实体先行的体制建设成就；"地缘空间"则是俄罗斯（苏联）在上一个世纪里历史性地跌宕起落之后尚能够安身立命之所系，也是它走向未来大国地位的一个无可取代的物质与心理基础之所在。这三个范畴的提出不可能包容这三个巨大的政治机体的所有特征与功能，但是，作为假设性的判断，能够为这三大机体相互关系的铺陈提供分析比较的界面和框架。虽然，自冷战向后冷战阶段的复杂过渡当中，作为欧美俄对外战略的政治文化背景也发生了耐人寻味的变化，但是，以上所表达的三大实体政治文化的核心范畴始终是这三个政治机体坚守之所在。

先来看美国。美利坚合众国从诞生的第一天起，就是一个以一种非常独立特行的姿态彪炳于世的新兴大国。世界上没有第二个大国犹如美国那样，其作为民族国家的诞生，是和资本主义制度的确立同时出现的二位一体的过程。这样的一个同步出现的过程使得美国没有历史包袱，既不像法国、德国那样还有着前资本主义的沉重负担，需要一次或几次革命来驱除"巫魅"；也不像东方国家还没有形成充分的社会分化，需要人为地培植市民社会作为社会中间力量。民主和资本主义市场制度在欧洲发端，但是，却在美国淋漓尽致地被加以发挥和构建。美国作为资本主义制度与生俱来的见证者，以自己建国两百多年以来的成就给后来者不断提供着既是制度的榜样，又是个人奋斗的表率。加上美国得天独厚的地理位置，这是其天赋的安全屏障；而取之不尽的移民似乎又成为美国凝聚力的独一无二的表现。美国这个来自"山巅之城"的"上帝选民"，似乎从一开始就环视苍穹，立志要成为拯救苍生的"救世主"。美国的强大乃是其独特的历史、地理、多样化的人种、创造性的制度和宗教传统自然造就的结果。几个世纪以来，特别是第二次世界大战以来的历史证明，美国之所以能够成为当今世界的头号超级大国，关键之点是其实力地位至今难以被撼动。因此可以认为，如果美国的政治文化有一个焦点的话，那么，这就是实力。需要说明的是，这里对于实力的理解应该是一种不同于美国国际关系理论中所表达的解释，似乎一讲"实力"，就是相对于思想理念、价值规范、组织体制等方面而言。恰恰相反，美国的实力应该是一个不仅包含上述内容的范畴，而且还应该包含对于实力使用时单边独断式的排他性行为特征。

但是，需要考察的是，美国人的精神生活发生了什么变化呢？

对于近 30 年或 40 年来美国政治文化的观察，至少可以选择两个向度作为依据。其一，是美国官方意识形态的路径转换。自 70 年代末期以来，美国的官方意识形态经过了从新自由主义到新保守主义的变迁，自从奥巴马上台后，又在向一个意识形态不定型的阶段过渡。总的来说，新自由主义的中兴伴随着冷战结束的和平红利，一度使得美国显示活力。但是新保守主义的出台伴随着"9·11"事件和恐怖主义的纠缠，似乎表现出美国人缺乏自信，乃至于只能够依靠寻找敌人来填补自己灵魂的空虚。一直到 2008 年金融危机之后，还难以看出奥巴马政府在多大程度上能够提升美国人的精神生活水准，因为关键的问题是作为奥巴马政权基础的整个美国的中产阶级遭逢挑战。但是，无论是左派还是右派，无论是竞选中的希拉里，还是当选后的奥巴马，几乎同样的一个态度和立场，那就是公开声明，美国会更加注重多边国际协调。但是归根结底，美国不会放弃把单边决定作为自己的最后手段。可见，美国政治精英近乎公开地承认：实力，乃是美国手中最后的王牌。

其二，选择美国极具代表性的战略问题研究家、影响广泛的知识界权威人物塞缪尔·亨廷顿的思想轨迹，来观察美国人精神生活的变化，可能是判断美国政治文化演变的一个重要依据。综观作为思想家的亨廷顿近 40 年来的几部最重要作品，可以清晰地发现，亨氏是怀着 20 世纪 60 年代后美国学术精英们胸怀世界的远大抱负开始登上政治学研究的顶峰。当时，他在《变化社会中的政治秩序》一书里的研究主题，是与美国亟须对于海外世界形成真切认知的宏大战略目标直接相连的。在书中，他公开表示最为重要的不是民主体制，而是管理有力的政府才是美国需要关注的重点。在这样的气度之下，看来，甚至连意识形态的禁锢都可以丢到一边。而冷战结束以后，亨廷顿挑起了关于"文明冲突"的国际大争论，从中人们可以多少感觉到美国深重的危机感，但是，唯一超级大国的辉煌地位却掩盖着所有可能的真正挑战。迨至 20 世纪 90 年代中期《第三波》的问世，无论在学术上，还是在思想上，人们可以感觉到，这里出现的似乎是另外一个亨廷顿，他追随着众人言说着的"民主化"潮流，着力于诠释一个迅速来临的全新世界。但是他已经不具备像以往那样的犀利锋芒，而是颇有点英雄气短。因为，于冷战结束的狂欢中意外获得了胜利之后，美国同时也失去了敌人。在祸福难料之际，他要为阻挡一个超级大国可能的衰势而力挽狂澜，因而需要借助于"民主化"这样众说纷纭的概念。直到亨氏呼吁美国人要强化自我认同的这最后一部作品《我们是谁？——美国的自我定位》问世，人们清晰地预感到，不光是亨廷顿本人已经渐入颓路，连"我们"是谁都发生了问题，而且，这似乎是预示着美国的超级大国风华已经远不如往昔，而要靠宗教和自我认同的凝聚来帮助美国摆脱危机。半个世纪里亨廷顿所划出的这道思想弧线，也许真是在他自己作品的光影之下所表征出来的帝国归途。①从亨廷顿的思想轨迹中我们可以把握的一个重要动向，那就是英雄末路，最为崇尚实力的美国也不得不为当今实力的相对下降未雨绸缪。

如果说，以其普适主义宗教的感召力、实用主义处世原则以及强劲雄厚的国力作为精神支柱的美国，正在遭逢一场精神上的炼狱，已透露出美国唯一超级大国的实力地位有所动摇，那么，曾经作为对手的俄罗斯在 20 世纪初崛起，又在 20 世纪末陨落的跌宕生涯，在其精神生活的旅途中打下怎样的烙印呢？

当年托克维尔的判断非常准确地预见了美国和俄国将在 20 世纪崛起的事实。但是，俄罗斯这个来自欧亚大陆的国家却在多少相反的方向上显现出它的能量。

就像任何大国一样，当代的俄罗斯政治文化也有自己的焦点，那就是它所在的地缘空间。雄踞于欧亚大陆的俄国政治文化的关键之点就在于它是否能够在面向欧洲和面向欧亚这两个不同的方向上找到平衡与认同，从而取得自身的发展。具体地说来，身居

---

① 本节部分内容亦见于：冯绍雷的《亨廷顿的思想弧线》一文，载《社会科学报》2009 年 2 月 12 日。

于欧亚大陆核心部位的地缘空间决定了俄国并不具备欧美式的发展市场经济和市民社会的原初状态，必得寻找与其历史与环境相适应的体制模式。接近于欧洲的地理条件使其有可能在"欧风欧雨"的熏陶之下以欧为师，但是，过于硕大的体魄又使得它不时地回摆东方去寻求归宿。从战略发展的角度看，辽阔的地缘空间提供了非常宽广的回旋余地，俄国可以在一个方向上取得突破，而在另一个方向上对其代价取得补偿，世界上几乎没有一个国家可以享受上帝如此的厚遇。远祖留下的地理空间又以异常丰富的资源作为严酷气候条件的补偿。而且不光是地理资源成为财富，甚至运送资源的管道也有赖于俄国的宽广空间，使其得以左右纵横。因此可以说，地缘的概念就是俄国的安身立命之本。

顺便，需要清理一下在俄国独特的地缘条件之下的思想演进的路向。也即俄国是怎样在面向欧洲和面向欧亚这两个方面进行摇摆的大体背景。晚近四百余年来，虽然作为后起大国不可避免地以欧洲为师，但是迄至今日俄国的悲剧则在于，欧洲并没有，看来也不可能把俄国作为一个"正常的"欧洲国家来对待。每当俄国下定决心要向"登堂入室"的目标挺进，得到的回报总是令其失望。历史表明，问题的关键不在于俄国人学习欧洲不够努力。自彼得大帝以来，为了学习欧洲，俄国人前赴后继，历经磨难，其心志之坚定，其代价之壮烈，叹为观止。其中的原因可能犹如一位专家的评价：俄国人太过关注于他人的意识形态，而没有去构建适合于自己特点的意识形态与文化。①从这样的评价出发，那

①　Dmitry Shlapentokh, *The French revolution in Russian Intellectual Life 1865—1905*, Prareger Publisher, 1996, 序言。

么，俄国能否从另一个方向，也即欧亚主义方向去寻求出路，从一个本土主义的视角去寻求意识形态构建的基础呢？实际上，这是从 19 世纪中叶的斯拉夫主义思想开始，历经 20 世纪 20 年代以后海外俄国移民学家们的苦思冥想，一直到苏联解体以后思想文化大争论中，俄国思想界的一个重要探索方向。欧亚主义内部的门类繁复，错综复杂。但概括地讲，欧亚主义者追求在西方和东方之间的合乎于俄国历史传统和现实环境的国家发展道路，特别是希望寻找到适合于俄罗斯特殊人文地理环境的国家发展道路。欧亚主义主张俄罗斯文化的非西方特征；主张强国理念和人民与多民族的团结；原则上不反对市场经济，但不同意西方式的放任自流；同时，主张俄国应该成为穿越欧亚的东方和西方之间的重要纽带和桥梁。欧亚主义认为，他们的主张不光是起源于俄罗斯东正教的独特文明，承载着拯救人类的使命，而且是内涵于这一地区的历史和人们千百年心理沉淀之下的丰富精神积累。

我们可以从苏联解体后俄罗斯的政治文化走向，来察觉俄罗斯欧洲派与欧亚主义派在潜移默化中相互较量的局面。20 世纪 90 年代在叶利钦主导下的面向市场和面向西方"一边倒"式的国家发展战略基本上被认为是西方派"狂飙突进式"冲锋的一次失败。90 年代中期欧亚主义重新崛起之后，尽管只是知识界的呼号和争辩，但是其丰富的思想内容则显示出必不可免地要对国家发展路线产生影响。21 世纪普京执政以后，一度也是以"回归欧洲"作为国家发展的主线，但是，随着俄罗斯与西方关系的恶化，人们明显地察觉欧亚主义的影响在逐渐抬头。普京早期所崇拜的偶像是第米特里·利哈乔夫，这是一位典型的欧洲派的知识分子。

但是，到了普京执政的第二任晚期，普京则亲自为具有明显欧亚主义倾向、尊奉东正教传统的诺贝尔奖得主索尔仁尼琴颁发国家奖章。直至金融危机前后，以笔者几次与普京见面时的印象与感受来看，他在谈到俄罗斯依然要推进改革和走向开放的时候，依然称自己为自由主义者，同时，当着参加瓦尔代论坛众多国际学者的面，他也强调必须尊重国家理念与恪守民族传统，并开始称呼自己为"保守主义者"。不管我们对此作何评价，可以清晰地发现：由 20 世纪 90 年代初期单一地指向西方化的路径正在不知不觉中逐渐向欧亚主义方向回摆，这是一个相当值得注意的历史性选择。

比较复杂的，还是欧洲当代文化的变迁。

作为人类近代社会发展的先行者，无论是工业革命，还是文艺复兴；也无论是市民社会，还是民族国家系统的构建，所有这些社会演进所累积成的制度创新无一不在欧洲起步。支撑这一宏大历史过程的理性主义和人文精神是欧洲文化的最为核心的内容。欧洲文化的多样化的统一曾经是欧洲文明进步的巨大动力，但是，数百年来欧洲各国之间的争斗也给人类历史留下了无限的遗憾。所以，第二次世界大战后的欧洲历史与所有此前欧洲历史的不同点在于，它开创性地承继了从康德以来关于"人类和平"和"世界政府"的构想，同时吸收了其他文明的优点，真正地把欧洲统一的思想变成为现实。欧洲的统一是欧洲政治文化的高度体现。而欧洲一体化过程中最为杰出的创造，就是欧洲制度文明。从这个意义上说，第二次世界大战以来欧洲政治文化的核心乃是：制度。

　　从欧洲一体化的角度看，欧洲制度文明的来源乃是一个多元传统思想的产物。卡莱欧曾经说：欧洲的一体化进程是受到了四个大思想家的影响。首先，弗里德里希·李斯特在19世纪40年代关于建立欧洲经济联盟以对抗美国的想法是欧盟最为直接的来源；其次，马克思关于资本主义发展态势中无政府状态的警告成为欧洲各国政府集体行动抵御风险的思想源泉；第三，凯恩斯关于政府在宏观经济中的干预作用的思想是欧盟治理结构的主要思想由头；最后，哈耶克关于自由主义思想的一系列阐发也是欧盟发展的动力。可见，欧盟的发展乃是一系列思想的结晶，并不拘泥于某一家某一派的传承。但是，欧洲的发展作为西方主流思想的另一端，其注重保守与创新之间的平衡，强调多样化的统一，明显表现出了与美国式的实用主义和放任竞争的资本主义之间的区别，最后，以其在体制构建上的大胆实验使欧盟这一组织形式成为动荡世界中的一项人类创建。

　　从对于冷战后欧洲思想发展的观察来说，制度，依然是欧盟能够有别于其他政治主体，并且在其外部行为表现上体现特色的最为重要的方面。

　　一方面，就内部制度的构建来说，欧盟问世本身乃是欧洲人自立门户、自走新路的表现。欧洲各国对于欧美间社会经济体制的比较，充满了自信。近年来有关欧美体制比较的大讨论中，一个总体的结论正在越来越得到广泛的认可。那就是，相较于美国体制推崇竞争、创新与活力，欧洲体制主张均衡、公平与稳健也正在表现出巨大的优势。就像当年科耶夫所言，为何就不能把更加人性化、更加宽容、更加关注劳动者"闲暇"和"悠闲"的社会发展模式置于美国式推崇竞争型的模式之上呢?①

　　另一方面，伊拉克战争乃是美国和欧洲之间在对于未来世界的制度构建、对于单边主义和多边主义手段的运用等问题上暴露歧见的一个路标。这样的争端虽曾延续多年。但依笔者之亲见，2003 年伊拉克战争爆发之前全欧洲各大城市两千万欧洲居民举行反战游行时的浩荡气势实足令人震慑。当时，被美国发动战争所激怒的不光是普通市民，还有像哈贝马斯这样欧洲最有影响力的哲学家。他与新保守主义者之间进行的论战，对美国"自由民族主义"的批判，使得人们对于他所宣扬的主张超越传统民族国家理念、主张多民族多文化互相包容的欧洲式的"后民族结构"有了更加深切的认识与感受。

　　尽管，21 世纪第一个十年欧盟的推进一路充满风险，法国和荷兰的全民公决说明，欧洲人的精神认同一定程度上还是停留在民族国家的水准上，而没有如哈贝马斯所设想的那样上升到了"欧盟认同"的水平，但是这一点也不妨碍欧盟继续推进欧盟这一人类历史上可能是最为大胆的一次国际治理的实验。对于伊拉克战争中所表露出来的美欧间的分歧，在德国、法国等主要欧洲国家的政府近年来的更替之后，也在逐渐地调整与弥合。但是这也一点也不能说明，欧洲国家就不会在有关国际治理的原则立场问题上向美国叫板。一个明显的例子，那就是 2009 年 4 月八国集团首脑伦敦峰会上，欧洲政治领袖向美国发出的要坚决改革美国主导的国际金融体制的挑战。

　　对于美国、俄罗斯、欧洲三个政治实体对外行为的文化背景

————————

① 〔法〕科耶夫等:《科耶夫的拉丁帝国》，邱立波译，华夏出版社 2008 年版。

的分析表明：在 21 世纪第一个十年中，特别是在国际金融危机的背景下，"崇尚实力"的美国政治文化正随着奥巴马的上台出现一定程度的反思；具有宽广"地缘空间"优势的俄罗斯政治文化在结束 90 年代"一边倒"后逐渐地向中派主义路线过渡；而欧盟政治文化在维系其保持稳健老练风格的同时，以进两步、退一步的方式持续推进着"制度创新"。显然，这三个行为体之间正在出现的这种既相互抗争、又互相依存；既互相独立、又互相有所借重的状况将会是一个相当长时期的过程。这一过程由以下两方面的趋势而得到加强：其一，"新自由主义"导向下的全球化过程，没有能够改变国际社会多元化的发展势头，冷战的终结并不表明世界各国的发展都只能恪守一种模式；其二，"新冷战"回归的威胁，也不太可能在短时间里马上诱导国际社会重新向冷战时期倒退。不光美俄两家当时都不愿意如此：对于前者，实力不济，力不从心；而对于后者，至多是以攻为守，维护自己的尊严和利益。而欧盟的居间调停将会是极其重要的稳定和协调机制。总之，在美欧俄三大政治实体中尚不存在两种对抗性政治文化的背景下，人们对于避免"新冷战"式的对抗状态，一段时间内还能够寄予谨慎乐观的期待。

当然，之所以称仍然只是"谨慎的乐观"，表达了任何政治文化的变动都还是一种不确定状态，从走出冷战时期的相互对抗和复仇主义情绪，到真正构建确保和平的完整体制，这将是一个相当长期的过程。在这个过程当中，依然不可避免地存在着非理性的相互认知，依然会在制订各自战略安全计划的时候把对方作为假想敌；从执政者的政治意识形态需要出发，还依然有必要贬斥他人的制度与体制，包括一旦竞争加剧，依然不得不把原来冷战中的对手端出来作为"祸首"加以打击。以上所做的分析，只是指出尚存在着这样的机遇：也即，21世纪初期的欧盟、美国和俄罗斯的三边关系依然可能留在一个相对的理性相处的短暂时期。

这就是2008年国际金融危机发生之际，欧洲、美国、俄罗斯三方面政治文化状况对于各自对外行为，同时也是对于三边相互关系发挥微妙作用而又现实的机理所在。

三、俄、美、欧三边关系的结构

21世纪最初十年行将结束之时，俄罗斯、美国与欧盟三边关系处于一个十分重要的转型时期。这一转型时期的关键问题是：三边关系中的结构非均衡状态能否得到有效的调整，以及三边关系中目前所面临的一系列基本问题能否得到妥善的处理或者能否列入理性对话的工作日程。当时，在共同面对的国际金融危机背景下，三边关系中的政治文化背景正在促进有利于相互协调的关系框架产生，但是，政治文化的效用还必须在战略决策和执行的互动程序中得到验证。

所谓俄罗斯、美国、欧盟三边关系中基本的结构性问题，包含着以下三个方面。其一，是俄、美、欧三边关系中以能源领域相互依存程度为标志的经济关系结构。这一结构性问题是对制约和引导俄、美、欧三边关系演进的起较为基础作用的部分。其二，在俄、美、欧三边军事战略领域中的力量对比结构及其互动关系，这一关系结构曾经是冷战时期形成相互对抗、冷战后得到大幅度调整，但尚未克服相互威胁状态的一个领域。其三，是俄、美、欧三边由政治意识形态关系所构成的相互认知结构，这一领域与前文所述的政治文化有一定的差异。政治文化往往是指尚未成为意识形态的，也未被提炼为理论和哲学的，弥漫于精英和公众之间的对于一定对象的价值判断、政治偏好、心理定势以及行为取向等文化心理状态，这种文化心理状态将长时期地存在或反映于其对外行为。而对外政策的意识形态则非常明确的是官方对外战略与政策引以为据的政治立场和政治理念，是直接指导国家对外行为的确定的政治概念。意识形态中的政治概念则会相应地随着政治变迁而发生更替。

以下分别就三个方面的结构及其相应存在的问题做出分析。

（一）经济关系结构

俄罗斯、美国、欧盟的能源关系结构有着十分清晰的数据可供描述。

首先来观察一下，三方在世界能源结构中所占据的地位。就 21 世纪初期而言，欧盟拥有世界石油储藏的 0.6%，美国为 2.5%，俄罗斯为 6.6%。欧盟分摊到世界石油生产的 2.9%，美国为 8%，俄罗斯为 12.3%。而欧盟在世界石油消费中所占有的比重为 18.6%，美国为 24.1%，俄罗斯则为 3.3%。至于天然气，在欧盟土地上仅有 1.3% 的储量，美国为 3.3%，俄罗斯为 26.3%。欧盟的天然气开采量为世界的 7.1%，美国为 18.5%，俄罗斯为 21.3%。就天然气消费而言，欧盟占 17%，美国为 22%，俄罗斯为 15.1%。所以，在欧盟的需求还要不断增长的情况下，俄罗斯不可避免地成为欧盟首要的依赖对象。

其次，观察一下俄罗斯、美国、欧盟相互之间的能源关系，以下的数字可能更加能够说明问题：俄罗斯出口天然气中的 84.8% 是向欧盟供应的，而欧盟土地上消费的天然气的 26.3% 来自俄罗斯。原苏联地区向欧盟的出口中 83.3% 是石油，这一比重占欧盟石油总消费的 38.7%。而原苏联地区向美国提供的石油仅占该国石油消费的 1.79%。俄罗斯 75% 的出口收入直接地依赖于欧洲能源市场，上述数字非常明确地揭示了俄罗斯与欧盟之间在这一领域非常紧密的相互依存关系，同时也说明了俄罗斯与美国之间尚未形成的能源合作关系。[①]

　　来自法国的托马·格马尔是这样来判断一个曾经有过的机会的。他说，从理论上说，欧盟、美国和俄罗斯是能够成为能源领域的伙伴的。在普京执政的第一任期（2000—2004 年）曾经签署过好几个非常重要的能源合作协定。其中包括 2000 年 10 月和欧盟签署的《能源对话》协议，其中承诺确保俄罗斯向欧盟国家提供能源，同时欧盟国家在这一领域向俄罗斯提供投资。2002 年 10 月俄罗斯与美国还签署了《能源伙伴》协议，旨在使得俄罗斯能够容易地进入北美市场，同时也吸引美国投资进入俄罗斯。其实，欧美俄三边关系中出现的何止只是机会。不光是上台之初的普京高举"返归欧洲"的大旗，非常积极地推进与欧盟的能源合作，而且，"9·11"事件以后，能源合作曾经是美国与俄罗斯之间相互合作最为重要的内容之一。[②]

---

　　① ［法］托马·格马尔：《旧式均衡中的新当量》，《全球政治中的俄罗斯》2008 年第 1 期。https://globalaffairs.ru/articles/evropa-rossiya-ssha-novye-velichiny-starogo-uravneniya/.

　　② 根据"9·11"事件之后当时美国卡内基基金会与俄罗斯方面的联合研究所提供的报告，将能源合作作为军事战略合作、反恐合作、共同应对新兴国家的崛起等四项最为关键的合作内容。以后，就有了连续几年的莫斯科和休斯敦美俄能源论坛。

俄、美、欧三边能源关系的变化发生在普京第二任期
（2004—2008 年），当时的一个重要迹象是能源合作领域具有了政
治色彩。首先，在价格问题上的争议是经常促使能源合作政治化
的原因。在 2006 年 1 月俄罗斯与乌克兰关于天然气问题发生争论
的时候，无论是美国、欧盟，还是俄罗斯都没有能够找到合适的
方法，避免能源关系的形势激化。其次，当时一些立场比较极端
的国家，比如，消费国波兰提出要把能源问题提交给北约处理，
而同时，生产国伊朗则在考虑是否应该成立天然气 OPEC，等等。
这些态度都激化了当时俄罗斯、美国、欧盟之间在能源问题上的
立场。托马·格马尔认为，由于战略利益与商业利益紧密地交织
在一起，所以一时难以判断上述过程的真实本质。实际上，笔者
认为，始作俑者之一是西方推动和鼓励原苏联地区的颜色革命从
政治上毁坏了在当时出现的合作气氛。

2004 年左右接连出现在格鲁吉亚、乌克兰，乃至于而后中亚
地区的政治变动，直接影响了俄罗斯在这些国家与地区的传统关
系，俄罗斯对于西方在原苏联地区的暗中举动，不可能不抱有极
高的警惕和敏感。在 2006 年的瓦尔代论坛上，普京直截了当地回
答西方学者提出的关于俄罗斯与乌克兰在 2006 年年初的天然气危
机事件的问题。在当时气氛相当平和的情况下，普京答道："既然
你们（指西方）要为乌克兰撑腰，那么，就请你们为乌克兰埋
单。"①如果考虑到"9·11"事件之后，俄罗斯是主动地为西方让开
大路，进入中亚，是主动地希望与美国发展反恐合作，那么，至少

---

① 参见俄罗斯总统网站关于 2006 年瓦尔代论坛上普京总统讲话的全文记录。

美国方面在"颜色革命"中的举动是有失分寸，并留下了后患的。

如果说，在普京执政初期，能源问题是作为一个合作的因素被看待的，那么，能源问题就逐渐地成为了紧张关系的源泉。格马尔准确地提出：应该客观地说，把能源问题作为政治工具的，不光是俄罗斯，也包括美国。甚至在谈到能源地缘政治时，也不应该把布鲁塞尔排除在外。这一形势经常是自相矛盾的，其实欧盟手里有着一系列的"王牌"，虽然欧盟并不拥有丰富的能源资源。比如，世界上最大的四个能源公司里头，欧洲人就拥有 British Petroleum、Shell、Total 这三个国际大能源公司。但是，格马尔认为：从国际能源市场中功能的发挥来看，欧盟无论如何不能算作一个厉害角色。欧盟的"能源代数学"是希望在综合起来的各种未知因素中取一个平均数，以此作为自己的战略基点。从这种战略中表现出来的是欧洲传统中处处防范式的稳健老到，但也是缺乏重点以及进取精神。人们经常可以在欧盟能源政策中体察到它的这种左顾右盼的决策特点。因为，欧盟的苦衷在于它太多地受累于自己成员中各类不同程度上的能源进口国。

格马尔提出一个分析，他认为，欧盟、美国、俄罗斯三方无法在 21 世纪开头的几年里达成更为有效的有关能源合作的多边框架，一个很重要的直接原因在于这三家具有各自不太一致的关于能源安全问题的理解和构想。

对于欧盟来说，基于自己的内部和外部条件，它的能源地缘安全的重点在于，其一，以合理的价格进口资源，其二，与俄罗斯保持好相互依存关系。但是对于俄罗斯来说，欧盟的能源安全构想仅仅只有一部分能够与自己的想法保持一致。俄罗斯关于能源安全的主要想法，一是能够形成一个对于俄罗斯能源有支付能力的市场，二是尽量地规避这些市场的风险，三是能够确保消费国对于俄罗斯能源行业的长期投资。而美国的能源安全概念，则是侧重于构建一个功能有效的世界能源市场，这个世界能源市场能够确保对于美国来说希望得到的东西。其中，美国还有些宏观构想，比如，所谓把能源变成"全世界普遍能够享用的财富"，还包括要推行所谓"使得石油、天然气管道具有可选择性"的外交，包括能够绕开一些体制上难打交道的国家，比如，俄罗斯、伊朗，实现能源出口来源的多样化。①

其实，如果各方能够抛弃意识形态成见，较为务实地坐到一起首先就功能性的问题从长计议，并非完全找不到合作的切入点，比如欧俄间关于能源基础设施建设的成功，应该就是这样的范例。尽管各家能源安全的构想不同，但是，能源供需、产销、运送等各方面总还是有着可以融通的地方。关键的偏差看来还是意识形态的干扰。

从1978年开始，在新自由主义思潮刚刚发端的时候，美国实现了北美天然气市场的自由化。在新自由主义刚刚兴起，特别是欧美双方都趋之若鹜的时代背景之下，这样的自由化的过程被认为是一个标准化的过程。欧洲当时几乎全盘接受了这样的体制方案，在欧洲看来，这样的方式能够确保能源市场的灵活性，并具有很高的透明度，似乎这样的一种办法能够把北美、欧洲以及亚洲三个市场打成一片。②但是，能源市场的自由化对于俄罗斯来说是否适用呢？首先，能源产业是有赖于巨大投资才能够确保产出

---

①②　[法]托马·格马尔：《旧式均衡中的新当量》。

的特殊产业，能源产业的战略特性是事关国家安全与发展的核心利益，因此，一般市场规则对于能源市场的效用是有条件的。特别是对于像俄罗斯西伯利亚地区这样恶劣气候条件下的产出，如果不借助于国家的支持，很难想象能够有今天这样的发展规模。但是，在新自由主义盛行的背景下，似乎能源领域的一定程度的国家垄断与自由主义是无法兼容的。

格马尔认为，美国和欧洲总是寻找办法要克服"俄罗斯天然气总公司"在生产领域、转运领域以及出口领域的垄断化。但是，在真正推进了自由化的市场条件之下，很可能出现的一个现实是，俄罗斯将失去对于出产在它自己领土上的能源定价权。这不光与俄罗斯的初衷不符，而且也没有顾及俄罗斯目前已经取得的能源地位。不管西方如何希望，需求的自然增长规定了俄罗斯地处能源领域的中心环节这样一个地位。莫斯科在这方面可以尽其所能，甚至可以借助于市场化加强自己的地位。比如，"俄罗斯天然气总公司"在最初的生产阶段可以作为一个"垄断者"，但是在最终的阶段，它还是可以作为一个自由竞争者的面目出现的。俄罗斯非常希望与自己的最终客户——欧洲的需求者达成直接协议（尽管目前只是生产领域的消费者），以避免过多的中间环节。欧盟的问题是，第一，当欧盟凭借"自由主义的"《能源宪章》，希望影响俄罗斯，并对它施加压力的时候，实际上，是希望撞开一处不可能开启的大门，因为在政治上，俄罗斯与作为一个区域组织的欧盟国家没有瓜葛，在技术上，俄罗斯还掌握多样的游说资源，并且非常有效地提出自己的游戏规则。第二，欧盟的判断错误还与一些不确切的信息有关。比如，认为俄罗斯今天的产业战略和天然气储备状况不足以确保供应，再比如，如果不利用中亚的天然气似乎就不能够确保对欧洲的供应，另外的一个判断是关于俄罗斯内部的需求将迅速地增长，从而影响出口。第三，欧盟经常是处于两难的境地，一方面，它不得不鼓动自由化，但是另一方面，自由化的竞争却是经常发生在自己内部伙伴之间。这些伙伴能源需求不断递增，但是他们之间的相互竞争无疑给俄罗斯带来了极大的便利。第四，还有来自美国的不实之词，美国非常担心自己的欧洲伙伴过多依赖于俄罗斯而不能自拔。于是经常在俄罗斯或是有意，或是偶然地削减对欧供应能源的时候，出一些主意，使得俄罗斯与欧盟的关系横生枝节。①

　　当时的争斗集中在新的欧洲天然气管道的走向问题上。各种预测表明一个无可避免的事实是，在未来的十多年里，无论新能源产业会有怎样的进展，天然气将始终是欧盟的主要外部资源。所以，在2006年天然气冲突之后，欧盟为了寻求更为安全的能源输送通道，大大加速了对于欧盟与里海地区的管道建设。但是，格马尔提出，如果把所有里海地区国家的有关数据与俄罗斯所拥有的潜能做一个比较的话，那么，形势就会很清楚：里海地区的阿塞拜疆、哈萨克斯坦、土库曼斯坦、乌兹别克斯坦四国占世界天然气储量的5%，世界开采量的5.6%，世界天然气需求的3.22%。这一格局与俄罗斯所拥有的能量是不能够匹配的。②这就是为什么当普京被提及如何看待纳布科管道的时候，能够非常坦然地回答道：对于欧洲—里海—中亚之间的纳布科管道，我们乐见其成。

---

　　①②　[法] 托马·格马尔：《旧式均衡中的新当量》。

在此十年前当俄罗斯还较弱的时候，那时的美国雄心勃勃，里海地区也确是一个各个国家、各种抱负都想施展的地区。而此刻白宫的专家警告：俄罗斯正在该地区向欧盟发起"能源进攻"，并且批评欧洲人的动作迟缓；而当欧盟不急不慢地实施纳布科项目的时候，美国认为，实际上这也给了"天然气总公司"一个很好的机会，发展起了它的南溪项目，从而使得里海地区又重新成了一个与俄罗斯关系密切的地区。对于美国来说，似乎反对俄罗斯，这是一个重新振兴北大西洋联盟的最好方法。① 而对于欧盟来说，情况则要复杂得多，既要保持与美国的默契，又要维持原有的从俄国取得的能源，同时，还需要开拓新管道以确保供应的安全。

总之，在能源问题上，从表面上看，这是"两个体系"下的能源关系，美国与欧洲是"自由市场经济"下的能源市场，而另一边俄罗斯则是所谓"威权资本主义"下的能源市场，于是垄断的问题成为政治的焦点。但是在准意识形态问题的弥漫烟雾之下，这是一个欧盟、美国与俄罗斯间不对称但具实质性的能源关系。欧盟与俄罗斯之间以管道基础设施作为象征的紧密型能源合作，不可能因为 2006 年发生在俄罗斯与乌克兰、白俄罗斯之间的能源风波而在短期内有根本改变，同时，俄罗斯与美国之间的能源合作也不可能在短时间内有突飞猛进式的发展。这样一种基本局面，势必在整个俄罗斯、美国和欧盟的三边关系中产生巨大的作用与影响。

---

① ［法］托马·格马尔：《旧式均衡中的新当量》。

（二）安全战略结构

俄罗斯、美国、欧盟三边关系中的另一种基本结构是安全战略结构，这里包含了一系列非常重要的但是又无法解决的问题。

英国欧盟问题专家埃米尔·柯克纳（Emil Kirchner）博士曾经在 2006—2007 年就世界主要国家有关安全战略的问题做过一项很有意思的实证研究。内容包括各国对于重要威胁的认知、各国可能应对的手段、各国财政和资源对于安全战略的支持等。我们选取其中有关欧盟、美国、俄罗斯的资料介绍于下。

（1）对于重要安全威胁的认知

从欧盟、美国、俄罗斯有关安全威胁认知的情况来看，美国与欧盟相对比较接近，而俄罗斯则相对与前二者有一定的差距，这反映了不同发展水平和不同国情背景下的各自认知状况。

表 6.1　美国对于安全威胁的认知排序

一	二	三	四	五
针对国家和社会的恐怖主义	针对基础设施的恐怖主义犯罪	生物与激光武器	环境问题	宏观经济的不稳定

表 6.2　俄罗斯对于安全威胁的认知排序

一	二	三	四	五
经济犯罪	移民压力	贩毒	恐怖主义活动	种族冲突

表 6.3　欧盟对于安全威胁的认知排序

一	二	三	四	五
针对国家和社会的恐怖主义	环境问题	针对重大基础设施的犯罪	移民压力	自然灾害

（2）威胁实施反应时比较倾向于采取的行动方式

对于美国，偏向于采取单边主义行动。而采取行动时的步骤先后为：政策合作与情报分享；经济与财政帮助；外交行动；专门行动。

对于俄罗斯，倾向于多边主义与单边主义的混合，而采取行动时的步骤先后为：政策合作与情报分享；经济与财政帮助；外交行动；专门行动。

对于欧盟，非常强调采取多边主义，而采取行动时的步骤先后为：政策合作与情报分享；经济与财政帮助；外交行动；专门行动。

从上述比较来看，美国、俄罗斯与欧盟在做出反应时倾向于采取的方式方面表现出很大的差距，但是，非常有意思的是在采取行动时候的工作步骤又是完全一致。

另外，还有一项调查是关于欧盟、美国以及俄罗斯对于安全概念的界定范围，调查发现，对于安全概念的理解最为广泛的是欧盟，俄罗斯次之，而美国居然持有对于安全问题的最为狭隘的界定。

（3）三方各自对于军事财政开支的评价状况

根据上述资料，至少可以得出这样的一些结论：

其一，俄罗斯、美国、欧盟在安全事务方面呈现出一个不均衡的结构，这种不均衡不仅表现在安全认知方面，还有军事战略力量的实力方面，以及财政支持方面。如果进一步采用格马尔所提供的材料，那么，这种力量的反差就显得更加明显。这位法国学者的论据如下："到2006年为止，俄罗斯在每一位军事人员身

表 6.4　美国、俄罗斯、欧盟对于军事财政开支的评价状况

问题	防务预算规模、防务预算是否满足于防务需要？预算资源是否足以应对安全威胁？			
评价	太少	不满足	不足以应对	正好
美国	40%	88%	87%	52%
俄罗斯	61%	99%	74%	20%
欧盟	49%	78%	68%	51%

数据来源：Emil J. Kirchner and Kames Sperling，"Global Security Governance"，Routlege：London and N.Y.，2007。

上的平均花费 3 800 美元，与之相比，美国是 19 万美元，德国是 94 000 美元，土耳其是 12 000 美元。与 2000 年相比，俄罗斯供养军人的费用已经上涨了 350%。在俄罗斯人均国内生产总值只有美国的 16%，相当于墨西哥的水平的情况下，从 2005 年的数据来看，俄罗斯的军费开支为 580 亿美元，而美国的军费是 4 950 亿美元，欧盟的军费则为 2 400 亿美元。"①从冷战结束以来的情况来看，俄罗斯能够有这样的进步已经相当不容易了，但是依然无法掩盖这三方面所显示的差距。

其二，俄罗斯、美国、欧盟在安全认知方面表现出的宽窄不一，恰好与其军事安全的实力地位呈相反的趋势，也即美国反而是一个对于安全问题的理解比较专注和目标集中的国家，俄罗斯居中，而战略力量最弱的欧盟则相反表现出了对于安全事务最广泛的关切。如何解释这样的问题还有待进一步研究，但是，这一现象至少有利于人们在思考安全事务的时候从哪一个方向去截取信息。

① ［法］托马·格马尔：《旧式均衡中的新当量》。

其三，上述信息还是带来了若干令人欣慰的信息，比如，尽管欧盟、美国、俄罗斯在安全事务领域存在着尖锐的对立，但是，这三方在采取防务行动措施的时候的工作步骤几乎完全一致，这就使得协调和合作成为可能。

其四，从一个比较中长期的时期来看，甚至包括欧盟在内的各种预期都是认为军事安全开支不足以应对实际威胁，似乎又带来了一个不祥的预兆，这是否将引起未来的扩军竞赛。包括三方在安全认知方面的不够吻合，是否也预示了未来的冲突将会有进一步增长的趋势。

按照西方的理解，在俄罗斯、欧盟、美国之间有着四个重要的战略问题：伊朗、科索沃、反导系统的争论、北约的扩大。但是格马尔认为，对于俄罗斯来说，上述四个问题的先后次序是可以颠倒过来的。的确，俄罗斯最为关注的还是北约在俄罗斯所认为的利益区域不断地扩张，俄罗斯希望欧盟能够牵制这一进程。特别是在反导系统的问题上，俄罗斯认为，欧盟基本上是被排除在决策之外。而且欧盟内部对于反导系统问题有着明显的分歧。德国总理默克尔认为，反导系统的部署不能够威胁俄罗斯潜在的核能力，而波兰却认为，部署反导系统使他们在与俄罗斯打交道时更有自信。欧盟在对待美国战略计划方面无法表达出一致的意见，甚至索拉纳公开承认，在反导问题上实际上不依赖于欧盟的决定。欧盟的软弱无能很难提升其在俄罗斯人心目中的真正的威信。①

---

① ［法］托马·格马尔：《旧式均衡中的新当量》。

　　与冷战后 20 世纪 90 年代相比，当时欧美俄大部分时间里关系和谐，美国与欧洲显然占主导地位。而 21 世纪以来，特别是从普京执政以后的一个时期来看，欧、美、俄三方仅在"9·11"事件以后最初的一个阶段出现了大体上是战略相对协调稳定的阶段，之后很快地转入了一个战略竞争的时期。有人认为，普京时代的俄罗斯有过两次战略的变化。一次是"9·11"事件之后俄罗斯主动地与西方接近，从而企图实现与西方关系的突破，而第二次则是发生在 2004 年的"颜色革命"之后的逆转，俄罗斯认识到了西方对于俄罗斯的政治目的并没有因为冷战的结束而改变。实际上，从国内问题的分歧来看，笔者认为，2003 年尤科斯公司事件后，俄罗斯与西方，首先是与美国的关系出现带有实质性意义的逆转；同时，伊拉克战争又使得俄罗斯与美国的关系陷于困顿。也就是说，在 2004—2005 年的"颜色革命"之前，在欧、美、俄三边关系中，俄罗斯首先与美国已经发生了严重的分歧。就伊拉克战争而言，分歧涉及了国家对外战略的关键性问题；而就尤科斯事件或者"颜色革命"而言，分歧涉及了国家安全（直接事关政治合法性问题）以及国家体制构建（不受国家控制的私有企业在政治体制中的地位）的根本性的核心利益问题。上述变化迅速引起了俄罗斯政治精英观念的变化，不仅使得他们原来对于北约东扩、欧盟东扩的比较温和的态度变得不可妥协，同时，包括民众也立即把以往十几年中国家体制的混乱、国家财富的流失视为在西方掩护和直接支持之下才会发生的事情。

　　从结构的角度分析，托马·格马尔曾认为：普京第二任期以后，俄罗斯立场逐渐地转向强硬是以下战略结构中的三种情况的相互作用所引起的。第一，美国在俄罗斯边界地区，比如乌克兰、格鲁吉亚等政治变动中所表现出的积极性；第二，美国同时身陷伊拉克战争之后行动能力大受限制；第三，欧盟在战略问题上的能力低下。这样的一种情况就在俄罗斯面前大大打开了运用多边策略的可能性。俄罗斯的目的非常明显，那就是利用自己已经获得的力量迫使西方承认自己的利益区域。①

从 21 世纪第一个十年行将结束的时刻来看，战略安全领域的不均等关系并不是在一个短时期之内能够得到调整的。虽然美国毫无疑问是三方力量的为首者，但是，俄罗斯依然是当今世界的第二核战略大国，在空间领域也还有有着巨大的优势，美国始终还在担心在这些领域中俄罗斯实力的重新崛起。至于欧盟的军事战略力量，无论是华盛顿，还是莫斯科都没有引起充分的重视。科索沃事件中欧盟所暴露出来的战略弱点，迄今确实还无法消弭。

（三）相互认知结构

与前面两种结构关系相比，意识形态领域同样显示出三大主体的方向各异，远远没有能够形成互相兼容、互相协调的关系。换言之，在政治文化领域所发生的积极趋向是否能够导致意识形态领域的协调与和谐，人们远未可过分乐观。

如果说，美国外交始终具有其鲜明的意识形态目标，这不仅是指把维护国家安全与威望始终与自由民主制度的理念相挂钩，

---

① ［法］托马·格马尔：《旧式均衡中的新当量》。

而且，借用哈贝马斯的说法，这是以"等级制态度"施舍民主，"以火与剑"强行推动民主。因此，美国外交意识形态的宗旨按照哈贝马斯的观点，可以概括成"推广自由民族主义的民主"，这是一种"帝国式的""自由民族主义的民主"。

欧盟外交同样具有鲜明的意识形态特征，但是，哈贝马斯对此所做的区别是，欧洲国家推行的是一种"基于法律的世界主义的民主"。为了进一步说明问题，以下引用哈贝马斯批评美国发起伊拉克战争时的几段话：

> 在对于人权政治的理解上，美国人和欧洲人之间表现出一个很有意思的区别。美国推进全球范围内对于人权的实施，是作为一个在实力政治前提下追求此目标的世界强国的民族使命来进行的。欧盟的多数政府，则把人权政治理解为一项把国际关系彻底法律化的事业，而这项事业，今天已经改变了实力政治的各种参数。

哈贝马斯又指出：

> 在大陆欧洲，支持干预者努力强调来自国际法的一些弱的论据，指出干预行动的意图是促进在他们看来是从一种软性的国际法向一种充分实行的人权政治的过渡，而美国和英国的主张干预者，则依然处于他们的自由民族主义的传统之中。他们不是诉诸一个未来的世界主义秩序的"原则"，而满足于强调他们的这个要求：他们自己民族的"价值"所具有

的在他们看来是普遍主义的力量，应该得到国际承认。

哈贝马斯从理论上阐明美国式"自由民族主义"和欧洲式
"世界主义"之间的差别。他强调：

> 切不可混同于这样一种帝国主义的主张，它把一个特定
> 民主国家——哪怕是历史最久的民主国家——的生活方式和
> 文化当作所有社会的典范。这种普遍主义是一种老牌帝国的
> "普遍主义"，它仅仅从它自己的世界观的中心化的视角出发
> 来感受超越其边界的遥远视域的世界。相反，现代的自我理
> 解，则是由一种平等主义的普遍主义所塑造而成的，这种普
> 遍主义要求的是对每个人各自的视角的非中心化。它要求我
> 们将自己的观点根据享有平等地位和权利的他者们的意义视
> 角而加以相对化。①

在哈贝马斯看来，美欧各自的外推式民主之间的区别是：是
从世界主义的多元立场出发，还是从等级制的、帝国式的民族自
由主义立场出发；民主的推广是在相互对话过程中形成，还是在
自恋式的独白中派送；民主的接受是基于法律，还是基于强权。
他认为，从1999年科索沃战争到2003年伊拉克战争，美国新保守
主义政治是把原先不太清晰的一种政治文化变成一种指导国家对

————————

① 哈贝马斯引文参见童世骏：《一种新的意识形态批判？——论哈贝马斯对科
索沃战争和伊拉克战争的不同态度》，论文，2003年12月5—6日，"国际关系理论
与中国外交理论讨论会"，华东师范大学。

外政治与战略行为的清晰的意识形态。

值得关注的是，哈贝马斯所提出的理论性区别，多大程度上在欧美外交实践中可以得到印证？如果说，伊拉克战争是鲜明地表达了美国与欧盟主要国家的外交意识形态的差异，那么，在科索沃事件、"颜色革命"等重大问题上，这些原则性差异为什么又显得多少有些模糊了呢？除了强权主义政治的解释，在多大程度上，哈贝马斯式的欧洲意识形态模式可以得到实施呢？甚至有时候为什么还会看到相反的情况，也即实用主义的美国政治家们出于现实的压力和需要，倒是能够很快地调整政策，抛弃僵化的意识形态原则。比如，小布什第二任期以后的被称作"聪明的单边主义"的"转型外交"。

从上文提供的材料表明，就手段而言，欧盟国家绝对地主张奉行多边主义原则，这至少是限制外交被意识形态化的一个屏障；从欧盟本身的多元主义文化的背景来看，也非常有助于遏制西方中心主义的泛滥，因此，从原则上说，哈贝马斯所提出的欧美意识形态的区别还是有逻辑根据的。但是，从复杂的实践环境，包括相当部分依然习惯于西方中心主义的政治家的实际表现来看，欧盟理论家和政治精英所设想的理想状态未尽人意。甚至，很多场合下欧洲会显示较之美国更为强硬的意识形态立场。

如果说，美国式意识形态中的"自由民族主义"倾向，和欧洲式意识形态中的"基于法律的世界主义"倾向还是存在的话，那么俄罗斯意识形态也以"主权民主"论表现出了自己的突出特点。

普京总统在和包括笔者在内的瓦尔代论坛的代表座谈时，曾经非常明确地表示，"主权民主"理论还是一个在探讨中的概念，"主权"是指对外，而"民主"是指对内，两者之间的相互关系还是需要进一步研究。①但是，从实际被执行和被认知的角度来看，俄罗斯政治家正在努力地探索适合于本国特色的民主政治体制。中央权力的提升、对于选举和政党制度无序化的遏制、对于地方腐败和滥权的监控以及对于媒体的管理。所有这一切，在俄罗斯看来，正在使民主走向秩序；但是在西方批评家看来，却成为民主倒退的把柄。

与外交政策的变化相匹配，21世纪之初，普京努力接近西方的战略未获成功，紧接着就是2003年之后内部的"尤科斯事件"和外部的"伊拉克战争"，以及2004年相继而来的"颜色革命"，在这样的背景下，"主权民主"理论自然有了发展的时机与土壤。

而21世纪以来，小布什政府实际上继承着这样的一种传统，即把捍卫国家利益与推广普世民主价值这两者紧密地联系起来。维护美国的国际领导地位和向转型国家"推广民主"始终是美国对外战略不可分割的两个方面。尽管在他的第二任期之后，以所

---

① "在我看来，主权民主是一个有争议的术语。有人把它们一起了。主权讲的是我国与外部世界相互关系的性质，而民主则是内部的状态，我们社会的内容。但是在现代社会，无论是精密科学还是人文科学，有很多东西处于各学科领域的边缘和交叉地带。一些人认定这个概念站得住，可以为其所用，在逻辑上也有一定的道理。也许您注意到了，我一直避免加入这场辩论。不是认为这种辩论会带来坏处。相反，这是一件好事，当人们开始思考如何从外部维护我们的国家利益，如何建立舒心的社会。我感觉，探索这一理论是有好处的。因此我不干涉，也不会单方面站在某个立场上，因为我喜欢这样的辩论。"参见：《普京文集（2002—2008）》，中国社会科学出版社2008年版，第532—533页。

谓"转型外交"为标志对于单边主义的外交政策做了一定程度的调整，但是，华盛顿与莫斯科之间围绕着长期战略问题始终存在着明显分歧。对于美国来说，一个很重要的战略目的是要把威权主义的体制变成一个稳定的民主体制。而对于俄罗斯来说，则是要在相对稳定的政治体制的背景下实现俄罗斯的复兴。所以，2004—2005年"颜色革命"的发生，就自然成了美国与俄罗斯之间的关系进一步走向崩溃的原因。

从美国的观点来看，所谓"颜色革命"要结束的是与苏联时期国家建构所留下的烙印有关的国家模式，并且将地区的发展与欧洲—大西洋结构相联系。

而从莫斯科的观点来看，"颜色革命"的根本意图是为了赤裸裸地限制俄罗斯在原苏联地区的影响，但是，最终这场所谓"革命"实际上大大地阻碍了规范国家建构的路径，而且，也大大激化了这些国家国内的形势。其实美国的政治家一直忽略了一个重要的现象，也即普京在其第一任期时曾经明确地表示过，俄罗斯尊重全人类的普遍价值，不打算搞有俄罗斯特色的民主。这说明在价值标准方面，俄罗斯的政治家曾经非常努力地接近于西方的标准。

至于欧盟，格马尔认为，无论在"推进民主"这方面，还是在"颜色革命"中与国际恐怖主义做斗争方面，它都落到了美国以及俄罗斯的后面，欧盟长时间地在如何评价这些事件性质的问题上犹豫不决。然而，欧盟还是在乌克兰"颜色革命"的过程中，为调节国内的尖锐形势，在各方之间发挥了中间人的调节作用。与莫斯科和华盛顿都不一样，布鲁塞尔始终在所谓"全球反恐运动"的过程中保持着自己的立场。欧盟认为任何在时间和空间地点上不加限制的战争，对于政治和军事本身目的的实现始终是非常有害的；与其诉诸战争，还不如依赖外交手段来解决问题，即使在"推动民主"的问题上，欧洲人总归会在"实现民主"的过程中施加一定的影响，但是其做法和理念也终归会与美国保持着距离。包括在"反对恐怖主义"的运动中欧洲人也始终保持着分寸感，将国际法摆在高于武力手段的位置上。[①]从原苏联地区的"颜色革命"的进程中就可以发现，以欧盟为主导的 OSCE 和美国的做法就是不一样，前者尽管也是搞"和平演变"，但比较侧重于推进基层民主和改善市民社会的基础和环境，但是，后者往往急于实现政治上的迅速变化，特别是以美国构想下的政治更替作为目的。

在意识形态领域，美国的张扬、欧盟的谨慎、俄罗斯的独树一帜，所有这一切都在一个既是互相伸展，又互相观望的氛围下向前推进。大国外交无理念则不立，但是，理念的确立的确也是一个相互认知的展开过程。全球化过程的到来，使得不同文明间的交往越来越频繁。这样的频繁交往可能带来理念的更新，使意识形态走向进步和更加富于理性，同时，以思想力量推动社会结构的变更。但是，这样的交往也完全可能使得传统状态的无法维持，尤其是对于习惯于故步自封的意识形态类型而言。因此，欧美俄三方之间不加节制交往的客观后果已经可以看得很清楚，它可以带来创新与社会进步，但同时在没有充分准备的情况下，也

---

① ［法］托马·格马尔：《旧式均衡中的新当量》。

完全可能带来动荡与冲突。

四、2008 年前欧美俄关系的若干总结

总体来说，就欧盟、美国、俄罗斯三边关系的前景来看，需要观察的东西很多，包括国际社会的走势，欧、美、俄三边自立门户的依据，各自内部的政治、经济、安全、文化发展的理念及体制与战略，以及它们三边关系的基本发展脉络等内容的考察。

第一，21 世纪最初十年之后，国际发展的特点是，不管全球化进程是否发生倒转，国家与国家、地区与地区相互依存的局面，会进一步加深；同时，力量格局也正在发生深刻的变化，随着经济潮流和走向的变化，原来一超多强的局面正向"多极化"推进。笔者倾向于认为，这是"多极化""多样化""多元化"同时向前推进的过程。有人认为，这样的一种深刻变化，一点也不亚于冷战结束和柏林墙倒塌时的重要性。与比较无意识地走向冷战终结的情况不一样，这一次，各大国是有意识地在准备着这一时刻的到来，因此，未来的总体变化会显得比冷战的突然终结以及柏林墙的轰然倒塌，要来得更加复杂多变、微妙细致并相互制约。因为，这已经不仅仅是一个像冷战的终结时那样缺乏预见的、因多年意识形态对立而被遮蔽起来的、各种利益与观念盲目冲撞、各种问题自然积累起来而导致突变的历史发展进程。未来的国际变局在相对开放和交流的大体和平的背景下，由各方，尤其是欧美俄，包括中国等各大国的自觉参与，它们的各种深思熟虑过的利益诉求与理念表达将紧密贯穿在竞争和合作这样的戏剧

性过程之中，这样的国际变化会是一个较为长期的渐进性的演变过程。

第二，历史地存在的非均衡现象不太可能在一个短时期中消失，无论是军事战略实力的差距，有资源制约背景的经济交往，还是意识形态的落差。美国依然是当今世界的头号强国，以其丰厚的人力资源为基础、以自由主义加实用主义理念为武器、以强劲的战略和科技实力为核心竞争力，包括以在战略上老练的调整能力为手段。早在十多年前就有布热津斯基这样的前辈发出了警告，告诫美国人要在未来的 10—15 年的时间里准备与世界上正在崛起的其他大国平起平坐。任何期望美国实力会在一个短时期内迅速消失的估计是不符合实际的。

第三，与上述判断同时存在，从 21 世纪开始，一个重大的变动正在或明或暗地发生：欧盟与俄罗斯的实力正在发生实质性的变化，但较美国实力的明晰变化相对易于判断略有不同，对于欧盟与俄罗斯的评价存在着很大的争论。有人认为欧盟衰落势在必然，依据是劳动人口下降、资源对外依赖程度高、欧盟聚合力正在发生巨大危机。欧盟的生命力在于它半个多世纪以来不断求索的制度性创造。甚至有专家认为，这种似"帝国"又非"帝国"的现象，也即不是靠征服，而是靠吸纳接受与聚合；不是靠强迫，而是靠规范与机构；不是靠大一统，而是靠区域核心与各国主权同时存在的这样一种状况，将使得欧盟不光具有连绵不断的生存自救能力，而且即使此后出现了英国脱欧的逆转和动荡，其制度建设的发散能力使其仍将在一个较长时期中伴随国际发展的始终。当巴罗佐也承认"欧盟已经有了作为一个帝国的维度"的时候，实际上，欧盟的优势恰好就在于被称作"治理"这样的一种能力。

而俄罗斯现象又一次引起世人的关注，并不简单地因为能源大国的影响力，也不是因为苏联帝国曾经有过的扩张性帝国抱负。俄罗斯的力量是在其所独有的广大的地域空间。这种无可比拟的自然历史现象给予了俄罗斯人寻求发展和安全自保的无限生机。这样的一种自然空间的拥有在制度创设上使其可以在面向东方和面向西方的不同谱段上进行多样化的创造；这样的一种自然赐予又使得俄罗斯能够在战略上有着不可估量的回旋余地，当年无论是拿破仑还是希特勒打进了俄罗斯之后都最终不得不狼狈逃窜的结果就是明证；当然还包括这老天赐予如此丰厚的自然战略资源，使其享用不尽。

所以，美国的"实力"、欧盟的"制度"和俄罗斯的"地缘空间"不光是一种物质性的存在，而是已经成为了鼎足而立的三种文化，自存于当今世界。

第四，当年冷战时期实际上就在酝酿和发展着的美、苏、欧三个相对自立的政治实体，终于在冷战终结的几乎同时，立即演化出了三个同时存在的实体：欧盟、以俄罗斯为首的独联体和今天的欧亚经济联盟，以及超级大国美国之间的复杂关系。冷战结束以后经过一段时间的酝酿，特别是21世纪前十年中值得注意的一个变化：那就是在欧洲、美国与俄罗斯的三边关系中，欧盟与俄罗斯的关系从形式上看，正在逐步地接近；而美国与欧盟，以及美国与俄罗斯的关系却同时疏远。从"9·11"事件起，后经伊拉克战争、"颜色革命"、天然气危机、格鲁吉亚与俄罗斯的冲突以及国际金融危机，这一系列事件中的三边关系的现实证明了这一变化的过程。这一过程的出现并非以线性的方式，而是或而表象，或而深层，或而直接，或而迂回。这一变化对于世界的实质性影响回味无穷，但需要时间一点一点地加以披露。

第五，虽然有着这样的变化发生，但三边关系中的任何一方都不希望以革命性的手段打破现有的关系框架。在互相竞争、甚至局部的对抗中，三方面还是在不同程度上互相调整和互相适应，以使得现有结构得以保存。每一次重大危机之后，甚至是危机过程中的协调机制始终存在。尤其是欧盟在三大关系中的调节作用值得关注，美国也在努力适应国力下降的情况之下的多边国际结构，包括俄罗斯外交中的灵活应变，时而敢于以以攻为守的姿态维护自身的利益，时而又犹如梅德韦杰夫最近的表示，俄罗斯不能在外交舞台上始终给人过于强硬的感觉。总之，三方的调适成为一个国际机制尚不完备情况下的非常重要的规范。

第六，三边关系中政治文化的互相调适，是使得上述的局面得以维持和延续的重要原因。无论是政治精英还是民众，都不愿意轻易地重蹈历史覆辙。当时来看，所谓"新冷战"，所谓"地缘政治时代"的重新返归等说法，似乎还并不可能在近期内迅速成为现实。然而，思想与意识形态领域的竞争性已经相当明白无误地显现出米。

安琪拉·斯登特这样写道：

> 2007 年 2 月八国集团峰会过后几个月，当继任者问题仍在协商当中的时候，普京赤手空拳，开始直接抨击美国，谴责美国对整个世界采取单边和不负责任的态度。这件事情发

生在他第一次出席慕尼黑安全会议期间。这是欧洲—大西洋地区各国的国防部长、政府官员和专家集中讨论世界上那些最紧迫的安全问题的一次会议。普京的演讲备受期待。这将是他对"豺狼同志"迪克·切尼的回应。不过，他的演说远远不止于此。

普京一开始便提醒听众，说他的演讲可能会有些"过激"。此次演说，自然综合了俄罗斯对美国所有的批评意见。他从痛斥单极化思想开始，说这种观点认为："只有一个统治者，只有一种主权。而最终，这种观点非但会危及那些处于这种体制内的人，同时又对主权本身有害，因为它是从内部将自身摧毁掉的。而这当然跟民主毫无关系，因为有人一直都在对我们进行民主说教。不过，出于某些原因，那些教我们的人，自己却不想学。"普京直接指名道姓地说："如今我们看到的，确实在处理国际关系时毫无节制地使用武力，即使用军事力量的做法。这种武力，正在让整个世界陷入永久冲突的深渊。有些国家，当然，首先是美国，在各方面都逾越了本国的国界"，而解决之道，就是在联合国的指导下回到多边外交上来，并且避免使用武力。普京同时还强调，随着"金砖四国"的崛起，未来无疑会是一个多极化世界，而不是一个单极化世界。①

这就是普京在 2007 年 2 月慕尼黑安全政策会议上的著名讲演

---

① ［美］安琪拉·斯登特：《有限伙伴：21 世纪美俄关系新常态》，欧阳瑾等译，石油工业出版社 2016 年版，第 158 页。

的主要内容。毫无疑问，普京的这一讲演对理解俄外交重大转变的心理和思想背景，已经做出了十分清晰的说明。

第七，在此同时，全球性的社会经济条件突发性变化，诸如金融危机的发生等，正在提供机会使得三边关系进一步进行调整。从短期的趋势来看，三边关系的胶着状态不会变化。但是，俄罗斯方面有不少人期待，三边关系结构的变化还是相当可能在中长期阶段中发生，特别是寄希望于欧盟与俄罗斯的进一步接近。比如，各方积极探讨的以欧洲安全与合作组织为基础的泛欧安全框架；以天然气管道建设为基础的欧俄能源合作体制，等等。这些互动框架不光开始考虑吸收中国元素的介入，而且显然已经引起了美国的高度关注。在美国看来，如果这样的局面出现，那么将会成为地区和全球事务中非常令人值得注意的趋势。这样的变局一旦发生，显然，将在一个更加开放的全球框架中产生更加复杂的互动。而美国地位的式微，将会是一种可能的前景。

第二节　中、美、俄：合作与竞争中的相互认知

如果说，21世纪以来的欧、美、俄三边关系经历了多次国际危机的直接冲击与考验，那么，这一时期的中、美、俄关系总体上尚未走到前台，像欧、美、俄关系那样处于国际博弈的风口浪尖。然而，就中、美、俄——这三个当今极其重要的国际角色的相互认知而言，同样事关重大。无论作为集体的历史记忆，还是

作为对于未来国际社会走向的预判来说，这样的一种认知过程是需要不断地通过讨论和交流，通过校正和纠偏、提炼和总结，才能达到推动良性的国际互动的状态。反之，一旦偏执、僵化和愚昧占了上风，那么，离冲突与危机就只有一步之遥了。

为了比较全面地进行观察，笔者选择具有不同立场的俄罗斯、西方以及中国学者的观点进行介绍，以使读者把握 2008 年国际金融危机之前这一组三边认知是如何为日后国际态势的演进做出铺垫的。

一、俄罗斯：东西均衡中对华积极认知的逐步形成

这一时期的俄罗斯学者对于中美俄三边关系的现状和发展，总体上说有着积极的态度，尽管立场各有不同，但是，大部分主张中俄之间要加强合作的观点。另一种观点是倾向于在对华合作的同时，也要与西方建立合作乃至于战略结盟关系。再有一种是主张俄罗斯首先应与西方之间加强合作。总的来看，在各种观点相互消长中，明显感觉得到俄对华的全面认知正在一步步形成。

首先，来看俄罗斯学者中的第一种立场，也即鉴于中俄之间的共同历史经历、互补的地缘政治经济环境，以及关于当前国际问题的一系列共同立场，主张中俄之间进一步发展紧密的合作。持有这一立场的学者认为，冷战结束以来，中俄边界问题的圆满解决、上海合作组织的建立、中俄经贸关系的历史性发展以及政治高层的紧密合作关系，等等，体现了这一发展方向。这一种认知倾向不光体现在 21 世纪以来普京本人对发展中俄关系寄予厚望，也明确体现在 2008 年 9 月瓦尔代论坛上梅德韦杰夫总统在回答笔

者问题时所提到的几个最新表达的观点当中：其一，俄罗斯是一个欧亚国家，发展与包括中国在内的亚太地区国家的关系，是与俄罗斯发展东部地区的经济战略目标完全一致的；其二，俄罗斯能源完全能够满足于同时供应东方和欧洲这两个大客户的需要，俄罗斯完全了解中国和亚太国家地区市场上所蕴含的巨大商机；其三，俄罗斯与中国等国之间的传统文化纽带是长期积累的结果，这一方面的努力对于发展两国关系尤其值得加以关注。① 进一步言之，即使在自由派当政的 90 年代，主张对华友好合作、研究中国改革经验也大有人在，包括在各级关键岗位担任公职的高官和学术精英。

持有这一立场的学者当时还尖锐地抨击了西方媒体大肆宣扬的所谓中国对于俄罗斯的"威胁"。以远东和西伯利亚问题为例，俄罗斯学者有力地证明了，中国人口增长完全可以在自己境内的广袤土地上，包括在东北辽阔土地上被接纳和解决，完全不必要故意输出海外；作者认为中国海外出口的商业模式，仅仅是出于经济的动因，远不涉及海外扩张；因此，不仅有必要，而且也有可能深化中俄之间的战略合作，以应对挑战和压力。②

其次，主张在中美俄三边关系中偏重于与西方加紧合作的立场。可以以俄罗斯的采费辽夫和特罗依茨基于 2007 年 11 月在俄罗斯国际研究的专业刊物《全球政治》上所发表的《透过美国棱镜

---

① 德·梅德韦杰夫总统在 2008 年瓦尔代论坛上的讲演，以及对作者提问的回答。2008 年 9 月 13 日。

② ［俄］米哈伊尔·尤里耶夫：《美国炮制"中国威胁俄罗斯"的神话》，*Profile*，2008 年 1 月 14 日；译文参见《参考消息》2008 年 1 月 23 日。

的俄罗斯与中国》这篇文章为代表。文章认为：第一，俄罗斯有
着与西方打交道的一系列机制与体制。这里包括八国峰会机制、
俄罗斯与北约理事会、俄罗斯与欧盟的合作与伙伴理事会，还有
与欧洲委员会、欧洲安全与合作会议等机构的合作机制。因此，
参与这一系列与西方沟通的机构和机制的工作，非常有利于俄罗
斯和西方国家之间的相互了解，有利于俄罗斯学习运用与执行国
际机制，也有利于在中东、中亚等动荡地区与西方国家合作以稳
定形势。在俄罗斯实力尚在恢复过程中的形势之下，与西方国家
加强合作显然具有极大的好处。第二，俄罗斯的出路在于：既学
习中国的经验，但是争取实现与西方更加紧密的合作关系。在与
西方国家发展伙伴关系方面，俄罗斯实际上有着比中国更多的机
会。虽然中国目前做得更好，但是，俄罗斯可以在"中国模式"
和使自己安全利益依附于美国的"小伙伴"形式这两者之间找到
自己的定位。①

　　最后，俄罗斯学者中的第三种态度，是既主张发展中俄关系，
同时也加紧向西方靠拢的这样一种较为中庸和方向不定的立场。
2007 年，长期旅美的俄学者爱德华特·洛赞斯基所撰写《美国和
中国之间的俄罗斯》一书，作者在强调中俄关系的现实可能性与
重要性的同时，依然不放弃与美国紧密合作，甚至结盟的机会。
他认为，第一，在全球化的背景之下，俄罗斯与西方的紧密合作
一度起于"9·11"事件之后，俄罗斯曾经真心诚意地让开两厢，

---

① Igor Zevelev, Mikhail Troitsky, "Russia and China in the mirror of U.S. poli-
tics", *Russia in Global Affairs*, No.4, 2007, https://eng.globalaffairs.ru/articles/russia-and-
china-in-the-mirror-of-u-s-policies/.

让西方军队进入中亚腹地，这是西方国家在冷战时期根本无法设想的事情。但是，自从美国策动了"颜色革命"，俄罗斯开始"投桃报李"。而差不多同时，美国也开始将俄罗斯看作潜在的威胁，希望通过北约的扩大来加以遏制。于是俄罗斯对外政策逐渐向东方转移。在俄罗斯与美国和欧盟的关系正在变得越来越冷淡的时候，21世纪的俄罗斯将在东方和西方之间摆动。第二，洛赞斯基对于三边关系的主要观点是：俄罗斯必须与中国友好相处，同时，俄罗斯也必须有某一个像中国一样权重的国家作为对于中国的平衡物。从这个国家的特性来看，这个作为第三者的国家从骨子里希望俄罗斯是完全独立于中国。因此，除了美国之外，再也没有第二个国家能够充当这样的角色。第三，洛赞斯基表示，中俄之间进一步发展关系的未来可能性在于，中国不可能变成一个西方国家，但是，另一方面，在美国和中国之间的激烈冲突对于俄罗斯未必是一件好事，因为这将迫使俄罗斯在两者之间做出选择。今后中俄间战略伙伴关系的前景将有赖于中俄美之间新型的三角关系究竟如何发展，有赖于这三个国家能否和平地解决它们之间所发生的问题。①

　　综合上述的看法，此时俄罗斯学界关注三边关系的良性互动；重视与中国发展关系；特别是俄罗斯政治领袖对于发展中俄关系的坚定立场和民间所出现的对华接近的吁求，在很大程度上决定了对华舆论和对华政策的决策过程。

---

　　① Лозанский Э. Д. Россия между Америкой и Китаем. Издатель: "Международные отношения". 2007 г.

二、西方学者：对于中、美、俄的立场分化

西方学者历来对于中、美、俄三边关系有着诸多争议和不同的立场与看法。

首先，西方学者中对于中俄关系的接近持有敌视态度，并且，在意识形态与安全问题上都对中国与俄罗斯怀有敌对立场的人士依然具有相当的影响力。新保守派的扛鼎干将罗伯特·卡根所撰长文《梦想的终结与历史的回归》对于新保守派立场来说可谓做了一个较有代表性，也较为系统的描述。①

第一，罗伯特·卡根的长文非常独断地认定，中俄两国"敌视美国"。他认为：俄中两国在遏制美国霸权方面具有共同的和公开阐明的目标，上海合作组织即为一例。第二，罗伯特·卡根观察中俄美三边关系的立场的一个重要基点是意识形态。他说，全球意识形态的竞争死灰复燃，政治自由主义和专制主义之间的斗争继续进行，世界各国像过去一样根据意识形态划线。卡根的定论是"俄中崛起将促使专制主义在世界上的一些地区蔓延"。卡根甚至批评90年代后期的克林顿政府，他认为，克林顿政府寄希望于通过开放贸易的办法在政治上对中国施加影响力的做法被证明是错误的。言下之意，是要在政治上和经济上通过同时施加压力来迫使中国就范。②第三，卡根对于中美俄关系的看法与冷战时期并无二致，他想强调的还是中俄与美国之间的对抗性前景。特别

---

① Robert Kagan, "End of Dreams, Return of History", *Policy Review*, July, 2007.
② 2007年6月在弗吉尼亚大学召开的关于美国外交政策的研讨会上，罗伯特·卡根的午餐讲话，笔者曾作为唯一的中国学者代表受邀参加这个研讨会。

是当 2008 年 8 月 8 日北京奥运会开幕和同一天俄罗斯出手回击格鲁吉亚对于俄罗斯在南奥塞梯维和部队和平民的进攻时，卡根进一步狂妄断言，称这两个并不相关的事件在同一时间发生，乃是权威主义体制的合作宣言。

其次，如果说，卡根想强调这样一种可怕前景的原因，是想证明新保守派理念的正确性，那么，在美国朝野目前更为广泛地流行的观点则是美国与俄罗斯关系的恶化正在为中俄关系的接近做出铺垫。在这方面比较有代表性的是美国贝勒大学亚洲研究项目负责人克里斯托弗·马什在《国家利益》上发表的一篇题为《俄罗斯打出"中国牌"》的文章。

作者的核心思想是：第一，由于美国在东欧和中亚的利益与俄罗斯根本性的对立，因此，美俄关系结束了冷战结束以后的蜜月期，从而进入冷淡状态。同时中美之间的关系因军事扩张、美国的全球军事行动以及台湾问题而依然复杂。在这种情况下，中俄正以历史上鲜见的方式互相接近。可以说，是美俄摩擦为中俄关系的迅速升温扫清了障碍。第二，作者提出，一个外交政策更加独立、更加强大的俄罗斯最符合中国的利益，因此，中国希望俄罗斯成为与美国保持一定距离的务实派角色。俄罗斯虽然担心中国的崛起，不想被中国所取代，但是比其他强国更希望与中国合作。就目前而言，中俄两国都把美国看成自己安全的最大威胁。第三，作者认为，今天的中俄关系的情况好似第二次世界大战结束以后的美英关系，俄罗斯就像当年的英国，虽然国力衰弱，但是依然希望参与从科索沃事件到朝鲜半岛事务的所有国际事务，以证明自己的影响力。而中国就像当年作为新兴大国的美国，虽然不再称俄罗斯为"老大哥"，但是也没有把自己看作兄长，而是确实希望与俄罗斯平等相处。中俄两国对中亚等地区并没有领土抱负。第四，作者警告称，鉴于俄罗斯和中国都将崛起为大国，美国应当重新调整其对俄和对华政策。如果美国与俄中两国的关系继续恶化，"执迷不悟的美国政策可能会推动莫斯科和北京结盟"。①

最后，西方学界关于中俄美三边关系的第三种观点较为务实谨慎，主张三边关系发展存在多趋向格局。特别是来自西方各大智库、主管部门的较为年轻一代的专家学者。他们与各自的政府高层有着较为密切的联系，或者曾经在政府决策部门工作，受过相当扎实的专业知识训练，熟悉三边关系中各个国家的情况，有过在所研究国家的较长期工作经验，因此，这些专业人员的研究成果往往较为冷静务实，也与西方各国的外交决策有着较为直接的关联。

安德鲁·库钦斯（Andrew Kuchins）是21世纪以来相当活跃的来自西方的俄罗斯问题专家，他曾经很长时间担任卡内基基金会驻莫斯科中心的主任，对于俄罗斯事务有着长期的实践经验。库钦斯认为，第一，中俄关系虽然被称为历史上最好的时期，但是中俄关系的发展，无论是经济上还是战略方面都还主要是为了解决各自的问题，仅仅在一定程度上涉及地区和全局性问题。第二，在库钦斯看来，从战略角度来看，毕竟中俄之间的一系列合作对于美国形成了较为直接的影响。比如，一旦上海合作组织与

---

① Christopher Marsh, "Russia Plays the China Card", *National Interest*, Nov./Dec., 2007.

联合国在对敏感地区军售方面达成合作，那么，美国的行动多少会受到一定程度的影响；或者，如果美国准备对伊朗采取军事行动，可以预见到也将受到中国和俄罗斯方面的共同反对；即便是美国准备在原苏联地区以民主和人权为由进行干预，也将会促使中国和俄罗斯之间更为紧密的合作。与很多西方学者的观点不同的是，库钦斯并不把中俄结盟作为一种主导性的前景来看待，他一直强调中俄合作主要是为了解决各自的实际问题，对于美国的威胁有限。第三，从历史、文化、地理以及经济等方面的原因来看，与中国相比，俄罗斯理应比较接近于西方，只有当特别重大的事端发生的情况下，俄罗斯才有可能偏离自冷战结束以来一直所奉行的与西方合作的行动轨迹。[①]

另外一位在欧洲学术界崛起的新一代俄罗斯问题专家波波·罗，他对中俄美三边关系的看法与库钦斯有异曲同工之处。在他2007年完成的著作《便利轴心——莫斯科、北京和新地缘政治》一书中也对三边关系进行了自己的分析。

第一，波波·罗认为，苏联解体之后，美国的独大、俄罗斯变为"黑洞"，以及中国非常谨慎地但坚定地走出自我封闭的阴影，这样的一种状态给予中美俄三边关系以新的生命力。事实上，从一开始，三边主义并不是俄罗斯的初衷。在苏联刚刚解体，中国还处于沉默的时候，俄罗斯追求的是与美国"共管"世界。华盛顿拒绝了俄罗斯的这种要求，因为，这显然将导致俄罗斯重新追求超级大国的地位的努力。但是1993年的秋天，地缘政治状况

---

① Andrew Kuchins, "Russia and China: The Ambivalent Embrace", *Current History*, Vol.106, No.10, 2007, pp.321—327.

重新显示出俄罗斯追求这一目标的努力，这首先反映在一系列的概念当中，比如：冷战的"共同胜利""地缘政治平衡""多极世界"等，这一系列的概念变化反映出一种从西方所理解的比较正面的"相互依存"已经在转变为人们曾经非常熟悉的"地缘政治平衡"的观念。这时候的"三边主义"的立场变成了决策圈子里的一种时髦，其含义包括俄罗斯所理解的东西方的平衡以及俄罗斯可以成为东西方之间的桥梁这样的构想。第二，波波·罗提出，90年代上半段俄罗斯的上述构想基本上反映出它还是倾向于欧洲中心主义的立场，一直要到1996年叶利钦任命普里马科夫担任总理，那时候才真正出现了观念的转变。从俄罗斯方面来看，在三边主义的框架之下发展与中国的关系，可以增加俄罗斯的战略弹性，减少对于西方的依赖；可以迫使西方对于俄罗斯的利益做出更多的反应；可以增加俄罗斯在成为东西方桥梁这一方面努力中的空间和机会；最后，中国与俄罗斯可以一起为构建"多极世界"做出努力。第三，波波·罗认为，90年代三边主义曾遭遇极大困难，因为莫斯科运用中美俄三边关系的努力，其结果是失败的。非但没有得到预想中想要得到的战略弹性与空间，相反，莫斯科在西方所失去的机会也没有能在亚太地区获得。在这样的情况下，俄罗斯非但没有成为"东西方之间的桥梁"和"欧洲文明的捍卫者"，相反成了"东西方的边缘"。第四，针对当前态势，波波·罗提出了一个正在"重新燃起的希望"。他认为，一个非常令人惊异的现象正在重新出现，那就是关于"三边主义"的理念重新获得市场。其理由是美国、俄罗斯和中国这三个大国目前正处于一个从未有过的平起平坐状态。美国的困境与俄罗斯的复活几乎是同步发生。普京非常幸运地遇到了这样的一个机会，当然，相当部分也取决于普京能够把握机遇。能源价格的上升、俄罗斯经济的复苏，使得俄罗斯可以不在乎西方的指责，而在国际舞台上大胆表演。当然，中国的崛起是一个更为决定性的因素，尽管中国面临诸多问题，比如资源和能源问题、环境问题。第五，波波·罗的一个核心观点是，作为中美俄三边关系的一个重要背景，当今世界地缘无政府状态正在再现。在解决地缘无政府状态的问题上，中国将会起到一种实现稳定和繁荣经济的领导作用，从而成为弥补美国的缺点和局限性的另一种可替代力量。在这个意义上，中俄的便利轴心将会成为这个时代精神的一种反映。说到底，中俄关系就像任何一种双边关系一样是一种正常的双边关系，同时，也在多边或三边关系中运行。①波波·罗的观点在西方一时流传甚广。

从西方学者看待中美俄关系的总的倾向来看，虽然，类似于新保守主义一类的理念远远没有绝迹，甚至依然在美国朝野发挥着一定的影响力，但是，主张通过三边关系的互动来维持国际秩序稳定，以及实现相互之间利益最大化的政策主张的声音超过了前者。同时，这一主张认为三边关系未来的前景具有多样性的选择，这种多样性选择的最后确定有赖于各方内政外交这两者相互间的互动，当然包括各国间的互动。

三、中国学者：起步中的中、美、俄三边关系研究

中国学者在三边关系的研究方面有着深厚的历史积累，但是

---

① 从波波·罗赠送的新作《便利轴心》手稿中译出，本文发表时，该书已于2008年9月由布鲁金斯出版社正式出版。

如何将古人和老一代革命家关于三边关系的杰出智慧运用于当代，依然是对于当代中国学术与决策界的一个考验。21 世纪之初的"9·11"事件之后，中国学者关于三边关系的走向曾经有过一场有意思的讨论。

　　苏格等教授认为，冷战结束后，中美俄关系呈现出新的形态，再用传统的"三角关系"概念审视三国关系已不合时宜。进入 21 世纪，我们应"与时俱进"，努力推动并行不悖的中美、中俄"双边"关系，以促进世界的和平与发展。①但是，也曾有学者持更谨慎的观点，如"9·11"事件之后，施晓慧认为，俄罗斯在经历了冷战后十几年的试探徘徊之后，走上了与西方合作与融合之路，美俄关系进入了新的发展阶段。面对这一冷战结束以来国际形势最深刻和重大的变化，如何界定这种新形势下的中美俄"三角关系"，美俄关系的改善是否会给中俄、中美关系带来负面影响，成为人们关注的重要问题。②而当时的郭震远等人则认为，"9·11"事件虽然使三国关系发生重要变化，但也没有改变冷战后中美俄关系发展变化的大趋势。三边关系中合作—竞争的内涵更为明显，中国在三边关系中的地位得到进一步改善。③当时的这场讨论，体现出中国学者已认识到，三边关系是一个在长时期中影响国际格局走势和中国外交政策的重要问题。

---

　　①　苏格：《论中美俄关系》，《国际问题研究》2002 年第 3 期，第 1—7 页。

　　②　施晓慧：《论新时期的中美俄关系》，《人民论坛》2002 年第 8 期。

　　③　郭震远：《论 9·11 之后的中美俄三边关系》，《和平与发展》2002 年第 10 期。

四、认知与现实之间：非对称的三边关系

首先，中美俄三边关系的相互认知显然已经比冷战时期有了进步：对于传统意识形态的超越、对于集团政治对抗倾向的高度警惕、对于冷战后和平格局可持续性的高度关切，等等。所有这些方面，表现出冷战后国际社会面临力量格局的过渡状态，不同的历史记忆和对于未来期盼的意见多元化是一个总的趋势。但是，当时的总体认知基本上依然是认为美国和西方力量占据相对主导地位，倾向于认为，国际社会的这一格局还不至于发生根本性的逆转。

第二，问题的另一面是美国也已经不再享有冷战结束当年世界唯一超级大国的地位。一场伊拉克战争已经将美国拖进了深重的困境之中，而中国与俄罗斯的重新崛起无疑是进一步催化了这样的一种局面。

第三，自90年代中期以来俄罗斯与中国相互接近的事实是冷战后地缘政治深刻变动的一个体现。首先，这两个大国几乎同时遭受来自西方和亚太地区的由美国推动的结盟遏制的压力。正是这种地缘政治上的压力使得俄罗斯与中国客观上面临着相似的挑战。在西边，从北约包括欧盟东扩到"颜色革命"，直到在中东欧国家部署反导武器这一系列安排，无不显示出对于冷战中老对手俄罗斯的深深疑虑；而在东方，从美国在东亚集合传统盟国势力以形成对于中国的牵制之势，也都表现了美国对于一个正在兴起的新兴大国的处处防范。虽然，中国和美国及其盟国之间的交往周旋看似较俄罗斯与西方的对抗性较量更富于弹性。但是，从实

质上说，俄罗斯和中国所面临的地缘政治压力大同而小异。

第四，中国与俄罗斯的国内体制架构又一次出现接近或相似的趋势，两国都倾向于在强而有力的行政主导力量推动之下，结合本国特点逐步地而不是一步到位、简单模仿地实现市场化以及民主法制建设的目标。

第五，从目前的架构而言，中、美、俄三边关系原则上说还是处于一个相对不对称的动态过程之中。

首先，就经济关系而言，中美经济关系当然要大大地优于俄罗斯与美国之间的交往。甚至于已经出现了由中国和美国共同推动国际经济前进的相当普遍的期盼，如果，把能源合作也考虑在内的话，俄美之间若干年前还非常强调两者之间的能源互补关系，但是，在俄美能源合作止步不前的同时，中俄之间的能源合作则取得了进步。所以，在经济领域可以发现中国是在三边关系中交往最活跃的一个，它与其他两边都保持着紧密的经济合作关系。

其次，就战略关系而言，本来，俄罗斯与美国的战略合作要比中美之间的交流深入得多。两个拥有世界最大核武库的国家在冷战之后首先在战略领域取得密切的合作，乃是顺理成章之事。但是，近年来中美之间的战略合作也出现了向前推进的姿态，虽然尚不能与美俄之间的合作层次相比，但是从战略的回旋余地来说，中国拥有相当宽广的空间。

然后，从中美俄在国际组织中所占有的地位来看，总体上美国依然具有不可替代的优势。但是，美国在联合国的地位日益受到挑战，相反，中俄在联合国合作中有相当的权重，就最有影响力的国际组织中的力量对比而言，美国并不占绝对上风。此外，中俄首创的上海合作组织，尽管进程艰难，但是已经对美国在中亚地区的战略扩张形成一定的扼制。这是三边力量对比结构中的一个重要侧面。就中俄的比较而言，俄罗斯当时是八国集团的正式成员，已经和北约这个唯一的国际性安全组织有了机构性的工作关系；但俄罗斯还没有正式成为世界贸易组织的成员。中国与俄罗斯的情况相比，恰好相反，也即俄罗斯已经发展了的关系，中国未必有之；而中国已经加入的重要国际组织，俄罗斯尚未加入，两者处于既相似、又具反差的状态。

最后，就文化关系而言，虽然，俄罗斯与美国同属基督教世界，但是东正教和西方基督教之间的差异使得俄美两国从大众文化到意识形态都尽显不同之处，而中国与这两个国家的文化交流源远流长，对于俄罗斯和美国的了解都不亚于这两个国家对于中国的理解，甚至于有时要超过这两国对于中国的了解。从这个角度来看，中国在三边文化沟通方面也占有着相当重要的地位。

第六，在这一非对称性三边关系中，一种态度是在动态中求得平衡、在平衡的前提下实现民族国家利益最大化的传统"均势战略"；但是另一种更为重要、更为积极的态度，那就是波波·罗所说的，"不是简单地采用战略平衡，而是更加关注差别和战略包容"，这种观点主张认识差异、强调思想和利益的相互包容和交叉，较之简单地依然"一物降一物"式的战略平衡，也许是在艰难中走出冷战的一条捷径。

五、从三边关系看和平地构建国际秩序是否可能？

对于未来国际局势的走向，笔者的结论是倾向于存在着多种趋势前景下的谨慎乐观。之所以说具有多种发展前景，是因为国际力量格局的变迁的确是一个不太以人们意志为转移的博弈过程，否则，就不会有人们在历经战乱之后，还会被诱导到人类血腥屠杀的两次世界大战之中。但是，确实也同时存在着人类的历史进程中有着比较长久地能够得以维持和平与稳定的时候，比如19世纪维也纳体系之下的所谓"百年和平"。如果细究19世纪这一段历史，至少有两点值得后人记取。

其一，19世纪的维也纳体系确立之后，欧洲大体上是经典的自由主义、社会主义（不是苏联式的）以及民族主义三种思潮复杂交织而同时存在的时代，这一点，也大体上与2008年前后三边关系中的基本潮流相吻合。从表面上看，虽然西方媒体依然以意识形态工具对于中俄的体制进行攻击，但是，中美俄没有一个大国不是基于现代市场经济、民主法制作为长远的努力方向。从更加强调民族国家本位这一点来看，这三个大国看来也远比欧洲更像是回到了威斯特伐利亚时代。甚至于当美国动用国家宏观财政力量企图解救美国当下的金融危局之时，有媒体惊呼，美国在"走向社会主义"。此语虽有嘲讽之意，但是，危急关头动用国家宏观调控的手段，也确实是每一个国家机器本身发挥作用的题中应有之义。所以，从这个角度来看，三边关系中尽管是存在着人所共知的巨大差异，但还是应当寻找更多思想和体制的交集点，以作为共存包容的基础。

其二，如果说，三种思潮的复杂交织乃是19世纪欧洲出现"百年和平"的一个重要前提，那么，维也纳体制下的力量格局基本上是一个被多元思潮作为生存基础的多头竞争与平衡的所谓

"梅特涅时代"。国际多元力量结构的存在,虽然还不是 21 世纪初国际格局的现实,但却暗合于国际局势中正在缓慢出现的趋势。所以,如果当年能以多元思潮并存和多头力量平衡来实现欧洲的"百年和平",那么今天为何不能为之而努力呢?

19 世纪的欧洲与今天有所不同者,可能是当时欧洲之外的殖民体系的存在,欧洲列强是通过以欧洲之外的博弈来取得在欧洲本土的力量平衡与和平格局。但是,今天世界却以全球化的大趋势,为国与国、区域与区域之间的物质与思想的和平交流提供了机会。从这样的一个大视角来看,人类的和平前景还不至于那么悲观。对此,作为大国的中美俄三家,比别人有更多的体验,自然也理应做出更多的贡献。

第三节　上海合作组织与中、俄、欧、美在中亚

如果不光从俄、美、欧,中、美、俄这样的大国三边关系的相互认识,而是从欧亚地区新出现的地区组织——上海合作组织为基轴,来观察 21 世纪初中、美、俄、欧等各方的认知与互动的话,显然也能为这一地区的大国关系走向提供一幅色彩斑斓,但正在出现深刻变化的重要图景。

上海合作组织是在 2001 年的国际环境之下建立起来的跨区域国际合作组织,它由中国、俄罗斯和中亚国家率先发起,并以地区安全和经济合作作为自己的宗旨。就上海合作组织的核心功能

来说，这是非传统安全领域的一个重要的标志性的区域构建。随着上海合作组织日益在区域安全和经济合作事务中显示出重要的影响和潜能，围绕着上海合作组织的大国合作与竞争也日益活跃起来。

一、世纪之交的中俄与上海合作组织

中国与俄罗斯是上海合作组织中两个起着举足轻重作用的大国。中俄两国在上海合作组织和中亚地区问题上的立场和方针可以划分为以下几个阶段。

第一阶段，自 20 世纪 90 年代苏联解体直到 2001 年 "9·11" 事件发生之前为止，中俄两国对这一地区的政策有着不少共同点。

首先，中俄双方都是在试图促进冷战后国际社会稳定的基础上，发展同中亚国家间关系的，以求建立国际政治经济新秩序，促进国际政治的多极化发展。其次，中俄双方都意识到由于民族分离主义、极端主义及外部霸权扩张等因素的存在给中亚地区所带来的安全隐患。鉴于此，地区和多边安全成为首要的安全需求。第三，中俄双方本着平等、互信、合作、互利为准则，以期建立一个建设性的地区多边合作机制。第四，中俄致力于发展全方位合作关系，同时也力图不损害同西方国家之间的关系。第五，中俄双方都将 "不结盟" 作为发展双边合作的前提条件，这有利于克服中俄合作中的消极因素，以更加灵活包容和建设性姿态发展两国关系。

同时，中俄两国在中亚地区的传统影响和冷战后的政策路线还是有区别的。相比较而言，中国对于中亚地区的政策相对比较有延续性，而俄罗斯对于中亚地区的政策则有些起落变化。比如，苏联解体之初，俄罗斯曾经一度表现出不愿意过多介入中亚事务，孤立主义倾向有所抬头，而对于90年代初期中亚地区出现的经济社会动荡，俄罗斯自顾不暇，的确也难施以援手。上海合作组织秘书长弗拉基米尔·诺罗夫证实，90年代后半期，塔利班在阿富汗等地崛起之后，当时乌兹别克斯坦总统卡里莫夫曾向俄罗斯求援，要求帮助乌兹别克斯坦维持国内安全，但当时俄方一时无力他顾而予以谢绝。[1]在此同时，中国的经济影响力逐渐地在中亚地区扩展。但是，从另一个角度来看，毕竟俄罗斯是曾经在苏联有主导性影响，与中亚有着长期紧密联系的国家，因此，在冷战后的急剧变迁中，俄罗斯对于中亚的政策虽然有变化，但依然是中亚国家最紧密的战略伙伴，仍然作为一个大国在中亚事务中享有举足轻重的影响力。而中国的中亚政策也经历着转变：由仅仅是合作互利到成为一个国际多边合作的重要参与者。

正是在这样既有共同基础，同时也有着各自背景和需求的中俄两国与中亚合力推进之下，上海合作组织于2001年6月正式建立。

上海合作组织的建立标志着欧亚大陆东部这一大片地区一种新的地缘政治景观正在形成。第一，这是在一个资源相当丰富、战略地位非常重要，因而也是一个非常容易受到外部势力渗入影响和发生来自外部的激烈竞争的地区，因而，上海合作组织的成立体现出这是一项由当地国家自己组织起来协调与捍卫自己的利

---

① 诺罗夫秘书长在2020年12月上海政法学院举办的上海合作组织研讨会上的发言。

益，以避免当地的稳定和发展受到来自任何外部大国过多干扰的战略安排。第二，这是一个处于急剧社会转型和体制变迁的地区，因此上海合作组织的成立是构建符合于当地改革和发展的外部环境，以确保内部顺利转型和实现自己的共同利益与目标的卓绝努力。第三，上海合作组织的建立体现出这是具有不同文明背景、不同社会发展水平、不同对外联系取向、不同国力与规模的国家，平等地、公正地、有效地推进多边区域合作，谋求共同发展的重要尝试。历史地看，上海合作组织的成立无疑是欧亚大陆纵深地带实现现代化进程中的一个重要的提升和转折。

在上述背景之下，来观察中俄之间的战略合作发展进程，实际上是有着非常丰富的历史与理论内容的。即便从对外关系的角度来看待中俄合作，在世纪之交的国际变局之下也是有其深厚内涵的。

第二阶段，自 2001 年 "9·11" 事件的发生直到 2003 年伊拉克战争的发生之前，这是在大国关系发生微妙变化的前提之下，中俄关系稳步推进的时期。

如果说，中俄之间的和睦相处与密切合作是 90 年代欧亚地区形势稳定发展的关键性因素，那么，2001 年 "9·11" 事件发生后，中俄两国是否能够在上海合作组织所在的欧亚地区和全球问题上进一步紧密配合，使当地形势避免动荡和冲击，并成为该地区进一步发展的重要保障呢？在当时的国际关系格局之下，外部因素的介入成为中俄间交往的一个重要背景。

"9·11" 恐怖袭击事件之后，欧亚地区的内部和外部形势发展出现了变数，其中最引人注目的是美国因素在上海合作组织地区的大规模出现。"9·11" 事件之前，根据美国一些重要智库的判断，中亚地区还不是美国海外战略利益构架中最为关键的部位。但是，"9·11"事件之后形势骤变，美国的战略决策部门和智库几乎异口同声地指出中亚地区应该被列入美国最为核心的战略利益攸关地区。

以"9·11"事件为契机进入中亚地区，对于美国来说是具有重要意义的。第一，中亚的地缘政治地位极其重要，它正好位于欧洲和中俄之间，这对于美国控制这一"桥梁"来进入欧亚腹地，由此占据有利位置是极为重要的。第二，中亚是伊斯兰世界的一部分。为了维持在西亚和南亚的传统利益，以及遏制那些对于美国而言的"敌对穆斯林国家"（如伊朗、伊拉克等），美国必须在中亚占据一席之地。第三，由于俄罗斯与中亚诸国的特殊关系，所以美国想要控制中亚地区来遏制俄罗斯的复兴。第四，中亚地区的自然资源极其丰富，拥有一些极具战略价值的资源，例如，石油和天然气。中亚地区会成为世界主要资源的供应站，这也是美国最为看重的。第五，出于遏制阿富汗恐怖主义和军事行动的需要，中亚地区在美国战略棋盘上的地位也由此提高。美国打击阿富汗的军事行动不仅会摧毁这一地区的恐怖分子网络，还会建立亲美政权来弥补美国在中亚地区的战略真空，从而使这一地区的地缘政治符合美国的国家利益。

"9·11"事件的发生实际上提供了一个绝好的机会，使得美国不光能以反恐为由进入中亚——这一冷战期间还根本不可能想象的战略枢纽地带，而且能够从侧面影响和牵制中俄关系。

"9·11"事件之后，美俄关系的发展最受人瞩目。普京在"9·11"事件发生之后的当天，迅速做出反应，表示俄罗斯不仅将在反恐事务中与美国合作，而且还将允许美国进入中亚地区。
2001 年秋，美国执意推出《限制反弹道导弹系统条约》，原来一直
对此持坚决反对态度的俄罗斯也只做了非常一般的反应。2002 年
5 月下旬，美俄在圣彼得堡召开了首脑议会。在俄罗斯与北约峰会
上，双方共同签署了《俄美关于削减进攻性战略力量条约》和
《俄美新型战略关系宣言》，并且成立北约—俄罗斯理事会，二十
国合作机制由此建立。这是美俄关系史上具有里程碑意义的重要
事件。同时，这也象征着在法律框架下，自东欧剧变和苏联解体
之后，冷战的真正终结。

　　"9·11"事件之后，一方面，俄美间关系发展迅速，但另一
方面，布什两次访华和江泽民、胡锦涛分别访问美国，两国政要
的密切来往同样彰显了中美两国领导人对构建双方"建设性合作
关系"的高度重视。美国继续支持中国加入世界贸易组织，恢复
中美间军事对话和合作，并且两国还将在反恐问题上加强合作
（如，美国将"东突"纳入恐怖组织名单），这表明两国在反恐形
势之下的相互理解加深，并且预示着进一步合作还将有巨大的空
间和潜力。虽然中美两国在一系列双边和多边问题上还有着较大
分歧，例如台湾问题，但是，中美关系不仅在两国关系而且在国
际社会上，都是后冷战时期最重要的双边关系之一。

　　在反恐形势之下，2002 年，中俄与中亚四国领导人就在刚刚
成立一年的上海合作组织圣彼得堡会议上签署了《上海合作组织
宪章》。会议还决定成立地区反恐组织，并宣称上海合作组织并非
封闭的集团和组织，这就为上海合作组织与其他国际组织及有机
会参与其中的邻国合作建立了法律和政治基础。此后，随着蒙古、

伊朗、印度、巴基斯坦正式成为观察员国，上海合作组织进一步显现其包容性和活力。而处于上海合作组织之中的中俄关系也有了更加宽广的交往和行为空间。

从多边关系对于中俄双边关系的促进作用角度来看，普京在上海合作组织的圣彼得堡峰会之前接受《人民日报》主编采访时曾指出，中俄为世界提供了国家间关系的新范式，它将有意识的非同盟关系与致力于协调一致相结合，这种范式强调成员间的平等和构成解决问题基础的相互信任，同时也是中俄双方为冷战后建立新的多极国际秩序所做出的贡献。普京指出的开放的非同盟关系以及多极国际秩序，显然对中俄双边关系原则意义重大。而反过来说，中俄在贸易领域，尤其在能源方面已开始更深层次的双边合作，包括双方在军事科技领域的合作，都表明了中俄关系的发展，不仅是依靠外界因素，它还有着内在动因。①

第三阶段，2003 年春天的伊拉克战争，和 2003 年秋冬以后在一系列独联体国家出现的所谓"颜色革命"，这一阶段是中俄关系在中亚地区得到巩固和深化的新阶段。

上述的两项变化，标志着在新保守主义旗帜之下的美国执政阶层旨在通过所谓的"推广民主"来实现帝国的扩张，挤压原苏联地区的被美国认为是"敌对力量"的国家。如果说，两年以前美国抓住"9·11"事件提供的契机，成功地将势力扩展到中亚地区；同时，通过北约东扩把欧洲分成老欧洲和新欧洲，以期对欧洲进行分化和牵制。而 2003 年，美国又试图通过伊拉克战争来主

---

① 《人民日报》对俄罗斯总统普京的采访，2002 年 6 月 1 日。

导中东局势，并且尔后在独联体国家的"颜色革命"中扮演重要角色，直接威胁俄罗斯在这一地区的影响力。这些发生在欧亚大陆心脏地带的战略推进旨在大大加强美国在欧亚大陆纵深地带的战略影响，企图有效抑制欧亚大陆上任何可能不利于美国利益的战略合作。但是，事实上，所有这些美国强权推动之下的地缘政治态势极大地促使俄罗斯外交战略重点向东转移，反而大大地推动了中俄关系的前行。

2005 年在中国海域进行的中俄联合军事演习，以及中俄经济合作全方位展开，有进一步加强的趋势，中俄双方在一系列重要问题，如远东石油管线上立场更加接近。最后，中俄不仅在像伊拉克战争等国际问题上持有同样的主张，而且就地区问题，特别是"颜色革命"后，双方在保持中亚地区稳定和抵制外来势力干涉中亚地区内部事务方面的立场更趋接近。2005 年 7 月间召开的上海合作组织峰会表明中俄致力于加强合作、抵御外部势力对中亚的影响、维护该地区的稳定和发展的决心。

第四阶段，通过上海合作组织的稳定作用，发挥中俄等大国的建设性作用，维护外高加索地区和平与稳定的努力。

2008 年 8 月 8 日格鲁吉亚率先发起对于境内的阿布哈泽和南奥塞梯的俄罗斯维和部队和平民的突然袭击，然后，俄罗斯军队猛力反击，直逼格鲁吉亚首都第比利斯，最后经过欧盟轮值国主席萨科齐的调停，格俄双方停战，但是，俄罗斯于 8 月 26 日宣布承认阿布哈泽和南奥塞梯的独立，外高加索形势陷入相当扑朔迷离的时期。

从冷战结束以来，特别是 21 世纪以来俄罗斯以西的欧亚地区的安全形势来看，首先出现北约与欧盟的东扩，而后科索沃冲突，然后伊拉克战争，再后是一连串的"颜色革命"。这一系列的变化，至少在俄西部的欧亚地区形成了对于俄罗斯强大的地缘政治压力。正是在这样的基础上，俄罗斯国内民意大幅度转向反美。新任总统梅德韦杰夫也在 2008 年瓦尔代论坛上坚决地表示：(1)2008 年 8 月 8 日之后一切都改变了；(2)俄罗斯要伸展实现自己的"利益区域"；(3)俄罗斯要推进多极化世界的目标；(4)甚至表示俄罗斯应该成为国际金融中心之一的强硬立场。而在此过程中，中国与俄罗斯之间经济贸易往来并没有停滞，两国首脑更加积极地进行磋商。同时，上海合作组织的杜尚别峰会既表示了所有成员国对于发生在外高加索地区的俄格冲突的"关切"，同时也充分表达了对于俄罗斯进一步发挥"稳定作用"的期待。

每当重大关头，中国和俄罗斯之间以不同形式的互补和合作，以不同方式表达的对于上海合作组织和中亚地区稳定和发展的关切和支持，无疑对于该地区事务以及一个多极化世界的形成发挥着深远的影响。

二、美国对中亚战略的调整

21 世纪以来，在美国的大中东计划进展不利，在中亚地区推动的"颜色革命"又受到上海合作组织成员国抵制的情况下，美国朝野就欧亚地区战略展开激烈的辩论，也在较大范围里进行国际征询，大体上在 2006 年形成了新的框架。①

——————————

① 笔者 2006—2007 年间在美国多次参加相关学术交流活动，深深感受到当时的学术争辩不仅有政学两界的广泛互动，而且很多这样反思性的学术讨论相当公开透明，并且有多国代表参与。

（一）美国调整对中亚战略的背景

在 2004 年和 2005 年原苏联地区连续发生所谓"颜色革命"
之后，俄罗斯以普京为代表的主流政治力量调整对外战略思路，
在不放弃实用主义外交路线的前提下，以欧亚大陆核心地区为主
要目标，向西方的步步进逼实施反攻。俄针对美国的大中东计划，
在伊朗问题以及哈马斯问题上主动出击，通过积极斡旋，牵制美
国和欧洲，拓展其外交空间。更重要的是，在原苏联势力范围内，
普京通过多边和双边行动，包括运用上海合作组织平台敦促美国
从中亚撤军，并以中俄联合军事演习、动用天然气武器制裁乌克
兰等方式，直接打击美国和西方反俄势力，企图以此打破美国的
遏制。美方高级官员承认：中亚地区的大国关系在发生不利于美
国的变化。

但是，中亚国家的基本倾向是一边担心西方策动"颜色革命"
直接威胁其内部政治的稳定，同时，中亚国家也不愿意看到中亚
地区完全由俄罗斯主导局势，还希望通过其他大国的参与，在地
缘政治态势上形成多头平衡，更可以从西方国家得到更多的经济
实惠。这种态势又为美国在中亚地区留存并伺机扩大影响提供了
空间。

从更广阔的背景来看，大西洋关系自伊拉克战争之后也正在
发生有利于美国的调整。特别是德国以施罗德为代表的社会民主
党下野，右翼政治势力的抬头，一方面使得俄罗斯与德国的关系
与之前相比受到很大的限制；另一方面，德国在多种场合对北约，
对美国为首的大西洋关系的支持使得美国备受鼓舞。包括在美国
内部，在总结第一任期外交得失的基础上，小布什第二任期的美

国外交正在出现向所谓的"聪明的单边主义"或者单边主义与多
边主义交替使用的方向转换。

美国对于中亚地区的态势本身也有了进一步体认：第一，根
据笔者的当地观察与接触，美国察觉到中亚地区已不可能是任何
超级大国单独主宰，只能由各大国和当地国家之间共同合作才能
形成对当地有效治理的理念。第二，美国在一定程度上对其"颜
色革命"的无法进一步推进有所总结，在不放弃继续推动中亚民
主化的前提下，尝试对其实施方法做出调整。第三，美国已开始
采用加强与当地的经济合作和政治军事影响相配合的方法，推动
其中亚新战略。第四，美国已在高层取得认同，并经由赖斯亲自
点头同意，将美国国务院决策与管理系统重新调整，把负责中亚
与南亚的部门连成一片，推动美国欧亚核心地区的全新部署。

（二）美国调整对中亚地区战略的主要内容

美国对中亚地区战略的调整是一个经过较长时间思考，并且
是在国防部、外交部，以及通过北约和世界银行等各个方面各个
决策部门在大体协调步骤的情况之下进行的。在某种意义上说，
体现了布什在第二任期外交中力图改变形象，包括显示了赖斯本
人比较擅长于多方协调、具有长期战略色彩，从而对第一任期外
交进行调整修补的特点。

1. 美国国务院的构想

由美国国务院中亚事务主管官员提出的，"并经由赖斯本人亲
自同意"的关于"中亚与南亚经济一体化方案"可以被视为这一
重大调整的方向标。这一方案的基本目标是：第一，将阿富汗事

务与世界其余地区相联系；第二，恢复和建设中亚与南亚地区之
间的新的基础设施连接；第三，通过加大人员交往促进整个地区
的稳定。这一方案包括了美国与中亚国家的贸易便利化，石油、
天然气及电力等能源合作，还包含了在交通基础设施方面全方位
合作的具体内容。其中包括：

（1）由美国贸易发展署提出的美国与中亚国家在基础设施一体
化方面的倡议。在 2005 年 10 月份提出了 100 万美元的投资计划，
该项计划包括塔吉克斯坦、吉尔吉斯斯坦、哈萨克斯坦和阿富汗
等国，而且，还要进一步扩大。这一计划的重点是能源、交通以
及电信部门，旨在推动区域合作和有利于经济贸易发展的基础设
施。技术部门在 2006 年开始时对中亚地区进行考察，了解该地区
整个基础设施状况，提出后续措施。2006 年 4 月份举行中亚地区
电力合作的国际研讨会。

（2）由美国国际发展署提出的美国与中亚贸易便利化倡议，则
准备投入 40 万美元，计划将侧重点置于降低交易成本、强化海关
功能、推动投资者之间的协调、检查海关与边境程序中的实际
障碍。

（3）在推动能源短期出口方面，美国国务院提出：鉴于中亚国
家所具有的丰富资源和出口能力，可以将哈萨克斯坦和乌兹别克
斯坦的热能与吉尔吉斯斯坦和塔吉克斯坦的水电能加以组合，使
中亚成为更加可靠和多样化电力出口伙伴。世界银行和美国与俄
罗斯公司正在塔吉克斯坦察看一些水电项目，使之能够向阿富汗
和巴基斯坦提供水电资源。报告认为，中亚地区有一些非常吸引
人的地方可以提供低价电力。报告认为通过电能贸易可以使得中

亚和南亚形成不同季节的互补供应；阿富汗作为一个重要中介的地理位置，可以使中亚的资源和南亚的市场之间得到贯通；中亚的高压电网也可以大大推动阿富汗电力系统的建设；最后，整个地区的高压电网和电力贸易的一体化，将推动中亚和南亚整个地区的经济增长、稳定和投资。

（4）美国国务院关于中亚和南亚交通运输一体化的倡议提出，要在北方的阿拉木图和南方的卡拉齐之间建成常年运行的可靠通道，使之成为商旅便于往来的南北丝绸之路，并且通过加强边境管理进一步改善安全形势和更有效地展开反对毒品的斗争。

美国国务院的中亚基础设施倡议表示，愿意与其他参与者合作，使得中亚成为一个能够向南亚出口的商业导向型市场，美国意识到该地区的南方和北方之间的差距而愿意为南北沟通出力，也希望能够开发其他的基础设施建设领域。

2. 美军中央司令部的构想

由美军中央司令部提出的关于未来阿富汗和中亚战略前景的构想，虽然侧重于军事部署，但同样能够发现不少重建当地的经济社会的设想。中央司令部的报告中开宗明义地表示，中央司令部的功能已经远远超出了传统军事目标，而旨在以合作方式，建立一个为阿富汗社会经济发展提供条件的联盟。其次，该报告的前提是，认为国际社会已经表达了合作支持阿富汗重建的意向。其中的一个证明就是 2006 年 1 月 31 日至 2 月 1 日由英国、阿富汗和联合国共同举办的伦敦会议，承诺向阿富汗提供 100 亿美元的支持。值得注意的是，该报告承认美国从乌兹别克斯坦撤军对于中央司令部造成了严重的消极影响，同时强调"美国与中亚各国和所有在中亚的国际组织，如北约、上海合作组织、集体安全组织具有共同的利益，在反对恐怖主义和激进主义的斗争中具有共同的多边的目标"。

（1）计划将在吉尔吉斯斯坦的比什凯克举办"地区合作演习项目"，中央司令部官员称，这一项目专注于强化各参与国在地区合作方面的能力。美方预期包括主办国吉尔吉斯斯坦在内，塔吉克斯坦、阿富汗、哈萨克斯坦、土库曼斯坦、巴基斯坦，甚至包括乌兹别克斯坦都将参加。

（2）美中央司令部2006年1月已决定投资100万美元向塔吉克斯坦提供应急所用的食品、燃料、寒衣，主要用于加强边境的设施和设备，也通过增强边境的安全，确保国家海关的岁入。

（3）继续实施"降低武器扩散威胁和安全合作项目"，决不容忍大规模杀伤性武器进入"基地"分子的手中。

（4）美中央司令部称："当上述目标实现之后，美军在中亚地区驻留的情况必定会被改变，但是，在确保美军驻留痕迹最小化的情况下，还必须维持对联盟和中亚伙伴国家的责任。"

（5）美中央司令部将继续实行"阿富汗各省重建计划"（PRTS），强调"重建的目的是发展具备能力的和负责任的地方民主政府，以提供公共服务和促进增长与稳定"。美方称地方政府的建立"需要取得美国军队和联盟部队的有力支持"。

（三）北约对于中亚战略的新思考

与美国本身对于中亚地区的战略新规划相比，作为多边集体安全组织的北约的步调相对滞后。

北约在以下的四个方面不改初衷，继续在中亚地区实施其战略行动：

（1）在反恐斗争中继续提供支持；（2）运用军事力量打击毒品和毒品贸易；（3）提供当地能源安全的保障，特别是对于欧洲国家来说，他们正在迅速地成为中亚石油与天然气的买主；（4）根据形势的变化提供当地所需要的政治支持。

但对于一个多边的集体安全组织来说，北约所面临的问题要复杂得多。当时各成员国的北约要员和战略家们讨论的问题涉及：其一，北约一度在中亚地区大幅度地将维护人权和推进民主作为其战略目标，那么，与其战略目标之间究竟是何关系，是互相推动，还是互相抵触；其二，北约到底是以中亚地区的政治稳定化作为目标，还是以推进民主作为第一要务，显然，由于政治不稳定而导致当地政权的垮台，同时也危及北约与当地的合作，比如，乌兹别克斯坦事件就是鲜明例证。其三，北约成员国之间关于经费的摊派始终是一个难以达成共识的问题，尽管德国和其他欧洲成员国对于美国在中亚的行动表示支持，但是，一讲到资金的分派，德国与欧洲成员国依然拒不让步。总的来看，北约不会放弃其在中亚实施已久的"和平伙伴关系"。虽然，美国在乌兹别克斯坦的受挫使北约也大伤元气，但是北约加紧在哈萨克斯坦等国发展关系的举措不会停止。同时，与上述的战略调整相适应，北约的战略目标与社会发展和稳定目标相结合，发展中亚和发展南亚之间的战略协同性，势必将是北约在今后一个时期内的战略目标。

无论就美国本身还是就北约而言，对中亚战略的调整体现出美国和其他西方国家对 21 世纪最初 5—6 年在该地区战略进行反思的一些新的认知：第一，从原来强调通过"颜色革命"推动政权变更，转变为兼顾发展经济社会合作，特别是通过发展基础设施建设，加强贸易便利化等惠民措施来维持美国的影响。第二，从空间认知的角度，在赖斯的指示下，将中亚与南亚事务打成一片的部署，不光从决策的角度，而且从中亚与南亚客观关联的联动性角度，都是具有远见的选择。多年以后，上海合作组织向南亚扩容，也证明了这一关联性的客观存在。问题在于，在"颜色革命"中已经相当明确地显示了美国要在欧亚地区挤压俄罗斯的战略意图，再要企图通过有限的调整来进行修补，就非易事了。

三、欧盟与上海合作组织：利益相悖的竞争对手，还是潜在的合作伙伴？

进入 21 世纪之后，当欧亚大陆面临伊拉克战争、"颜色革命"等波动的新形势的挑战，一个值得关注的趋势是：欧盟与上海合作组织之间出现了明显的接近。这一趋势的出现传递了欧亚地缘政治变迁中怎样的一种信号？欧盟和上海合作组织的相互接近是否具有现实的合理性？这两者之间的接近将引起欧亚大陆地缘政治状况怎样的进一步变化？包括在全球层面上，上述变化又将引起大国关系怎样的连锁反应？对于这一系列问题的回答尽管都充满了不确定因素，但是，有必要展示其来龙去脉，以为后事之师。

（一）冷战后欧洲与中亚地区关系的演进

按照欧洲政治学者的自我反思，90 年代上半期，欧洲政治家对于中亚地区的战略和政治重要性没有引起足够的重视，甚至对于中亚的发展前景出现了错误的判断。他们虽然在政治上承认了中亚年轻的独立国家，但是对于这些新兴国家政治精英构建民族国家的艰巨努力并未给予足够的关注。欧盟最初的中亚战略目标是含糊不清的"寻求跨地区的一体化"，但是，结果却是适得其反，中亚地区陷入了进一步的动荡和分化。欧盟当时追求的目标，是在中亚推动市场和民主化建设，但是实际上，当时的中亚更加需要的是一个权力相对集中，同时也吸收民主和市场因素的政治经济管理模式，以使得强权之下能够确保当地的稳定和建立安全的周边环境。所以，从政治的角度来看，欧盟在苏联刚刚解体之后的对中亚的政策并未有很明确的思路和很明显的效果。

从安全方面说，90 年代初，成立伊始的欧盟踌躇满志，追求在国际事务中的大国地位和角色，其突出特点是希望创立欧洲单一军团，并推行欧洲的共同外交与防务政策（CFSP）。1996 年，北约甚至也相应地做出决定，支持和强化北约盟国中的欧盟防务支柱。但是，欧盟的共同外交与防务政策始终未能够在中亚地区得以体现。当时，以欧洲国家为主要背景的欧洲安全与合作组织（OSCE）曾经不切实际地把阿富汗和塔吉克斯坦的边界作为欧洲政治空间的南部侧翼，但是，当形势需要能够有力地解决塔吉克斯坦内部冲突和使该地区免受来自阿富汗地区动荡形势的影响的时候，欧盟又总体上表现得小心谨慎、力不从心。[1]直到 90 年代末，中亚地区的安全形势由于当地的宗教极端主义、武装塔里班

---

① 　Boris Rumer，"Central Asia and the Europe Union"，in M.E.Sharpe，"Central Asia：A gathering Storm？"，2002，pp.237—240.

势力和贩毒走私活动的日益猖獗，欧盟作为一个整体才逐步开始较多地关注和研究中亚地区的形势发展，在双边和多边的层面上开始考虑介入中亚地区安全事务。

从经济的角度来看，欧盟在 20 世纪 90 年代的十年当中向中亚国家提供了总共 9.4 亿欧元的援助。另外，还通过人道援助、宏观经济借贷、财政支持等各种双边方式向中亚国家提供了总共 3.6 亿欧元的经济帮助。迄至 2000 年，欧盟从中亚国家进口贸易达 20 多亿欧元，欧盟向中亚国家出口达 40 多亿欧元。①总结十年来欧盟与中亚国家之间的经贸关系，一方面，欧盟的经济援助对于中亚国家的经济复苏和发展起到了重要作用，甚至以笔者的亲身经历，曾经有不少美国专家对于 90 年代欧盟对于中亚国家经济援助与合作的管理水平表示过赞赏。认为欧洲对中亚的经济援助与合作，要比美国来得务实有效。②但是另一方面，欧盟对于中亚国家的经济贸易政策的一个重大缺陷，即当时无论是欧盟总体，还是作为欧盟最重要的经济大国——德国甚至到了 90 年代中叶以后还是没有对事关欧盟发展的一些关键领域，比如，对于里海的能源资源表现出足够的重视。当时的欧盟官方和企业界，特别是德国方面还是把注意力主要集中在中小企业合作、基础设施建设以及交通运输部门的建设和投资等方面。据有关专家的记载，德国的官方和企业界甚至对于中亚和里海地区的油气资源一直没有表现出太

---

① EU Strategy Report 2002—2006 and Indicative Programme 2002—2004 for Central Asia, Oct.2002, p.3.

② 早在 20 世纪 90 年代前期，笔者在与美国威尔逊中心凯南研究所的交往当中，当时的美国学者对于欧盟对原苏联地区的经济援助的组织工作表示赞赏。

大的兴趣，一直到 1998 年德国社会民主党关于里海能源问题的报告问世，欧盟经济界才把这一问题提上重要议程。①

　　到 21 世纪初期，欧洲在中亚地区的经济和战略利益已经表现得非常清晰，但是欧盟还是没有能够形成统一的对中亚地区的战略。主要欧洲国家在该地区的政治和经济利益还是各不相同，一方面是各个主要欧洲国家的内部政治还是表现出很大的多样性，另外，各个主要欧洲国家与美国、俄罗斯的不同相互关系也影响了对于中亚地区的统一决策。但与此同时，在欧盟和中亚面临的主要问题也越来越明显地显现出来，那就是恐怖主义和毒品贸易问题已经成为影响中亚地区，而且影响欧盟的极大威胁。形势已经迫不及待地要求欧盟能够形成一项总体性的对中亚地区的战略和政策。

　　（二）"9·11"事件前后的欧盟与中亚地区关系

　　从 90 年代下半期开始，欧盟，特别是德国开始意识到在中亚和里海地缘政治的博弈方面已经落后于其他大国。到 2000 年，欧盟已经对来自中亚地区的一系列问题引起高度关注，其中包括毒品贸易、非法移民、社会不满的增长、经济衰退的一系列明显征兆，特别是军事化的激进分子的崛起，包括欧盟政治家所认为的"民主政治的蜕变"等。在 2001 年春夏，欧盟与一系列中亚国家的政治领导人，包括乌兹别克斯坦总统卡里莫夫的会见，促使欧盟考虑进一步明确它的对中亚地区的政策。

---

① Boris Rumer,"Central Asia and the Europe Union", p.238.

2001年"9·11"事件的发生在很大程度上推动着欧盟政治领袖改变了90年代以来的犹豫不定的态度，开始坚决地支持美国全面展开反恐战争。当时，阿富汗局势是整个欧盟对外政策转变中的关键。欧盟主要国家对于阿富汗战争爆发之后的态度不尽相同。比如，英国是坚决出兵参与反对塔利班的军事行动，法国是对于参与军事行动附加了许多条件，而德国的局面最为微妙。虽然，当时的德国总理施罗德明确宣布参加反恐军事行动，但是，国内的反战情绪、战后整个德国的传统心态，以及缺乏能够立即赴用的快速反应部队这样的局面严重牵制着德国投入反恐斗争。德国的情况是当时整个欧盟政治状况的一个写照。当时的德国等欧洲其他政治大国是带着很大的政治局限性，好不容易争取到了议会的支持，才同意欧盟国家的军队参与反恐作战军事行动。

"9·11"事件之后不到一个月，就在德国总理施罗德出访巴基斯坦、印度和中国之际，他曾以欧盟的名义宣布，欧盟军队（主要是德国的军队）将与北大西洋盟友一起参加在中东的军事行动；欧盟将向阿富汗地区提供大量的经济及人道援助；同时，重新审核欧盟与伊朗的双边政策。2001年10月哈萨克斯坦总统纳扎尔巴耶夫对德国的访问是欧盟与中亚关系得到发展的一个关键点。欧盟领导人和纳扎尔巴耶夫共同强调对于美国的支持，哈萨克斯坦还决意向北约同盟和美国参战的空军提供空间走道。最后，德国和哈萨克斯坦共同签署文件表示，他们在人道援助、解决难民问题，特别是在紧密的军事合作方面的双边努力，也成为哈萨克斯坦与欧盟之间正式合作的一部分。在阿富汗事务方面，欧盟的立场与美国和俄罗斯的立场有所区别，比如，欧盟比较主张当时筹备中的阿富汗政府由前国王查希尔来组阁。因为作为提供援助的一个前提条件，欧盟需要强化自己在中亚地区的政治影响。但是，欧盟的这一构想没有能够付诸实施。总之，"9·11"事件之后，随着大国竞争的新阶段刚刚在中亚地区拉开序幕，欧盟也希望在中亚地区愈益显现出它的政治重要性。①

　　"9·11"事件作为欧盟与中亚地区相互关系发展的一个重要转折点，还表现在"9·11"事件之后欧盟曾经组织力量对于该地区的政策和战略做出了全面的回顾、总结与前瞻。写作于2002年秋天的欧盟的"2002年至2006年战略报告"是一份反映欧盟官方立场的重要文件，在这一文件中，作为形势的分析，欧盟专家小组强调中亚国家共同面临的问题是："缓慢的民主转型进程、履行人权职责方面的不良记录、宗教激进主义的发展趋势、大规模杀伤性武器的扩散、人口压力带来的社会紧张、市场导向的经济改革进展缓慢、商业与投资环境恶劣、贫困与社会差距的扩大，等等"，指出了"中亚国家共同面临的挑战是；如何与跨国犯罪斗争、改善边境管理、实现经济发展的多样化、提升跨区域贸易、争取进入世界市场，以及可持续地利用自然资源，等等"。欧盟的这份报告依然强调了欧盟对中亚政策的核心问题是推动人权原则的实施和朝向市场经济方向的转型。该报告对于中亚地区面临共同问题的排序是：第一，民主转型；第二，恐怖主义、极端主义和安全事务；第三，人口压力；第四，社会经济发展和贫困问题。该报告强调将通过欧盟与哈萨克斯坦、吉尔吉斯斯坦、乌兹别克

---

① Boris Rumer, "Central Asia and the Europe Union", p.240.

斯坦等国别的和平协议以及与塔吉克斯坦和土库曼斯坦的贸易和合作协议来推动解决这些问题，也即强调国别方式的合作依然是主要管道。但是，这一战略报告也肯定了"9·11"事件的发生对于欧盟与中亚关系的实质性的影响，也表达了在反恐斗争中欧盟应与"9·11"事件之前已经存在着的一系列地区机构合作的意向，包括欧亚经济共同体、中亚合作组织、独联体组织，特别是与上海合作组织合作的意向。尤其值得注意的是，这份战略报告把"推动中亚国家的稳定与地区安全以及帮助实现经济可持续发展和降低贫困状态"作为一个相当重要的目标提出。欧盟计划在当时以每年五千万欧元的方式对中亚实施援助，并且强调通过安全和冲突干预、通过排除政治和社会紧张的根源，以及通过改善贸易、投资和管道建设的环境这几种方式来实施这一项经济合作计划。

总体看来，"9·11"事件之后的欧盟对中亚政策反映了当时国际局势客观变化的趋势，表现出了欧盟对于中亚地区的复杂情况有了进一步的理解。在实际政策运作过程中，也开始关注在意识形态问题和安全与社会经济发展问题这两者之间寻求平衡。

（三）欧盟与上海合作组织的交往

如上所云，尽管欧盟在相关的战略文件当中已经提到将高度关注中亚地区的安全形势，特别是反对恐怖主义的问题，甚至提到了要准备发展与上海合作组织在中亚地区的合作，但是，在2002年10月公布的这份战略文件中欧盟强调了几个重点领域，在这些具体的安排中几乎没有提及要把与上海合作组织的合作作为一个重要问题来加以描述。同年，也即上海合作组织成立一年之后，欧盟关于共同外交与安全政策的年度报告当中，也没有提到相关的问题，只是强调了在国别水平上与中亚国家的交往。按照布鲁塞尔的欧盟亚洲研究所专家格雷格·奥斯汀（Greg Austin）的观点，欧盟当时并没有形成一种意见一致的政策，支持由上海合作组织为代表的中亚地区的利益与意向。按照他的观点，事实上，欧盟当时需要从以下几个方面发展与上海合作组织之间的关系：第一，欧盟需要精心制定对于中亚地区的政策，这种政策是基于对于欧亚大陆核心地区区域合作的地理基础的理解，这种区域合作必不可免地包含了俄罗斯与中国，欧盟也应该更加清晰地表明立场，接受上海合作组织的安全准则，通过在中亚支持军队复员和裁减军备作为要务的一系列项目，形成必要的地区安全保障。第二，虽然俄罗斯与中国会忠于上海合作组织的多边运作方式，但是，两国的决策动因和决策设施需要一段时间来适应上海合作组织的多边决策方式，富于多边合作经验的欧盟应该提供帮助，通过技术援助和财政援助的方式使得俄罗斯和中国不再沿用原来双边交往方式，而是更加有效地以多边方式推动上海合作组织的合作。第三，应该在欧盟机构与上海合作组织之间就广泛议题展开政治对话。这样的政治对话应该是多边方式的，可以从欧盟和上海合作组织外交部长一级的对话一直到中层官员的技术层面的对话。这样的对话可以首先集中在法律和内部事务、能源与交通运输事务方面（他强调欧盟的援助应该有助于欧盟与上海合作组织成员国就能源问题加强合作），也可以通过官方和学者两个层面或双轨方式进行。遗憾的是，尽管格雷格·奥斯汀关于欧盟与上海合作组织的交往与合作提供了比较详尽的意见，但是，在上海合作组织成立的头两年里，欧盟一直未能与之进行认真的正式交往。①

　　欧盟比较正式地表达希望与上海合作组织发展关系的态度，是在2004年。2004年3月欧盟委员会秘书长索拉纳正式访问中国。索拉纳在访华期间代表欧盟表达了继续发展中国与欧盟之间全面的战略合作伙伴关系的同时，在短短两天的日程中专门拜访了上海合作组织的秘书处，会见了当时的上海合作组织秘书长张德广。在会见时，张德广专门表达了上海合作组织愿意与各国和包括欧盟在内的各个国际组织发展一切形式的交流与合作的期望，旨在推动地区和世界的和平与发展。张德广特别向来访的索拉纳介绍了上海合作组织近年来在反恐和反对毒品走私方面所做的巨大努力。索拉纳此次拜访上海合作组织秘书处正值西班牙马德里遭受恐怖袭击的数天之后，这场恐怖袭击致使200余人丧生、1 500余人受伤。索拉纳在访问上海合作组织秘书处期间，明确表达了欧盟愿意与上海合作组织保持接触，寻求各种合作的可能性。在造访之前的记者招待会上，索拉纳还专门强调了反恐斗争中国际合作的重要性，包括重申了在反恐斗争中加强信息交换以及打破恐怖主义者的国际金融网络的决心。当时除了欧盟高官本身，欧洲一些国家的政要也相继来华表达过希望与上海合作组织发展关系的意愿。在2004年秋天，当时法国外交部主管东亚事务的有关高级官员也曾经在上海与上海合作组织的张德广秘书长接触，

①　Greg Austin，"European Union Policy Responses to the Shanghai Cooperation Organization"，Dec.，2002.

表达了希望与上海合作组织发展经济合作关系，推动两个组织跨区域交流的愿望。

2004 年春天，欧盟出现与上海合作组织之间发展关系的意愿是和当时国际局势的迅速变化有关。2004 年之前的整个一年，也即 2003 年对于欧洲来说有着几方面的重要意义：其一，是伊拉克战争的爆发。实际上，这场战争的矛头所向远不只是萨达姆·侯赛因政权，而是美国当时在新保守主义意识形态的支配下，急于要推广西方式的意识形态、加强对欧亚大陆的战略和政治控制，并且有意在欧亚大陆激烈的能源资源竞争中占得先手，致使欧洲在欧亚大陆的腹地出现动荡局势。其二，是普京引领下的俄罗斯政商关系出现了重大变化，以霍多尔科夫斯基为代表的俄罗斯能源寡头势力被彻底打翻在地。霍氏的锒铛入狱，表明俄罗斯能源资源出现了由国家控制的趋势。紧接着俄罗斯与西方关系出现持续波动，首先导致俄罗斯与欧洲的能源关系紧张度升级。其三，欧盟内部一体化进程面临困难局面，经济增长缓慢，社会问题久拖不决，主要欧洲国家接连遭受恐怖主义袭击，特别是欧盟国家的能源需求日益增长。正是在这样的境况之下，欧盟开始表现出了与上海合作组织发展关系的浓厚兴趣。

2005 年 7 月，欧盟任命了来自斯洛伐克的外交官让·库比斯（Jan Kubis）担任欧盟处理中亚事务的特别代表，这表明欧盟希望在这一地区发挥更为积极的作用。但是，根据有关报道，库比斯在深化欧盟与上海合作组织之间的关系问题上仅取得了有限的进展。他把注意力主要集中于在乌兹别克斯坦这样一些国家"推广民主和人权"、在安集延进行国际跟踪观察等事务方面。欧洲专家认为，连在落实经济援助工作方面，特别代表的成就也很为有限。2006 年 10 月欧盟部长理事会重新任命了皮埃尔·莫雷尔（Pierre Morel）担任欧盟驻中亚事务的特别代表。他对于欧盟和上海合作组织之间的对话采取了积极促进的态度。但是，按照英国伦敦国际战略研究所专家奥克萨娜·安东年科的说法，在缺乏欧盟本身委任使命的情况下，这类努力通常是难以见效的。

　　2007 年上半年德国担任欧盟轮值国主席期间，欧盟的部长理事会非常希望能够形成关于中亚问题的新的共同战略。2007 年初，欧盟委员会和理事会通过了共同文件希望支持中亚能源的一体化、中亚的非政府组织、里海地区的基础设施建设等等。该份文件也提到了上海合作组织，但是有迹象透露出欧盟的一些机构还是担心欧盟与上海合作组织之间形成过于紧密的关系。然而，在欧盟理事会的政治和安全委员会的内部讨论中，与会成员建议依然要深化与上海合作组织之间的接触。2007 年 4 月理事会的工作文件提出欧盟要与上海合作组织之间展开对话，探讨能源和毒品走私等一系列热点问题。①几乎在同时，德国外交学会在柏林举行大型国际研讨会探讨欧盟与上海合作组织发展关系的问题，不光德国外交部主管官员和欧盟主管中亚地区事务的官员参与此会，而且还邀请了包括上海合作组织新任秘书长、来自哈萨克斯坦的努尔巴耶夫和其他中亚各国和中国的官员与学者到会。会后还举行了一个盛大的记者招待会介绍会议讨论情况。本次会议的主要议题集中在欧盟如何与上海合作组织在能源、反恐、反毒品走私等问

---

① Oksana Antonnenko, "The EU should not ignore the Shanghai Cooperation Organization", May, 2007, The Working Peper from the Center for European Reform.

题上加强合作。欧盟主管官员尤其表达了对于日渐恶化的阿富汗局势的不安。这次会议表明了欧盟，特别是作为轮值国主席的德国已经把与上海合作组织发展关系放上重要的议事日程。

（四）欧盟希望与上海合作组织发展关系的动因

2004 年以后，欧盟之所以表现出与上海合作组织发展关系的热情，显然是具有一系列的国内和国际背景的。德国外长施泰因迈尔（Frank Steinmeier）曾经这样概括欧盟这项迫切意愿的利益背景：第一，欧洲接近这样一个包括了阿富汗、巴基斯坦、伊朗等国在内的不稳定的地区。第二，这一地区迄今为止展开了有效遏制宗教极端主义的斗争。第三，中亚地区具有如此丰富的能源资源。来自俄罗斯、同时又在伦敦的欧洲改革研究中心工作的欧盟问题专家奥克萨娜·安东年科认为：施泰因迈尔讲的是对的，他所提到的利益将引导欧盟从迄今为止还是该地区一个处于相当边缘状态的角色，变为对中亚地区显示其高度的关注。而关键的步骤是必须与当地无可取代的重要组织上海合作组织建立关系。①

从欧盟的角度来看，为什么上海合作组织显得如此重要呢？资深俄罗斯学者安东年科认为：首先，上海合作组织在中亚地区的经济发展中起着非常重要的作用，而欧盟在中亚地区有着非常清晰的利益。如果中亚地区的发展发生问题，那么，欧盟将要面对非常麻烦的挑战，其中包括威胁能源管道的恐怖主义网络、非法移民的激增等，这都是欧盟所无法应对的局面。上海合作组织

---

① Oksana Antonnenko, "The EU should not ignore the Shanghai Cooperation Organization".

实际上是推动未来经济增长的相当有用的管理手段与工具。另外，地缘闭锁的中亚地区离开了中国、印度、伊朗和俄罗斯无法取得国际贸易通道。就此而言，美国、欧盟、日本以及亚洲开发银行的资源所起的作用只是第二位的。一旦上海合作组织能够真正地对当地的经济一体化的进程做出安排，包括逐渐地形成自由贸易区，推动商品、人力、技术和资金的自由流动，这对于欧盟将是一个何等巨大的机会。其次，上海合作组织在安排能源事务方面具有强大的功能。上海合作组织的成员中包括石油输出国组织之外的最大的两个国家：俄罗斯与哈萨克斯坦；同时又包括了当今世界最大的能源消费国中的两个：中国和印度。欧盟将在很长一段时期中继续有赖于来自俄罗斯的石油和天然气进口，在将来也许与中国在油气资源领域形成竞争关系。因此，在欧盟与上海合作组织之间形成对话的空间，探讨欧盟非常关心的诸如国内油气资源的市场化和透明度问题、能源供应来源的多样化问题，并且也探讨诸如在欧洲和亚洲之间能源运输管道的走向问题，这将是一个非常具有吸引力的前景。第三，中国和俄罗斯是欧盟的重要伙伴，当欧盟希望加强与这两个伙伴的关系的时候，欧盟与上海合作组织之间的对话无疑就变得格外重要了。这两个多边组织之间的对话显然能够加强欧盟与这两个伙伴之间的关系，特别是当中俄两国都把上海合作组织看作它们各自对外政策的首要任务之一的时候。俄罗斯把上海合作组织看作维持它在原苏联地区的传统影响，在大国关系的动态平衡中实现其地区和全球目标与利益的一个重要的平台；而中国也把上海合作组织看作学习多边主义外交、推动地区和全球局势的稳定、实现中国和平与发展的一个重要基础。同时，按照她的理解，中国与俄罗斯都没有把欧盟看作对上海合作组织的一个挑战，欧盟与上海合作组织并非命中注定要在这一地区成为利益相悖的竞争者。最后，上海合作组织与欧盟都把处理地区安全事务作为自己的核心工作，这两个机构在摧毁恐怖主义网络的合作中有着诸多的共同利益。比如，两者都希望实现阿富汗局势的稳定化，上海合作组织把阿富汗局势视为甚为关键的挑战，建立了有关阿富汗问题的工作小组；而欧盟的一些成员国则参与了北约名义下在阿富汗的军事行动。此外，伊朗目前是上海合作组织的观察员国，可以设想上海合作组织有可能在伊朗核问题上发挥积极作用。如果这两个区域组织之间不是合作，而是相反，也即欧盟与上海合作组织互相敌视的话，那么，可以设想这会促使一些国家深化与伊朗的关系，比如，最为方便的就是发展与伊朗的天然气合作，以此抵消可能出现的任何对于伊朗制裁的效用。①根据笔者在欧洲一些国家的考察，欧洲改革研究中心这位专家的意见从一个侧面相当全面地反映了欧盟对于这一问题的看法。

　　但是为什么欧盟并不是从上海合作组织成立开始，而是经过了若干年的犹豫和徘徊，才与之发展关系，这与上海合作组织本身的发展是有关系的。诚如普京在 2006 年瓦尔代论坛上所言："我们并不是从一开始就对上海合作组织有一个周详设计的，原本是因为需要解决当时在日常工作中碰到的问题，比如边界问题。但是这个机构开始发展以后，就显得非常需要了。也正是因此其

---

① 　根据安东年科的分析，笔者对她的有关意见在表达上做了调整，参见 Oksana Antonnenko, "The EU should not ignore the Shanghai Cooperation Organization"。

他国家也希望加入这个机构。实际上这也是世界上的一些有影响的力量中心所希望达成的目标，所以我们做出了反应，但这并不是我们原来计划这样做的。上海合作组织具有巨大的前景，但是不会成为一个政治军事集团，这是一个具有开放性质的国际组织。我们必须考虑在亚洲的各种力量的综合平衡，但是我们也不会超越上海合作组织的边界。我们将对上海合作组织的发展负责，并且推动实现成员国的利益，但这不会反对任何人。"①正是由于上海合作组织所有成员国的共同努力，才使得上海合作组织能够在短短几年时间里获得迅速的进展，并且获得了相当多的国际舆论的肯定评价和接受，这是欧盟希望与之发展关系的愿望的重要背景之一。

（五）问题与前景

欧盟与上海合作组织之间的关系是否如上所云，能够比较顺利地发展起来呢？事实上，无论是在欧盟内部还是外部都还存在着许多因素，对欧盟和上海合作组织之间关系的可能发展产生着制约。大体说来有这样的三方面问题值得关注。第一，安全事务和意识形态因素何者为先？这是"9·11"事件之后，在处理国际事务的过程中令不少决策者甚至于理论家们头痛的问题。在欧盟内部也依然有着一部分相当有影响力的政客，坚持要把意识形态原则置于外交事务中的最高地位，包括在处理对中亚问题和上海

---

① 普京总统在 2006 年 9 月 9 日的瓦尔代论坛上，对于笔者所提出的关于上海合作组织发展前景的问题的回答。Remarks to the Valdai Club 9th of Sep.2006. in Moscow. 可见俄文版和英文版的俄罗斯总统网站。

合作组织的关系问题上，也依然有着不和谐的声音。但是，根据笔者与欧盟各国的专家和官方人士的接触，越来越多的人越来越倾向于，在对外事务中要把安全事务置于首要位置，他们认为，国际政治的本性首先是要确定一个国家能否在国际社会中安全生存，同时也不排斥在条件许可的情况下，学习和推进民主和市场经济。看来在欧盟内部这样的意见角逐还会持续相当长的时间。第二，多边组织行为还是单个国家行为为先？实际上，多年来欧盟这个多边国际组织对于上海合作组织的理解首先是通过国别的探讨和深入研究，特别是德国的大力推动才取得的。国别因素在推动欧盟与上海合作组织的互相认知方面发挥了巨大的作用。就欧盟而言，其成员国分别地与上海合作组织成员国打交道，本来就是轻车熟路。另外，相对于欧盟的复杂结构体制，有不少欧盟外的国家也更愿意与其成员国单独交往解决问题。欧盟共同能源政策迄今为止还困难重重就是一个鲜明的例子。所以，欧洲国家在多大程度上愿意以欧盟的统一立场与上海合作组织打交道，包括相反，上海合作组织的某些成员国在多大程度上愿意与作为整体的欧盟打交道，实际上还存在着一些不确定的因素。比如，普京就曾当面尖锐地批评过欧盟的政治架构，特别是每半年轮换一次欧盟主席国的政治安排，使得局外人无法与欧盟建立稳定而紧密的联系。第三，美国因素。对于欧盟与上海合作组织的接近，一个不可回避的因素是美国的态度。目前，首先存在的误解是仍然有人把上海合作组织简单地看成是一个"反美""反北约"或者"反西方"组织，甚至是一个"反美的"军事集团。德国柏林科学和政治基金会亚洲研究室主任古德龙·瓦克尔（Gudrun

Wacker）认为："该组织的成立并不是针对西方国家的。"①英国《卫报》的西蒙·蒂斯德尔（Simon Tisdall）也认为："上合组织中没有哪个国家真的希望与西方对抗，尤其是中国。"②而且，实际上上海合作组织中的不少国家还保持着与欧盟、美国，甚至和北约的合作关系，包括像印度、蒙古等当时的观察员国还是美国的紧密战略伙伴。这表明在上海合作组织内部并没有任何"反美认同"。上海合作组织的成员国一再宣布，该组织的行动不针对第三者。但是，在习惯于以冷战思维思考的人看来，欧盟任何与上海合作组织的接近，都会被看作不可思议的事情。从这一点出发，这两个组织发展关系需要经历一个长时间的考验并不是意料之外的事情。

但是，从总体上看，欧盟应当与上海合作组织发展合作关系这一点已经在当时成为越来越多的西方人士的立场和看法，就像《金融时报》2007 年 8 月 20 日的社论所指出的那样："难怪人们对于中国和俄罗斯两国与另外四个中亚国家一道建立的地区组织的兴趣越来越大"；"西方不应将上海合作组织视为对手"。③

至于欧盟与上海合作组织关系的发展前景，还取决于以下因素：

第一，欧盟与上海合作组织之间的接近不光是一般意义上的区域间的经济与社会交往，而是具有长远的地缘政治影响的一件大事。上海合作组织的建立是为了能够在欧亚大陆的纵深地带建

---

①② 德国之声电台网站 8 月 16 日文章：《舆论认为上合组织不是"反西方联盟"》，转载于《参考消息》2007 年 8 月 18 日第 3 版。

③ 英国《金融时报》2007 年 8 月 20 日社论：《有约束的上海合作组织》。

立起一种机制，使得当地的人民能够通过自己的努力与合作，推动当地的发展与进步，抵御任何来自外部的干扰和冲击。如果居于欧亚大陆东侧的上海合作组织能够与居于欧亚大陆西部的欧盟形成平等有效的合作，那么，不光在欧亚大陆内部的交流将获得无比广阔的空间，对于欧亚大陆纵深地带的丰富资源的利用将获得更加有效的方式，而且，在抵御任何来自欧亚大陆之外的扰动方面，也将具有更大的能量。这是从古至今多少世纪以来欧亚大陆上人们所寄予的期望。这样真正的合作也只有在全球化的背景下，在区域化的成熟经验的基础之上才可能得以实现。21世纪第一个十年的下半段，一度出现的这样一种两个国际组织互相接近的趋势，从某种角度来看，既是具有特定的地缘政治考量的战略筹划，但从深层次上说，也是一种发自欧亚大陆内部交往需求的自然表现。

第二，欧盟构想中的与上海合作组织之间的可能的合作，未必都是空穴来风。特别是在经济领域的发展基础设施建设、在能源领域的合作，尤其是当前反对毒品贸易，包括对于社会经济发展方面欧盟所提供的各项援助，等等，无疑都是具有潜在互补性的重要方面。欧盟与其他欧洲的国际组织不同，比如，欧安会议。后者比较多地侧重于在中亚地区推动民主与制度变迁，而欧盟还是比较多地侧重于推动经济合作。欧盟对于新形势下反恐斗争的一系列构想与安排对于上海合作组织来说也具有重要意义。包括区域发展的长期前景，这两个国际组织之间也完全可以经过交流，以丰富自己的认识。总之，欧盟与上海合作组织之间显然可以通过各种合适的管道，比如首先从举办论坛、举行学术讨论会议、开展双轨的对话，然后提高交流层次，逐步地形成合作共识，为将来的进一步合作打好基础。

第三，上海合作组织主张与当代世界区域多边进程的交流互鉴。欧盟是当今世界区域一体化历史最长、区域合作的组织系统相对完备的一个国际组织。虽然上海合作组织与欧盟形成的历史条件、内部结构都各不相同，比如，上海合作组织地区既不具备欧盟所在地区那样相对统一的文化与宗教条件，也不具备欧洲式的市场经济和市民社会的传统；上海合作组织内部各成员国之间的发展水平落差也大于欧盟成员国内部，而且，无论是意识形态还是现行的政治经济体制方面，这两个组织都有着很大的不同，但是作为一个后来者，完全可以从区域一体化所具有的经验与教训中取得借鉴。

上海合作组织与欧盟之间的接近并非一蹴而就，这将在一个较长的过程中循序渐进地向前推进。①

---

① 关于上海合作组织与欧盟相互关系的内容，曾发表于《国际问题研究》2007 年第 6 期，第 48—54 页，经修改与补充，载入本书。

第三波：国际金融危机后的欧亚抗衡

　　2008 年国际金融危机之后，大国关系出现新世纪以来第二次转机，不仅美俄关系"重启"，中美合作也得以推进，二十国集团与金砖国家的诞生更标志着力量对比的变化。但是，这一轮形势缓和与合作的延续时间不长。2011 年以后局势就出现了逆转。从全局看，2011 年初"阿拉伯之春"掀起中东北非的局势动荡，波及欧亚地区；从俄罗斯与西方的关系看，普京 2012 年重新当选俄罗斯总统，同年奥巴马连任美国总统。事实上，这非但没有改善美俄双边关系，相反，意味着冷战结束以来"第四次重启已经走到了尽头"。2013 年底乌克兰危机拉开序幕，延宕至今未有结果。在此前后，叙利亚战争也进入了反复胶着的状态。无论是乌克兰危机，还是叙利亚战争，都标志着 21 世纪以来的欧亚地区进入了一个危机对抗的动荡时期。这场抗争不仅涉及政治、经济、安全、社会、思想等各个领域，而且，具有全局的影响。不光是大国间关系动荡不定，与此相关的新兴国家群体立场也显示出戏剧性的变化。这是世界秩序演进中的一个寓意深刻的标志。

第七章

地区危机中的
大国关系

21 世纪以来,国际关系的合作与危机这两种状态间的迅速转换,可以由美俄关系"重启"到乌克兰危机的迅速变化作为范例。新世纪第一个十年结束时出现的美俄关系"重启",并不是一次毫无成就的政治作秀。这里包含着各方对于接近与合作、缓和紧张局势的期待。但是最终,这样的愿望还是被各方扭曲了的利益关系、被夸大和僵化的意识形态,以及不以人的意志为转移的潮流变迁等复杂因素碾得粉碎。问题在于,每次重大危机,都是一个由各方参与下矛盾的逐渐发展积累、一步步走向高潮,以及最后趋于逐渐化解的过程。值得探讨的是,新一波美俄关系"重启"缘何发起?为何迅速走向失败?然后又为何迅速转入了乌克兰危机的危险冲突状态?乌克兰危机在多大程度上事关全球和区域的秩序转型?为什么面临各方面艰难挑战的俄罗斯能够经受住来自乌克兰危机,包括叙利亚战争所带来的巨大压力?这一波从美俄关系"重启"直到乌克兰危机和叙利亚战争的复杂国际进程,给我们提供了怎样的启示与教益?①

---

① 冯绍雷:《俄罗斯的中东战略:特点、背景与前景》,《当代世界》2016 年第 3 期,第 8—11 页。

第一节　美俄关系"重启"的缘起与终结

从 2009 年年初一，直到 2013 年底乌克兰冲突爆发之前，美俄关系"重启"对俄罗斯与美国为首的西方国家间关系进行调整，对欧亚地区的一系列热点冲突问题做了重新安排，这使得俄与西方关系一时间有所缓转。但是，这样的调整与安排还是相当脆弱，以至于并没有经得起 2010 年出现的"阿拉伯之春"的狂潮冲击，也经不起依然根深蒂固的意识形态偏见的缠绕，在各自国内都面临复杂挑战的背景下，最后，在 2013 年秋天叙利亚战场局势出现明显转机的情况下，反而激发起一场对于东西方而言，都更为关键且难以终了的乌克兰危机。

一、美俄关系"重启"的缘起

如果说，"9·11"事件之后的美俄合作，是普京主动表达善意，带动了关系的缓转，那么，被称为美俄关系的"第四次重启"，则是由美国率先发起的。

奥巴马上任之初，就有步骤地推出了美俄关系"重启"的进程。2009 年 2 月初，当时的美国副总统乔·拜登在慕尼黑安全政策会议上表示："美国有意恢复美俄关系。"国务卿希拉里 3 月份在日内瓦会见俄罗斯外长拉夫罗夫时表示："奥巴马政府希望与俄罗斯'重启'双边关系。"3 月底伦敦二十国集团第二次峰会期间美俄发表有关战略武器问题的《美俄总统联合声明》。7 月初，奥巴马成功访问莫斯科，并与梅德韦杰夫签署了一系列重要文件。这一系列事态表明"第四次美俄关系重启"以相当快的速度和显著的成果取得了进展。

　　为什么奥巴马政府上台伊始，就迅速地把美俄关系"重启"作为美国外交的重中之重。一种观点认为，金融危机后，美国为解决一系列重大战略问题，反思小布什单边主义外交政策带来的消极影响，重新认识当时已取得较好发展态势的俄罗斯，于是改善对俄关系成为对外政策之首选。①另一种观点认为：奥巴马"重启"美俄关系并不意味着美国全球战略和对外政策的根本改变，如奥巴马的智囊、时任助理国务卿的斯坦伯格等人所言："美国不只应该与盟国合作，还要与全球和地区中的其他主要国家协商，这些国家包括中国、俄罗斯、印度、巴西等。做出这样的调整，美国也是出于无奈，一方面是这些新兴国家的崛起，另一方面，实践证明美国及其北约盟国经过 20 多年建立起来忽视其他权力资源（包括国际组织）的世界政治是不稳定的。"②同时，更有一种观点认为，从 2008 年开始，美国的重要智库，如战略与国际问题

---

　　①　傅勇：《美俄关系"重启"的战略分析与借鉴》，《现代国际关系》2010 年第 9 期，第 47—52 页。

　　②　杨雷等：《美俄关系"重启"分析》，《现代国际关系》2010 年第 11 期，第 46—51 页。

研究中心（CSIS）、尼克松中心（Nixon Center）等就已经开始向奥巴马团队建言，建议美国新政府放弃小布什时期与俄罗斯在独联体地区的地缘战略博弈，转而应对经济实力和国际影响力日益扩大的中国。这一派观点持有者认为，美国政府在 2009 年 9 月的官方文件《2009 年国家情报战略》中已经提出：可能对构成美国安全威胁的国家有伊朗、朝鲜、俄罗斯、中国，但认为对美国构成全球性挑战的只有中国，认为"中美之间有很多共同利益，但它（指中国）谋求更多自然资源的外交和军事现代化，是构成一系列全球性挑战的重要原因"[1]。

而就俄罗斯方面来说，无论是就减轻与西方对抗所带来的巨大经济、政治与安全压力，还是就梅德韦杰夫执政之后所提出实现俄罗斯的现代化目标需要西方诸多帮助的愿望而言，特别是在国际金融危机的背景之下，俄罗斯力求摆脱困境。此背景下，梅德韦杰夫与奥巴马共同推进美俄合作与妥协，成为一时之选。

除了宏观国际国内环境之外，对美俄双方决策阶层都有深入了解的乔治敦大学的安琪拉·斯登特教授认为："奥巴马和梅德韦杰夫的个人关系是美俄关系重启成功的关键。这两位总统是同一代人，有着类似的执政风格，性格上也合得来。他们都不喜欢装腔作势，并且找到了一种互相打交道的有效途径。奥巴马花了大量时间和精力与梅德韦杰夫进行磋商；而梅德韦杰夫的亲自介入，对解决几个关键问题也具有决定性的作用，比如缔结新的《削减战略武器协定》（START）。就算是没有普京的首肯，梅德韦杰夫

① 郑羽：《重启的消亡：普京重新执政后的俄美关系》，《俄罗斯东欧中亚研究》2014 年第 5 期，第 69—76 页。

做不了什么决定，他也仍然是奥巴马最关键的对话者。"①安琪拉·斯登特的这一判断，的确言之有据。

值得指出，美俄双方在起步阶段的积极主动对推进"重启"起了很大作用。就俄罗斯方面来说，当 2009 年 4 月 1 日美俄首脑在伦敦举行峰会之际，除了就导弹防御、军备控制、伊朗、阿富汗等一系列约定话题进行双边会谈之外，令美国谈判代表喜出望外的是，梅德韦杰夫出乎意料地提出扩大"北方配送网络"，以便于从俄罗斯北方边境将美军装备运至阿富汗，以解美军的燃眉之急。而美国方面"则多年来第一次几乎没有对俄罗斯的国内政体进行公开指责，也没有把俄罗斯的外交政策义务与俄罗斯的民主缺陷关联起来"②。

就具体成果而言，第一，经过多轮谈判，美俄终于在 2010 年 4 月签署《关于进一步削减和限制进攻性战略武器措施的条约》。尽管，两国当时没有能够就限制导弹防御系统的研发和部署问题达成协议，但是新条约的签署显然不仅有利于美俄两家减负和互相威胁，也有利于全球局势的稳定。第二，在俄罗斯的主动推动之下，2009 年 9 月美俄签署《美军过境俄罗斯领土向阿富汗运输武器装备和人员协定》。除了"北方配送网络"，俄美之间的合作进一步推广到共同打击毒品等其他领域。第三，2012 年 8 月 22 日俄罗斯正式加入世界贸易组织。第四，美国暂时中止了推动北约东扩，也暂时中止了在独联体地区与俄罗斯的地缘政治竞争。

---

① ［美］安琪拉·斯登特：《有限伙伴：21 世纪美俄关系新常态》，欧阳瑾等译，石油工业出版社 2016 年版，第 241 页。

② 同上书，第 242 页。

"美俄重启"十年之后再来回顾这一段历史，至少可以发现：第一，美俄之间相互接近的意愿和潜能始终客观存在着，只要出现有利的条件、环境，即使在双方相处比较困难的时候也会转化出"重启"的机遇。第二，民主党也并非只会一味搞意识形态打压，或者一味拉帮结派打击对手。需要时，即使是民主党也会超越意识形态放下身段，和对手推行务实外交。在2020年美国大选收官，乔·拜登和哈里斯组合上台执政之际，重温十年之前美俄关系"重启"的这一段历史，能够提供若干启示。

二、美俄关系"重启"为何终结?

一场经过美俄双方倾力推动的"重启"，为何在取得了显著成果之后，很快陷于困顿，并且又迅速陷入另一场风险更大并令人感到可怕的重大危机呢?

在"重启"之前，奥巴马政府刻意在两个方面力图规避与俄罗斯的矛盾冲突。其一，是原苏联地区的地缘政治博弈；其二，是对俄罗斯国内政治体制的抨击。先就前者而言，美俄双方并非没有在独联体事务中表现出合作诚意的。回看2010年吉尔吉斯斯坦"奥什之乱"的整个过程，便可见端倪。

2010年，吉尔吉斯斯坦南方首都奥什突然发生动乱，经过了将近一个多星期的混乱，方始渐渐地平静下来。值得注意的是吉尔吉斯斯坦动乱的若干特点。

首先，吉尔吉斯斯坦动乱与5年前"郁金香革命"时期的形势不同，当时是在大体上没有流血冲突的背景之下，以前任总统阿卡耶夫的出走为背景，终结了当时的吉尔吉斯斯坦政治更替的过程。而这一次据初步统计，将近两百人丧生，近两千人负伤。几天之后，街头动乱虽然有所平息，但是秩序依然混乱、大量武器在民间流散，这预示了当前吉尔吉斯斯坦局势的复杂化。有人认为，动乱期间吉尔吉斯斯坦的局面，已经相当临近内战的边缘。

其次，这场动荡不仅是吉尔吉斯和乌兹别克这两个民族和部族间的矛盾冲突，而是已经远远超出了种族和民族纠纷的范围，也不光是贫富不均和地区差距所致，而是由南方与北方、政治纷争和社会不公平、民族积怨和跨国犯罪因素等多种情况交织引发。

但是，这次动乱中的一个突出现象是，虽然，俄罗斯、美国等各大国多年来已深度介入吉尔吉斯斯坦局势，但是，在吉尔吉斯斯坦危机爆发阶段，各国表现出异常谨慎和不愿轻易介入的态度。吉尔吉斯斯坦作为当事国多次吁请俄罗斯出兵帮助，但是俄罗斯一直静观其变。包括中亚各国间原来互相纠纷重重，但在这次危机的关键时刻却都表现出有所克制。甚至美国、欧盟在中亚危机进程中也始终持有低调姿态，令人回味无穷。这是一个多年来所未见的新格局。

先来看俄罗斯。在大国复杂竞争的状态之下，总体上说俄罗斯的影响在中亚，包括在吉尔吉斯斯坦居于优势。6 月 11 日危机再次爆发后，吉尔吉斯斯坦曾经两次呼吁要求俄罗斯等邻国派兵进驻，但是令国际舆论感到奇怪的是：拥有充分打击能力，并与吉尔吉斯斯坦有着紧密关系的俄罗斯，却始终按兵不动。直到 6 月 18 日凌晨，吉尔吉斯斯坦临时政府负责人奥东巴耶娃正式宣布，撤回要求从国外派遣维持和平部队的请求，还经过梅德韦杰夫总统的证实。到了6月19日，奥东巴耶娃又一次吁请俄军出兵，但是，这一次是要求俄军保护吉尔吉斯斯坦的战略要地。俄罗斯在出兵问题上的态度如此慎重，有其道理。按照唯一允许在当地动用武装力量的集体安全组织的条文规定，其武装部队进入相关国家的军事行动，只有在当事国面临国家外部的侵略威胁时才有可能，换言之，如果是国家内部政局的更替，无法作为出兵干预的理由。进一步言之，俄罗斯并不愿意轻易地陷入任何一个难以摆脱的境外是非之地；尤其是半年来"重启"使美俄关系有所起色，一手推动关系改善的梅德韦杰夫总统不愿看到任何美俄间短兵相接的局面在中亚出现。

但是俄罗斯国内也有舆论认为，当时美国无暇他顾，欧盟力所不及，近侧的土耳其心有余而力不足，而唯一有力量施以援手的中国则不可能在境外用兵，于是，俄罗斯有着这样的外部环境而坐失良机，未免可惜。也确实，与两年之前的情况相比，2008年夏天的格鲁吉亚冲突之后，梅德韦杰夫总统本人在瓦尔代论坛上曾经当众宣布：俄罗斯在周边地区有着自己的"特殊利益范围"。而今，正当人们拭目以待俄罗斯将怎样维护自己的"特殊利益范围"的时候，俄罗斯却按兵不动。两相对照，颇有反差。

就美国而言，冷战结束后，尽管美国开始关注中亚，但并没有将之提到核心战略高度。关键性的变化发生在"9·11"事件之后，美国军、政、学各界接近于取得共识，认为中亚是事关美国核心战略利益之处所。所以，之后才有进军阿富汗掌控战略要地、发起"颜色革命"推行民主外交，以及近年来围绕着包括南亚和阿富汗在内的"大中亚"概念所出现的一系列重大调整，一直到奥巴马总统将阿富汗取代伊拉克，作为美国欧亚战略的新重点。

对于美国而言，吉尔吉斯斯坦的关键问题，一是马纳斯空军基地是其当时唯一尚在中亚的空军基地，二是吉尔吉斯斯坦地处中国、俄罗斯、中亚的战略交汇要地，因此，奥什之乱，美国高度关注。但是，深陷金融危机等一系列内外问题的美国，不太可能重复小布什时期的单边主义政策，而同样出于美俄关系有所调整之后，在中亚的美俄两强不愿出现迎头相撞的考虑，奥巴马显然会以协商性姿态来维护美国的战略利益。甚至于当时还出现了俄罗斯主导的"集体安全组织"和美国起重要作用的北约要一起协商在吉尔吉斯斯坦事件之后的机构合作问题。这是迄今为止还未曾有过的一个新态势。

欧盟虽然自顾不暇，但是多年来在中亚的苦心经营，体现出它对于中亚有着相当深入的战略考量。尤其是吉尔吉斯斯坦，是欧盟主导的欧洲安全与合作组织唯一设立"欧安组织研究院"的一个国家。可见，欧洲对于该国前景关切之甚。欧盟对于中亚，一向有别于美国式的战略和政治推进，它历来主张发挥体制优势、温和细致地顺势而进。这一次也不出意外，欧盟仅有心于在各国间的协调进程中，取得它特有的影响与利益。

至于上海合作组织，受到其国际法规定的地位的限制，无法直接采取军事行动以影响当地事态。但是，作为一个新型区域组织，在维护当地稳定、反对三股势力、促进社会经济合作、深化相互间的信任友爱等方面，还有着许多潜能可以挖掘。当然，这一切还有待时日。

总体上说，"奥什之变"以一个相当明确的信号表明了美俄"重启"的确在俄罗斯周边地区产生了实际的效用，也即，美俄暂时不谋求在中亚的争权夺利。

但是，与美俄在中亚地区的暂时休兵相比，在其他一系列领域的美俄关系远远没有那么容易协调。

其中的首要问题，便是导弹防御系统。

21 世纪初以来，对于美俄关系杀伤力最大的就是美国的导弹防御计划。其一，美国在捷克和波兰部署导弹防御系统，理由是防止伊朗和朝鲜的导弹袭击。但是，在俄罗斯看来，这是对其战略利益的直接威胁。其二，尽管"9·11"事件以后，普京在与美国反恐合作问题上积极主动，表达了很大的诚意。但是，2002 年12 月美国不顾俄方的一再劝阻，执意退出与俄罗斯的《限制反弹道导弹系统条约》。在美国看来，苏联解体之后俄罗斯已经没有资格再与美国在战略核武器领域平起平坐。但是，在俄罗斯看来，虽然在进攻性战略武器方面依然有若干双边条约保障，然而美国退出《限制反弹道导弹系统条约》，这就意味着在战略防御武器领域，美国将不受条约限制，从而取得了极大的战略优势。在俄罗斯已经没有雄厚的经济实力支撑与美国进行战略武器竞赛的背景下，此举将置俄罗斯于相当不利的境地。其三，在 2009 年开始的美俄关系"重启"谈判中，俄罗斯一直坚持把新的《削减战略武器条约》（START）与导弹防御计划挂钩，旨在一揽子解决问题。该年年底，关于战略武器谈判进入冲刺阶段的时刻，普京在瓦尔代论坛发表演说，指出："我们的美国伙伴正在建立一套反导防御系统，而我们却没有建立这样的系统。"这番讲话使得美方官员捏了一把冷汗。直到最后，奥巴马和梅德韦杰夫经过一个半小时的紧张通话，俄方才同意不再将《削减战略武器条约》与导弹防御计划挂钩。其背景在于，"普京最终还是发挥了作用，打消了俄罗斯国防部一些官员的疑虑，使得这些人也支持签署这一条约了"①。虽然，美俄关系"重启"达成了可能是有史以来最大的一份削减战略武器协议。但是，反导问题悬而未决，始终是俄罗斯的心头大患。

为了实现美俄关系"重启"，奥巴马在2009年7月与梅德韦杰夫谈判的一开始，就表示将会重新审视小布什留下的导弹防御计划。一个半月之后，奥巴马决定要采用一种"分阶段的适应性步骤"。作为第一步，奥巴马并没有与中欧的盟友商量，就修改了对美国及其盟友来说"更强大、更快捷且更高明"的防御体系的部署计划，宣布放弃在捷克部署雷达和在波兰部署拦截导弹的计划。尽管捷克和波兰表示失望，但俄方表示欢迎，包括北约秘书长和德国总理默克尔都认为：这一决定为"在国际问题上加强与莫斯科的合作"提供了机会。当奥巴马开始第二步，也即先将导弹防御体系涵盖整个北约，然后，通过北约—俄罗斯理事会机制与美俄双边机制，实施合作性质的导弹防御计划的时候，美俄双方大体同意开始对弹道导弹威胁进行一项联合评估，以恢复战区导弹防御合作。但是，对于本项计划的第三与第四阶段，美俄双方陷入激烈争论。俄方要求，华盛顿对导弹防御体系不会危及俄罗斯核威胁力量的这一保证必须具有法律约束力。但美方坚称，

---

① ［美］安琪拉·斯登特：《有限伙伴：21世纪美俄关系新常态》，第247页。

美国国会是不可能批准对此具有法律约束力的保证的。这看似是各方谈判过程中的技术性分歧，但实际上还是暴露了双方在战略安全问题上的深深的互不信任。安琪拉·斯登特透露：从外长拉夫罗夫到俄罗斯驻北约代表德米特里·罗戈津一再向美方抱怨，美国导弹防御体系的真正目的，不是为了对付朝鲜与伊朗，而是针对俄罗斯。①在 2011 年瓦尔代论坛上，普京引用罗戈津的话，称 2011 年春季美国参议员曾向俄方表示：导弹防御体系的目标的确是俄罗斯。②在 2012 年瓦尔代论坛期间，老布什时期美国驻苏联大使马特洛克在酒会上与笔者交谈时也曾表示："一旦，哪一位俄罗斯将领喝醉了酒，不小心按错了按钮，那么对于这样突如其来的风险，我们将如何防范呢?"③2012 年 6 月普京在二十国集团墨西哥峰会上与奥巴马会晤之后，表态证实："我觉得，无论奥巴马是否重新当选美国总统，导弹防御问题都不会解决。"④值得提出的是，在笔者多年参与瓦尔代论坛的记忆中，普京至少有好几次强调，导弹防御计划问题是美俄关系恶化的关键。

事实上，除了导弹防御计划问题，美俄立场的逐渐趋于对立，还有着一系列复杂因素的催动。首先，在地区问题上，美俄间虽然在阿富汗、中亚问题上有所默契，但在伊朗问题上，自 2011 年俄罗斯帮助伊朗建立的布什尔核电站正式发电之后，美俄从开始的积极合作，逐步转向俄罗斯对美国制裁伊朗表示反对。然后，

---

① ［美］安琪拉·斯登特：《有限伙伴：21 世纪美俄关系新常态》，第 252 页。
② 同上书，第 253 页。
③ 在该年的瓦尔代论坛上，马特洛克做了一个关于美俄关系的讲演，普京在场聆听。笔者与马特洛克大使的交谈是在讲演之后的酒会之上进行的。
④ ［美］安琪拉·斯登特：《有限伙伴：21 世纪美俄关系新常态》，第 254 页。

在国内政治因素所起到的作用问题上，俄罗斯领导人的更替则更加直接地影响了美俄关系"重启"的终结。当 2011 年 9 月 24 日梅德韦杰夫宣布普京将成为俄罗斯总统候选人的消息时，来自美国政治精英的反应是"令人震惊"。2012 年普京正式当选第三任总统之后，无论是叙利亚战争，还是伊朗问题；无论是导弹防御体系，还是对俄人权问题的国会立法制裁等各个方面的局势都紧张起来。此外，2013 年夏由于俄罗斯同意向美国国家安全局的泄密者爱德华·斯诺登提供庇护，斯诺登事件作为一个突发事件导致美俄关系"进入死胡同"。尤其值得注意的一个关键环节，乃是 2013 年 9 月联合国安理会通过第 2118 号决议，授权"禁止化学武器公约组织"来指导叙利亚销毁化学武器计划。实际上，这就意味着实现了俄罗斯所提出的让叙利亚用交出化学武器以避免来自美国的打击、实现和平的巧妙安排。在当年的瓦尔代论坛上，笔者亲见来自各国的政要与学术精英为此而纷纷向普京当面表示致意和赞赏的热烈场景。这一场景鲜明地表达出普京回归总统大位以来俄罗斯外交重趋活跃，尤其在叙利亚战场取得先手。相比之下，美国在叙利亚战场的形象则黯然失色。

毫无疑问，宣称美国仍然要领导世界一百年的奥巴马不会甘心于在这场博弈中甘拜下风。所有这一切，都意味着美俄关系"重启"已经到了寿终正寝的时刻。

多年以后，有一个问题引起人们的思考：到底是由于地缘政治、意识形态、个人关系，还是偶然性事件导致了美俄关系"重启"的失败？普京多次说过，苏联解体之后，即使俄罗斯放弃了原有的意识形态，俄与西方的关系依然没有得到改善，地缘政治竞争还会作用于俄罗斯与西方的关系。从这一角度来看，在俄与西方关系中，地缘政治因素是起了很大作用的。但是，当奥巴马把俄罗斯称为与埃博拉、"伊斯兰国"并列的"三害"之时，很难排除意识形态因素的比重在这一判断中所起的作用。即使在美俄关系"重启"时，奥巴马表现得十分克制，但由意识形态而生成的整个美国精英阶层的对俄认知，终究会在条件成熟时，暴露出真实的面貌。美国与生俱来的这样一种意识形态，恐怕很难不在其对外战略中，包括在地缘政治的角逐中发挥重要作用。

第二节 乌克兰危机：新秩序的前奏，还是大混乱的征兆？

乌克兰危机，是冷战终结近三十年来原苏联地区最大的一场危机。这不仅是发生在俄罗斯与乌克兰之间，也不光是发生在俄罗斯与西方之间，更是发生在国际权力转移敏感时刻一场多方力量之间复杂而深刻的国际冲突中。乌克兰危机，也是 21 世纪以来牵动全球秩序的重构、欧亚地区地缘政治格局重塑，以及人们对世界事务中关键问题重新认知的一项重大事件。因此，对乌克兰危机这样既敏感而又迁延时日的重大问题，本节试图从事件本身进程与深层结构的关联，从各方长期战略与近期决策的互动，包括从思想理论性问题的众说纷纭之中，努力把握这场危机的来龙去脉。

一、危机的动因、进程与特征

从较长期的角度来看，以下三个方面的基本变化引导着局势的日趋恶化。

首先，二十多年来，乌克兰国家政治发展方向不定，国内宪政体制多变，国家治理功能衰弱，社会经济长期波动，腐败盛行，民生艰难，这是造成本次动荡的一个长期的内部原因。弗朗西斯·福山在《政治秩序的起源》中，无论对"颜色革命"中被选上台的总统尤先科，还是 2010 年新当选总统亚努科维奇都给予了尖锐批评。他认为，在他们治理下的乌克兰是后冷战阶段充满"政治焦虑"的"民主失败"国家的典型。①

其次，乌克兰地处东西方文明结合部最西端的特定历史地理位置。在后冷战地缘政治的特殊背景下，外来影响和当地传统犬牙交错，突出表现为东西方之间不可遏制的东拉西扯、相互冲撞，成为大国纷争的漩涡。与同样处于欧洲的东西南北文明结合部地带的其他国家，如瑞士、奥地利、西班牙等相比较，历史遗产、传统习俗和政治体制的差异，导致乌克兰难以复制上述欧洲国家那样的民族与区域建构的路径，并以此避免内外纷争。

最后，非常关键的动因在于，冷战终结以来，一方面，在对俄罗斯有着根深蒂固成见的背景下，西方在原苏联地区推行北约和欧盟持续东扩战略，策动了一连串的"颜色革命"；而另一方面，与 20 世纪 90 年代痛苦转型中的萧条和虚弱相比较，"黄金十

---

① ［美］弗朗西斯·福山：《政治秩序的起源》（第一版），广西师范大学出版社 2012 年版，第 5 页。

年"中所获得的国力增长、普京所引导的强国精神，使得俄罗斯再也不愿以"冷战失败者"的身份与西方打交道。以上种种趋势逆袭而动的演进，为乌克兰危机的爆发早早埋下了伏笔。

从近期视角来看，乌克兰危机的直接诱因在于：其一，"文明离婚"式的苏联解体过程尚未终结，"苏联解体综合征"还深深困扰着艰难转型中的原苏联加盟共和国，而美国却是毫不留情地力推北约吸收乌克兰、格鲁吉亚等国入盟。欧盟在乌克兰问题上也采取排他性的乌欧联系国协定和"东部伙伴关系"（Eastern Part-nership，简称 EaP）计划，直逼俄罗斯的安全与经济命脉的底线，激起俄方的强烈反弹。其二，原来作为欧俄双边关系的"黏合剂"，并有一系列基础设施作为保障的欧俄能源合作体系，因乌克兰过境天然气危机、页岩气革命的骤然降临，以及欧洲政治的代际更替、跨大西洋关系的走向不明等新的不确定因素，正在发生动摇，致使俄欧关系趋于疏离对立。其三，俄罗斯为维护自身尊严，也为在周边地区稳住阵脚，以大国身份参与区域和国际秩序的重构，不惜以强硬的姿态投入抗争，也在软实力的构建方面表现出强劲潜能。其四，美国对乌克兰内部事务，特别是 2014 年 2 月以来，美国官方的直接干预和离间，表明美国不光企图在俄乌之间，而且还在俄欧之间插入楔子，力求继续掌控欧亚事务。但是，实力和意愿之间的差距，往往使其力不从心，捉襟见肘。其五，乌克兰危机过程中的多重冲突交织，不光有乌克兰和俄罗斯之间的纷争，有乌克兰东部和西部间的矛盾，有激进极右翼和寡头之间的角斗，还有其他各个政治利益集团之间的复杂博弈。因此，评论家认为：乌克兰政坛不像是一个政治家们的聚合处，更像是一批拳击手的竞技场，各方乐于寻租，罕言道义，也难有建设性动议，造成了危机的爆发和预后的处理都相当难以控制的局面。

总之，一方面，欧美凭借实力优势，企图主导欧亚地区的意愿依旧高涨，乌克兰冲突进程中一度表现出多年难得一见的西方内部合作姿态，但其影响力衰减，加上乌克兰局势本身的高度复杂性，大大降低了美欧掌控局势的能力。另一方面，俄罗斯多年旨在重返大国地位的苦心经营，积聚举国之力，捍卫地缘政治利益，虽历经挫折，依然以攻为守，反击西方的施压，折射出世界多样化发展进程中俄罗斯所独具的不折不挠的势头，从而使围绕乌克兰问题的角逐，进入了冷战结束近三十年来最为困难与纠结、并且持续多年的危机阶段。

乌克兰危机出现了先后相继的各个演进阶段。以下就各时段的要点，做简要梳理，便于观察事态的发展机理。

第一阶段：2013年11月21日乌政府从欧盟转向对俄合作的决定与大规模抗议。

2013年几乎整整一年，欧盟与乌克兰就欧盟联系国协定进行谈判。在欧盟基本上不与俄方沟通、不考虑其诉求的背景之下，俄罗斯决定以牙还牙，提供大量优惠条件，以说服乌克兰加入由几个原苏联加盟共和国组成的"欧亚经济共同体"。11月21日，乌克兰政府决定暂停与欧盟谈判，同时，恢复与俄方的会谈。当晚以及次日，主张与欧盟发展关系的数千人群在基辅聚集，抗议政府的政策转向。12月1日，数十万民众涌向基辅的独立广场与欧洲广场举行集会，与警察发生冲突，并于12月2日占领广场，要求解散政府。12 月 17 日，俄乌经过谈判达成一揽子合作协议，其中包括俄大幅度降低对乌天然气供应价格，并向乌提供 150 亿美元的财政支持。俄欧双方都已将乌克兰置于一个实际上排他性竞争的背景之下。俄欧面对各自战略意图的实现，都曾寄予过高期望；而双方对各方民意反应和内外复杂互动，都没有做好应有的充分准备。

第二阶段：2014 年 2 月 22 日的政变。

2014 年年初，亚努科维奇展开与反对派的对话，基辅的社会抗议一度趋缓。1 月下旬后，尽管当局做出包括恢复 2004 年宪法规定的总统制、赦免抗议活动参与者法律责任、与反对派共同组成联合政府等一系列让步，但民众示威高潮重启，并于 2 月 16 日占领政府大楼，2 月 18 日发起更大规模示威，大批警察受伤，部分民众和警察身亡。其间，美国加大干预，并力促欧盟联手对亚努科维奇政权施压。在内外夹击下，因执政阵营内部反戈而走投无路的亚努科维奇，不得不与反对派签署全面退让的 2 月 21 日政治协议，并邀请德国、法国、波兰，包括俄罗斯为之见证。但在一天内，这一为各方所确认的协议墨迹未干，便被更为激进的反对派所发动的政变所推翻。继之，亚努科维奇出走，季莫申科获释，乌克兰组成亲西方的过渡政府。

第三阶段：克里米亚宣布独立和加入俄罗斯。

2 月下旬乌克兰境内的克里米亚形势依然动荡。2 月 23 日，乌克兰议会废除《国家语言政策基础法》，取消俄语的官方地位，俄方反对。3 月 6 日，克里米亚议会通过决议，宣布克里米亚将以联邦主体身份加入俄罗斯联邦。3 月 16 日，克里米亚经全民公决提出了加入俄罗斯的要求。3 月 18 日，普京总统发布重要讲话，高调支持克里米亚的独立和回归俄罗斯的要求。与俄罗斯精英和民众对此大比率的支持相比，西方舆论一片批评，但一时并无切实可行的实际举措。3 月 24 日，西方八国集团峰会暂停邀请俄罗斯参加，但同时俄罗斯仍被邀请参加 6 月 6 日法国诺曼底登陆 70 周年的纪念活动。中国关于克里米亚等问题的不予选边而理性表态的声明，获得各方认可。3 月 27 日第 68 届联合国大会通过有关乌克兰问题决议，申明对乌克兰主权和领土完整的承诺，敦促各方通过直接对话和平解决乌克兰危机。

第四阶段：东部地区动荡和 2014 年 4 月 17 日日内瓦协议。

在克里米亚局势催化下，4 月上旬，乌克兰东部地区相继出现动荡局势，哈尔科夫、卢甘斯克、顿涅茨克等地先后提出仿效克里米亚的或是独立、自治，或是加入俄罗斯的要求。西方开始对俄罗斯实行制裁。4 月 17 日，俄罗斯、美国、欧盟、乌克兰四方外长在日内瓦举行会谈，要求各方停止对抗，并未取得实际进展。

第五阶段：2014 年 5 月 25 日乌大选与 6 月 6 日的诺曼底会见。

乌克兰东部、南部和基辅政权的对抗态势进入白热化。5 月 2 日，在南方城市敖德萨出现一百多名平民在冲突中死亡的令人震惊的消息。俄方对于乌克兰东部地区要求自治和归并俄罗斯的问题持谨慎立场。5 月 7 日，普京有条件地支持乌克兰总统大选。5 月 25 日乌克兰总统大选，"巧克力大王"波罗申科首轮当选后，表达和解意愿；但是，拒绝与东部亲俄势力和谈。6 月 6 日，普京和西方首脑及波罗申科在诺曼底典礼上实现自危机以来的首次会见。6 月 7 日，波罗申科发表就职演说，决意加入欧盟，排除联邦制，坚持打击乌克兰东部的分离武装，并强调乌克兰语为唯一国语。乌克兰危机形势未见缓转。

第六阶段：2014 年 7 月 17 日的马航事件。

在乌克兰东部形势依然胶着的背景下，7 月 17 日突发的马航事件成为一个重要转折点。在西方迅速发起的舆论攻势之下，俄罗斯面临巨大压力。7 月 22 日通过联合国安理会决议案，表示不做"有罪推定"、主张公正查核。但美国施加强大压力说服德国和其他盟国，于 8 月初开始实施冷战后最严厉的一次西方联手的对俄制裁。俄罗斯遂以禁止农产品的进口报以反制。局势又一次陷于白热化境地。

第七阶段：2014 年 8 月中旬人道主义援助和四方会谈。

7 月下旬，借助马航事件的舆论环境，乌克兰政府军对亲俄民间武装加大打击力度，波罗申科要求在两周之内解决东部问题。乌东民间武装则接连遭受重创，平民遭受严重伤害，顿涅茨克和卢甘斯克民间武装占领区域日渐收缩和被切割。8 月初，俄罗斯提出以人道主义援助进行解救，经过国际协调，初步达成共识。8 月 17 日，德法俄乌举行四国外长会议，围绕着人道主义援助进入乌克兰的路线、东部停火问题，再次进行艰难协商。危机出现一线缓转希望之际，乌东民间武装突然公开披露，俄方向其提供了装备和人员训练。俄官方予以否认；同时，乌克兰极右集团发出最后通牒，要求 24 小时内改组乌克兰内务部、释放日前被捕的广场抗议同伙，否则，将发动武装暴动相抗争。乌克兰冲突各方仍然高度对立。

第八阶段：2014 年 9 月至 2015 年 2 月的明斯克协议和诺曼底

会议。

2014年顿巴斯爆发流血冲突，乌克兰政府随后在东部地区进行"反恐行动"。9月5日由乌克兰、欧安组织、俄罗斯（三方联络小组）与乌克兰东部两个共和国代表签署《明斯克协议》。2015年2月11—12日由德国、法国、乌克兰、俄罗斯（诺曼底四方）和乌克兰东部"两共和国"代表签署《新明斯克协议》。协议旨在推进当年年底前实现全面停火，并制定和执行新的排雷计划、撤出部队和装备、释放和交换被扣人员等。各方表示愿意在"诺曼底模式"和三方联络小组（俄罗斯、乌克兰及欧洲安全与合作组织）的框架下，为顿涅茨克和卢甘斯克地区享有地方自治特殊地位的法律安排寻求共识。虽该协议还有许多模糊之处，主要条款而后并没有得到真正落实，但是，为缓解冲突留下余地。

第九阶段：上述两协议之后各方力量博弈和多年持续胶着时期。

早在2014年8月26日，乌安全局宣布，在乌克兰顿涅茨克州发现携带武器和证件的俄罗斯军人。俄罗斯则予以否认。《新明斯克协议》签订后，2015年3月18日波罗申科签署关于顿巴斯地方自治特殊制度的法律修正案。乌克兰民间武装称，因该修正案违反《新明斯克协议》中规定须与"两共和国"代表就选举问题进行协商的第12条，故不予承认此修正案。4月17日，美国300名空降旅军人抵达乌克兰。俄方指责，这违反了《新明斯克协议》。2015年起，俄乌双方多次就派遣维和部队事项进行谈判，无果而终。在此期间，俄罗斯与北约的对峙升级。2016年2月，欧安组织的无人机画面显示，反政府武装力量部署多管火箭炮。2017年

12 月美向乌出售反坦克导弹等致命性武器。双方互相指责对方违反协议规定。2018 年 1 月 18 日乌克兰议会通过"顿巴斯重新一体化方案",称俄为"侵略国",将顿巴斯认定为"被占领地"。俄方称此方案"葬送《明斯克协议》"。当年 11 月,"两共和国"自行宣布进行领导人和议会选举。欧盟与乌克兰均予否认。2014 年至 2019 年美国向乌克兰拨款超过 13 亿美元。2020 财政年度,美国还计划提供给乌 2.5 亿美元军援,另拨 6.1 亿美元用于对抗俄罗斯在欧洲、欧亚和中东的影响力。同时,乌克兰东正教会脱离俄独立,乌克兰加入北约和欧盟的宪法生效,《乌俄友好条约》被废除,俄乌在刻赤海峡发生冲突。作为回应,俄向乌"两共和国"居民发放护照,双方抗衡态势未见减缓,并时而激化。

第十阶段:2019 年 5 月 20 日泽连斯基当选乌克兰总统后的合作与抗衡。

泽连斯基当选总统后,乌克兰危机一度呈缓解迹象。此前,普京对美国国务卿蓬佩奥表示,愿意全面恢复与美国的关系;美国虽在 2017 年的《国家安全战略报告》中称中俄为"主要竞争对手",但美在一系列地区冲突和双边问题上仍需与俄协调沟通。5 月 22 日,普京与法德领导人通话,准备采取措施推进执行《明斯克协议》。但是俄乌双方就东部问题的立场仍有明显差异:普京坚持《明斯克协议》是解决冲突的唯一途径,乌克兰必须履行《明斯克协议》;而泽连斯基则坚持在收回克里米亚、不会在给东部冲突地区特殊地位的前提下进行谈判。在双方原则立场无法妥协的前提下,本可就双方停火、交换战俘、改善当地基础设施、必要时派遣维和人员等问题进行谈判,但是,在俄罗斯与美欧关

系没有根本改变的情况下，危机仍难见松动。尽管 2020 年 2 月
9 日举行诺曼底会晤，10 天之后双方交换部分战俘，但俄乌双方
就一系列问题的立场未见根本改变。甚至，2020 年年初东部地区
又呈紧张局势。

综上所说，乌克兰危机的进程具有这样的几个突出特点：

其一，本次危机的角色众多，既有传统主权国家行为者，又
有代表来自不同历史文明背景的利益群体；既有自诩当下国际秩
序代表者（美、欧），又有被指为现存体制的"修正派"（俄罗
斯）；既出现了联盟方式的行动集体（如北约和欧盟），也存在着
大量抵制"选边"、并倾向于中立的政治单位（如中亚诸国以及俄
罗斯之外的金砖国家等）。出场角色的纷繁复杂，反映了这场危机
包含着多向度的政治与历史内涵，也大大增加了危机处理的难度。

其二，危机过程一波三折，复杂而多变：不但各方立场和战
略随着各个阶段的问题导向因时而异，而且，犹如马航事件的突
然发生、秘密外交和公开行动的相互交织、媒体战中的真相和谎
言的真假难辨，令人目不暇接，使得整个危机处理过程扑朔迷离。
加之，各国政要虽然一边通过热线直接对话，但是，一边仍恶语
相伤，极大程度上影响着国家间信任的建立。所有这一切，不仅
令政治家们的立场选择显得格外地艰难，也使大国关系的稳定倍
受艰难考验。

其三，冲突中各方争斗的目标明确，存在着大量迎头相撞的
高度风险。以欧、美、乌克兰为一方的总体实力和舆论影响力要
高于俄罗斯，而俄罗斯一点也不甘示弱，在遭受经济的巨大压力
下军备建设反而加强。旗鼓相当的格局，大大促使了局势激化的

可能性。但鉴于本次危机是发生在全球化时代的特定历史条件之下，远不似战争时期或冷战年代，当事各方的相互关系黑白分明、非敌即友。当下争夺各方的相互间关系往往呈现出你中有我、我中有你，相互掣肘甚多，有着一定的依存关系，利益与价值取向关系非常复杂。所以，这场危机势必会在时起时落的搏杀中，迁延时日，一时难分伯仲。

其四，当前这场变动牵动全球秩序的未来走向，涉及欧亚地缘政治格局的重塑，关联民族国家地位、大国间缓冲与过渡地带、区域合作和安全构架，以及一系列世界事务中关键性问题：如对冷战、遏制、制裁、结盟、中立、国际干预、国内制度变迁和对外政策相关性等问题的重新认知，因此，这场冲突将会日渐产生辐射效应，扩散至未来国际关系建构的各个环节和各个方面，其影响会相当深远。

总体来看，乌克兰危机爆发后的多年中，围绕危机的大国博弈出现了长时期抗争与间歇性弛缓相互交替的状态，大国关系进入了一个前所未有的战略调整与更新时期。由乌克兰危机所激发和催生的这种调整与更新，与未来国际秩序的重组有着直接的关联。

二、从乌克兰国内态势看危机的起因

从乌克兰内部看，危机的发生来自一种综合病症：经济困境；精英分裂；话语失衡。这一病症也经常被称为"苏联解体综合征"，曾出现于90年代以来的原苏联加盟共和国。这三项短板，深刻地影响着乌克兰事态的整个过程。

（一）经济困境

2013 年 12 月至 2014 年 2 月乌克兰大规模抗议运动，并不能够仅仅用经济突然的全面下跌这样的戏剧性理由来加以解释，但是，至少它是处于经济困难时刻出现的一场危机。

首先，乌克兰国内生产总值开始下降出现在 2012 年第三季度。该年第四季度的数据与上年相比，缩减 2.5%；2013 年 1 月到 9 月的缩减规模则从 -1.1% 到 -1.3%。但到 2013 年第四季度，乌政府宣布 15 个月来第一次出现增长。在此同时，按乌克兰政府统计机构的计算，2013 年的增长为零，预计 2014 年经济下降为 3%。

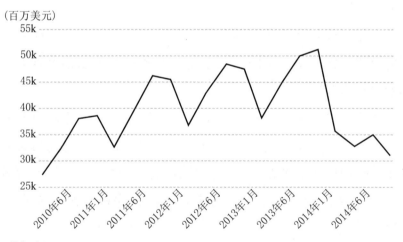

数据来源：https://www.ceicdata.com/zh-hans。

图 7.1　2010—2014 年乌克兰名义国内生产总值季度变化趋势

乌克兰对外经济形势也日益严峻，2013 年出口下降 7.7%。2013 年第三季度当通货紧缩为 3.6% 时，商品和服务的下降为 7.8%。出口贸易在国内生产总值中的比重从 2011 年的 53.8% 下降为 2013 年第三季度的 45.9%。俄罗斯国内推进进口替代政策之时，乌克兰对俄出口下跌，2012—2013 年出口下降 24%。2013 年 8 月后，乌克兰与俄罗斯及其他独联体国家经贸关系恶化，乌工业生产下降，就业岗位每月减少 1.5 万—2 万个，贸易额损失 37.5 亿—50 亿美元。与此相比，2013 年，欧盟成为乌克兰最大的贸易伙伴，占有乌克兰出口的 26.3%，而俄罗斯仅占 23.8%，屈居第二。

一方面，俄罗斯还是在乌克兰制造的高附加值机械产品出口中占有大头，比如，在诸如核反应堆、锅炉、车辆等 84 种产品当中占有 58%；在机车和电动机车的车头、移动船坞等 86 种大宗产品中占有 71%。大多数产品都来自乌克兰东部地区。俄罗斯市场对乌克兰，特别是东部地区举足轻重。当时，另一方面的问题在于，2009—2013 年作为乌克兰出口王牌的有色金属制品，其价格的上升低于石油价格的上升。同期冷轧、热轧和线材制品上升幅度在 21%—67% 之间，而石油价格上升则超过了 200%，从 35 美元/桶上升到 110 美元/桶。2013 年第四季度对乌克兰 1 252 家公司的定期调查中，有 49% 的企业家认为，能源价格上涨是经济发展的最大障碍。

在此背景下，连续经济下降时所积累的预算亏空和个人实际收入的迅速下降，引人注目：在 2010 年乌克兰的个人收入增长为 16.2%，2011 年为 6.1%，2012 年为 9.7%。到了 2013 年，实际收入增长从年初的 7.6% 下降到 7 月份的 1.9%。而实际工资增长下降得更快，从 2012 年的 14.4% 跌到 2013 年的 8.3%。

根据国际劳工组织统计，乌克兰 15—70 岁年龄段的实际失业人口稳定在 170 万—180 万之间，是官方统计数字的 3.5 倍。2013 年 3 季度，只有 6.2% 的 15—70 岁年龄人口去登记失业，实际

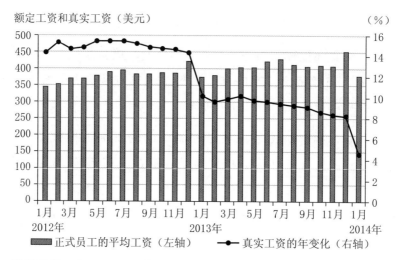

数据来源：Yevgeny Kopatko, Eduard Zlolotukhin, Ukraine Research & Branding Group："Changing Social Attitudes in The Context of Recent Eventd in Ukraine"，"Ukraine：Crisis Prequisities and Future Sceniarios"，Moscow-Kiev，April 2014。

图 7.2   2012 年 1 月—2014 年 1 月乌克兰工资变化

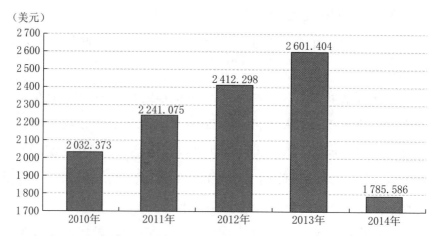

数据来源：https://www.ceicdata.com/zh-hans。

图 7.3   2010—2014 年乌克兰家庭人均收入变化趋势

失业人口要高得多。2012 年 1—9 月乌克兰失业率最高的是在以下
地区：车尔尼雪夫（10.3%），利夫尼（10.2%），特诺皮尔
（10.2%），朱托美尔（10.1%）。值得注意的是，自由广场暴动所
需的大量车辆，以及对广场暴动的人道支持等活动的运输工具，
正是从这些地区开往基辅的。

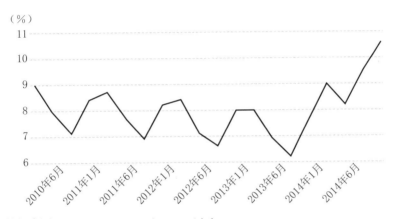

数据来源：https://www.ceicdata.com/zh-hans。

图 7.4　2010—2014 年乌克兰失业率季度变化趋势

乌克兰经济困境的进一步表现为：（1）从 2012 年开始，乌克
兰经济开始落后于全球增长的速度。亚努科维奇曾经寄希望于乌
克兰能够成为全球经济增长领先的国家之一，现在则完全落空。
2010 年至 2013 年，乌克兰经济占世界经济的比重从 0.408% 下降到
0.389%，国际货币基金组织预计 2014 年这一比重会下降为
0.381%。（2）投资和政府开支大幅下降：按照国家统计局的计算，
2013 年固定资产总额下降了 6.6%；固定资产投资下降了 11.1%。
根据国家银行的统计，2013 年乌克兰直接投资净额从 66.3 亿美元
下跌到 33.5 亿美元。2013 年政府支出下降了 39.5%。（3）债务的

上升：内外债务的上升是乌克兰经济的关键问题。在经济紧缩15%的背景之下，2013 年乌克兰主权债务上升 13.4%，这是2008—2009 年金融危机以来最严重的一年。2010—2013 年亚努科维奇政府期间的主权债务上升了83.6%，达到了731 亿美元，占国内生产总值比重为40.2%。2013 年内债上升了35%，达到321 亿美元；直接外债上升6.9%，达到了 279 亿美元。将近40%的乌克兰主权债务将在两年内到期。乌克兰政府和国家银行联合持有来自国际货币基金组织的 70 亿美元债务和世界银行的 33 亿美元债务。到2013 年 12 月底，乌克兰一共欠俄罗斯的债务估计在 50 亿—70 亿美元之间。以上因素直接或间接地作用于危机的发生。

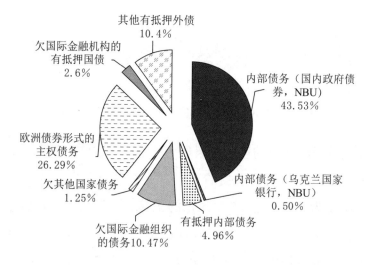

来源：财政部

数据来源：Yevgeny Kopatko, Eduard Zlolotukhin, Ukraine Research & Branding Group：" Changing Social Attitudes in The Context of Recent Eventd in Ukraine"，"Ukraine：Crisis Prequisities and Future Sceniarios"，Moscow-Kiev，April 2014。

图 7.5   乌克兰主权债务和抵押债务情况

（二）精英离散

转型中国家一般不像发达工业国家那样，后者往往在社会经济利益比较充分地分化的基础上，形成了具有明确利益导向的社会阶级和阶层，前者并不具备代表这些不同利益的政党和政治利益的成熟表达机制。在此客观条件下，发展中、转型中国家的社会精英，就会起到特殊的作用。不光在决策形成过程之中，而且，在决策的贯彻实施过程中，都可以看到精英所发挥的特殊功能。以原苏联加盟共和国的激进转型而言，虽然社会利益结构急剧变化，但未形成欧美工业国家所具有的上层社会、中产阶级、基层民众那样较稳定的利益划分；急剧转型中崛起的权势阶层充当了社会"精英"；旧体制下的"老精英"，也改头换面成了新的国家机器中的"新精英"。

20世纪90年代乌克兰独立之初，刚刚从旧体制下脱胎出来的政权形态一度曾经囊括三种精英：从影子资本家转变为合法商人的那一批具有从商经验的人；军人、原国家机构，特别是安全部门的官员；学者，特别是经济学学界专业人士。这三部分精英大量参与国家事务的管理。但随后不久，乌克兰政治构架中的这种相互平衡被打破了。首先，军队本身的分裂，导致军人从最高权力层消失；市场因素的推广，安全和执法部门的商业化则剥夺了这些部门的独立性，它们不得不听从于支付其运转费用的主导性经济力量。结果，乌克兰的执政精英范围就集中来自经济领域，并且，逐渐变异为三个主要经济精英集团：代理商、银行家和制造商。乌克兰寡头和其他主要经济集团或以全部三种身份行动，或各有侧重，以地区分布来说，制造商在顿涅茨克占主导地位，代理商集中在第聂伯罗彼得罗夫斯克，而银行业则汇集于基辅和乌克兰西部。

迄至 2014 年 5 月 25 日大选，可以看到的一个鲜明现象是，在缺乏来自军人等强力部门和来自知识界精英支撑的失衡局面下，经济精英无处不在地掌控整个乌克兰的命脉。中央政府层面由波罗申科这样的超级寡头掌握权柄；地方层面很大程度上被分别操控于各家寡头集团手中。尽管"右翼集团"支持的独立广场造反派仇视寡头这一社会群体，但也无法改变由寡头实际执政的基本格局。

经济精英独掌大局，给乌克兰政治带来了深重的实用主义倾向和反复无常的政治动态。政治立场多变乃是乌克兰寡头的一个突出特点。比如，乌克兰的首富艾哈马托夫，相当长时期中对整个东部地区有着巨大影响力，也曾是亚努科维奇几十年的老朋友。但在 2 月政变的关键时刻，他的态度暧昧，导致了亚努科维奇的迅速倒台。媒体大王迪米特里·菲尔塔什在亚努科维奇时代不光控制着整个电视系统等传统媒体，而且还是网络系统的主要掌控者。但在基辅 2014 年 2 月政变中，他也迅速从政府立场转向反对派。"2 月革命"后被任命为州长的科洛莫伊斯基，乃是乌克兰排行第四的富豪，曾被普京公开点名批评，指其骗了俄企业家阿布拉莫维奇的巨款。但在他担任乌克兰新政权的第聂伯罗彼得罗夫斯克州的州长职务之后，一方面批评普京想要"恢复 1913 年沙俄帝国的疆界"，表示愿意为每一个与东部武装分子战斗的军人支付一万美元酬金；但另一方面，又不顾禁令，企图与俄罗斯的军工企业恢复合作关系。基辅一直流传于民间的评论是，亚努科维奇实际上不是被他的对手，而恰恰是被他的那些所谓左右摇摆的"老朋友"寡头们打垮在地的。

即使从 2014 年 5 月大选中当选总统的波罗申科的表现来看，也充分显示出他本人善于立场变幻的特点。波罗申科曾经是尤先科政府中的外交部长，但是，他却马上在作为对手的亚努科维奇政府中担任经济发展部长。危机过程中，波罗申科一度支持反对派，获取了不少政治资本。在稍后竞选总统的过程中，波罗申科虽然依然主张积极参与欧盟一体化进程，偏向于西方立场，然而他是以相对温和的姿态出现，立场比较中立，比较倾向于通过对话和谈判解决问题。不像季莫申科，她虽然曾经和俄罗斯的高层，包括和普京本人有过非常深入的交往，但是，她在 2 月 22 日获释以后，却是以"反俄"形象出现，并扬言以"核武器"打击俄罗斯。这不光使她丢失了东部地区的大量选票，而且，也令原来非常支持她的西方国家不敢继续下注。这是季莫申科和波罗申科之所以第一轮选战中就分出输赢的一个重要原因。问题在于，波罗申科在当选之后，却又一改此前所说：当选之后的第一件事是"访问顿巴斯"。相反，他下令狠狠打击东部地区起事的民间武装，他的那句"不是花几个月，而是花几个小时消灭恐怖分子"的"名言"一时流传甚广，成为"寡头总统"留给东部地区的"见面礼"。波罗申科的对外政策态度也大体如此。在大选的前期，他曾极力主张乌克兰加入北约。但到临近大选之际，波罗申科改口，认为"加入北约问题不值得现在予以提出"，显示出在北约这一高度敏感问题上的不确定性。而到波罗申科执政晚期，"加入北约"又不时被波罗申科拿来作为对俄施压的工具。

乌克兰精英分裂带来了几个必然结果。其一，"家族干预"成为众矢之的的严重问题：亚努科维奇执政以后，家族成员遍布于几乎所有的政府关键部门和商业机构的重要岗位。乌克兰大公司MACO的总裁是亚努科维奇的儿子；新精英迅速崛起背后面临着"老寡头"和政治竞争者的巨大压力。与此同时，精英分裂必然使得改革目标模糊不清：2012年阿扎洛夫重新被任命为总理之时，改革已经失去了动力。作为亚努科维奇最主要政策宣示的五年计划，也即题为"繁荣的社会、有竞争力的经济、有效率的国家"的改革方案，到2010—2011年，其执行程度为70%—90%，而到2013年其执行程度不到40%。

其二，带来了整个国家无处不在的腐败。与乌克兰主管官员的交往中，贿赂已经是必不可少的一种互动。税收警察、医生、教师都要"化缘"。在公务员薪金完全缺乏竞争性的情况下——以2014年1月的统计，乌克兰公务员平均工资为385美元/月——行贿和回扣成为体面生活的唯一可靠来源。卢基扬诺夫在华东师范大学座谈会上介绍俄罗斯与乌克兰之间不同的腐败水平时，是这样说的：在俄罗斯受贿者拿钱办事，但是在乌克兰受贿者拿了钱，人就消失。换言之，腐败的水平更"高过一筹"。①

其三，国家机器信誉丧失殆尽：没有一位乌克兰政治家在公众口碑中还有正面的评价。按照"民主倡议基金"的材料，只有1/4的乌克兰人还相信自己国家的当权阶层。2013年7月，76.8%的乌克兰人不相信乌克兰"拉达"，也即国家议会；72.3%的人不相信法院；不相信内阁的人占71%；不相信警察的占70%；不相

① 费奥多尔·卢基扬诺夫2014年5月在华东师范大学俄罗斯研究中心的讲演。

信总统的占 68.9%；不相信国家检察官的占 63.5%；不相信安全部门的占 48.5%，不相信地方执政阶层的占 47.3%。只有民间组织，诸如媒体和教会，相比之下受人信任的程度略高于上述其他部门。上述因素的综合影响使得选民系统变得越来越激进化：最初的变化实际上在 2012 年 "拉达" 选举中已经看得出来。大量选民主张：按极右翼和极左翼主张推动激进改革，大量选票投向了激进党，执政的地区党票数不多。18 岁以上直至老人阶层中有 65% 的人认为，应改变国家发展方向，不相信政治家能够推动这种改变。

其四，此情景下，极端主义势力的泛滥已难以遏制，不光在 2014 年 "2 月革命" 时期，反俄主义、反犹主义势力十分猖獗；2 月 21 日协议之所以被瞬间推翻，就在于 "右岸" 激进势力以发动更为激进的武装暴动为威胁，把议会中立场动摇的议员们彻底压倒，也胁迫寡头接受了 2 月 22 日政变的结果。这一场较量清晰地暴露出乌克兰政治精英的涣散无能。

（三）话语失衡

乌克兰危机过程中，话语缺失带来的后果严重。如果说，几年之前，还可以看得到乌克兰政治家对媒体的影响力，但危机来临之前的普遍现象是，媒体往往通过掌控传播的通道，实际控制着政治家。在乌克兰的观察家们尤其深切地感受到：现在的世界不是被决策者们统治，而是被那些创造出政治用语的人们统治着。[1]民意显然更易于被来自外部的煽动所左右。

---

[1] "Ukraine Crisis Prerequisites and Future Scenarios", Working Report, Moscow-Kiev, April, 2004.

　　独立广场的组织者们发起了一场"语汇战争"，不仅制造警察与抗议者之间的肢体冲突，而且引发当局与抗议者之间的"语汇对抗"。当时，反对派几乎垄断着流传广泛的主要词汇，像"平等""正义""言论自由""和平抗议""欧洲价值""孩子的未来""欧洲的选择"，等等。他们极尽所能，以这些词汇引导民众，并将自己描绘成为民主的化身；又运用"犯罪""独裁""暴力""残酷"等词汇描绘政府形象，激起人们对亚努科维奇政府的愤怒。同时，他们又通过"稳定"和"天然气"等少数被妖魔化的词汇，离间与讽刺与俄罗斯之间的关系。广场反对派几乎没人使用俄语词汇，似乎俄罗斯只给乌克兰带来了"稳定"和"天然气"这两个词汇。与此相比，西方支持反对派精心策划、积极传播上述这 20 个左右"自由"的近义词和 30 个左右"正义"的近义词。这一传播与反对派诉求相当吻合，由此迅速扩展了影响。①

　　乌克兰危机显然与这个国家领导阶层的行为文化相关：多年来乌克兰领导人要么就是实干而言拙，要么就是巧言令色而不干实事。以亚努科维奇政府为例，费奥多尔·卢基扬诺夫曾指出，在 2013 年整整一年中，民众只知道政府在准备着与欧盟的谈判，似乎倒向欧洲一边是乌克兰的唯一选择。直到 2013 年 11 月 21 日，亚努科维奇与欧盟谈判受阻，又转而与俄罗斯谈判。尤其是当乌克兰政府已经与俄罗斯签署协议，并暂停与欧盟的联系国谈判之后，整个官方舆论机器并没有对此做过认真说明，几乎是完全丧

---

① "Ukraine Crisis Prerequisites and Future Scenarios", Working Report, Moscow-Kiev, April, 2004.

失了国家面临重大变化时对于话语系统的掌控权。①乌克兰专家曾这样总结道：亚努科维奇政府垮台留下的教训是：金钱、资源、强权都不能取代看似并不起眼的"话语"的力量。

一个深刻的教训是，在苏联解体直到危机发生前的 25 年间，乌克兰和俄罗斯领导人通过缔结合作，共同创造了财富，但并没有创造出有说服力的俄乌合作的"意义"。在 2013 年 11 月的协议中，俄罗斯向乌克兰提供巨额贷款与天然气补贴，这项行动的目的，原本是展示俄罗斯政府的慷慨和俄乌友谊，但并未起到实际作用。乌克兰专家虽然挑剔，但也不无道理地说道：为什么俄罗斯不能做一个以下这样更接地气的说明——比如，"如果，乌克兰政府能够降低每个乌克兰人使用天然气的费用比例，那么，我们就向乌克兰提供廉价天然气"，如果这样做，俄罗斯的行动将能获得民心，并拥有公正、友谊、慷慨和亲密关系的意义。②

综上所说，以经济困境、精英离散、话语失衡为突出特点的乌克兰内部状况，势必深刻影响其内政外交。经济的全面溃败使得乌克兰"病急乱投医"，政治精英层的过度商业化使得乌克兰的国家发展流于实用主义，话语失衡使得乌克兰唯有运用民族主义才能形成共识，而完全顾不得国家发展的长远战略利益。

上述情况，既不同于原苏联地区、但属于异文化的政治单位，比如格鲁吉亚，或中亚等国；也不同于处理与西方国家之间关系时不伤元气的相互关系，也即，俄乌之间传统的血脉纽带、紧密

---

① 费奥多尔·卢基扬诺夫 2014 年在华东师范大学俄罗斯研究中心的讲演。

② "Ukraine Crisis Prerequisites and Future Scenarios", Working Report, Moscow-Kiev, April, 2004.

的经济联系，一边使俄罗斯处处事事难释其怀，而俄乌之间的高度抗争和复仇情结，又使其特别的纠结和难以忍受。对于俄罗斯来说，乌克兰——这是一个梦魇缠绕的外交对手。

三、"战斗民族"的应对与背景

乌克兰危机以来，可从经济、社会政治、外交这三个方面来看俄罗斯的总体应对及其背景。

第一，同样面临挑战的俄罗斯经济。

和陷于困顿的乌克兰经济表现出近似态势，自 2013 年 9 月起，各大国际经济组织陆续修正原有对俄罗斯经济发展的指标，舆论对俄经济开始表现出悲观情绪。当时预测其 2013 年增长仅 1.3%—1.4%，而 2014 年增长则进一步呈现比较大幅度的下降趋势。

其他一些数据表明，俄罗斯身处困境之下虽还有不少进步：2013 年通胀为 6.1%，比 2012 年稍有降低，2012 年为 6.8%；农业生产增长 6.8%，比 2012 年 5% 的增长率稍好。国民关心的住宅建设，2012 年增长 5.6%，2013 年增长率为 12.1%。排除了通胀因素的实际工资，而不是名义工资增长为 5.5%。而收入增长 2011 年为 0.5%，2012 年为 4.6%，2013 年为 3.6%，这还是不错的指标。普京尤其高兴的是，据 2013 年 1—10 月最新统计，俄人口出现自然增长，这是 1991 年以来首次出现的一个变化。

但是，总体上说，诚如普京自己所坦言的，虽然俄罗斯国内生产总值总量进入了世界五强，但是劳动生产率等关键性指标，还落后于主要国家 2—3 倍。知识产权买卖所产生的附加值对俄罗斯国内生产总值的贡献不到 1%，而美国为 12%，德国为 7%—

8%，芬兰为 20%。俄罗斯经济的离岸化，是被政府关注的重大问题，但是，2012 年通过离岸公司和半离岸公司交易的商品总额大约为 1 110 亿美元，相当于整个出口的五分之一。俄罗斯对他国投资的 500 亿美元中有一半也是通过离岸公司进行，这表明资金流失现象依然十分严重。乌克兰危机之后，资金外流已达 700 亿美元。关键问题在于，改善俄罗斯经济对于能源资源产业过于依赖的努力仍未见成效，同时又遭遇了美国页岩气革命的巨大压力。俄罗斯经济的多样化发展和体制搞活还受到很大的掣肘。

从外部条件来看，固然欧洲尚未摆脱深陷危机的状况，对于一半的出口市场依赖于欧盟的俄罗斯来说，是最大的制约。但是，国内市场依然得不到迅速的发展，包括普京非常关注的远东西伯利亚的开发和开放进展缓慢，更是牵制着整个俄罗斯经济的前行。

第二，危机条件下的俄罗斯社会与政治发展。

根据社会学研究，当时俄罗斯社会关注的焦点，正从传统上对于恐怖主义威胁的关切，逐步转向于对于社会差距增大的担心。这也是 21 世纪第一个十年来，俄罗斯把反腐败工作提到前所未有高度的一个重要背景。俄罗斯最高领导人已经带头公布个人财产收入状况。笔者在瓦尔代论坛上，亲眼见到反对派的领导人可以毫无顾忌地公开质询关于高官的收入情况。

从 2013 年普京总统发表的年度国情咨文来看，前所未有地把社会领域的工作作为几乎是最大篇幅来介绍的问题。普京从地方治理问题谈起，谈到人口、家庭、医疗、教育、文化、体育、住房、生态、就业等事无巨细的各项工作。普京提出的新概念不光包括要成为"社会国家"、要加强"社会院"建设，还要建立

"社会监督评估保障系统"，等等。看来普京不仅意在巩固政权的民意基础，而且在为未来市民社会建设着意铺垫。

从地方政治的角度来看，普京重新恢复了地方长官的民选。不光莫斯科，第三大城市叶卡德琳堡，以及一大批中心城市已经通过市民公开选举产生了新的地方行政长官。而且，除了莫斯科之外，包括叶卡德琳堡等地，也的确有一些真正来自基层的各式"非体制内人士"当选上台。笔者参加 2013 年度瓦尔代论坛的一个非常深刻的印象，一方面，地方选举中涌现了一批优秀人才参加了俄罗斯的地方行政管理。实事求是地说，民主选举取得了实际的进展。但是，另一方面，地方政治竞争局面到底在多大程度上能够得到控制，还是一个非常令人关注的问题。当时的预计是，2014 年的地方选举以后，将会出现一个比以前更为民主开放的国内政治格局，但是，普京主导下的强人政治不会消失。

在 2013 年 9 月 19 日的瓦尔代论坛上，笔者亲眼所见，普京公开邀请反对派的著名领袖人物雷日科夫向自己提问，这在当时被称为总统和反对派之间的"第一次历史性的公开对话"。到了2013 年年底，一件更加轰动世界舆论的大事，发生在普京和被认为他的最大政敌——前尤科斯总裁霍多尔科夫斯基之间：普京接受了霍多尔科夫斯基提出因母亲的健康而请求赦免的要求，同意其前往德国。后续的信息表明，普京并不打算把这位最大的反对派人物拒斥于国门之外。从最初的国际、国内舆论反响来看，人们欢迎普京的这一举措；也有更多的评论认为，这体现普京政治自信心的进一步提升。从 2003 年霍多尔科夫斯基银铛入狱，一直到 2013 年 12 月的赦免，经历了整整十年的普京与反对派关系紧张的阶段，人们拭目以待，普京此举在多大程度上能够引领俄罗斯国内政治走向和谐。

值得关注的是，普京无论在其国情咨文，还是在 2013 年底记者招待会和听众的应答中，他并不回避谈到俄罗斯意识形态的保守主义特性。在他看来：强调尊重国家、尊重传统价值标准的保守主义意识形态并不意味着历史的倒退，相反，在一场历史大变动之后，保守主义的意识形态被人们指望能够扼制混乱和抵制倒退。

第三，强硬主动的先手外交战略。

2013 年以来的俄罗斯和以往相比，似乎表现出其内部发展和对外战略明显的反差：即使国内遭逢困境，对外也决不示弱。一方面，其国内经济传来低迷信息，社会领域也面临诸多挑战，包括国内政治格局正经受着一系列严峻考验；但是，俄罗斯外交却反其道而行之，力图显示其强劲的活力。

2011 年，叙利亚战争爆发，在延续两年之后，阿萨德政权面临着被指控使用化学武器和遭到西方严厉制裁而丢失政权的巨大风险。在此关键时刻，首先，俄罗斯以四两拨千斤的巧劲，提出了通过阿萨德政权交出并销毁化学武器以换取和平的方案，一下子扭转了中东地区的战乱局面，避免了一场更大规模的动乱。早在 2013 年 4 月笔者受邀在摩洛哥参加国际大会时得知，当时美俄双方实际上几乎已经接近于就和平达成协议，其原因在于，美俄双方都不能够承受恐怖主义势力在当地泛滥所造成的祸患。同时，美国在中东北非的影响力下降也确实是一个不争的事实。

2013 年 6 月轰动世界视听的斯诺登事件，一时曾经引起从媒体到政界、从平民到学术界的一片争议。更为重要的是，这一事件开启了世界舆论广泛谴责过度使用电子监听手段，包括在盟友政要之间实行监听所带来的破坏。俄罗斯通过一系列巧妙的安排，接受了斯诺登在俄罗斯的避难居留，彰显了俄罗斯外交的勇气；但是，普京又通过宣布不愿意看到由于斯诺登事件而损害美国利益，避免过度刺激美国。

2013 年几乎整整一年，处于俄罗斯和欧盟之间的乌克兰一直对于未来的"选边"举棋不定。俄罗斯看出了欧盟正在就关于东扩问题进行自身的反思，难以满足乌克兰巨大财政亏损背景下提出的要求。乌克兰方面也担忧欧盟提出的一系列有关法律和赦免政治人物季莫申科所带来的后患，而乌克兰前总统亚努科维奇原本意在能够在 2015 年的大选中获胜，因而，更加关注能够在短期内获得外来经济援助进而摆脱困境。由此，2013 年 11 月下旬，俄罗斯断然提出向乌克兰提供 150 亿美元以购买国债，把提供给乌克兰的天然气价格削减三分之一的大礼单，使亚努科维奇下决心中断了签署加入欧盟伙伴联系国的协议。俄罗斯的目的在于，力图把乌克兰留在重建中的欧亚经济联盟框架之内（乌原为该机构前身的欧亚经济共同体的观察员国家）。至少一段时间之内，确保从原有欧亚经济共同体向欧亚经济联盟的转型过程，不至于受到来自西方的过大冲击；也使得俄罗斯安全边界不至于被迅速向东推移，以至于一打开国门就面临着强敌兵临城下。

在乌克兰危机中毫不含糊地与西方正面对峙的同时，普京大力筹备索契冬奥会。尽管受到了危机形势和西方领导的集体抵制而未能取得预期效果，但是，至少在表达俄罗斯维护自己大国尊严的同时，显示俄罗斯仍希望合作，也期待西方能够改变对于俄罗斯的成见。至少在这一点上，西方舆论，包括基辛格等人予以充分肯定。在基辛格看来，一个愿意花六百亿美元举办索契冬奥会的国家，不应该怀疑它是否真心诚意与西方建立良好的关系。①

2014 年也是中俄关系得到实质性提升的重要一年，不仅是由于中国和俄罗斯方面相互宣布把中俄关系视为双方外交之首位，而且，中俄之间在叙利亚、伊朗、朝鲜半岛事务等重大问题的合作与默契，以及中俄在能源合作等双边事务中的一系列关系升格，在上海合作组织等一系列问题上的推进，引起了世界的普遍关注。

但是，乌克兰局势持续恶化，俄罗斯又接连受到西方制裁，2015—2016 年间能源价格下跌，卢布汇率大跌。在此形势之下，俄罗斯精英有关外交战略不同意见的争论一度趋于激化。

表现之一，关于世界大战的讨论成为媒体热议的话题。卢基扬诺夫等评论家曾多次表示，形势激化条件下，不排除俄罗斯会进一步向乌克兰东部地区出兵。俄罗斯总统国民经济与公共管理学院教授什多尔提出，"第三次世界大战已经开始"，"如果北约在乌克兰布置军队、美国视乌克兰为自己的主要伙伴，这意味着一场大规模国际冲突的开始"。包括立场中右的评论家娜塔莉亚称：普京本人在 2015 年 7 月 22 日俄罗斯国家安全会议的一篇讲话中并不排除战争的前景。而立场偏于中左的总统私人经济顾问格拉济耶夫则明确表示："根据现有的智力、经济和战争动员能力，俄罗斯在 2015 年至 2018 年的（国际）冲突中，未必落败，因为美国

---

① Henry Kissinger, "Russia should not be considered a threat to the US", *Russia Direct*, 2016-02-05, http://www.russia-direct.org/opinion/henry-kissinger-russia-should-not-be-considered-threat-us.

及其追随者尚未做好公开侵略的准备。"

表现之二，俄罗斯国内舆论关于"结盟"问题的讨论迅速公开化。尽管，普京在 22 日国家安全会议的重要讲话中表示：幸亏俄罗斯没有参与（与西方）结盟，否则会致使俄罗斯的主权和领土统一遭到损害。但是，俄罗斯国防与外交委员会主席卢基扬诺夫这样的核心精英人物，对于俄罗斯是否继续保持"不结盟"状态，也公开提出了自己的思考。他认为，虽然俄罗斯并非已经有了当下选择，但是，对于长期趋势而言，金砖国家如若继续处于离散状态，将会推进艰难；欧亚经济联盟实际上已经使参与国的部分主权受到限制，在他看来，俄罗斯难免趋于结盟。他强调说："处于上升状态中的大国，如果一定程度地参与结盟，不光有可能运用外部可能性去解决内部任务，而且，可能安抚周边区域，并对于自己作出一定的自我限制。"身为总统经济顾问的格拉济耶夫，明确提出："如果俄罗斯不去建立自己的联盟，那么，美国所构建的联盟将会吞噬和中立化那些本可以成为俄罗斯潜在盟友的对象。"包括身份特殊的在美俄罗斯资深专家兹罗平，于网上公开感叹：普京所说到俄罗斯没有盟友的状况，一点也不使人感到安慰，俄国只有沙皇亚历山大三世才会这样讲，俄罗斯只有陆军和舰队才是自己的盟友。他说，"所谓盟友，即意味着支持，包括在所有现有国际结构下的投票支持"。与以往遭逢国际压力之下，俄罗斯的矜持状态相比，这一阶段俄国内精英层对于"结盟"问题的反应，说明俄正面临前所未见的巨大压力。

表现之三，精英立场出现微妙的分化：强硬派普遍认为目前的俄罗斯立场软弱，而面向国际的企业界则认为，必须对现有俄对外政策作出调整。颇有影响力的亚历山大·卢金（俄罗斯人权委员会主席、曾参与见证亚努科维奇与反对派签署著名的 2 月 21 日协议的俄方唯一官方代表弗拉基米尔·卢金之子）提出：俄罗斯既不可过于强硬、也不可回到 90 年代，而应"保持理性适度的爱国主义"，表达出了外交调整的必要性。

值得关注的问题是，危机加深背景之下，精英舆论有所分歧，究竟是对普京外交战略的牵制，还是反而会为普京的运作留出空间？就西方国家决策体制结构而言，舆论的分化有可能更多形成对于决策的掣肘。但是，就俄罗斯这种决策权力相当集中的政治结构而言，精英立场的有所分化，反而可能为普京提供机会。因为，唯有众说纷纭之下，才便于普京形成更为周全均衡的选择，也方显普京最后决策的一言九鼎。

四、乌克兰危机的后果

乌克兰危机持续的时间，远远超过危机爆发时人们的估计，同时，危机带来的对峙与破坏也深深影响着各个方面。

（一）大国恶性竞争的长期延续

从乌克兰危机后的态势来看，美国对俄战略志在必得，有其客观背景。美国在中东插手引起局势动乱，重返亚洲难以进一步得手，唯有乌克兰事件可能是显示其外交有所进取之所在。在危机后马航事件等天灾人祸之下，对俄加紧打压，乃是最好时机。切断俄罗斯与欧盟的联系也是美国一个深层的战略考量。特别是当奥巴马面临国内巨大压力下，更是在乌克兰问题上急于求成：

美国内部精英层面和各大智库之间的激烈争论，并没阻止新保守主义和民主党阵营在反俄问题上的联手崛起。相形之下，以基辛格和布热津斯基为代表的稳健力量主张在欧洲敏感地带保持势力均衡的传统政治观点，明显处于边缘地位，无法阻挡美国对俄强硬派的声势。

美国外交不但继续受到意识形态的严重牵制，而且在"重启"美俄关系失败后，出于党派政治考虑，而故意表明强硬立场的奥巴马，似乎并不担心更深地卷入乌克兰危机的漩涡。2011 年、2014 年奥巴马先后两次访问波兰等东欧国家，力挺波罗的海国家对俄立场，包括给予乌克兰坚决支持。然而，这一切大大地提高了未来冲突的风险程度。奥巴马于 2015 年 3 月在西点军校的演讲，大体反映了他的外交选择及其所存在的矛盾：其一，奥巴马宣布美国还要当 100 年的世界领袖，但在地区冲突问题上，更多却只能怂恿盟国及追随者上前打斗。比如，在利比亚问题上，奥巴马显然希望美国退居二线，而让欧洲盟国打头阵。但是，随着时间推移，很难有人心甘情愿当炮灰，或上美国战车。因此，美国的海外干预意愿下降而动员盟国的需求上升。这两者间的矛盾如何解决，还尚无良策。其二，美国的动武标准是自己的制度和生活方式是否受到威胁，但是，却又声称要把国际法作为实施外交的基础。美国在伊拉克和科索沃冲突中带头违背国际法，却又在乌克兰问题上把自己描绘成国际规范的捍卫者，言论和实践互相抵冲，难以取信。其三，乌克兰危机显示，美国已经降低对外军事干预的门槛，重武器不断流入乌克兰东部地区。虽然，美国宣称会保留单边动武的最后权力，但是，乌东局势一旦恶化，非常可能造成危机升级。美国是否有能力管控事态进程？

尽管乌克兰事件已经成为奥巴马上述互相矛盾的外交原则的一个雷区，但是，无论从美国在欧亚大陆的地缘政治利益，还是将对外推进"自由议程"作为美国国家利益的基石而言，美国都无法承受在乌克兰问题上的输局。一直到特朗普时期，虽然特朗普曾经对普京"情有独钟"，竞选时期甚至公开表示连克里米亚都应归俄罗斯所有。但是一旦执政，特朗普还是无法撼动美国主流政治在乌克兰问题上的"政治正确"，也即美国朝野对俄罗斯日益恶化的心理认知与政治立场深深地制约着任何两党领导人的对俄取向。即使当乌克兰新任总统泽连斯基企图绕开克里米亚问题，寻求解决乌克兰东部问题并缓和乌俄关系的时候，特朗普深陷于"通俄门"事件，受到民主党人和媒体的穷追猛打，而对原来企图实施缓和美俄冲突的这一目标，基本上也是无能为力。

克里米亚事件后，欧洲追随美国参与对俄制裁，这既是美国施加巨大压力后的不得已而为之，同时，欧盟也的确面临内部舆论压力，必须强化对俄立场。其中特别值得注意的是德国立场的变化。2008 年金融危机之后，随着德国愈来愈在欧洲事务中发挥主导作用，中生代政治精英对俄罗斯国内出现保守化政治趋势的不满；在克里米亚事件、马航事件等催生之下，德俄关系的迅速恶化，成为这一波美欧趋于联手的重要背景。

危机之后，乌克兰与欧盟已经签署联系国协定的"政治条款"。波罗申科曾提出，希望与欧盟加快签署联系国协定的"经济条款"，稳住欧盟对乌克兰的经济支持。犹如法国外长法比尤斯所云：波罗申科发表的演说"非常亲欧盟，可能比欧盟国家准备好能接受的更多"；但是，"当波罗申科说出联系国协定是乌克兰成为欧盟成员国的第一步时，我同我们的欧洲伙伴对此进行了讨论，大部分人并不这样认为，这很清楚"。①法比尤斯这里所说的大多数欧盟国家并不赞同乌克兰加入欧盟，首先是指德国和法国等"老欧洲"国家，他们不光担心乌克兰的加入会过多刺激俄罗斯，也更担心欧盟现在的内部问题堆积如山，而发展水平和治理状况远不乐观的乌克兰的加入，势必引发更多的麻烦，而且，会大大减弱欧盟的决策能力。相比之下，欧盟的新成员诸如波兰等国，与乌克兰互为邻国，贸易关系密切，如果乌克兰能够入盟，那么波兰本身的市场和经济能力将得到大大提升。再加上美国对于波兰的特殊影响力，因此，力挺乌克兰入盟就自然成为波兰的国策。但是，至少目前的情况下，乌克兰入盟的问题还得由多数"老欧洲"的成员国来加以定夺。

就欧盟而言，更为紧迫的问题是乌克兰大选之后的俄罗斯、欧盟与乌克兰的能源关系问题。虽然欧盟已经帮助乌克兰向俄罗斯支付了大量的天然气欠款，这还只是整个欠款的一小部分。同时，连续多次三边能源对话，远没有解决关键性的天然气价格问题。在这一问题上，欧盟还不得不更多地承受来自俄罗斯的压力。在地区事务上，无论是伊朗核问题的六边会谈，还是叙利亚国内局势，在这样的重要议程方面，欧盟还只能与俄罗斯打交道，完全还没有乌克兰可以参与的空间。

乌克兰危机以来，一个有所变化的趋势是欧盟国家对于"东

---

① 法新社，基辅，6月7日电。

部伙伴关系"计划开始反思。无论是德国还是法国都对于排他式的区域一体化进程重新有所认识，认为这样一种排他式的安排，导致了乌克兰问题上的冲突激化。而学界和舆论比官方立场更进一步，经常可以看到的是，法德两国的民意对于乌克兰冲突的态度，远比官方来得更为中立。但是特朗普执政之后，不光在北约军费开支问题上对欧洲盟友毫不留情地进行打压，在北溪能源管道问题上直接蛮横地向默克尔施压，这就促使包括德国在内的欧盟主要国家在乌克兰问题上更多地倾向于以欧洲方式——比如诺曼底模式或者明斯克模式——来寻求危机的解决之道。

从美国和欧盟对乌克兰的政策目标和实施来看，有以下三种情况：

第一，美欧一致推进的政策领域。这些政策是基于美欧近似的地缘政治与意识形态立场。布热津斯基 1994 年初在《外交事务》杂志（*Foreign Affairs*）上撰文说：一个健康稳定的乌克兰是制衡俄罗斯的关键力量，是他所倡导的冷战后美国新大国战略的核心立场。他写道："没有乌克兰，俄罗斯就不再是一个帝国，但一旦乌克兰被征服，俄罗斯就会自动成为一个帝国，这一点无论怎么强调都不为过。"布热津斯基的文章发表后，美国、英国和俄罗斯通过布达佩斯宣言，承诺尊重乌克兰的独立和主权，以换取乌克兰成为一个无核国家。乌克兰危机发生后，美欧共同致力于恢复乌克兰领土和主权完整，不承认俄罗斯对克里米亚的主权，并鼓励俄罗斯通过《明斯克协议》解决顿巴斯冲突。同时，美国及其盟友也对俄罗斯在乌克兰的行动采取了报复性行动。多年来，华盛顿对数百名俄罗斯人以及一些俄罗斯经济部门实施了制裁，包括国防、能源和金融部门。欧盟、澳大利亚、加拿大和日本也实施了类似的惩罚措施。

第二，政策具体实施过程中，美欧间各有所侧重。在法国和德国的斡旋并参与下，俄乌两国于 2014 年和 2015 年签署《明斯克协议》。协议要求停火，撤出重型武器，乌克兰控制其与俄罗斯的边境，以及在该地区的某些地区举行地方选举和给予特别政治地位。美国对此表示支持。但对美国而言，乌克兰是美对外援助的首选目的地，平均每年接受 2 亿多美元的援助，为回应俄罗斯的干预，华盛顿加强了对基辅的支持，每年提供 6 亿多美元的发展安全援助。美国军方为乌克兰提供了训练和装备，包括狙击步枪、手榴弹、发射装置、夜视设备、雷达和反坦克导弹。北约每年都与乌克兰举行联合演习，其中包括"海风"和"三叉戟"导弹。正是在这样的支持下，尽管乌克兰不是北约成员，但是，基辅通过宪法确认了最终成为北约正式成员国的目标。可见，在乌克兰与对俄政策问题上，一定程度上而言，美欧之间有红脸与白脸之分。

第三，美国与欧盟对乌克兰问题的政策目标还是有着明显的背离之处。其一，2020 年 6 月新冠肺炎疫情缓转后，特朗普有意重启八国集团，因为乌克兰危机中七国集团曾无限期地将俄罗斯除名。但当特朗普企图重邀俄罗斯返回八国集团时，不光欧盟国家反对，俄罗斯自己也表示异议。其二，美国对"北溪-2"俄欧能源合作项目施加了很大压力，特朗普称，这个项目若成功实施会赋予俄罗斯更大的政治影响力。2019 年末，华盛顿对参与管道建设的公司实施了制裁。这一分歧深刻影响了美欧传统关系。其三，美欧的国内政治对乌克兰问题所发挥的作用并不一样。近年来，美国民主与共和两党围绕着特朗普是否曾利用乌克兰问题打击竞选对手拜登展开激烈争论。而总体而言，欧洲并没有这样毫无节制的国内纷争影响重大的外交决策。

总之，美国对俄强硬，欧盟刚柔相济，俄罗斯则毫不退让。三者态度不同的背后，乃是美国依然握有超越所有玩家的强权，而欧洲靠的是组织与协调这套"软功夫"以"尽地主之谊"，至于俄罗斯犹如已被逼到墙角的困兽犹斗，但仍有以牙还牙、持续博弈的强劲能力。因此，在乌克兰问题上俄罗斯与西方的对峙状态，不光出于意识形态，还大量缘自地缘政治的抗争，更有各方之间千丝万缕的利益抵充与交合关系。这些相互交织的难题在相当长的时期中无法解决；即使在局部问题上或者在短时期内会有所调整，但一个较长时期内，抗争状态似乎难以改变。

（二）乌克兰国内格局难以出现转机

2014 年 5 月大选后，作为乌克兰新总统波罗申科的就职演说以承诺和平、停止冲突、访问东部的顿巴斯地区、赦免一切放下武器的东部居民、提前举行议会选举、下放中央政府权力到地方、与俄罗斯关系正常化，以及在国内反对腐败等一系列内政外交的表态作为开端，基本上表达出了各方相似的意见。同年 6 月 8 日，波罗申科进一步表态将会停止在东部地区的军事行动。如果当时这一切能够得到落实，缓解乌克兰危机也不是没有希望。然而，波罗申科在就职演讲中严正声明的三项原则性立场：一是重申乌克兰不会放弃克里米亚；二是再次强调乌克兰转向欧盟的不可逆转；三是坚称乌克兰的国家单一制结构不可更改。在此原则立场前提下，从波罗申科一直到晚近的泽连斯基，任何弛缓危机局势的努力，都显得动辄得咎。

一段时间以来，无论是来自欧洲，甚或来自美国的一些官方人士在表达种种官方立场之后，不少人都会"非正式地"附上一句："克里米亚问题应该是一个例外。"言下之意，此事应属"下不为例"之列。但是，要使得乌克兰上述官方立场有任何松动，又谈何容易。纵观近二十年来乌克兰民意对于欧盟、美国和俄罗斯三方的态度，也可见乌克兰在这一组三边关系中的确是难做决断。根据乌克兰智库 Razumkov Center 的民调资料，2002 年时，愿意以欧盟作为主要外交选择的民意比例是 31.4%，愿意以美国为主要外交选择的比例为 4%，愿意以俄罗斯为主要外交选择的比例为 31.6%。到了 2012 年 11 月，也即欧盟发动对乌克兰的"东部伙伴关系"计划的前夕，愿意以欧盟为主要外交选择的比例上升为 40.8%，愿意以美国为主要外交选择的比例下降为 1.2%，而愿意以俄罗斯为主要外交选择的比例依然高居 35.5%。笔者熟悉的乌克兰学者曾多次告诉笔者，即使在危机爆发很难协调的背景下，除了对于美国的偏好有所减弱，对欧、对俄的民意偏好虽时有起伏，并没有改变乌克兰民意对于欧盟与俄罗斯态度的基本定势。在此态势之下，就民意而言，乌克兰做出既面向欧洲，同时也维持与俄罗斯传统合作关系的妥协，在当时来说，不是没有可能。

但是，乌克兰危机爆发之后的这七年中，形势出现比较大的变化。根据皮尤民调结果，乌克兰民众对欧美接近，但同时，对俄罗斯大幅疏远的态度不利于任何可能的妥协。即使近年来乌克兰民众对俄罗斯的好感有所回升，也远远没有达到危机之前的亲西方与亲俄民意旗鼓相当的水平。因此，从近期看，并没有任何会让各方妥协解决乌克兰危机的可能（见表7.1）。

表7.1　乌克兰对美国、欧盟、俄罗斯的民意调查（%）

年份	美　国		欧　盟		俄罗斯	
	良好/积极	差/消极	良好/积极	差/消极	良好/积极	差/消极
2014	68	25	63	30	22	72
2015	69	22	72	19	21	72
2019	73	13	79	11	32	58

数据来源：https://www.pewresearch.org/global/database/indicator。

（三）俄方面临持续挑战，但依然有强劲的抗衡能力

无论从国内民意支持，还是从政策层面看，在和乌克兰关系处于胶着状态的俄罗斯，并非没有持续博弈和周旋的能力。

俄罗斯外交与国防委员会主席费奥多尔·卢基扬诺夫在2014年乌克兰大选一周之后，曾明确地表达了以下意见：第一，5月25日的乌克兰大选为未来的政治对话做了重要铺设，虽然合法性还是有问题，但是俄罗斯愿意接受。第二，这场独立广场运动以原先政治系统的崩溃，以及领土的丢失为代价，并没有出现任何新的政治领袖，也没有出现任何政治精英。几乎所有的事情都被颠覆，但是原先的寡头却照样存活。第三，乌克兰东部地区是不能够被轻视的，基辅必须寻找合适的方式与之对话，并重组他们的权力与利益。第四，当时的基辅和顿涅茨克都在十字路口，一方面，波罗申科需要与原来乌克兰过渡政府划清界限，停止"反恐斗争"；另一方面，东部地区的分裂口号也无法维持更久。

第五，乌克兰的选民——在失去150万克里米亚选民之后——依然面向西方，这是俄罗斯无法更改的事实，但是如果乌克兰政治系统重蹈覆辙，则必定动乱不已。第六，俄罗斯显然并不准备对东部地区的局势承担法律和物质责任；但同时没有莫斯科的支持，东部地区的混乱难以终结。第七，乌克兰相关地区必须有保障的中立化，对俄来说，东南部有必要转化成建设性的亲俄力量，成为在乌克兰政治结构中有影响力的角色。第八，在所有相关方的参与之下，推进乌克兰内部的非中央集权化，没有俄罗斯与欧盟的合作，不可能有任何结果，因此俄罗斯应成为相关协议中的主要一方。第九，按照1995年波斯尼亚和黑塞哥维那的《代顿协议》解决乌克兰国内政治构架。第十，莫斯科应当向欧美提供认真研究过的方案，西方也应该相应地接受妥协、实行和解。

但是，观察家穆欣判断：2014年大选之后，俄罗斯宁可准备一个更为悲观的前景。按照俄军事专家尤里·涅卡乔夫中将的分析：波罗申科在就职演说上关于克里米亚的这番话表明："要收回克里米亚，除了使用武力之外，别无可能；因此，这意味着俄罗斯军队应有能力应对所有会出现的可能性。"涅卡乔夫中将进一步公开表示："波罗申科排除了国家联邦制结构的可能性，意在消灭顿涅茨克和卢甘斯克进行反抗的民兵，这意味着基辅新政权所有的'和平'计划如前一样，听来令人感到心寒。这说明，乌克兰国内战争还会继续，直至6月中旬还在使用火炮和空军，因此，结论只能是正在发生一场人道主义的灾难。"①

① Владимир Мухин. Россия готовится к негативным сценариям в Украине// Независимая. 09.06.2014. https://www.ng.ru/armies/2014-06-09/1_ukraina.html.

如果说卢基扬诺夫的观点代表着一个比较具有建设性的妥协方案的话，那么，俄罗斯军方立场乃是对最坏方案的应对底线。俄罗斯的最终决策基本上会在上述区间内摆动。

从目标和结果的角度看，可以分为近期和长期两种方式的探讨。

从近期看，俄罗斯为何在乌克兰问题上和自己同文同宗的兄弟邻国，以及整个西方世界发生冲突与对峙？对此，西方学者的看法也不一致。有的强调北约东扩是根源，俄罗斯视其为红线。2004 年第五批东扩，其中包括了波罗的海的原苏联加盟共和国。2008 年北约峰会后几个星期，普京警告美国外交官，吸收乌克兰加入北约"将被视为敌对俄罗斯的行为"。几周后发生了俄罗斯与格鲁吉亚的"五日战争"。还有些学者认为：俄罗斯干预乌克兰的最大因素，是普京担心在国内失去控制。特别是在面临 2011 年末的国内大规模抗议运动之后，普京以美国为大敌来强化他的政治基础。正是通过这种冷战式反思，普京选择干预乌克兰。事实证明，俄罗斯对乌克兰的干预在一段时期中在国内受到普遍支持，普京的国内支持率在相当一个时期里都超过 80%。[1]一直到最近几年都还基本上保持着高于 60% 的支持率。[2]因此，从近期战略目标的实现来说，无论是顶住北约东扩，还是保持国内稳定，这两个目标在相当程度上说，都已经得到实现。

至于长期战略目标角度的评价，看法并不一致。俄罗斯高等

---

① Jonathan Masters, "Ukraine: Conflict at Crossroads of Europea and Russia", February 5, 2020, Council on Foreign Relations, https://www.cfr.org/backgrounder/ukraine-conflict-crossroads-europe-and-russia.

② 2019 年 12 月清华大学国际安全战略研究中心国际会议上，笔者与卡拉加诺夫的对话。

经济大学教授、曾任瓦尔代论坛双主席之一的谢尔盖·卡拉加诺夫在从乌克兰危机爆发开始，一直到最近与苏斯洛夫教授联合发表有关俄罗斯外交战略新思想的重要文章中，都非常明确地表示：俄罗斯对于乌克兰危机的处理，和俄罗斯对外战略的选择都是正确的。美国弗吉尼亚理工大学国际事务教授杰拉德·托尔（Gerard Toal）认为："让俄罗斯恢复欧亚大陆北部大国的地位，一直是普京的目的"，"最终目标不是重建苏联，而是让俄罗斯再次强大起来。"因为，俄罗斯通过占领克里米亚，可以巩固黑海地区的一个关键地带。随着俄罗斯拥有更多的影响力，便可以投射到地中海、中东、北非。而传统上，俄罗斯在这些地区能力有限。与此同时，俄罗斯也正在加强另外一个黑海大国土耳其的军事与能源关系。从托尔的角度看来，与卡拉加诺夫的观点较为接近。①但是，从瓦尔代论坛的现任主席费奥多尔·卢基扬诺夫的观点来看：由于对乌克兰和其他原苏联加盟共和国相互关系中的技术官僚式的实用主义立场和缺乏远见，及价值观基础极其薄弱，因此，在乌克兰问题上，"俄罗斯政治是失败的。从 1990 年以来，俄罗斯几乎一成不变地被解决短期波动性变化的那种必要性所引导，而并没有达到任何长期目标中的一个——无论是地缘政治目标、经济目标，还是文化或人文主义的目标"②。

　　但无论持有何种立场，也无论做怎样的反思，俄罗斯精英围

---

①　Jonathan Masters, "Ukraine: Conflict at Crossroads of Europea and Russia", February 5, 2020, Council on Foreign Relations, https://www.cfr.org/backgrounder/ukraine-conflict-crossroads-europe-and-russia.

②　Фёдор Лукьянов. Украинский вопрос для будущего России. Россия в глобольной политике. Том 16. №2-3. Март -Июнь 2018. C.170—181.

绕乌克兰问题总体而言的强劲而持续的抗衡能力，是显而易见的。

（四）争议地带的困境

乌克兰东部地区的困顿，乃是危机留下的巨大创伤。乌克兰顿巴斯作为一个典型的萎缩的老工业区，在后苏维埃时期本来就遭受迅速的非工业化和持续的人口流失。俄乌战争在这一时期给该地区造成了巨大的破坏。根据联合国人权事务高级专员办公室 2019 年报告，从 2014 年 4 月 14 日到 2019 年 2 月 15 日，乌克兰东部战争伤亡人数达 4 万—4.3 万人，估计 12 800—13 000 人丧生；2016 年 7 月 4 日，乌克兰境内正式流离失所者达 1 790 267 人。同年早些时候，在俄罗斯和白俄罗斯境内的乌克兰难民人数已经超过 150 万人。于是，乌克兰局势演变成为 20 世纪 90 年代南斯拉夫战争以来欧洲最大的人道主义灾难，乌克兰人占欧洲境内流离失所人口的 85%（按照联合国难民署 2018 年统计）。目前顿巴斯居民中，2017 年有 200 万—300 万人留在了非政府控制的地区，正式名称为"顿涅茨克-卢甘斯克省的独立地区"；大约 60 万人困在所谓"灰色地带"，也即 457 公里前线两侧各 5 公里长的地带，他们大多数住在地下室和临时掩体中，没有水、暖气或电力，也无法获得医疗、商店、工作或社会服务，不断有关于他们严重营养不良和缺乏基本食物的报告（2017 年联合国难民署报告）。

俄罗斯在与乌克兰的战争中曾经使用俄罗斯新型的主战坦克、机械化步兵、自动和牵引式火炮、火箭发射系统、迫击炮、防空和电子战武器。乌克兰空军还部署了攻击机和战斗机，而俄方则使用了非常先进的防空武器。据报道，在这场战争中，炮兵部队的伤亡人数占总伤亡人数的 85%，远高于世界大战的纪录。由于大多数俄罗斯和乌克兰的火炮系统发射的是区域火力而不是精确火力，许多交战发生在距离人口密集的城市地区 10—15 公里的地区，带来了巨大的伤亡。战争对该地区的影响是毁灭性的。数万家企业被关闭，抢劫、拆除、走私不断，大量基础设施遭到破坏，顿巴斯地区现在成为世界上第三大地雷污染区，占地约 16 000 平方公里（2017 年联合国难民署报告）。①

在整个乌克兰空间经济中，顿巴斯所占比重超过一半，包括非政府控制领土上的剩余经济活动。但在冲突的头四年，官方记录的地区国内生产总值总量按本地不变价格计算暴跌 61.1%。2014—2018 年，永久性资产损失总额按 2013 年价格超过 846 亿美元。在第一次四年的战争之后，顿巴斯工人们只拿到大约 60% 的工资，政府控制地区的同行收入仅为战前的三分之一，按购买力计算损失了 62%—66%。而俄罗斯维持武装部队的费用仅按 2015 年的计算就已达到 50 亿美元。②

与 2013 年工业产出相比，卢甘斯克省下降了 84.3%，顿涅茨克省下降了一半。以前利润丰厚的对外贸易已经崩溃，顿省出口下降 61.7%；卢省出口几乎完全消失。所有证据都表明，两地区完全依赖俄罗斯生存，不仅在军事上，而且在经济上，超过 90% 的两地区行政管理的公共开支，包括支付给教师、护士、医生、市

---

①② Vlad Mykhnenko, "Causes and Consequences of the War in Eastern Ukraine: An Ecoonomic Geography Perspective", *Europe-Asia Studies*, Vol. 72, No. 3, 2020, pp.528—560.

政人员的工资，以及社会救济和老年人的补助，定期从莫斯科来往的交通开支。除了战争的费用，俄罗斯还为当地支付天然气、燃料、石油等费用。顿巴斯地区在乌克兰整个经济中所占比重已经下降一半。两地区作为一个整体，更不用说作为两个独立的顿涅茨克和卢甘斯克地区，在经济上和人口结构上都不具备足够的基础，不可能成为一个在经济和物质上都可持续的独立小国。被占领地区严重依赖俄罗斯，实际上由俄罗斯跨部门委员会正式管理，该委员会扮演影子政府的角色。每年武装部队开支为10亿美元。考虑到俄罗斯金融资产有5 070亿美元，暂时还承担得起。但从中期看，成本高昂。国际社会与国内压力都会增加。但是，俄罗斯长期控制格鲁吉亚飞地的先例显示，俄罗斯未必没有此种长期的持续能力。顿巴斯与乌克兰其他地方相比，既没有特别的繁荣，也没有经济上的极度萧条，也不会出现地方的武装起义。总之，这是一场涉及地缘政治、观念竞争、地方利益等多方面的冲突，需要从多重视角加以审视。①

（五）多边协调机制——2020年《十二步骤方案》的搁浅

观察乌克兰危机现象的一个基本指标，乃是多边协商机制的作用。但从截至2020年春天各种方案的进展而言，非常有限。2020年2月，由冲突各方权威人士所组成的欧洲—大西洋安全领导小组发布以走向乌克兰和欧洲—大西洋地区安全的十二个步骤为主要内容的声明。该声明称：乌克兰内外的冲突对所有受暴力

---

① Vlad Mykhnenko, "Causes and Consequences of the War in Eastern Ukraine: An Ecoonomic Geography Perspective".

影响的人来说是一场悲剧，是灾难性的误判，是对欧洲地区安全与稳定的持续威胁。声明提出政治解决方案对于结束顿巴斯地区的武装冲突，改善乌克兰—俄罗斯对话前景（包括克里米亚问题）至关重要。现在必须采取行动，帮助受到伤害的人，建立解决冲突的基础，以解决紧迫的安全、人道主义、经济和政治问题。这样的行动有助于缓解俄罗斯与西方之间的紧张关系，也有助于在欧洲—大西洋地区建立一个可持续的相互安全架构，包括加强在减少核威胁方面的威胁。

声明认为，最近的事态发展为多边协调取得进展开启了道路。包括：（1）2019 年俄乌双方释放战俘和确定非武力接触的补充地区；（2）10 月份就顿涅茨克和卢甘斯克两地区的选举进程及一旦被欧安组织确认为自由和公正选举后两地区特殊地位的协议；（3）12 月法国、德国、俄罗斯和乌克兰在巴黎举行的诺曼底峰会，各方领导人强调了他们对欧洲可持续的信任和安全构架的承诺，为此解决在乌克兰的冲突，包括为组织地方选举建立建设性的政治与安全条件，乃是几个重要的步骤之一。声明强调，过去六年，这场战争已经导致 1.3 万人死亡，2.5 万人受伤，250 万人流离失所。因此，为解决冲突，不可错失当前机会。该声明提出了包括以下四个方面的多边协调步骤。

1. 安全步骤

2014 年 3 月应乌克兰要求和欧安组织所有 57 个成员国的一致决定，欧安组织特别监测团（SMM）被部署在乌克兰境内，以促进和平、安全与稳定。2014 年 9 月，SMM 开始支持《明斯克协议》的实施。同月，乌克兰和俄罗斯成立了控制和协调联合中心

（JCCC），重点是停火和稳定不可接触线，以及执行《明斯克协议》。2017 年 12 月 18 日，俄罗斯驻 JCCC 代表宣布次日将离开乌克兰。

第一步，恢复 JCCC：（1）以增强《明斯克协议》的执行能力；（2）协助确保对违反协定的行为做出迅速反应；（3）支持恢复关键基础设施和排雷。

第二步，建立诺曼底模式的军事危机管理对话机制。

第三步，改善不受限制的人员出入和行动自由。

2. 人道主义步骤

2014 年以来，已有数百万人因难民逃离、战斗、报复和绑架而失踪。

第四步，依靠红十字会以及民间组织帮助解决寻找失踪人员问题。

第五步，计划和执行人道主义的排雷任务。

3. 经济步骤

武装冲突导致接触线两边经济崩溃、贫困和欠发达现象在乌克兰根深蒂固，尤其对领取养老金人员打击严重。

第六步，推进顿巴斯的重建。2019 年 10 月在乌克兰马里乌波尔建立的投资论坛，和在 2020 年 3 月建立的 Delphl 经济论坛应该发展成为在欧盟支持下的重建顿巴斯国际框架，也可以借助于包括俄罗斯在内的投资者国际会议。前提是建立可信的经济评估，为其复苏确立基础。

第七步，探索自由贸易区。自由贸易区已经被用来振兴受战争破坏的地区。利益攸关方应探讨与欧盟、俄罗斯共同建立乌克兰自由贸易区（落实欧盟与乌克兰达成的深度全面自由贸易协定）的专家层面的，以及支持出口的重点措施。

第八步，支持制裁路线图。必须确定一个进程，以便更好确定在执行《明斯克协议》方面的具体行动如何能够导致制裁的相应变化，跟踪这方面的工作可能是一个合适的开始。

第九步，处理放射性危害。大约 1 200 个用于医疗、工业或科学目的的放射源分布在顿涅茨克及其周边地区。一些已经达到了使用寿命的极限，从而带来了健康、安全和生态方面的特别的风险。这一类风险已经被三边经济工作小组所关注。在顿巴斯地区建立有关消除辐射危害的工作将会带来重要的经济、人道主义和生态安全的效益，并且也是建立信任的宝贵步骤。利益攸关方应该与欧安组织、三方接触小组和诺曼底模式的国家合作，就确保和安全地将高辐射性的废弃放射源运出顿巴斯地区的措施达成一致。此外，应商定措施，监测目前在顿巴斯地区用于医疗或工业目的的高放射性来源的安全和保障。

4. 政治步骤

欧洲—大西洋地区各国尚未确定、同意或执行一种能确保和平、独立和所有人免于暴力恐怖的安全方法。在与俄罗斯关系的五项指导原则的背景下，欧盟承诺在 2016 年进行"选择性接触"。但这种接触的积极议程仍然难以琢磨。在乌克兰国内，以及乌克兰和邻国之间由历史记忆和政治认同所造成的社会改变依然作用于现实，并影响当前决策。

第十步，引导欧洲—大西洋国家就建立共同安全展开新的对话。这种新的对话必须得到政治领导人的授权，并通过直接处理关键分歧的动态过程来解决核心安全问题。这样的对话有助于加深合作和相互了解，并可防止今后的冲突。欧洲与大西洋国家领导小组可以为这项工作提供一个基础，它应该涉及整个地区的外交部门的规划和战略部门的建立。

第十一步，欧盟与俄罗斯应该优先在 2020 年进行有选择的接触，支持《明斯克协议》的实施。他们还应该在有强烈共同利益的领域采取步骤（例如，科学和研究、跨境与区域合作、气候变化与环境合作）。因此，他们可以认识到，进展可以相互加强。应进一步发展现有人力和经济联系。

第十二步，乌克兰全国范围内新的、包容性的全国对话是可取的，而且会尽快启动。这种对话应该包括舆论制造者、顶级学者和国际公认的专家。应该努力与乌克兰的邻国，特别是波兰、匈牙利、俄罗斯的专家进行接触。这一对话应该涉及历史和民族记忆、语言、身份和少数民族经历等主题。它应该包括在国内和国际环境中对少数民族和宗教少数派的容忍和尊重，以增加参与、包容和社会凝聚力。

该声明的俄方参与者是前外交部长伊戈尔·伊万诺夫，包括一些美国与欧洲重量级政治家与学者，如核威胁倡议组织主席、欧洲领袖工作网络董事会主席、英国前防务大臣德斯·布朗（Des Browne），美国前能源部长厄内斯特·莫尼兹（Ernest Moniz），慕尼黑安全政策会议主席沃尔夫冈·伊申格尔（Wolfgang Ischinger），等等。①

① EASLG（欧洲—大西洋安全领导小组）：2020 年 2 月 14 日，发表于 RIAC（俄国际事务理事会）。

问题在于，在乌克兰政治精英那里，"十二步计划"所获反响极其负面。俄罗斯学者评论说，在乌克兰，差不多就只剩下以战争面对这一呼吁。特别是关于乌克兰公民身份的条款在乌克兰引起反感。虽然，多元民族国家都遇到过类似的问题。比如，当泽连斯基强调乌克兰的领土主权完整时，俄罗斯一定会特别呼吁对少数语言人口的保护。从事态看，在东部地区，从扫雷到经济复苏，都非常紧迫了。然而，在十分需要第三方居中调节的关键点上，却难以寻觅开始推进缓和的对话基础。①

五、症结所在：规范之争

乌克兰危机发展中的每一个关键环节的处理是否符合通行的国际规范，无论对于精英还是一般公众而言，都是判断和考量的重要依据。但是，关于这一问题所发生的种种争议，折射出危机局势下对于国际规范问题的认知与把握，面临着尖锐对立。

（一）关于 2014 年 2 月 22 日乌克兰的政权与宪法更替

随着 2013 年 12 月初反对派开始在基辅独立广场安营扎寨，亚努科维奇政府和反对派之间的对峙和骚乱升级。同时，外部力量参与下各派之间的暗中谈判紧锣密鼓。2014 年 2 月 18 日，基辅发生三个月来伤亡最严重的暴力冲突，造成包括军警和记者在内26 人死亡、388 人受伤。在欧美强烈干预下，亚努科维奇政府于2 月 19 日开始与反对派谈判，21 日上午终于达成协议。在当时的

---

① 《走向和平的十二步几乎变成了走向战争的一步》，俄罗斯外交事务理事会网站，俄文版，2020-02-21。

复杂形势之下，至少有两个重要环节值得关注。

第一个环节，是 2014 年 2 月 22 日和 23 日乌克兰议会（最高拉达）通过的一系列决议，这在当时意味着乌克兰反对派推动的"二月革命"取得了阶段性胜利。但无论从法理还是从政治原则而言，乌克兰反对派所取得的成功存在着争议。首先，一天之前的 2 月 21 日，经各方艰苦协调，亚努科维奇政府和乌克兰反对派在法国、德国、波兰和俄罗斯等四方外交代表的见证之下，达成了正式的协议，这一协议的要点是乌克兰恢复 2004 年宪法、重新实行议会总统制，以及提前举行总统大选。尽管这一协议明显地偏向于欧盟和独立广场反对派，但一天之后，在基辅街头反对派中更为激进的力量和议会合力之下，这一协议还是即刻被推翻，亚努科维奇总统及其政府被罢黜，基辅新政权大幅度倒向西方。

推翻 2 月 21 日经由国际见证的乌克兰和解协议，以及罢黜法定总统亚努科维奇的整个过程意味着乌克兰的政权变更。其要点在于：一、现政府主要领导人被推翻；二、这个推翻的过程是否遵循宪法程序；三、这个推翻过程由现在政治体系内的内部领导者发起；四、该过程涉及使用暴力或者威胁使用暴力。尤其在于，其一，在非常时期经由国际见证而艰难达成的 2 月 21 日和解协议，一天之后被立即推翻。无论是西方和乌克兰反对派对此从无评说。俄方认为，这不应是正当的国际协议应有的命运。其二，根据 2 月 22 日议会投票时还有效的乌克兰宪法（简称 1996—2010 年宪法）中第 108 条到第 112 条，现任总统只有四种情况可以在两次选举中间离开自己的职位：辞职、因健康原因无法履行总统职务、弹劾和死亡。现实是亚努科维奇没有辞职，也没有健康问题和死亡的可能。而由宪法第 111 条规定的弹劾过程也相当复杂。但现实过程中，乌克兰议会在 22 日仅采用了直接投票的简单方式。尽管在 450 席议会中出席投票的 334 名议员中有 328 人投了赞成票，但对此反对者认为：投票结果也并不符合弹劾的程序。

　　第二个环节，2 月 22—23 日以后乌克兰到底实行哪一部宪法？22 日议会是以提案并投票通过提案的方式，决定恢复 2004 年宪法，实质上重回议会总统制，将总统的相当一部分权力转移到议会。如果采用这样的修宪形式，议会通过的法案只有获得总统的签字才能生效成为真正的法律。但亚努科维奇没有签署这个法案。而乌克兰议会在该投票之后，就按照 2004 年宪法已经生效来运行。相应的是，23 日新当选的议长是否能够代行总统职务也取决于究竟哪部宪法具有效力。因为如果 1996—2010 年宪法仍然生效，那么根据第 112 条的规定，总统因为健康原因不能履行职务或者辞职时，他的权力应该由总理代行直到下一次总统选举，而不是由 2004 年宪法中规定的议会议长代理。因此，如果严格按照宪法程序和规则，乌克兰议会可以做出的选择是：亚努科维奇虽不再实行任何实际的总统职权，而名义上仍然保留着总统职位直到 5 月 25 日大选。但乌克兰议会此时做出的决定是，由议长行使国家最高领导人的权力。

　　在此形势之下，俄罗斯的基本立场是，虽然并不接受 2 月 22 日出现的基辅政权，而仅对乌克兰议会的部分权力予以确认。俄事实上也表示愿意与 5 月大选后当选的乌克兰总统波罗申科打交道。

（二）关于 2014 年 3 月 18 日克里米亚归入俄罗斯

克里米亚是地处黑海沿岸、具有重大战略意义的一个半岛。历来是俄国与土耳其、英、法等国的兵家必争之地。叶卡捷琳娜女皇时期在克里米亚归并之后，在该岛西南部建立塞瓦斯托波尔军港。苏联建立之后，克里米亚州和塞瓦斯托波尔市都直辖于俄罗斯联邦。1954 年在赫鲁晓夫力主之下，克里米亚划归乌克兰。在苏联统一国家框架下的克里米亚"转归"乌克兰，到苏联解体之后却成为俄罗斯与乌克兰两个独立国家之间的领土管辖问题。乌克兰危机爆发后，人口三分之二为俄罗斯族、并有俄罗斯黑海舰队驻扎的克里米亚形势动荡。大多数的克里米亚当地居民把回归俄罗斯作为他们的政治目标。2014 年 3 月 16 日，克里米亚举行关于克里米亚加入俄罗斯联邦的全民公决。国际舆论曾就此次公投引起广泛争议。因公投选票上的两个问题分别是："您是否赞成克里米亚在享有俄罗斯联邦主体之权利的基础上加入俄罗斯联邦？"和"您是否赞成恢复克里米亚共和国 1992 年宪法并赞成克里米亚作为乌克兰的一部分？"赞成和反对公投的两派观点聚焦于：第一，公投支持者的一方认为，根据当地绝大多数的民意所作出的公投决定，完全符合道义和公理；反对者则认为，公投中没有明确给出"保持现状"的选项，两个问题中获得简单多数的选项胜出。换言之，公投问题和选择规则的设定决定了其结果或者是马上加入俄联邦，或者回到 1992 年的宪法。反对派称：这是预设前提。第二，公投支持者认为：2 月 21 日之后基辅政府失去了合法性，公投可以不必取得基辅政府的同意；但反对者认为：根据 1992 年克里米亚宪法，克里米亚是乌克兰的一部分，但是与乌克兰其他省份不同，克里米亚和基辅的关系必须建立在双边协议基础上。第三，公投支持者认为，克里米亚居民受到非人道的待遇或者威胁，这一条曾是科索沃公投中被使用的原则。他们引证基辅街头运动和新政府中的极右翼势力和各种反俄、反犹信号，认为克里米亚政府和俄方有必要对此采取预先防范措施；而反对公投的一方认为，克里米亚的俄罗斯人没有受到直接的威胁，2月22日罢黜亚努科维奇之后基辅议会虽然提出了取消俄语合法地位的提案，但很快被代理总统否决。第四，公投的支持者认为，西方支持科索沃独立，因此，俄罗斯完全有理由接受克里米亚的独立；而反对者认为，俄罗斯接受克里米亚作为俄罗斯联邦一个新的联邦主体为冷战后所未见：在没有获得分离领土的母国政府同意的前提下，接受母国的一块领土，这和科索沃、东帝汶、南奥塞梯、阿布哈兹和苏丹等情况都有所不同。①

在这两派意见争执不下时，值得关注的是新加坡国立大学法学院院长西蒙·切斯特曼（Simon Chesterman）从国际法专业角度，为克里米亚公投所做的法理解释。在他的解释中包括以下内容：第一，他认为，俄罗斯军队在克里米亚并没有实施"侵略"，而只是进行了有限的"武装干预"，这里有重要的区别。第二，美国支持下的北约在1999年毫无道理地不顾俄罗斯的反对，绕过联合国，支持科索沃独立，并宣布下不为例，但实际上很难不被俄罗斯援引为先例，并接受克里米亚的独立。第三，国际法院在科索沃独立时，就未曾表态反对公投，因而，也没有理由宣布克里

---

①   关于后几次民族自决案例时间的比较，可参见 Joshua Keating，"Who Gets to Sel-determine?" Slte，March 10，2013。

米亚公投为非法。第四，国际法本身并不禁止克里米亚的独立。①

更值得关注的，是既受到国际法学界推崇，同时也受到俄罗斯尊重的爱沙尼亚国际法学家雷恩·缪勒尔松（Rein Müllerson）于2014年在俄罗斯十分重要的学术刊物《全球政治中的俄罗斯》公开发表的一篇文章，题为《两个世界——两种法律?》。在雷恩·缪勒尔松看来：第一，"乌克兰与其周边地区的冲突，是该政府在局势最终'爆炸'之前濒临崩溃的许多原因的结果。无论是地方精英，还是参与这一进程的外部力量，都从未为整个乌克兰人民服务。但是，从国际法的角度来看，这也是它本身的一场危机。因为，国际法从对于合法性的衡量变成了政治工具。对于法律的解释取决于其使用者的意愿。"

第二，雷恩·缪勒尔松颇为不满地谈道："基辅开始大规模抗议，作为对停签对欧联系国协议的社会回应，但这还只是乌克兰内部事务。西方国家的代表们为乌克兰总统'背弃'他们而感到气愤，从而又拒绝了世界政治的一个基本原则——不干涉其他国家的内政。今天法律意识的谬误竟是如此荒唐。以至于许多人，包括政府官员，都不明白：美国和欧盟官员对独立广场的访问，承诺支持，违反了国际法。更不用说各方之间的妥协已经变得不可能。尽管外国援助的规格被夸大也无所谓，因为革命的支持者相信外部势力会做任何事情来帮他们赢得胜利。在历史、种族和文化分裂的乌克兰社会中，任何关于权利公平分配的安排都被排

① 张昕、冯绍雷：《乌克兰危机的理论透视》，《世界经济与政治》2014年第6期，第145—155页。

除在外。"雷恩说道："冷战期间，大多数专家和国家至少口头上
承认了不干涉的原则。即使华盛顿和莫斯科参与了'后院'事件，
他们是秘密地、以地下方式地、而不是公开表示对主权的不尊重。
现在许多人认为，这一原则已经过时。"

第三，雷恩非常不满意地指出："我们看到不使用武力和不干
涉内政原则令人不安地被模糊了。俄罗斯与西方对乌克兰的竞争
就像是 13 世纪欧洲帝国为非洲而战。"在他看来："俄罗斯方面为
在克里米亚的行动辩护时，援引了科索沃的先例。俄罗斯曾经非
常强烈地（这完全正确）批评西方在科索沃的行动对国际法的违
反。大多数西方国家全然不顾联合国安理会的一系列决议，悍然
承认科索沃独立。包括在此前（从 1998 年 9 月 23 日的第 1199 号
决议一直到 1998 年 10 月 24 日的第 1203 号决议），以及北约入侵
之后（1999 年 6 月 10 日的决议）。这些决议强调了确保南联盟领
土完整的重要性。例如，第 1244 号决议确认：'根据赫尔辛基最
后法案和附件之二，所有成员国对南联盟和该地区其他主权国家
主权和领土完整原则的承诺'。"雷恩把批评的矛头还指向了国际
法院，他阐述道："2010 年 7 月 22 日国际法院的一份咨询意见指
出：宣布科索沃独立'并不违反国际法'（俄罗斯总统在 3 月 8 日
联邦会议讲话中引用了这句话）。虽然，从形式上看可以这么认
为，但实质上这不过是自我说服而已，而就其后果而言，此乃潜
在地导致爆炸性危险的先例。科索沃自行宣布的独立，可能并不
破坏国际法。但是这一宣布仅仅是在北约采取反对塞尔维亚的军
事行动之后。这就不能不使人对此怀有极端的疑虑。"

第四，雷恩尖锐地指出，科索沃与克里米亚这两个事件有着

相关性：“西方国家对科索沃独立的认可，使克里姆林宫更容易接受两个脱离格鲁吉亚而独立的自治国家，并鼓励克里米亚的闪电战。”雷恩认为：“合法性”与“是否符合国际法规范”这两个问题的被混淆，是当今国际政治中的通病。他说：“我们再次看到，这和1999年北约对塞尔维亚的干预有相似之处。以理查德·戈德斯通（Richard Goldstone）法官为首的科索沃问题独立国际委员会曾经认定：对塞尔维亚的干预‘不合国际法，但却是具有合法性的行动’。回过头来看俄罗斯：俄罗斯现在也以广泛使用‘合法性’一词来代替‘合乎法律’。在旁观者看来：‘合法性’一词比起‘合乎法律’一词更为模糊，更具有主观性。”

最后，雷恩作为一个资深国际法专家，非常有见地地指出了当下既与国际法相关，但是又被大大忽略的一些重要问题。在他看来，其一，意识形态和地缘政治严重干扰了国际秩序。他说：“相信会走向（西方式的）自由民主的普遍胜利，与不符合自由民主标准的政权斗争是一件善举，……但这种方法至少面临两个严重问题：首先，长期历史预测通常是错误的，我们不知道世界将走向何方。没有一个社会、经济或政治体系是永恒的。其次，如果自由民主真的是为尚未实现的社会而设的乐土，那么，加速民主的努力可能会造成严重的冲突和混乱，而不排除内战、甚至国家间的战争。世界可能会看到，往往并不是以扩大自由民主为其结果。在这种背景下，遵守不干涉原则，尽管可能会导致某些独裁者有罪不罚，但代价相对较低。地缘政治因素扭曲了有关法律事实的辩论。但现在连基辛格出场说话也难以扭转极端偏颇的舆论。”雷恩始终认为：“从地缘政治的角度来看，2004年的橙色革命，2014 年的危机，那是西方毫不放松地遏制俄罗斯。美国有权宣布，这与地缘政治无关，只是为了民主自由。但无论如何，基辅无法成为欧盟成员。不能说，美国没有推进民主的考虑，但与地缘政治相比，这始终是次要的。在这方面，美国是俄罗斯的老师。"其二，雷恩同意萨科瓦的观点：现代国际体制没有一种吸收非西方大国的机制。人权问题被转移到国际领域，会带来副作用。雷恩补充道：在单极世界，国际法并不是很有效，在那里，对于规则和原则的解释是由一个中心决定的。但是这地球太大。还是要回到多元主义，说不定未来还是要看儒家如何发挥作用。雷恩意味深长地加了一句："应该向中国学习。"①

　　总之，在评价乌克兰危机所引起的一系列国际法问题时，我们看到了以往所未见的一些新现象：第一，关于主权领土完整原则与人权民主原则的相互关系问题。以往，通常是转型中、发展中国家以领土与主权完整为诉求，而对于西方国家破坏领土主权完整的做法提出抗议，而西方国家则以人权和民主原则被践踏为由，将领土主权原则置于次要地位。但这一次则是美国和欧洲率先以领土主权原则作为武器，抨击俄罗斯对于克里米亚的占领，而俄罗斯则反过来以在乌克兰的俄语居民人权受威胁，民主程序被践踏为由，为接受克里米亚的回归进行申辩。这显然是一个在当今国际政治中的重要议题，尤其对于发展中、转型中的新兴国家的国家发展路径具有现实意义。

---

　　①　Rein Müllerson, "Two Worlds—Two Kinds of International Law?" *Russia in Global Affairs*, No. 2, 2014, https://eng. globalaffairs. ru/articles/two-worlds-two-kinds-of-international-law/.

第二，关于领土主权原则和民族自决原则的相互关系问题。特别是关于科索沃问题的先例能否重演，这又是国际法的一个关键问题。俄罗斯回归克里米亚的理由，在于克里米亚地区的历史归属性、迄今为止与俄罗斯的天然联系问题，以及冷战后西方处理科索沃问题时都已经援引这一出现过的先例。欧洲与美国方面的反驳则在于科索沃问题具有不可重复性，以及克里米亚问题和科索沃问题的不同性质。争论所揭示的一个重要背景，如同卢基扬诺夫所言，乌克兰危机反映的是冷战以来的国际范式是否已经被根本改变，也即，当俄罗斯二十余年来对于西方步步紧逼之下的扩张已经无法忍让，与其接连不断地被西方一步步断肢截臂式地肢解，还不如改变应对方式，干脆予以绝地反击。①

乌克兰问题有着复杂的历史经纬和现实因素，涉及各方利益和关切，解决这一问题应该兼顾公平正义和各方诉求。当务之急是缓和紧张局势，通过对话协商弥合分歧，努力寻求共识，推动政治解决。中方所持的这一立场不仅受到包括普京在内的各方首肯，而且也为日后类似冲突的解决提供了可供选择的路径。

六、"中间地带"的国家内部建构

俄罗斯的国际地位问题，不仅事关一个欧亚大陆重要政治实体的本身存在，还涉及与其接壤的其他政治实体之间的相互关系，甚至还会密切关联到大国周边地区的内部政治构建的问题。当人

---

① 费奥多尔·卢基扬诺夫 2014 年在华东师范大学俄罗斯研究中心的讲演。

们说到，地缘政治是专门研究国家间，特别是大国间空间关系的一门学问时，实际上还包含着与大国空间关系相互关联的内部国家建构问题。

（一）中间地带的内部和外部问题

乌克兰危机所揭示的正是这样的问题：第一，作为具有传统影响力的地区大国是否可以具有自己的"势力范围"，以及如何来处理和经营这一"势力范围"的问题，在俄罗斯和西方之间历来各执一词。自冷战时期以来，苏联历来视与欧美国家之间的若干过渡地带为自己的势力范围。西方既有出自意识形态的考量，对苏联周围的任何势力范围诉求一概予以否认；但也有出自战略均衡的谋划，比如，60 年代末期以后的东西方缓和时期，默认苏联掌控东欧阵营这一实际存在的客观态势。一直到乌克兰危机爆发，基辛格、布热津斯基等资深战略家还是奉行"中间地带论"，主张对俄罗斯传统势力范围予以认可。第二，如果存在着"势力范围"，或者至少存在着关于"势力范围"问题争议的话，处于西欧和俄罗斯之间的乌克兰应该构建怎样的国内政体，与其自身诉求和周边国际环境相适应。这是危机过程中被高度关注的问题。

一个突出的争议问题是，就乌克兰本身未来的内部和外部政治构架而言，是否可能"中立化"和"联邦化"。

首先，布热津斯基在 2 月下旬形势急剧变化之下，曾提出过一个关于乌克兰"芬兰化"的建议。其内容包括，乌克兰可以像芬兰一样，采取实质上的中立政策。也即，政治上可以和所有的国家保持友好关系，经济上可以加入欧盟，但也可以和俄罗斯建立紧密合作。然而，军事上不加入任何被俄罗斯认为针对自己的军事组织。鉴于俄乌与俄芬之间的不同关系状态，这一考量未必会被俄方所接受。乌克兰作为欧亚地区版图最大的国家，能否如同小国真正实现中立，也有很多争论。包括西方是否愿意在克里米亚已经被俄罗斯占有之后依然同意乌克兰中立化的主张，尚存异议。但是，这一建议确实是有关乌克兰未来走向的一个来自资深战略决策圈的方案。布热津斯基在提出这一方案的时候，还曾感叹，幸好这场冲突不是发生在波罗的海国家；如果是，那么就可能发生俄罗斯与西方之间更加不可控制的严重冲突。布热津斯基的这一判断无非是指，相较于乌克兰而言，夹在俄罗斯与西方之间的波罗的海国家地域狭窄，一旦发生冲突，更没有任何缓冲腹地可以用来缓解危机局势了。可见，东西方激烈抗争之下的缓冲地带，无论从哪一个角度来讲，都是一种客观的存在，而不是意识形态或伦理道德的片面诠释可以掩盖的。

其次，与政治上中立化的呼求相呼应，有关乌克兰政治内部结构的联邦化，并不是一个晚近才开始议论的问题，实际上，乌克兰刚刚从苏联独立出来的时候，就有人提出过这一问题。鉴于乌克兰国内东西两部分的高度分殊，后来又曾多次探讨过这一话题。普京的总统私人经济顾问格拉济耶夫曾经在近年来推动欧亚经济联盟建设的背景下，提出过乌克兰"联邦化"的主张，认为乌克兰可以改变目前的"单一制"，而通过"联邦制"的构建，赋予地方自治和自主权力，使其能够在面向各方的经济合作过程中，有更大的自由选择度。显然，作为普京"欧亚经济联盟"方案主要设计者的格拉济耶夫，希望通过乌克兰国内政治结构的地方选择多样化，来逐渐适应俄罗斯"欧亚经济联盟"的主张。格氏的建议问世之后，当时作为乌克兰反对派领袖的亚采纽克并不同意，但反对派中也有认为乌克兰联邦制问题可以在将来予以考虑。在克里米亚归并俄罗斯后，乌克兰联邦化或邦联化的主张在实际政治博弈中的可能性已经大打折扣。但是，这始终是普京和奥巴马等西方政要多次长时间电话协商的主要内容。

（二）康斯坦丁·邦达连科的联邦化方案

在乌克兰危机最高峰阶段，乌克兰政治学者康斯坦丁·邦达连科（Konstantin Bondarenko）在 2014 年 3 月提出的预测分析中包括了四种"民族和解方案"以及一种"分裂"前景。总体上，邦达连科认为：危机以来，无论停止与欧盟谈判和随之而来的经济危机，还是外部军事干预的威胁，都未能成为将乌克兰联合起来的有力因素。这个国家分裂程度如此之深，分割线又如此泾渭分明，传统管理技术已不起作用。所以，他提出一些将乌克兰联合起来并回归和平稳定的不同方案，以及可能出现的看似消极、并非没有历史先例的前景。

邦达连科认为："民族和解圆桌会议""新封建主义联盟""代顿进程""联邦制"，以及"最终分裂"这几样未来前景的排列，已经包含了几乎所有未来政治发展的可能。从外部意愿，特别是来自俄罗斯的要求，以及国家实际政治发展的长远需要来看，联邦制问题乃是乌克兰国内局势中的一个关键，但又缺乏思想理论准备和民众动员基础，同时又是一个充满了利益结构冲突和高度政治分歧的命题。①

　　事实上，自乌克兰独立以来，关于联邦化的讨论局限于一小群政治精英、记者和专家之内。联邦制在1991年曾受到短暂的欢迎，随后被"降级"至乌克兰政治的幕后，只有在选举活动时才被提起。直到现在，联邦制在公众意识中还处于"休眠"状态。联邦制也是执政精英的禁忌，一般情况下，其支持者会受到严厉批评和指责，在官方态度中，试图鼓励公众讨论联邦制，等同于分离主义。如果回顾一下，2004年11月28日北顿涅茨克的会议情况就充分反映了这样的一种情况。同时，国家和地区民调显示，多数民众不支持联邦制。人们不了解问题的核心，仅仅将其视为反制政府行动的一个可能举措，直到2014年3月18日之前，联邦制甚至在克里米亚地区都未获得多数支持。这就是波罗申科所说，联邦制问题始终是乌克兰人的一个心理问题。但在倾向于联邦制的精英看来：第一，最终实现联邦制并不是目的，而是促进乌克兰各地区自我发展的关键一步。不能将乌克兰联邦化置于各地区相互敌对的基础上。只有地区在行政、经济和财政上的自给自足才能保证乌克兰的国家统一。第二，社会应该准备一场关于联邦制的讨论。在公众动员方面，乌东南部远远落后于西部。当不与欧盟签订合作协议的决定引发政治与社会危机时，中央政府和东南部地方精英都没有一个媒体来说明和支持为何做出这个决定。当2月21日亚努科维奇政府倒台后，暴力抗争胜过了法治，顿巴斯地区暂时制约了极端与激进分子扩张，抵抗了来自现政府的压

① Konstantin Bondarenko, "Ukraine's Federalization: Opportunities and Reality", in "Ukraine: Crisis Prerequisites and Future Scenarios", Moscow-Kiev, April, 2014.

力，但远远没有解决问题。

邦达连科当时就表示，至少有三个问题还需要分析：其一，外部因素介入这一点本身的歧义和纷争如何协调，当然这里指的是俄罗斯与欧美之间关系的调处，现有方案还是展开不够。其二，对于乌克兰国内各种政治力量之间的动态多样性的复杂组合的分析也还不够充分。比如，对波罗申科本身是商业寡头，但是又承担国家管理职能的身份这样的一身而二任的独特现象，包括波罗申科执政之后的乌克兰国内的复杂政治结盟关系能否稳定。其三，美国是否意在通过挑唆，使得乌克兰东部和西部地区彻底分离，即形成冷战式的隔离，也有待观察。这已经远远不是联邦制范围内讨论的问题。凡此种种，还有待于进一步深入观察。

（三）波罗申科时期和泽连斯基时期关于联邦制问题的各种观点

多年以来，联邦制的问题一直是乌克兰国内政治中的一个争议性话题，当下乌克兰东部地区的武装分离状态，刺激着联邦制付诸现实的可能。而长期以来，俄罗斯对于乌克兰国内政体的联邦化有所期待，以期通过联邦制的安排，使得乌克兰国内高度分殊的地方利益，能够分别与东西两边相邻的俄罗斯与欧盟的市场同时接轨，使得俄罗斯不至于因为乌克兰的向西倾斜，而受到太多伤害。即使是2月22日政变而短暂执政的亚历山大·图尔奇诺夫和阿尔谢尼·亚采纽克也没有完全拒绝联邦制的主张，只是对此表示搁置而已。

但是，2014年6月7日波罗申科的总统就职演说却明确表示：

"乌克兰没有联邦制的土壤。"看来，他是斩钉截铁地回绝了无论是国内还是俄罗斯的这一诉求。如果按照曾经讨论过的乌克兰联邦制的要求，其一，国内地方长官需要进行直选，而不是中央政府或总统任命；其二，地方拥有一定程度的税收支配权力；其三，由各地方自行确立俄语是否作为第二语言；其四，在发展对外经济联系方面，地方也拥有较大的决策自主权。按照俄罗斯专家先前的估计，对于乌克兰新政权来说，有理由来推进非中央集权制的联邦制改革。首先，是因为乌克兰需要真正对于地方权力进行事实上的重新配置，特别是对于一些关键地区的政治和财政监督。因为在这些关键性地区，大权已经落到了经济寡头、地方商业帝国集团的手中。

2014年2月，当时已被任命为第聂伯罗彼得罗夫斯克州的州长，本人也是乌克兰巨富的科洛莫伊斯基，甚至提出了一个地方分权计划。他建议由乌克兰一批最富有的寡头分掌地方权力，比如由首富瑞纳特·艾哈迈托夫掌管顿涅茨克州，维克多·平丘克掌管扎波罗热州，谢尔盖·塔鲁塔掌管卢甘斯克州，瓦季姆·诺文斯基掌管克里米亚自治州，诸如此类。这样一来，实际上每一个寡头便分别在这些具有工业优势的地方拥有了一块自己的"封建领地"。这样一个局面一旦形成，任何政治财政权力的重新分配都是不可能的了，而只能是处于"新领主们"的掌控之下。因此，客观地说，需要有真正的联邦体制来对这样的"封建割据"趋势进行遏制。①但是，俄罗斯专家认为，作为总统的波罗申科本人也

---

① Александр Караваев. Децентрализация Украины как вариант мягкой федерации. 2014.5.30. http://politcom.ru/17657.html.

是乌克兰排行第七的富豪，之所以拒绝联邦制，有其自身的逻辑。因为，他本人就已经在东部和西部地区都有着广泛的影响力。同时，他除了掌管军队和强力部门，还可以通过新任基辅市长的维塔利·克利钦科（Vitali Klitschko）掌管首都。因此，与其通过实行联邦制来削弱中央政府的权力，并且听任地方出现不可控制的民选局面，还不如在一个局部统一的中央政府通过寡头之间的利益交换和协调来实现政治平衡。所以，联邦制未必最能切合占据主导地位的利益集团的考量。这就是为何波罗申科拒绝联邦制改革的原因所在。①

泽连斯基就任乌克兰总统以后，曾于 2019 年 7 月 11 日发表过一个声明，提出乌克兰和摩尔多瓦不应该成为一个被强加接受联邦制模式的国家。泽连斯基说："乌克兰和摩尔多瓦的共同愿望是在我们的领土上不再有俄罗斯的军队，也不应该允许将所谓的联邦制方案强加于我们。"泽连斯基模仿当年的安排，比较倾向于单一制国家的结构之下，每一个寡头专门负责一个地区。②

对于乌克兰是否推行非中央集权化的联邦制改革，国外的反响值得引起关注。除了俄罗斯明确表示支持联邦制之外，白俄罗斯总统卢卡申科提供了一个相当直率的评论。他在乌克兰政局最为动荡的 2014 年 4 月 13 日，曾通过伊塔尔-塔斯社发表了一篇谈话。在他看来："联邦制会毁掉乌克兰整个国家。"他说："如果你

---

① Josh Cohen, "A Federal Model for Ukraine", *The Moscow Time*, March 30, 2014. https://www.themoscowtimes.com/2014/03/30/a-federal-model-for-ukraine-a33453.

② Константин Скоркин. Вирусное перерождение. Как эпидемия меняет внешнюю и внутреннюю политику Украины. Московский центр карнеги. 2020. 3. 24. htpps://carnelie.ru/commentary/81344.

想保留乌克兰作为一个单一制国家，如果你想看到乌克兰作为一个内部统一的强大国家，那么，我们就不该推进联邦制。因为联邦制会在将来分裂国家，会最终破坏乌克兰整个国家。"他说："我甚至不想讨论这个问题。我是坚决地反对联邦制，因为我主张单一制的统一的乌克兰。"在卢卡申科看来没有什么比迫使乌克兰推行联邦制更危险的事了。他一再强调："这无论对乌克兰、俄罗斯以及西方都极具危险。乌克兰人将永远不会走这一条路，永远也不！"①

　　乌克兰危机紧张对抗的高峰之后，对于联邦制问题的讨论始终没有平息。其中还包括有欧洲政治家的积极参与。2016 年 6 月的圣彼得堡经济论坛上，意大利总理马泰奥·伦齐（Matteo Renzi）在他的大会发言中提出，借鉴欧洲的联邦制经验，可能是解决乌克兰危机的唯一出路。在他看来，自由民主主义所强调的个人权力高于集体权力的逻辑无法适用于解决乌克兰危机。相反，欧洲式的处理更值得关注。例如，加拿大魁北克省使用宪法赋予他们的语言和教育法律，以确保法语在其领土内享有国家语言的地位。所有新来者都必须把孩子送到法语学校，这样就可以确保人口的变化不会最终取代主导语言并将其转化为少数民族语言。在自由民主原则占主导地位的地方，这种语言条款将被视为侵犯基本人权，例如选择学校和就业的权力。但在魁北克领导人看来，这是唯一能够确保在北美英语主导背景下，文化和身份缺失的上述讲法语的多数人继续存在的保障。欧洲的瑞士联邦制度、西班

---

① "Ukraine's federalization will split and destroy the Ukraine state—Lukashenko", *ITAR-TASS Daily*, April 13, 2014, Moscow, Russia.

牙自治地区和比利时联邦机构的权力分享协议具有普遍性。联邦制特别适合制定不同的解决争端的方法，在国家层面通过这一协议确保公共利益，而在地方层面则通过协议与立法，以此解决文化多样性和地方经济资源纠纷问题。马泰奥·伦齐强调：其一，外部因素可以利用权力分享协议来解决冲突，但前提是各方将这一协议视为保护和促进自身利益的手段。此外，外部参与者必须认真谈判，不是追求自己的狭隘利益。第三，不能简单挪用一般国际政治的先例，因为每一个主权单位的外部利益总是非常不一样的，要因地而异，平衡各种复杂利益关系。①

　　曾多年在布鲁金斯学会和美国国务院工作，现任欧洲国际事务委员会（ECFR）研究部主任杰里米·夏皮罗（Jeremy Shapiro）曾撰文《乌克兰战争正在变为一场灾难》，一定程度反映出美国对这一立场的看法。他说：在 2017 年末发布的"美国国家安全战略"中，美国宣布，一方面要通过遏制俄罗斯，确保免受对美国的威胁，另一方面要继续"促进世界民主与自由"。夏皮罗认为，美国会继续支持乌克兰，但不一定将此理解为反对俄罗斯，因为没有具体说明美国对乌克兰支持的程度和形式。当记者问道：美国深入干预了 2016 年乌克兰总检察长的更迭。夏皮罗回答："我们生活在一个全球世界——每个人都以这样或那样的方式干涉彼此的内政。坦率地说，问题是否有可能不那样做……从美国的角度来看，美国正在帮助乌克兰巩固民主与法治。这意味着他们有权对这些领域的情况有自己的看法。"至于乌克兰的联邦制问题，夏皮

　　① Винсент Д.С. По-европейски: федеральные модели для Украины. Россия в глобальной политике. Том 16. №2-3. Март -Июнь 2018. С.90—99.

罗认为：乌克兰权力下放问题的实质在于，它可能对乌克兰主权
构成威胁。任何权力下放都会构成对国家完整的风险。莫斯科的
意图是通过达成意向协议，允许权力下放来影响基辅。事实上，
这是一种干预内政的方式。基辅的人们看来不可能接受。假设乌
克兰东部出现了一个地方政府，它实际上是莫斯科的傀儡，得到
了否决权或其他机会。基辅非常害怕权力下放，部分由于人们不
愿意与地方分享权力，部分由于担心俄罗斯会滥用这种权力。美
国可能会同意基辅在这一问题上的立场。他们不会试图强加一个
他们认为可能损害乌克兰主权的分权模式。①

　　乌克兰危机已经过去了七年多时间。在乌克兰未来是否实行
联邦制问题上，乌克兰内部各派之间、俄乌之间、欧美之间的各
种立场的僵局，看来非但没有可能在近期内获得解决，而且可能
成为引发未来俄罗斯与乌克兰之间冲突的一个新空间。

七、乌克兰危机的前景预测

（一）乌克兰危机的"预测"历史

　　国际研究或国别与地区研究，最讲究的是预测。但预测却是
一件异常艰难、鲜有轻易成功的事情。乌克兰危机发生以后，无
论在国内还是国外，所出现的种种对于局势发展前景的预测，很
少看到能够非常准确地得到印证。以下是笔者亲历的几个实例。

　　乌克兰危机爆发后事态曲折多变，可谓风诡云谲。其中颇令

---

① Джереми Шапиро. "Война по доверенности" На украине станет
катастрофой//Россия в глобальной политике. 19.04.2018. https://globalaffairs.ru/arti-
cles/vojna-po-doverennosti-na-ukraine-stanet-katastrofoj/.

专业人士聚焦的一个关键节点，是在 2 月 21 日乌克兰政权变更发生以后，俄罗斯到底会做怎样的反应。当时很多学者以为，俄罗斯经济已经面临下行压力，国内政治也刚刚经历了反对派和民众的大规模抗议，俄罗斯与西方关系虽经"重启"，但已近末路，亟待有效推动，这样才能解决俄罗斯现代化所急需的西方技术和资金。而且，从普京就任以来处理对外事务的整体风格来看，虽然，越来越不满于西方的打压，也有过 2007 年慕尼黑讲演这样对西方的尖锐批评，但在具体对外战略处理中，一般认为，普京会比较倾向于理性谨慎的现实主义立场。然而令人大跌眼镜的是，3 月 18 日那一天，普京以一篇慷慨激昂的演说，断然支持克里米亚通过全民公决要求加入俄罗斯联邦的政治要求，令当时在场聆听讲演的从全俄各地用飞机即刻载来的各方权威人士们为之动容，并顿时士气大振。用费奥多尔·卢基扬诺夫的话说："普京就任以来内外事务的处理中，一向采取冷静务实的现实主义原则，但这一次，也即在克里米亚问题上，普京完全突破常规，转而采用了浪漫主义的风格来进行决策。"①普京在非常时刻的非常规表现，打破了基于常理的不少"预测"。

乌克兰危机爆发，特别是克里米亚事件后，当时的学者们还对这一危机将会延续多久的时间长度，做过不少预测。基于当时总体上还是冷战终结之后的和平国际环境，也因俄罗斯与西方关系总体上还是处于虽有抗衡，但尚能对话合作的形势之下。尽管，人们已经预感到乌克兰危机所反映的高度复杂的内涵，但按照一

---

① 费奥多尔·卢基扬诺夫 2014 年在华东师范大学俄罗斯研究中心的讲演。

般的估计，包括一些权威学者，大都认为这场危机最多延续 5 年便能结束。然而，不曾料想这一场危机居然一拖就是 7 年，而且，毫无终了的迹象，非常可能还会延续相当一段时间。这是在乌克兰危机问题上又一项被事实证明误判了的"预测"。

2014 年，俄罗斯与乌克兰学者也做过不少预测，比如，叶甫盖尼·科帕特克和爱德瓦·扎卢图信两位领衔所组成的专家小组所写的《乌克兰：危机的前提与未来的前景》报告，提出了乌克兰局势发展的三种前景。

第一种前景：如西方所愿终结危机。

西方认为，俄罗斯在乌克兰危机中未必全面溃败，但借助于马航事件的机会可以使其基本上被遏制，以美国为首的西方势力可以稳定取得对乌克兰局势的主导性优势。首先，即使乌克兰一时无法成为欧盟和北约的正式成员，但是实际上享受两者重要的伙伴关系待遇，无论是经济还是安全，取得西方全面支持和保护。相形之下，普京主导的欧亚联盟实际处于停顿状态，虽存在而无法对乌克兰局势产生实质性影响。同时，认为在俄罗斯国内出现经济困难和政局动荡，政治取向急剧转向。2011 年底博洛尼亚事件中数十万人上街的局面重现，亲西方势力呈阶段性上升态势，国内强硬派也不甘处于下风而寻机生事，此两者甚至威胁普京本人的政治地位。当时西方媒体正在散布的普京面临国内政治危机，乃至于正暗中策划可能出现替代者的舆论，就是希望能引导出一个"莫斯科之春"那样的美欧精英梦寐以求的脚本。这是第一种前景。

第二种前景：俄罗斯与乌克兰之间"柏林墙式的隔绝"。

　　乌克兰危机久拖不决，2014 年 8 月以后关于人道主义援助问题的磋商也无望成为解决问题的切入口。在危机僵持的格局下，俄罗斯与乌克兰双方国内的强硬派势力逐渐稳定取得主导地位。欧洲局势虽难以全面重回冷战，但是，在乌克兰危机以来美国一再挑唆、结盟对抗的势头下，东西方之间局部地，甚至是大规模地处于紧张的冲突状态，则是完全可能。在无法遏制冲突的情况之下，在俄乌之间形成"柏林墙"式的隔绝，不光是乌克兰寡头一度提出想要实施的倡议，实际上这也是美国一开始就持有的愿景，把乌克兰彻底拉入西方阵营。俄罗斯国内虽然明知对乌克兰东部出兵或提供军事支持代价巨大，但是，俄强硬派精英的抬头，中间主义派别被边缘化，国内民意取向正在逐步朝激进方向移动，关于"第三次世界大战"的说法已经普遍见诸媒体，这都是这一阶段显现的新动向。包括普京本人在一段时间的沉默之后，于 8 月 14 日在克里米亚所做的正式公开讲话，表面温和而远未放弃用武，甚至明确表示：动武就是俄保卫国家主权的手段。"柏林墙"式外部隔绝，实际上无法真正阻隔开俄对乌东地区的支持，包括出兵。从而，又会激起西方强硬对抗，相应地发生规模不等的军事冲突。俄罗斯经济遭受制裁的打击后，较大规模地趋于"去西方化"，但是，在对西方相对封闭的条件下，还完全可能以其本身资源和国内市场条件维持较长时期的生存，但是无法实现其一再向往的现代化目标。乌克兰内部局势也并不因"柏林墙"式的隔绝而趋于平静，东部民间武装经半年积累而形成的实力，非常可能走入地下，在俄罗斯支持下，以游击战等形式的分散而小股的武装行动，使得乌克兰国内安全、政治、包括经济局面高度复杂化，包括出现"爱尔兰化"的前景。以至于，西方舆论都普遍承认的乌克兰内部政治腐败现象"远比普京现象可怕"，会继续推波助澜而无助于局势的稳定。在这一局面出现之后，整个原苏联地区以及相邻国家的动荡局面也此起彼伏地接连出现。

第三种前景：俄乌双方出现和解局面。

借助于马航事件的危机处理，特别是借助于马航事件后停火的非常宝贵的机会，促使乌克兰当局和地方武装之间持续延长停火时间，通过联合国安理会、国际红十字会所认可的人道主义援助，实际形成各派武装力量之间的隔离带。同时，推动俄罗斯与西方之间展开对话和协商，就乌克兰国际地位和内部政治结构问题达成互相接受的立场，推动形势趋于平息和一步一步地走向稳定。按照布热津斯基的说法："俄罗斯停止从内部破坏乌克兰的稳定，不再扬言发动更大规模的进攻，达成某种东西方谅解，让俄罗斯默许乌克兰最终踏上加入欧盟的漫长旅程。同时应当阐明的是，乌克兰不谋求、西方也不考虑乌克兰加入北约。俄罗斯对后一种前景感到不安是合乎情理的。"①

上述关于危机三种前景的分析，其好处是，排除了一些较为极端的预判，比如，俄罗斯和乌克兰全面对抗，从而又引发欧洲爆发全面战争。同时也并不考虑：结局或者是向俄罗斯一边倒，或者是向西方一边倒的大起大落态势。前一种结局可能极小，与实际态势相去甚远。至于后一种可能，虽然，在西方全面压力之

---

① Zbigniew Brzezinski, "Putin's three choices on Ukraine", *Washington Post*, July 8, 2014, https://www. washingtonpost. com/opinions/zbigniew-brzezinski-putins-three-choices-on-ukraine/2014/07/08/ba1e62ae-0620-11e4-a0dd-f2b22a257353_story.html.

下，普京处境艰难，但考虑到俄罗斯实际拥有的各方面潜力，包括西方舆论并非都主张形成一个完全排除俄罗斯的未来格局。因此，俄罗斯全面落败这样一种态势估计也未必现实。

问题在于，上述"西方式愿景""柏林墙式的隔绝""俄乌和解"这三者前景，为何都不是乌克兰危机发展趋势的准确预测？至多，"柏林墙式的隔绝"在个别观点上——比如，在西方打压之下俄罗斯经济尚有存活能力等——比较接近于目前的相互对立的抗衡态势，但其余关于东部武装会走入地下、整个欧亚地区动荡局面此起彼伏等观点，都离开事实较远。

不言而喻，预测准确与否，直接关系到战略决策的质量。现代信息社会之下，预测甚至很大程度上也成为左右局势，特别是用以影响对手的心理和信息状态的战略工具。因此，汲取有用的预测知识，摈弃错误信息的干扰，本身就是一个值得探讨的问题。

纵观有关乌克兰危机各类预测的背后，实际上是有这样几种方法作为预测的底本。

第一种预判类型——事态延续型。2月22日基辅政变发生后，不少智库预测：乌克兰新政权会拒绝与俄罗斯有任何的妥协。但亲俄的乌克兰精英，还是指望通过协商，实现"保护乌克兰领土完整的大交易"：（1）民兵解除武装和安全机构去政治化；（2）克里米亚实现自治（类似邦联的条约自治）；（3）尊重关于俄黑海舰队基地的《哈尔科夫协议》，甚至扩大基地范围；（4）建立联邦制，将预算、文化政策和选择贸易最惠国的权力下放地方；（5）不参与军事同盟；（6）去纳粹化；（7）在欧盟、乌克兰和俄罗斯三方协议基础上参与经济一体化项目。这部分精英估计，俄罗斯—北约，或俄罗斯—欧盟谈判将会达成一个类似的协议。这种预测，过于偏重既定事态——如俄罗斯巨大影响力——的延续性，过于强调在乌克兰实施一般联邦制建构的做法，忽略了事态的丰富和多面向的特性。事实证明，以上几乎所有这些预判都没有成为现实。

第二种预判类型——因循保守型。乌克兰分析与预测中心主任罗斯迪斯拉夫·伊谢钦科（Rostislav Ishchenko）也认为：俄罗斯对乌克兰的局势有着决定性影响。2 月 22 日，在几乎所有内部和外部因素都摊牌的背景之下，俄罗斯按兵不动，彼时它有 4 种选择：(1) 以俄罗斯人聚居的共有 500 万人口的城市基辅发生"人道主义灾难"为名，武力镇压基辅的骚动；(2) 培养乌东南部的分离主义，作为吞并这些地区或在这些地区建立缓冲国家的前奏；(3) 占领克里米亚而不干涉乌克兰其他地区；(4) 完全不干涉。但是，2 月 26—27 日以后的局势发展显示，俄罗斯采取了出人意料的第五种选择。也即，当克里米亚民众起来反对基辅，抗议活动立即得到俄罗斯的支持，并仿照广场运动那样占领当地政府大楼。俄黑海舰队的存在也使得基辅当局无法武力镇压，于 2 月 26 日一夜间失去了对克里米亚的控制。之后，便是 3 月 18 日的普京在议会的公开演讲，收回了克里米亚。上述预测，之所以几乎完全没有能够反映而后的实际进程，仅出于传统意识形态和政治学的固定思维范式，仅从中挑出一些通常使用的概念，套用到乌克兰危机的复杂过程中。同时，对本次危机的复杂尖锐存有侥幸，对预判分析缺乏创意，特别是缺少对于克里米亚回归俄罗斯这样的例外和非常行动的预见。

第三种预判类型——情景归纳型。这一种预判是国际研究中最为常见的做法，也即罗列未来国际发展中的可能事态场景，加以排列组合，以表现未来可能出现的各种态势。美国信息情报委员会每五年发布、并广为流传的国际预测报告的基本方法，就是"情景预测"。但这一方法中较为平庸者，乃是以排列组合本身的形成为己任，到此完事。而比较成熟的做法，乃是关注所枚举的未来各种场景的选项与当地实际过程的密切关联度，然后，再来判断以上的各个选项中的排列组合次序。此种方法虽然比较时新，但实践和操作并不容易。

比如，一位老资格俄罗斯政治活动家格雷柏·巴甫洛夫斯基，他是亲身参加过 2003 年格鲁吉亚"玫瑰革命"、2004 年乌克兰"橙色革命"，以及 2013 年以后乌克兰危机的"革命元老"。不光参与决策，他还曾代表俄方深入当地与"颜色革命"中各方人士交往。在如此深入实地观察的基础上，他列举了乌克兰危机中曾经出现过各种对于所谓"场景"的想象和预设，事后证明都是出于臆想，而离开实际较远。首先，当时曾经构想过"二位一体的人民"的提法。但巴甫洛夫斯基认为，问题在于，很多俄罗斯人从不把乌克兰视为"国外"。同时，俄罗斯与乌克兰是两个不同民族的复杂历史，许多人不甚了然。因此，找不到合适的"一体"来容纳至少是已经出现了极大裂痕的两种不同的人民。其次，当时也有过关于"独立的梦想"：认为与奥匈帝国一样，苏联在其鼎盛时期是一个二元化的俄罗斯—乌克兰超级帝国。过去 30 年里，作为乌克兰人的赫鲁晓夫和勃列日涅夫担任苏共中央总书记的事实，曾经被视为二元帝国的标志。乌克兰人多年来一直梦想着独立。但是一是独立来得非常意外，二是独立伴随着社会不平等，主权对此毫无帮助。同时，基辅与莫斯科相比，的确，由于独立而获得了更多的私人生活空间，这反让乌克兰有更大的梦想。但是，与此相关的却是，基辅失却了帝国都市的身份，媒体、外交、安全等各种精英流向莫斯科。巴甫洛夫斯基认为："整个90年代俄罗斯一直在用帝国资产的储备，打击和引诱乌克兰，但整个乌克兰却都缺乏自己的立场。"所以，乌克兰真正的独立谈何容易。再有，当时还有关于"乌克兰的普京"的想象。普京曾在乌克兰有巨大影响力，基辅认为，要有自己的普京。这填补了乌克兰人寻求安全和自尊的心理空间。2002年乌克兰选举的主要内容竟是要选出一个"乌克兰普京"，72%选民赞成这个口号。但巴甫洛夫斯基认为：事与愿违，基辅，这毕竟不是俄罗斯。甚至，当时还有过"欧洲二人行"的想法，也即曾经设想俄乌两大实体能够同时走向欧洲。因为，两者都曾经愿意选择欧洲。巴甫洛夫斯基回顾道：但是对乌克兰，这非常明确，欧洲就是一切；而对俄罗斯，则动机并不那么明显，俄罗斯有多种选择。到了2004年"颜色革命"后，"二人行"彻底成为梦呓。①

总之，即使是在国际文献中已被广泛运用的预测方法，也必须要有更多从实证材料到逻辑推演、从场景采集到综合分析的系统性的思辨验证，才能比较接近于事态发展的路径。

（二）2020年对未来危机趋势的几种预估

2019年泽连斯基当选乌克兰总统，危机形势出现一线希望后

---

① Глеб павловский: Прогулки с мечтателями. Россия в глобальной политике. №2. 2018. cc.34—52.

又归于沉寂。到 2020 年 2 月，由欧美俄乌的各方权威人士参与起草的《十二步骤方案》被搁浅；然后 2020 年春国际疫情大暴发，触发大国关系出现剧变。无论就地区还是全球格局而言，都出现了前所未见的深刻转型。全球性的骤变之际，人们如何看待乌克兰危机的前景？这是一个比七年之前情况更加复杂，但又更需要对危机前景做出预判的时刻。笔者选择各有其代表性的若干意见，分述如下。

第一种模式：大交易。

这是阿博斯特洛夫所写，以《克罗地亚模式适合于顿巴斯?》为题发表在 2020 年 2 月 18 日《外交事务》网站上的一篇文章。该文认为：乌克兰并不能指望得到欧洲的支持。因为，欧盟在乌克兰境内分离主义者所在"两共和国"具有特殊地位的问题上，支持俄罗斯维持《明斯克协议》；法国总统马克龙还支持缓和西方与俄罗斯的相互关系。这种情况下，泽连斯基只有两条出路：第一，通过一笔大交易，超越克里米亚和顿巴斯，全面解决与俄罗斯的关系问题。第二，乌克兰干脆放弃重新控制东部"两共和国"分离主义者所在地区。

就第一种方案而言，需要各种既有力量之间"一种大交易"式的平衡：其一，乌克兰放弃加入北约，让俄罗斯不再为乌克兰地缘政治地位担心。同时，乌克兰获得与美国建立安全关系的保证。其二，基辅承认克里米亚归俄罗斯所有；但俄罗斯彻底退出顿巴斯。而乌克兰恢复对东部边界的控制，顿巴斯不以特殊地位身份，回到乌克兰政治构架。其三，西方逐步改变反俄制裁政策，乌克兰通过政治与经济改革重振国家。以这样的"大交易"取代

《明斯克协议》。

另一个方案是：鉴于在可见的将来任何企图以战争获得有利于自己目的的行为都是徒劳的，基辅完全放弃重新控制顿巴斯的可能。因此，首先，保持接触线，采取措施，降低军事行动强度。实际上，这是基辅单边冻结冲突。然后，运送资源到分离主义势力所在地区，推动经济，推动国家的建构。这意味着分离分子所在地区的状况应该是临时的，而不是永久的。当将来无论是分离主义地区，还是整个形势发生改变之时，乌克兰政府再待机而动。

文章认为，犹如铁砧与锤子的相互撞击，两种方案都有缺点。就与俄罗斯达成"大交易"的第一个方案而言，这一交易很难得到保障。基辅会寻求欧洲与美国的帮助。欧洲会同意其中大部分协议；但是，美国会拒绝以这种方式同俄罗斯达成的协议。因为，这一安排拒绝归还克里米亚，也不让乌克兰加入北约。这并不为美国所乐见。

至于第二个方案，无论乌克兰是否放弃顿巴斯，或者莫斯科取何立场，都已不重要。理论上，基辅可以在没有俄罗斯同意的情况下，拒绝顿巴斯的自治要求。但莫斯科会向地方政府施压，要求他们继续对分离地区的老百姓负责。比如，要继续支付养老金；莫斯科也会继续批评基辅，不能置自己公民的命运于不顾，而这也正是莫斯科目前所做之事。

问题在于，乌克兰激进民族主义力量会坚决反对任何妥协方案，哪怕只涉及很小一部分领土和主权。这样的激进力量在过去十五年中已经引发了两场革命。泽连斯基已不可能忽视他们。总统在进行安抚的同时，也在尽力说服他们，争取他们的支持，以巩固自己的战略和政策基础。作为总统，现在要做的，是尽量弱化来自激进势力的不可避免的消极反应。

在阿博斯特洛夫看来，其一，俄罗斯没有表现出任何灵活性，其二，西方则不愿干预，其三，乌克兰本身也难以在全面维护其主权、领土完整与可接受的和平妥协条件这两难选择之间达成一致。事实上，如果乌克兰同时追求两个目标，很可能就会失去这两个目标。在这种情况下，基辅将反而更加依赖莫斯科，失去控制东部地区的能力，更不用说克里米亚了。虽然这样的妥协并不公平，但这是现实。由于乌克兰国内许多不同的反对力量，国外支持也很弱，泽连斯基必须做出选择。阿博斯特洛夫认为：即使牺牲领土完整，也要以最佳的方式来保全其主权。乌克兰如在一定程度上牺牲对其国际公认的领土的控制，则会加强对其真正控制的地区的主权。以这种方式加强主权，有助于乌克兰政府继续建设一个现代化、繁荣和自由的国家。阿博斯特洛夫的哲学是：无论对于个人，还是对于整个国家而言，这一选择是正确的。好好生活，这才是最好的回报。①

第二种模式：大悬空。

现定居于莫斯科的英国皇家国际研究院副研究员、卡内基莫斯科中心资深研究员舍夫绍娃是一位相当有影响力的反对派人士。在舍夫绍娃看来，鉴于欧美、乌克兰和俄罗斯这三方面，无论从主观意志还是客观力量而言，完全没有进入合力解决问题的状态，终结危机的努力基本属于空转。

---

① Томас Грэм，Джозеф Хаберман，"цена мира в Донбассе"，*Foreign Affairs*（США），2020.02.26. htpps://inosmi.ru/pulitic/20200227/246933701.html.

其理由是：第一，西方民主国家对于乌克兰问题所引发的地缘政治和文明挑战毫无准备。"俄罗斯通过在东部地区的战争升级，成功地迫使西方做出让步。""俄罗斯让乌克兰变得不可治理的决心，看来要大于西方帮助乌克兰走向欧洲的决心。"而"乌克兰综合征"已经开始削弱西方的决心。因为对于西方而言，在战争条件下改造乌克兰的计划，比最初的预想要复杂得多。舍夫绍娃指出："西方本来一直寄希望通过北约与欧盟保障西方的利益，然而，乌克兰危机暴露其根本的缺陷：首先，西方不知道如何处理战争与和平界限不明确情况下的冲突：一方面保有大量经济贸易活动，但另一方面处于冲突状态。然后，西方也不知道如何把握打击俄罗斯的分寸：既要孤立俄罗斯，但又怕反而激发俄罗斯的反抗本能。西方还没有做好维护乌克兰主权的准备。"因此"西方正在寻求妥协方案"。

第二，舍夫绍娃认为，一方面，乌克兰已在稳定宏观经济、推进公共部门的透明化、改革能源和银行部门等方面取得了显著的成绩。已经和欧盟签署的联系国协议，也使乌克兰看到自己作为"欧洲国家"的前景。乌克兰也做出努力，挑战根深蒂固的腐败和寻租。2019 年 6 月，60.5% 的乌克兰人"相信胜利"和改革的成功。45% 的乌克兰人准备为了自由和公民权利忍受经济困难。同时也有 28% 的人准备用自己的自由和公民权利"交换"物质福利，但这并不占有绝对多数。2019 年的总统大选结果——泽连斯基 73% 比波罗申科 24% 的选票比例——证明了这一点。为了结束战争，乌克兰已经准备好与俄罗斯妥协——但不是不惜任何代价。大约 66% 的乌克兰人反对在分裂分子控制的顿巴斯地区按照分裂分子设定的条件举行地方选举；62%的人反对对那些曾经与乌克兰作战的人实行大赦；58%的人反对在被占领地区建立仅由"地方代表"组成的地方司法和执法机构。仅12%的人支持分裂分子控制的地区实行自治。这意味着乌克兰人反对按照俄罗斯的条件实现和平。

与此同时，舍夫绍娃指出：乌克兰转向欧洲将是一场痛苦的考验。乌克兰正在艰难地应对几项任务：加强国家主权，结束与俄罗斯的战争，以及改革腐败的寡头政治体系。乌克兰从一开始就面临着实现自己目的的结构性障碍。脱离俄罗斯对乌克兰来说十分困难，这意味着改写历史，抛弃很多共同的精神、习惯与特征。不光是乌克兰自己，这必然引起俄罗斯的强烈反应。此外，由于特殊的政治经济结构，包括腐败、寡头、产业结构，以及新的领导阶层缺乏经验，这使得乌克兰的转型进程远比其他中东欧国家来得更加困难。欧盟将要比吸收其他国家更难吸收乌克兰入盟。欧盟虽然支持，但仍然回避承诺。有利条件是，人民公仆党是新乌克兰历史上第一个获得立法多数地位的政党，这就赋予泽连斯基一个独特而有利的条件来推进改革和加强主权建设。2019年10月1日，泽连斯基宣布，乌克兰同意采用"施泰因迈尔模式"作为启动和平进程的手段。根据这一计划，将采用时任德国外交部长施泰因迈尔（Frank-Walter Steinmeier）于2016年提出的方案，由欧安组织在两个分离的"共和国"监督举行选举，在投票后赋予它们以"特殊地位"。但泽连斯基的声明在乌克兰遭到严厉的批评，被斥责为"投降"。新总统辩护说：他所说的地方选举仅仅是在下述条件之下：（1）俄罗斯军事人员的离开；（2）乌克兰恢复对俄乌边境的控制；（3）选举将按照乌克兰法律来进行。但泽连斯基的声明仍然有很多模糊之处。舍夫绍娃的结论是："看来，至少俄罗斯方面还没有对此做好准备，倒是巴黎、柏林和华盛顿准备对泽连斯基施压，让他接受一个比较有利于俄罗斯的方案。总之，改革依然面临着巨大的国内障碍，乌克兰精英迄今仍然还没有显示出摧毁寡头政治和腐败的政治意愿和决心。显然，如果乌克兰革命陷入停滞，不光是其精英缺乏战略思考能力，还因为西方未能支持乌克兰的亲欧路线。"

至于俄罗斯，舍夫绍娃提出："莫斯科始终拒绝将乌克兰看成是独立国家，继续破坏乌克兰国家建构的企图。因为，失去基辅罗斯，俄罗斯将重写自己的历史；而对俄罗斯的欧亚经济联盟而言，乌克兰的独立也是无情的挑战。"因此，舍夫绍娃尖锐指出："在克里姆林宫看来，在乌克兰问题上的失败，等于自杀。因此，乌克兰已成为俄罗斯对西方文明的战场。"

而相形之下，她认为："2014年基辛格倒是曾直言不讳地说服西方，应该让乌克兰成为东西方之间的桥梁。德国前总理施密特也认为：俄罗斯在克里米亚的行为'可以理解'，而西方的制裁'愚蠢'。在乌克兰战争的最初阶段，在芬兰政府、一个美国基金会、一个俄罗斯研究机构的支持下（在没有乌克兰参与的背景下）提出了他们自己的结束冲突的方案'Boisto议程'，主张把乌克兰芬兰化。"舍夫绍娃认为：这一举动"大大加强了俄罗斯最严重的本能反应，也即不把乌克兰看成是一个独立国家"。舍夫绍娃断言道："西方缺乏在不向俄罗斯大幅度让步的背景下帮助乌克兰实现意愿的能力和意志。其一，俄罗斯被看作和平的中间人，其二。俄罗斯似被认为有权干预乌克兰内部事务。其三，西方认为制裁和外交将导致一个政治解决方法，恢复欧洲安全现状。这被证明是一个幻觉。相反，俄罗斯通过加大赌注，虚张声势和攫取战术优势，显示了向民主国家施压的能力。"

舍夫绍娃的结论是："战争与和平问题的解决仍空悬纸上，乌克兰依然是前程艰难。"①

第三种模式：大陷阱。

英国皇家国际问题研究所的卡特里娜·沃尔楚克与汉娜·谢勒斯特这两位女学者于国际疫情之际的 2020 年 5 月提出了对于乌克兰前景的观点。她们认为：泽连斯基总统 2019 年的参选所表达出的一个核心信息，是对于顿巴斯这一饱受战争蹂躏地区的和平关切。泽连斯基基于这样的假设：如果停火能够得到尊重，所有乌克兰战俘能够回到家园，那么和平就会实现。但他执政已经九个月，参加诺曼底四方峰会也已经几个月，看来泽连斯基的这一做法有可能导致落入俄罗斯的陷阱。

这两位学者此论的依据之一，认为泽连斯基的目标和策略与其前任波罗申科的不同在于：泽连斯基努力避免指名道姓地把俄罗斯称为"侵略者"，专注于人道主义事务，在任何有可能的地方寻求妥协。与此相反，波罗申科把安全议程作为任何政治解决的先决条件，包括"没有安全保障就没有选举"（指东部地区的选举）的这一范畴。波罗申科聚焦于重新恢复对于边界的监督，分离主义者控制领土的非军事化，以及通过国际法庭寻求对"俄罗

---

① Lilia Shevtsova, "Russia's Ukraine Obsession", *Journal of Democracy*, Vol. 31, No.1, 2020. https://www.journalofdemocracy.org/articles/russias-ukraine-obsession/.

斯侵略"的补偿。泽连斯基正企图通过一系列较小步骤、而没有明确表明其总体目标的试探,以此摸清俄罗斯的真实意图。但是,这引发了社会不安,引发了伴随各大城市"不投降运动"的街头游行。这迫使泽连斯基团队不得不重新确认了若干将不会逾越的"红线",承诺"不以领土和人民作为交换"。但在实际上,关于乌克兰未来与欧盟关系、未来北约成员国地位、语言政策,以及"顿巴斯"特殊地位问题都还远远没有被解决。

依据之二,诺曼底峰会两个月来,顿巴斯伤亡人数并没有下降。这使泽连斯基更加难以辩解。按照 2019 年年底诺曼底峰会规定,乌克兰军队需在接触线的三个地点避免交战方之间的接触。但分离主义者继续严重阻碍欧安组织特别监察团对停火协议的监督;同时,又有许多关于基辅政权控制地区之外重武器移动的报告。按理,实现对乌克兰与俄罗斯交界边境地区的控制,对于"两个人民共和国"地区的非军事化事关重大。这是该地区重新一体化的关键前提。然而,即使乌克兰重新控制边界,俄罗斯军事人员与武器已经是顿巴斯的实际存在,这直接威胁到了 2020 年秋天这一地区关键性选举的自由与公正的前景。

依据之三,泽连斯基的言论表达出对和平的希望与抱负,非常难实现。不光因为这计划基本上与俄罗斯的方案是分道扬镳的。而且,2019 年 12 月巴黎的诺曼底四方峰会,一是暴露了乌克兰的虚弱地位,二是说明俄罗斯方案的影响在增长。特别是当英美都未参与峰会时,与俄更为接近的两个大陆国家中,德国已经为旷日时久的冲突感到疲劳,而法国总统则希望更多适应俄罗斯的偏好,这对乌克兰尤为不利。在这两位学者看来,"普京更有能力发掘机会：运用他所熟悉的非正式的个人接触，寻求与陷入困境的伙伴达成政治共识，达成短暂的不透明、也非稳定、更不基于法制的解决方案。2019 年年底的诺曼底峰会已经证明，坐下来与普京对话并不是摆脱危机的灵丹妙药。这也是泽连斯基已多次表达的想法"。两位学者认为，普京 2020 年的对策，很可能任命一位更加务实、而不是咄咄逼人的高手，而且将会是俄对摩尔多瓦长期战略的设计者。该战略的核心正在于摩尔多瓦的联邦化和摩尔多瓦分离地区的重新合并；并且依赖俄罗斯在摩尔多瓦的军事存在——相当于"武装劝说"——使得当地做出让步。俄罗斯自 2014 年以来不光政策目标从来没变，而且积累了一批处理原苏联国家内部建构的专家。相比之下，泽连斯基的团队是一个短期的组合，恰恰没有应对长期风险的经验。

总之，英国皇家国际问题研究所两位专家的结论是：泽连斯基的"以人道主义为中心的方法"是一把双刃剑，一方面，能将人道主义置于国家安全考虑之上，但也很容易落入俄罗斯的陷阱：俄罗斯并不那么依赖庞大的军事力量，而是以逐渐控制乌克兰的未来，作为其最终目标。①

第四种模式：大转型。

多年在美国任教的俄罗斯裔学者安德烈·茨冈科夫则提出了他对乌克兰问题发展前景的看法。在他看来，乌克兰问题已成为向新世界秩序过渡阶段的一个国际系统性问题。它包含了俄罗

---

① Kataryna Wolczuk, Haana Shelest, "Could Zelenskyy's Strategy for Donbas Lead Ukraine Intoa Kremlin Trap?" 24 February, 2020, https://www.chathamhouse.org/expert/comment/could-zelenskyy-s-strategy-donbas-lead-ukraine-kremlin-trap.

斯——它体现出正在崛起的非西方世界利益——与企图继续主导世界的西方之间几乎所有的主要矛盾。

茨冈科夫论证道：

2019 年底诺曼底峰会表明，局势升级的可能性在下降，但是新的撤军和交换囚犯的可能性也在下降。本次峰会不太可能改变现状，走向德涅斯特河沿岸的路还很长（也即，按照摩尔多瓦方式解决乌克兰国内政治建构）。乌克兰经过了 1991 年全民公决，自己选择了这条道路：（通过牺牲俄罗斯的方法）走向没有俄罗斯的欧洲。而今天这条道路，却变成为在反俄罗斯的思想基础上走向欧洲。这样的乌克兰，才是乌克兰民族主义者和美国式的全球主义者所需要的。最近，德国和法国谈到他们改变了对于特朗普美国的态度，以及强调了俄罗斯立场的重要性，但是，还没有准备行动。因此，他们还算不上是最为重要的玩家。他们的立场，至少暂时可以被忽略。参与诺曼底峰会的每一方，还仅仅只是和平过渡阶段的人质，他们并提不出任何解决顿巴斯冲突的具体建议。……美国太为重要，以至于竟被人们所忽视。就像房间里有一头大象，人们连挤都挤不进来，以至于尽管想亲眼看见这头大象，却总不能如愿。

茨冈科夫提到了美国乌克兰裔专家亚历山大·莫特勒（Alexander Motle）最新的游说，大胆地提出：基辅完全放弃顿巴斯是必要的。但是，茨冈科夫对此并不以为然。在他看来："美国主流精

英的态度则要微妙得多。在具有可解决前景情况下，保持一定程
度的冲突；使顿巴斯还是留在乌克兰版图内，这对于维持对俄罗
斯的压力，同时控制乌克兰，并显示美国作为国际法捍卫者的形
象，都是有好处的。华盛顿充分了解乌克兰问题对于欧洲的影响
程度，绝不会听任其在不利于美国的前提下解决顿巴斯冲突。"

茨冈科夫非常清楚地看到："法国和德国作为制裁政策的人
质，不准备实施独立于美国的安全政策，也无法发挥强大的作用。
欧洲可以作为独立的调停人，有助于解决或冻结冲突，就像在诺
曼底峰会上的表现。但欧洲所有企图独立找到解决俄罗斯问题的
方法的努力都是徒劳的。"

茨冈科夫也非常理性地表达出他对俄罗斯立场的理解："对于
普京而言，除了坚持《明斯克协议》，他一无所有。但是普京明
白，不可能在现阶段与西方、特别是与美国关系的状态下，去解
决乌克兰问题。克里米亚回归并不是俄罗斯为新世界秩序而斗争
的开始，但乌克兰问题一直是与西方竞争的动因与赌注。俄罗斯
是自己大国地位政策的人质，它有能力在西方压力下捍卫自己的
价值和利益。反对北约东扩，与欧洲合作，抵制乌克兰对它的压
力，在西方和非西方国家心目中保护自己的大国威望，这几方面
都是一致的。因此，俄罗斯将会坚持自己的立场，等待解决问题
的国际条件成熟。"

茨冈科夫的总结是："这一恶性循环并没有解决，同样，乌克
兰是一个系统性的问题，在这里反映了俄罗斯与西方在和平过渡
时期的所有矛盾。如果，要解决乌克兰问题，首先，就必须解决
这些问题。"换言之，在茨冈科夫看来，乌克兰问题已经成为整个

世界局势的人质，唯有当整个世界局势有了实质性改变之时，才是乌克兰危机找到出路之时。笔者非常赞成这样的宏阔视野和深刻思辨，同时，需要补充的一句话是：世界局势的转换，同样首先需要在乌克兰问题之中，才能取得突破。①

第三节　叙利亚战争：乌克兰危机的"孪生子"

乌克兰危机与叙利亚战争，好像是欧亚大陆棋盘上的一对孪生子：两者不光是息息相关，而且是相互策应，相互帮助，渡过了一个又一个难关。

早在 2013 年底乌克兰危机发生之前，俄罗斯面临"阿拉伯之春"的乱局时就开始了逐步介入叙利亚战争，在中东安兵布阵。而当乌克兰危机经久不衰、无法终结之时，叙利亚战场在客观上又成为俄罗斯摆脱僵局寻求出路的一步大棋。

21 世纪第一个十年结束的前后，一方面，金融危机来势汹涌之下，西方世界主导世界事务的能力引起普遍责疑。若干年来，美欧推动中东、北非及原苏联地区名为"革命"的一连串政权更替后，"革命后遗症"不断显现。在这一背景之下，俄罗斯对于其在中东的战略经过了多年反思和筹划，进入一个新的调整阶段：力图通过主动积极的部署，着力于运用传统优势，旨在打破美国

---

① Andrei Czgangkev：《诺曼底的人质：乌克兰危机是一个系统性问题》，12-12-2019，http://ru.valdaiclub.com/a/highlights/normanskie-zalozhijiki-ukraina。

与一些欧洲国家主导中东地区事务的局面，以更为灵活多变的姿态，力争赢得战略腾挪空间。

观察这一阶段俄罗斯对该地区外交战略的决策特点、演化路径和成败得失，不仅便于把握俄外交发展脉络，国际格局的整体走势，特别是尚在延续中的乌克兰危机，与俄在其他地区战略推进的相互关系。

一、先发制人的主动出击

2011 年叙利亚战争爆发后的最初一个阶段中，俄罗斯总体保持着全面观察、谨慎参与的姿态。关键性的转变自 2013 年秋天之后开始出现。俄罗斯先是通过"化武换和平"倡议的巧妙构思，不仅及时阻断当时西方可能实施的对叙利亚政府军的进攻，换来了叙利亚一段时间的宝贵和平，也获得了国际舆论的一片喝彩。时隔两年后，正当巴沙尔政权又一次陷于危机重重的境地之时，俄罗斯通过周密部署空中和海上打击力量，在 2015 年 9 月 29 日，对于叙利亚境内的"伊斯兰国"势力实行坚决打击，又一次扭转了叙利亚战局的形势，从而引起了国际社会的高度关注。

从叙利亚战局演进来观察俄罗斯对于这一地区的战略变化，可以清晰地看出：先发制人的主动出击，是普京主导下俄罗斯战略的一个重要特征。

从美国开始组建联盟宣布打击"伊斯兰国"一年左右的时间里，"伊斯兰国"盘踞的疆域不见缩小，反而扩大。在叙、伊境内和其他地区的恐怖主义活动更加猖狂。2015 年春夏之交，形势更为严峻。一年之前，美军参谋长联席会议主席马丁·登普西

（Martin Dempsey）宣布，美国出资 5 亿美元，为叙利亚反对派培训 1.5 万名武装人员。但培训项目启动之后，根据英国广播公司的报道，不仅大量武器装备落入"伊斯兰国"手中，而且，经美国培训在叙利亚境内作战的"温和反对派"人员仅剩四五人。事后奥巴马在接受哥伦比亚广播公司（CBS）采访时承认："我从一开始就对在叙利亚建立这种准军事武装的想法表示怀疑。"美国的反恐部署在叙利亚陷入捉襟见肘的境地，反映出奥巴马政权一方面冀图在中东维持影响，但另一方面又急待收缩的进退两难的矛盾局面。因此，俄罗斯的军事打击行动选择在叙利亚战争陷于危局，无论是巴沙尔政权还是美国都难以招架时骤然降临，可谓情理之中，又适得其时。

笔者近年来参加瓦尔代论坛，有机会多次听到普京对"阿拉伯之春"后中东北非局势的评价。一向冷静的普京，谈及此事显得痛心疾首。他曾尖锐地指出，不管卡扎菲是否为独裁者，但美国是凭借扩大范围使用联合国安理会决议案的手段，对利比亚进行空中打击，才摧毁了卡扎菲政权。在 2015 年的瓦尔代论坛上，普京又直率地批评美国推动的反恐联盟搞双重标准："别玩文字游戏，把恐怖分子分为温和派和非温和派！如果把一部分恐怖分子当作推翻合法政权的攻城锤，等以后再解决这帮恐怖分子，说服他们放弃政权，这纯属痴心妄想。利比亚的现状就是典型的例证。"看来，中东、北非"革命"所带来的所谓独裁者"人头落地"而遭致地区陷入更大冲突的乱局，是推动普京决心先手打击恐怖分子的一个直接背景。

先发制人，尽早在叙利亚实施打击恐怖主义势力，是俄主动出击的另一重要动因。一段时间中，无论西方舆论，还是俄罗斯国内自由派都曾经渲染，俄罗斯旨在把本国和中亚极端主义势力引向叙利亚战场，认为这是普京出手打击"伊斯兰国"出自国内背景的考量。但是，与这些推测相比，普京本人的解释更为直接，他说："2 000多名来自原苏联地区的武装分子正在叙利亚境内。他们有回来的危险。与其等着他们回来，不如帮助巴沙尔在叙利亚境内打击他们。"俄罗斯总统办公厅主任谢尔盖·伊万诺夫也表明："加入'伊斯兰国'组织的俄罗斯公民和独联体其他国家公民的数量在不断上升。其中一些已经返回母国。因此，在境外提前采取行动以避免在俄罗斯境内遭遇这一麻烦是合情合理的。"在实施了空中打击三周后的瓦尔代论坛上，普京进一步公开阐述了缘由。他强调：一旦"伊斯兰国"占据了大马士革，就会形成进一步扩张的基础，向俄罗斯和中亚扩散。因此，"最好是在叙利亚打击恐怖分子，而不要在俄罗斯等着他们"。普京以其个性鲜明的口吻曾这样坦言："早在50年前，列宁格勒街头就教会了我一条规则——如果打仗不可避免，那就先动手！"

值得注意的是，俄罗斯先下手打击的战略安排，并非没有事前信息沟通与政治磋商。从整个2015年的8—9月份之后，西方媒体上不断传出俄罗斯正调兵遣将，准备在叙利亚发动军事行动的消息。作为标志性的安排，乌克兰危机以后被停止使用的电话热线已经恢复。俄美双方军事情报人员，乃至于俄美国防部长之间也多次密切沟通关于叙利亚战局的发展。克里国务卿与拉夫罗夫外长多次通话，美方表示担忧俄罗斯在叙利亚的军事集结，但俄方坚持以打击"伊斯兰国"为由进行说服。在政治安排方面，普京早在 9 月 4 日就表示："叙利亚总统愿与反对派分权。"克里对此的反应是，一方面既坚持"叙利亚总统巴沙尔必须下台，这是结束叙利亚内战的必要条件之一"，但他又暗示"巴沙尔下台的时间和方式可以商量"。克里甚至表示："如果像俄军宣称的那样，在叙利亚的重点是打击'伊斯兰国'而非支持巴沙尔当局，奥巴马政府表示欢迎。"卡内基莫斯科中心主任特列宁对此的解释显得意味深长："美国先前不完全了解俄罗斯在叙利亚的计划。他们担心莫斯科可能帮助巴沙尔打击反对派，而部分反对派是美国人支持的。当俄方向美国担保自己在叙行动旨在反恐时，美国人变得更奉公守法了。"虽然，俄罗斯方面在空中轰炸行动开始之前的一个小时"通知"了美方有关信息，美方依然对此感到不满。但是，综上所述，俄罗斯在叙战中先发制人，并没有回避向有关各方说明自己的原则立场。当然，这样一种"说明"，并不等于有必要向美方通报军事行动的具体日程与细节。

作为先手打击的结果，按照 2015 年底的统计：俄战机共完成 2 000 多架次战斗飞行，消灭了数百名武装分子，摧毁了近 3 000 座设施，占"伊斯兰国"基础设施的 40%。这一结果对于挫败"伊斯兰国"不断扩展进逼的势头，改变中东地区反恐的不利局面，起到了重要作用，并为未来大国关系的进一步调整做出了铺垫。

二、多层次的均衡交友结盟，辅佐军事推进

在 2015 年 9 月 29 日俄罗斯对叙利亚境内的"伊斯兰国"武装发动空中袭击的两天之前，俄罗斯、伊朗、伊拉克、叙利亚四国宣布，为了打击"伊斯兰国"武装力量，他们决定达成"共享信

息安全"的协议，以阻止"伊斯兰国"组织的推进。在一场相当规模的空中袭击即将开始之前，四国安全信息合作（某种程度上，是包括黎巴嫩真主党在内的 4+1 模式）虽然不是军事联盟，但很自然地被国际舆论认为具有战时联盟性质。这一信息的发布，不光令美国措手不及，相形之下，还令早先美国主导的 64 国反恐联盟显得有名无实。

达成四国战时合作的关键，应属俄罗斯与伊朗之间的合作所起到的核心作用。在叙利亚问题上产生外部作用的大国有很多，但综合各种因素来看，其中，最为主要的是美国、俄罗斯、伊朗三国。在三国中，最有可能形成紧密合作的，是俄罗斯与伊朗的这组双边关系。虽然，按照俄前高官阿里克沙申卡的说法，俄罗斯与伊朗两国的官方人士中，从未宣称两国存在正式的战略伙伴关系。但是，两国从 20 世纪 90 年代以来多方面的深入经济合作，在地区政治中都主张承认"势力范围"的实际作用，都奉行稳定国内政治的治理模式，都将巴沙尔政权视为在叙利亚的紧密伙伴，这些共同点促成了两国间紧密合作。而 2015 年 10 月伊朗核协议的达成，无疑为两国进一步合作打开了大门。此外，俄罗斯与叙利亚之间的合作自不待言，而伊拉克在此关键时刻，顶住美国压力，向俄罗斯过境战机开放领空，并且，将四国情报交换总部设在伊拉克，可见四国合作所达到的密切程度。

有人认为，俄罗斯、伊朗、伊拉克、叙利亚四国合作乃是俄罗斯与中东地区什叶派的联盟。但是，不仅普京本人坚决反对在中东教派之争中选边，他明确宣布，"我们从不将什叶派和逊尼派区别对待。我们无论如何都不会介入叙利亚的教派冲突"；而且，从俄罗斯在中东外交的实践来看，超越教派之争，建立伙伴关系，确系俄罗斯的一个重要原则。俄罗斯与逊尼派为主导的埃及关系的发展，就是其中的一个例证。在叙利亚战争发展之前，俄罗斯早就将埃及视为在中东地区的一个重要合作对象，而且，俄罗斯总统普京和埃及总统塞西的个人交往、俄埃之间密切的经济与军工合作，包括两国对于各自稳定国内局势的政治诉求，都为这一组双边关系提供了扎实的基础。

如果说，四国合作是俄罗斯中东战略的核心层关系，那么，俄罗斯在中东北非及其周边地区相当活跃的广泛结交，成为叙利亚战事的一个有力辅佐。这里不仅是指俄罗斯与传统友好国家希腊、塞浦路斯等国的积极交往，使得俄土战机之争发生之时，两国都表示了对俄罗斯的政治支持，而且还涉及像以色列这样地位敏感的国家。鉴于以色列希望保持叙以边境的稳定，特别是内塔尼亚胡在《伊朗核协议》确立之后急于打破孤立的境况，因此，俄以两国不仅保持各个层次的接触，而且，俄罗斯战机"误入"以色列国境时，以色列官方表示了谅解的友善态度。根据美国的俄罗斯问题专家安琪拉·斯登特的介绍，仅仅在 2015 年下半年，埃及、以色列、约旦、科威特、沙特阿拉伯和阿联酋等国的领导人都访问了莫斯科，不少国家与俄罗斯签订了军火协议，沙特阿拉伯则决定在俄投入 100 亿美元的资金，以发展两国之间的农业合作。

值得一提的是，西方阵营在俄罗斯空中行动之后的态度变化。首先，巴黎袭击案和俄客机在西奈半岛的坠落这两起事件的发生，迅速触发了一直在寻求机会的俄罗斯与法国之间的合作。普京于

2015 年 11 月 17 日下令俄罗斯在地中海的舰队"与法国人建立直接联系，以便和他们如盟军般一起工作"。同日，法国国防部长勒德里昂（Jean-Yves Le Drain）在接受采访时表示：俄罗斯正在发生"方向性的改变"，"或许与俄罗斯的联盟不是没有可能"。作为俄法合作的第一个成果，11 月 27 日法国外交部长法比尤斯宣布：巴黎考虑在政治过渡期内与叙利亚政府军合作打击极端组织。11 月 18 日的俄罗斯《观点报》报道，北约秘书长斯托尔滕贝格（Jens Stoltenberg）表示："我欢迎俄罗斯加入这一进程（指北约寻求政治解决叙利亚危机的努力），欢迎俄罗斯坐下来与其他国家谈判，俄罗斯在叙利亚可以发挥建设性的作用。"包括美国，从原来奥巴马一再公开呼吁的"孤立"俄罗斯，到不得不确认与俄罗斯再度在叙利亚问题上携手合作，说明俄罗斯在中东交友结盟，取得了实际效果。

三、发挥空间优势，"围魏救赵"策应乌克兰战局

俄罗斯在叙利亚空中打击"伊斯兰国"，从地域上看，有着"围魏救赵"式解救乌克兰危局的考量；而从全局来看，显然还有着敲山震虎，向美国表明捍卫战略空间决心的意图。

就后者而言，尽管俄罗斯当下的总体实力不及西方，但俄罗斯在叙利亚战场所展示的各类新式武器和所显示的强劲战略实力，确实令西方舆论大跌眼镜。在俄罗斯空中打击执行过程中，从里海连续发射的中程巡航导弹，精确击中"伊斯兰国"的一批目标，有力地震慑了恐怖主义的嚣张气焰，就是鲜明例证。

就乌克兰问题而言，2015 年 9 月之后，乌克兰东部地区的政

府军和地方武装力量开始停火，双方各自撤走了一批重型武器，此后东部地区的战火稍见平息，但余波不断。战场形势的稍有和缓，远未证明乌克兰局势已经趋于好转。特别是政治上的困局越发扑朔迷离。2016 年 1 月 12 日的德国《图片报》发表了采访普京的长篇报道。其中普京提道："（乌克兰）宪法改革应当给东乌克兰地区带来自治，并在 2015 年底之前通过。但这并没有发生，而这一年就这样过去了。对此俄罗斯完全没有任何责任。"记者问道："宪法改革难道不是要等俄罗斯支持的分裂分子和政府军不再于东乌克兰相互枪战了才实施吗？"普京明确地回答道："不是，这里没有这么说。必须先进行宪法改革然后才能建立信任并保证边境。"普京还将一个载有这段文字的英文版的《明斯克协议》文本，当面送给了这位记者。

鉴于乌克兰国内局势的日趋复杂，也由于西方大国对于乌克兰的支持不可能在短时间内撤销，舆论一直预期的 2016 年停止对俄制裁的传说，已是明日黄花。而俄罗斯对于乌克兰东部地区武装力量以及亲俄居民的保护和力挺，看来也将延续。因此，乌克兰危机的解决将延拖时日，甚至难免还会爆发规模不定的冲突。在这样的背景之下，俄罗斯与其和西方一味地在乌克兰僵持，还不如同时在叙利亚这样一个俄罗斯能够尽数发挥自己影响力的空间，特别是充分发挥自己在军事安全领域的储备和优势，在乌克兰继续与西方周旋的同时，也开拓叙利亚的新战场，既实现自身诸多利益，也捍卫自己的盟友。

总体而言，就俄罗斯中东战略近年实施的情况来看，尽管有以上的斩获，但是，还有不少超出原先预计的变化，使得俄罗斯决策精英势将面临不少严峻考验。其中包括：其一，普京原来预计花 3—4 个月时间对"伊斯兰国"进行空中打击，事后看来，仅仅 3—4 个月的空中打击没有彻底扭转叙利亚战局胶着的局面。而且，要彻底消灭"伊斯兰国"，地面战争不可避免。俄罗斯是否继续保持以往的打击势头，或者，加大与其他大国合作的力度取得胜算，还值得观察。其二，俄罗斯新的中东战略实施以来，特别是作为冷战后罕见地在中东地区相当规模的用兵之后，固然打开了在这一地区的局面，破除了美国和西方主导的神话，显示了俄罗斯的实力和博弈的决心。但是，也由此激发起西方若干内部力量的集聚，欲与之全面抗衡。这样一场未来的抗争未必是在叙利亚战场上，而会在更为宽广的各个领域中展开。无论这一场抗争会在哪里，以及以何种形式展开，叙利亚战场上俄罗斯已经留下的深深痕迹表明："战斗民族"不甘在任何类似的抗争中束手就擒。

第八章

危机深渊中的
观念博弈

乌克兰危机过程中,值得观察的一个重要方面,乃是在当代国际关系进程中观念和认知所起的作用。这一问题在当代国际关系中所引起的纷争,似乎还需要引起进一步的重视。无论冲突各方是否意识得到:当代国际纷争与选择哪种意识形态、遵从哪种国际规范、采取哪种行为方式等有着直接或间接的关系,但实际上这些或是各不相同,或是势不两立,在危机中被不断放大的观念与认知争议,始终在决策、执行、传播等过程中推波助澜,甚而起着十分关键的作用。所以,解铃还须系铃人。也即,危机的解决首先需要在观念与认知方面,去雾廓清,避免混淆是非曲直;或者,在尚难取得共识的争议中求同存异,增加相互理解与信任。

本章之前的叙述侧重于乌克兰危机中俄乌两方各自内部演变与冲突演进过程,而本章则侧重于从欧美与俄罗斯互动的视角,揭示冲突过程中不同理念与认知之间的较量,以及如何作用于世纪之交的冲突进程。为此,本章选择三个视角展开这一章的叙述:第一,揭示欧盟与俄罗斯从合作走向冲突过程中的观念、规范与不同体制选择的影响;第二,分析美国决策系统对俄认知的变化如何引导美俄关系陷入困境;第三,阐述在北约东扩和美对俄打压的新形态下,有关欧俄安全中一系列新争议及其背景。

第一节　欧盟与俄罗斯：为何从合作走向对抗

——论围绕乌克兰"东—西"取向的三边博弈

21世纪第一个十年将近结束的时候，围绕着乌克兰究竟"西向"还是"东向"，欧盟倡议的"东部伙伴关系"（EaP）计划和俄罗斯主导的欧亚经济联盟，是具有替代性的不同区域合作选择中最为重要的两个方面。短短几年之中，各方的矛盾迅速激化。2013年底至2014年初，乌克兰危机的突然爆发，欧盟、俄罗斯与乌克兰之间的三边冲突进入白热化状态。

观察这样一场几乎是发生在同一区域之内，但又截然对立的欧俄不同区域化进程之间的竞争与对冲，研究当今世界几乎普遍存在利益差异，但又各自为政的区域化进程，探讨这一复杂过程中的多方——尤其是像乌克兰这样处于两大力量中心之间的特殊角色与各方之间的互动，思考这一领域的战略设计和政策运作的机理，具有紧迫的现实意义。

一、地区冲突中凸显的问题：始料未及，还是故意回避？

令人们记忆犹新的是，乌克兰危机发生之前不久，俄罗斯与欧盟之间关系还曾以"全面战略伙伴关系"命名而被大加肯定和广泛传播，并以经济、安全、人文与科技、法律四个领域为引领，签署了一批内容包蕴广泛的协议。无论在俄罗斯方面，还是在欧盟方面；无论是双方在正式的和非正式观点的各类表述中，很多年来的大量舆论几乎都倾向于认为：欧俄关系的基础是如此稳固，不可能出现逆转，而且，将来还一定能够获得深化和拓展。

但是，2013 年 11 月之后形势急转直下，以乌克兰"欧盟联系国"问题为引爆点，整个 2014 年后的俄罗斯与乌克兰关系，以及随之而来的俄罗斯与欧洲、美国的关系相继急剧恶化。诚如俄罗斯外交与国防委员会荣誉主席谢尔盖·卡拉加诺夫（Сергей Караганов）所言："在这个世界上，没有什么事情是不可能发生的。曾被认为是合作基础相当稳固、有着如此之多的机制和分支支撑，并且确实是为双方所长期需要的全方位的俄欧合作，竟然会哗啦啦如大厦之将倾，迅速地出现逆转，甚至是处于互相实施制裁的对立状态。"①

究竟是什么原因，导致欧俄两家在一个较短的时段内如此迅速地翻脸呢？是地缘政治与地缘经济的竞争？是文明之间和文明内部的冲突？是旧时的意识形态对峙？是对立的区域化合作进程？是大国战略利益的抵冲？是民族主义、抑或平民主义的崛起？是局外的第三者的引诱和挑唆？是政治领导人的理念分殊？是当下执政—官僚集团与所谓精英们的昏庸无能？或者仅仅是对于《赫

---

① Сергей Караганов. Евроазиатский выход из европейского кризиса. 2015-06-19. http://www. globalaffairs. ru/pubcol/Evroaziatskii-vykhod-iz-evropeiskogo-krizisa-17541.

尔辛基协议》所规定的第二次世界大战后政治边界不可更改原则的冒犯？还是由于其他原因？所有这些冲突中出现的问题，究竟是始料未及，还是故意回避？

鉴于这一复杂政治过程尚未终结，任何简单化的结论可能都不合时宜。但是，国际事务的迅速演进，又使人们不能不对当代欧俄关系的变化给予充分关注。无论行进中的国际现象具有何等复杂的背景和何等多变的动态过程，终需及时加以探讨，做出认真评判，为后续的发展提供认知、抉择与行动的铺垫。也许，这就是作为一门学科的国际研究的相当艰难之处，但是这也恰恰是它的魅力之所在。

考虑到乌克兰危机前后的欧俄关系异常纷繁复杂，本书选取以下的考察与分析途径：第一，剖析欧盟与俄罗斯所持有的两种一体化模式的理念分殊，把握观念性的对立对于当前这场纷争所产生的效应；第二，解析欧盟"东部伙伴关系"计划和俄罗斯争取乌克兰加入欧亚经济联盟这两个对冲型区域一体化的历史进程，勾画其中路径依赖因素所产生的影响；第三，观察欧俄关系发生期间的关键性多边框架——欧盟、俄罗斯、乌克兰三边关系的新态势，透视这一重要外部环境的制约性缺失所引起的后果；第四，通过解读这一多边进程中的两个重要角色：德国与俄罗斯关系中所出现的变化，来评判俄欧关系的演进。

通过上述的这几个视角，围绕乌克兰"东—西"取向所展开的博弈和各方互动进行探讨，来考察欧俄关系总体演变趋势及其动因。

二、欧盟与俄罗斯：围绕乌克兰"一体化争议"中的理念分歧

围绕乌克兰和欧亚空间，欧盟与俄罗斯两者不同一体化路线之间存在着一系列互相对立的观点与立场。一个常见的结论是，由于欧盟与俄罗斯之间存在不一样的观念形态与价值标准，因此，欧盟与俄罗斯走向对立乃是大势所趋。值得考察的是，欧俄间的这些原则性分歧的存在，究竟在多大程度上决定了两者之间的冲突前景了呢？换言之，这里至少有这样三个问题：其一，理念的分殊是不是导致欧盟与俄罗斯相互间对立的根本性因素？其二，即便是观念分歧尖锐，是否一定直接导致欧盟与俄罗斯之间的国际冲突？其三，如果观念分歧导致了对立与冲突，那么，这一过程是如何发生的呢？

从欧盟方面来看，2009 年 5 月，在此前"欧洲睦邻政策"（ENP）的基础上，欧盟（主要由波兰和瑞典倡议）与乌克兰、格鲁吉亚、摩尔多瓦、阿塞拜疆，包括白俄罗斯、亚美尼亚等 6 国正式提出并签署了"东部伙伴关系"计划。欧盟的基本构想是，借助于推行一体化的以往经验，依仗着欧盟巨大的政治经济影响力，特别是通过提倡自由、民主、法制的价值与规范，引导、塑造、约束包括强制周边地区的"半内部国家"（semi-insiders）和"半外部国家"（semi-outsiders）实行对欧盟的睦邻政策，为欧盟影响的进一步扩大，包括未来可能的进一步东扩做好准备。虽然欧盟的"东方伙伴关系"计划并没有明确表明这一计划与俄罗斯之间的相互关系原则，但由于这一计划本身就是在俄罗斯—格鲁吉亚的

"五日战争"、俄罗斯与乌克兰关于天然气问题争议之后，特别是在 2008 年 9 月和 12 月北约分别发表与格鲁吉亚、乌克兰相应的战略合作协议背景下出台的，因此，无论"东部伙伴关系"计划是否包含着对俄罗斯的制约和警示，俄罗斯都将势必为此前对西方的不妥协立场付出代价。很多文献已经对此做了介绍和分析。①

而在此后不久，在独联体五国关税同盟、欧亚经济共同体运行多年的基础上，普京于 2011 年正式提出了"欧亚联盟"的区域发展战略。他在 2012 年重新回归俄罗斯总统大位后，进一步明确宣布以"欧亚联盟"作为其第三任期内外交政策的重中之重，大大加速了与乌克兰的谈判进程。非常清楚的是，俄罗斯决心以更大的代价，促使乌克兰加入欧亚经济联盟，至少，以此"防范外部大国力量中心"可能对俄罗斯在欧亚地区的利益形成的挤压。

于是，在欧盟与俄罗斯之间的这一广大空间之上，一方面是欧盟向原苏联地区，尤其是乌克兰的拓展，另一方面则是欧亚经济联盟以原苏联加盟共和国为主要对象的扩容。这两个区域一体

① Пономарева Е., Рудов Г. Конфронтационное партнерство//*Свободная мысль.* №3. 2015. С.93—106；Гаман-Голутвина О.В., Пономарева Е.Г. Шишелина Л.Н. Восточное партнерство：борьба сценариев развития//Полис. Политические исследования. 2014. №5. С.20—40；Katsiaryna Padvalkava, "The European Union and its Eastern Neighbours：Towards a More Ambitious Partnership?" *Europe-Asia Studies*, Vol.66, No.2, 2014, pp.341—342；Walski Krzysztof, "The European Union's Eastern Neighborhood：Th Eastern Partnership as a Strategy of EU Engagement and Security", *Penn McNair Research Journal*, Vol.2, No.1, Article 5；Andrey Makarychev, "Russia, Ukraine and the Eastern Partnership：From Common Neighborhood to Spheres of Influence?" *Insight Turkey*, Vol.16, No.3, 2014, pp.181—199；宋黎磊：《欧盟"东部伙伴关系"计划：意图、推进与问题》，《国际问题研究》2015 年第 2 期，朱晓中：《从欧洲邻国政策到东方伙伴关系》，《俄罗斯中亚东欧研究》2009 年第 5 期。

化过程形成了互相抗争、迎面冲撞的对立局面。在这一多方博弈的过程中，乌克兰成为各方角逐的关键。

归纳一下的话，近年来欧俄之间围绕乌克兰的所谓"一体化之争"①，至少存在着这样几个方面的尖锐争议：

第一，"大欧洲"还是"泛欧洲"之争。

在欧盟政治家看来，欧盟无法接受包括俄罗斯这样的庞然大物在内的"泛欧洲"，认为目前可以做到的仅仅是"大欧洲"式的联合。也即，先吸收中东欧、东南欧等国为欧盟成员国，然后，逐步向原苏联境内更多国家扩展影响，使之成为欧盟的紧密伙伴，在此基础上形成以原来的西欧盟国为核心，并以大西洋联盟为基石的"大欧洲"。英国学者萨科瓦指出：乌克兰危机实际上暴露出的是，在欧盟与俄罗斯之间关于"大欧洲"和"泛欧洲"这两种观念之间的角力。他认为："俄罗斯和部分欧洲领导人并不是想与一元主义色彩明显的'大欧洲'相向而行，而是寻求建立某种必要的带有多元色彩的补充，就是我和其他人称之为'泛欧洲'（Greater Europe）的设想。即，把欧洲大陆每个角落都联合在一起，构建前苏联领导人戈尔巴乔夫在苏联解体前夕提出的共同欧洲家园（Common European Home）。这是一个多极和多元欧洲的理念，与大西洋共同体密切联合，但又不完全一致。在'泛欧洲'内，相关国家无需在欧洲、美国和俄罗斯之间选边站。消除了后冷战时期那些'没有得到解决的问题'所造成的紧张关系，和平就会真正到来。反之，'乌克兰的危机'（Ukrainian Crisis）和'乌

① Samuel Charap, Mikhail Troitskiy, "Russia, the West and the Integration Dilemma", *Survival: Global Politics and Strategy*, Vol.55, No.6, 2013, pp.49—62.

克兰危机'（Ukraine Crisis）的双重交织，会带来灾难性的后果。"①在萨科瓦看来："尽管戈尔巴乔夫的共同欧洲家园的想法缺乏物质基础，但是它却反映了苏联领导人认为苏联作为文明与政治共同体融入欧洲主流政治的强烈愿望。尽管相较于'1989年'的发展路径，俄罗斯和其他独联体国家更倾向于'1991年'的路径，但是，他们仍怀有成为伟大欧洲共同体一分子的梦想。"事实上，包括普京在内的俄罗斯政治家，从未放弃建立"从里斯本到符拉迪沃斯托克"的"泛欧洲"或者"广义欧洲"的战略构想。按照萨科瓦的归纳："欧洲国际社会以欧洲理事会（Council of Europe）和欧安组织（OSCE）的方式联系欧盟与非欧盟国家，事实上，真正实现欧洲大陆的统一，仍然任重道远。"②关于欧洲认同的争论，还包含有更为悠久的历史与政治内容，学习了几百年欧洲文明、也时常被称为"欧洲大国"的俄罗斯，却始终还被排除在欧洲大门之外。这样一种历史安排，一方面反映出西欧国家的诸般无奈，但另一方面，很容易使得已经失而复起的俄罗斯处于十分尴尬的地位。

第二，新意识形态之争。

欧盟与俄罗斯在乌克兰问题上的竞争，折射出一场深刻的理念与意识形态较量。这里所指的新意识形态争论，超出传统意义上社会主义与资本主义的范畴，已经涉及包括国家建构中的意识形态问题等广泛领域。当代俄罗斯最具影响力的欧洲问题专家之

---

① 萨科瓦：《乌克兰的未来》，《俄罗斯研究》2015年第1期，第5页。
② 同上书，第21页。

一，谢尔盖·卡拉加诺夫这样总结道："俄罗斯与欧洲的当代发展道路，实际上是处于两种概念之下的。当俄罗斯恢复主权和国家建构之时，欧盟正好试图克服主权与国家民族主义，从事建设超国家共同体。当欧洲国家异口同声地谴责第二次车臣战争之时，这一政治差异就变得非常清晰了。俄罗斯与欧盟的价值观系统，基本上是朝相反方向发展。大部分的俄罗斯人努力恢复在旧体制下被破坏的传统道德标准，恢复基督教的信仰，弘扬保守主义传统，努力回到 1917 年之前的欧洲。但是，在欧洲精英看来，不光这些价值观念已经过时，而且甚至是反动的。俄罗斯与欧洲正好是处于两个极端。"卡拉加诺夫认为："当俄罗斯经历了 20 世纪 90 年代初期的民主革命，但是也遭逢了伴随而来的混乱之后，走向了虽不那么华丽动听、但却符合实际的'可控'民主和'半威权主义'的时代。而欧洲精英们则从 21 世纪初期开始，发展他们基于'软权力'的民主经历，并以民主的救世主义为主导，进行域外民主扩张。欧盟与俄罗斯精英又一次发现他们处于两个极端。当西方多数人忘掉了他们的革命所带来曾经动荡岁月的时候，俄罗斯精英（除了少数）不愿意再发生类似于 1917 年二月革命、1991 年革命曾给国家建构和社会稳定所带来的不幸。"① 萨科瓦进一步引用了俄罗斯学者亚历山大·卢金（Александр Лукин）更为尖锐的批评："后苏联共识，是建立在俄罗斯与西方相互理解的基础之上的，双方应加强合作，尊重彼此的利益，并适时相互妥协。但是，事实上这么做的，只有俄罗斯。"在萨科瓦这位英国学者看

---

① Sergei Karaganov, "Europe：A Defeat at the Hands of Victory?" *Russia in Global Affairs*, No.1. 2015, pp.8—22.

来，这反映了长期以来西方咄咄逼人、俄罗斯频频让步后的心理
不平衡状态。卢金指出，恰恰西方才是一个新的意识形态霸权，
而非俄罗斯，"这种'民主主义'的意识形态……很简单：西方社
会尽管不是最为理想的，却比其他任何社会更加完美，其处在人
类社会演进的最前端，应当成为其他社会学习的榜样。原则上来
说，这是最为原始的文化沙文主义，其表现为不管是小的部落、
还是大的文明体都认为自己是宇宙的中心，而其他人都是野蛮人。
西方的外交政策就是建立在这种信念基础之上的"。萨科瓦指出：
"卢金认为，乌克兰主导国家的精英所持的一元主义理念，被西方
的一元主义所强化。不但如此，西方的文明使命，在卢金看来，
是兼并新的领地，即便他们尚未达到相应的民主标准也是如此。
在西方文明的春风沐浴下，这些地区被认为能够达到政治经济方
面的标准。这同样解释了'为什么乌克兰的极端民族主义者会被
认为是推动进步的力量，而且从历史的角度来看他们是正义的，
他们的一些罪行可以被忽略'。俄罗斯拒绝矮化自身的文明，并将
自己划归到所谓理想的西方世界。卢金在回应我对于'1989'和
'1991'的区分时指出：'这就是俄罗斯与东欧的区别'。"在用了
卢金的上述评论之后，萨科瓦得出了如下结论："不是俄罗斯的领
导天生地反西方，而是俄罗斯的整个历史表明其拒绝屈服强权。
乌克兰危机实质在于俄罗斯不愿向以民主主义形式表现出来的西
方意识形态扩张低头。"①

　　第三，关于"后苏联空间"的不同看法。

---

①　萨科瓦：《乌克兰的未来》，第23页。

　　普京在决定参加 2012 年俄罗斯总统大选的关键时刻，曾经发表过一篇题为《欧亚大陆新一体化计划——未来诞生于今天》的重要文章。在这篇文章中，普京开宗明义地指出：俄罗斯、白俄罗斯、哈萨克斯坦组成的统一经济空间"不仅对于我们三国，而且对于后苏联空间的所有国家来说，都是一个历史性的里程碑"。普京强调了一系列有关"后苏联空间"的未来构想：（1）"不是要恢复苏联"，而是要"能够成为当代世界多极中的一极，发挥欧洲与亚太地区有效'纽带'作用"；（2）"欧亚联盟是一个开放的项目——这应当是一个国家根据本国的长期利益而做出的主权决定"；（3）"欧亚联盟将是大欧洲的不可分割的一部分，而将大欧洲团结在一起的是自由、民主和市场规则这些统一的价值观"；（4）普京特别指出："早在 2003 年俄罗斯就与欧盟商定，要在不成立超国家机构的情况下建立共同经济空间，加入欧亚联盟除了可获得直接的经济好处之外，还可以使每个成员更快地、更强势地融入欧洲"；（5）普京认为："欧亚联盟与欧盟的伙伴关系在经济上是合乎逻辑和平衡的，可以为改变整个大陆的地缘政治和地缘经济构架创造现实条件，并会产生必然的、积极的全球效应"①。从此后的情况来看，普京的构想并没有被欧洲国家所普遍接受。波兰学者雅库布·科雷巴（Якуб Корэйба）在他的新作《俄罗斯与乌克兰关系中的欧洲政策问题》一书中这样指出："最近几十年的欧洲政治，出现了国际关系系统的深刻转型。一系列的变化，使得'前苏联空间'这一概念失却了原先的意义，也使得这一概

---

　　① Путин В. Новый интеграционный проект для Евразии — будущее, которое рождается сегодня//Известия. №.184. 2011. С.1.

念在学术上和实践中的运用，不再具有先前那样的种种可能。由于俄罗斯走向市场实用主义、乌克兰发生了'橙色革命'，以及能源交易中拒绝使用天然气价格补贴，这使得'前苏联空间'这一概念在分析当今政治问题时已经不再合用，最多不过是一个历史性的范畴而已。"①在雅库布·科雷巴看来："欧洲政策在前苏联空间的积极化，在欧洲和俄罗斯看来是不一样的两回事。在欧盟看来，自身经济模式和政治标准在伙伴国中的普及，既是当代国际关系理性化的一个重要因素，也是和平、稳定和福祉空间的扩展。而在俄罗斯看来，这是别人的发展模式在俄罗斯拥有优先权的利益空间里的扩展，而俄罗斯乃是对这一模式的输血者。在这样的形势之下，乌克兰成为了既是欧盟的、又是俄罗斯的各自不同的一体化战略内在的争夺对象。乌克兰的战略取向基本上是对以上这两方面政策的综合反应。欧洲政策对乌克兰和俄罗斯两国的影响强度，迫使人们必须考虑改变相互交往的范式，以及放弃以'后帝国'，或者'后苏联'的视角去看待相互之间的政策举措。"②看来，正是这样对立的"后苏联空间"的立场在催化着矛盾的激化。

第四，关于"过渡地带"的分歧。

除了上述分歧，俄罗斯还强调在各力量中心之间存在着作为"过渡地带"的"传统影响范围"。2008年梅德韦杰夫担任总统后与参加瓦尔代论坛的学者第一次见面时，就曾强调："当今世界上，俄罗斯与一些地区和国家有着特别密切的经济、政治、历史

---

①②　Якуб Корэйба. Проблемы европейской политики в отношениях между Россией и Украиной. Издательство：Аспект Пресс. 2014г. С.178.

与人文联系，这些地区和国家乃是俄罗斯特有的影响范围。"①但是，不光欧盟，尤其原苏联加盟共和国中对此还存在着不同看法，在乌克兰政治家眼中，"传统影响范围"具有令其不安的成分。乌克兰国家安全与国防会议秘书叶甫盖尼·马尔丘科（Евгений Марчук）认为："总起来看，'在灰色地带，或是在缓冲区'所表现出的危险性对于乌克兰、白俄罗斯以及摩尔多瓦这些国家具有一定威胁。这一格局之所以无法被这些国家所接受，是因为'在历史形成的各个巨大载体之间的缓冲区并非永恒不变，缓冲区的主权通常因外部力量而发生改变'。"②

第五，对两种不同一体化模式兼容性的不同评价。

波兰学者亚历山德拉·科瓦利丘克（Александра Ковальчук）认为："在评价欧洲和后苏联空间两种不同一体化进程的兼容性方面，欧盟与俄罗斯存有不同观点。布鲁塞尔认为：这些不同的空间是可以兼容的，在没有明确加入欧盟和被作为平等成员的前景之下，还是可以追随欧盟的规则。但是，欧盟并不支持独联体的一体化进程，正是这一点引起了俄罗斯的反感。俄罗斯坚持：后苏联各国加入欧亚经济联盟之后，应该提供机会，让他们推进与欧盟合作的兼容性谈判。这样就使得两种谈判进程成为一个联合体，这是俄罗斯所追求的目标。"③科瓦利丘克认为，通常令俄罗斯

① Д. Медведев. Стенографический отчет о встрече с участниками международного клуба Валдай. 12 сентября 2008 года, Москва. Выставочный зал ГУМа. http://archive.kremlin.ru/text/appears/2008/09/206408.shtml.

② Якуб Корэйба. Проблемы европейской политики в отношениях между Россией и Украиной. Издательство：Аспект Пресс，2014г. С.17.

③ Александра Ковальчук. Отношения России и ЕС через испытание украинским кризисом//Международные процессы. №.3. Том 12. 2014. С.83—92.

无法接受的是："对于欧盟来说，与俄罗斯的合作是必须在欧洲民主空间得以扩展，以及新邻居得以被'欧洲化'这样的背景之下来实行的。如果不与'欧洲价值观'相矛盾，那么，与俄罗斯的务实合作还是可以推进的。因此，这种合作的发展取决于在俄罗斯民主进程的发展，以及欧盟成员国对它的评价。布鲁塞尔为了支持自己的形象和影响力，不可能对俄罗斯做出单边的让步，其中包括在后苏联空间的战略实施。而莫斯科则期待欧盟能够在向它提供有别于其他后苏联国家的条件下，与俄罗斯建立特殊关系。"①

上述观念之争是否直接导致国际冲突，包括像欧盟和俄罗斯这样有着深厚合作基础的伙伴之间的冲突呢？从 20 世纪 90 年代直到 21 世纪金融危机之前的近 20 年时间里，俄罗斯与欧盟之间的确经历了从冷战后早年意识形态趋同，到后来明确意识到各自存在着不同的价值取向这样的深层转变。但是，即使在车臣问题爆发争议，乃至 2004—2005 年颜色革命时期，都没有发生如今这样的直接对立。这说明，即使有着观念形态的差异，还不会立即转化为国际冲突。

到了 2009 年欧盟"东部伙伴关系"计划出台，2011 年普京宣布欧亚联盟即将启动，再到 2013 年底乌克兰危机爆发这样一个短暂阶段中，欧俄关系急转直下，这显然是与已有观念性对立，并迎头相撞的区域扩张过程密切关联了。但是，这时的观念性分歧，也还是留有余地。也即，当欧盟强调"东部伙伴关系"计划的意识形态标准及其排他性的时候，俄罗斯还再三声明，欧亚联盟与

---

① Там же.

欧盟的理念并无二致，两者可以兼容，甚至欧亚联盟的建立还是为了融入欧洲。对于欧盟而言，虽表面上也不排斥兼容，但是，显然是把"东部伙伴关系"计划和"关税同盟"直接对立起来，当事国只能做出"二者择一"的决定。

直到此时，观念不相容所造成的对立，已经离危机不远了。但是，意识形态所具有的动员能力在多大程度上直接激发危机；笔墨官司在多大程度上还只是精英们的纸上谈兵，依然值得观察。以老资格的卡拉加诺夫所做的判断，观念分歧固然重要，但还不是"最重要的原因"①。若是如此，那么，欧俄走向对立的更重要原因究竟何在呢？

三、"对冲化"的区域化进程：从合作走向抗争的路径依赖

一般而言，国际冲突的发生与延展，是一个较国内进程更加难以控制的路径依赖过程。国际战略从设定到投入运行，不光受到内部利益集团的推动，一旦进入国际环境，会触发起多种国际角色的连锁反应，成为一个难以返回的具有无政府特性的互相激荡的多边过程。欧盟"东部伙伴关系"计划和俄罗斯主导的欧亚经济联盟围绕乌克兰问题的博弈，就是这样一个一旦启动，便覆水难收的路径依赖过程。

大体上，欧盟和俄罗斯围绕乌克兰问题的博弈，分以下这样几个阶段展开：20 世纪 90 年代克拉夫丘克、库奇马时期；"颜色革命"后的尤先科时期；以及 2010 年以后的亚努科维奇时期。前两个时期欧盟与俄罗斯之间的关系，大体上是属于自发性的路径

① Sergei Karaganov, "Europe: A Defeat at the Hands of Victory?" pp.8—22.

依赖阶段，也即围绕着乌克兰"东—西"取向的博弈，延续着历史惯性，听任欧盟与俄罗斯进入一个互相竞争、但尚可控制的阶段。"颜色革命"后的尤先科时期大大激发起亲欧仇俄力量的抬升，但这一势力还未取得主导地位。到了亚努科维奇时期，在路径依赖效果作用之下，累积起来的各类矛盾相互作用，竞争进入白热化阶段，短时间之内出现了好几次人为的重大政策逆转，迅速导致脆弱结构之下的原有内外政治的失衡，终于酿成了重大危机。

（一）第一阶段，克拉夫丘克和库奇马时期的酝酿"脱俄入欧"

乌克兰独立之后的第一任总统克拉夫丘克当政时期，乌克兰内外政策表现出与苏联时期较多的连续性。不光是因为克拉夫丘克总统生性异常谨慎，也是由于当时历史条件使然。1993 年，乌克兰最高拉达（Верховна Рада України）通过了《乌克兰对外政策的基本方向》这一文件。当时，乌克兰是按着中东欧诸国加入欧盟的模式在推进与欧盟的双方接近，但是乌国内要求与欧盟一体化的意向，还不是那么明确。

库奇马当政之后，1994 年 6 月，欧盟与乌克兰曾经签署《乌克兰与欧盟伙伴与合作协议》。1996 年 4 月 23 日，库奇马以总统身份在欧洲议会发言，正式提出加入欧盟。1996 年之后，乌克兰发起国内的经济改革，以适应加入欧盟的要求。[1]

---

[1] Трещенков Е. Ю. Динамика и факторы европейской интеграции Украины//Мировая экономика и международные отношения. №.2. 2013. С.63—74.

　　1996 年欧盟议会提出的"对乌克兰问题的行动计划"，可视为是欧盟对库奇马提议的正式反响。在这一份现在已经差不多被遗忘的文件中，提到了"欧盟应该在一个长期过程中考虑乌克兰期待成为欧盟成员的愿望"①。这份文件里也曾有过更为坦率的表达，包含着欧乌接近之后对俄罗斯会有何反应的关切："如果同意乌克兰加入欧盟，那无异于是要改变欧亚地区一个关键性国家的对外取向，而乌克兰对于俄罗斯能源依赖性，将会成为对于其自身主权的一个威胁。"②1998 年欧盟的"乌克兰加入欧盟一体化的战略"提出实现"联系国计划"，与波兰、匈牙利、捷克的候补成员国资格相比，这是一个平行推进的议程。③2003 年 3 月欧盟又宣布"大欧洲"项目，旨在加强欧盟与邻国的相互关系。但是，当时欧盟内部对乌克兰比较主导性的意见，仍在于"乌克兰关于欧洲一体化问题的声明立场不够真诚"；欧盟认为乌克兰在 1996 年后虽然也有过一些经济改革，但远不如波兰等国那么坚定。④随后，欧洲委员会对此又提出了一系列的指责。因此，当时乌克兰即使有着加入欧盟的愿望，也并无实现的可能。⑤

---

　　①② Commission of the European communities, Communication from the Commission to the Council. Action Plan for Ukraine. 20.11.1996. COM（96）593 final, 转引自 Трещенков Е. Ю. Динамика и факторы европейской интеграции Украины// Мировая экономика и международные отношения. №.2. 2013. С.64。

　　③ Стратегія інтеграцїї України до Європейського Союзу. 11 червня 1998. http://www.ap.gp.gov.ua/ua/pdf/0112.pdf, last accessed on 11 Aug. 2015.

　　④ Пантин В., Лапкин В. Внутри- и внешнеполитические факторы интеграции Украины с Россией и ЕС//Мировая экономика и международные отношения. №.11, Ноябрь 2012. С.50—56.

　　⑤ Кучма Л. После майдана. Записки президента. 2005—2006. Киев-Москва, 2007. С.452.

在欧盟与乌克兰之间"暧昧关系"延续过程中，始终伴随着俄罗斯维持"后苏联空间"的努力。就在库奇马表明加入欧盟的立场和欧盟议会做出正式回应同一年，1996 年在独联体基础上的关税同盟建立。2001 年欧亚经济共同体也宣告成立。2003 年 9 月 19 日，乌克兰还签署了与俄罗斯、白俄罗斯、哈萨克斯坦一起建立"统一经济空间"的协议。值得注意的是，就在这个协议签署之前的一周，欧盟负责东扩事务的高官京特·费尔霍伊根（Günter Verheugen）向当时的乌克兰总统库奇马施加压力，提出："由于在'统一经济空间'之内乌克兰参与建立了海关同盟，因此，乌克兰与欧盟一体化的进程可能放慢，甚至中止。"[1]由此，可以感知，欧盟与俄罗斯之间在后苏联空间推进各自一体化的过程中，从一开始起，虽有所顾忌，但早就存在着难以相让的竞争。

（二）第二阶段，"颜色革命"：乌克兰的加速向欧偏移

2004 年 5 月欧盟东扩之后，"欧盟伙伴政策"正式启动。这是欧盟专门为发展与包括乌克兰在内的近邻国家而建立的一个新平台。而"欧盟伙伴政策"一开始实施，就伴随着在乌克兰发生的"橙色革命"。"橙色革命"之后，随着亲西方领导人的执政，在乌克兰出现了一个相当有利于欧盟一体化进程的局面。美国前国务卿鲍威尔（Colin Powell）在"颜色革命"之后首访乌克兰，对于乌克兰所表现出来的要求加入欧盟的急切心情，印象非常深刻，甚至在乌克兰尚未与欧盟有隶属关系之时，他大吃一惊地看到，

---

[1]　Шаповалов А. Комиссар ЕС поставил Украину перед выбором// Коммерсантъ. №.166 от 13.09.2003, стр.5.

乌克兰已经迫不及待地在非常正式的国际场合，挂出了欧盟的盟旗。鲍威尔目睹乌克兰如此急不可待的亲欧立场之时，曾预言，这势必会使未来的大国间关系出现复杂局面。

2005 年 2 月，曾在乌克兰国内危机之前为欧盟所拒绝的《乌克兰—欧盟行动计划》得以签署。这一计划乃是欧盟要求乌克兰所执行一系列要求的一个集成，但恰恰是这一文件本身并没有承诺乌克兰加入欧盟的明确前景，使得乌克兰新领导人执行这一文件之时，缺乏动力。①尤先科执政以后，乌克兰国内政治情况并不稳定，这也使得《欧盟—乌克兰行动计划》的执行状况推进迟缓。"橙色革命"期间，乌克兰国内以尤先科和季莫申科为首的两大集团组成联合政府，且实际上存在着几个政治中心，执政效率低下，无法有效地推进乌克兰与欧盟之间的合作。②

2005 年 9 月之后，季莫申科政府内负责欧洲一体化事务的副总理雷巴丘克（О.Рыбачук）主管乌克兰与欧盟的一体化工作。在他主持之下，曾经提出过一系列很有抱负的实现乌克兰与欧盟一体化的政策措施，共有 133 个方向，每一方面又都有非常具体的实施举措，需要各个政府主管部门加以落实。③但是，季莫申科本人对上述计划感兴趣之处甚少。在"橙色革命"后的第一届政府中，在季莫申科本人直接主持之下，没有举行过任何一次有关乌克兰

①② Пантин В., Лапкин В. Внутри- и внешнеполитические факторы интеграции Украины с Россией и ЕС//Мировая экономика и международные отношения. №.11. С.50—56.

③ Розпорядження Кабіету Міністрів від 22 квітня 2005 р.N 117-р, Київ. Про затвердження заходів щодо виконання у 2005 році Плану дій Україна-Є С. http://www.kmu.gov.ua/control/publish/article?art_id=232155001.

与欧盟一体化的政府会议。①顺便指出，尽管各类民调都表明：乌克兰民意趋向于欧盟，但是，统计材料也表明，无论在精英层面，还是专业管理层面，对于欧盟的知识极其匮乏。在政府首脑本身缺乏对乌克兰与欧盟一体化兴趣的同时，执政团队内部却充满了各类争权夺利。这里既有政府内阁、总统办公厅、国家安全会议、国防部以及上议院之间的矛盾，又有政府各个执行部门相互之间的纷争，这样的一种局面无疑使得雷巴丘克难以推进乌克兰与欧盟一体化政策进程。②

　　尤先科执政的这一时期，尽管基辅与布鲁塞尔之间的事端不断，但是双边关系还是取得了进展：2005 年 12 月，欧盟承认乌克兰为市场经济国家。当年 5 月 1 日，乌克兰对美国和欧盟成员国公民实行了免除签证，在 2006 年，欧盟与乌克兰之间也签署了简化签证的协议。2007 年 3 月，欧盟与乌克兰之间开始了新合作协议的谈判过程。2008 年，乌克兰加入了世界贸易组织。自此以后，乌克兰与欧盟开始了自贸区谈判。2009 年 9 月，原有《乌克兰—欧盟行动计划》被一个新的称作为"联系国日程"的计划所代替。在这个 37 页的文件中包含了欧盟准备与乌克兰签署联系国协定的一系列条件。③但是，总的说来，乌克兰所做的努力依然是大大地

①　Рыбачук О. Мне так и не удалось узнать структуру ДУС. Главком. 2010-01-22 http://glavcom.ua/articles/75.html.

②　Пантин В., Лапкин В. Внутри- и внешнеполитические факторы интеграции Украины с Россией и ЕС//Мировая экономика и международные отношения. №. 11. С.50—56.

③　EU-Ukraine Association Council, "EU-Ukraine Association Agenda", 2009-11-23, http://www.eeas.europa.eu/ukraine/docs/2010_eu_ukraine_association_agenda_en.pdf.

落后于欧盟的期待。①

　　与此同时，俄罗斯依然不折不挠地争取乌克兰加入"前苏联空间"。早在 1999 年，俄乌之间签署了为期十年的政治、经济、文化、军事友好合作的条约。尽管内容空洞，但由于该协议将延续十年，故被称作俄乌关系中的"大文件"。进入新世纪后，2003 年，在俄罗斯总统普京的大力倡议与推动下，乌克兰最终与俄白哈三国签署了建立四国统一经济空间的协议。普京的主要意图在于将长期游离于一体化进程之外的独联体第二大国——乌克兰纳入由俄主导的一体化机制；通过联合独联体内最发达的四个国家（四国国内生产总值约占独联体国家总和的 90% 左右），打造强劲的一体化机制，带动整个独联体经济一体化，从而建立地区共同市场，采取统一的外贸、关税、信贷和货币金融政策，实现商品、服务、资本和劳动力的自由流动。然而，2005 年乌克兰新任总统尤先科通过"橙色革命"上台后，奉行亲美的外交路线，致使俄乌两国关系一度紧张，结果有关统一经济空间的四方协议从 2006 年 4 月起实际上陷入停顿状态，该协议仅是虚有其表。之后，接踵而来的是一系列俄罗斯与乌克兰之间的重大冲突，诸如，2006 年与 2009 年的俄乌天然气冲突，乌克兰加入北约问题以及围绕 2008 年 8 月俄罗斯与格鲁吉亚之间战争的争论。2009 年，经过相当长时间的谈判努力，俄乌之间终于达成了关于天然气价格的协议。这一协议而后又成为季莫申科被起诉而遭监禁的由头。尽管这一时期俄乌交往中的问题繁多，但毕竟还是存在着合作；欧

　　① Пантин В., Лапкин В. Внутри- и внешнеполитические факторы интеграции Украины с Россией и ЕС//Мировая экономика и международные отношения. №.11. С.50—56.

俄之间虽直面抗争，但还未迎头相撞。①

（三）第三阶段，亚努科维奇时期几度急剧转向最终导致危机

2010 年，亚努科维奇所代表的地区党，以联合政府形式开始执政。亚努科维奇的政治基础主要来自乌克兰东部地区，曾被广泛认为属于"亲俄"的政治领导人。但是，正是在亚努科维奇执政阶段，乌克兰"东—西"取向过程中的几次急剧转向，不仅使乌克兰政治格局失控，而且导致了欧俄间迅速进入对峙状态。

第一次转向，主要集中地发生在亚努科维奇 2010 年 2 月开始执政到 2010 年年中这一个时段，然后，这一时段所出现的问题又延伸到此后乌克兰危机爆发之前的整整两年时间之中。乌克兰政治中的一个突出特点，在于领导人不能不将"东—西"取向之间的平衡，作为其政治决策的头等大事。但是，当欧盟和欧亚联盟各自都对乌克兰越来越表现出志在必得的态势之下，乌克兰本身实现政治平衡的余地实际上已经非常小了。

乌克兰面临的这种困境，标志性地表现在 21 世纪两位新任总统的首访国家问题上。明明是亲西方的尤先科政府，第一次国外访问却去了莫斯科；而被认为"亲俄"的亚努科维奇政府的第一次国外访问，却反而选择了布鲁塞尔。这一事件表明了即使"亲俄"的东部政治力量代表，却依然将欧盟作为自己的第一选择。虽然，在 2010 年 4 月《哈尔科夫协议》中，乌克兰同意俄罗斯延期租借塞瓦斯托波尔军港为期四十年，俄罗斯也同意向乌克兰提

---

① Пантин В., Лапкин В. Внутри- и внешнеполитические факторы интеграции Украины с Россией и ЕС//Мировая экономика и международные отношения. №.11. C.50—56.

供优惠天然气价格；在 2010 年年中所发表的"内外政策原则法"中乌克兰也明确宣布乌克兰不会加入北约。

但是，俄乌间关系的热度没有超过半年。"俄罗斯与乌克兰关系淡化的初步迹象是在 2010 年年中出现的。"①在梅德韦杰夫与亚努科维奇于 2010 年 7 月底的会谈中，乌方不光把与欧盟实现一体化作为"自觉的战略选择"，明确驳回了俄罗斯关于加入关税同盟、成立天然气运输集团等合作建议，而且，随后不顾俄罗斯的感受，依然加快了与北约之间的军事合作。②对于俄乌已经达成的协议，乌克兰方面认为，塞瓦斯托波尔军港的租金太低，天然气价格结算方法还得重新谈判，特别是亚努科维奇不顾俄方的关切，坚持审判前总理季莫申科，此事直接威胁到俄乌间的天然气协议。按照卢基扬诺夫（Федор Лукьянов）的说法："俄乌有关审判季莫申科的谈判破裂，表明亚努科维奇已经不再是俄罗斯的伙伴，他打算按自己的规则玩游戏。"③

原本被视为"亲俄"的亚努科维奇，明确偏向欧盟的立场，产生了实际效果。2010 年 11 月 22 日的欧盟—乌克兰峰会上，提出了关于欧盟与乌克兰互免签证的行动计划。实际上，互免签证问题曾经是欧盟与乌克兰双边关系的一个长期议程，居然在那一时刻得以有所突破。④未来联系国协定框架中的关于形成深化自由

①　Сергей Жильцов. Украина уходит на Запад//Независимая газета. №.225. 2011. С.11.

②　Татьяна Ивженко. Севастопольский марш Медведева и Януковича//Независимая газета，№.150. 2011. С.1

③　Федор Лукьянов. Сам не свой//Огонек. №.33. 2011. С.26.

④　Сидоренко С. Виктор Янукович попал в окружение европейских друзей Украины//Коммерсантъ-Украина. 2020-03-02.

贸易区问题的谈判，虽进行得相当艰难，但也于 2011 年底撤销了
各个文件中的大量障碍。当时，乌克兰与欧盟间的主要障碍，集
中在季莫申科诉讼案这一焦点上。亚努科维奇急于在内政问题上
显示独立性，却得罪了东西两边的伙伴。但不管如何，欧盟与乌
克兰的联系国计划还是得到了推进。2012 年 3 月 30 日，长达
1 700 页的联系国协定中的 170 页内容还是得以在布鲁塞尔举行草
签仪式。

表 8.1　哪些国家应该是乌克兰对外政策的优先方向？（2010—2015 年）

时　间	欧盟国家	美　国	俄罗斯	其他国家
2015.3	47.7	6	10	9.1
2014.4	52.5	1.1	16.6	4.8
2012.12	40.8	1.2	35.3	3.6
2012.2	36.7	1	31	3.3
2011.10	38.2	1.2	35.3	2.7
2011.2	35.7	0.9	40.4	3.6
2010.5	26.5	1.7	46.3	4.5

数据来源：乌克兰官方民调机构 Razumkov Centre 最新信息，http://www.ra-zumkov.org.ua/eng/poll.php?poll_id=305, last accessed on 12 Aug.2015。

　　亚努科维奇偏向欧盟的转变，使乌克兰民意也发生着急剧的
转向。值得注意的是，进入新世纪的十多年来，总的来说，乌克
兰民意中主张与俄罗斯保持传统联系的意见一直占有上风，而主
张接近欧盟的民意处于少数。但是 2010—2011 年之后的一个明显
变化，乃是主张与欧盟一体化的民意突然迅速上升，远远超过了
主张保持与俄罗斯传统关系的意见部分，而主张与俄罗斯保持传
统联系的民意比重，呈急剧下跌态势（见表 8.1）。看来，这一变
化与亚努科维奇政府在这一阶段的新欧盟政策有关。而这样一种

民意格局变局，无疑又反过来作用于欧俄关系中原有矛盾的迅速激化。

亚努科维奇时期"东—西"取向中的第二次重大转折，发生在 2013 年的 11 月，就在准备签署联系国协定的维尔纽斯峰会之前一周，亚努科维奇突然戏剧性地宣布暂时中止与欧盟关于联系国问题的谈判。同时，俄罗斯与乌克兰签署了关于向乌克兰提供170 亿美元贷款和优惠天然气供应价的协议。这一爆炸性决定的公布不光令所有国际观察家感到震惊，而且也使得乌克兰民众一下子无所适从。因为一年多来，乌克兰几乎所有的舆论工具，一直在致力于乌克兰被接受为欧盟联系国的宣传，几乎从来没有过关于乌克兰与俄罗斯重新在一体化进程中展开合作的正式舆论。①正是在这样 180 度的政策转向的背景之下，乌克兰政治格局失衡，2013 年底，激进力量涌上了街头。

亚努科维奇时期的乌克兰"东—西"取向中的第三次重大转折，发生在 2014 年 2 月 21 日。当时，乌克兰危机已发生，自由广场动乱也已出现。经过德国、法国、波兰等大国的斡旋与见证，亚努科维奇政府与反对派之间经过艰难谈判达成协议，同意采取提前举行总统大选等一系列应急措施。但是，未过一天，2 月 22 日突然发生由乌克兰右翼集团发起的伴有武力的政变，亚努科维奇被迫出走。此时，先前已达成的协议实际已被废止，一个由欧盟和美国支持的新政权上台。在全世界媒体众目睽睽之下，一起参与见证 2 月 21 日协议合法性的欧洲大国则似乎也忘

---

① 2014 年 3 月 22 日，俄罗斯外交与国防委员会主席卢基扬诺夫在华东师范大学俄罗斯研究中心针对乌克兰局势问题进行的主题讲座中，明确提到这一情况。

却了一天之前，曾经有过这样的一个政治妥协的文件。乌克兰伴随着大国立场的激变和内战的动荡，迅速走上了"脱俄入欧"的轨道。

概括一下，围绕着乌克兰"东—西"取向的欧、俄、乌三方博弈，是如何导致俄罗斯与欧盟从合作、甚而一度考虑结盟，反而跌入互相抗争的泥潭，特别是亚努科维奇时期的三次重大转折如何使欧俄关系迅速恶化？

第一，这是同一地区的两个直面竞争的一体化进程之间的零和式博弈所导致的路径依赖过程。尽管，无论是"东部伙伴关系"计划还是"欧亚经济联盟"，都有着一整套自我论证的逻辑依据，但是，在欧亚地区文明结合部的复杂条件之下，要以零和博弈的一方通吃，解决像乌克兰这样居于文明结合部国家的取向问题，不光难以奏效，而且，势必导致各方的连锁反应。总体而言，"东部伙伴关系"计划推进在先，而作为地缘政治反应的"欧亚经济联盟"形成在后，作为"成熟的民主与市场体制"和区域合作先行者的欧盟，自然会具有较多的国际吸引力。但是，据此而不顾还曾被视为"伙伴"的俄罗斯利益，对于失却近邻依傍之后俄方的实际感受视而不见，并且，缺乏明确战略目标而听任"路径依赖"效应膨胀，因此，在上述意识形态争论的激发之下，迟早会触动危机的爆发。诚如卡拉加诺夫所言："欧俄关系倒退的原因中，最为重要的，是没有意愿、或者没有能力去设定一个共同的战略目标。"①乌克兰危机之后，欧盟内部展开对于"东部伙伴关

---

① Sergei Karaganov, "Europe：A Defeat at the Hands of Victory？" *Russia in Global Affairs*, No.1, 2015, pp.8—22.

系"计划的严肃反思，是对于这一判断的一种佐证。①

　　第二，作为处于各国际力量中心夹缝之中的乌克兰，如何在面对外部竞争的压力和诱惑之下，以深思熟虑的战略把握，取代"东拉西扯"随波逐流，听任"路径效应"的盲目支配，这是一个严峻的考验。当今多边国际争端中的普遍现象，乃是中小国发挥着自己的能动作用，甚而引领大国的走向。尤其是内部政治经济困难、文明与民族状况比较复杂的中小国家，通常需要比较合宜的国际环境，比较充分和理性的知识、思想和物质准备，才能在周边多方力量中心的竞争中做出理性选择。如果缺乏这样的条件，听任"政治精英"在复杂取向之下的"玩火"，那么，"寻租"不成，反而会出现乌克兰所遭逢的悲剧。诚如著名评论家克里斯托弗·布克（Christopher Booker）所指出："几个月以来，西方不断地妖魔化普京，比如，威尔士亲王和希拉里·克林顿就将其与希特勒做对比，而完全忽略了正是由于乌克兰本身操之过急地要加入欧盟才是这场危机的根源。"②

　　第三，欧俄关系之所以会从合作迅速跌入危机状态，还在于是否顺应了现代社会的对话与沟通的基本交往原则。欧俄区域竞争的路径依赖过程虽难以逆转，但是，通过对话和沟通，增信释疑，减缓冲突，还是可能至少降低和推迟危机的发生。值得深思

---

　　①　2014 年 12 月 3 日，弗里德里希·艾伯特基金会代表团访问俄罗斯研究中心时谈及了欧盟内部正在对"东部伙伴关系"计划进行严肃反思。此外，前述学者宋黎磊的文章也有同样的记载。

　　②　Christopher Booker, "Fresh evidence of how the West lured Ukraine into its orbit", *Teiegragh*, 2014-08-08, http://www. telegraph. co. uk/news/worldnews/vladimir-putin/11023577/Fresh-evidence-of-how-the-West-lured-Ukraine-into-its-orbit.html.

的是，富于在文化多样性条件下处理国际纷争经验的欧盟，包括
与欧洲有着如此深厚渊源关系的俄罗斯，居然在推进同一地区但
完全对立的区域进程时，未能及时有效地对话与沟通。从欧盟方
面的记载来看，曾经有过一些与此有关的沟通，但是，卡拉加诺
夫对于欧俄之间的有关交往，有着这样一个总结："20 世纪 90 年
代初期，当时的俄罗斯总理一度谈及加入欧盟的可能性。但是
90 年代早期当时欧盟流行的观点是，俄罗斯只能作为欧盟的一个
小伙伴。俄罗斯在 1999—2000 年普京担任总理和以后担任总统的时
期，提出过许多大胆的建议，旨在恢复主权和建立平等关系。但是，
这些倡议被忽视了。到了 21 世纪，取代原有伙伴和合作协定的新协
议从未签订。每年两次的峰会，算是提供给俄罗斯的特殊地位，但
是白费力气。此后，欧俄之间的谈判议程尽是一些次要话题，诸如：
如何为飞越西伯利亚安排支付，禁止波兰的肉类转口入境，限制向
芬兰出口原木等等。俄欧之间没有能够启动教育互换和科学一体化
项目，这是双边关系走向失败的另一个证明。俄欧之间的合作项目
有不少名号，比如，最近的一项是'为了实现现代化的伙伴关系'，
俄罗斯高层精英就此向欧盟提出许多建议，但从不见进展。欧盟始
终是把俄罗斯作为小伙伴来看待。俄罗斯为维持与欧盟的双边关
系最后一次重要的努力，是邀请欧盟参与和关税同盟之间的对话，
当然，这也是力图在欧盟法律框架之内建立起对话，并为了推进
今后一体化进程。但是，布鲁塞尔拒绝对话，取而代之的是继续
重申这是它自己的利益区域。最后，当欧盟答应要进行对话的时
候，那已经是在乌克兰危机发生之后了。"①

---

① Sergei Karaganov, "Europe: A Defeat at the Hands of Victory?" pp.8—22.

在"路径依赖"之下，首先上述三次急剧政策逆转时期，欧俄双方交往功能"失声"，听任事态的恶化。同时，特别是由于欧俄双方缺乏成熟战略目标的引领和规定，听凭意识形态和一己利益的盲目支配，使双方身不由己地跌入危机而不能自拔。

四、欧、俄、乌三边关系框架中的制约性缺失

通过对在从观念形态的激发、对危机发生的"路径依赖"过程的分析之后，让我们转入从外部环境来观察危机的成因。

外交史上的任何一对双边关系，都是在各个不同的三边关系互动的框架之内运行的。比如，欧俄关系，不可能脱离欧盟、俄罗斯、乌克兰三边互动框架的外部制约。历史地看，欧、俄、乌三边关系如若稳定，那么，乌克兰选择"东—西"取向的过程会较为顺利；欧、俄、乌三边关系如若动荡，那么，不光乌克兰难以做出抉择，而且，无论是欧盟还是俄罗斯，都无法在区域合作问题上如愿获得拓展的机会，欧、俄关系本身也必将受到拖累和牵制。

2004 年的"颜色革命"，2006 年后的俄乌天然气冲突，包括具有相关性的 2008 年的俄格"五日战争"的危机处理过程中，欧盟与俄罗斯之间虽然分歧明显，但仍保持较为有效的对话与合作。但是，2009 年欧盟"东部伙伴关系"计划和俄罗斯"欧亚经济联盟"推出之后，则可以明显发现，围绕着乌克兰的"东—西"取向问题，俄欧之间原有对话和沟通形同虚设，两者间的抗争性迅速抬升。这表明，与金融危机之前的情况相比，金融危机之后的欧、俄、乌三边关系已经出现了一些新的特点，对于欧俄关系而

言，这一重要外部制约性条件明显受到了削弱。

第一，由于历史文化影响、制度示范效应、现实经济利益，特别是冷战终结本身的冲击等多方面的原因，作为转型国家的乌克兰和俄罗斯，都曾在 20 世纪 90 年代以来，把对欧盟政策置于其外交政策的最主要方面。但是，21 世纪以来，特别是"颜色革命"、金融危机之后，欧洲各国的政治气氛既不像冷战刚结束时那样较为一致地愿意摒弃冷战态势，也不像彼时的转型国家那样几乎千篇一律地把欧美市场与民主制度奉为体制转型的楷模，包括当时欧盟的东向扩张，一度是原苏联加盟共和国纷纷效尤的潮流，但现在却遭到了抵制。"颜色革命"和金融危机之后的欧、俄、乌三边关系，一方面，依然寄希望于欧盟成熟体制、雄厚实力和老到经验的支持和调解，但是，裂痕已经比比皆是：欧盟与俄罗斯之间，越来越可以感受得到互相忽视和互相贬抑的态度，并且类似的言论近乎公开、溢于言表①；欧盟内部的新欧洲因素崛起，前所未见地显现出对于乌克兰局势的影响力；欧洲之外的美国因素，对乌克兰事务始终"不离不弃"，影响深远。欧盟、俄罗斯与乌克兰相互之间发生冲突之后，欧盟虽依然出面调停，但是，或被认为"劝偏架"，或是利益冲突过于尖锐与直接，调停效果大不如前。作为区域冲突的制动器的三边框架本身呈现高度的不确定性。

第二，与上述情况相联系，21 世纪以来，欧盟、俄罗斯和乌克兰三者之间原本存在着政治、经济、文化、人员往来上的不可

---

① 自金融危机爆发以来，以笔者在各个场合所接触的不少欧盟和俄罗斯的各界精英，都明显地表现出对于欧盟及欧洲未来的不信任态度，直到乌克兰危机的爆发。——笔者注

分割的相互关系，正在出现松弛。在希拉克、布莱尔、施罗德等
为普京所熟悉的老一辈欧洲政治家相继离去之后，至少给欧盟与
俄罗斯之间的高层政治家人际直接交往关系留下断层。包括默克
尔与普京之间的相互关系也远不可与其前任相比。"颜色革命"之
后的欧美学术界出现了不少质疑俄罗斯与乌克兰之间传统人文纽
带关系的学术著作，显然是意在从根本上消解欧亚地区的历史文
化认同，为欧盟的进一步东向扩展做铺垫。[①]穿越乌克兰而横跨俄
罗斯和欧盟东西两头的庞大能源管道系统，曾经是欧俄之间稳定
关系的标志性基础设施。但是，2006—2009 年的能源冲突，以及
随后欧洲能源供应多元化进程，包括全球能源供需行情的迅速变
化，使得具有标志性意义的传统基础设施的稳定作用开始被削弱。
欧、俄、乌三方合作中，不光传统的人文合作基础被淡化了，而
且，多年持续的物质性基础也被深深动摇了。

第三，21 世纪以来的十多年中，在欧、俄、乌三方无论任何
一方的内外事务中，都越来越崇尚自主决策，而不倾向于伙伴的
对话与合作。从苏俄帝国传统之下摆脱出来的乌克兰，从各个社
会层面和各个沟通管道，日益表现出难以遏制的主体意识。特别
是亚努科维奇时期一系列重要政治事件，例如，季莫申科审理案
的出现，表明乌克兰当政者既不想讨好俄罗斯，也不想巴结欧盟，
究其深层考量，乃是乌克兰自主性的一种非常特殊的表现。21 世
纪以来，从"华盛顿共识"的转型范式之下刚刚得以解脱的转型

---

①   参见 Stephen Velychenko（editor），*Ukraine*，*The EU and Russia*：*History*，*Culture and International Relations*，New York：Palgrave，2007。本书对俄罗斯—乌克兰历史文化传统中的紧密关系提出系统质疑。

大国俄罗斯，在普京治下竭力追寻自己的独特发展模式。按卡拉加诺夫的判断，此时"指望俄罗斯会选择欧洲道路，已经不再可能。而欧洲本身也在不断变化中；革命之后，欧洲对俄罗斯已经没有吸引力"①。包括从冷战阴影之下得以脱身的欧盟，特别是经过金融危机的教训，也尽其所能构建有别于美国、适合于欧陆的当代共和政治。这样一种各有主旨、也各行其是的多样化格局，尽显出原来尚称稳定的欧、俄、乌三边关系框架中，早已经暗流涌动。

第四，与自主性凸显相映成趣的另一个侧面则在于，虽然各方的自主意识大幅度提升，但是欧盟、俄罗斯和乌克兰三方各自的内部政治建构，正在经历重大变化和深刻挑战，大大增加了对外事务的复杂性。欧盟一体化进程本身，正处于欧债危机后的严重结构性和体制性挑战的十字路口；俄罗斯也始终没有摆脱一个欧亚传统大国内部体制转型的痛苦；而乌克兰则远远没有完成一个典型民族国家所必须具备的政治建构。这样一种内部政治构建的困境，与其对外的自主性的增长，正好形成一个逆向并脆弱的反馈机制。一旦有事，非常容易形成由内部问题而引发的外部震荡。因此，就欧、俄、乌三者关系而言，对外事务的敏感易变，始终与内部进程的动荡互相缠绕、互相作用，而金融危机之后，则尤显突出。

上述欧盟、俄罗斯与乌克兰三边关系中的新趋势，无疑表明这一关系框架表现出的高度动态性、其发展方向的不确定性，以

---

① Sergei Karaganov, "Europe: A Defeat at the Hands of Victory?" pp.56—64.

及三边关系结构的不平衡性，这使得原来尚能调控俄罗斯与欧盟关系的某种外部制约性，已经大打折扣。

五、德国—俄罗斯关系变化所起的作用

俄罗斯与欧盟相互关系变化中的一个关键性因素，乃是俄德关系。德国外交关系委员会东欧、俄罗斯和中亚项目负责人斯特凡·迈斯特（Stefan Meister）有一篇比较完整表达当前德国对俄政策及其背景的文章。这篇文章较之官方声明，更为明确而坦率地表达了俄德关系正在展开过程中的关键问题。在这篇文章中，斯特凡·迈斯特非常清晰地谈道："德俄关系的疏远，是从梅德韦杰夫时期结束和普京在 2012 年重新担任总统这一时刻开始的。而2006 年默克尔取代施罗德担任德国总理，这一变化不光是改变了气氛，而且导致俄罗斯在德国领导阶层中的地位下降。俄罗斯商业环境改善缓慢，与腐败斗争处于停滞，法制作用有限，邻国关系普遍紧张，使得人们对双边关系感到失望。但是，总的来说，而后的乌克兰危机，特别是俄罗斯兼并克里米亚，导致德国在冷战后的俄罗斯和东方政策的终结。这是（俄德之间签署的）'现代化伙伴关系'项目的失败，也是 20 世纪 70 年代后的'新东方政策'，和在柏林墙倒塌后延续了 25 年的威廉·勃兰特政策及其后继者的失败。这一政策的原本目的，旨在'通过睦邻关系推动改变'，包括支持民主、法制和通过经济合作，把俄罗斯融入欧洲一体化。"[1]

---

① Stefan Meister, "How Russia Lost Germany", *Russia in Global Affairs*, No. 1, 2015, pp.56—64.

"德国完全失去了对现任俄罗斯领导人的信任，尤其由于默克尔和普京个人关系恶化，严重地破坏了双边关系。对于德国政治精英来说，乌克兰危机就是俄罗斯的危机。……结果使得大多数对德俄关系寄予希望的德国社会民主党人终于相信，俄罗斯和德国并没有共同的价值标准，在一系列重大问题上有着不同利益。……由于德国政治精英对于纳粹的教训异常敏感，因此，德国不能接受俄罗斯通过兼并克里米亚而破坏国际法，挑战他国主权。这是一个重大原则问题，即使德国社会的一部分和德国商业界完全不同意默克尔总理的一贯政策。"①

斯特凡·迈斯特特别地强调了一个重要背景："乌克兰危机是发生在这样的一个时刻，也即，德国精英正准备不光是在欧洲，而且，在世界的其余部分推进更为进取的外交政策的时候。2014 年早先的慕尼黑安全政策会议上，无论是德国外长施泰因迈尔、总统高克（Joachim Ganck），还是国防部长乌尔苏拉·冯德莱恩（Ursula von der Leyen）等人众口一词的发言，都充分说明了这一变化。特别是外长施泰因迈尔，他把德国外交政策的重构看作他这一任期最重要的政治议程。毫无疑问，与欧盟整个经济和体制危机相比较，增长中的经济和政治权力大大加强了柏林在整个欧洲的权重。德国以往一直强调它的经济权力，但是，近年来在外交圈子里非常热烈的讨论表明，德国政治精英意识到必须对当今世界的危机管理和维和承担更多责任。从德国的观点看来，美国强权的衰落和伴随着的世界多极化与脆弱性，要求欧洲

---

① Stefan Meister, "How Russia Lost Germany", pp.56—64.

以欧盟方式在世界事务中承担责任。这也与德国经济利益相关联，它需要更加稳定和开放的市场、法制，以及旨在走向繁荣的国家功能。"①

斯特凡·迈斯特进一步解释道："德国在一系列协调性事务中，从一开始就发挥了领导作用。2014 年 2 月，德国与法国和波兰一起重新发起'魏玛三角'功能，旨在制止（乌克兰）强力部门和自由广场分子之间的骚乱。在 2014 年 6 月胜利日德国发挥关键作用，与法国、俄罗斯、乌克兰一起发起了'诺曼底方式'。此外，默克尔与施泰因迈尔定期地与普京和拉夫罗夫举行会面。在此同时，在克里米亚被兼并以及俄罗斯支持顿巴斯地区的战争之后，默克尔支持对俄罗斯进行制裁。"②

俄罗斯如何来看待这一场变化呢？莫斯科学者卡拉加诺夫的观点依然具有相当的代表性。他认为："德俄关系的疏远，乃是欧盟的主要失败之一。（俄德关系）这一欧洲和平的支柱，是经过了从勃兰特、施密特、科尔、施罗德等多届政府总理与苏俄伙伴共建的。另外的一个支柱欧盟，其核心是正在衰落中的法德轴心。如果俄德支柱破裂，法德关系还将进一步扩大裂痕。"③

在卡拉加诺夫看来："当民族自由主义还没有那么膨胀，只是偶然卷入类似轰炸南联盟，或者阿富汗战争那样的运动的时候，德国主要是通过运用它的经济实力，来捍卫和发展它所建立的新的认同。德国在使自己成为欧盟领袖方面，是做得非常成功的。

---

① ② Stefan Meister, "How Russia Lost Germany", pp.56—64.

③ Sergei Karaganov, "Europe：A Defeat at the Hands of Victory?" pp.8—22.

第三帝国崩溃之后，德国建立起来的政治制度也许是世界上最有效的制度之一。"卡拉加诺夫在比较了德、俄不同发展模式之后，指出："俄罗斯在重新进行国家构建和确立认同的时候，采用的是俾斯麦式的老派德国方法，这样的方式基本上是与现代德国政治的观念相互对立的。遗憾的是，没有多少人认真努力地去分析发生在两国历史经历和发展路径方面的这种差异。"①

卡拉加诺夫还透露了俄罗斯方面存在更为悲观的观点，他说："俄罗斯精英和社会在看待围绕乌克兰的俄德冲突时，认为这是'（德国）总理被美国安全部门套牢了'，或者认为，柏林是让一个旧式的世界去适应它自己的'德国的欧洲'的需要。另外一种更加令人关注的观点是，德国已经决定要建立'第四帝国'，乌克兰乃是这一计划中的一个有机组成部分。"②

卡拉加诺夫进一步阐述道："德国相信，俄罗斯在德国和乌克兰问题上的政策动因，是起源于普京体制希望保留权力的意愿。所以，德国必须作为欧洲和平的捍卫者，保持原状（status quo ante）以留存和平体制。而俄罗斯的眼界在于，它是一个超越欧洲之外的国家，制约着在南斯拉夫、伊拉克、利比亚的莽撞蛮横、无法无天的状态；而西方反而支持自杀式的'阿拉伯之春'，这实际上是在毁坏整个国际体系。"③

卡拉加诺夫认为："对抗是不是不可避免呢？从某些方面来说，是的。比起苏联解体时曾经有过的各个国家间、社会间的相互认知水平，现在并没有多少长进。……对抗在很大程度上是由

---

① ② ③　Sergei Karaganov, "Europe: A Defeat at the Hands of Victory?" pp.8—22.

于各国精英的糟糕情况所引起的。这些精英并不想相互了解，也没有能力去设置共同的现实的长远发展目标。……俄罗斯人宽恕了德国在第二次世界大战中的罪行，但是，如果让过去的历史重新回潮，那么，会进一步涉及一些反德情绪更加高涨的欧洲的其他地方。欧洲大陆在道德上可能会回到50年前。普京和默克尔之间已经没有了相互之间的专门联系纽带，德国人和俄罗斯人又将面临历史性的挑战。因此，他们必须担保历史不会重演。"①

　　无论是德国，还是俄罗斯的学者都察觉到，德国社会舆论对当时德国外交转向和俄德关系还是存在着歧见。就是这位来自德国外交协会的斯特凡·迈斯特承认：根据2014年5月的民调，60%的德国人反对更多参与国际事务，仅37%赞成。这一情况与1994年的情况正好相反，当时62%的德国人支持参与更多国际事务，而37%反对。关于德国外交的优先次序时，66%主张人权事务，59%主张环境和气候保障，57%主张能源安全，而保障德国经济利益仅排第13位、占25%，支持弱小国家反对外来侵略只占26%。但是，根据2014年4月的民调，支持与俄罗斯发展紧密关系的仅占32%，与之相比，2009年为55%。②

　　从上述有限的表达当中，可以清楚地感受到：第一，俄德关系，不光对于欧俄关系举足轻重，而且，事关更为宽广的国际事务领域。第二，俄德关系的倒退远不止始于乌克兰危机，后者不过是一连串变化中的"催化剂"，也因此，即使乌克兰危机结束之

---

① Sergei Karaganov, "Europe: A Defeat at the Hands of Victory?" pp.8—22.

② Stefan Meister, "How Russia Lost Germany", pp.56—64.

后，俄罗斯与包括德国在内的西方之间的对立也未必停止。①第三，俄德矛盾既涉及地缘政治和地缘经济竞争，但是，又显然关系到更为深层的理念与价值观的差异。俄罗斯方面对此也是有所反省，犹如卡内基莫斯科中心主任特列宁所言："在柏林墙推倒后，很多俄罗斯人只将欧洲视为本国能源的销售市场、存放资本的保险箱和度假地。这一时代已经过去，我们需要重新关注欧洲，尤其是德国。"②第四，俄德关系的另一个重大背景，乃是俄罗斯与整个西方的关系。2008 年，布加勒斯特峰会上美国所提出的乌克兰加入北约的立场，乃是而后整个西方的对俄战略的一个起点。也即，无论德国还是包括美国在内的其他西方国家，都接受乌克兰加入北约的原则；但同时，在德国反对之下，乌克兰没有能够在当时加入"北约成员国行动计划"。③默克尔曾经确认，这样的一种双重原则的立场将会在长期内支配德国外交。无疑，这是 2008 年以后俄罗斯与包括德国在内的整个西方国家关系既趋于紧张，但同时也不得不有所节制的重要源头之一。

六、从技术层面的一个思考

在对如此剑拔弩张、各不相让的立场做系统考察之后，还是让我们再回到技术层面，来反思欧盟与俄罗斯之间的这场所谓

---

①② Дмитрий Тренин. Конец согласия：чего хочет Европа от России//РБК daily. No.224. 02 декабря 2014. C.7.

③ Robin Alexander, Beat Balzli, "Würden Sie Krieg mit Russland führen, Frau Merkel？" *Die Welt*, 2014-07-12, http://www. welt. de/politik/deutschland/article135110372/Wuerden-Sie-Krieg-mit-Russland-fuehren-Frau-Merkel.html.

"一体化争议"。有趣的是，来自美国权威智库、国际战略研究中心的塞缪尔·查拉普认为：其实，并没有必要一定使得欧俄之间闹到这般互不妥协的地步。[①]

尽管，在他看来，两种一体化之间的争议从一开始就是非常尖锐的：其一，"东部伙伴关系"计划针对六个国家，实际上有一个清晰的选择标准，那就是针对除了俄罗斯之外所有欧洲地区新独立的原苏联加盟共和国；而这六个国家相互之间除了是"俄罗斯之外的所有"（all but Russia）这一地区国家的特点之外，几乎没有其他任何的共同之处；甚至不像俄罗斯还与欧盟直接接壤，这六国中有三国与欧盟完全没有共同的边界。由于"东部伙伴关系"计划不同于传统的自由贸易协定，这一协议要求成员国采用欧盟法规，与欧盟经济—法律空间实行一体化，并要求实际上摆脱包括俄罗斯在内的其他伙伴。由于这六国中，有四国已经是独联体自由贸易区的伙伴国，因此，欧盟境内的商品和服务由此可以大规模地进入俄罗斯市场。所以，毫不奇怪，莫斯科将欧盟与六国之间的"深化和全面自由贸易协定"（DCFTAs）视为对其经济安全的威胁。[②]

从俄罗斯的角度来看，在乌克兰危机之后5—10年内，将会努力推动在欧亚联盟框架内的共同经济政策；力争动员"东部伙伴关系"计划国家加入欧亚联盟；一旦乌克兰正式签署DCFTAs，俄罗斯将严格审核来自乌克兰的所有商品，以免来自欧盟的产品进

---

①② Samuel Charap, Mikhail Troitskiy, "Russia, the West and the Integration Dilemma", *Global Politics and Strategy*, Vol.55, 2013(6), pp.49—62.

入俄罗斯市场；俄罗斯当局向乌克兰方面提交了关于乌克兰向俄罗斯出口商品的有关规则和法律的正式信函，实际上是宣布停止从乌克兰的进口。欧盟怀着老羞成怒的情绪对此做出反应。在欧盟负责东扩和邻国的政策问题专员富勒（Stefan Füle）向欧洲议会所做的演讲中，斥责"俄罗斯是以断然态度在行事"，他再次强调了"关税同盟与DCFTAs的互相不兼容性"。富勒以亚美尼亚加入关税同盟一事杀鸡儆猴，警告说：这就使得亚美尼亚在维尔纽斯峰会上不可能再推进与欧盟签署联系国协定。①

　　其实，事实并非必须如此。塞缪尔·查拉普认为："DCFTAs与关税同盟本身并不是不可兼容的。首先，这两者都是世界贸易组织的从属性体制，欧盟和俄罗斯也都是世界贸易组织成员。欧盟委员会贸易事务专员富勒2013年9月在欧洲议会的讲话中还说过，关税同盟与DCFTAs的区别仅仅在于关税水平。他说：'关税同盟成员与DCFTAs是不可兼容的……你不可能既作为DCFTAs成员降低关税，同时又作为关税同盟成员去提高关税水平。'这里尽管看上去存在着不同，但是，并没有任何法律，可以阻止政策制定者通过创新规制以避免这两者之间的冲突。以当时美国正在同时推进的跨大西洋贸易与投资伙伴关系协定（TTIP）和跨太平洋伙伴关系协定（TPP）为例，并没有发生这样的冲突和零和式对抗。换言之，两种一体化倡议中的任何互不兼容，都是被设计出来的，因此，解决这一问题完全有赖于创制者如何来对待这一问题。"②

①② Samuel Charap, Mikhail Troitskiy, "Russia, the West and the Integration Dilemma", pp.49—62.

也许，导致欧盟与俄罗斯由合作走向对立的这场危机，可以从技术层面来找到出路。尽管，有着那么多意识形态与观念差异，那么多纠缠不清的地缘政治经济纷争，那么多的历史恩怨，包括也总有那么多的寻租者不甘于寂寞，弄出点事端，浑水摸鱼。但是，如若认真反思，恐怕，并不是任何一项激起纷争的所谓原因和理由，都必然地指向非要走向一场全面冲突不可。

这就是本书研究与写作的初衷所在：揭示纷争的缘由，反过来，再看看这些纷争有没有必然存在的理由。虽然，局面已经是非常困难，但是否还是能够尽力找到排遣纷争的合理出路。①

第二节　危机下的美国对俄认知变迁

不光欧盟对俄认知在 20 世纪第 2 个 10 年开始之时迅速恶化，值得关注的是，几乎在同时，美国对俄认知也出现了戏剧性的变化。

一、美国对俄认知状况的一些基本背景

首先，总体上来说，美国对俄罗斯战略决策的形成和执行过程，受到很多因素的制约。在这些因素当中，有体现为美国战略意志和决策的一些共同理念和国家利益背景的驱动，但经常也会出现非常矛盾的状况，反映出美国国内五花八门的利益集团背景

---

①　本节内容曾发表于《欧洲研究》2015 年第 4 期，第 43—66 页，经修改载入本书。

的互相交织、互相影响的复杂局面。

一般而言，这里既有国家的对外决策部门、议会与党派集团、军工集团、安全部门、学界智库等各个方面的相互掣肘，也有金融和财政系统、公司、地方机构以及大量非政府组织等各种参与者之间的复杂博弈。大致说来，2003—2004 年以后，美国各界对俄认知逐渐呈现负面状态，至乌克兰危机，特别是克里米亚事件发生而达到顶峰。为什么美国对普京时期的俄罗斯内外政策表现出总体的不信任？在俄罗斯学者亚历山大·卢金（Alexander Lukin）看来，其基本原因在于美国的意识形态左右着美国对外部世界的看法，与此同时，也受到华尔街和美国银行体系本身利益的深刻影响。[1]笔者认为，如果说，卢金教授所言仍是美国对俄认知的一般状况的话，那么，当下美国对俄认知则具有从冷战时期美国和西方学界的"苏联学"，到 20 世纪 80—90 年代的"转型学"，一直到 21 世纪以来的"威权学"这样一个学理变化的深层次背景。换言之，美国对俄认知得到了学术过程的支持。[2]

的确，美国对俄战略的形成和运作过程，包含了各种不同立场的理论和思想趋向：第一，权力政治考量和意识形态叙事相互交织，强调美国强权的至高无上地位，奥巴马所言称的，美国还要领导世界一百年[3]，大体是这一背景的集中体现。第二，美国战

---

①　US unwilling, unable to comprehend situation in Ukraine, Russia-expert, 16 July 2014, http://sputniknews.com/voiceofrussia/2014_07_16/US-unwilling-unable-comprehend-situation-in-Ukraine-Russia-expert-9972/.

②　David Art, "What Do We Know About Authoritarianism After Ten Years?" *Comparative Politics*, April 2012.

③　Obama's west point speech, *New York Times*, 2014-05-30, http://www.nytimes.com/2014/05/30/opinion/obamas-west-point-speech.html.

略决策形成过程包含有全球主义与孤立主义相互交织的深刻背景，这种全球主义既来自多元自由主义，同时也包含着新保守主义等更具有扩张精神的思想派别的影响。同时，美国孤立主义也始终没有放弃对于对外战略的影响力。第三，美国传统的务实主义，特别是以基辛格和布热津斯基为代表的这一派别，强调国际政治角逐中的不同力量之间的均衡，而非崇尚一味的抗争。值得注意的是，这一派力量尽管在中国和俄罗斯研究领域有着比较大的影响，但在 21 世纪以来的美国，这一种声音并不总是影响决策，特别是影响对俄罗斯或对中国决策的决定性因素，甚至经常处于被边缘化的状态。

除此之外，美国对俄战略还表现出更容易受到国际环境变迁的趋势以及具体情境的影响。比如，美国的全球地位和能力、全球化的实际进程，究竟是有所推进，还是出现倒退？这里包括一些非常重要的当前趋势，比如，在多大程度上，美国的同盟关系已经被伙伴关系网络所取代？在多大程度上，平民主义的外交功能，实际上已经比政府的官方外交来得更为重要？以及在多大程度上，可以更多地运用制裁和经济手段来平衡潜在的对手？作为全球头号大国的美国在运筹对俄外交的时候，比较多地受到这些现实因素的影响。①

乌克兰危机和叙利亚战争以来，随着美俄之间的角逐激化，

①　2016 年 2 月初，笔者在华盛顿参加乔治敦大学安琪拉·斯登特（Angela Stent）教授主持的有关欧亚问题以及中俄关系问题的国际研讨会上，俄罗斯留美学者维塔利·科济列夫（Vitaly Kozyrev）的一篇文稿，题为 "US approaches to Russia" 的第一部分 "General Overview" 中做出了相关的描述。

美国的对俄认知在总体上趋于恶化，几乎处于一个不可逆的态势。许多相当敌视俄罗斯的观点纷至沓来，强调把俄罗斯看作对美国国家利益和美国权威的新的、上升中的威胁。这种观点主要来自传统的现实主义立场，同时也来自新自由主义和新保守主义。后者更加强调，如果俄罗斯在事关价值观的意识形态方面，或者在事关治理效应的体制方面，取得对美国的优势，那将构成对美国的重大威胁。乌克兰危机和叙利亚战争之后，连奥巴马总统也公开把俄罗斯与"伊斯兰国""埃博拉病毒"并称为"三害"①，这是美俄关系迅速滑坡的一个关键性标志。

二、陷入困境的对俄判断与认知

2011 年后叙利亚陷入动乱，2013 年底乌克兰危机爆发，一连串重大国际事件标志着奥巴马的中东政策和"重启"对俄关系的战略设计陷入困境。2015 年 9 月底，普京决定以空中打击方式干预叙利亚事件，使得美国总统行政决策系统进一步出现了不同的立场。

其一，奥巴马的举棋不定使得核心决策团队处于对俄被动状态。

用迈克尔·克劳利（Michael Crowley）的话来说，普京在叙利亚实行空中打击"这一招使得奥巴马决策系统为了弥补内部裂

---

① "Full text of President Obama's 2014 address to the United Nations General Assembly", *The Washington Post*, 2014-09-24, https://www.washingtonpost.com/politics/full-text-of-president-obamas-2014-address-to-the-united-nations-general-assembly/2014/09/24/88889e46-43f4-11e4-b437-1a7368204804_story.html.

痕而显得筋疲力尽，在一些情况下，甚至使得奥巴马国家安全决策团队的士气大为低落。在一些主张采取更大胆行动的官员看来，奥巴马似乎表现出在总统任期最后一年时间里，执意不愿意采取任何新的冒险行动。奥巴马团队的现任和前任官员表示，奥巴马本人不愿意对普京采取断然行动这一事实，昭示着美国的软弱和无所作为。一位总统办公厅的资深官员认为：'我们几乎是被动应对，只是等待着趋势变换，以及观察其他行为者所采取的步骤。'"①

其二，美国在叙利亚战局中行动缓慢与俄的进取态度形成反差。

克劳利指出："在近几年来不直接支持阿萨德政权之后，普京转为直接军事干预叙利亚，这几乎瓦解了奥巴马在取得伊朗核协议进展之后所有解决叙利亚问题的努力。"②从笔者参与的瓦尔代论坛、伊斯坦布尔国际论坛，以及那两年在华盛顿的若干国际会议来看，包括西方决策专家和学术精英在内的大量舆论对俄方支持下的叙利亚"化武换和平"举措表示欢迎。同时，这种舆论的变化确实反映出当年美国在大力支持"阿拉伯之春"运动后，又对数年后的中东乱局束手无策的窘境。

其三，白宫团队对俄决策的立场分歧。

熟悉白宫事务人士表示，国家安全事务顾问苏珊·赖斯（Susan Rice）和白宫办公厅主任丹尼斯·麦克多诺（Denis Mc-Donough）对上述不同意见所持谨慎立场，影响着奥巴马的判断，

①②　Michael Crowley, "Rift in Obama administration over Putin", *Politico*, 2015-10-13, http://www.politico.com/story/2015/10/syria-obama-putin-russia-discord-214677#ixzz3ofZOByjr.

他们不愿意与叙利亚和俄罗斯事务有关的行动导致美俄冲突升级。
"在高层会议上，一些国家安全事务委员会的高级官员表示要对普京在叙利亚秀肌肉作出强硬反应，这里也包括克里本人，他主张在叙利亚设立禁飞区，而奥巴马的选择事实上面临两难……冷战时期的核威慑专家、国防部长阿什顿·卡特（Ashton Carter）认为：面对普京的'挑战'，美国并没有站稳立场。中央情报局主任约翰·布伦南（John Brennan）抱怨：普京轰炸叙利亚反对派的举动没有受到足够的惩罚。一位奥巴马前高官认为：事态表明我们在退让，我们无法对普京施加任何压力。"①迈克尔·克劳利认为："奥巴马拒绝采取坚决行动反对莫斯科，这也导致了奥巴马身边几位主张强硬路线的俄罗斯问题专家越来越受到孤立。这里说的是负责欧洲和欧亚事务的副国务卿维多利亚·纽兰（Victoria Nuland）、国家安全事务委员会欧亚部高级主任西莉斯特·沃兰德（Celeste Wallander）、国防部负责俄罗斯、乌克兰、欧亚事务的部长助理伊夫林·法卡斯（Evelyn Farkas）等人，他们的主张没有被采纳，从而使得奥巴马决策系统在普京吞并克里米亚之后没有对其采取强硬武力行动。"②

其四，超越党派的对俄政策分歧。

俄罗斯在叙利亚的空中打击行动开始后，民主党内部对奥巴马的批评压力在增加，特别是希拉里·克林顿主张在叙利亚设置禁飞区，克里也主张在叙利亚北部与土耳其接壤地区建立禁飞区。其实，早在 2012 年，希拉里·克林顿就会合了当时的中情局局长

①② Michael Crowley, "Rift in Obama administration over Putin".

彼得雷乌斯（David Petraeus）、国防部长帕内塔（Leon Panetta），一起提出武装训练温和反对派的建议。奥巴马否决了这一主张。2015 年较早时候又重新出现了动议。在奥巴马高级国家安全事务顾问中，包括克里和当时的国防部长哈格尔（Chuck Hagel），主张美国应该向乌克兰输送杀伤性武器，包括提供反坦克导弹。奥巴马又一次否决了向乌克兰提供重武器，认为普京会作出很大反应，以作为回馈。

　　对于奥巴马行政当局对俄政策的评价，自然也是大相径庭的。比如，民主党元老布热津斯基曾经公开批评奥巴马完全缺乏对俄罗斯的总体战略，但是，俄罗斯著名评论家费奥多尔·卢基扬诺夫则公开撰文提出："不能再指望有比奥巴马对俄罗斯更好的（美国）总统了。"①

　　卢基扬诺夫的评论看来是有道理的，因为，不仅在两党之间，而且民主党内也在对俄政策上出现重大分歧，甚至于在一个决策人物身上，也可以看到既有强硬、又有妥协的两面立场。比如国务卿克里，几年来一直主张设立禁飞区，但是，他又反对鹰派所坚持的孤立普京的主张。又比如，参谋长联席会议主席邓普西（Martin Dempsey）反俄坚决，主张运送重武器到乌克兰，但是，他又反对在叙利亚设立禁飞区。

　　看来，围绕着叙利亚战争和乌克兰危机，美国高层决策的确陷入高度分化。美国决策层的对俄认知也似乎从来没有表现得如

---

　　①　Fyodor Lukyanov: "Part of the sanctions can fall off in the second half of 2016", *South Front*, 2016-01-10, http://southfront.org/fyodor-lukyanov-part-of-the-sanctions-can-fall-off-in-the-second-half-of-2016/.

此摇摆不定。

三、美对俄政策与认知变化的一个重要背景：两党趋近

值得注意的是，随着美国 2016 年大选的临近，一度在乌克兰危机中僵持，而在叙利亚战争中被普京出招搞得穷于应付的美国决策圈，在陷于一度内部分化的乱局之后，正在重新集结，并再一次地显示对俄强硬。

从美国对俄政策和认知迅速转向强硬，可以发现一个重要的问题，即，侧重于意识形态的自由主义派和强调以实力抗衡的保守主义派这两大阵营的立场出现了大幅度的接近。[①]一般而言，前者较多指民主党，后者较多指共和党，而两党的立场在趋近。通常认为，美国的保守派比较倾向于对俄强硬，而民主党则对俄相对温和。但是，现在的情况是，民主党人，特别是被认为有可能成为 2016 年总统人选的希拉里·克林顿本人的对俄立场趋于强硬，与不少共和党中的强硬派立场相吻合。

叙利亚战争和乌克兰危机发生之后，共和党头面人物（如麦凯恩）的很多言行表明了这一点。他们主要强调俄罗斯具有攻击性的过分行为，指责普京的扩张主义和帝国抱负，强调俄罗斯传统主义和倾向于使用武力，强调俄罗斯民族主义的消极作用。他们认为，由于俄罗斯使用军事手段的潜在结果，势必会对美国产生压力，破坏美国重构国际秩序的努力。他们主张对俄罗斯采取进攻性行动，包括进行制裁、对俄罗斯显示武力，使得俄罗斯在

---

① 于滨教授 2014 年秋天在华东师范大学俄罗斯研究中心所作的讲演中，曾经明确指出过这一点。

面对西方具有优势的强权发生冲突时不得不退却。

　　而从民主党方面来看，当时最具代表性的，是老资格的外交家、美国最重要的智库之一布鲁金斯学会主席，也是一位资深的俄罗斯问题专家斯特罗布·塔尔博特（Strobe Talbott）。不少人认为，如果 2016 年民主党在大选中获胜，塔尔博特非常可能成为希拉里·克林顿未来对俄政策的主要顾问。①

　　塔尔博特曾经专门著文表达对普京上台之初就"看透"普京的威廉·萨菲尔（William Safire）的器重。2000 年 1 月稍晚的时候，威廉·萨菲尔就在《纽约时报》发表专栏文章，题为《普京主义已然来临》，指出这位克里姆林宫的新领袖将会是"个人崇拜""压制真理""俄罗斯大国复苏"这些现象的延续和发展。在以后 9 年左右的时间里，萨菲尔不止一次地指责普京压制反对者，镇压媒体，流放和监禁持不同政见者，尽其一切所能把"近邻国家"纳入俄罗斯势力范围，将俄罗斯文明的母亲——乌克兰充当俄罗斯的粮仓和制造中心，对任何西方进入这一地区的举动耿耿于怀。

　　在塔尔博特看来，普京在克里米亚和乌克兰东部和南部的行为，只不过是上述逻辑的自然延伸。塔尔博特还认为，普京实现了多年来俄罗斯人无法实现的恢复原苏联体制的愿望，煽动起对布什时期和奥巴马时期美国一系列决策的愤懑情绪，这里包括：2002 年美国单边退出《限制反弹道导弹系统条约》；2003 年美国出兵伊拉克；21 世纪第 1 个 10 年的中间一段，西方支持在两个后

---

　　①　Strobe Talbott, "The Making of Vladimir Putin", 2014-08-19, http://www.politico.com/magazine/story/2014/08/putin-the-backstory-110151.

苏联国家——乌克兰和格鲁吉亚的"颜色革命"；2004—2009年北约的第二和第三波扩张，把原苏联境内6个国家拉入北约。

塔尔博特提出，普京关于俄罗斯安全的观念，也很像从斯大林直到契尔年科等所有苏联领导人的想法。他认为：事实上，只有俄罗斯的所有邻国都感到绝对安全，否则俄罗斯自己就不会感到绝对安全。在他看来，在这样零和博弈的背景下，俄罗斯不可能成为一个值得信赖和建设性的主要大国。

至于如何应对普京，塔尔博特主张双管齐下，即一方面对其进行遏制，用他的话来说，即使当下不同于冷战，但还是有些近似的；另一方面，鉴于俄罗斯社会还是有相当部分的势力希望俄罗斯成为一个现代国家，因此，西方还是需要与其保持接触。美国需要尽其所能保持接触，不要把他们都看成第五纵队。在塔尔博特看来，俄罗斯目前的经济状况说明，对普京政策失败的认识正在提升。

如果说，斯特罗布·塔尔博特是民主党相当权威的俄国问题专家，那么，罗伯特·卡根（Robert Kagan）则是21世纪以来新保守主义阵营扛大旗的人物。这两位有着丰富的外交工作经验、但又来自不同阵营的资深人士，现在面对叙利亚战争和乌克兰危机的新形势，在如何决策俄罗斯问题上，几乎已经站到了同一条战壕里。比如，罗伯特·卡根认为，大国间竞争的现实影响将取决于美国对此作出何种反应。美国需要强调自己在维持现行自由主义国际秩序进程中的核心作用，还必须运用自己令人生畏的实力与影响，力挺这一秩序以应对必不可免的挑战。

卡根还提出，俄罗斯和中国都不能再提出"势力范围的要求"。他强调，历史地看，大国之间的战争往往发生在对缓冲地区的争夺之中，例如第一次世界大战以前俄国与奥匈帝国之间对于巴尔干地区的竞争。今天的国际环境已经非常不同，很大程度上是由于美国在冷战终结以后发挥了独一无二的作用。当然，美国并不只是一个地区的强国，它是在非常具有战略意义的各个地区都存在着的强国，在欧洲、亚洲、中东等地维持着平衡。与过去不同，这样做的结果，是各个大国不再面临对它们自身安全的重大威胁。

2008 年 8 月 8 日北京奥运会开幕，几乎同时发生了俄罗斯与格鲁吉亚之间的"五日战争"，卡根对此曾明确提出，这是威权政治下的市场制度对自由民主的市场制度的一次"联手挑战"。尔后，卡根则着眼于刻画俄罗斯对西方的"离心离德"。俄罗斯可以不在意识形态领域和经济领域与西方竞争，而主要诉诸军事力量，但他强调，普京攻击的正是作为自由世界秩序基础的安全与稳定。①

上述塔尔博特和卡根两位资深人物的对俄立场，比较明确地表明：新保守主义的立场没有改变，而自由派民主党人的观点则大大激进化了。这两派的共同立场不但是基于意识形态，而且也鲜明地基于美国的国家利益。这是影响目前，乃至今后一个阶段美国对俄政策的最具影响力的立场和意见。

————————

① Robert Kagan, "The United States Must Resist a Return to Spheres of Interest in the International System", February 19, 2015, http://www. brookings. edu/blogs/order-from- chaos/posts/2015/02/19-united-states-must-resist-return-to-spheres-of-interest-interna-tional-system-kagan.

四、美国智库多样化的对俄认知与政策立场

美国智库是美国外交决策过程中一个非常重要的方面，智库立场则各不相同。大体而言，既有传统基金会等一类对俄持较为保守立场的智库，也有如卡内基基金会下属各类研究机构这样持比较温和立场的智库。而美国传统基金会欧亚项目负责人詹姆斯·卡拉法诺（James Carafano）所主持的两份最新研究报告《美国需要能使俄罗斯力量边缘化的外交政策》①和《美国对俄罗斯战略》②，则是立场变迁的鲜明体现。

其一，美国如何看待俄罗斯与伊朗之间的合作。

卡拉法诺提出，普京显示实力以支持叙利亚强人阿萨德，这一变化发生在美国国会已经不再能够阻挡伊朗核协议得到通过的那一时刻。这两件事情是否互相关联呢？未必。在他看来，俄罗斯和伊朗在中东地区志趣相投，他们共同的目标是避免德黑兰遭受国际制裁的威胁。伊朗核协议的签订有助于德黑兰和俄罗斯之间的经济合作。接着，俄罗斯和伊朗就决定走向第二个目标：支持大马士革，开通伊朗空中走廊。俄罗斯对叙利亚的"人道援助"接踵而至，有坦克、军队、战斗机以及各种支持设备，为阿萨德军队输血打气。在白宫眼里，这是重拳一击。

卡氏认为，有人主张，现在是开始跟俄罗斯人讨价还价的时

---

① James Carafano, "US Needs a Foreign Policy That Marginalizes Russia's Ability to Mess With Us," *The Daily Signal*, October 2, 2015, http://dailysignal.com/2015/10/02/two-important-truths-about-the-crisis-in-syria/.

② James Carafano ed., "U. S. Comprehensive Strategy Toward Russia", http://www.heritage. org/research/reports/2015/12/us-comprehensive-strategy-toward-russia.

候了。因为难民成潮、欧洲不稳定、"伊斯兰国"日益猖獗……所以，美国及其盟国可以让普京来帮助灭火。克里姆林宫当然愿意这样做，这是因为，这样可以分散人们对于莫斯科干预格鲁吉亚、乌克兰、波罗的海国家以及中欧其他地方的注意力。

其二，美国如何应对？

卡拉法诺并不同意上述立场，相反，他认为美国应该开始着手对俄罗斯和伊朗施加压力，惩罚阿萨德。紧接着，美国应该和欧洲人一起，就难民问题达成一致。难民问题极其重要。美国应该领导中东地区解决难民问题。最后，美国需要采取切实的军事战略粉碎"伊斯兰国"对于伊拉克北部领土的控制。这是现在很多问题的源头。对于阿萨德，卡拉法诺主张，美国从来都不同意他可以继续留下。①

其三，美国需要全面完整的对俄战略。

卡拉法诺提出，美国应该有全面完整的对俄战略，这应该是更为总体的大战略的一个组成部分。而美国不应该持这样的一种战略目标——现在，已不再是冷战时候的局面了——即使俄罗斯作为一个地缘政治对手和美国角力，但它依然不是美国的首要对抗者。

卡拉法诺指出，需要从头来梳理美国对俄战略。他认为，正是因为美国对俄罗斯的认知偏差，导致长期以来奉行"接触"政策。以为只要通过"接触"，就能够使俄"改邪归正"。因此，俄罗斯被邀请参加世界贸易组织，2008 年梅德韦杰夫当选总统这些

① James Carafano，"US Needs a Foreign Policy That Marginalizes Russia's Ability to Mess With Us".

变化，也被当作俄罗斯民主的"重大进步"。但是，这一切都没有发生。卡拉法诺尖锐地批评道："接触"政策的问题实质在于，俄罗斯似乎只是美国人想象中的、而非现实生活中的俄罗斯。

其四，美俄关系的恶化：谁之罪？

卡拉法诺提出，俄罗斯的辩护者们认为，美国需要对俄美关系的恶化负责。他们经常引用的是 1999 年科索沃危机、美国反导系统在中东欧的部署以及北约在一系列原苏联国家的扩张。卡拉法诺认为：这样的主张实际上承认作为新帝国的俄罗斯有权监控其邻居。

在卡拉法诺看来，今日俄罗斯，已非苏联。无论在意识形态、经济还是实力规模等方面都是如此。俄罗斯已经不是美国对外政策的中心，但并非因此俄罗斯就不值得重视。所以，需要搞清楚普京的战略。

卡拉法诺断言：美俄之间的直接冲突会非常有限，但会是非常现实的冲突。美国可以合理地应对长期的博弈，"遏制"政策并不是有效的办法。就长时段的抗争而言，俄罗斯远远不是美国的对手，因此，应避免在短时间冲突中过多地纠缠，而侧重于让俄罗斯在长时段付出代价。

就短时段而言，应侧重于使用不是"遏制"而是"限制"的政策：限于保护盟友及其利益，对俄罗斯的破坏性行为做出反应，迫使其付出代价，令其改弦更张。这一政策的关键在于预见性，要区分出美国需要保护和做出反应的关键领域、对象和手段，以及俄罗斯的合理关切。这需要稳健、坚定、避免逃避，让俄罗斯预先明白需要付出的代价。美国对俄政策需要依靠联盟。对此，可以先易后难。①

　　如果说，卡拉法诺的研究报告体现的是当代美国传统智库对俄政策强硬立场的鲜明特色，特别是在形成美国对付俄罗斯的使其"长期付出代价"的战略中发挥了作用，那么，以下来自美国国际与战略研究中心的前俄罗斯与欧亚项目主任安德鲁·库钦斯（Andrew Kuchins）的立场，则与之形成了一定的反差。

　　安德鲁·库钦斯早先是美国卡内基国际和平基金会莫斯科中心主任，20世纪90年代末以来，库钦斯被长期派驻俄罗斯，他所进行的观察和研究，使其成为美国俄罗斯研究领域的一位重要专家。回到美国后，库钦斯转到国际与战略研究中心担任俄罗斯与欧亚项目的负责人，后又调至乔治敦大学，担任欧亚问题的教职。从他最近撰写的《乌克兰危机对美国安全利益的影响》② 一文中可以发现，这位资深智库专家与前述传统基金会的同行，在观点上存在着有趣的差异。

　　其一，俄罗斯是一个首要对手。

　　与卡拉法诺的评价相比，库钦斯认为，俄罗斯的作用不可低估。在他看来，乌克兰危机之所以重要，是因为其大范围地触及了美国及其盟友的安全利益。除了对于美俄双边关系的影响，这场危机广泛地触动了欧洲的安全——从北约未来的选择到欧盟的

----

① James Jay Carafano, "U.S. Comprehensive Strategy Toward Russia", *The Heritage Foundation*, 2015-09-09, http://www.heritage.org/research/reports/2015/12/us-comprehensive-strategy-toward-russia.

② Andrew C. Kuchins, "Russia, Ukraine, and U.S. Policy Options", A Briefing Memo, Center for Strategic and International Studies, 2015-01-29, http://csis.org/files/publication/150129_Mankoff_RussiaUkraineUSOptions_Web.pdf.

核心地位和军控事务。

库钦斯断言，美国旨在全力终结，至少是希望加以遏制的叙利亚冲突以及作为其后果的所谓"伊斯兰国"扩张的过程中，俄罗斯是一个重要的角色。而在伊朗核问题、联盟军队撤出之后的阿富汗和中亚稳定问题上，俄罗斯更是发挥着关键作用。当美国非常不愿意看到俄罗斯成为亚太地区一个重要角色的时候，西方制裁使得俄罗斯大大深化了与中国的接触，并给了俄罗斯转向亚太的新动力。

其二，美国力量的式微。

与传统派对美俄力量对比的自信相比，库钦斯显得较为谨慎。他说，美国的挑战在于，正当需要与俄罗斯合作解决大量优先次序交叉的问题时，美国对此的影响能力被大大缩小了。

首先是欧洲安全问题，这是美国利益最基本的方面，如今受到了乌克兰危机的影响。对乌克兰的干预，是冷战终结后俄罗斯第一次大规模地跨越国界在欧洲使用武力，也是第一次在第二次世界大战终结之后在欧洲凭借武力占领一国领土。俄罗斯对乌克兰进行干预以及普京声称俄罗斯有权保卫俄罗斯族人、俄语居民和"国外同胞"的立场之时，正值美国准备减少在欧洲安全事务的卷入而转向亚太地区之际。俄罗斯的修正主义迫使美国重新聚焦欧洲，包括美国和北约在地处前沿的波兰和波罗的海国家增加部署兵力，也包括北约在 2014 年威尔斯峰会上重新确认把确保盟国安全作为其核心竞争力。最关键的挑战在于，与西欧国家既和俄罗斯有着较强劲的经济合作关系，又没有面临俄直接威胁的情况相比，俄罗斯修正主义对东欧国家，具有更多直接的威胁。

其三，鉴于中俄合作的趋势，美国要重整旗鼓。

库钦斯认为，当乌克兰既不是北约成员，也不是美国盟友的时候，在 1994 年的布达佩斯协议中，美国与英国和俄罗斯一起，确认向乌克兰提供安全保障，以换取基辅同意让渡它的核武器。因此，尽管乌克兰还远不是北约盟国，但美国对于危机的反应，也包含上述它曾做过的这项确认。华盛顿的亚太盟友，特别是日本，看到乌克兰的危机正在逼近，担心俄罗斯的举动会引发中国在亚太地区采取同样的行动。确实，俄罗斯已经多次提出和中国共同抵抗美国影响力的扩大。中俄关系可以对美国造成困难。

库钦斯提出，美国希望确保自己在全球各个安全领域的优先地位，乃是美国不得不卷入与俄罗斯直接对抗的原因。

其四，俄美关系进入新阶段。

库钦斯认为，乌克兰危机以后，俄美关系跌落到了冷战结束以后从未出现过的局面，而且几乎是年复一年，每况愈下。随后，奥巴马和大部分西方政治领袖抵制出席 2014 年索契奥运会的开幕式。库钦斯分析道，与此同时，"阿拉伯之春"的爆发又在华盛顿和莫斯科之间引起紧张。华盛顿首先把局势的波动看作中东走向民主化的积极趋向，而俄罗斯则担忧这些变化正在引起混乱。俄罗斯谴责美国为推动政权更替到处采取毫无区别的政策，就像 1990 年在南斯拉夫和 2003 年在伊拉克，以及在后苏联地区的"颜色革命"一样。

库钦斯指出，关于美国支持"政权更替"的叙事，在俄罗斯变得越来越可以接受。当俄美关系变得越来越糟，越来越多的俄罗斯人相信，推动在俄罗斯的政权更替，乃是美国一个没有公开宣布的目标。俄方官员，包括外长拉夫罗夫公开指出，他们认为美国和欧洲对俄罗斯政府的制裁旨在煽动不满情绪，最终导致普京政权被罢免。

在库钦斯看来，俄对于华盛顿习惯于使用军事干预和政权更替的方法的不满，随着以北约为核心的欧洲安全体制永久化的推进而加深了。俄罗斯精英由来已久的对美国的仇恨，远远不限于对个别事件的看法，它正在成为一种系统性的立场。俄罗斯对于乌克兰的干预，实际上是关于俄罗斯不愿意接受西方指令的一个明确标志，特别是对于邻近国家，俄罗斯把自己看作西方之外的、作为欧亚文明和地缘政治集团的一部分。当俄罗斯把自己定义为西方的对立面，把与西方的关系视为对抗性关系之时，要想比有限合作获得更多的东西，那是不可能的。

库钦斯总结道，从中短期前景来看，美俄关系的前景是模糊而不甚乐观的。不光是奥巴马政府已经对普京和俄罗斯不抱希望，而且，俄罗斯自身今天也越来越不想与美国进行合作。但是一旦危机过去，双方还是会有兴趣去构建一种模式，让俄罗斯去解决它的问题，让美国能够取得俄方对于其在中东和亚太安全目标的支持。无论如何，俄美关系新模式看来会与过去 20 多年占主导地位的方式很不相同。

其五，美国应有的政策反响。

库钦斯认为，对于美国对外政策的一个挑战，那就是如何在以下的这两个方面保持同步和平衡：一方面，以更新的方式与俄罗斯接触，促使其打开大门，继续合作；另一方面，要摧毁俄罗斯修正主义的抱负。美国并不想在乌克兰问题上与俄罗斯开战。

2014 年 9 月，在欧亚组织支持下达成的，并由俄罗斯、乌克兰、分离主义者以及欧安组织共同签署的《明斯克协议》，乃是目前最好的协商解决框架，其中包含着逐步解除制裁的可能性。

最后，库钦斯提出了一个具体建议：即使需要继续施压把乌克兰冲突引向终结，也必须同时与莫斯科保持沟通。这既是为解决乌克兰冲突的外交努力，也是为着将来的继续接触。库钦斯指出，一个非常有害的观点是，将现有双边总统委员会层面的沟通加以空置，然后，转入经常性的军事接触。鉴于双方都需要紧密的交往，去发掘解决冲突的方法，因此，建立与克里姆林宫高层的交往管道，将是当务之急。与此同时，为了结束当下危机，包括第二管道在内的非正式接触，需要扩展讨论的领域，以激活美俄之间的交流。

与传统基金会卡拉法诺的观点相比较，国际战略与研究中心的库钦斯更主张重视俄罗斯这个"首要对手"，而不是忽视它。库钦斯不太同意只是运用单一的制裁手段，而是提出，必须在保持压力的同时，发掘更多管道加强沟通。①

从总的发展趋势看，相比卡拉法诺的强硬立场，库钦斯所代表的温和稳健立场，似乎在美国对俄战略中发挥着更为明显的作用。

五、美国前政要的忠告和建言

曾经身居高位的基辛格和布热津斯基是美国国际政治决策界

---

① Andrew C. Kuchins, "Russia, Ukraine, and U.S. Policy Options".

和学术界相当重要的标志性人物。经常听到美国同行这样议论：最近几十年来几代外交官和决策专家中，很少再有像基辛格和布热津斯基这样的权威人物。特别是在对俄决策和认知问题上，这两位前辈的巨大影响力无可比拟。然而，人们也发现，叙利亚战争和乌克兰危机以来的美国决策过程中，很少看到基辛格和布热津斯基的意见得到采纳和贯彻，只是经常在危急关头，搬出两位老人来做做工作。

2016年2月4日基辛格在莫斯科戈尔恰科夫基金会发表的一篇重要演说中，曾表达了这样一些要点：

其一，呼吁美国与俄罗斯政治决策者超越导致冲突的歧见和误解，共同应对两国最近几年来所面临的最大挑战。

基辛格认为，我们今天的相互关系比十年前要差得多。实际上，这可能是冷战终结以来最差的一段时期，双方相互之间的信任被挥霍殆尽，冲突代替了合作。那时双方许多人都非常理解，俄罗斯和美国的命运是紧紧地连在一起的。维持战略稳定和避免大规模杀伤性武器的扩散，成为非常紧迫的任务。同时，双方也致力于建立欧亚地区的安全体系，特别是由于俄罗斯有着那么长的周边地区。当时在贸易和投资领域出现了新的远景，合作开发能源产地的项目也位列榜首。不幸的是，全球化的巨大冲击揭示出了政治家的才能与现实之间的落差。

其二，基辛格呼吁美俄两家要在叙利亚冲突中找到共同基础，以及降低乌克兰危机的紧张度。

基辛格指出，现在每一个国家占主导地位的叙事方式是责备对方，或者是把对方——如果不是整个国家的话——至少是把领导人妖魔化。美俄在巴尔干问题、原苏联领土、中东问题、北约扩大问题、导弹系统问题以及军售问题上的政策分歧，正在走向不能再回到合作的局面。

其三，基辛格批评道：包括美国和俄罗斯在内的很多评论家，都拒绝认为在新国际秩序条件下美国与俄罗斯合作工作具有可能性。在他们看来，美国和俄罗斯进入了"新冷战"状态。对美俄两国来说，今天的危险在于，虽较少回到军事抗争，但却更多走向自我预言的固化。两个国家的长远利益要求的是这样一个世界：把当代的动荡和变化，纳入一个既是多极化、又是全球化的均衡状态。

基辛格深刻地指出，动乱的特性往往是前所未见的。迄今为止，什么是全球化的国际威胁，往往是由一个主导性的国家，根据其力量积累的状态来界定的。其实，今天的威胁更多地是来自国家权力的瓦解，来自未被管理的领土数量大大增加。这样一个扩展中的权力真空，并不是任何国家都能够对付得了的，不管基于排他性的民族基础背景下这个国家多么强大。事态要求的是，美国、俄罗斯和其他主要国家之间开展可持续的合作。竞争性因素必须受到限制，且处于可控状态，而避免冲突再现的竞争还是会留存。

其四，基辛格的一个关键观念是：中、美、俄必须在一起工作。他说，在我们面前有着乌克兰、叙利亚这一类非常紧迫的冲突现象。过去几年中，很多国家有那么多的讨论，但是鲜有进步。这并不奇怪，因为讨论是发生在一个被认可的战略框架之外的。每一种专门事件就是一个大战略的表达。事实上，乌克兰问题需要放于欧洲和国际的安全构架下来加以讨论。在这样的背景下，乌克兰与其成为任何一方的一个前哨或边塞，不如被看成是东西方之间的桥梁。对叙利亚而言，任何仅限于当地的或者地区的团体，都不可能找到自身问题的解决办法。处于竞争状态的美国与俄罗斯可以努力和其他大国一起来创造一个在中东，甚至其他任何地方的和平解决办法。必须牢记："俄罗斯、中国和美国需要在2016 年一起工作。"

其五，基辛格强调通过对话来构建秩序。他说，任何改进关系的努力必须包含一种有关形成中的世界秩序的对话。怎样的趋势在消解旧秩序，同时还在营建新秩序？怎样的挑战在改变着俄罗斯和美国的国家利益的状态？怎样的规则在发挥作用形塑着世界秩序？怎样的一种立场合乎逻辑地，并且自动地有望在新秩序中占有一席之地？我们如何基于不同的历史经验，使得非常不同的关于世界秩序的观念，可以被融合到一起？这个世界秩序当然必须包括美国与俄罗斯，还包括其他大国。目标必须是发展出一种有关美俄关系的战略概念，在这一概念框架内，争论是可以被管理的。

其六，基辛格重申，俄罗斯不是美国的威胁。他说，20 世纪60—70 年代，国际关系基本上是美国和苏联之间的一种竞争关系。随着技术的进步，这两个国家可以履行一种战略稳定的概念，纵然他们之间的竞争在其他领域继续存在。从那以后，世界戏剧性地改变了。尤其是出现了一个形成中的多极世界，俄罗斯应被看作任何一种新的全球均衡中的一个基本要素，而基本上不应该被看作美国的威胁。

基辛格反复指出，我在这里论证这样一种可能性，即通过对话寻找把我们将来融合起来的方法，而不是去催生我们之间的冲突。这要求双方都尊重对方的重要价值观和利益。这样的目标不可能在目前政府行政框架中被完成。但是，也不应该因为美国国内政治而被耽搁。只有当华盛顿和莫斯科都有意愿之时，才能超越愤懑、牺牲感，一起来应对我们两个国家共同面临的更大挑战。①

从上面的介绍，可以发现，基辛格关于处理美俄关系的观点，与所谓两党共识以及奥巴马行政当局的立场都大相径庭。

第一，基辛格不同意民主党和共和党人关于俄罗斯问题的主流叙事，即把普京视为一切地缘政治博弈争斗的罪恶元凶，断定普京准备恢复苏联。在基辛格看来："当普京花 600 亿美元把索契这个夏天的度假胜地变成冬季奥林匹克运动村，并且在冬奥会闭幕式上把俄罗斯描绘成西方文明的一部分，然后在此一个星期之后，说普京以此为开端，发起了一场军事危机，这是不可想象的事情。"

基辛格认为："在俄罗斯人看来，乌克兰与俄罗斯的关系始终是非常特殊的一种关系。这种关系从来也不是局限于两个传统主权国家之间的关系，不光在俄罗斯人看来是如此，而且乌克兰人也是在这样看问题。"②

第二，在乌克兰危机突然爆发以后，基辛格认为："美国对此

---

①② Henry Kissinger, "Russia Should Not be Considered A Threat to the US", *Russia Direct*, 2016-02-05, http://www. russia-direct. org/opinion/henry-kissinger-russia-should-not-be-considered-threat-us.

的反应并不及格。"他认为,美国设定了一个并不可能达成的目标,即"打垮俄罗斯"。当强行要求俄罗斯忠于美国所阐述的、由美国评判的国际行为标准时,"美国是设定了一个强人所难的概念,除非有一天俄罗斯突然有一个要求改宗换祖的自发行动,宣布加入世界共同体"。

第三,基辛格认为,军事不结盟、战略上的缓冲地带,应该是基辅未来政权形式的内涵,从而让俄罗斯的关切得到舒缓,同时,也确保乌克兰的领土和主权完整。因此,要求俄罗斯从乌克兰东部地区撤出军队,由乌克兰政府控制俄乌边界。

卡特时期美国国家安全事务顾问布热津斯基,也是一位非常老资格的苏联和俄罗斯问题专家。他在谈论俄罗斯问题时,与基辛格有很多相类似的观点。有所区别的是,布热津斯基的立场更为明确,观点更为犀利。

布热津斯基在 2015 年 11 月土耳其击落俄罗斯战机事发之后,接受了一次专门的采访。[1]在他看来,俄罗斯与西方之间的紧张状态非常严重,但并非致命。如果方法对头,还是有着把坏事变成好事的机会。不仅要处理好地区冲突,而且要防止由(中、美、俄)三个超级大国主导的全球体系可能出现的破坏性结果。

布热津斯基认为,首先,西方的反应还是相当克制,同时对于真正的威胁并不让步。而俄罗斯意识到,在自己相当孤立

---

① Michael Hirsh, "Once a Hawk, Brzezinski Sees Hope for U. S.-Russia Relations. A Cold War Hardliner Explains Why This Time is Very Different", 2015-11-27, http://www.politico.com/magazine/story/2015/11/brzezinski-sees-hope-for-us-russia-relations-interview-hirsh-213400#ixzz4107kpFwB.

的情况下，冲突的后果严重。事实上，我们可能处于大国间关系即将突破的悬崖边上。因此，他提议立即通过维也纳会议等形式，与俄罗斯接触。他竭力主张核超级大国之间首先要展开磋商。

关于叙利亚现政权的前途问题。布热津斯基认为，如果阿萨德继续留任，对俄罗斯并不是一件利国利民的好事；而同样地，对美国来说，强行迫使阿萨德离开，也不见得是一件好事。这里依然有着共同利益，要避免美俄之间的冲撞。他说："可能是我幼稚，但是我总归认为，当前形势之下，各方需要冒的风险并不是那么可怕。最近几周以来，叙利亚的反对派似乎越来越像乌克兰的情况。这就是为什么我竭力主张俄罗斯与美国之间要坐下来谈，取法乌克兰问题的'芬兰化解决立场'（意指乌克兰保持独立的立场，不加入北约，但可以和欧盟发生紧密的经济关系——笔者注）。现在看来形势正在朝这一方向发展。"

当记者追问布热津斯基，认为他在 2015 年 11 月下旬的立场较之 10 月份要乐观得多，因为当时布热津斯基直言批评俄罗斯空中打击远不是针对"伊斯兰国"，而恰恰是针对反对派，并旨在帮助阿萨德政权。对此，布热津斯基答道："因为当时的原始报告披露俄罗斯直接打击的是美国支持的地方武装力量。我们必须提出警告，我想，我们已经这样做了。在我看来，我们的反应是适度的。普京在熄灭了情绪的波动之后，已经实质性地开始和我们一起着手解决问题。土耳其人的立场既有弹性，但也不事声张地表现出强硬……实际上，各方面对未来变局都表现出了更多的理性。在此时刻，我想，非常幸运的是，在土耳其击落俄战机的不是我们美国。"①

布热津斯基特别强调，普京有把握这一事态的非常卓越的能力。"同时我感到非常高兴的是，这一类突发事件并不是发生在波罗的海国家，在那里，俄罗斯作出强硬反应的可能性要大得多，而波罗的海国家应对的能力太弱，必须要美国出手的话，那必定是一个自找麻烦的结局。"

当记者问到是否担心俄罗斯与中国联手一起反对美国的时候，布热津斯基干脆地回答：不会。他认为："短时期来看，中国地缘战略利益的重点是在稳定，而不是在冲突。稳定，才使中国能够通过推动'一带一路'增长其影响力。这一项目包含中国进入印度洋和中国通过铁路进入中亚这两个方面，然后再通过这些国家进入西方。在中亚，中国和俄罗斯之间的力量对比正在逐步发生非常谨慎的改变，这一改变有利于中国。俄罗斯对此无能为力。而除了吉尔吉斯斯坦以外的有关国家则欢迎这一变化。中亚国家明白，如果他们成为莫斯科首倡的欧亚联盟的一个组成部分，那么他们将会丧失独立地位……"②

记者进一步问："您在冷战时期被认为是著名的鹰派，您现在来看，俄罗斯与美国的利益能否联手？"布热津斯基答道："如果中东局势完全失控，首先，与伊朗之间所达成的长期协议将会遇到极大麻烦，如果那样的话，以色列马上会出现严重问题。在以色列，至少有一些领导人是非常倾向于采取军事选择的。那样，就会出现

①② Michael Hirsh, "Once a Hawk, Brzezinski Sees Hope for U. S.-Russia Relations. A Cold War Hardliner Explains Why This Time is Very Different".

爆炸性的地区形势，也会从外部激起强烈反响。俄罗斯与西方在稳定当地形势方面有着共同的利益。至少，阿萨德政府的转型正在被考虑，还有很多事情要做。我认为，并非各方的所有问题都取决于阿萨德。"关于普京恢复俄罗斯大国地位的问题，布热津斯基认为："可能，普京处理这一问题的方法未必理智。首先，他在媒体面前一定会感到很愤怒。但我认为，他会很快意识到，除非他非常渴望战争；乱象升级，对于普京是没有什么好的回报的。"

基辛格和布热津斯基这两位老人，在美国既具有很高的声望，但又很难对决策产生决定性的关键影响这一事实，表明即使是像美国这样一个超级大国，要使其对俄外交理性化，依然不是一件轻而易举的事情。

六、2016 年美国总统候选人对俄罗斯的态度

2016 年美国大选背景下，对俄对话自然显得格外敏感。

根据俄罗斯卫星通讯社 2015 年 1 月 12 日报道，欧亚中心（The Eurasia Center）副主任厄尔·拉斯马森（Earl Rasmussen）称，一些美国总统候选人已经志在改善与俄罗斯的关系，而另外一些则是揣着"寻衅滋事"的态度。他在接受俄新社采访时谈道："2016 年 11 月的选举结果可能会对俄美关系产生重要影响。以一些民主党和共和党候选人发表的声明为基础，可以作出结论，即他们中的一些人承认有双边合作的必要性，以面对共同的威胁和挑战。"①据拉斯马森介绍，这首先就涉及民主党参选人伯尼·桑德斯和共和党参

---

① 《一些美国总统候选人志在与俄罗斯发展合作》，环球网，2016 年 1 月 12 日，http://world.huanqiu.com/exclusive/2016-01/8361480.html。

选人唐纳德·特朗普、兰德尔·保罗（Randal Paul）和特德·克鲁兹（Ted Cruz）。他认为，特朗普和保罗比其他人都更着眼于合作。此外，拉斯马森还说道，另一些候选人的心态则是极其寻衅好战的，他们是希拉里·克林顿、杰布·布什、卡莉·菲奥里纳和克里斯·克里斯蒂（Chris Christie），这些人关于俄罗斯和建立国际安全与稳定体系的发言令人警惕。以下分别述之。

（一）民主党候选人希拉里·克林顿（Hillary Clinton）

希拉里对俄罗斯态度一直以强硬著称，包括其任国务卿期间曾多次谴责俄罗斯总统普京的政策。在乌克兰问题上，她曾将普京与希特勒相提并论，但事后，希拉里曾对此公开加以纠正。对此，普京在接受法国电视台采访时说："最好不要与女人争论。如果有人越界太远，这往往并不是因为其强大，而是因为其软弱。"[①]2016 年 2 月 5 日，希拉里在新罕布什尔州举行的电视辩论中，对美国国防部长阿什顿·卡特关于俄罗斯是美国国家安全的主要威胁的声明作出了评论。她说："我认为，卡特提请注意的是俄罗斯正在向我们的欧洲盟国不断施压，是俄罗斯试图改变欧洲边界时所采取的手段，必须让北约重新担负起共同防御工作。"她还指出："俄罗斯非常支持叙利亚总统巴沙尔·阿萨德，想在那里拥有自己的地盘、自己的海军和空军基地。"[②]希拉里对俄罗斯在叙

---

① 《普京回应希拉里将其比作希特勒：凸显其软弱》，中国新闻网，2014 年 6 月 5 日，http://world.huanqiu.com/hot/2016-02/8514445.html。

② 《希拉里：俄罗斯试图改变欧洲边界　北约需共同防御》，环球网，2016 年 2 月 5 日，https://world.huanqiu.com/article/9CaKrnJTIPp。

利亚的意图表示关切。

（二）民主党候选人伯尼·桑德斯（Bernie Sanders）

美国民主党总统候选人桑德斯主张美国"发起政治革命"，反对权贵对于美国民主的破坏。在国际政策方面，他也与希拉里·克林顿拉开距离。他的基本立场是，美国与俄罗斯的关系是非常"复杂"的。值得注意的是，在2016年2月5日的民主党初选辩论中，桑德斯明确提出要和俄罗斯一起工作。

（三）共和党候选人唐纳德·特朗普（Donald Trump）

据俄罗斯媒体2015年11月4日报道，美国共和党总统候选人唐纳德·特朗普相信，如果他2016年获选美国总统，美国和俄罗斯将有"非常好的关系"。特朗普在他的新书《跛脚的美国：如何让美国再度伟大》发布会上回答会场上提出的问题时说："我们将会和俄罗斯有非常好的关系，并且我相信，我将与普京有非常好的关系。"[1]接着，在12月17日美国俄亥俄州的竞选集会上，特朗普把普京称为"备受尊敬的全球领导者"。当天，特朗普对支持者表示："当这样一位在国内外如此受尊重的人称赞你时，这总是一件令人愉快的事，是莫大的荣幸。他（普京）至少像个领导人的样子，治理他的国家，不像我们国家的那位。"[2]此外，特朗普还呼

---

[1] 《特朗普：若能当选美总统 美俄关系将"非常好"》，环球网，2015年11月4日，http://world.huanqiu.com/exclusive/2015-11/7906575.html。

[2] 《杰布·布什叫嚣：美应通过武力在全世界范围与俄对抗》，环球网，2015年11月21日，http://world.huanqiu.com/exclusive/2015-12/8222291.html。

吁，美国不应阻止俄罗斯或伊朗在中东的反恐行动，因为俄伊两国在中东打击恐怖主义对美国十分有利。

作为共和党总统候选人的特朗普，在他有关外交政策竞选讲话中有关俄罗斯问题的立场可以概括如下：

第一，"俄罗斯和中国以非常快的速度来拓展军事能力"，而美国的"核武器——我们的终极武器——已经慢慢地萎缩，急需进行现代化和更新"。"现役军队已经从 1991 年的 200 万缩减至如今的 130 万。海军从那时的 500 艘军舰缩减至现在的 272 艘。空军也比 1991 年缩减了近三分之一。""那政府做了些什么呢？奥巴马总统提交了 2017 年的国防预算，比 2011 年的国防支出削减了约 25%。军事已经奄奄一息，我们却还在要求将领和军事领导人去担心全球变暖问题。"

第二，"我们渴望和平地生活，并与俄罗斯和中国建立友谊。我们与这两个国家有严重分歧，所以必须擦亮眼睛对待他们。但我们并不一定非要成为对手。我们应该基于共同利益，求同存异。像俄罗斯就已经看到了恐怖主义令人恐惧之处"。

第三，"我相信缓和与俄罗斯的紧张局势，并改善关系是可能的。常识告诉我们必须结束这种敌意的循环。有人说俄罗斯人不讲理。我会试着看看。如果我们不能为美国谈成一笔好生意，我们会立刻撤出谈判席"。

最后，"我将和盟友一起合作，重振西方价值观和制度。但我不会试图去传播'普适价值'，因为不是每个人都认同这种价值观，我们应该清楚：加强和促进西方文明及成就，要比军事干预更能在世界上促发改革"①。

（四）共和党候选人杰布·布什（Jeb Bush）

据伊朗英语新闻电视台（Press TV）2015 年 12 月 20 日报道，美国共和党总统候选人杰布·布什当月 20 日在参加美国哥伦比亚广播公司"面对全民"（Face the Nation）节目中表示，由于俄罗斯总统弗拉基米尔·普京的存在，美国正在丧失在全球范围内的影响力。同时，他还指责特朗普盛赞普京是"伟大领导人"的行为。杰布·布什说："普京正在挑战美国在全世界范围内的影响力，他将把我们推开视作其成功。我们正在失去影响力，而普京却坐享其成。"这位佛罗里达州前州长扬言："他（普京）不是我们的盟友，他是个'独裁者'，是'恶棍'。"布什补充道，俄罗斯崇尚武力，美国也应该通过使用武力在全世界范围内与其对抗。布什表示："我们需要一位总统，无论在欧洲还是中东事务上都要站在美国的立场之上，这才是与普京建立'更好'关系的方式。"②

这位最终退出竞选的美国共和党总统候选人在接受美国媒体采访时表示，为阻止莫斯科介入叙利亚冲突，美国应该向俄罗斯及总统普京"秀秀肌肉"。他认为，奥巴马政府对普京表现软弱。如果现在不做点什么阻止普京，那么不仅在叙利亚，甚至在世界其他地区都会引发许多问题；因为俄罗斯在协同叙利亚巴沙尔·阿萨德政府军打击"伊斯兰国"的同时，或许准备在世界其他地

---

① 《特朗普演讲：中国尊重强国，我们已失去尊重》，搜狐网，2016 年 5 月 1 日，http://mt.sohu.com/20160501/n447208772.shtml。

② 《杰布·布什：美应通过武力在全世界范围与俄对抗》。

区扩大军事影响力。①

（五）共和党候选人卡莉·菲奥里纳（Carly S. Fiorina）

据俄新社 2016 年 1 月 4 日报道，原先美国共和党总统候选人卡莉·菲奥里纳在美国有线电视新闻网（CNN）的电视直播中说道："美国应该明确地告诉自己的盟友们，伊朗和俄罗斯并非美国的盟友。当俄罗斯和伊朗结盟时，美国不应该像唐纳德·特朗普建议的那样，把在中东的领导权让给俄罗斯和伊朗。俄罗斯和伊朗不是美国的盟友，而是敌人。"②杰布·布什、菲奥里纳等人于 2 月 10 日正式宣布退出美国总统选举。

虽然，大选的政治鼓动并不等于日后真正的政治运作，但是，从美国大选进程中诸多候选人的不同立场，可以一窥美国对俄政治立场的谱段变化。

七、美国民调中的对俄认知③

对近年来俄美关系的变化，美国社会舆论是如何看待的？美国知名民调机构——盖洛普咨询公司（Gallup）对近 25 年来美国民众对俄罗斯态度变化的跟踪调查显示，美国民众对俄罗斯态度的变化在这期间总共经历了约 7 个不同阶段的变化。最新阶段的变化始于 2013 年，它也是美俄关系开始恶化的起点，到 2015 年则达

---

① 《布什斥奥巴马软弱　其呼吁奥巴马要对普京的行为进行阻止》，环球网，2015 年 10 月 4 日，http://world.huanqiu.com/hot/2015-10/7690776.html。

② 《美总统候选人：伊朗和俄罗斯不是美国的盟友》，新华网，2016 年 1 月 4 日，http://news.xinhuanet.com/world/2016-01/04/c_128593528.htm。

③ 万青松副教授向笔者提供了标题七的相关民调数据。

到了新的历史高度。数据显示，2015 年有多达 70% 的美国民众对俄罗斯持负面看法，仅 24% 的民众对俄罗斯持积极看法，这一数据刷新了自 20 世纪 80 年代末 90 年代初以来的历史纪录（参见图 8.1）。

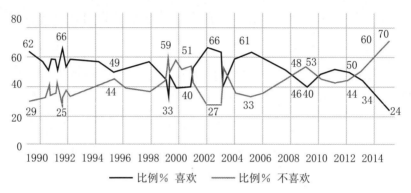

数据来源：Gallup. Russia，"Trend：Americans' Opinions of Russia"，www. gallup.com／poll／1642／russia.aspx。

图 8.1　美国社会舆论对俄罗斯态度的变化

另据 2014 年盖洛普咨询公司的调查数据，在问及美国与俄罗斯关系是否重回冷战状态时，有 50% 的美国民众持肯定看法，有 43% 的民众持否定看法，另外 7% 的民众表示难以回答这个问题。①而在 2015 年 2 月的一项调查中，当被问及是否同意美国应该向乌克兰政府提供武器和军事装备，用于对抗乌克兰东部武装力量时，有 54% 的美国民众持反对看法，有 40% 的民众持赞成看法，余下的 6% 的民众不持任何看法。②在乌克兰危机以及西方制裁俄罗

① Gallup. Russia，"Trend：Americans' Opinions of Russia. Do you think the United States and Russia are Heading Back Toward a Cold War，or Not？" www.gallup.com／poll／1642／russia.aspx.

② Gallup. Russia，"Trend：Next，I'd Like Your Overall Opinion of Some Foreign Countries. What is Your Overall Opinion of Russia？Is It Very Favorable，Mostly Favorable，Mostly Unfavorable，or Very Unfavorable？" www.gallup.com／poll／1642／russia.aspx.

斯的背景下，仅有 5% 的美国民众认为俄罗斯是美国的盟友，这与"9·11"事件后以及 2013 年"化武换和平"倡议提出之后形成鲜明对比，这两个节点相应地有多达 23%、13% 的美国民众认为俄罗斯是美国的重要盟友。与此相对应的，则是 2013 年以后有 24% 的美国民众认为俄罗斯是美国的"敌人"，与 2006 年 9% 的比例相比，显然大幅度上升，并有继续增长的趋势，另外还有多达 44% 的美国民众认为俄罗斯是不友好的国家。①

上述民意变化的原因很可能是，自 2013 年以来，亦即奥巴马第二任期开始，始料未及的美国"棱镜门"事件的爆料者斯诺登逃往莫斯科寻求避难。俄罗斯最终顶住美国要求引渡的巨大压力，拒绝交出斯诺登，奥巴马因此取消了原定 9 月在莫斯科举行的双边总统会晤。在叙利亚问题上，俄罗斯坚决反对以武力方式推翻巴沙尔政权，在奥巴马政府以叙政府军使用化学武器为由叫嚣动武之际，俄主动抛出"化武换和平"倡议，暂时化解了叙利亚战争一触即发的紧张态势，但美俄围绕叙利亚的博弈仍然持续至今。接踵而来的乌克兰危机以及因克里米亚问题而导致美国和盟友对其实行严厉经济制裁，更是使得本来就已脆弱的俄美关系陷入冷战以来的最低谷。甚至连梅德韦杰夫都提到，"新冷战"似乎已接近爆发的临界点。

八、几点结论

第一，纵观美国对俄决策的争议内容和认知状况可以发现，

---

① Gallup. Russia, "Trend: Please Say Whether You Consider Russia an Ally of The United States, Friendly, But Not an Ally, Unfriendly, or An Enemy of The United States", www.gallup.com/poll/1642/russia.aspx.

强调意识形态的倾向，不光依然是美国外交的护身符，而且成了评判别国的重要武器。在可见时段的国际环境竞争加剧和国内政治博弈激化的过程中，包括在一个具有庞大能量的学术加工系统的催生之下，很难设想，美国对外关系领域会出现"非意识形态化"的状况。有鉴于此，美俄关系的改善难以在短时期内实现。

第二，美国对俄战略中的激进民主党人士和新保守主义派别的实际联手，正在成为现实。而以基辛格和布热津斯基为代表的稳健力量更多是处于相对边缘化的地步。这样一种以前少见的政治生态直接影响到美国的对俄决策。

第三，在美俄关系20多年来的演进过程中，双方认知差异巨大。不光是传统意识形态影响沉渣泛起，而且现代化进程国家构建中所处的不同时段，所面临的不同的地缘政治环境，使得美俄两家所思所想，经常南辕北辙。有人说，美俄间的对话大体上是两个不同类型国家的对话，甚至是两种世界之间的交往，各说各的，各自成理。这样一种共识匮乏的局面，远非短时间内可以改变。而误解的最大危险，乃在于有可能带来冲突的升级。

第四，美俄在叙利亚问题上或在乌克兰问题上，都意识到问题的严重性，近来的磋商取得了一些进展，但是取得根本性改善的机会有限。有可能会在这一问题上长期胶着。

第五，除了上述美俄之间在相互认知过程中所体现的意识形态差异、战略利益分歧等之外，值得关注的还有进行大国多边互动的沟通能力、对于对手的认知水平，以及对合理决策的执行能力等方面。美俄两大国之间的有效沟通与合作，相当程度上还在于一代或几代人的知识准备、理解能力和交往水平，尚没有做好真正迎接新时期双边关系复杂挑战的充分准备。

最后，中国在美俄两家之间的理性定位，不光对于自身，而且对于地区乃至全球的国际关系的健康化，具有举足轻重的作用。因此，有理有节地处理好与美俄两家的关系，是今后长时期内中国外交的一项考验。①

第三节　北约东扩新形态与俄欧安全的未来

北约东扩，也许是俄罗斯与西方的观念之争和认知差异所激发起实际重大抗争的一个最为鲜明的事例。

北约问题是横亘在俄罗斯与欧洲之间的一道鸿沟。这道鸿沟并不只是冷战造成的，而是有其深厚复杂的历史渊源。第二次世界大战结束之后，经历半个多世纪的俄罗斯（苏联）与北约国家的高度对抗，冷战以苏联的解体而告终。同时，华约消散，而作为对手的北约继续存活。在冷战终结之后的十多年里，俄罗斯与西方一度和解。但是在 21 世纪初期，双方关系又一步一步地重趋紧张。在观念之争与认知差异的激荡之下，北约的东扩在其中发挥了事关重大的特殊影响。

今天来看，北约东扩并不仅仅是某一个国际组织在单一领域的扩展过程，而是包含着北约作为一个军事安全组织在欧洲地区

---

① 本节内容曾发表于《俄罗斯研究》2016 年第 2 期，第 3—31 页；《俄罗斯研究》2017 年第 1 期，第 3—36 页。经修改载入本书。

以国家—政治单位为内涵的边界扩展，而且，通过防御性战略武器系统——反导系统的部署，又带动了常规武装力量在乌克兰危机之后再一次直接呈现于东西方对抗的最前沿。这是一个发生在多个领域的综合推进过程，也是一个大国间战略抗衡水平抬升的过程。冷战终结以后，这一在全球范围内最大规模的政治—军事过程的实施，必不可免地会造成极其复杂多样的后果。

北约东扩不光受到俄罗斯的抵制，在西方阵营内部，也一直存在着对北约东扩的不同看法。在 2016 年美国大选结果揭晓前后，特朗普对北约、俄罗斯，以及欧洲安全问题，发表了不少关于"北约过时"、要与俄罗斯改善关系的言论，与美国以往战略大相径庭，令人颇有大跌眼镜之感。但此后不久的 2017 年 2 月慕尼黑安全政策会议，以及在此前后特朗普政府班子的要员接连访问欧洲，包括特朗普在内的美国政要又表态要维持与欧洲的盟友关系。这一前所未见的戏剧性变化将给北约、俄罗斯与欧洲安全关系带来何种影响？俄欧安全关系的未来究竟是会走向和解、趋于新冷战、抑或会出现更糟糕的局面？因此，有必要较为系统地来探究欧洲土地上正在揭幕的这场情节曲折复杂、结局却扑朔迷离的大戏。显然，无论这一变化导致事态朝哪个方向发展，都将会深刻作用于全球秩序的重新构建。

以下拟通过对俄罗斯与美欧在北约东扩、部署反导系统、乌克兰危机后的军事对峙，以及特朗普执政后对于北约的立场等诸多问题上各种争议意见的陈述和变化的分析，来探究未来欧洲安全关系的可能前景。

一、危机背景下的新争议

20 世纪 90 年代后，曾有过一场关于北约将会从军事安全组织转型为政治组织的大讨论，但人们各执一词，讨论有始而无终。对于当时北约在对巴尔干地区前南斯拉夫诸国事务的干预中所起的作用，始终也存在着争议。包括 1996—1997 年的北约东扩，人们现在才了解到，美国内部的争议甚至发生在最核心的决策层。一直到 2001 年 "9·11" 恐怖袭击事件发生后，美国似乎才如梦初醒。特别是在新保守主义势力的催动之下，小布什觉得大有必要借打击恐怖主义的机会，再次凸显北约的安全功能。此后的十几年里，北约先是在美国的推动下全力投入了阿富汗战争。虽然战事进行得断断续续、时起时伏，但是，毕竟阿富汗战争是北约在 21 世纪的第一次大规模集体军事行动。更为关键的变化，乃是 2007—2008 年间，小布什试图推动把格鲁吉亚、乌克兰等国拉入北约。①此举虽然在德国等欧洲伙伴的阻挠下未能实现，但深刻地影响了此后北约与俄罗斯的相互关系。

2009 年，奥巴马上台之后，一度以推动中东革命为己任。但正当中东革命引发了连绵不断的动荡局势之后，美国却表现出明显的颓势。在金融危机中自身难保、捉襟见肘的尴尬局面下，美国半推半就地把法国等盟国推上第一线。2011 年通过扩大解释联

① 曾担任美国国家情报委员会对俄罗斯与东欧事务主管官员，现美国乔治敦大学安琪拉·斯登特教授，2017 年 2 月 27 日在华盛顿 D.C.公开辩论会上，再次明确地提到了美国在 2008 年试图吸收乌克兰和格鲁吉亚加入北约这一事实。参见 "Russia：Rival or Partner, or Both？"，Council on Foreign Relations, February 27, 2017, http://www.cfr.org/ russian-federation/russia-rival-partner-both/p38860。

合国安理会的关于利比亚"禁飞区"的决议，由北约出面进行空中袭击，军事干预利比亚政局，在乱军中残暴处死卡扎菲。直到2013年，正当奥巴马准备从阿富汗战场带头撤出以北约为名义的军事力量时，乌克兰危机突然发生。一方面，这场危机使准备不足的北约感到措手不及，另一方面，乌克兰危机也使得北约获得了切实加强其安全功能的重大机会。此后，北约在欧亚大陆的布局随之发生重大改变：从仅仅停留在巴尔干、阿富汗，包括利比亚等当年冷战时期的边缘地带，转而"登堂入室"，回到了欧洲正面防线的"新欧洲"地带，直接开始与俄罗斯重新对峙。

实事求是地说，冷战终结之后，北约在欧洲的扩大过程，一开始并没有引起重大争议。北约东扩的发起，也并非美国所为，而是缘起于身处东西方之间的中东欧国家对自身安全的关切。在当时的政治氛围之下，甚至冷战中的老对手俄罗斯也一度表示有加入北约的兴趣。但是，所有这一切并没能抹去北约这一实实在在的军事安全组织在"政治化"的形式和表象下，自20世纪90年代后半期与21世纪初，在中东欧、东南欧、波罗的海国家这些敏感的地缘政治要地，利用每一次危机的发生所进行的有组织、有步骤的战略扩张的事实。

如果说2008年前后，北约企图从外围进一步向俄罗斯更敏感的周边地区——格鲁吉亚和乌克兰推进，乃是一个充满争议的过程，那么，2013年之后的乌克兰危机，更是这一重大争议趋于激化的顶点。

多年来，有关北约东扩的争论至少有以下两种类型：一种是较多地从事实和规范角度的直接辩论，而另一种则是侧重于从逻辑和理论角度的较为间接的推论。①

先来看第一类争议。

从国际法规范角度来看，无论是来自德国还是美国的有关资料②都表明，虽然当年美国前国务卿贝克确实提出过，统一后德国留在北约、北约放弃扩张的观点，但是在西方和苏联（俄罗斯）之间，从来不存在约束性的法律承诺。在相当一部分西方学者看来，北约东扩，并非美国有意扩张势力范围，而是对于俄罗斯的防范和抵制。因此，乌克兰危机是重新唤起"集体安全"必要性的一次重要机遇。新加坡南洋理工大学拉惹勒南国际研究院的学者理查德·毕胜戈（Richard Bitzinger）扼要也较全面地归纳了有关的观点。他认为：第一，由于苏联解体后，东西方意识形态对立消失，北约也在民事意义上，而不是军事意义上重新定义了自己的存在，因此不能够说，东欧加入北约就是针对俄罗斯。第二，东欧加入北约，不光是为了使东欧接受西欧标准，为最终加入欧盟热身，也是为了确保当地不再倒退回到"专制制度"和"进攻性民族主义"，这反而会有利于俄罗斯。第三，2008 年美国同意把格鲁吉亚和乌克兰纳入北约"成员行动计划"，也是基于上述考量。但是，考虑到俄罗斯的强烈反应，也经过以德国为首的

---

① 有关北约东扩的专门法律问题争论，作者将以其他专题论文的方式进行介绍。这里只是囿于篇幅，择其要点作简略的叙述。

② 近来新出版的重要文献，如周弘主编翻译出版的《德国统一史》四卷本中的第四卷（尤其可见第四卷的第十三—十五章，社会科学文献出版社 2016 年版，由当年两德统一德方主要谈判代表对此提供了相当详尽的材料。也可见弗·祖博克：《失败的帝国——从斯大林到戈尔巴乔夫》，社会科学文献出版社 2014 年版，第441—461 页）。该书作者基于东西方广泛档案材料也对此提供了深入的分析。

欧盟出面干预，北约以模糊的前景进行敷衍，实际上放弃了在当时让格、乌两国入盟的步骤。第四，是俄罗斯在格鲁吉亚战争和乌克兰危机中的表现，迫使奥巴马不得不放弃美国原先在反导和北约东扩问题上的妥协立场，转而进行对峙。[1]

但是，即使在西方阵营内部，也有相当权威的专业人士提出了明确清晰的论证，证实俄罗斯与欧洲之所以出现对峙，首先错在北约。

在1994—1997年比尔·克林顿首个总统任期内担任美国国防部长的威廉·佩里，不仅是一位精通军事安全包括核裁军问题的战略家，而且也是一位熟习数学、金融等多个领域的资深理工学者。他不仅在任期内为推动东西方缓和、解决朝鲜半岛问题等提出过一系列建议——这些至今都对美国对外战略的历史演进留下了深刻烙印；而且，威廉·佩里卸任之后在斯坦福大学等许多一流大学任教和讲学多年，也给来自世界各国的年轻专家和学子们留下了很深的印象。

曾经是当事者和决策者之一的威廉·佩里再次公开发表的观点，第一，他认为，美国、北约与俄罗斯相互敌视的责任，首先在美国这一边。起初，是1996年做出的北约东扩的决定。在佩里看来："只有在俄罗斯也做好准备的情况下才能启动这一进程。如果打算扩大北约，接受一系列东欧国家，必须首先考虑把俄罗斯也吸收进来。当时北约和俄罗斯都没有为此做好准备。"佩里回顾

① Richard Herzinger, "Die Nato treibt Russland in die Enge-eine Mär", 2014-03-20, https://www. welt. de/debatte/kommentare/article126025839/Die-Nato-treibt-Russland-in-die-Enge-eine-Maer.html.

道："我们在消除北约和莫斯科几十年来积累的敌意方面取得了不错的进展，我希望巩固这一进展。因此我建议，在未与俄罗斯确认之前不要操之过急，但我们却行动过快。"第二，佩里承认，当时他本人的政治立场相当孤单，但是他坚持认为："东扩是美国和北约犯下的错误，我当时就公开坚持这一点。"佩里回忆道："一开始，俄罗斯认为，北约或许不是敌人，而是朋友。但在20世纪的最后几年，大概是在1997年克林顿第二个总统任期到来之后，已经十分清楚，俄罗斯逐渐地形成了不同的观点。"第三，佩里指出："除了北约东扩之外，第二个重大消极因素是北约干预科索沃战争。这两个因素——北约东扩和科索沃战争——在20世纪成为影响我们与莫斯科对话的一系列因素中的头两个。这是美国和北约不顾俄罗斯的明确反对而通过的决定。它们强化了莫斯科的这种感受，即美国和北约对它的意见置若罔闻。这令我们转向错误的方向，促使双方关系冷却，并一路下滑。"第四，佩里进一步认为："当小布什当局在2006年或2007年之际开始讨论向格鲁吉亚和乌克兰提出加入北约的路径时，美国就犯下了严重错误。问题不仅在于这会激怒俄罗斯，而且，从北约宪章的角度讲，此举也并不恰当。宪章条款规定'集体防御'，但我们并没有保护格鲁吉亚的资源。北约不是公共俱乐部、兴趣小组和宗教性团体，而是军事联盟。不应向我们无法履行宪章义务的国家提供成员资格。"最后，当记者问起，北约组织在欧洲东部边界的军事存在是否意在遏制俄罗斯时，佩里回答道："我们似乎过于乐意以这种方式来应对来自俄罗斯的威胁。当华盛顿看到俄罗斯换装武器时，我国政治精英中那些也希望给美军换装武器的势力将占上风。事实上，这已经发生。我想，我们将向欧洲派兵。"佩里强调说："我认为，威胁在于，各方正在采取的行动使我们日益接近一个严重错误，这可能形成挑起军事冲突的局面。"①

以上所引，乃是较多从事实与规范角度对北约东扩问题的意见对立，而更为普遍的第二类争议，则是从经验、逻辑和理论对这一进程的不同看法。

在乌克兰危机后，西方、特别是美国日益恶化的舆论环境之下，即使是像威廉·佩里这样的权威人士，也会受到尖锐挑战。比如，新美国安全研究中心研究员亚当·特瓦尔多夫斯基（Adam Twardowski）不认为俄罗斯的强硬抵制是由北约的穷兵黩武引起的。他反驳道：1997 年北约初次扩张，和 1999 年北约轰炸南联盟后，华盛顿和俄罗斯在一系列重大问题上，包括削减核武器、情报共享，以及在双边贸易等领域，反而取得妥协与合作近 20 年之久。而在上述事端之后，俄罗斯并未走向与美国的对抗。一直到 2010 年以后，俄罗斯才开始大幅提升军事领域的开支。因此，特瓦尔多夫斯基的结论是，北约从未对后苏联时期的俄罗斯构成威胁。②

但是，还是有来自各个领域的专业人士，大体旗鼓相当地主张重视总结冷战经验教训，主张不以极端的态度处理对俄事务。这里既有像老一辈外交家、美国前国务卿乔治·舒尔茨（George

---

① Игорь Дунаевский. НАТО-не кружок по интересам//Российская газета. №.147. 07 июля 2016. C.8.

② Adam Twardowski, "Why NATO Isn't a Threat to Russia", September 22, 2016, http://nationalinterest.org/blog/the-skeptics/why-nato-isnt-threat-russia-17797.

Shultz）这样的权重人物，也有西方学界的代表人物。舒尔茨与前
参议院军事委员会主席萨姆·纳恩（Sam Nunn）合写了一篇文章，
一方面主张坚守北约宪章"第五条"对欧洲盟友的安全承诺，另
一方面，则认为当年里根处理对抗式危机的方法是，不主张由于
"对手在一个领域的不良行为"，因而"冻结所有领域的合作"，或
者在所有领域进行"株连式的回应"。他认为："不应忽视共同的
利益，因为在存在共同利益的领域里进行合作，对于俄罗斯、欧
洲和美国的安全仍然极其重要。"显然，在舒尔茨的建议中，暗含
着对于当下美国"株连式"应对办法的批评。[1]来自学术界的反应
更是五花八门。比如，有较大影响力的现实主义理论家罗伯特·
卡普兰（Robert Kaplan）认为："乌克兰可能会变成一个繁荣的市
民社会，但因为它的位置，它将永远需要与俄罗斯建立一种牢固
稳定的关系。""我们的外交政策必须以道义为基础，但在它背后
的分析必须是不带感情的，以地理为出发点。就地缘政治来说，
过去永不死亡。"[2]

　　来自俄罗斯方面对于北约东扩的批评当然相当广泛且更加尖
锐。早在 20 世纪 80 年代末 90 年代初东欧剧变、两德统一之时，
由于苏联国力衰落和政治领导人的软弱，西方一度承诺德国统一
留在北约后不再扩张的表达，未能见诸法律文件。90 年代后期美

---

[1]　George Shultz, Sam Nunn, "How to Deal with Russia without Cold War
Psychology", *The Washington Post*, 2014-03-28, https://www.washingtonpost.com/
opinions/the-us-strategy-for-keeping-ukraine-safe-from-russian-aggression/2014/03/27/d35c9210-
b394-11e3-8020-b2d790b3c9e1_story.html.

[2]　Robert Kaplan, "Robert Kaplan's Geopolitics of the New World Order", *TIME*,
2014-03-31, http://time.com/31911/geopolitics-and-the-new-world-order/.

国决定推进北约东扩时，俄方对此曾进行过广泛的抵制。特别是美国对科索沃事件的武装干涉，说明北约毫不在乎俄罗斯对于自己传统影响力所在区域的特殊感受。这是导致冷战后美俄关系恶化的第一个大转折。北约东扩在波罗的海地区的推进，突破了当年叶利钦划定下的"红线"，也引起了法、德伙伴的高度不安。这是北约东扩所导致的美、俄、欧安全关系的第二次转折。至于2007年与2008年之际小布什政权执意将北约进一步向格鲁吉亚和乌克兰扩展，此事不光遭到默克尔的抵制，也大大恶化了美俄关系，为以后的冲突埋下伏笔。这些争议足以说明：北约东扩不可能仅是"冷战胜利者"的一厢情愿，欧美和俄罗斯之间的地缘政治抗争和价值观较量难以避免。

本节叙述还只是试图从总的历史进程方面来描画，北约东扩所引起的纷争，远比始作俑者所想象的要复杂得多。而以下关于北约东扩进程之中的最敏感问题——反导部署推进过程的揭示，则有助于对21世纪俄欧安全关系的进一步观察和解析。

二、反导系统与欧洲安全

反导武器系统，是美国在冷战年代争取战略优势以及维持冷战后世界军事霸权的杀手锏。21世纪以来，一方面，美国执意推进反导系统，把原属美国一家的反导计划，变成了覆盖整个欧洲大地的、北约的反导系统；另一方面，俄罗斯应对反导系统的态度则由合作转向抵制，表现出不可妥协的立场。这一组逆向而动的趋势表明，反导问题乃是21世纪以来大国安全关系中的焦点所在。

美国反导系统经历过几个发展阶段。以反导问题为轴心，可以看出美国、北约与俄罗斯相互之间的安全战略关系，一波又一波地展现出各个阶段的不同态势。

第一个阶段，自 1983 年"战略防御计划"提出，直至 2001 年底美国退出《限制反弹道导弹系统条约》。虽然在这段时期围绕反导系统的争斗，没有此后那样激烈复杂，但也大体反映出美国与俄罗斯之间在反导问题上的深刻对立：即使在相互关系较好的情况下，也不惜撕破脸皮而一争高下。

里根政府在 1983 年提出"战略防御计划"（即"星球大战计划"）。1991 年老布什政府根据形势发展进行了修正，提出了由天基防御系统、战区导弹防御系统和国家导弹防御系统这三部分组成的"对付有限打击的全球系统"。冷战终结和苏联解体，一度使得这一计划暂告搁置。1993 年克林顿上台后，停止发展天基防御系统，主要建设由战区和国家导弹防御组成的"弹道导弹防御计划"，并将"战区导弹防御"作为重点，"国家导弹防御"列为技术准备的次位。后经 1996 年和 1999 年的修正，将"国家导弹防御系统"提升为国家政策。①

到 21 世纪初期小布什政府执政前期，虽然就俄美关系而论，无论是国家关系，还是政治领导人的个人交往，都处于历史上较好的时期。但是，美国当时要求俄罗斯同意修改《限制反弹道导弹系统条约》，以允许其建立导弹防御系统。在遭到俄罗斯明确反

---

① 王海滨：《俄美关于反导问题的斗争及其对世界军事安全的影响》，《俄罗斯东欧与中亚》2009 年第 1 期；姜振飞：《美国东欧反导计划评析》，《解放军外国语学院学报》2008 年第 1 期；吴日强：《美国在东欧部署反导系统针对谁?》，《国际政治科学》2007 年第 3 期。

对的情况下，美国于 2001 年 12 月决然退出《限制反弹道导弹系统条约》。普京在 2014 年瓦尔代论坛十周年讲话中特别强调："新世纪以来俄美关系恶化的最主要根源，就是美国单边退出《限制反弹道导弹系统条约》。"①

第二阶段，从美国正式退出《限制反弹道导弹系统条约》到 2008 年 8 月俄罗斯—格鲁吉亚战争的爆发。这是美国反导系统由摆脱规范制约，开始走向实施，并引发与俄罗斯关系骤然恶化的一个关键时期。

美国退出《限制反弹道导弹系统条约》后，加紧试制在各个飞行段落的拦截武器，同时在美国本土阿拉斯加和加利福尼亚建立了两个导弹拦截基地，还在英国、丹麦、挪威、日本等地设立多处导弹袭击预警系统。对此，俄罗斯开始时还曾寄希望于维持"9·11"事件后的对美合作，同时也并未认清美国反导系统对俄的威胁程度。在这一阶段，美国也还没有明显暴露出反导系统针对俄罗斯的战略意图。当时，俄罗斯对于自身战略武器的应对突破能力充满信心。当然，也并不放弃打造俄式的陆基、海基和空基反导系统，以备不测。

自 2006 年起，美国与捷克、波兰等国就部署反导系统问题逐渐进入实质性谈判；2007 年 1 月，美国正式宣布了这一消息。但是，俄方不接受美国关于反导系统仅仅为针对伊朗与朝鲜核威胁

---

① 笔者在 2014 年瓦尔代论坛十周年会议上，当场聆听了普京总统的这一演讲。不仅是当时普京以非常肯定的语气强调，而且在与会各国专家事后的交流中，都体会到，这是普京总统的一次重要立场宣示。也见之于 Юрий Политов. Остановить глобальный xao// Российская газета. №.245.27 октября 2014. C.2。

的说辞。2007 年 2 月 10 日，普京在第 43 届慕尼黑安全政策会议
（Munich Security Conference）上的讲演，严厉批评美国的安全政
策，质疑东欧反导系统针对俄罗斯的动机。在西方媒体和国际研
究界，比较普遍地把普京这一讲话视为俄罗斯对外政策"走向倒
退"的起点。而俄罗斯方面则针锋相对，尤其是在这一讲话十周
年之际，亦即 2017 年 2 月，在俄美关系发展的关键时刻，重新强
调 2007 年普京在慕尼黑安全政策会议上的讲话，是对美国和北约
当年立场的相当有预见的揭示。①

　　但是，俄方最初的批评并没有能阻止美国推进反导系统的步
伐。2007 年夏天，北约国防部长会议达成共识，决定"在北约框
架内"建设欧洲导弹防御系统，覆盖整个欧洲。至此，俄罗斯越
来越看出，美国在欧洲部署反导系统的真正"目标正是俄罗斯"。
因为美国在东欧部署的反导系统，将使美国能够在"弹头与运载
火箭分离的加速阶段，摧毁敌方的洲际导弹"。这将使得俄方所拥
有的井基洲际导弹的分导式多弹头和井基"白杨-M"导弹的变轨
能力和突破反导系统的手段面临"失效"。这意味着美俄战略平衡
将出现根本性逆转。在这样的挑战面前，俄罗斯全力揭露美方反
导部署并非专指伊朗和朝鲜，而恰恰就是针对俄罗斯。同时，抓
紧研制比原来的装备更加隐蔽和更具威力的战略武器。②

---

　　①　普京总统 2007 年 2 月慕尼黑讲话的原文，可见 Выступление и дискуссия на
Мюнхенской конференции по вопросам политики безопасности. 10 февраля 2007
года. http://www.kremlin.ru/events/president/transcripts/24034。

　　②　本节有关素材，参见中国学者的介绍：王海滨：《俄美关于反导问题的斗争
及其对世界军事安全的影响》；姜振飞：《美国东欧反导计划评析》；吴日强：《美国
在东欧部署反导系统针对谁?》。

对此，2007 年夏，俄以暂停执行《欧洲常规武装力量条约》作为回击。但是，2008 年 7 月 8 日，美国依然与捷克正式签约，在捷克建立反导雷达预警基地。之后，美国与波兰经过磋商，于 8 月 20 日签约，在波兰建立拦截基地。正是在这样日益紧绷的战略对峙背景之下，该年 8 月 8 日，俄罗斯—格鲁吉亚战争爆发。不言而喻，反导争议与这场战争有着密切的关联：俄罗斯—格鲁吉亚战争反映出俄罗斯与西方安全关系存在着巨大的隐患，而反导就是其中的关键。

第三阶段，自 2008 年俄罗斯—格鲁吉亚战争结束到 2013 年乌克兰危机爆发。这一阶段的前期，美俄关系"重启"确实又一次带来了美俄相互抗争过程中的和缓与接近。但是，美俄双方在反导这一重大战略问题上的深刻分歧，始终是导致美俄关系"重启"又重新向危机态势倒转的核心问题。

2008 年，格鲁吉亚—俄罗斯之间的"五日战争"发生后，美俄双方一度出现调整关系的意向。奥巴马与梅德韦杰夫在各自开始执政阶段所推进的美俄关系"重启"，从形式上看取得了一些成效。无论就限制进攻性战略武器、西方向阿富汗战场运送非武器物资、俄罗斯加入世界贸易组织，以及在俄罗斯停止向伊朗出售 S300 防空导弹等问题上，都有所突破。事实上，"重启"的另一重要背景，乃是在 2008 年西方金融危机突发的情况之下，美国政府急于减轻债务负担，必须得让庞大的核武库消肿。奥巴马所提出美国核战略转型的重点之一，就是将原来以美国为核心的反导系统，变成为由北约牵头的所谓"欧洲导弹防御系统"。其目的，一是希望以反导为发力点，强化西方的政治与安全联盟，二是也希望通过欧洲与美国联手构建反导系统，引导欧洲北约成员国共同分担防务责任和开支。①

在奥巴马上任之后，亦即 2009 年以后美俄关系"重启"的两年左右时间里，很值得关注的是，美俄之间至少有过四次围绕反导问题的立场交集，多少出现了相互接近的苗头。但是，每一次立场的接近，终究为美俄双方的深重疑虑所牵制。

美国方面释放善意的第一波，出现在 2009 年春天。该年 4 月初，刚刚就任总统的奥巴马来到布拉格，发表了一篇关于建立无核世界的热情洋溢的演说。针对各方高度关注的伊朗核问题和欧洲反导系统这两个重大话题，奥巴马表示："捷克共和国和波兰勇敢地承担了建立反导系统以反对导弹威胁的责任。只要是来自伊朗的核威胁存在一天，我们就会不懈地以卓有成效和经得起考验的反导系统来对付之。而一旦来自伊朗的核威胁被消除，我们就会有一个坚固的安全基础。到那时，在欧洲的反导系统被互相分离的局面，就会走向终结。"②这是一个被当时的舆论界视为相当具有乐观前景的政治表态。无论当时奥巴马本人实际上是如何考虑伊朗核问题与美俄反导争议之间的相互关系的，不少媒体评论确实认为：奥巴马的演说表明，美俄之间的反导争议，有可能随着伊朗核问题的解决而被消除。奥巴马的这篇演说，显然强化着人们的这样一种印象，即似乎美国的反导系统，还真的仅仅是针对

① 张万里：《欧洲反导问题与美俄关系"重启"的前景》，《俄罗斯学刊》2012 年第 1 期，第 22—27 页。

② "Remarks By President Barack Obama In Prague As Delivered", The White House, office of the Press Secretary, 2019-04-04, https://www.whitehouse.gov/the-press-office/remarks- president-barack-obama-prague-delivered.

伊朗核威胁的。奥巴马这一讲话无疑有助于"重启"背景下的美俄关系气氛改善，但却没有在反导问题上获得真正的进展。

美俄之间反导立场第二次有所交集，是奥巴马在 2009 年 9 月公开宣布，他要放弃小布什时期在捷克和波兰都部署反导拦截和监测系统的决定，准备采取更加灵活、更有针对性的分阶段的反导部署方案。按照当时的评价，其目的之一，是在面临金融危机的背景下，减轻美国财政负担，目的之二，是力图缓解俄罗斯对于美国发展反导的疑虑。奥巴马的声明公布之后，一度反响乐观。俄罗斯国防部谢尔久科夫当时曾相应地发表声明称，俄方也并不打算在加里宁格勒州境内部署作为"杀手锏"的伊斯坎德尔导弹系统。但是，事过不久，美国国防部长盖茨重新宣布美国并没有放弃在捷、波两国部署反导的计划。于是，俄方总参谋长马卡罗夫也紧接着宣告，俄方也并没有放弃在加里宁格勒部署伊斯坎德尔导弹系统。[1]

美国早先所宣布的立场改变，为何出现迅速倒转呢？分析认为，当时俄方提出的关键要求，是把反导问题与削减进攻性战略武器挂钩，要对发展反导系统进行限制，而美方坚决拒绝。当时，出于妥协的需要，也为使"重启"看起来似乎有所进展，美国还是同意了俄方的要求，在作为"重启"重要成果的美俄第三轮削减战略核武器协议序言中，写入了"进攻性武器与反导系统挂钩"的文字。但是，而后的 2010 年 12 月，美国国会在通过批准新削减战略武器条约（START-3）的决议上，还是附加了对于发展反导

---

[1]　唐永胜：《反导部署的现实调整》，《人民日报》2009 年 9 月 23 日，http://cpc.people.com.cn/GB/64093/64099/10099794.html。

系统和美国的核武器现代化"无任何限制"等条款。实际上，这无异于完全拒绝了俄方将反导和裁减核武器挂钩的提议。①

　　美俄反导之争似有和缓的第三波迹象，发生在 2010 年的秋天。为了安抚俄罗斯，也为了抵消俄方提出的旨在"限制北约"的"新欧安条约"建议，在 2010 年 11 月的北约里斯本峰会上，北约邀请俄罗斯参与建立北约牵头的全欧导弹防御系统。从形式上看，这一系统构架与俄罗斯所主张的"大欧洲安全体系"似有所吻合。因此，俄也一改此前反对在欧洲建立任何反导系统的立场，非但没有再次提出批评，相反，对这一倡议表示赞同。同时，俄方还主动提出与北约共建单一的分区导弹防御体系。但是，俄罗斯一厢情愿的构想一旦触及问题的要害，又很快地被北约严词拒绝。按照拉斯穆森的说法："北约不需要他人帮忙保护其成员国的领土。"②

　　在美俄关系"重启"尚未烟消云散的氛围之下，希望拉近有关反导问题立场的第四波努力，出现在 2011 年 5 月。实际上，当时无论是奥巴马还是拉斯穆森，都已经明确地表达，北约不可能将反导系统的决策领导权拱手相让。据俄罗斯驻北约代表罗戈津（Дмитрий Рогозин）的报告：有影响的美国议员反对在北约计划的欧洲导弹防御系统方面与俄罗斯合作，"他们毫不隐瞒，这个系统是针对俄罗斯，而不是中东某些拥有神秘导弹的国家这一事实而成为其原因"③。在这种情况下，俄罗斯只能退而求其次，要求

---

　　①②　张万里：《欧洲反导问题与美俄关系"重启"的前景》，《俄罗斯学刊》2012 年第 1 期，第 22—27 页。

　　③　Владислав Воробьев. Дмитрий Рогозин узнал в Вашингтоне: система ПРО США будет направлена против России// Российская газета. №165.29 июля 2011. С.8.

美国明确做出北约反导系统不针对俄罗斯的法律保证，还提出要掌握拦截导弹数量、部署地点、雷达站数量和作战范围、导弹拦截参数算法等信息，以及发生危险时相互通报的程序等要求。但是，这些要求最终也遭到拒绝。2011 年 5 月，法国多维尔八国集团峰会期间的美俄总统会晤和该年 7 月俄罗斯—北约索契峰会，美俄都未就导弹防御合作问题达成一致。按照俄罗斯学者卢基扬诺夫的说法："北约与俄罗斯在反导领域的合作已经死亡。"①

对于美俄在反导问题上立场的戏剧性变化，美国外交关系委员会高级研究员、乔治敦大学的知名教授查尔斯·库普乾（Charles Kupchan）有着比较深入的分析。他指出：莫斯科还是担心北约反导系统最终会威胁到俄罗斯的核威慑能力，所以，俄罗斯要求签署具有约束力的保证书，担保反导不会针对俄罗斯——这是北约无法接受的条款。同时，虽然"美国一直力图使俄罗斯成为改进体系中的利益攸关方，希望通过分享若干技术，在北约和俄罗斯的防御体系之间构筑联系，以此使俄罗斯能预见到美国的善良本质，并乐于接受与北约导弹体系合作带来的附加好处。然而，俄罗斯对于反导合作的要求，远远超出北约的想象。美国只想与俄分享很有限的敏感技术，而且，北约也几乎不会赞同让俄罗斯实际控制其导弹系统的计划。尤其是对来自中欧的北约成员国来说，与俄分享保密技术和指挥权，无异于引狼入室"②。

---

① "Jacob W. Kipp：NATO-Russian Discussions Fail on Missile Defense"，Jamestown Foundation Eurasia Daily Monitor，2011.6.21. 转引自张万里：《欧洲反导问题与美俄关系"重启"的前景》，第 24 页。

② Charles A. Kupchan, "Coming in From the Cold War"，*The New York Times*，Jun 07，2011，http://www.nytimes.com/2011/06/08/opinion/08iht-edkupchan08.html.

查尔斯·库普乾曾建议：北约和俄罗斯双方可以首先通过
"制定出一个切实可行的工作计划，使他们能够逐步构建起共同的
防御基地；绘制出一个法律框架，用于美国和俄罗斯之间进一步
分享技术"。同时，北约与俄罗斯之间应该建立"融合"中心，以
便于能够共同分享相关数据资料，协调导弹威胁预警，甚至交换
有关目标接收器的信息。此外，双方应该做更大努力，使俄罗斯
各项关切和担忧融入北约的各项决定之中。反之，俄罗斯也要停
止阻挠，运用这一契机展开协商与合作。①

查尔斯·库普乾的建议，看来还是大大超过了当时的现实可
能性。因为 2011 年北约防长和俄罗斯防长的联席会议过去不到半
年，美俄在反导问题上的对立立场又进一步凸显。同年 12 月 8 日，
拉夫罗夫在记者招待会上表示："我们希望有明确的保证：所部署
的反导设施将不针对俄罗斯的战略潜力，也不具有相应的能力。
我们需要客观的标准，以此来证明反导系统发射和运行的目标是
欧洲以外的威胁源头，而不是别的。我们有时间找到彼此接受的
解决办法。不过，时间一天天在减少。"②拉夫罗夫明确地表示：
"当北约反导设施以能够观察到大部分俄罗斯领土的方法进行部署
的时候，我们就会提出问题。除了大家所说的信任，以及反导系
统不针对俄罗斯的话，我们还需要法律条约。善意是暂时的，军
事技术的影响却是长远的大事。"③

------

① Charles A. Kupchan, "Coming in From the Cold War", *The New York Times*,
Jun 07, 2011, http://www.nytimes.com/2011/06/08/opinion/08iht-edkupchan08.html.

②③ Выступление С. В. Лаврова на пресс-конференции по итогам заседания
Совета Россия-НАТО на уровне министров иностранных дел. Брюссель, 8 декабря
2011 года. 12.12.2011. https://interaffairs.ru/news/show/8121.

最后，当拉夫罗夫被追问"对北约反导系统的反对意见"时，拉夫罗夫表示："我不掌握技术细节。只举一个例子。美国与土耳其达成了在土耳其境内部署大功率雷达的协议，——（这）将监视大部分俄罗斯国土——我们希望对方尊重我们的知识产权和俄罗斯已经做出的军事技术鉴定。"①对于拉夫罗夫所说的这一军事技术鉴定，俄罗斯联邦安全会议秘书、普京总统的老同事帕特鲁舍夫确认："我们的专家进行了十分有说服力的分析，从中可以了解到美国称欧美受到来自伊朗和朝鲜威胁的理由，是凭空编造的。可以清楚地看到，美国反导系统针对的是俄罗斯和中国。而且，该系统的后续发展，计划将导弹舰艇直接对准俄罗斯海岸，以及在我国边界附近部署反导系统雷达站。"②

值得一提的是，2012 年的芝加哥北约峰会，这是在大选之前最后一次争取与俄妥协的机会。会上，梅德韦杰夫总统，这位被奥巴马视为推进美俄关系"重启"的重要伙伴，一度破釜沉舟地表示，要么美国与俄罗斯就反导问题达成协议；要么俄罗斯退出START3，开发自己的反导系统，并在西部疆界进行部署。从梅德韦杰夫的表态来看，大有为了抵制反导，宁可放弃"重启"成果的架势。但是，在奥巴马同样也无法做出实质性退让的背景下，由于美俄两家对于反导问题的高度分歧，在芝加哥会议的公报中，对于反导问题，语焉不详，不了了之。此后，北约秘书长拉斯穆森在

---

① Выступление С. В. Лаврова на пресс-конференции по итогам заседания Совета Россия-НАТО на уровне министров иностранных дел. Брюссель, 8 декабря 2011 года. 12.12.2011. https://interaffairs.ru/news/show/8121.

② Николай Патрушев. Секретарь Совбеза РФ Н. Патрушев-о ПРО США, Грузии и Интернете// Аргументы и факты. №.50.14 декабря 2011. С.16.

2012 年度的工作报告中，也只是大事化小式地重申 2012 年芝加哥北约峰会所说的北约与俄罗斯的合作意愿，再次强调北约在欧洲的反导项目不针对俄罗斯，不会损害俄战略利益；他还建议要建立反导事务两个联合中心，分别负责数据融合和规划作业，建议构建旨在提升反导领域透明度的相关机制。有意思的是，拉斯穆森特别提到，"2012 年 3 月，俄罗斯和北约专家共同参与了在德国举行的'北约—俄罗斯理事会'机制内反导系统的计算机辅助演习"①。

　　如何解释这种现象呢？这里至少有着两种不同的评价。一种偏于乐观的看法认为：这是一个在俄罗斯与北约之间务实合作的尝试过程。俄美双方在意见高度对立的情况下，还是通过了一轮又一轮的交换、争辩，甚至包括进行计算机模拟的双边演习，来探寻合作和解的可能。但是，另一种较为消极的看法认为，北约在处理与俄罗斯的反导争议过程中，运用了回避真相的、近乎劝诱的引导方式，企图以此消解对手的疑虑和抵制。但是，在两德统一和北约东扩问题上已经吃过大亏的深刻教训，使得俄罗斯的精英们再也不敢轻易相信任何关于反导系统无害于自己的美好说辞，只能是步步为营，与对手周旋。

　　第四阶段，从 2013 年底乌克兰危机发生一直到 2016 年的反导系统开始进入实际部署状态。

　　乌克兰危机的爆发，导致俄罗斯与美欧间关系的大倒退。不光美俄关系的"重启"已成过眼烟云，而且，俄欧安全争议因克

---

① NATO, "The Secretary General's Annual Report 2012", 2013-01-31, http://www.nato. int/nato_static/assets/pdf/stock_publications/20130131_Annual_Report_2012_en.pdf.

里米亚事件而急剧升温。在此背景下，欧洲反导系统的部署成为东西方关系中最令人关切的大事之一。

经过多年准备，2016 年 5 月 12 日，北约秘书长斯托尔滕贝格（Jens Stoltenberg）在罗马尼亚德韦塞卢军事基地正式通告，部署在那里的美国"宙斯盾"反导系统进入战备状态。次日，波兰小镇伦济科沃举行了美国反导基地的开工仪式。这里的反导系统将配备中程拦截导弹，并将在 2018 年进入战备状态，成为欧洲反导盾牌的一部分。《生意人报》2016 年 7 月 7 日公布了斯托尔滕贝格接受的一则采访，他进一步确认："打造全球反导系统欧洲部分的计划将继续落实：不久前在罗马尼亚启动了部署有拦截导弹的设施，另一个在波兰的设施应在 2018 年竣工。"① 在 2016 年 7 月初的华沙峰会上，正式宣布北约导弹防御系统进入初级战备水平。斯托尔滕贝格表示："反导系统很重要，因为弹道导弹正在扩散，北约应具备保护成员国领土和人民免受潜在袭击的能力。"他再次声明："这些努力不针对俄罗斯。而是针对欧洲大西洋地区以外的威胁。"②

2016 年 9 月 7 日，美国共和党总统候选人唐纳德·特朗普在费城就扩充美国军备发表演讲，表示要发展先进的导弹防御系统。③作

---

① Павел Тарасенко. Постпред РФ при альянсе Александр Грушко об ожиданиях от саммита в Варшаве// Коммерсант. Daily. №.120.07 июля 2016. C.6.

② Nathalie Guibert et Jean-Pierre Stroobants, "Russie: la réaction de l'OTAN est «proportionnée»", le Monde, Mis à jour le 04.06.2016, http://www.lemonde.fr/international/ article/2016/06/04/russie-la-reaction-de-l-otan-est-proportionnee_4935113_3210.html.

③ "Presidential Candidate Donald Trump Remarks in Philadelphia Republican presidential nominee Donald Trump outlined his plans to improve U.S. national security", 2016-09-07, https://www.c-span.org/video/? 414883-1/donald-trump-delivers-address-philadelphia- military-preparedness.

为特朗普主要战略顾问之一的塞申斯（Jeff Sessions），在大选投票之前的关键时刻，也公开声明："我们将需要继续保持我们的弹道导弹防御系统。"虽然，当时还难以确定美国新任总统会在多大程度上不顾反对意见，为未来的反导系统投入巨资，但美国继续发展反导系统，无疑已是既定方针。①

但是，有迹象表明，北约内部对于发展反导系统的意见并不一致。美国认为，现在，完全归属于它的反导系统，可供实战应用；而法国对此表示反对。当记者问到如何解决盟国之间有关反导系统的分歧时，斯托尔滕贝格曾说："许多国家都在开发自己在弹道导弹方面的能力。伊朗虽停止其核计划，但是还在继续其弹道导弹计划。对于北约来说，这是一种长期威胁。"斯托尔滕贝格表示："我们应该把北约的政治监控（这是法国要求的）与系统的效率（基于美国的装备）相调和。我们会找到一种解决办法。"②而法国战略研究基金会研究员布律诺·泰尔特雷对俄方较为谨慎的评价，实际上表明了不同于美国反导立场的逻辑依据。他认为：一方面，俄罗斯今天远比 20 年前更强大，其规划的核威慑甚至超过了冷战最后阶段的规模。另一方面，他也认为，莫斯科并没有降低使用核武器的门槛，总的来说比较谨慎克制。③言下之意，在

---

① Christopher P. Cavas，"Top Trump Military Advisers Detail GOP Candidate's Defense Plan"，*Defense News*，2016-10-30，http://www.defensenews.com/articles/trump-defense-plan-detailed.

② "Russie：la réaction de l'OTAN est « proportionnée»"，le Monde，Mis à jour le 04.06.2016.

③ Bruno Tertrais，"Toute crise majeure avec la Russie aurait une dimension nucléaire forte"，Le Monde，2016-07-10，http://www.lemonde.fr/international/article/2016/07/01/toute-crise-majeure-avec-la-russie-aurait-une-dimension-nucleaire-forte_4962150_3210.html.

法国看来，美国主持下的欧洲反导系统超过了欧洲实际的安全需求。

　　面对美欧不同程度压力，俄方也做出了反应。2016 年 5 月 27 日，普京表示，将在最大限度内抵消美国部署反导系统带来的威胁。6 月 18 日普京再次明确表示："美国在欧洲铺展开的反导系统，有变成供给系统的潜力，可以用来对付俄罗斯。"①美国宣布罗马尼亚反导系统正式启用后，俄罗斯国家杜马国际事务委员会第一副主席列奥尼德·卡拉什尼科夫、外交部发言人扎哈罗娃等先后表示：俄罗斯将可能以"退出《中导条约》作为反制"②。

　　美国主导下的北约反导系统在欧洲的部署，与此前北约东扩的进程一样，既体现了真刀真枪的实力较量，也充满了扑朔迷离的劝诱和说辞。比如，对于美国主导下在北约部署的反导系统究竟是不是针对俄罗斯的问题上，笔者曾经有过一段亲身的经历。在乌克兰危机之后，一位资深的前美国驻俄罗斯大使曾经对笔者坦率地直言："我们总是担心有那么一天，某一位俄罗斯将军一旦在偶尔酒醉的情况下触碰了核按钮。这种突然发生的核威胁，是我们不得不加以防范的一种安全威胁。"③事实上，美国坚称反导系统是针对伊朗的这一说辞，已经很难再让俄罗斯接受。当年北

---

　　① Денис Дубровин. Юрий Михайленко, Ирина Полина. Саммит НАТО в Варшаве готовит самое масштабное усиление обороны со времен холодной войны// ТАСС.8 июля 2016. http://tass.ru/mezhdunarodnaya-panorama/3438308.

　　② Юрий Богданов, Андрей Резчиков, Михаил Мошкин. Система ПРО США приближается к России// ВЗГЛЯД. 2016-03-12. https://vz. ru/politics/2016/5/12/810195.html.

　　③ 在 2014 年瓦尔代论坛结束之后的酒会上，笔者与这位美国前驻俄罗斯大使的谈话。

约东扩背景下的诱导成功，看来是难以再那么得心应手地重演了。

在反导问题上，俄罗斯与美国在欧洲的战略力量失衡已经出现。这就是为什么普京一再强调，反导是 21 世纪以来美俄关系恶化的根源。总之，反导问题得不到妥善解决，欧洲安全构架就难以真正形成。

三、北约军队的重新部署

乌克兰危机爆发以后，一方面，克里米亚的回归，俄罗斯的军事志愿人员在乌克兰东部地区的介入，清晰地表现出俄方不顾自己在国内外诸多问题上的困难，坚决抵制西方影响力在乌克兰扩展的决心。而另一方面，针对乌克兰这样一个非成员国来说，北约当时也并没有做好直接军事回应的准备，甚至，此刻俄罗斯如果进一步干预乌克兰和其他地区事务，北约也没有特别的应急计划。可以说，乌克兰危机实际上激发起了美国与其他北约成员国的政治意愿，要求"重新审视北约对欧洲安全的根本承诺及美国的领导作用"①。

然而，直到 2016 年春天之前，有关在东欧加强军事存在的部署，主要是来自美国的动议，暂时还不涉及整个北约。北约当时主要还是专注于东欧地区的常规军事演习、部队轮换，以及至多开始考虑在波兰西北部组建快速反应部队司令部的问题。2015 年 6 月，五角大楼发言人詹姆斯·布林德尔（James Brindle）曾指出：

---

① Jonathan Masters, Interviewee with Christopher S. Chivvis, "NATO's Next Moves", Council on Foreign Relations, March 20, 2014, https://www.cfr.org/interview/natos-next-moves.

研究向东欧调遣重武器计划的只是美国，而非北约。他强调，"这是美国的计划"，北约与之没有关系。因为当时尽管波兰和波罗的海国家积极推动北约对俄罗斯的行动做出反应，但是德国"冻结了加强北约在东欧军事存在的提议"①。德国前绿党议会党团主席于尔根·特里廷（Jürgen Trittin）称："在东欧部署坦克将令俄罗斯—北约基础性文件受到威胁"，他提议，默克尔应该拒绝美国建议，不要"给乌克兰危机再火上浇油"。新欧洲盟国中，如保加利亚则表示：谈论加入美国倡议为时尚早，因为"保加利亚政府没有收到可以讨论的建议"。②

　　但是，到了2016年之初，形势发生了变化。据透露，北约出兵的决定，实际上在2016年2月已经形成。③3月31日，美军驻欧洲司令部司令菲利普·布里德洛夫（Philip Breedlove）宣布："北约和美国将把它们在东欧的防务原则，从确保战略转变为威慑战略，以应对'正在复兴和咄咄逼人的俄罗斯'。"在此之前，美国国防部已经宣布，从2017年开始，美国将向东欧额外派遣4 000余人的装甲旅和各种支持性装备。当被问起北约成员是否参与之时，菲利普·布里德洛夫说："我们希望如此。"④2016年6月，北约防长会议通过决议，确认在原有驻军基础上，更大规模

　　①② Юрий Паниев. США демонстрируют России военную силу// Независимая газета. №.119.17 июня 2015. C.1.

　　③ Генсек HATO заявил, что альянс не откажется от ядерного оружия// Россия сегодня. 2 мая 2016. https://ria.ru/world/20160502/1424713824.html.

　　④ Agence France-Press, "US General：NATO To Switch 'Assurance to Deterrence' in E. Europe", 2016-03-31. http://www.defensenews.com/story/defense/2016/03/31/us-gene ral-nato-switch-assurance-deterrence-europe/82495752/.

地增加在东欧和波罗的海的驻军。7月上旬，北约在华沙举行峰会，正式批准了作为对乌克兰局势"有限回应措施"的整个北约的军事行动。到了2016年10月28日，在北约国防部长会议期间，北约秘书长斯托尔滕贝格正式宣布："北约向东欧增派4 000名军人。"①

华沙北约峰会所确认的驻军计划，其内容包括：向波罗的海国家派出四支部队——波兰、波罗的海三国每国各一支，共四支多国营；每营一千人，实行轮换（按斯托尔滕贝格的解释，这样做，是为了不与"俄罗斯与北约基本文件"的规定相抵触）；将北约快速反应部队的人数扩大到了原来的三倍，达到4万人；设立规模为一个旅的先锋部队（拟驻扎在罗马尼亚），作为快速反应部队的一部分；在北约东部建立8个小型司令部；在东欧的多国部队，由北约核心大国负责（在波兰的北约驻军将由美国领导，在波罗的海三国的分别由加拿大、德国和英国负责）；大国落实预置装备、补充预警和情报手段；还将在当地防御性地部署更多武器；值得关注的是，本次峰会邀请了两个中立国——北约伙伴国瑞典与芬兰——的领导人参加。近年来，北约越来越积极地对这两个国家进行入盟的游说。

这是北约在冷战结束之后规模最大、力度也最大的一次调整。奥巴马在峰会结束讲话中曾解释道，这是因为"在北约70年的历史中，可能从来没有一个时期像现在这样，同时面临一系列的挑

---

① 曲颂：《扩充军力，俄罗斯与北约"硬碰硬"》，《人民日报》，2016年5月6日，http://military.people.com.cn/n1/2016/0506/c1011-28330478.html。

战——安全、人道主义和政治"①。

四、欧洲成员国的不同立场

华沙峰会前夕，当时的德国外长施泰因迈尔刚刚警告过，不要"用动静很大的武力威胁和战争叫嚣"②来加剧紧张关系。但是在华沙峰会上，还是推出了一连串冷战终结以来最大规模的北约强军计划。德国社会民主党主席西格马·加布里尔（Sigmar Gabriel）质疑道："我们必须自问，如果双方在边境上举行军事演习、增加兵力并相互威胁，世界是否真会变得更好。"③法国总统奥朗德则明确表示："北约没有权力对欧洲应与俄罗斯建立怎样的关系指手画脚。对于法国来说，俄罗斯既不是威胁，也不是敌人。"捷克总统泽曼公开对在四国派驻北约军队表示质疑。比利时和卢森堡的代表也认为，北约应当考虑改变对俄立场，与莫斯科展开对话，"华沙峰会不是为了反对谁，这不是论坛的宗旨"。但是据报道，也有法国官员表示："北约峰会通常都是99%的麻烦和1%的歇斯底里。这一次完全不是，算是一个达成共识的峰会。"④

---

① John Vandiver, "New EUCOM chief cites next steps after NATO's Warsaw summit", Stars and Stripes, 2016-07-10, https://www.stripes.com/news/new-eucom-chief-cites-next-steps-after-nato-s-warsaw-summit-1.418401.

②③ Hubertus Volmer, "Russland, IS und Schmarotzer Nato-Gipfel der Gegensätze", 2016-07-08, http://www.n-tv.de/politik/Nato-Gipfel-der-Gegensaetze-article18154666.html.

④ Bryan McManus, "Russia, Brexit Loom over NATO Summit", Warsaw (AFP), 2016-07-08, http://zululandobserver.co.za/afp/193063/russia-brexit-loom-over-nato-summit.

五、俄罗斯的反应

俄罗斯常驻北约代表亚历山大·格鲁什科表示：北约在东部地区的行动"具有对抗性质"，"俄罗斯将被迫对北约的行动做出反应"。①在华沙峰会之前，格鲁什科就通过媒体反驳了斯托尔滕贝格所提出的理由。首先，他明确表示："北约在东部采取的举措只会令局势恶化。实际上，这是用军事手段（例如官兵轮值和大型演习）来打造新的分界线，妨碍大欧洲项目的落实，并加强欧洲国家对美国的依赖。"格鲁什科指出："北约在冷战结束后的所有武装干涉，都导致了极为沉重的后果。"他列举了1999年北约轰炸南联盟、2003年许多北约国家参与伊拉克军事行动，以及2011年轰炸利比亚。格鲁什科说："北非当前的局势和欧洲现在遇到的以移民压力为首要的问题——很大程度上是北约行动的结果。北约各国作为集体和个人应对此负责。"颇有意思的是，格鲁什科在尖锐批评北约的同时，还一再重申了俄罗斯与北约曾在阿富汗反毒合作中取得的成就（运用美国军方提供的材料），而一旦合作停止，毒品重新泛滥，将令欧洲和其他地区人民遭殃。②他也再三强调了2016年6月美俄曾就1972年避免海上意外事故协议举行的磋商，表示俄方愿意继续这种磋商。

从斯托尔滕贝格和格鲁什科这两位北约和俄罗斯负责官员的

---

① Грушко: планов нападения на Польшу не существует, заявления об этом абсурдны//ТАСС.6 июня 2016. http://tass.ru/politika/3343572.

② Павел Тарасенко. Постпред РФ при альянсе Александр Грушко об ожиданиях от саммита в Варшаве// Коммерсант. Daily. №.120.07 июля 2016. C.6.

立场看，无论内容还是措辞，在他们坚决表明各自立场的同时，都强调了对方军事行动目的的有限性，强调了俄罗斯与北约在以往的合作中曾经有过的有益经验。倒是戈尔巴乔夫公开的表态立场鲜明，他认为，北约正在从"冷战"转向为真正的战争做准备。他说："华沙峰会所有说辞无非都是叫嚣，恨不得对俄宣战。北约嘴上只提防守，但实际上它们却在为进攻做准备。"①戈尔巴乔夫的话描画出了美国一部分政治力量的战略考量。在华沙峰会前夕的专家论坛上，北约副秘书长亚历山大·弗什博（Alenander Vershbow）表示："如今我们怀着惆怅的心情承认，我们转入了与俄罗斯的长期战略竞争，因为双方对欧洲的看法有原则性的分歧。"他说，这意味着北约"已经开始了冷战后方向相反的新转型"。北约将回归自己的本源——巩固自己的东部边界。②

六、关于"军事存在规模"和"混合战争"问题的争议

乌克兰危机以后，美国与北约成员国到底可以在何种程度上做出军事反应，俄罗斯与西方至少在两个关键问题上存在争议。

第一个问题，是1997年俄罗斯与北约基本文件中关于如何界定"军事存在"的争议。按照1997年5月27日俄罗斯与北约签署的关于《俄罗斯与北约之间相互关系、合作和安全的基本文件》的条款："北约确认：在现在和未来可预见的安全条件下，北约同盟将会通过

---

① Андрей Резчиков. Это саммит обмана// ВЗГЛЯД.9 июля 2016. http://vz.ru/politics/ 2016/7/9/820384.html?_sm_au_=iVVNjq1nZQrR4VfT.

② Александр Хроленко. Возможно ли мирное сосуществование России и НАТО. 6.7.2016. https://ria.ru/analytics/20160706/1459806307.html.

协作、一体化和增强潜能的方式，来实施自己的防务和完成相应任务，而不是通过增加部署大规模常规作战力量的方式。"①

北约秘书长斯托尔滕贝格对于当前北约重新部署军事力量这一重大变化的解释是：（1）"在俄罗斯非法吞并克里米亚半岛和通过武力动摇乌克兰稳定之前，没有人提出过要在北约东部增加这样的军事存在。我们是在做出回应，而且是有限的回应"。（2）斯托尔滕贝格否定此举有悖 1997 年签署的北约与俄罗斯基本文件框架下规定的界限。他说："北约与俄罗斯基本文件中提到的是（不应部署）大规模作战部队。而我们计划的轮换部队远不及任何理智定义下的大规模作战部队。"（3）斯托尔滕贝格明确表示，俄罗斯既没有尊重格鲁吉亚的主权，也没有尊重乌克兰的主权。北约与俄罗斯基本文件也对俄罗斯的军事存在做出明确限制，但是俄罗斯却明显增强了这一存在。（4）关于北约军事行动今后是否扩大，斯托尔滕贝格的态度是："我们会不断搞清需求，并且采取需要的行动。我们必须始终有能力保护每个盟友不遭受来自任何方面的威胁。与此同时，我们将继续致力于与俄罗斯保持更具建设性与合作性的关系。"②可以关注的是，尽管有一些专家评论提到了北约的军事行动有悖于《俄罗斯和北约之间相互关系、合作与安全的基本文件》，但俄罗斯官方和主要媒体对此的评论，态度还并

① "NATO, Founding Act on Mutual Relations, Cooperation and Security between Nato and the Russian Federation", https://www. nato. int/nrc-website/media/59451/1997_nato_russia_founding_act.pdf.

② Jens Stoltenberg, "Jede russische Gegenmaßnahme wäre ungerechtfertigt", 2016-06-20, http://www.sueddeutsche.de/politik/nato-generalsekretaer-jede-russische-gegenmass-nahme-waere-ungerechtfertigt-1.3043507.

不那么激烈。比如，在回答"处于已经变化的情况之中，是否需要对上述《基本文件》做相应调整"的问题时，俄罗斯常驻北约代表格鲁什科的答复是："我们提出建议了。尤其是曾提出有关'大规模作战部队'的条款相当模糊不清。俄罗斯曾要求解释'大规模作战部队'具体指的是什么（基本种类的武器装备数量）。但北约方面没有做出回应。"①看来，俄方负责官员的回答，仅仅是"提出建议""要求解释"而已，在北约相当规模的军事行动背景下，俄罗斯的反应还是有限和谨慎的。

第二个问题，是如何应对俄罗斯在乌克兰东部地区所发起的所谓"混合战争"。

乌克兰危机以后，欧洲安全领域出现了一个令各方专家热议的新词："混合战争"。有趣的是，对立中的双方都使用"混合战争"的类似概念，用来指责对方故意模糊不清的军事行动。俄罗斯专家认为："2013年底在乌克兰成功挑起一场'混合战争'的是美国，其目的是用傀儡政权来取代政府"，"'混合战争'最重要的工具是著名的'第五纵队'——由敌人操纵的影响力巨大的代理人，也包括让反对本国领导层的政治力量合法化，国家机构重建秩序的合法行动被谴责为是违反人权和对民众的压迫。"②

但是，2015年3月，北约秘书长斯托尔滕贝格也说过："我们

---

① Павел Тарасенко. НАТО искусственно придумывает себе большого врага. Постпред РФ при альянсе Александр Грушко об ожиданиях от саммита в Варшаве. Коммерсать. 2016-07-06. https://www.kommersant.ru/doc/3031545.

② 自2013年11月乌克兰危机发生以来的连续几年中，这一观点是被较为普遍接受的官方和民意观点。其含义之一，是指乌克兰危机整个过程中的美国暗中策划和参与；含义之二，是指当时还在任的亚努科维奇政权与德、法、波诸国正式签署的2014年2月21日和解协议，在广场乱局中被推翻。

的全面方案也包括混合要素。我们采用军事和非军事手段混合的
方式来实现国家的稳定。而其他人这么做则是为了令国家动荡。
因此北约必须准备好，能够对这一新的现实做出反应。"①为什么斯
托尔滕贝格可以认为"我们"采用"混合战争"因素是为了国家
稳定，而"其他人这么做则是为了令国家动荡呢？"是"先进的制
度和意识形态"决定，还是更为强大的军事战略力量和不对称的
结盟关系所决定的呢？到了关键时刻，一向出语谨慎的北约秘书
长，看来也会露出端倪。事实上，2011 年中东危机后叙利亚战争
事发，叙利亚战场早就已经变成了各国武装人员以"混合战争"
方式大量潜入的"国际战争"了。②乌克兰危机中的"混合战争"
现象，不过是这一连串事态发展过程中的一个环节。除此之外，
按照塞缪尔·查拉普的观点，西方夸大了俄罗斯已经将"混合战
争"作为自己主要军事方法的事实，这只不过是西方本身的怀疑
而已，而并非俄罗斯战略思想的现实。连斯托尔滕贝格也承认：
他没有发现"俄罗斯打算侵略哪个北约国家"③。

七、北约与俄罗斯在其他地域正在酝酿中的对峙

值得关注的是，北约不仅已经宣布在欧洲东部地区的军事部

---

① Samuel Charap, "Das Gespenst Hybrider Krieg. Russland hat keine Doktrin für
eine hybride Kriegsführung", 2016-04-25, http://www. ipg-journal. de/rubriken/aussen-
und-sicherh eitspolitik/artikel/das-gespenst-hybrider-krieg-1388/.

② 在 2013 年 12 月摩洛哥马拉喀什国际会议期间，笔者曾亲耳聆听来自叙利
亚战场各派力量的陈述，介绍当时叙利亚战争已经成为实际上的一场"国际战争"
的情况。

③ Генсек НАТО заявил. что альянс не откажется от ядерного оружия//
Россия сегодня. 2016-05-02. https://ria.ru/world/20160502/1424713824.html.

署，而且在其他地区，北约与俄罗斯的军事对峙也在酝酿之中。

先来看斯堪的纳维亚地区。挪威《广告报》2016 年 10 月的报道称，该国领导人正在研究在特隆赫姆附近的基地部署 300 名美国海军陆战队员的问题。俄罗斯学者穆欣认为，挪威媒体去年冬季曾报道，五角大楼在挪威某山洞秘密存储坦克、火炮和其他军事装备和弹药，相比之下，目前 300 名军事人员的数目并不算少。不能排除在这些山洞也许还储藏着未被列入俄美核裁军协议的战术导弹。穆欣指出，北约计划从 2020 年起，将 F-35 部署在波罗的海的北约空军基地，只需要几十分钟就可以飞到莫斯科和圣彼得堡的俄军高级指挥机关的大本营。在这种情况下，俄罗斯必定要采取反制措施。①

再看北极地区。美国专家已经提出了下一次危机有可能发生在北极的警告。②一方面，俄罗斯正在加紧提出在北极地区的领土主权声明，另一方面，美国、加拿大、丹麦和挪威这些同北冰洋接界的国家也会相应提出自己的领土主张。问题的焦点在于：其一，海冰融化之后，俄罗斯如何确保领土安全出现新挑战：俄罗斯陆军在欧洲占有明显优势，因为他们能够自由调动。但是，就俄海军而言，已经失去了在波罗的海和黑海的主导权，它也无法确保能够进入地中海和大西洋，圣彼得堡的海路通道也明显会受到北约的威胁。所以，俄罗斯海军如何从各个北极基地进入大西

① Владимир Мухин. НАТО готовит России ядерный «подарок»// Независимая газета. №.218. 2016. С.1.

② Mike Scrafton，"Why the Next NATO-Russia Crisis Could Go Down in the Arctic"，2016-09-28，http://nationalinterest. org/blog/the-buzz/why-the-next-nato-russia-crisis- could-go-down-the-arctic-17861.

洋和北太平洋，就成了关键。其二，2016 年北极海冰的覆盖面降
到历史最低。因此，未来几十年从北极地区获取能源和食物的极
大可能性，以及东亚和欧洲之间的较短运输路线，对相关国家具
有很大的吸引力。其三，2016 年 8 月，俄罗斯已经向联合国大陆
架界线委员会（CLCS）提出了有关文件，论证其对北极大片土地
的领土要求。俄希望在当地资源的勘探、开发、管理和保护方面
拥有主权。今后的变局在于，如果俄罗斯的申索要求得不到 CLCS
的批准，将会出现怎样的局面，令人关注。①

包括本来有可能成为合作空间的阿富汗，也在出现新变化。
北约盟国主张在阿富汗的反恐训练任务延续到 2017 年，并承诺财
政资助阿富汗军队直到 2025 年。北约将在阿富汗保持 1.2 万名士
兵的存在。俄罗斯驻北约代表格鲁什科认为：俄罗斯与北约虽然
在反恐形势的严重性问题上有共识，但并不赞同北约对阿富汗地
区的"伊斯兰国"和塔利班控制区域的数量分析。②看来，意见分
歧正在明朗化。

总结上述北约与俄罗斯常规武装力量新的对峙形势，需要关
注的问题是：第一，由于对 1997 年北约—俄罗斯《基本文件》所
规定的内容存在不同看法，冷战后欧洲安全基本制度中的关键文
本，已成为有待解决的迫切问题。第二，北约内部尽管纷争不断，
但是 2016 年华沙峰会所作出的在东部地区的军事部署，反映了北

---

① Mike Scrafton，"Why the Next NATO-Russia Crisis Could Go Down in the Arc-
tic"，*The National Interest*，https://nationalinterest. org/blog/the-buzz/why-the-next-nato-
russia-crisis-could-go-down-the-arctic-17861.

② Грушко: НАТО вынуждает Москву адаптироваться к новым угрозам со
стороны альянса// ТАСС.13 июля 2016. http://tass.ru/politika/3452227.

约内部要求对俄采取更强硬立场的意见占上风。可以注意的是，北约内部如何在协调不同立场。比如，鉴于法国、比利时和土耳其等国事实上更加关注"伊斯兰国"崛起和叙利亚战场，为此，北约做出的一个妥协是：北约不参加打击"伊斯兰国"的空袭，但是，将向反"伊斯兰国"国际联盟提供机载预警和控制系统所获得的情报，以此来换取所有成员国对北约其他统一行动的支持。①第三，俄罗斯对于北约新军事部署表现出强硬立场，也有能力采取应对措施，但是，双方仍在一系列功能性领域进行合作对话。例如，华沙峰会后关于俄罗斯与北约在空中和海上紧急遭遇时的危机防范协商，以及关于阿富汗事务的讨论，还是透露出双方愿意维持对话的节制态度。诚如卢基扬诺夫所说："25 年的'无冲突期'已经结束"，但是"政治领导人接下来的任务是控制风险，这种技巧需要重新学习。因此，让我们打开应答机（军机飞行时必须打开应答机，以避免误判），系好安全带吧"②。2017 年 2 月的北约峰会上，由于新任美国国防部长詹姆斯·马蒂斯（James Mattis）的亲自与会，不仅在逼迫北约成员国必须将国防预算提高到 GDP 2% 水平的问题上，而且在承诺部署罗马尼亚旅等一系列新的扩军安排上，都表现出了与俄罗斯强硬对抗的新态势。对于形势的急转直下，俄罗斯驻北约总代表格鲁什科一方面声明，对于北约的蛮横立场，俄罗斯必须做好"长期对抗的打算"；但同时他还表示：美俄在巴库关于两军参谋长层次的合作，以及在叙

---

① Hubertus Volmer, "Russland, IS und Schmarotzer Nato-Gipfel der Gegensätze".

② Федор Лукьянов. Транспондер во имя мира//Российская газета. No. 152. 13 июля 2016. C.8.

利亚等一系列问题上的协作，"不应该被一笔抹杀"。①

八、"特朗普新政"与对北约的挑战

鉴于特朗普总统在 2016 年竞选期间和当选之后曾经在高调呼吁改善与俄罗斯关系的同时，一再称北约是"过时的组织"，公开发表要求北约成员国更多承担责任和分担防务开支的尖锐批评言论，北约面临着从未有过的自我瓦解的风险。因此，北约秘书长斯托尔滕贝格在美国大选揭晓之后，在英国《卫报》公开致信当选总统特朗普，呼吁这位未来的美国总统对北约手下留情。②这是北约内部对于未来不确定走势存在极大焦虑的明显反映。

总的来说，当时对于北约的走势，大体可以归纳为两种估量和分析：

立场之一，认为美国对俄策略已经失败，应该重新考虑北约的存留。在这一立场之下的第一种意见认为，当前西方对俄战略已经陷于全面困境：无论是希拉里·克林顿所主张的与俄罗斯"强硬对抗"，还是特朗普主张的"哄骗"普京以达成交易的策略都完全不得要领。包括自由派所指望俄罗斯会变成一个友好民主国家，以及能彻底打败俄罗斯并使之边缘化的政策也都应叫停。因为，普京现在正站在几百年来俄罗斯对外政策传统和俄式世界

---

① Дмитрий Сабов. НАТО переходит на силовые схемы. Постпред РФ при альянсе комментирует встречу министров обороны в Брюсселе// Огонек. №. 8. 27 февраля 2017. С.8.

② Armando Iannucci, "An Open Letter to the New President, From the Creator of Veep and The Thick of It", *The Guardian*, https://www.theguardian.com/us-news/2017/jan/21/letter-to-donald-trump-president-armando-iannucci.

观的主流立场，深得广大精英和民意的支持；同时，俄罗斯也掌
握着停止叙利亚这场人道主义灾难并重启持续谈判的关键；正当
美国试图孤立俄罗斯之时，却反而使它甘于冒险，并迫使西方进
行谈判。这一派的总体立场认为：面对着多种制俄措施失效的局
面，更加麻烦的是西方内部的高度意见分歧。①

这一立场中的第二种观点认为，美国应该退出北约。就像美
国凯托学会的高级研究员特德·盖伦·卡彭特（Ted Galen
Carpenter）所提出的：一方面，与第二次世界大战和冷战时的局
势相比，欧洲已经发生了巨大变化。欧洲安全环境已经有了根本
的变化，欧洲民主国家的 GDP 已经超过美国；"普京领导的俄罗
斯所带来的威胁，与过去苏联的威胁相比，根本不值一提。欧盟
的人口是俄罗斯的三倍，经济总量是俄罗斯的近十倍"。同时，北
约扩员，像脸书上添加好友一样随意。例如美国与最近的新成员
国黑山的安全利益完全是不对等的，对等地保障各自的安全利益
又从何谈起？此外，北约的欧洲成员国和美国的防务费用不对等，
美国已经达到 GDP 的 4%，而欧洲成员仍然只占到 1.6%。这只是
美国不应再继续承担义务的理由之一。卡彭特认为："我们早就应
该进行全面评估，甚至考虑最激进的选择：美国从（北约）联盟
中退出。"②

---

① Matthew Rojansky, "Is Trump Right About Putin?", Room for Debate, Oct
25, 2016, http://www. nytimes. com/roomfordebate/2016/10/25/is-trump-right-about-
putin.

② Ted Galen Carpenter, "Is it Time for America to Quit NATO?", March 29,
2016, http:// nationalinterest. org/blog/the-skeptics/it-time-america-quit-nato-15615? page
=show.

在这一立场中，还包括第三种看法，认为俄罗斯横竖没有出路：即使美俄和解，也不会对普京有帮助。伍德罗·威尔逊中心凯南研究所副所长威廉·波梅兰兹（William E. Pomeranz）认为：即使美俄关系取得和解，依然将给普京留下极大难题，因为普京是靠着反美和相应的对抗路线取得民众支持的，如果美国主动撤销对俄罗斯的制裁，那么，这个"最极端的丑化对象的突然消失"，会导致俄罗斯再去寻找敌人。但是，即使俄以欧洲、"伊斯兰国"等作为取代美国的"敌人形象"，都不会像美国那样容易激起俄罗斯人民的群情激昂。因此，特朗普改善美俄关系之举，使得普京将会面临失去民众支持的危险。甚至是特朗普取消对俄经济制裁，也会使得在制裁条件下得以复苏的俄国内产业，重新面临国内市场开放条件下的西方产品竞争。[①]这一观点，实际上是主张美国放弃对俄的强硬态度，与特朗普的主张暗合。

从以上这两种观点可以明显地看出，正在左右为难中希望调整对俄罗斯关系的不仅是特朗普执政集团，还包括其他方面的政治精英。

但是，美欧内部争议中还有更为显著的另一种影响广泛的立场，主张北约要以更加强硬的联盟战略来对付俄罗斯。

这一派立场当中，还可以细分出两种意见：前者侧重于"强硬"；后者侧重于"遏制"。持第一种主张"强硬"立场观点的西方人士不在少数。目前，北约军事部署的出台，就是一个证明。

---

① William E. Pomeranz, "Putin Will Pay a High Price for Trump's Friendship", Nov. 21, 2016, http://www.reuters.com/article/us-pomeranz-putin-commentary-idUSK-BN13G07L.

他们认为，面对"俄罗斯的威胁"，欧美必须团结一致，强硬应对。巴德学院地缘政治战略教授沃尔特·拉塞尔·米德（Walter Russell Mead）认为：当"普京的赌注是西方将会退缩"时，奥巴马总统不想与俄罗斯为敌，默克尔总理也不想。如果我们什么都不做，普京将会继续扩大其优势，利用我们的软弱。我们面临着一场非常严重的危机。但是，这将促使我们重新确定西方的含义与边界。①这一意见，不排斥更为进取和扩张式的强硬立场。同时至少还包含着以下的一些判断：其一，在西方不少地缘政治学者看来，一个衰落的俄罗斯更具有威胁性，因此，更需要联合起来坚决应对。其二，即使国际石油价格恢复到 100 美元/桶，但由于俄罗斯在欧盟贸易中的比重还会下降，今后一段时间内，俄罗斯与欧盟的经济合作水平还会低于乌克兰危机之前，特别是由于俄罗斯自身经济结构中的问题，其对欧洲影响有限，因此不必害怕与俄罗斯的强硬对抗。②这一种观点的结论是，北约的强硬立场有可能获得胜算。

这一立场中的第二种意见认为，作为北约的战略对策，应该重回凯南式的遏制战略。这派意见首先认为，如果以为通过政治和经济的接触，加上军事遏制，最终能够说服俄罗斯愿意建立更具建设性的关系，这是"将主观愿望凌驾于经验之上"。其次，事

① Laure Mandeville, "Walter Russell Mead：Poutine Mise sur les Faiblesses", le 10 février, 2015, http://www.lefigaro.fr/international/2015/02/10/01003-20150210ARTFIG00430-walter- russell-mead-poutine-mise-sur-les-faiblesses-de-l-europe.php.

② Edward Hunter Christie, "Die Wirtschaftsmacht existiert nicht mehr", 11. Oktober 2016, http://www.zeit.de/ wirtschaft/2016-10/russland-eu-handelspartner-sank-tionen.

实也表明，以往将俄罗斯融入西方的试验已经失败，因为俄罗斯最害怕被融入西方。而西方对俄罗斯的包围，反而是普京所需要的。所以，在这种情况之下，有效的对策将不会是罗斯福式的将俄罗斯拉回国际大家庭，也不是简单的包围，而只能是：重回凯南式的遏制。至于如何遏制？一种观点认为，必须在俄罗斯显示力量的一切地方反对它，包括乌克兰、叙利亚和网络空间。另一种观点则认为，需要通过自己的优势（特别是北约），同时利用俄罗斯的弱点，包括它日益恶化的经济和它对海外意识形态缺乏吸引力。所以，遏制战略的要点应该是：第一，近半个世纪之久的凯南式遏制的持续耐心；第二，相信西方优势和俄罗斯所面临困境的坚定不移的信念；第三，维护西方的团结。只有这些才是成功的关键。①

　　一直到 2017 年 2 月慕尼黑安全政策会议举行，美国新任副总统彭斯在会上明确表示，美国将坚定不移地支持与北约的盟友关系。包括美国一系列政要出访欧洲，为北约盟友打气，说明美国已经开始逐渐摆脱"大选效应"，回到维持与北大西洋盟友关系的传统立场。对于美国大选以来特朗普团队在北约问题上的这一戏剧性变化，俄罗斯学者穆欣在他领衔的研究中心所发表的报告《北约：实力与意图》中曾这样预言："美国企图通过夸大外部威胁来维持对北约的掌控。因为知道打击'伊斯兰国'恐怖主义分子对北约来说是一场艰巨的任务，所以美国就选择另一个简单的

①　"The West Needs a New Strategy of Containment for Russian", Oct 16, 2016, http:// blogs. ft. com/the-exchange/2016/10/16/the-west-needs-a-new-strategy-of-containment-for-russia/.

做法：重提'俄罗斯威胁论'。"①实事求是地说，虽然特朗普提出缓和美俄关系的主张，并非没有其客观的逻辑依据，美俄两个核大国始终处于紧张对峙状态，对谁都不是好事。但是，今天美国要在维护传统的北约结盟关系和重启美俄关系之间求得两全，还真非易事。

为了理解慕尼黑安全政策会议之后美国政治精英层的立场与心态，值得一提的是，在 2017 年 2 月底由美国外交委员会在华盛顿所举行的一场题为"对手？伙伴？或两者兼有？"的政策讨论会。这场重要的公开讨论会，其主讲者中有安琪拉·斯登特、伊夫琳·法卡斯（Evelyn Farkas）、斯蒂芬·塞斯坦诺维奇（Stephen R. Sestanovich）、查尔斯·库普乾等著名学者和专家，他们不是前美国驻外大使，就是国家安全委员会的前高级顾问，或者是长期在白宫负责情报工作的学者。因此，这次会议被与会者戏称为关于俄罗斯问题的"准国家安全委员会会议"。尽管这场政策辩论会的主讲者们有着不同的政治背景和工作经历，对于俄罗斯问题也有着不同的认知，而且辩论会也主张美国应该以更加客观的立场看待俄罗斯，不应该像前总统奥巴马那样使用"藐视的语言"对待俄罗斯与普京，但是这次会议明显占优势的观点是：第一，美国与俄罗斯之间在价值观念、地缘政治利益，以及对于未来国际秩序构建等方面的高度对立，决定了俄罗斯是对美国的巨大威胁；第二，尽管作为欧洲主要国家大选年的政治前景非常复杂，但是

---

① Владимир Мухин. НАТО готовит России ядерный «подарок»// Независимая газета. №.218. 2016. С.1.

必须抓紧时机，强化美国与欧洲盟友之间的安全与政治合作，而其中，巩固北约是当务之急；第三，不仅现有对俄的制裁措施要坚持，而且要改变在乌克兰等问题上仅有《明斯克协议》、"诺曼底机制"，不能够仅由俄罗斯与欧洲来维持现状的局面，应让美国实质性参与，进一步发挥作用；第四，放弃对于通过调整中美俄"大三角"关系阻遏俄罗斯的过高期望。这场会议所表现出的对改善俄美关系的悲观倾向，与白宫班子正在经受"通俄门"严峻考验的政治角逐，互相呼应，体现出美俄关系与欧洲安全格局未来走向难见乐观。①

九、北约、欧洲安全与俄罗斯之争的历史比较

从相对较短时段来看，国际学者较为关注的是冷战以来，特别是冷战结束以来，美俄多次缓和与"重启"对于欧洲安全的影响。实事求是地说，尽管东西方之间在欧洲呈现多年高度对抗状态，但是，毕竟还是有过不少次或多或少的和解。虽然东西方之间在意识形态、战略利益以及未来欧洲国际秩序的构建方面，各自的主张南辕北辙，严重牵制着和解的形成，然而，毕竟一而再、再而三的"缓和"与"重启"，使得大规模的欧洲战争不可能再轻易地发生。当今形势之下，似乎对抗局势又在卷土重来，但是，回顾历史，东西方之间持续地追求和平的努力，始终还是给当前事态的进程留下了重要启示。

2017 年 2 月慕尼黑安全政策会议前后的国际舆论中，又一次

---

① "Russia：Rival or Partner，or Both？"，Council on Foreign Relations，February 27，2017，http://www.cfr.org/russian-federation/russia-rival-partner-both/p38860.

出现了关于"新雅尔塔"和"新赫尔辛基"一类有关未来国际安排的辩论。显然，这里有两个重大问题值得关注。

第一个问题是有关地缘政治在当今变局中的作用。普京在2016年瓦尔代论坛的大会讲演中①提到，"地缘政治因素比之意识形态更重要"。普京的这一论断迄今还并没有太多为国际舆论所议论。但当今国际变局中，意识形态与地缘政治因素孰轻孰重的话题，值得人们深思。虽然，非意识形态化的语境一度主导冷战后的国际发展，但是，一方面，意识形态可能是很难被"胜利者"所主动摒弃的，另一方面，地缘政治利益博弈从来没有因意识形态的去留而消失，相反，是愈演愈烈。所以，普京的这一断语点出了事态的要害。

第二个问题，对于北约东扩背景之下的欧洲安全格局的发展趋势而言，第二次世界大战以来几十年的国际遗产和经验教训，虽然值得总结，但是多少还是显得时间短暂，因而未能触及更为深刻层面的结构性变化。这意味着，需要根据更长时段的观察进行总结和反思。

国际间关系的千年历史上，大概只有两个历史时段的变化，堪与今天北约东扩的庞大规模与声势相比拟。其一，是公元11—13世纪延绵了200年的十字军东征；其二，乃是发生在18世纪末至19世纪初期的法国大革命之后的拿破仑扩张战争。这几个历史时段中，场面宏阔的多国进程的共同点在于：无论是十字军多次

---

① 2016年普京在瓦尔代论坛上的演讲，参见 Заседание Международного дискуссионного клуба «Валдай».27 октября 2016 года. http://www.kremlin.ru/events/president/news/53151。

东征企图要建立的天主教一统天下，还是拿破仑想要建立的欧亚帝国，抑或是北约东扩所期待的世界"民主共同体"的形成，都是旨在建立普适性的以一元论为基础的不同形式的帝国体系。但是，十字军东征的失败，只是加速了一个伊斯兰、东正教和西方天主教势力并存的多元世界的趋势；拿破仑企图"以强力"推广民主的扩张战争，同样也没有导致单一的欧洲民主世界的出现，反而导致了一个由俄罗斯参与，甚至一度由俄罗斯左右的局面，与英、普、奥、土共治的维也纳体系的诞生——正是这样一个多元的体制在欧洲维持了"百年和平"。至于今天的北约东扩是否会重蹈历史的覆辙：以一元主义的追求为起点，最后总是落得个多元力量并存的结局，似乎还尚待进一步的观察。但是，以一元论为主轴的单边主义扩张不合时代潮流，确实是难以违拗的事实。即使是拥有号令天下的军事实力，即使是有着拉帮结派的多方联盟，也即便是拥有久经磨砺的意识形态和制度体系，一旦不思进取，抑或滥用权力，总是会落到一个难以收拾的地步。

　　居于总体弱势的俄罗斯，在冷战终结和苏联解体 26 年来的磨难中，经受了考验，凸显了自强不息的顽强斗志。但是，在内外诸多挑战之下，还难言前程乐观。以多元共存代替以往一元主导的格局，乃是一个从未经历过的历史大变局。若非经历漫长而曲折的路途，难以设想会有任何斩获。尤其是身处于未知前程的变化中的世界，所需要的可能不仅是力量和勇气，往往还更多地有赖于思想的健全与创意，方能编织出未来的俄罗斯、北约与欧洲安全格局的一幅清晰图景。

　　最后，尤其需要强调的是，与历史上的两次扩张相比，冷战后条件下的北约东扩的最大不同点，是基于意识形态、社会制度和战略军事力量的西方优先背景之下的大体上以和平方式的政治推进，还没有发生大规模的或全局性的武装冲突和军事战争。历史的进步在战争与和平问题上的体现，非常清晰。这充分说明，当今条件下依然留存着维护和平的机会，同时，有待于各方有志者对此尽其一切可能的努力。

第九章

乌克兰危机：
三边关系视角下的反思

乌克兰危机时期的大国三边关系变化，是一个值得研究的新领域。这里所指的大国三边关系，不光是指与乌克兰危机直接相关的俄、欧、美关系；也包括与乌克兰危机关系不那么直接却发挥着全局影响的关系，如中、美、俄三边关系；还包括更为微妙却影响深刻的俄、西方、以金砖国家为代表的新兴大国之间的三边关系。这三种三边关系内容不一，却以不同方式与乌克兰危机发生着关联。问题尤其在于，当一向被作为国际进程中的主导性三边关系——俄、欧、美三边关系自身陷入困境，人们就自然而然转向两个向度的努力。其一，是深入发掘大国三边关系内部机理的思考。本章提出的主要反思，是以"三位一体"的深层结构性探讨来丰富和弥补仅满足于多边互动、互相均衡的传统立场。其二，是面向更具全局性影响的中、美、俄三边关系，以及俄乌、西方和金砖国家中主要发展中经济体这一三边关系。相互交织、相互影响的这三组三边关系勾画着新世纪第二个十年的国际走向，并在相当程度上预示着一个东西方关系正在发生重大转换的新时代的到来。

第一节　危机后俄、美、欧三边关系动荡中的启示

在相当长的历史阶段中，俄、美、欧三边关系一直被视为国际史上的主导性大国关系。但是，乌克兰危机过程中，俄、美、欧三方的互动却未能为危机指引出路。这一组三边关系为何未能摆脱危机僵局？人们不得不转向更加宽广的视角，去寻求解答。

一、地缘政治与体制变迁如何影响俄、美、欧关系

新世纪第二个十年的俄、美、欧三边关系动荡，在多大程度上起因于地缘政治博弈与各自内部体制变迁的影响？这是一个值得加以探讨的话题。而且，能否从俄、美、欧三边关系的构架、动态、认知与规范的各个方面去加以展开，分门别类地对于危机的来龙去脉加以梳理，这是剖析这一组三边关系问题的关键。

（一）从缓和走向激化的地缘政治格局

俄罗斯战略家谢尔盖·卡拉加诺夫（Sergei Karaganov）曾经认为：到20世纪70年代之后，实际上对于晚期苏联而言，并不存在

任何来自西方致命性的威胁，苏联解体的原因主要是内部问题所引起。①即使根据 2013 年 2 月公布的《俄罗斯联邦对外政策构想》的描述，认为尽管当前国际关系处于过渡期，其发展前景越来越难以预测，但是，"老西方主宰全球经济和政治的能力进一步减少。世界力量和发展权力趋于分散，向东方首先是亚太地区偏移"②。在此，美国与欧洲也并没有被俄罗斯视为主要的具有致命威胁的地缘政治对手。这明显区别于冷战早期苏联对美欧的看法，也不同于乌克兰危机爆发后俄方对于西方威胁的描述。

但是，从战略博弈的实际进程来看，俄罗斯与美、欧等西方国家和国家集团的战略竞争关系并没有被完全停止，随着一个个冲突热点问题的发生，这种潜在的竞争关系逐步地走向明朗化。2013 年底爆发的乌克兰危机，全面揭示了这样一种俄罗斯与西方之间的抗争性态势。

从全球层面来看，美国对于冷战终结原因的偏颇理解——比如过度强调里根整军经武和对抗苏联的意志力是"冷战告捷"的原因——以及对美国单极世界的过度沉湎，毫无疑问，导致后冷战时期在离国境线遥远之地接连发动战争，并且执着地推进北约东扩的地缘政治扩张。但是，被视为对手的俄罗斯不光依然具有当今世界最为辽阔的疆域，依然是拥有世界上最强大战略力量的两个大国之一。俄罗斯的能源、资源优势仍具有超越地域的广泛

---

①　Sergei Karaganov, "Hotel Europe: Guests and Permanent Partners", *Russia in Global Affairs*, No.4, 2011, C.172—180.

②　Концепция внешней политики Российской Федерации, Утверждена Президентом Российской Федерации В. В. Путиным 12 февраля 2013 г. http://www.mid.ru/brp_4.nsf/0/6D84DDEDEDBF7DA644257B160051BF7F.

影响。但俄罗斯由于所遭受的困难与挑战，其实力往往被低估，这是导致美轻率施压，逐步加剧对抗的原因之一。

从地区层面来看，其一，美国部署在中东欧、东南欧地区的反导系统向来被俄罗斯视为心腹之患，在乌克兰危机之后这一部署有进一步强化的态势。这是高悬于俄罗斯国门之上的"达摩克利斯之剑"。其二，被俄罗斯视为其外交之"特殊影响地带"的原苏联地区，特别是格鲁吉亚、乌克兰等地，受到来自美国和欧洲的直接干预，使得俄罗斯恢复在原苏联地区经济政治影响力的抱负，受到牵制。其三，美国，包括欧洲国家在中亚和阿富汗地区的留驻与影响力，被俄罗斯视为西方为展开地缘政治竞争，在独联体核心部位打入的楔子。其四，叙利亚和伊拉克等俄传统影响深厚之地，处于美国直接打击之下，为俄所难以容忍。

在这样的背景下，俄罗斯起而抵制美国称霸，主张以多极化推动国际秩序的改革，说明战略竞争依然在延续。乌克兰与叙利亚危机揭示了俄罗斯与美国之间在战略安全利益关系中存在的尖锐冲突。北约的存在，再次被视为影响俄罗斯安全的最主要威胁。

从俄罗斯与欧洲的战略安全关系来看，在金融危机之前，北约和欧盟东扩进程的暂告段落，使得俄罗斯西部地缘政治竞争关系，尚未发生大规模的激化。即使爆发了 2008 年俄罗斯—格鲁吉亚之间的"五日战争"以及随后的激烈争论，但俄罗斯与西方关系经过调解，大体上得以维持。即使已经出现了所谓"页岩气革命"，欧洲依然较大程度延续着与俄罗斯的紧密能源合作关系。这使得由传统的政治、人文、经济与能源关系而形成的俄欧相互依存状态依然发挥重要作用。俄罗斯与欧洲之间的关系还没有发生戏剧性的突变。

但是，2009 年以后，随着全球化过程中所出现的国际政治博弈从全球层面向地区层面的转移，欧盟"东部伙伴关系"计划与俄罗斯"欧亚联盟战略"这两个在欧亚地区（主要是原苏联地区）相向而行、具有高度竞争关系的地区一体化计划，逐渐导致双方间的尖锐矛盾。乌克兰危机的直接导火索，即产生于此。与此同时，俄罗斯与欧盟间能源与商品市场的依赖关系出现深重裂痕，双边政治关系也几乎陷于破裂。乌克兰危机之后，欧盟与俄罗斯方面虽一而再再而三地表现出缓解冲突的意愿，但是，新世纪以来通常是美俄关系恶化、欧俄关系趋近的三边关系正在出现变化。

（二）周期式的体制变迁与地缘政治博弈相交织

如果说，美俄胶着、欧俄趋近的地缘政治态势因 2013 年乌克兰危机的爆发而变化，那么，周期性内部制度变迁又使得这一态势因意识形态对立而愈发深刻而得以持续。观念形态与制度差异使得内部政治过程与对外战略之间的紧密交织。从 80 年代中期开始的将近 30 年时间里，苏联（俄罗斯）与美欧之间的关系，始终没有摆脱一种"调整—对峙—再调整—再对峙"这样的反复过程。

戈尔巴乔夫上台后，在改革为背景的总体形势之下，将与西方改善关系作为其执政的起点。但是，戈尔巴乔夫六年执政以苏联解体而告终，并且在解体过程中，美国和欧洲并没有给予实质性的帮助，令苏联精英和民众感到失望。叶利钦执政时期，虽然是以俄罗斯内外政策向西方的"一边倒"作为开局，却是以俄罗斯和西方之间在科索沃战争中几近发生直接军事冲突而告终。21世纪普京执政，同样是从与西方的交好作为开端，特别是在"9·11"事件的背景之下，普京以向美国开放在中亚的军事战略通道和允其驻留军事基地向西方示好。但是到了普京第二任期刚刚结束，出现了俄罗斯与西方之间关于"俄罗斯—格鲁吉亚战争"的重大争论。在不到30年的时间内，在三任俄罗斯总统处理与西方关系的过程中几乎都出现了先交好、后相互抗衡的周期性现象。

究其原因，俄罗斯与西方关系周期性紧张，不仅仅在于相互之间关系的难以调停，而且也在于俄罗斯的内部体制因素成为分歧的焦点。戈尔巴乔夫上台之初，以改革为开局，推动政治多元化和民主化。但是，在其执政六年之后，戈尔巴乔夫拟将苏共总书记和苏联国家总统两个重要职务集于一身。在西方看来，这是一个集权化过程的卷土重来。叶利钦执政以后，在当时的历史条件之下，当然是以全面推动政治民主化和市场经济的分权化为其施政重点。但是，到了90年代下半期，俄罗斯政治逐渐出现了向家族制度和寡头政治的倾斜，同样激起了西方舆论的不满。而到了普京时期，虽然一开始大体上维持叶利钦时期的政治格局，但到2003年以后，收回地方长官直接选举的权限，打击私人资本企图垄断国家战略资本的意向，同时，与法国和德国一起坚决反对美国发起伊拉克战争，国内政治开始收紧。作为对90年代转型所做的加强大国自主性的调整，被西方舆论视为"向苏联体制的重新回归"。

从戈尔巴乔夫、叶利钦和普京三名俄罗斯政治领导人相继与西方关系最终出现僵局的观察中可以发现，俄罗斯内部政治体制的变动，始终成为与西方关系恶化的一个直接原因。更重要的是，与上述三十多年来俄国内制度周期性收紧、俄与西方关系相继恶化而同时出现的，总是轮番聚焦于俄周边的地缘政治问题：戈尔巴乔夫晚期内部制度变迁的同时，东西方关系表面缓和，而实质却埋下了以两德统一问题为背景的地缘政治隐患。叶利钦执政后期导致东西方关系恶化的地缘政治惊雷是科索沃战争。而普京执政后期掀动巨变的则是乌克兰问题。可见制度变迁、东西方关系恶化、与俄周边地缘政治问题始终是相伴相生。

二、俄、美、欧三边关系：从乌克兰冲突到叙利亚危机

作为一种结构性框架，冷战后的俄、美、欧之间的三边互动关系，是相互协调，还是刚性对抗，决定着俄罗斯与西方关系的走向。其中，尤为值得关注的是，其一，当美俄发生抗争时，欧洲能否起到调解作用，事关重大。当美欧关系停滞不前时，美俄关系能否有所突破，对总体的俄罗斯与西方关系能够有所缓和。包括当美欧关系出现裂痕之际，俄罗斯又起到了怎样的作用？总之，值得估量的是，俄、美、欧之间的三边互动，无论是作为实现均势的杠杆，还是作为防止对抗性冲突的外部制约，对于俄与西方之间的关系，发挥着何种影响？

（一）俄、美、欧三边关系的基本结构

从结构形态上看，俄、美、欧三边关系既作为一种起均衡作用的国际机制而存在，同时也是作为规范制约作用的动态式多边关系结构而出现的。一方面，这种三边关系既是在欧洲安全与合作会议（OSCE）、曾经的八国集团等具有专门指向的国际机制当中存在，也以应对各种重要事件而产生的多边平台，比如，应对伊朗核问题的六国机制、应对乌克兰问题的诺曼底机制、应对叙利亚问题的日内瓦机制等形式而存在。当然，联合国安理会等全球舞台是三边关系的最主要的互动框架。另一方面，俄、美、欧三边关系也随着全球的、地区的、双边关系层面的各类问题出现而活跃互动。这是当今世界最重要的三边力量关系之一，既相互抗争，也有过良好合作，在潮流变化中，不断地探寻新的组合方式。

总体而言，冷战终结30多年来，前10多年中，俄罗斯与美欧间的关系相对比较明晰，也即俄罗斯总体上处于和欧美之间推进合作的阶段，俄美关系和俄欧关系这两者之间没有太大的差异。但从叶利钦执政晚期所发生的科索沃战争之后，俄罗斯与西方关系出现恶化。特别是俄罗斯对美国的好感一落千丈，这是一个从民间到官方关系都急剧下跌的重要转折点。

21世纪以来的10多年时间里，也即普京主政时期，发生了一系列与俄、美、欧三边关系相关的事件：2001年的"9·11"事件、2003年的伊拉克战争、2004年以后的"颜色革命"、差不多同时期急剧推进的欧盟东扩和北约东扩、2006年俄乌之间的天然气争端、2008 年俄罗斯与格鲁吉亚战争、2008 年以后的国际金融危机，以及随之发生的一系列国际治理结构的重大变化，包括近两年的"中东北非革命"、乌克兰危机、叙利亚危机等一系列事态演变。

从这些过程来看，相对美国而言，欧洲比较容忍和接近于俄罗斯，美国则对俄罗斯持有较为强硬而疏远的态度。尽管金融危机发生前后，俄罗斯与欧洲的关系一度停滞，而美国与俄罗斯之间在 2009 年之后则反而短暂"重启"关系。但是，总体上说，美俄间关系的"重启"未能持久，也并没有改变欧洲与俄罗斯相对接近、而美俄关系相对比较僵硬的基本态势。

俄、美、欧三边互动的总的趋势，与三者各自之间的经济、贸易、政治与安全战略关系水平是互相匹配的。俄欧之间紧密的能源与经济合作，历史悠久的文化交往，相对较为接近的欧洲大陆型法律与社会制度构建，包括近在咫尺的地理交往条件，所有这一切都大大制约着三边关系中的俄欧的趋近要相对超过俄美关系的程度。尽管，意识形态与安全需求使欧洲离不开美国，但是，欧俄间的结构性关系还是来得更为丰富而深刻。

问题在于，从 2013 年底乌克兰冲突以来，包括稍前出现的、而后一直伴随着整个乌克兰事件的叙利亚危机期间，俄、美、欧三边关系从其动态过程来看是否还能如以前那样发挥主动而稳定大局的作用？这一组三边关系的运作机理是否仅限于纵横捭阖式的势力均衡？三边关系中究竟还有哪些深层结构性因素在发挥作用？

（二）危机条件下三边关系动态变化

在欧洲范围内主导大局的更多是德国。德国发挥着突出的作用，引导着整个欧盟度过了 2008 年欧债危机以来最困难的时期。逐渐明显的趋势是，对于区域和总体战略问题的思考，德国要超过其他老牌的欧洲国家。对于此后欧盟一体化，包括"东部伙伴关系"计划的走向，特别是近在咫尺的欧亚地区的反响，德国自然最为关切。毕竟，欧盟东扩至基辅城下，利害相关度最大的还是德国。在德国内部，虽然有着激烈的争论，但是，以默克尔总理为首的中右翼，不光在德国内部，通过联合政府，成功地把社会民主党这个本来可能是外部的反对派，巧妙地变成为政权系统内部的合作者，取得了整个国内事务的主导权。而且，2014 年春以后，德国主导欧盟事务的领导意向也越来越明显。在这样的背景下，德国偏向于联手美国，推进跨大西洋贸易与投资伙伴关系协定（TTIP）谈判，深化大西洋两岸关系。乌克兰危机发生之初，默克尔一反前任历届德国政府相对比较亲俄的路线，在保持协调立场的前提下，偏重于打压俄罗斯。特别是在 2014 年 7 月马航事件发生，更加激起舆论对俄罗斯的批评。但是，随着围绕乌克兰危机的局势日益复杂，对各方的风险日益增加，特别是地处中东的"伊斯兰国"突然崛起之后，2015 年初以后，德国联手法国，大大加强了对解决乌克兰危机的"明斯克机制"的参与。此后，可以看到乌克兰东部地区冲突逐渐趋于缓解。特别是 2015 年的秋后继续达成的关于乌东地区停火并撤走重型武器，以及关于推迟乌克兰东部地区选举的各方共识与协议，可以被视为在德国作为主要干预者之一的努力之下，朝向解决危机的重要步骤。尽管默克尔强调，叙利亚危机与乌克兰冲突之间没有相互关系①，但是，当今世界近在咫尺的这两场地区冲突，怎么会没有相互之间的紧密关联呢？这不过是默克尔的说辞而已。关键在于，德国一度重新偏向于美国的立场，俄与西方之间失却协调性杠杆，这使得俄、美、欧三边关系出现严重倾覆的危险。

有人认为，就乌克兰危机而言，最重要的一组博弈对手，还是美国和俄罗斯这两家。老资格理论家、俄罗斯"威权主义理论"倡导者米格拉尼扬（Андраник Мигранян），早就点破此题。按他的说法，有关乌克兰冲突的所有事项，实际上都取决于美俄间的相互关系。②迄今依然是唯一超级大国的美国，按照奥巴马的说法，至少"还要领导世界一百年"，自然不甘于完全退出欧亚大陆上的欧洲和欧亚地区这两大摊事务。此外，页岩气革命所带来的机会预示欧亚、中东地缘经济格局势将发生重大变化。美国几乎在西方世界的经济业绩中"一枝独秀"，这使它在乌克兰危机中所握有的重要筹码。这些背景不仅决定了美国跃跃欲试地要向乌克兰提供进攻性武器，而且，从美国内部政治的趋势来看，无论是2016 年民主党、共和党推出的总统人选，都比奥巴马对俄采取更为强硬的立场。作为对立面，当今世界之中，即使俄罗斯所拥有的实力已不能与冷战时同日而语，但俄罗斯所拥有的一系列杀手锏依然令对手头痛，而最敢出头与美国叫板的，也还是俄罗斯这

---

① "Merkel Says There is No Link between Syria and Ukraine Crises", Reuters, 2015-10-02, http://www.reuters.com/article/2015/10/02/us-mideast-crisis-germany-syria-idUSKCN0RW23W20151002.

② 2014 年 10 月 24 日，在俄罗斯海滨城市索契召开的第十一届瓦尔代论坛上，米格拉尼扬教授在乌克兰问题讨论组的发言。

个老对手。因此，唯有美俄之间才是乌克兰问题的"最终解决者"的说法，未必没有道理。就 2015 年以后的局势来看，奥巴马坚持将俄罗斯作为等同于埃博拉病毒、"伊斯兰国"的"三害之一"，这是因为他在面临巨大的国内压力的背景之下，难与俄罗斯就乌克兰问题达成根本妥协。问题在于，奥巴马政权在叙利亚危机中的战略失败已经招致了大量的批评，特别是 2015 年 9 月 30 日俄罗斯精准掌握时机，主动地出手有效打击"伊斯兰国"之后，既迫使美国不得不与俄罗斯围绕叙利亚问题进行军事对话，同时也不得不停止向反对派提供武装训练，而且，不得不在实际上听任俄罗斯与巴沙尔政权名正言顺地开展反恐合作。恐怖主义的存在，乃是美欧一度重新接近俄罗斯的重要动因。但是俄与西方关系的总体崩塌几成定势。

更为独特而重要的一个角色还是俄罗斯。乌克兰危机之后，尽管俄罗斯面临巨大经济和政治压力，未必没有表示过愿意与西方在乌克兰问题上有所妥协。但是，俄罗斯并非禁不起折腾的弹丸小国。普京本人更非等闲之辈。在历经一年多艰难复杂的危机之后，特别是经历了能源价格跳水、卢布汇率下跌、西方严厉制裁等一系列打击之下，普京个人的支持率还保持在 80% 左右的高位，这是大国历史上一个非常难得的记录。曾有预测，认为重压之下，俄罗斯有可能出现类似于 2012 年"博洛尼亚"那样的街头抗议风潮。但是，2015 年新年长假之后，来自俄国内外的多名著名社会学家济济一堂，探讨时局，得出结论，认为俄罗斯在外部重压之下，可能反而会在俄罗斯国民中强化"要塞心态"，抵制外来干预，拥戴领袖威权。而曾经对于"博洛尼亚事件"做出过精确预测的社会学家德米特里耶夫（Mikhail Dmitriev），这次也预判，认为本次情况不同于 2012 年那样单纯的国内政治动荡，即使有抗议风潮，也仅仅可能出现在几年之后。①在俄罗斯国内认知依然具有相当程度的共识，而无论美国还是德国在叙利亚危机激化之后，还不得不继续保持对俄高压的前提下，开始倾向于与之寻求妥协。早在 2015 年春天，国务卿克里与助理国务卿纽兰突然飞赴俄罗斯拜访普京，乃是这一趋势的清晰证明。

总之，乌克兰危机、叙利亚危机以来，从俄罗斯、德国与美国三方关系来看，形式上，大体还是延续着 21 世纪以来的惯性，在德国与俄罗斯一度关系相当对立之后，还是力图逐渐恢复到既有对峙，同时也寻求妥协的状态；另一方面，芥蒂更深的美国虽试图保持高压姿态，逼俄罗斯就范，但"伊斯兰国"突然出现，俄罗斯找准机会对之实行猛烈的空袭，打乱了美国的套路。俄罗斯"以攻为守"的战略迫使美欧不得不重回谈判桌边。

虽然，俄、美、欧三边关系中的各方仍在寻求机会，力图维持既有大国地位和各方的平衡，但叙利亚战争和乌克兰危机的久拖不决表现，已经难以再凭借这一级三边关系结构来为危机找到出路了。严冰下的暗流涌动昭示着未来更大的动荡。

三、三边关系中深层结构的决定性作用

俄、美、欧关系陷于困顿而难有出路，这是有着一系列的深层原因的。

乌克兰危机之后，国际舆论关注的焦点，乃是克里米亚被收

---

① Mikhail Dmitriev, "Lost in Transition? The Geography of Protests and Attitude Change in Russia", *Europe-Asia Studies*, Volume 67, Issue 2, 2015, pp.224—243.

归为俄罗斯之所有，认为这是破坏了冷战后民族国家领土主权的完整统一。如果一般地说，这的确是当今国际政治不可被忽视的一个重要方面。尤其对于新生国家而言，领土主权完整和统一乃是其安全生存、安身立命的根本问题之所在。然而，值得注意的另一方面，在冷战后国际政治环境下，对于民族国家主权和领土统一原则的"破坏"，并非就此一端。曾被西方认为"下不为例"的科索沃宣布脱离塞尔维亚事件，就是这样一个先例。如果国际社会要对克里米亚问题施以重压，那么科索沃问题将何以处置呢？虽然这两者还有若干区别，但是就其所涉原则，并无二致。所以，领土主权完整是必须遵守的国际法原则，但是，克里米亚问题的具体处理，还必须在复杂的"历史经纬"的前提下，通过政治对话，予以妥善解决。正是在这样的背景下，普京总统曾高度评价中国对于克里米亚问题的官方立场。①

在 2014 年 10 月 17 日的瓦尔代论坛上，普京在发表长篇演讲之后，回答《金融时报》记者所提出的第一个问题——"您是否认为乌克兰是一个现实的统一国家？"时的应对，耐人寻味。普京回答说："乌克兰当然是一个现实的统一国家，但是，这个统一国家的领土形成的历史是长期和复杂的。"②普京显然并不否认，作为

---

①　Путин поблагодарил руководство Китая и Индии за понимание позиции РФ. 18. 03. 2014 РИА Новости. http://ria. ru/world/20140318/1000041857. html # ixzz3oc5jas7g.

②　Владимир Путин принял участие в итоговой пленарной сессии XI заседания Международного дискуссионного клуба «Валдай». Тема заседания — «Мировой порядок: новые правила или игра без правил?». 24 октября 2014 года. http://www.kremlin.ru/events/president/news/46860.

民族国家基本规范的领土主权完整的重要性，但是他所提出的问题是，就具体国家而言，主权规范的形成乃是一个历史过程。特别是在 1991 年苏联解体和 2014 年乌克兰本身发生政变的特殊环境之下，需要关注的是这一类领土变动背景的高度复杂性。

2014 年瓦尔代论坛的另一项令人关注的辩论，乃是西方国家尖锐抨击俄罗斯"违反了自己签署的承认乌克兰边界的 1994 年布达佩斯条约"。而俄罗斯的反击则强调，20 世纪 90 年代初期，西方曾经多次担保，确认对于俄罗斯在原苏联地区的传统影响范围，但北约和欧盟的一再东扩打破了自己的承诺。看来，问题不光在于乌克兰的具体政治边界如何确定，还得回溯到冷战终结时，美苏双方究竟是如何作出承诺的。作为俄方重要政论家，卢基扬诺夫明确提出，不仅是北约东扩，而且曾经确认整个二战后欧洲政治边界的 1975 年《赫尔辛基条约》，才是更为根本的问题。

俄罗斯与西方间的恩怨不光在于地缘政治空间的博弈，还在于双方是否真正愿意与原来对手之间互相尊重，化干戈为玉帛。2014 年瓦尔代论坛上，普京讲到了一段美俄间的往事。他说，2001 年，美俄之间因反恐曾出现合作机遇。当时，俄罗斯主动示好，让开中亚战略要地，帮助美国打击恐怖主义势力。但几乎在同时，2002 年，美国反而以单边退出美俄《限制反弹道导弹系统条约》的谈判来作为回报。普京在大会讲演中明确地表示，美国对于美俄关系的毁坏，就是从 2002 年单方面撤出《限制反弹道导弹系统条约》开始的。由此，可以联想到而后 2014 年的索契冬奥会。普京注下巨资，本来是满心希望以此来改善西方对于俄罗斯的传统偏见，但是西方领袖的集体抵制，大大挫伤了俄罗斯人的自尊。诚如美国驻苏联的最后一任大使马特洛克，在乌克兰危机发生之后所写的文章中提出的公开批评：正是美国的傲慢，才引起了俄罗斯的反弹。[1]

俄罗斯与西方间关系的症结，还在于一个更深层的问题，那就是文明间抗争所造成的祸患。世界历史发展未必取决于亨廷顿所言的"文明冲突"，但是，文明间抗争有可能导致无序状态。特别当美俄两家都强调其文明特殊性，不光奥巴马言称"美国文化特殊"，普京作为应对，也强调"俄罗斯世界"的独特重要性的时候，世界文明历史进程中的普遍性和独特性之间的均衡，显然就难以达获。

所以，在俄、美、欧三方抗争胶着之际，当人们对于民族国家原则是否能从现实中真正得以体现、对于冷战后国际秩序究竟是否合理、对于文明间关系是否能够相互得到尊重，等等，在所有这些深层次结构性重大问题上都持有互相分歧和对立的立场之时，要寻求和解，就无法单靠三边互动的均衡抵冲这些表层因素来解决问题了。

四、"三位一体"的规范缺失

从根本上说，俄、美、欧三边关系陷于僵局缘起于国际格局和平过渡的历史条件下"三位一体"的规范缺失。当前国际格局

---

[1] Jack F. Matlock Jr., "Who is the Bully? The U.S. has Treated Russia Like a Loser Since the End of the Cold War", March 14, 2014, https://www.washingtonpost.com/opinions/who-is-the-bully-the-united-states-has-treated-russia-like-a-loser-since-the-cold-war/2014/03/14/b0868882-aa06-11e3-8599-ce7295b6851c_story.html.

所具有的基本特点在于，一方面，历史正在进入冷战后国际格局的第二个阶段，这与1989—1991年冷战终结时最大的不同在于，虽然美国依然是世界唯一超级大国，但是其控制国际事务的能力已经发生了根本上的动摇。一个更为多元化、更为多样化、更为多力量中心的世界正在加速出现。而另一方面，冷战的终结并不如此前的威斯特伐利亚、维也纳、凡尔赛、雅尔塔等任何一次国际格局的重大变迁，大体上都是经过大规模战争，分出胜负，然后按照胜利者意志所订立的文本式的国际条约，明确地规定着无论是战败国还是战胜国的利益空间和历史地位。冷战的大体和平终结，使得并没有形成以往这样的总体规范性条约，来明确冷战后各个国际角色的自身定位。在这样的历史条件下，使得人们要解决类似于乌克兰危机的一类冲突，显得难有章法可循。

这里远不是说，既有的国际法的基本准则可以被置之不顾，相反，在当今的纷乱世界之中，国际法起着尤为重要的作用。但是，国际法本身丰富复杂的体系，如何被运用于各种各样的具体场景，这又需要有一定的基础。

每一次国际秩序的更替历史证明，只有当基辛格所说的"合法性与权力的相统一"，也只有当国际国内的合法性、历史与文化认同的合理性、地缘政治的竞争性这三方面得以兼顾的情况之下，类似乌克兰危机、叙利亚危机一类国际冲突，才有可能真正得到解决。这样一种"三位一体"的视角大体上是基于以下的理由。

其一，因为"三位一体"中的每一视角都是具有根本性意义的要素和范畴的构成。所谓"国际国内合法性"的视角，包含从国际法、国内宪政以及一般行为规则出发的规范性的审视，具有可约束性的涵义，强调的是处事的"当然之则"。所谓"历史与文化认同"的视角，则是从历史缘由和来龙去脉的视角，提供一个基于人类多样性和普遍性相交融的原则，作为观察和弄清所有现存现象的道义的、人类学的和社会学的基本前提，重视的是事态渊源的可追溯性，强调的是"因然之则"。所谓"地缘政治"视角，则是从国际政治经济力量实际存在的"自然状态"出发，观察和判断各种力量之间的相互关系起落消长和空间形态配置的自然趋势，包含对合作与竞争意愿的承认与尊重，这里强调的是"自然之则"。

其二，如果单单从"三位一体"的某个单一视角判断，不光难以断定像乌克兰危机这样的复杂国际政治现象，而且，也无从找到解决问题的方法和途径。比如，从合法性视角的观察，尽管有着必要的规范依据，但在危机形势下，连基本事实和证据的提取往往都非常困难，更何况法理和法律运用上的诸多歧义，都会导致争端和冲突的难以解决。所以不能够简单地以某一法律条文来确定复杂的国际事实。又如，从历史和文化认同立场出发的解释虽然具有很强的诠释力，但历史文化状态的复杂性，特别是乌克兰危机所处的极为复杂的结合部文明现象的错综交织，难以对现实的利益和权益关系做出界定。再如，从地缘政治的竞争与合作角度的切入，固然是传统国际政治最为直接和普遍接受的机理和方法，但简单地以权力和利益关系作为判断是非曲直的依据，也未必符合公正和正义。

遗憾的是，在当今和平过渡并加速走向多元、多极、多样的国际趋势之下，俄、美、欧三大主体虽然大体拥有了充分诠释

"三位一体"中任何一个原则立场的能力，但却始终难以从非排他性立场取得共识。因此对于乌克兰、叙利亚一类危机的处置，并非没有是非标准，只是无法简单地按照"三位一体"中的某一方面的立场行事。比如，不可能只是按照任何"民主与专制"一类的意识形态标准；也不可能仅仅按照一国的民粹主义要求；更不可能单纯以攻城略地式地缘政治考量为底格。它首先需要的是理性与包容、综合与均衡的立场。

美国欧洲问题专家戴维·卡莱欧曾经强调：美国、欧洲和俄罗斯，这是三足鼎立、各自独立而又互相关联的三大地缘政治板块。这一局面不光是出现于冷战之后，甚至在冷战终结之前，就已经初露端倪。[①]在"三位一体"的原则基础上，从讲究合法性的"当然之则"出发，俄罗斯、欧洲、美国，包括乌克兰，当然是各不相同的受到国际法和国内法保护的政治实体。从强调历史文化渊源的"因然之则"来看，俄、美、欧这三大文明既有共同的起源，但经过千百年的陶冶，已经完全独立于世界民族文化之林，具有自己的鲜明特点。从关注地缘政治—经济博弈的"自然之则"而言，俄、美、欧这三家已经不光有着自己独成体系的政治、经济与安全结构，而且对周边区域各自都有着程度不等的主导性影响。俄、美、欧三个地缘政治—经济—文化板块的独立存在，毫无异议。问题在于，如果只是俄、美、欧这三者各自强调自身价值强调的普适性，只是坚持利益的排他性，那么，任何人类经验的积累与教训，都是无济于事的。

[①] ［美］戴维·卡莱欧：《欧洲的未来》，冯绍雷等译，上海人民出版社2003年版，第374—390页。

　　在这样的视角下相互组合关系，究竟是冷战后一度被期待的三者俱在但显然是美国担任领导者、俄罗斯作为小兄弟的"北半球民主共同体"应被奉为圭臬？或是"欧俄结盟"，或是欧洲为主、把俄罗斯囊括在内的"大欧洲"才能被各方接受？或是俄罗斯为主、合作欧洲的"大欧亚"（Great Eurasia）可以称雄一方？或是强调中俄联手、合作欧洲的"中部欧亚"（Central Eurasia）才是更具持续性的区域建构？笔者认为，第一，冷战后第一阶段，也即大体上在 80 年代末 90 年代初至 21 世纪之前这一阶段，如果说"北半球民主共同体"尚有可能存在，那么，现在的局面早已时过境迁。第二，曾经被亨廷顿所预言过的"欧俄结盟"，不光为美国所不容，而且在乌克兰和叙利亚两场危机之后，已经完全不合时宜。此外，如同欧盟很难以一般成员身份那样吸收俄罗斯加入，俄罗斯也难以对此表示接受。至于从里斯本到符拉迪沃斯托克的"大欧洲"概念，虽行之已久，但至多有教化作用，难以按此建章立制。第三，强调中俄联手、联合欧洲的"中部欧亚"概念，一定程度上反映了中俄之间的紧密伙伴与政治信任关系，在此基础上合作欧洲也并非不能作为前景。但关键在于，如何构想和安置美国在欧亚构架中的地位？

　　当前俄、美、欧三边关系的问题在于：并不能按照"三位一体"的要求，真正实现当然之则、因然之则、自然之则之间的相互统一。换言之，在合法性、多元文明和地缘竞争这三个向度上难以形成自我制约的互相默契、互相匹配的行动路线和规则构架。因此俄、美、欧三边关系作为一种关系结构，难以成为任何危机的真正制约性构架；也难以在三方之间起码起到均衡持平的作用。

于是俄、美、欧三边关系不得不要么诉诸对抗性冲突，要么开始寻求来自外部的更有分量和定力的新的力量角色，来维持局面。

第二节　乌克兰危机以来的中、美、俄三边关系

在乌克兰危机中的俄、美、欧三方关系陷于僵局而难以自拔之时，人们对于中、美、俄三边关系的高度关注，越来越成为当代国际政治生活中一个突出的现象。值得思考的是，为什么人们会高度关注中、美、俄之间的相互关系？中、美、俄三边关系究竟是怎样的一种国家间关系？在乌克兰危机以来的国际事务中，中、美、俄之间究竟如何互动？新态势下中、美、俄三边关系具有怎样的特点，并且将如何影响未来局势？

一、为什么人们高度关注中、美、俄三边关系？

首先，人们关注当今中、美、俄三大国本身的体量、地位及其影响力：世界正在变得越来越多元化的背景下，美国对于世界事务的影响力有所削弱，但无疑依然是最强大的西方发达国家的领导者；中国是迅速成长中的最大发展中国家，中国所发生的巨大变化，乃是一系列国际变化的重要背景之一；对俄罗斯来说，尽管经历了种种艰难挑战，国际社会对之有着几乎是完全不同的评价。但是，无论就其政治影响、经济潜能、战略实力、外交经验、地缘空间的综合优势而言，俄罗斯显然远不只是奥巴马所言

的一个"地区国家"①，而依然是具有全球性影响力的一个最大转型中国家。

实事求是地说，当今世界真正能够独立自主地推行外交政策的大国，恐怕也仅有中、美、俄这几家。其余的大国或地区主导性国家，要么由于与超级大国的结盟关系，早已把外交权力进行了实际上的让渡；要么由于战略安全与经济力量的匮乏，不得不基本上听命于霸权国家的颐指气使；要么是由于区域化进程中的主权让渡，使得传统意义上的国家竞争力在"后现代"框架之下，实际上受到了大大的削弱。因此，在对国际行为主体的类型进行归纳之后，剔除依附性角色，图景显得更加洁净明了。可以理解，人们聚焦于中、美、俄三大国，也是一个非常自然的结果。

问题尤其在于，国际力量对比与组合的急剧变迁，正在激起前所未见的复杂预期，使得人们不光聚焦于主要大国本身在国际结构中的权重，而且，尤其关切由此而导致的国际社会未来走向。中、美、俄三国在当今世界的现代化、全球化进程中各自所蕴含的独特历史意义，和他们各自所独具的抱负和理想，使得人们关注中、美、俄相互关系的变化对于未来国际社会取向的影响。所以，人们的关切实际上远不止是，或并不是一种单纯地缘政治式的力量格局变化：比如未来国际社会是否依然美国称霸天下？还是新兴的中国有朝一日取而代之？抑或是俄罗斯所主张的多极世

---

① Scott Wilson, "Obama Dismisses Russia as 'Regional Power' Acting Out of Weakness", *The Washington Post*, March 25, 2014, https://www.washingtonpost.com/world/national-security/obama-dismisses-russia-as-regional-power-acting-out-of-weakness/2014/03/25/1e5a678e-b439-11e3-b899-20667de76985_story.html.

界的早日来临？更深层次的关切乃是：未来的国际社会究竟会发生怎样的质的变化，这种变化究竟会使国际社会走向何方？

要回答以上的问题，还必须考虑到乌克兰危机以后的中、美、俄三边关系本身的变化，实际上，这组相互关系的变动已经成为冷战后国际关系正在走向一个新阶段的重要动因。

以笔者之见，1989—1991 年以来 20 多年国际政治演进可以划分为两个阶段。大体上，可以以 2008 年国际金融危机的爆发为界。如果与 1989—1991 年以后直至 2008 年国际金融危机之前、所谓冷战后初期的国际关系进程相比较，从内部来讲，当时的新兴国家和前社会主义国家以欧美为模仿对象进行了大规模的社会政治经济转型。中国与俄罗斯可以被认为是这一方面的代表性国家。但是，21 世纪之后，这些国家地区的内部社会经济体制转型过程越来越多地出现了强调主体性、自主性、当地性，并且关注外来经验与本土实践相互结合的新趋势。2008 年国际金融危机的发生，使得这样一种体制转型，越来越具有更为明确的理念指导。2008 年胡锦涛基于现行体制的强劲潜能所提出的"科学发展观"在中共十七大上正式载入中共党章；而普京在这一时期开始提出保守主义的思想政治路线，这两者可以被视为这一趋势明朗化的标志。几乎在此同时的奥巴马执政时期，美国一方面继续着"领导世界"的强势，另一方面，其国内政治制度凸显诸种弊端。用美国前总统卡特的话来说，美国的民主制度已经死亡。①中、美、

①　"Jimmy Carter Declares U.S. 'Democracy' Dead. America's 'Worst Damage' is it's Now 'An Oligarchy'", 09.23.2015, http://www.wnd.com/2015/09/jimmy-carter-declares-u-s-democracy-dead/#oX7fLb6ibxDptF0S.99.

俄三者自身的变化，标志着世界不光进一步趋于力量多极化，而从深层的观察来看，则是进一步走向制度、观念乃至生活方式的多元化与多样化。

从外部来讲，以美国为首的西方主导之下的国际秩序仍在延续。但是，新兴国家前所未有地提出了对之进行切实改革的要求，并且，一步一步地通过自身团结合作，推动国际秩序的演进。当然，从 1989—1991 年开始的冷战后国际秩序从第一阶段向第二阶段的过渡，并不是一个时间点上所发生的激变，乃是一个较长的渐进过程。大体上，2008 年金融危机是一个重要界碑，先是建立二十国集团机制，而后随着应对一系列危机与挑战，相继出现了亚洲基础设施投资银行、金砖国家银行、丝绸之路基金等以中俄等新兴国家力量为代表的新多边机制。中东革命后的动荡、与乌克兰危机洗礼下的中、美、俄三国及其相互关系，直接或间接地成为这一新趋势的共同的推动者。冷战后第二阶段的国际关系正是以这样一种新态势作为起点而展开的。

顺便值得一提的是，还有两个因素促使人们关注中、美、俄三边关系。其一，在国际关系的迅速转型期，历史惯性所形成的认知与心理发挥着重要的作用。人们记忆犹新的是：20 世纪后半期的中、苏、美关系演进，最终导致了冷战的终结，成为国际关系历史上沧桑巨变的一段经典。虽然，这段历史上罕见的大国关系经历难以重演，但是，这种具有全局意义的大国三角关系所造就的历史记忆，很难磨灭。一旦出现急剧变动的国际环境，大国三角关系的故事就非常可能被重新编造与复制流传，不管正确与否，影响着后人对于世界事务的看法。实际上，21 世纪以来的国际深层变迁中，没有离开过从中、美、俄这三个最大的国际主体的互动来观察世界走向的偏好。从小布什、奥巴马一直到特朗普尝试调整对俄关系的动机中，始终显露着当年大三角战略的流风余韵。

另一个重要的动因，乃是乌克兰危机的发生。一个多世纪以来，尤其是冷战终结以后依然存在的俄、美、欧三边关系，一直是被作为影响世界事务的主导性大国关系结构来看待的。但是，这组三边关系在乌克兰危机进程中受到了巨大的挫折：不光是原来维系俄、美、欧三边关系的基础性机制出现崩坏，而且，事态表明，这三者对于原来共享的理念——诸如"民主""自由"等原则的认知出现了重大分歧。乌克兰危机的延续不断向世界表明，原来左右大局的这组三边关系向对抗性方向的转换，于是人们不得不把目光转向另一组三边关系——中、美、俄三边关系。事实上，早在乌克兰危机发生之前，无论是俄罗斯转向"东方"，还是美国重返亚太，都已经把中、美、俄三边关系推向国际政治的前沿，但是，乌克兰危机的发生大大加速了这一组三边关系迅速进入世界事务的焦点。

二、如何理解中、美、俄之间的相互关系本身？

在中、美、俄关系受到如此重视的同时，人们并没有停止对于这种特殊的国际关系结构自身的追问。

事实上，当代国际政治生活中，是否真正存在所谓中、美、俄之间的"三边关系"，对此还一直存有争议。一种意见认为，由于从来没有过任何只是以中、美、俄三国首脑为对象的"中美俄三边峰会"，也没有过任何纯粹是以中、美、俄三方为成员，或者是以这三方利益为基准的国际协议与机制，因此，当代国际政治进程中并不存在所谓"中、美、俄三边关系"。然而另一种观点认为，作为当今世界最重要的三个大国——中、美、俄之间的互动，尽管并不处于唯有三者所在的单一空间之内，但却在很大程度上左右着国际认知的偏好，改变着国际力量的结构，影响着国际社会的发展方向。因此，无论中、美、俄之间是否实际存在"三边峰会"或者其他正式互动机制，这样一种大国间相互作用的本身——有时候是三大国各自互相影响，有时候则是通过三大国构成的三组双边关系（中美关系、俄美关系、中俄关系）而发生互相影响——无论是物质性的，还是精神上、心理上的相互作用，已经构成为现代意义上的实质性的国际关系系统，从而制约和引导着其他各个角色、各组关系的复杂变化。

中国外交部蓝厅纪念第二次世界大战胜利 70 周年的公开论坛上，有一位记者向作为演讲人之一的笔者提出了这样的一个问题，中俄关系与中美关系有什么区别，中俄关系是否也属于新型大国关系？

当时我大体是这样回答的：中美关系乃是当今世界依然最强大、最发达，也是最有影响力的大国——美国，与一个当今世界成长速度最快、具有全球性影响，同时也是最大的发展中国家——中国之间的相互关系。中美关系是否正常，这不仅事关中国和美国这两个国家，而且，事关整个世界的和平与发展。不言而喻，中美关系当然是当代新型大国关系构建过程中最引人瞩目、也最具有全局性影响的一组双边关系。

与中美关系相比较，中俄关系是具有不同维度与内涵的双边关系。第一，中俄两大国具有各自悠久历史文化传统；第二，中俄两国当今都面临着深刻的社会转型；第三，中俄两大国都以不断进取的现代化目标作为自己的奋斗方向；第四，总体上说，中俄是程度不等地属于非西方世界；第五，中俄不同于中美关系，既非盟国，但又是紧密的战略伙伴关系；第六，中俄以如此巨大的疆域、如此不同的文明背景、如此漫长的共同边境线，比邻而居；第七，中俄是在不同领域具有世界性影响的大国。中俄关系虽然未必有中美关系的全面影响力，但是有着同样重要的，甚至是更为丰富复杂的内涵。

笔者之所以这样说，还与中俄关系的另一个突出特点相关，历史地看，两国间内部关系和外部关系前所未有地紧密交织。近百年来，作为一个现代化道路上的先行者——苏俄，曾经给予中国的社会制度和政治经济进程从未有过的全面深刻的影响。无论对这一段历史做怎样的反思，这是任何其他大国所并不曾具备的与中国的直接而深刻的关联性之所在。对于这样一种从制度到观念、从传统到现代的内在关联性的存在，无论如何也不能够低估其影响的存在。在此同时，战争年代的共同抗击法西斯侵略、建设时期的帮助中国确立现代化经济基础，以及改革开放年代的互利共赢、战略协作关系，为中俄两国的未来发展，留下了丰厚的积累。

必须说明，中俄不是没有自己各自的复杂历史。中俄两国几乎是于20世纪末叶，进入了一波有各自特点的深刻反思与改革的时期。这是一个相当艰难、但又难以回避的"炼狱"过程，同时，这也是一个需要时间、需要内部的共识、需要外部世界的理解与支持的复杂过程。最近的二三十年来，中俄两国对于改革进程中的种种艰难困苦的相互之间的体察，远远超过了西方同行对此的认知。这是中俄两国能够不断深化相互间关系的一个非常重要的认知和心理背景。

作为世界上罕有的紧密相邻，又是最大体量的国家间双边交往，数百年来的中俄关系的演进也远非一帆风顺，甚至一直有着各自难以忘怀的民族创痛。在后冷战阶段，中俄两国经过多年艰苦的协商谈判，终于彻底解决了两国间存留的边界领土问题。笔者第一次与普京总统见面时，曾问起过他对这一段中俄关系的看法，他爽快地回答："在当时的历史条件下，世界上有哪一个国家能够像我们这样解决了如此复杂的历史边界问题。这样的问题解决了，我们就能够没有后顾之忧地集中精力从事国内建设。既然连这样的问题我们都能够解决，那么，我们还有什么问题不能够解决和面对呢？"①对于这一段中俄关系的历史性进步，笔者在不少国际场合，还曾经亲耳听到过不少西方资深外交家和国际专家对此的坦诚赞赏和首肯。

我想，正是出于这样的背景，习近平主席在 2013 年 3 月第一次访问俄罗斯时曾明确表示："中俄关系已从上世纪 90 年代建立的不同于冷战时期的新型大国关系，上升到 21 世纪前 10 年逐步建立的全面战略协作伙伴关系。"②可见，在后冷战时期的初期，中俄之间就已经建立了新型大国关系，这是明显早于在中美关系间使

---

①　Стенографический отчет о встрече с участниками третьего заседания Международного дискуссионного клуба «Валдай», 9 сентября 2006 года, http://www.kremlin.ru/events/president/transcripts/23789.

②　《习近平同俄罗斯总统普京举行会谈》，新华网，2013 年 3 月 22 日，http://news.xinhuanet.com/world/2013-03/22/c_124493917.htm。

用这一提法。此外，从习主席的表述中来看，全面战略协作伙伴关系比新型大国关系的位阶，还要高出一筹。

总之，第一，中、美、俄三边关系远不止是人们常用各种几何图形——等腰三角形、等边三角形——那样可以简单图解的大国关系模式，这一组三边关系的复杂多样、瞬息万变及其影响全局的程度，可能远远超过任何抽象结构关系所展示的各种模式。这是一种充满着复杂历史文化积累的、人与人的交往深深参与其间的国家间行为方式。第二，中美俄三边关系也不光是仅仅靠数量化的物质与权力关系能够加以表述。"强权决定一切""赢者通吃"的原则，远不能够全面说明中、美、俄关系的全部。与简单的权力关系模式相反，相当程度上这是在合作与竞争中理念与认知的一个非常复杂的形成过程。它需要的不仅是实力，也需要知识、价值、交往、情感、判断力，还包括规范构建与战略意志。

三、乌克兰危机后的中、美、俄三边互动

为了深入观察和分析中美俄三边之间的互动，这里选择乌克兰危机以来至特朗普执政之前的几个重要领域的事态进程，来作为案例。这样的一些案例在地理区位上具有不同的环境和背景；就冲突本身而言，也具有不同角色和冲突结构；对于区域以及总体的国际发展具有不同的影响力。本节以期通过这样的回顾，深化对于中美俄三边关系特征的认识。

（一）叙利亚危机中的中、美、俄互动：抗衡中的艰难合作

2011 年 3 月以来的叙利亚危机，是中、美、俄三方立场互动

的一个重要平台。围绕叙利亚问题的大国博弈虽然出现于乌克兰危机之前，但是，却始终与乌克兰危机的进程相伴随，并且时有高潮迭起，互相作用而不可分离。以笔者的看法，并不如默克尔总理在 2015 年明斯克会晤时所言：叙利亚态势与乌克兰危机两不相干。①

叙利亚在历史上一直在东西方关系上占有突出的地位。早在中世纪早期，十字军东征止步于大马士革城下的事实，并非偶然地说明，叙利亚就已经居于东西方冲突——当时是穆斯林与基督教世界冲撞——的最前沿。在冷战时代，叙利亚又一次成了美苏争霸的聚焦处，在这里不光有着苏联最早的海外军事基地，而且 20 世纪 70 年代初期，基辛格也在这里展开了著名的"穿梭外交"，为稳定美国的影响作了重要铺垫。这一历史的回顾表明，叙利亚问题要远比任何当代"民主和平论"治下的"政权更替"方案具有更为复杂的政治与战略内容。

2011 年 3 月叙利亚动荡形势的出现，显然与此前突尼斯、埃及、利比亚等地一连串的革命相关联。包括奥巴马本人在内的美国权势精英，并未充分认知当地复杂的宗教教派背景，也并未构想出一整套在当地行之有效的现代化路线，贸然推动"革命"，开启了中东国家急剧动荡的局面。这是叙利亚冲突的一个关键性政治背景。

虽然，当今叙利亚问题乃是什叶派和逊尼派之间的教派之争，

① "Merkel Says There is No Link Between Syria and Ukraine Crises", *Reuters*, 02 Oct. 2015，http://www.reuters.com/article/2015/10/02/us-mideast-crisis-germany-syria-idUSKCN0RW23W20151002.

是阿萨德政权与反对派之间的政治较量，包括这显然是美俄两家地缘政治利益之间的复杂博弈，但是，随着"伊斯兰国"的突然崛起，使得这一场危机又很快地转化成激进恐怖主义势力与国际反恐力量之间的一场生死角逐。这使得叙利亚危机除了是一场出于地缘政治等内涵的复杂角逐之外，还具有了明确的道义内容，并出现了国际社会的共同敌人。因此，在如此复杂的局面之下，是以大局为重，集中力量打击恐怖主义势力，维持地区的稳定，促成以政治对话解决纷争；还是仅仅恪守一己私利、以意识形态划线，仅以争夺势力范围为目的，靠战争手段决定一切，这是对能否真正称得起负责任大国的真正考验。

多年以来，中俄在联合国安理会等平台密切配合，主张通过政治手段解决叙利亚问题，强调由叙利亚人民自主决定国家的未来命运，坚持推进包容性的政治过程，努力促成全国各派政治力量的和解，同时，反对美国所主张的推翻阿萨德合法政权，反对仅仅倚重军事手段解决争端，反对武装叙利亚反对派人员（后来相当部分反对派变成了"伊斯兰国"的成员）。中俄之间这一系列基于共同原则立场的协作，促使在 2013 年俄罗斯通过"化武换和平"的方式，暂时避免了颠覆性的"政权更替"；当"伊斯兰国"崛起时，使叙利亚政府尚能成为抵御恐怖主义势力的一个重要支柱；至少也为未来推进叙利亚国内包容性的民主改革进程提供了一种可能性。回顾多年来的危机进程，中俄在联合国安理会的平台围绕叙利亚问题多年坚持互相协作与配合，实际上也是当时美俄尝试接触，走向寻求合作的一个重要背景。这是中、美、俄三边良性互动在艰难形势下取得进展的一个实例。

迄至 2015 年 9 月 30 日，俄罗斯正式出动空中力量打击"伊斯兰国"军事设施，叙利亚危机进入了一个更加扑朔迷离的新阶段。一方面，暂时停止了对叙利亚反对派的军事训练；美国也终于不得不在实际上默认，叙利亚"政权更替"并非当务之急；同时不得不与俄罗斯军方开始探讨打击"伊斯兰国"的军事协作，使得"伊斯兰国"的恐怖主义行径有可能得到遏制。但是，另一方面，叙利亚问题还远远没有看到解决出路，美俄双方还互相猜忌、互相攻击，甚至还孕育着冲突升级的巨大可能。在这样的状态下，中国一方面明确支持在叙利亚的进一步反恐国际合作，同时，也期待参与各方之间的有效沟通，确保国际反恐合作顺利推进。

2013 年 4 月在摩洛哥马尔喀什举行的国际研讨大会上，俄罗斯科学院东方学研究所纳乌姆金（Виталий Наумкин）所长在回答笔者的问题时说："为何俄罗斯与美国会寻求以日内瓦会议机制来解决叙利亚冲突，一句话，就是因为我们之间存在着共同的敌人——恐怖主义。"①事过几年，更加证明了这样的道理：唯有大国间的合作，才能为真正地解决叙利亚危机提供出路。

（二）乌克兰冲突中的中、美、俄互动：寻求转机

与叙利亚事件相比，乌克兰危机是发生在欧亚文明结合部最西端之处的另一场全面冲突。从历史条件与当下环境来看，沙俄帝国时代与苏联时期的大国沙文主义、过时的意识形态，与乌克兰民族自主、自强、自立的抱负之间的深重对立，严重影响着俄

① 2013 年 4 月，在摩洛哥马尔喀什举行的有关叙利亚问题的国际研讨大会上，笔者与俄罗斯科学院东方学研究所所长纳乌姆金的谈话。

罗斯与乌克兰相互关系。苏联解体之后俄罗斯与乌克兰之间的历史恩怨，在复杂的国际国内背景之下进一步蔓延。与叙利亚危机相比，如果说，前者是一场各种文明间的冲突与抗争，那么，乌克兰危机更大程度上是东斯拉夫文明内部的一场危机。兄弟阋墙，是比与外来者对抗更加可怕的事情。

俄罗斯著名学者米格拉尼扬（Андраник Мигранян）教授曾经不无深意地指出，乌克兰危机的实质是美国与俄罗斯之间的一场较量。①此说虽然比较极端，但是清晰地揭示出这场危机中两个最重要角色之间的互动。事实上，乌克兰危机的发生远非偶然，这是冷战后国际变局的一个自然结果。换言之，一方面，是"冷战胜利者"的"高歌凯旋"——北约东扩、欧盟东扩，包括美国支持之下的"东部伙伴关系"计划，毫不留情地把西方势力范围向着原苏联纵深地区推进；另一方面，是作为"东扩"副产品的一系列"革命"——美国发挥着重要作用的"郁金香革命""橙色革命""自由广场革命"，直接威胁着欧亚地区的政治稳定；再一方面，美国在俄罗斯周边地区执意部署反导系统，矛头直指俄罗斯核心利益。即使在被美国作为部署反导借口的伊朗同意签署限核协议之后，美国依然毫不动摇地坚持执行既定方针。这一切都表明，乌克兰危机是迟早要发生的一场国际冲突。

与叙利亚冲突有所不同的是，迄今为止，在乌克兰问题上并没有出现如打击"伊斯兰国"这样的共同战略目标，并以此聚合有关方面的利益和能量。相反，在欧亚地区出现了北约、欧盟、

---

① 2014年10月24日，在俄罗斯海滨城市索契召开的第十一届瓦尔代论坛上，米格拉尼扬教授在乌克兰问题讨论组的发言。

俄罗斯的分庭抗礼和目标对冲的区域化进程。

事实上，无论就欧盟还是欧亚经济联盟而言，原先各自都有着推行区域一体化建设的合理动因和内生基础。但是，当一定阶段之内本来具有合理性的区域合作过程逐渐发生质变，并在乌克兰发生直接冲撞的时候，无论是原有的独联体、集体安全组织、"古阿姆"（GUAM）；还是乌克兰危机后新产生的日内瓦会谈、"诺曼底机制"以及《明斯克协议》，一时间都无法真正有效地阻遏危机。

一旦上述的各种多边机制在乌克兰危机中都失效、哑火之时，人们还是自然地把目光移向中国。虽然中国并非这场危机的当事国，但是，在俄与西方相持不下的时候，出于公正道义和大国责任，中国还是努力通过表明立场，发出自己的声音。

中国遵从自己的国家利益，同时，也是从稳定冷战后国际社会的原则与立场出发，一再明确而公开地表示：中国一贯主张维护独立国家的领土与主权完整。与此同时，中国一再说明，至于克里米亚问题，由于当地有着非常复杂的"历史经纬"，主张就具体领土归属问题展开积极对话，并通过政治手段解决争端问题。中国反对以制裁代替政治对话，反对在危机形势下突发事件真相不明的情况下嫁祸于人，也反对在危机形势下对平民的杀戮。中国在俄罗斯遭受经济困难的时候，明确提出了广泛的合作建议，包括实现了被媒体称作"金融换能源"的大规模长时段的双边合作。中国坚决反对以各种形式孤立俄罗斯的政策。尤其是，无论是在2014年索契冬奥会开幕式，还是2015年纪念第二次世界大战胜利70周年的红场阅兵式，尽管俄罗斯与西方诸国关系高度敏感，特别是西方政要拒绝参加本可以成为沟通机会的多边会面，但习近平主席都欣然应邀前往。诚如英国《金融时报》网站上一篇文章所提出的看法："任何人只要一想到第二次世界大战造成了多大的苦难，就注定会对周六不去莫斯科感到后悔"，"西方领导人应该抓住机会表明，不管与普京有什么分歧，他们与俄罗斯人民并没有隔阂。"①

无论是联合国安理会的场合之下，中国所表达的官方立场，还是乌克兰危机期间中俄之间的经贸关系与安全合作关系的大幅推进，都表明中国既不愿意看到现有国际秩序遭到破坏，也不会在任何不公正的舆论和压力面前保持缄默。中国期待通过自己的独立、自主、均衡、公正的立场，寻求摆脱乌克兰危机的出路。

值得注意的是，在缺乏共同敌人作为合作背景的前提下，俄罗斯与美国的政治家，也还不放弃在艰难局势之下，寻求缓和的努力。令笔者印象非常深刻的是，乌克兰危机期间，普京总统本人在多次阐述重要国际立场，尖锐批评美国的同时，总是会强调美俄之间还是保留着第二次世界大战盟友时的良好记忆。普京总统公开演讲中谈及当年美俄合作时，甚至语气都变得比较柔和。②这一明显的姿态显示，这是为一旦可能出现的沟通，留下余地。而国务卿克里、助理国务卿亚历山大·纽兰在 2015 年春季的

---

① "Anniversary Message From West to Russia"，*The Financial Times*，May 3，2015. https://www.ft.com/content/7d070bae-ef28-11e4-87dc-00144feab7de.

② Владимир Путин принял участие в итоговой пленарной сессии XI заседания Международного дискуссионного клуба «Валдай». Тема заседания — «Мировой порядок: новые правила или игра без правил?». 24 октября 2014 года, http://www.kremlin.ru/events/president/news/46860.

两次主动拜访普京总统，也留下了无限悬念，使人们在激烈抗争的氛围之下，依然对未来可能的关系缓和与妥协寄予一丝希望。

总之，乌克兰危机中，中、美、俄三边之间的微妙互动，预示着尖锐冲突的背景之下，依然还是存在着未来寻求合作的玄机。

（三）中、美、俄在中亚：探索以"对接"限制对抗

中亚地区乃是传统地缘政治理论描述中的欧亚大陆"轴心区域"之一。冷战终结之后，布热津斯基在《大棋局》中将之称为欧亚大陆的地缘政治"黑洞"。①但是，中亚不光是大国间竞争，同时也是国际合作的一个主要区域。这首先是因为中亚新兴国家在取得独立之后，把发展与安全置于重要的地位，努力寻求多边国际合作背景下的发展机遇。

值得注意的是，人类文明几千年的发展过程中，处于西欧和东亚之间的欧亚地区，曾经是多种文明相互更替、相互交织，在这一地区发生影响。而晚近的300多年中，俄罗斯显然是该地区居于主导地位的政治力量。20世纪末的苏联解体，使得欧亚地缘政治态势又一次呈现剧变，但是俄罗斯尽管受到严重削弱，在中亚地区依然具有举足轻重的传统影响。

普京在第三任期之初就非常明确地提出，建立欧亚经济联盟是其第三任期的首要对外战略任务。普京在瓦尔代论坛上接受中国学者提问时，曾经表示，利用原苏联各国之内的共同基础设施、共同经济空间、共同人文纽带的既有潜能，加强这一区域各国之

---

① ［美］兹比格纽·布热津斯基：《大棋局——美国的首要地位及其地缘战略》，中国国际问题研究所译，上海人民出版社1998年版，第四章内容。

间的经济合作，提升市场经济水平，推动经济发展，改善人民的生活，这是推动欧亚经济一体化建设的目的和依据。①几年来，在关税同盟的基础上，俄罗斯、白俄罗斯、哈萨克斯坦诸国，加上新近加入的吉尔吉斯斯坦等国，克服了种种困难，推动着欧亚经济联盟的建设。

对于美国来说，在"9·11"事件之前，中亚地区并不是美国重要战略利益关切之所在。但"9·11"事件改变了这一格局。美国发动了阿富汗战争之后，深深卷入阿富汗和周边中亚事务，身陷泥淖。奥巴马执政后所宣布的从阿富汗撤军，既是美国战略力量从当地的解脱，但又不可能、也不甘心全盘丢下曾经为之浴血奋战的这块土地。2011年美国正式提出了《新丝绸之路》方案，正是这样一种状况的写真。②这是在1999年美国国会所通过的《丝绸之路战略法案》（*Silk Road Strategy Act of 1999*）基础上，所提出的一个新的战略规划。③与当年希望经发展中亚与北高加索之间的联系，从而切断中亚与伊朗的联系的战略构想有所不同，奥巴马提出的《新丝绸之路》方案，是针对美国阿富汗撤军以后的善后事务所提出的一个战略计划，旨在通过发展基础设施建设，诸如，修建阿富汗国内和周边地区的铁路建设，建立土库曼斯坦和阿富

---

① 普京总统在2011年11月13日召开的瓦尔代论坛上对中国学者提问的解答。参见 VIII заседание Международного дискуссионного клуба "Валдай". 13.11.2011, http://ria.ru/trend/Valdai_club_session_03112011/。

② Conference Report, "Central Asia, The Afghanistan and the New Silk Road: Political, Economic and Security Challenges", Jamestown Foundation, November 14, 2011, http://www.jamestown.org/uploads/media/Afghan_Silk_Road_conf_report_-_FULL.pdf.

③ "Silk Road Strategy Act of 1999, 106th CONGRESS, First Session, S.579", March 10, 1999. https://www.eso.org/gen-fac/pubs/astclim/espas/maidanak/silkroad.html.

汗之间的天然气管道（TAPE），修建阿富汗罗甘坝水电站，以及发展中亚地区对外贸易关系，发展中亚与印度关系等方面的举措，实现美军撤离后保持美国在阿富汗地区的战略影响。从执行数年的成绩看，除了阿富汗境内的公路和铁路建设有明显进展之外，其余各项都收效不大。这里既有战略意愿之难以提振，也有实际财政经费筹集的困难。

至于 2013 年 9 月习近平主席在阿斯塔纳正式提出的"一带一路"构想，则是在当时国际国内背景之下富于远见的重大倡议：当时美国等西方国家提出更高水平的多边合作协议（如《跨太平洋战略经济伙伴协定》，TPP），至少不接受中方参与，这使得中国面临亚太地区既有多边区域合作功能被肢解的紧迫挑战；同时，中国国内经济增长速度的放缓，也意味着必须寻找新的机会，推动进一步改革开放，其中包括加强国际产能合作与国际金融合作，以真正提升中国参与其间的新型国际产业链，提高中国与"一带一路"地区国家的市场经济水平，扩大发展空间。

与叙利亚、乌克兰问题中的中、美、俄三边关系不同，在中亚地区，中、美、俄的三边互动，既有着以解决中亚地区的基础设施、发展地区贸易等问题为目标的各自方案，同时，显然中、美、俄三家又各自提出了具有不同程度的竞争性与互补性并存的发展规划。处理得好，中亚地区有望趋于稳定，获得发展的机遇；处理不好，则非常可能为进一步冲突埋下伏笔。

2014 年 2 月 6 日，习近平主席在索契冬奥会前夕对俄罗斯的访问中，向普京总统当面介绍了有关"一带一路"的构想，而普京总统当即给予相当积极正面的回应。2015 年 3 月中方公布了有关"一带一路"建设行动纲领和愿景之后，5 月 8 日习近平与普京在红场阅兵式前夕的会见中共同提出，将欧亚经济联盟与"一带一路"计划进行"对接"。在这样的重大战略发展的问题上，历来是国家最高领导人的直接沟通和对话，决定着事态的关键性进展。

"一带一路"计划并不是在真空中推进，必然与相关国家和地区的构想、战略和政策相关联。首先，从欧亚大陆各个板块相比较而言，大陆两端的西欧和东亚的社会经济发展的状况，走在较前面。而地处西欧和东亚两端之间的欧亚地区则无论在市场发展，还是在对外交往方面，存在着更多的困难。因此，不光是东亚和西欧之间本身需要更多的直接交往，而且，这种横跨欧亚大陆的交往本身将会有利于主要是地处内陆的欧亚地区的发展和对外沟通。如果俄罗斯、中亚、高加索地区国家所在的欧亚地区的市场化水平、交通运输和基础设施状况有所改善，显然不光有利于当地，而且，也将大大地有利于整个欧亚大陆的发展和稳定，有利于世界的安宁与福祉。

因此，在欧亚大陆推进"一带一路"，一个关键的问题，是要在俄罗斯所依然主导的欧亚地区和"一带一路"行动路线之间确立对接的方面，真正找到能够维护地区稳定、实现经济互补、使得当地能够获得可持续发展的合作切入点。这是中俄战略伙伴关系在未来若干年中的一个最重要课题。

与中俄在中亚的利益关切度相比，美国国内对是否在当地维持大规模的战略存在，早就有着不同的立场。奥巴马从阿富汗战场的撤军，加强了这一趋势。但是，无论是从实现阿富汗撤军以后的当地稳定，还是从保持战略存在以牵制中俄，并与之形成抗争对峙的考量出发，显然美国在中亚的存在仍将继续维持。尤其是考虑到中亚一些国家，包括阿富汗，对于美国（包括欧洲）介入的程度不等的开放态度来看，美国在中亚保持存在，中亚国际力量格局的平衡，以及在此基础上的当地国际秩序的构建，还会需要一个过渡过程。

　　因此，除了中俄之间已经开始的对于欧亚经济联盟和"一带一路"之间"对接"问题的思考、研究与合作，将美国"新丝绸之路"计划置于何种地位，虽不是当务之急，但并不是一个可以回避的问题。在最乐观的预期之下，通过逐步建立政治信任，包括在其他冲突地带形势缓转的背景下，也即在不损害各自核心利益，有助于当地的政治稳定和对外合作开放的条件下，尽可能在上述三个都是指向中亚地区的战略构想之间，形成与各自权重和利益相称的某种工作框架。为此有必要在时机合适的情况下，对于未来的这一选项保持沟通。自然，从短时期来看，要对此给予过多期待，显然远远不合时宜。

　　（四）中、美、俄在亚太：事关大局的三边关系

　　与叙利亚、乌克兰、中亚的中、美、俄三边互动关系相比较，在亚太地区的中、美、俄三者互动，更加具有全局性影响。其一，因为亚太地区是当今经济发展最快，合作与竞争最活跃、也最激烈的地区；其二，与欧洲及其边缘地带相比，亚太地区还远没有构成较为成熟的区域安全体制，而这一区域安全体制一旦构建完成，势必将牵动全局；其三，在乌克兰危机之前就已经出现的美国"重返亚太"，以及俄罗斯"面向东方"战略，都已经把亚太地

区视为今后的经略与发展重点，这就使得亚太地区无疑成了未来全球大国互动的重点。

不少战略家曾经把今天的亚太地区视为一个安全战略和经济合作的"双重性地区"：也即，亚太国家，特别是西太平洋地区许多国家在安全领域寻求与美国的合作，而在经济上则更多地期待在中国寻找发展机会。①实际上，不可忽略俄罗斯未来在亚太地区在这两方面都具有的巨大潜能。尽管不能够与冷战时期相比拟，但是俄罗斯多年以来始终在亚太各国防务领域具有一定的影响；俄罗斯不光是亚太地区不少国家的能源、资源供应国，而且，远东西伯利亚开发开放的前景，与亚太国家之间具有多方面潜在的互补性。这一趋势使得亚太地区的将来更多可能呈现出一个多极并立的格局。

乌克兰危机对于亚太地区的安全事务也并非没有关联性的影响。美国助理国务卿拉塞尔，借乌克兰冲突之际，暗示中国在中国南海、东海争端中给亚太地区带来的"威胁"，声称亚太地区也会发生类似于"克里米亚事件"的一类危机，冀图为美国重返亚太铺路，也同时强化其结盟关系。②从表面上，似乎西太平洋地区与乌克兰所在欧亚地区的争端有类似之处。比如，都是新兴大国或者转型中大国与周边国家的领土与疆域之争；中国与俄罗斯多

① 周方银：《中国崛起、东亚格局变迁与东亚秩序的发展方向》，《当代亚太》2012 年第 5 期，第 4—32 页；王传剑：《理性看待美国战略重心东移》，《外交评论》2012 年第 5 期，第 42—55 页。

② "U.S. Warns China Not to Attempt Crimea-Style Action in Asia", *Reuters*, Apr. 4, 2014, http://www.reuters.com/article/2014/04/04/us-usa-china-crimea-asia-idUS-BREA322DA20140404.

年以来也一直都是被西方一些劣质媒体妖魔化的对象；在中国与周边领土申诉国，俄罗斯与乌克兰、格鲁吉亚等国的中间，又都有着以美国为盟主的西方联盟在为后者拉帮结派、撑腰打气。实事求是地说，这样一种比附，的确会蒙蔽一部分视听。但是，这一论调所忘记的一个基本事实是：乌克兰危机的发生，直接与冷战终结后在欧亚地区所出现的北约东扩、"颜色革命"等一连串伴有政权更迭的重大地缘政治变化相关联。换言之，如果没有这样的地缘政治变化，就不会有乌克兰危机的发生。而在西太平洋地区，尽管领土纷争不断，但是并没有出现类似于苏联解体后的一系列政权更迭和大规模地缘政治变化。两岸事务也只是中国统一进程中的内部问题，不同于作为主权国家之间的俄乌冲突。因此，不能简单地将亚太地区比附于乌克兰危机所发生的欧亚地区。

事态的发展也在表明：亚太地区虽然存在令人担忧的领土纷争，但是，中美两大国相互关系的发展，并非按照似是而非的"修昔底德陷阱"的路数在自我推演。相反，2015 年 9 月下旬习近平主席对美国的正式访问，及其所获得的一系列重要成果，体现了中美两大国对于构建未来的务实协调关系的某种期待。中美不光在有关避免突发性危机的机制建设、加强军事安全互信、深化双方人员交往、加强双边经贸关系、规制网络安全等方面取得了重要而具体的成果，而且，在应对气候变化等全球性问题上表现出积极合作的相互接近意向。如果与习主席出访之前，一度在太平洋两岸都可以感觉得到的悲观气氛相比，2015 年习主席出访美国的成果是超出预想的。

中美两大国之间的相互沟通与合作，不光有助于亚太地区的稳定，也会对第三国，特别是俄罗斯与西方之间的交往带来正面影响。值得注意的是，乌克兰危机以来被终止的美俄首脑峰会，正是在中美深化交往的同时进行的——无论俄美关系而后如何发展，普京和奥巴马 9 月 28 日在纽约的会见，乃是当时敏感情势之下一个具有风向标式的进展。乌克兰危机后第一次美俄峰会至少为避免危机进一步深化提供了一次沟通机会。

　　未来亚太地区的中、美、俄三边关系显然将会经受一系列考验。当年在亚太经济领域，美国作为主导国主持之下的 TPP 进程并非没有对中国施加压力的考量，甚至连白宫发言人的公开表态，都毫不隐晦地表明了这一事实。①但是中国十分自信和大度的反应，看来是预示着未来中美之间既会有激烈竞争，但并非不可合作的前景，甚至中方表示了存在着中国参与 TPP 进程的可能性。②这一表达，见诸 2020 年底《区域全面经济伙伴关系协定》（RCEP）协议签署之后，中方表示愿意进一步加入《全面与进步跨太平洋伙伴关系协定》（CPTPP）的更高等级的亚太区域合作进程。中国的这一反应，是以中国深化体制改革的坚定决心，和多年来在周边地区形成的一系列区域和全球合作机制为基础的，其中，俄罗斯当然是中国最为重要和紧密的战略伙伴之一。可以期待，中国所承诺的互利共赢、义利并举的立场，将会在中、美、俄之间这一场

① Daily Press Briefing by Press Secretary Josh Earnest，10/6/2015，https://www.whitehouse.gov/the-press-office/2015/10/06/daily-press-briefing-press-secretary-josh-earnest-1062015.

② 《高虎城部长就〈跨太平洋伙伴关系协定〉热点问题接受中央主流媒体采访》，商务部新闻办公室，2015 年 10 月 8 日，http://www.mofcom.gov.cn/article/ae/ai/201510/20151001128335.shtml。

前所未有的博弈和交往中一步一步地发挥作用。

亚太地区未来安全体制的构建，将会是中、美、俄三边关系的另一份试卷。一个偌大的太平洋不光容得下中美两大国的共存，也将会、并且也需要接受俄罗斯的进入，更需要建立起包容性、可持续的体制来确保亚太地区的安宁。其一，历史上曾经出现过的两大国联手，以对付第三者的做法之所以不合时宜，不仅因为潮流已变，尤其因为可以通过主张全球和区域合作的国际体制来约束大国的行为。其二，众多处于中间地位国家的存在并不希望大国纷争殃及自身，也期待通过规制性安排来加以制约。其三，亚太地区安全体制的建立有必要学习历史、学习他者的经验，但是，不可能照抄照搬外来的模式。一度专家们期待曾经导致了冷战终结的"欧洲安全与合作会议"可以成为亚太地区仿效的模式，但是，乌克兰危机之后，这样一种过于乐观的期待就逐渐隐退。更符合实际状况的是，奉行坚持主权的合作路线，是亚太区域进程的基调。其四，亚太地区并未有类似于欧洲地区那样全整式的覆盖所有地区的安全体制，更多的是局部的、次区域合作基础上的一个个体制建设的经历。这样一种"碎片式"的区域化合作状态，是否会是未来构建总体亚太安全体制的一条路径，有待观察。但无论如何，无可置疑的是，中、美、俄三大国将会持续地发挥微妙而不可替代的作用。

（五）中、美、俄在各地域互动的比较及其总结

首先，从中、美、俄之间的互动在各地区的表现来看：在叙利亚危机进程中，从中俄与美国在联合国安理会立场对峙，一步

一步走向三者之间在反恐大目标下，突破僵局，伺机合作的格局。尽管叙利亚局势依然十分严峻，但是"伊斯兰国"的出现，迫使大国合作成为必不可免的选择。多年以来，俄罗斯的主动出击、美国立场的有所调整、中国对于国际反恐合作的支持，使得叙利亚局势朝向有利于遏制国际恐怖主义势力的合作方向演进。

在乌克兰问题上，还没有出现像"伊斯兰国"这样的共同敌人，但是危机所带来的巨大灾难与未来风险，同样使得各方把降低冲突水平视为当务之急，取得了显著的实效，各方都期待着中、美、俄之间进一步合作，并与有关各方，特别是欧盟与乌克兰本身，寻求转机，共同推进欧亚地区的稳定。

在中亚，在中、美、俄各自提出有关当地的发展战略的前提下，中俄间决心通过长期努力"对接"欧亚经济联盟与"一带一路"战略；而未来中、美、俄之间均衡互动、合作应对共同风险的前景依然存在。

在亚太地区，尽管并没有出现犹如欧洲式的区域地缘政治和政权更替状况；美国与俄罗斯又几乎是在同时推进但目标模式、内容方式并不一样的"重返亚太"，令中国周边态势面临新的课题。然而，中美之间有着可以避免冲突、发展合作的巨大空间；中俄之间也有着一系列有待发掘的深化战略伙伴关系的新领域。

总之，从中、美、俄在各个地区互动的态势来看，这样一种从未在全球范围内出现的涉及广泛的三边关系，虽然带来了对于三家各自利益与既有认知的巨大而尖锐的挑战，但是，与在欧洲地区各方面利益和意愿直接对冲的相对狭隘空间不一样，亚太地区存在着推动中、美、俄之间良性互动，进行各种利益互换和妥协的腾挪空间，存在更多的来自非结盟的中小国家避免危机冲突的政治意愿。乌克兰危机以后，包括基辛格、布热津斯基等老一辈战略家多次呼吁加强中、美、俄三者合作是这一动向的鲜明体现。这是未来国际局势稳定和缓和的希望之所在。

其次，亚太地区的中、美、俄三方关系无论是当下还是未来的一段时间之内，如何避免冷战时期那样的全面性抗争，如何让各个不同问题领域的竞争与合作给本地区带来和平与发展的更多机会？今天的国际局势毕竟大大不同于冷战时期，没有太多人再对那种僵化过时的意识形态争论感兴趣；中俄两家坚持和平时期的不结盟立场，也使得继续拉帮结伙的老式做法，难以再自言其说；军事竞争的水平虽然在大幅提升，但是也完全不是当年"核恐怖平衡"那样的危险状态。随着国际社会发展的愈益多样化、多元化，也包括多极化的趋势，中、美、俄有可能更多地围绕着一个个较为具体的问题领域，以各种不同的组合展开互动。就像上述各个地区三边关系的展开，主题、利益偏好、冲突焦点、盟友组合状况都会有所不同，但是，三者的博弈与合作，忽明忽暗，永远存在。

同时，可以关注的一个现象是，中、美、俄三大国中无论是哪一家，都表现出愿意作为中介型角色，来平衡其他两大国之间可能出现的纷争。俄罗斯曾经多次表示过可以为中美之间的纷争充当调解人的角色，中国愿意以自己特有的方式为缓和美俄间的冲突作出努力，而美国更是有着介入广泛纷争的经验和资源。这样的一种始终存在的政治意愿，未必仅仅是一种外交谋略的权衡之计，至少，要远远好过于三角争斗、落井下石的那种局面。一定程度上说，这样一种趋势带有时代的特征，有可能成为未来国际合作的前提。

但是，不容乐观之处在于，第一，意识形态的独断和排他性始终会是未来国际合作的巨大障碍。已被强化成为西方外交基础，但是又没有得到合理诠释的"民主"原则，看来还会继续成为大国外交，尤其是中、美、俄三边交往中的一道难以跨越的门槛。

第二，往往被忽略的一个重要背景是，民族国家理念已经成为普天之下被接受的观念，但是仅仅欧洲式民族国家理念并不能够简单地用来作为理解当今国际进程的基础。甚至中、美、俄三大国之间，至少中俄两大国还没有彻底完成作为现代民族国家构建的过程。这不像美国，它并不存在中国所面临要解决的统一民族国家的尖锐挑战；而超越威斯特伐利亚主权原则的欧洲式的"后现代"国家发展阶段，也与俄罗斯的主权关切相距甚远。在这一前提下的各方认知差异，以及内部政治对于外部政治的影响，始终会是对于合作的挑战。

最后，可能在很多国家冲突当中，一开始问题并不出现在上述的意识形态差异、战略利益分歧等重大问题上，而恰恰是发生在进行多边互动的沟通能力，以及对合理决策的执行能力这些方面。乌克兰危机本身也部分地说明了这样一个问题。这是需要长时间的培养与教育才能够解决的问题。与真刀实枪的较量相比，提升认知与交往能力，这是一项远不轻松的长期任务。

第三节　乌克兰危机中"金砖中立"的启示

乌克兰局势的演进提供了一个重要视角，不光可以观察俄罗斯与西方大国之间的关系演进，而且，可以进一步审视新兴经济体与西方发达国家的互动，从而对整个世界局势的未来走势作出判断。当然，其中关键节点，应是俄罗斯、西方与新兴经济体国家之间的三边相互关系。

一、乌克兰局势的全局性影响

乌克兰危机的全局性影响，不仅在于这一场危机是发生在当今主要大国俄罗斯、美国、欧洲之间，以及是在乌克兰这一东西方文明结合部的重要国家，而且，在于这一事端蕴含着当今国际政治的一系列重要规则和范式正在面临严重考验。

乌克兰危机的实质具有多向度的复杂内容。

第一个问题，这场危机远远不止涉及冷战终结以来俄罗斯在国际系统中的地位问题，而且涉及冷战后国际格局的变化和政治版图的重划，究竟是源于大国实力的博弈，还是源于民主和市场秩序的自然扩展，或是源于原苏联各国人民的自主选择的问题。

第二个问题，从地缘政治角色的判定来看，俄罗斯和欧洲相互关系之间，究竟是俄罗斯属于一个"大欧洲"或者"大西方"之中的一个特殊部分，还是俄罗斯是属于独立于欧洲、美国的平起平坐的三大地缘政治板块之中的一员。大体上，八国集团以及北约与俄罗斯之间当年"20+1"的安排被视为第一种构想的机制体现，而随着21世纪以来俄罗斯国力的显著恢复，作为三大地缘政治平等成员的吁求日渐上升。[①]

---

① ［美］戴维·卡莱欧：《欧洲的未来》，第357、380页。

第三个问题，具有传统影响力的地区大国是否可具有自己的"势力范围"，以及如何来处理和经营与这一"势力范围"相关的问题上还存在尖锐的争议。包括如何来处理类似于乌克兰这样处于俄罗斯和西方之间的"中间地带国家"的地位问题。其中包括是否按照布热津斯基的构想，实施乌克兰"芬兰化"的建议。

普京的总统私人经济顾问格拉济耶夫早先提出过乌克兰"联邦化"的主张，认为乌克兰可以改变目前的"单一制"，而通过"联邦制"的构建，真正赋予地方自治和自主权力，使其能够在面向各方的经济合作过程中，有更大的自由选择度。显然，作为普京"欧亚经济联盟"主要设计者的格拉济耶夫，是希望通过乌克兰国内政治结构的地方选择多样化，实际上是推进邦联制，来逐渐适应于俄罗斯"欧亚经济联盟"的主张。

第四个问题是关于主权领土完整原则与人权和民主原则的相互关系问题。因为，这一次出现的反常现象在于，以往是转型中、发展中国家以领土与主权完整为诉求，对于西方国家破坏领土主权完整的做法提出抗议，而西方国家则以人权和民主原则被践踏为由，将领土主权原则置于次要地位。但是这一次则是美国和欧洲率先以领土主权原则作为武器，抨击俄罗斯"占领"克里米亚，而俄罗斯则反过来以在乌克兰的俄语居民人权受威胁，民主程序被践踏为由，为接受克里米亚的"回归"进行申辩。这是一个在当今国际政治中太过重要的议题，尤其对于发展中转型中的新兴国家今后的发展具有重大的理论和现实意义。

第五个问题，关于领土主权原则和民族自决原则的相互关系问题。特别是关于科索沃问题的先例能否重演，这又是国际法的一个关键问题。俄罗斯接受克里米亚回归的理由在于克里米亚地区的历史归属性、迄今为止与俄罗斯的天然联系，以及冷战后西方处理科索沃问题时已经出现过的先例。欧洲与美国方面的反驳则在于科索沃问题具有不可重复性，以及克里米亚问题和科索沃问题的不同性质。

所有上述问题所揭示的一个重要背景，如同卢基扬诺夫所言，乌克兰危机反映的是冷战以来的国际范式是否已经被根本改变，也即当俄罗斯20余年来对于西方步步紧逼之下的扩张已经无法忍让，与其接连不断地被西方一步步断肢截臂式地肢解，还不如改变应对方式，干脆予以绝地反击。①这里的一个更加深层的问题乃是，美国作为当今世界拥有最大政治经济与战略实力的强国，和当今世界的"多极化""多元化"发展趋势，何者具有更为主导地位的问题，以及这两者之间的相互关系正在经历怎样的变化。

上述所有问题本身已经超越了乌克兰危机，也超越了单单是俄罗斯与欧美国家间相互关系的问题，而是具有了更加宽广的涉及面，被广泛地体现于新兴国家与发达国家之间的相互关系的复杂实践之中。尤其是，当美国负责远东与亚太事务的助理国务卿拉塞尔在2014年4月3日的官方表态中无端地提出，俄罗斯"吞并"克里米亚，使得美国在亚洲的盟国越来越担心，中国会以武力实现其领土主权主张。拉塞尔表示，美国、欧盟和其他国家对俄罗斯实施的报复性制裁，应该能对"中国想仿效（俄罗斯）吞

---

①　引自2014年3月22日费奥多尔·卢基扬诺夫在华东师范大学俄罗斯研究中心的讲演。

并克里米亚模式的人施加寒蝉效应"①。

当拉塞尔已不分青红皂白人为地将乌克兰问题与亚洲地区，特别是与中国拉扯到一起的时候，这说明了更加值得从全局的眼光来审视乌克兰危机对于当今国际政治经济的影响。

二、金砖国家成员国的集体弃权说明了什么？

对于乌克兰危机，金砖国家成员持何种立场、做何种反响，这是体现当今国际变局的一个重要方面。

（一）金砖国家的两次集体行动

乌克兰危机发生之后，有两件大事透露出金砖国家在此问题上的立场具有高度的可协调性。

第一件事，是由美国等西方国家策动、由乌克兰发起的在联合国大会上批评俄罗斯接受克里米亚公投的决议案。该决议案虽然在西方支持之下获得了 100 票的支持，但是当时由中国、巴西、印度、南非和另外的 54 个国家都对此提案投下弃权票，另有白俄罗斯、朝鲜、伊朗等十个国家和俄罗斯一起对这项决议投了反对票。还有以色列等国不参加投票。

日本《外交学者》杂志 3 月 31 日撰文指出：以往人们关注俄罗斯的作用，以及中国和印度对于俄罗斯的态度，但是，令人吃惊的是，"金砖国家作为一个整体也都支持克里姆林宫"；"虽然西方对联合国大会批准谴责克里米亚公投的决议普遍感到欢欣鼓舞，

---

① 引自新加坡《联合早报》2014 年 4 月 5 日报道。

但是有 69 个国家弃权或者投了反对票这一事实应该发人深省，引人警觉。西方主宰的冷战后时代结束了，这一点越来越明显。"①

第二件事，2014 年 3 月底的海牙核峰会召开的同时，金砖国家外交部长们举行了一次重要的聚会。在此之前，澳大利亚外交部长朱莉·毕晓普（Julie Bishop）提出的，澳大利亚可能会禁止俄罗斯参加今年晚些时候将由澳大利亚主持的二十国集团峰会，以此作为对俄罗斯施压的一种手段。该次二十国集团峰会预定由澳大利亚作为东道国。于是，金砖国家的外交部长们发表了一个联合声明："（金砖国家）外长们对最近就 2014 年 11 月将于布里斯班举行的 G20 峰会发表的声明表示关注与担忧。G20 的管理权平等地属于所有成员国，任何成员国都不能单方面决定它的性质与特征。"声明继而表示："敌对言论、制裁与反制裁以及武力的升级，都无助于按国际法，其中包括《联合国宪章》的原则与宗旨，达成可持续的和平解决方案。"②几乎可以肯定的是，二十国集团峰会不可能因澳大利亚的单边行动而拒绝对于俄罗斯的邀请，因为金砖国家外长们的联合声明"就像一个多元化世界的宣言，宣布这个世界不再有任何一个国家、集团，或者预设的价值观作为主导"③。

---

① Zachary Keck, "Why Did BRICS Back Russia on Crimea?" The *Diplomat*, 2014-03-31, https://thediplomat.com/2014/03/why-did-brics-back-russia-on-crimea/.

② 2014 年 3 月 24 日二十国集团海牙外长声明原文。转引自陈慧亚：《俄罗斯没有 G8 没啥了不起》，《文汇报》2014 年 3 月 26 日。

③ Tyler Durden, "How the BRICs（Thanks To Russia）Just Kicked The G-7 Out Of The G-20", 2014-03-26, http://www.zerohedge.com/news/2014-03-26/how-brics-fust-kicked-out-g-7-out-g-20.

（二）对金砖国家联合抵制西方对俄罗斯制裁的基本判断

金砖国家对于乌克兰问题上俄罗斯与西方关系的立场至少反映出以下的几个基本情况与趋势。

第一，金砖国家对俄罗斯在国际权力转移过程中的作用，维持着持衡观望与慎重表态的有节制的立场。虽然，其余金砖国家对俄罗斯出兵和克里米亚归并俄罗斯并不苟同，但是并不同意西方在乌克兰问题上的一贯做法和在危机中对俄罗斯所施加的压力。

第二，客观上说，金砖国家处于如此不同并且分散的地缘政治环境之下，相隔地理距离遥远，难以形成具体而统一的共同目标，但是这些国家相互接近的国内发展水平，以及在现代化发展水平上所处的类似层级地位，使得他们很容易内在地在支持"反西方或者后西方的立场"方面取得一致，并以此为出发点，力图在克服外部的松散状态方面取得共识。

第三，尤其值得关注的是，"金砖国家在本国疆域之内都面临着至少一个潜在的分裂主义运动，因此他们对俄罗斯的支持可能会使自身付出巨大代价"，"然而，金砖国家依然支持俄罗斯"。扎卡里·凯克的文章指出："印度边界地区不稳定局面由来已久"，"南非的西开普地区要求脱离的呼声近年来不断高涨，而巴西长期受到南部一个以欧洲移民为主的地区的分裂主义活动的困扰。当然，俄罗斯国内也有一大批分裂主义组织。"①这样的一个现象说明，在目前特殊形势之下的政治排行榜上，金砖国家的政治精英

---

① Zachary Keck, "Why Did BRICS Back Russia on Crimea?"

们意识到有一个较之各自所面临的内部分裂主义运动更加紧迫的共同政治目标，也即，尽管金砖国家依然将领土主权完整和统一作为重要原则，但是，他们不甘愿在目前一个更为复杂政治内涵的国际较量中处于被动，不甘愿西方以"领土主权完整和统一"原则来掩盖他们长期以来实际上所从事的肢解、分裂、挤压金砖国家成员国的事实。因此，他们愿意以在对俄制裁问题上的不同声音来表达出自己的看法。

关于金砖国家在乌克兰问题上的立场，普京总统的新闻发言人德米特里·佩斯科夫（Dmitry Peskov）早在3月18日BBC的采访中就有所预言。他说："在遭受欧盟和美国发起的经济制裁打击时，俄罗斯会改变自己的伙伴关系。"他强调："现代世界已不是单极世界，虽然俄罗斯希望维持与西方伙伴的关系，特别是和欧盟，因为我们之间有着那么多的协议和共同项目，但是，俄罗斯还是与其他许多国家有着非常紧密的联系。"①

从原则上说，金砖国家给予了俄罗斯一定的理解，但也并不愿意在西方国家和俄罗斯之间选边站，至少不会愿意与西方一道孤立俄罗斯。"印度和巴西没有任何理由，也没有任何兴趣帮助美国一起来惩罚俄罗斯，而美国在与这些国家的交往中也是未尽其力。事实上，相当一段时间中，美国与印度、巴西的关系一直处于胶着状态而停滞不前。"印度和巴西并没有在联合国支持美国发起在利比亚的军事行动，但他们也没有投反对票；这两个国家并没有反对西方对于叙利亚的国际干预，但是他们倾向于较少惩罚

---

① Irina Sukhoparova，"Sanctions Effect：Russia to Change its Ecomonic Partners"，March 21，2014，http://rt.com/op-edge/russia-switch-to-brics-sanctions-357.

性措施的联合国决议案；包括这次，这两个国家小心地避免选边，但还是被指责为站在俄罗斯和中国这一边，在西方看来，"不站在华盛顿这一边，就意味着持反对立场"。总之，巴西与印度的立场并不意味着同意克里米亚回归俄罗斯的立场，但是他们不愿意限制和破坏与俄罗斯的关系，也不支持美国的惩罚性措施。①这样一种不愿轻易选边、谨慎的折中立场的重复出现，说明了金砖国家成员国中的一种基本态度。

三、金砖国家集体行为的趋势性和结构性分析

从俄罗斯在乌克兰问题上的立场和金砖国家联合抵制西方对俄罗斯的制裁这两件大事，反映出新兴国家群体在当今世界政治经济进程中具有怎样的影响与地位呢？

国际政治经济研究的一个传统方法，乃是从重要进程的因果与逻辑关系的分析中，外推出事态发展的基本趋势。俄罗斯与金砖国家的关系，从 21 世纪初以来 10 多年的发展进程中有哪些重要发展势头被人们肯定呢？

（一）从趋势性角度的分析

首先，在金砖国家当前面临着发达经济体的挑战和自身的一系列困难，是否还能够保持长远发展势头？对此，2013 年世界银行报告指出，2013 年之前的三分之二的全球储蓄和投资将会集中在金砖五国在内的发展中国家，与 2000 年相比，当时发展中国家

---

① Daniel Larison, "Ukraine and BRICs", April 1, 2014, http://www.theameri-canconservative.com/larison/ukraine-and-brics/.

的这部分资产所占的比重不过五分之一而已。根据经济合作与发展组织（OECD）2013 年的报告，到 2025 年，中国和印度的经济总量加在一起将会超过整个经济合作与发展组织国家所有成员的总和。可见权威国际经济机构对于金砖国家长期趋势的判断基调，并没有发生根本的改变。①

其次，金砖国家之间的经济合作表现出怎样的发展势头呢？总体上说，金砖国家之间现在已经具有 20 多种经济合作的形式。截至 2014 年 2 月份，金砖国家就签下包含 11 项内容的从航空、航天到生物、纳米技术的高科技合作方向。

金砖国家不光积极筹建自己的金砖国家发展银行，而且已经在南非有了金砖国家的证券交易事务的最初合作尝试。从相互贸易的情况来看，从 2003 年至 2011 年，中国和金砖国家贸易额从 365 亿美元增长到 2 828 亿美元。自 2008 年起，中国成为印度第一大贸易伙伴；2009 年起，中国成为巴西第一大贸易伙伴；同年南非成为中国在非洲的第二大贸易伙伴，中国是南非第一大贸易伙伴；2010 年起中国成为俄罗斯第三大贸易伙伴。

国际经济协调机制逐渐地从七国集团向二十国集团的转移，就是这一深刻进程的最主要体现。总之，金砖国家与时俱进的强劲发展势头，是使他们不同于欧美主导下依附性较强的其他国家，能够在乌克兰危机过程中发出不同声音的一个重要基础。

---

① Li Xiaoyun and Richard Carey，"The BRICs and The International Development System：Challenge and Convergence"，Insititute of Development Studies in England，March 2014，https://www.ids.ac.uk/publications/the-brics-and-the-international-development-system-challenge-and-convergence/.

但是，金砖国家的发展合作趋势也并非一帆风顺，尤其是在2012—2013 年以后的这一关键时段。

根据博鳌论坛发布的《新兴经济体发展 2014 年度报告》，2013 年世界经济增长 3.0%，其中发达经济体增长 1.3%，新兴市场与发展中经济体增长 4.7%，金砖国家平均增长 5.7%。其中，中国增长为 7.7%，巴西为 2.3%，俄罗斯为 1.5%，印度为 4.4%，南非为 1.8%。与 2011 年和 2012 年的情况相比，无论是世界增长总水平、发展中国家总体水平，还是金砖国家增长情况均有所降低。

从具体各类指标来看，比如，金砖国家的就业情况有所好转：中国新增就业人口一千余万，2013 年三季度城镇登记失业率为4.0%，低于 2012 年的 4.1%；巴西 2013 年失业率较 2012 年下降0.1%；俄罗斯联邦统计局显示 2013 年失业率比上年下降 0.7%。其余新兴经济体大体是稳中有降。但从通胀情况来看，2013 年第三季度中国消费者物价指数（CPI）同比上涨 2.5%，比 2012 年平均水平下降 0.1%。而同期印度、俄罗斯、巴西和南非 CPI 也同比分别上涨 11.1%、7.0%、6.4%、5.9%，分别比上年上涨 1.8%、1.9%、1.0%、0.2%。从公共债务的情况来看，新兴市场情况总体略好于发达经济体。但是为了刺激经济，新兴市场国家采取了较为宽松的财政政策，因而财政赤字水平总体有所上升。①

而在世界经济尚未全面复苏、欧洲依然衰退，包括新兴经济体自身发展动力不足，以及贸易和投资保护主义的情况下，新兴

---

① 引自博鳌论坛《新兴经济体发展 2014 年度报告》，《中国经济周刊》2014 年 3 月。

经济体的投资和贸易情况显然是受到了较大冲击。部分金砖国家，例如俄罗斯，资金外流的现象相当严重。

围绕着金砖国家发展势头受阻的现象，国际舆论普遍出现了"金砖已死""金砖退色"的论调，一时犹如黑云压城。因此，从发展趋势的时起时落，还难以对金砖国家长远发展势头形成共识性的判断之时，有必要从结构性角度来进一步作出分析。

（二）从结构性角度的判断

结构性角度的判断不光包含世界经济结构中的重要变化，还应该关注对世界政治经济发展起关键作用的产业领域，比如世界能源格局的变化，尤其是还要对主导目前整个世界发展的全球化进程所处的内在结构状况做出分析，有了这些结构性意义上的把握，就便于对具体的危机进程做出判断。

首先，来看发生在 2013 年的一个重要结构性现象，那就是2013 年底，新兴经济体和低收入国家在全球国内生产总值的比重超过了 50%。

无论宏观经济调控和监管机制，以及经济结构的多样化水平而言，金砖国家自然还有着很多问题需要解决。但是就本次金融危机复苏过程来看，西方发达经济体率先"溢回"（spillbacks），也即主要是指发达经济体的货币政策造成的外溢效应（spillover）若导致新兴市场以及全球经济的变化，会再次反馈回发达经济体。国际货币基金组织副总裁朱民认为，2013 年是一个重要的分界线，即2013 年底发展中经济体在全球国内生产总值比重超过了 50% 的这一结构性变化，使得任何对新兴经济体产生负面影响的举措，若使其需求减少，都会对全球经济带来影响。①看来，在这样一个相互依存的世界，发达经济体和新兴经济体相互之间，让谁更败落都不是解救自己的好办法。

第二个结构性现象，关于世界能源结构的变化。近年来关于峰值理论，也即关于能源产出的峰值是否已经到来的争论经久不衰。但是，页岩气革命的出现至少使得人们对于未来能源供应的乐观预期难以改观。

丹尼尔·耶金认为：页岩气的出现将会使得美国能够在未来每年节省原来用于进口石油的美元一千亿，能够节省原来用于进口天然气的美元一千亿，还能够增加 200 万个工作岗位。他明确地断言，页岩气的出现正在发挥相当重要的经济和政治影响力。②不可否认的是，整个乌克兰危机过程中，无论是已经和国际能源公司签单准备开发页岩气的乌克兰本身，还是尚在构建北海能源通道的德国，都已经感觉到未来能源供需格局的变化将会出现。无论如何，这是对于俄罗斯的一个利空消息。老布什时期就活跃于美国对俄事务圈子中的老资格外交家罗伯特·布莱克韦尔最近专门撰文指出："为了打击欧洲对于进口罐装天然气终端的投资，普京可能会先发制人地向欧洲提供廉价天然气，就像 2013 年底之前在乌克兰的策略一样，但是，（美国）可以通过压低价格来破坏普京的计划……"③虽然，页岩气革命的影响来势汹涌，但是，看来

---

① 朱民：《全球经济步入改革调整年》，《第一财经日报》2014 年 4 月 15 日，第 A7 版。

② 丹尼尔·耶金：《美国页岩气的全球影响》，世界报业辛迪加网站，2014 年 1 月 8 日。

③ Robert D. Blackwill and Meghan L. O Sullivan, "America's Energy Edge", *Foreign Affairs*, 2014, March and April.

还不会当下立即作用于乌克兰危机的进程。其一，来自北美的页岩气至少还需要若干年才能真正进入欧洲的天然气市场，成为俄罗斯天然气的取代物。其二，欧洲现有的天然气管道都是许多年精心规划的产物，这些基础设施虽然以后不会是唯一的沟通欧俄之间的合作基石，但是要另外营造接受页岩气的终端，则又要很多年的准备。仅就与乌克兰危机发生期间而言，能源格局即使变化，但是还有一个过渡的时段，让俄罗斯可以有所准备，如何来摆脱危机。

最后值得一提、但绝不是最不重要的结构性变化，乃是全球化过程自身的一个重要变化。

与 30 年前相比，全球化已经不再是由"华盛顿共识"来独自推动的一种潮流，而是有着不同取向的更多观念和思想的加入，其中包括诸多新兴国家的大国抱负的不同取向的推动。全球化进程也不再只是起自私有部门和市场机制的激发，而是有着远为多样的参与者的加盟，其中特别是以国家、政府为背景的大企业集团的介入，使得原来仅以自由主义导向来解释全球化的观点显得单薄。2012 年初英国《经济学人》杂志关于"国家资本主义"问题的讨论，显然是这一动向的一个理论反映。①这里的"国家资本主义"问题已经不同于一百多年前的争论，而被赋予了许多新的含义。在此背景之下的资金、商品、技术、人员的流向也发生了重大改变。原来比较单一的由西方和发达地区流出的趋势，现在

---

① "The Rise of State Capitalism：The Spread of a New Sort of Business in the Emerging World will Cause Increasing Problems"，*The Economist*，2012-01-21，https：//www.economist.com/leaders/2012/01/21/the-rise-of-state-capitalism.

正逐渐地改变为西方与发展中、转型中国家和地区之间的双向流动。正是这样一种全球化潮流的内在结构的变化，带动着包括中俄在内的金砖国家成员一齐朝向前行。

之所以说，乌克兰危机乃是冷战终结 20 多年来最为深刻的一场危机，不光是这场危机的烈度已经远远超过以往，尤其在于，从事后的分析来看，页岩气革命尽管一度对地缘政治形势产生强劲冲击，但是，到 2020 年新冠肺炎疫情发生时，美国和各地页岩气产业因需求不足而难以为继。这说明能源格局的激变还是一个非常复杂而曲折的过程。

这场危机触及的正是冷战所尚未解决、并且已经错过了解决时机的一连串重大问题。这类问题包括整个国际秩序未能够提供有效解决危机的机制，也涉及当前国际秩序的基本范式问题。

正是在这样的意义上，金砖国家在不选边的同时，选择了一条既不和美国欧盟"同流合污"，也不简单附和俄罗斯一系列具体做法的立场。值得注意的是，金砖国家早就在以这样的超然立场处理国际事务了，从科索沃到利比亚，从叙利亚到克里米亚，大体上，俄罗斯之外的金砖国家，包括俄罗斯本身在国际冲突问题上的若干选择，总体上在不得不高调进取的同时，尽可能地保持"低调"和"中立"。

金砖国家这样的政策选择不仅适合它们的价值和道义立场，而且也直接反映了金砖国家在未来国际格局中所处的实力地位。无论从发展的趋势，还是从各类关键的国际结构来看，一方面，金砖国家是代表了长期世界发展中形成的巨大潜能与未来希望，但是，另一方面，这样的"权力转移过程"还远未有竟日。于是，专注于内部事务，并尽可能地保护好自己的最核心利益，同时谨慎地处理各种复杂的多边和双边关系，这大体上是作为新兴经济体代表的金砖国家的一个基本定势。

　　总体来看，大国三边关系与乌克兰危机这样一类具有全局性意义的危机发生着密切的关联。显然，乌克兰危机缘起于俄、美、欧三边关系的失衡，也即曾经在传统上主导国际事务的俄、美、欧各方已经再也无法通过它们相互之间的协调、均衡表现来解决危机。于是，人们把目光转向东方与南方。一是寄希望于中、美、俄这样一组新型的大国关系，能够为摆脱危机找到出路；二是在俄罗斯、欧美与"金砖"为代表的新兴国家之间也在出现一种新的形态，尝试以"中立"或"不选边"的方式应对大国间的重大危机。虽然，还没有任何事实证明，这样一种变化能摆脱危机。但是，这毕竟为未来解决危机、引领全球转型提供了启示。①

──────────

　　①　本章部分内容曾以《从乌克兰危机看俄罗斯与金砖国家相互关系的前景》为题，发表于《国际观察》2014 年第 3 期，第 30—43 页。经修改补充载入本书。